中国科学院科学出版基金资助出版

中国人文地理丛书（典藏版）

中国历史人文地理

主　编　邹逸麟

副主编　（按姓氏笔画为序）

王振忠　吴松弟　唐晓峰　韩茂莉

科学出版社

北　京

内 容 简 介

本书系《中国人文地理丛书》之一。全书共分10章，较为系统地论述了中国历史时期的人文地理概况。主要内容包括民族与疆域、行政区划及其变迁、政治中心的分布与变化、人口分布与变迁、农业开发与地域特征、工矿业分布与发展、城市与交通、商业发展与空间布局，以及历史文化景观形成的地理与历史背景等。

本书系我国历史人文地理研究领域的代表性专著，是了解过去、认识现在、展望将来的学术巨著。

本书可供社会、经济、政治、文化、历史、交通、民族、商业和旅游等方面的科研、教育和管理人员参考使用。

图书在版编目（CIP）数据

中国历史人文地理 / 邹逸麟主编. —北京 ：科学出版社, 2001
（中国人文地理丛书/吴传钧主编）
ISBN 978-7-03-009065-2

Ⅰ.中… Ⅱ. 邹… Ⅲ. 历史人文地理学–中国 Ⅳ.K928.6

中国版本图书馆 CIP 数据核字(2001)第 81653 号

责任编辑：吴三保等 / 责任校对：刘小梅
责任印制：赵 博 / 封面设计：黄华斌

科学出版社出版
北京东黄城根北街16号
邮政编码：100717
http://www.sciencep.com

保定市中画美凯印刷有限公司印刷
科学出版社发行 各地新华书店经销
*
2001年12月第 一 版 开本：787×1092 1/16
2026年 1 月第九次印刷 印张：28 3/4
字数：648 000
定价：360.00 元

(如有印装质量问题，我社负责调换)

《中国人文地理丛书》编辑委员会

《中国人文地理丛书》序一

人文地理学是一门以地域为单元，研究人类活动和地理环境相互关系的学科。经过长期的探索，人们认识到它的核心是研究人地关系地域系统的形成过程、结构特征和发展趋向规律，在此基础上，进一步探索把客观存在的人地关系地域系统作为整体，加以优化和调控的可能途径和对策，其目的是为了谋求社会经济的持续发展。

我国古代在很多哲学、历史和文学的作品中包含了人类活动和自然界相互关系的论述，认为人地关系有和谐的一面，也有矛盾的一面，这可以看作是人文地理思想的渊源。比较系统的论述则见诸历代的正史中的地理志、各类地方志和游记中，涉及面广，但零星而分散，又和其他学科交错在一起，因而古代人文地理学的个性是不明确的，只是知识和资料的积累过程。直到鸦片战争后，西方的近代人文地理学才随着其他科学技术开始传入中国，特别是 20 世纪二三十年代，通过外国学者、传教士和我国派往欧美的留学生而陆续引进。此后在大学中设置地理系，成立地理学会，并建立了专业的地理研究所，广泛开展近代人文地理学的讲授和调查研究，但限于经费，工作规模小，出版成果少。

解放后，地理工作者得到了良好的工作条件，配合各项经济建设，做出了贡献。但在初期的十多年中，国内各项工作都向原苏联学习，我国地理学基本上也按原苏联的模式来发展，引进了不少原苏联地理学的新理论和新方法，如农业区划、经济区划、地域生产综合体等，加快了我国人文地理学的现代化过程。但同时也带来了严重的消极影响，即三四十年代原苏联地理界在当时左的政治干预下，把人文地理学当作唯心主义“伪科学”加以全盘否定，以经济地理学取代人文地理学的观点也引入了我国，致使我国人文地理学中一度出现经济地理学“一花独放”，而其他一些分支学科被视为禁区的极其不平衡的状态。同时原苏联地理学强调发展二元论，把它肢解为自然地理学和经济地理学两门属性不同、互不联系的学科，深刻地影响了我国地理学的健康发展。

经过“十年浩劫”，党的十一届三中全会拨乱反正，国家政治经济形势发生了战略性的大转变，带来了科学的春天，使人们敢于从教条的、空洞的概念中解放出来，实事求是地研究中国地理学的理论和实际问题，重新评估和认识人文地理学在社会主义建设中的作用和地位。我国地域辽阔，民族众多，自然环境和人文现象的地域差异性大，加以历史悠久而变化大，近年又处于改革阶段，在建设发展过程中必然会出现多种多样的问题，这就为人文地理工作提供了广阔的研究领域。正因为如此，在我国发展人文地理具有天赋的优越条件。1980 年初，中国地理学会因势利导，在第四届全国代表大会上发出了复兴人文地理学的号召，并相应地成立了专业委员会来组织、推动、交流人文地理研究。原国家教育委员会也决定在各大学地理系中开设人文地理课程，个别大学还成立了专业的人文地理研究所，出版《人文地理》学术期刊，很多富有才华的中青年地理工作者踊跃投入到人文地理的教学和研究工作中。原先被冷落的一些人文地理分支学科，现在已成为热门；原先被视为禁区的一些分支，现在有人敢于钻研；至今尚无人问津的一些新学科，也有人开始探索。经过十多年的努力，中国人文地理学确实已走上复兴创新的道路。

今后的发展，总的目标是要建立具有中国特色的人文地理学。这就要求联系我国的社会、政治、经济实际，根据中国的国情特点，适应社会经济的发展趋势和改革、开放、搞活的需要，研究社会主义初级阶段中出现的一些具有明显地域性和综合性相结合的问题，主题是协调人类活动和地理环境的关系。并要求通过多方面的大量实践，逐步总结我国在特定的地理环境下，配合社会主义建设进行的各项人文地理研究工作取得的有效经验，系统建立我国人文地理学的理论体系。

已故中国科学院副院长竺可桢先生，生前曾主张要从五个方面来衡量一门学科是否成熟，即：一要有一大批高素质的专业科学家；二要有学科本身的理论体系；三要应用具有本门科学特点的方法；四要在为国民经济服务中发挥非其他学科所能替代的作用；五要有大量本门学科的成果资料的积累。这五方面的尺度是相互联系的，其中成果出版发行的数量和质量显然是最具体的衡量。

为了系统展示我国现代人文地理学的成就，中国地理学会人文地理专业委员会和科学出版社合作，计划组织人文地理学界合力编写一整套《中国人文地理丛书》，包括人文地理学及其主要分支学科，争取于近几年内陆续出版。这在学术上无疑是对中国人文地理研究的一个阶段总结，还可和 80 年代已由科学出版社出版的《中国自然地理》丛书相匹配，完善对中国地理的研究。甚望通过《中国人文地理丛书》的出版，把中国人文地理学的研究推进到一个新的发展阶段。

中国地理学会理事长
中国科学院院士

1998 年中秋

《中国人文地理丛书》序二

新世纪遁降，纪元晋双千，地理学发展迈人多元多维结构的全息化时代。向为地理学研究的核心——人地关系地域系统，演化为众多学科关注的热点，既表征地理学研究对象的意义重大，又展示地理学在现代科学体系中的基础地位和强大生命力。

若把哥伦布(Cristoforo Colombo)15与16世纪之交航海引起的地理大发现，视为地理研究空间的大拓展，为后来的工业革命激发了推动力，从而导致近代地理学的萌发，那么500年后的今天，人类进入可持续发展的新历史时期，航天地理学应运而生，“人地关系”将进一步演变为“人宇关系”，可以预见21世纪中期，将会给人类带来意想不到的巨大效应。人类的“天地生人巨系统”观会赋予地理科学研究全新的内涵，无论是从研究的广度还是深度，都将推动地理科学产生巨大的变革，不过人地关系仍将是研究的基础。

人文地理学是以研究人地关系相互作用、相互影响及其变化规律和地域分异系统为基本宗旨。作为世界上最高智能动物群体的人类，从其诞生之时，就和其所处的地理环境密切相关。人类的繁衍与发展既受人类社会形态与结构的支配，也受所处地理环境的影响与制约。有的学者把地理演化史分为天文时期、地文时期和人文时期，而人文地理学则是研究人文时期的人地系统，亦即研究各种人文现象的形成、演化、地域分异规律及其与地理环境之间关系的一门学科。

人地关系论(man-nature relationship)作为人文地理学的理论基础，在古典地理著作中便有所论述。《山海经》、《尚书・禹贡》是先秦时期我国古典地理学发轫期的杰出代表作。战国时代，在百家争鸣中，对人地关系先后产生了早期的环境决定论、人定胜天思想、天人相关论以及因地制宜等不同流派。尽管后来司马迁的《史记・货殖列传》、班固的《汉书・地理志》，乃至唐代刘禹锡主张人地相关论等，对人文地理学发展都有重要贡献。但是在我国，由于长期受封建社会的束缚，从而阻碍了人文地理学成为一门真正的近代科学。

近代人文地理学萌生源于西方国家。德国地理学大师李特尔(Karl Ritter)堪称近代人文地理学的奠基者，他最早阐述人地关系和地理学的综合性和统一性，主张地理学是一门经验科学，应从观察出发，而不能从观念和假设出发，认为地理学的研究对象是布满人的地表空间，人是整个地理研究的核心和顶点。他在《地理学——地理对人类素质和历史的关系》(1822～1859)这一著作中，探讨了自然现象和人文现象的相互关系，把自然作为人文的基本原因，强调了自然界对人类历史的影响。

嗣后，德国地理学家拉采尔(Friedrich Ratzel)受达尔文进化论的影响，认定人是地理环境的产物，同时，又主张由于有人类因素，地理环境控制是有限的，并把位置、空间和界限作为支配人类分布和迁移的三组地理因素。其代表作《人类地理学》(1882，1891)、《政治地理学》(1897)、《生存空间：生物地理学》(1901)、《民族学》(1885，1886，1888)、《地球与生命：比较地理学》(1901，1902)等，对地理学的发展有很大影响，被有的学者认为“是所有对人文地理有贡献者中最伟大的一位”。

19世纪后半期德、英、法、美、俄等国学者在阐述人地关系时，先后出现了“地理环境决定论”(environmental determinism)——以F.拉采尔、E.森普尔(Ellen Churchill Semple)

E. 亨丁顿(Ellsworth Huntington)为代表;"二元论"(dualism)——以O. 佩舍尔(Oscar Peschel)、F. 李希霍芬(Ferdinand von Richthofen)和A. 彭克(Albrecht Penck)为代表;"或然论"(possibilism)——以P. 维达尔·白兰士(Paul Vidal dela Blache)、白吕纳(Jean Brunhes)和G. 弗勒(Herbert G. Fleur)为代表;"适应论"(adaptablism)——以P. 罗士培(Percy Maude Roxby)为代表;"文化景观论"(cultural landscape theory)——以O. 施吕特尔(Otto Schluter)、S. 帕萨尔格(Siegfried Passarge)和C. 索尔(Carl Owtwin Sauer)为代表;"协调论"(adjustablism)又称"和谐论"(harmony)——以B. A. 阿努钦(Всеволод Александрович Анучин)、M. 怀斯(Michael John Wise)为代表。这些学术流派先后传播到中国,对近代人文地理学发展产生了不同的影响。

不可忽视的是,自16世纪以来,西方列强殖民地不断扩大,伴随这种大扩展,一批批传教士来华,也带来不少新的地理知识。较著名的代表人物有意大利人利玛窦(Matteo Ricci,1552～1601)、艾儒略(Julius Aleni,1582～1649)、龙华民(Nicolaus Longobardi,1559～1654),比利时人南怀仁(Ferdinandus Verbiest,1623～1688),法国人白晋(Joach Bouvet,1656～1720)、杜德美(Petrus Jartoux,1668～1720)、蒋友仁(Michacl Benoist,1715～1774)等。19世纪以来还有不少西方学者来华考察,对中国地学(包括人文地理)有较大影响的代表人物有:李希霍芬(Ferdinand von Richthofen,1833～1905)、斯文·海定(Sven Anders Hedin,1866～1952)、葛利普(Amadeus William Graban,1870～1946)与德日进(Teilard de Chardin Pierre,1882～1955)等。

20世纪以来,中国地理学家也在非常困难的条件下开展了人文地理的理论与实践研究,其中自然会受到西方人文地理学的影响。竺可桢先生作为中国地理学的一代宗师,既是近代中国地理学的奠基者,同时又是开拓人文地理研究的先驱。他的《地理与文化之关系》(1916)、《气候与人生及其他生物之关系》(1922)、《天时与战争之影响》(1923)、《论江浙两省人口之密度》(1926),是竺老早年对人地关系之论述。丁文江先生的《关于中国人文地理》(1923),张其昀先生的《中国人之传统》(1926)、《人地学论丛》(1932)、《中华民族之地理分布》(1935)、《论中国之人地关系》(1947),翁文灏先生的《中国地理区域及其人生意义》(1929)和《中国人口之分布与土地利用》(1932),胡焕庸先生的《江宁县之耕地与人口》(1934)、《中国人口之分布》(1935)、《安徽之人口密度与农业的区域》(1934),黄国璋先生的《政治地理学研究》(1941),李旭旦先生的《白龙江中游人生地理观察》(1941),王成组先生的《人生地理学的派别问题》(1941),周立三先生的《农业地理》(1942),吴传钧先生的《中国粮食地理》(1942),陈尔寿先生的《重庆都市地理》(1943),任美锷先生的《建设地理新论》(1946)等等,对人地关系研究和人文地理学建设均做出了重要贡献。

再以刊物为例,中国科学院地理研究所的前身——中国地理研究所主办的《地理》季刊,1942～1949年共出6卷,发表论文136篇,其中人文地理学论文即有56篇,若把地理学通论、地理学思想史、区域地理、外国地理、地理教育等论文计入,则人文地理论文居于绝对优势,这种格局和国外地理学发展状况完全一致。

中国学者在介绍西方人文地理学名著方面也做了不懈的努力。30年代初王海初先生翻译美国地理学家亨丁顿等所著《人文地理学原理》(Principles of Human Geography),30年代中任美锷、李旭旦先生翻译法国地理学家白吕纳的《人地学原理》(La Geographie Humaina),陈健民先生翻译美国地理学家森普尔所著《地理环境之影响》(Influences of

Geographic Environment)，葛绥成先生翻译澳大利亚地理学家泰勒(Griffith Taylor)的《环境与人》(Environment and Race)(也译为《人种地理学》)等，在近代中国人文地理学发展史上起过不同的作用，特别是白吕纳的《人地学原理》所提出的人类在地球表面所做的事业按三纲六目人地学基本事实来阐述，并指明人类受地理环境的影响，反过来人类也可影响地理环境，影响程度随科技发展水平而异。人类与地理环境的关系与作用是相互的，而人类居于主导地位的观点在中国影响十分深刻。

然而，20世纪50年代中国的特殊政治环境造就"一边倒"和"学习苏联"的大气候，在地理学界，尽管对推动现代中国地理学，特别是自然地理学、经济地理学和地图学发展功不可没，可是对于人文地理学来说却造成了严重的负面影响，而且是一场劫难。某些人把原苏联30～40年代非常时期的学派之争，生搬硬拉强加于中国地理学界，且无限上纲，恣意扩大，以致把人文地理学赶出学术殿堂，这不能不说是一场历史悲剧！

记得1955年正当批判人文地理学高潮迭起之际，我在大学的一门必修课，称作"人文地理学批判"，它不是批判人文地理学的某种学术观点、思想和流派，而是批判这门学科，并给予全盘否定，满篇都是政治大帽子，诸如"唯心主义"、"资产阶级腐朽没落思想"、"为帝国主义服务"、"伪科学"等等，给当时青年学子们纯洁的心目中，造成了"人文地理学"与"恶魔化形象"等同的极坏影响。这样，人文地理学在中国大地上便无立锥之地，被逐出地理学界。那时老师授课无讲义，更无教科书(也许奉命而教，违心讲授)，我的笔录较详，还被一位报考留苏同窗借去参阅。嗣后我赴莫斯科大学学习，并没有感受到像国内那样剑拔弩张的学术氛围。实际上，当时苏联地理界已在起变化，随即出版的《地理学的理论问题》导致苏联统一地理学的复兴，出现了地理学的生态化，经济地理学的社会化，并以社会经济地理学的名义在苏联恢复了人文地理学。

极左思潮在地理学界某些人群中泛滥，造就一些专门给人戴帽子、打棍子的"学术新贵"，直到中苏关系破裂若干年后还在肆虐，党的"百花齐放、百家争鸣"的方针，被践踏和蹂躏。"文化大革命"中连经济地理学也不复存在，研究队伍被迫改行。

1979年底至1980年初在广州举行的中国地理学会第四届代表大会，堪称现代中国地理学发展的里程碑！300多位地理学家出席了这次规模空前的盛会，收到900多篇论文。许多著名科学家在大会上做了精彩的学术报告。对于人文地理学来说，李旭旦先生的《人地关系回顾与瞻望——兼论人文地理学的创新》和吴传钧先生的《地理学的昨天、今天与明天》(又名《地理学的特殊研究领域和今后任务》)，揭开了我国复兴人文地理的序幕，迎来了人文地理学的春天！

李旭旦先生在报告中指出："30年来我国自然地理学的各个部门都得到长足进展，但在人文地理学方面，则仅仅是一花独放，这个局面似应有所改变"。李先生进一步阐明："人文地理包括经济地理、人口地理、聚落地理、民族地理、历史地理、文化地理、社会地理、疾病地理等，近年西方国家还出现感应地理、行为地理学科，内容极为丰富。人类除经济生活外还有政治生活、文化生活、文娱生活等方面。经济活动空间结构也不限于生产配置，还存在着物质生活水平和消费水平的地区差异问题。因此，仅仅以研究生产配置为主旨的经济地理学虽然是一个极为重要的方面，但是不足以概括人文地理学的全貌"。因此，李先生疾呼："应该复兴全面的人文地理学。这决不意味着要恢复20世纪初期西方各国的各种人文地理学流派，也不在于全盘照搬现今流行于西方的以福利为出发点的人生地理学，而是主张参考现代人生地理学的革新方向，运用新技术、新方法，结合我国社会主义建设的实际需要，创立一门中国式的人文地理学，其内容应在正确的人地相关论基础上，分析研究如何按照自然规律与社会主义经济规律，利用自然、改造自然、因地制宜地使自然为人类谋福利，而不受自然惩罚，把自然环境引向有利于提高全民族的物质文化水平的方向，研究在不同民族和文化区内的有关人文地理论题等”。

如果说在复兴人文地理学中，李旭旦先生是一位杰出的宣传家，那么，吴传钧先生则是一位卓有成效的组织家和实践家。20世纪50年代后期和60年代前期，吴先生主持中国科学院地理研究所经济地理研究室工作（20世纪80年代扩展为经济地理研究部），则在经济地理的大旗下，掩护发展了人文地理学的主要领域，除了工业地理、农业地理、交通运输地理外，还有人口地理、城市地理、历史地理、世界地理等，一个研究室竟有近60名研究人员，不能不说是一个奇迹。

吴传钧先生在广州会议上提出了“地理学的研究核心——人地关系地域系统”，指出人地关系地域系统研究是一个跨学科的大课题，地理学研究目标是协调人地关系，重点在于将人地关系地域系统的优化落实到地区综合发展基础上，探求系统内各要素的相互作用及系统的整体行为与调控机理。其主要内容包括：①人地关系的形成过程、结构和发展趋向的理论；②各子系统相互作用强度的分析、潜力估算、后效评价与风险分析；③两大关系间相互作用和物质传递与转换的机理、功能、结构和整体调整的途径与对策；④地域的人口承载力分析；⑤根据一定地域人地系统的动态仿真模型以及系统内各要素间相互作用结构潜力，预测特定的地域系统演变趋势；⑥地域分异规律和地域类型分析；⑦不同层次、不同尺度的各种类型地区人地关系协调发展的优化调控模型。从而对人地关系地域系统研究给出了明确的目标与研究方法，使人文地理研究得以升华。

我清晰地记得，李旭旦先生做完学术报告后，1980年元旦中国地理学会副理事长郭敬辉先生召开敬老座谈会，出席会议的12位70岁以上的老地理学家（如今大多作古）中，有不少多年没有参加过全国性学术会议，出席广州盛会激动不已，座谈时说到伤心处声泪俱下，泣不成声。中国地理学会创始人之一的董绍良先生说：“我20年代就接触人地相关论，这次会上听大家谈人文地理学，我真像遇到久别的老友一样，我们要继承优良传统，为了繁荣人文地理学而勇于创新”。

然而就在会后不久，有着失落感在“文革”中又自命为“红线代表”的某位以批判他人出名的人物，在座谈会上做了肤浅应景式检讨和言不由衷的道歉后，竟又炮制新的“批判”大作，罗织罪名，妄图把复兴人文地理之举，当作“回流”、“复辟”、“新动向”，再度置人于死地，李旭旦先生首当其冲。《西北师范学院院刊》把李先生的复兴人文地理学的论文和“批判”文章同时刊登，更增添了对他的压力。在这种形势下，《中国大百科全书·地理学卷》委托李旭旦和吴传钧先生担任人文地理学分册主编，1981年冬在上海举行大百科条目研讨会，李先生忧心忡忡，此时，吴先生劝慰说：“难道您还怕戴第二次帽子?!时代不同了，不必理那一套!”

1982年2月胡乔木同志在中共中央高级党校做了要求领导干部学习人文地理的重要讲话，国家第六个五年计划特别把人文地理学列为要加强的薄弱学科之一，从最高层次支持人文地理学的复兴，使一度对人文地理持否定态度的“批判家”不得不偃旗息鼓，这不能不说是人文地理学发展的历史性转折点!

为了适应人文地理学新发展，在吴传钧先生主持下，1981 年 5 月中国地理学会经济地理学专业委员会杭州会议决定成立人文地理研究筹备组，推举 8 位学者为成员，李旭旦先生任组长；1983 年 5 月在南宁举行首次人文地理学术研讨会，吴传钧先生代表中国地理学会宣布，正式成立中国地理学会人文地理研究组，李旭旦先生为组长。1984 年 3 月中国地理学会人文地理专业委员会正式成立并在南京举行第一次专业委员会会议。在吴传钧先生主持下，1984 年 7 月教育部高教司和中国地理学会联合在北京举行人文地理讲习班，加速培养高校人文地理师资。之后中国地理学会、中央人民广播电台、北京教育学院又举办了几期人文地理师资培训班，使人文地理师资培训和科学普及成为全国性的活动。李旭旦先生作为首任专业委员会主任抱病参加了第一次人文地理专业委员会会议，做了“如何进一步开展人文地理学研究”的讲话。李先生强调复兴人文地理学不是复旧，要以马列主义、辩证唯物主义和历史唯物主义哲学为准则，走正路，技术手段必须创新，论题内容要创新，要采取实地考察与社会调查方法来进行研究工作，向人文地理学领域的薄弱环节进军……。李先生因病没能出席人文地理讲习班，但他仍以教育家的智慧和极大的注意力关注这项活动。在张文奎、邬翊光、郭来喜协助下，他主编了《人文地理论丛》、《人文地理概说》两本论文集。

李旭旦先生的仙逝，是中国人文地理学界不可弥补的损失。他为之奋斗的未竟事业，在吴传钧先生直接领导下，由鲍觉民、张文奎先生主持的人文地理专业委员会做了不懈的努力，使人文地理学研究与教育得以蓬勃发展，学科理论建设和为国民经济主战场服务更上一层楼。鲍、张两先生的辞世，又一次使人文地理学界蒙受损失！

综观近 14 年来，我国人文地理专业委员会组织了一系列的学术活动，其中规模较大的有：1985 年 6 月与西安外国语学院合作，在西安举办的中美人文地理学术研讨会；同年 11 月在无锡召开的中英日城市地理学研讨会；1987 年 12 月在深圳举行的人文地理学研讨会；1990 年 8 月参加在北京举行的国际地理联合会亚太会议；1990 年 11 月与经济地理学专业委员会在上海共同举办的学术研讨会；1993 年 5 月与沿海开放研究分会在昆明共同举办的沿海沿边开放学术研讨会；1996 年 11 月与自然地理学专业委员会、经济地理学专业委员会在郑州联合举办的区域可持续发展学术研讨会；1997 年 6 月与西安外国语学院共同举办的人文地理学与持续发展国际研讨会；1998 年 4 月在北京与经济地理学专业委员会、城市地理学专业委员会联合举办的中国地理学与 21 世纪可持续发展研讨会等。20 世纪 90 年代以来，不仅从人文地理专业委员会中分立出城市地理学专业委员会、旅游地理专业委员会，并举行了一系列的学术活动，还成立了全国高校人文地理教育与研究会，也举办了一系列的学术活动，使人文地理教学与研究空前活跃，人文地理已作为一门基础课程列入全国高校的必修课，有的大学把人文地理学建成了重点专业，国务院学位委员会把人文地理与自然地理并列，设置了博士点、硕士点。

近 10 年来先后出版了《中美人文地理学术研讨会文集》(中英文版，1988)、《人文地理研究》(1989)、《区域可持续发展研究》(1997)等会议文集，吴传钧先生主编出版一套《人文地理学丛书》，创办了《人文地理》杂志(原名为《国外人文地理》)。一些学者还出版了不同版本的人文地理专著，如《中国人文地理》、《现代人文地理》、《理论人文地理》、《人文地理概念》、《人文地理学》，以及多版本的《人文地理词典》等，还有更多的分支学科专著先后出版。一大批青年人文地理学家迅速成长起来并成为研究与教学的中坚，使中国人文地理出现了前所未有的崭新局面，特别是以人地系统为核心的可持续发展问题，成为世界共同关心而亟待解决的紧迫任务，人文地理学的基础学科和核心地位更凸现出来。

钱学森先生从人类认识世界的思想史出发，提出现代科学技术体系时，明确指出以研究地球表层为对象的地理科学的内容与方法。他高瞻远瞩地指明："地理科学是一门学科体系，是现代科学技术体系十大部门之一，与自然科学、社会科学并列"。"地理系统是开放复杂的巨系统"，要运用"从定性到定量的综合集成法"来研究。地理工作者要树立"地理哲学"思想，从事"地理建设"，从基础理论、应用理论和应用技术三个层次来建设"地理科学"。黄秉维先生认为，钱学森先生所倡导的"地理科学不等于地理学，而是在若干科学基础上的改造、重组和发展"。

在 21 世纪来临之际，地理学，特别是人文地理学，要在继承优良传统基础上，充分运用空间技术、计算机技术、生物工程技术、环境工程技术成果，从区域解释性描述和地理数据图表简式表述，向全球与区域的监测、规划、设计、调控、优化方向过渡，实现不同尺度地域系统的人地关系协调与可持续发展，逐步达到钱学森先生所期盼的"地理建设"和"地理科学"的前瞻性设想。

鉴于 20 世纪 70～80 年代由科学出版社出版了《中国自然地理》(丛书)，集中展现了新中国成立 30 多年在认识自然、改造自然、发展自然地理学及各主要分支学科方面的成就，如今编辑出版《中国人文地理丛书》，既是体现完整的中国地理学、全面评估中国地理建设成就的需要，也是为着总结过去，展望未来，实现中国 21 世纪可持续发展所必需。

自 1992 年酝酿、策划出版《中国人文地理丛书》以来，先后在北京、昆明做了多次协商，又于 1996，1997，1998 年分别在开封、西安和北京召开三次丛书编辑委员会，集中讨论了丛书编辑的宗旨、书目、纲要、体例、结构、分工和进度，确立了精而准、系列化、中国化的撰稿原则。来自全国各地的 40 多位专家及其代表，一致表示争取在 1999 年完成本丛书的编辑出版工作，作为向中华人民共和国成立 50 周年、迎接 21 世纪来临的献礼。

借此良机，我谨代表中国地理学会人文地理专业委员会和丛书编辑委员会，向为发展中国人文地理学做出贡献，参加丛书编辑出版，以及支持和赞助的各方人士，表示衷心的谢忱！

中国地理学会人文地理专业委员会主任

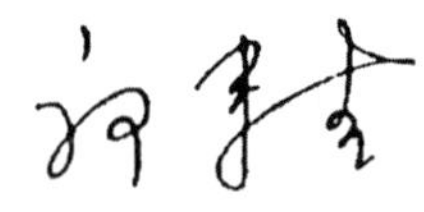

1998 年 4 月 22 日于北京中关村

前　　言

人文地理学是研究地球表面人类活动(精神和物质)或人与环境之间关系所形成人文现象的分布、变迁及其地域差异。人类活动具有多种多样的形式,如政治、军事、经济、人口、民族、聚落、商业、交通、文化、旅游、社会生活等等,这些活动与地理环境之间形成的空间分布、变迁及其规律,则是人文地理研究的具体内容。当代人文地理现象是历史时期的人文地理现象的延续和发展,不了解历史人文地理,也就无法真正了解当代的人文地理。因此,历史人文地理学与当代人文地理学是两个密切相联的学科。

“人文”一词始见于《易·贲》,其云:“文明以止,人文也。观乎天文,以察时变;观乎人文,以化成天下。”这里的“人文”是指人们的文采与礼义,也是指人类的行为规范,意思是说:观察大自然的行为规范,可知四季的变化规律;观察人们的行为规范,可以教化天下。这是将自然变化的规范和人类活动的规范等同起来看待。《礼记·王制》:“广谷大川异制,民生其间异俗。”这里强调了地理环境对人类社会的决定性作用。《管子·水地》则进一步认为“地者,万物之本源,诸生之根菀也,美恶贤不肖愚俊之所生也”,接着就分析不同地理环境下人们不同的社会性格。总之,我国古代先贤认为人类在不同地理环境下行为规范是有地域差异的,这种差异则需要人们主动去适应。正如北魏贾思勰《齐民要术·种谷第三》所说:“顺天时,量地利,则用力少而成功多,任情反道,劳而无获。”东汉王充《论衡·明雩》提出“夫人不能以行感天,天亦不随行而应人”,主张人天各有所行,反对天人感应。但在科学技术不发达的时代,地理环境决定论还是有很大影响的。因此无论古今,人地关系一直是人文地理学的基础理论。

我国古代很早就重视历史人文地理现象,《史记·货殖列传》、《汉书·地理志》后序所引朱赣《风俗》和刘向《域分》里对战国至西汉以来各地的农工产业、商业贸易、城市交通、民俗风情等人文地理要素及其区域差异,都有极为生动的叙述,既写出了各区域的特点,又指出区域之间的联系和影响,同时还阐述了各区经济、文化差异的环境因素和历史渊源,是我国近二千年前的历史人文地理珍贵资料,在世界上是绝无仅有的。但是在我国,古代地理学一直没有形成一门独立的学科,它的分支人文地理学包括历史人文地理学,不可能得到独立、系统的发展。汉代以后的正史地理志大多没有人文地理的记载,只有《南齐书·州郡志》、《隋书·地理志》、《宋史·地理志》里稍有类似的记载,南宋《舆地纪胜》和《方舆胜览》两部总志所搜集的诗文里,却保留着不少有关南宋各府州人文地理信息,涉及历史的较少,但对我们今天来说则是十分宝贵的历史人文地理资料。到明代中期以后,由于商品经济的发展,交通贸易的繁荣,地区经济、人文之间的差异日益凸现,学者们对人文地理的现象的注意已明显超过以往,丘浚《大学衍义补》、章璜《图书编》、谢肇淛《五杂俎》、顾炎武《天下郡国利病书》、李培《灰画集》、王士性《广志绎》以及清代刘献廷《广阳杂记》等等,无论是资料辑录还是论述都保留了大量历史和当代的人文地理资料,可惜由于中国科学技术发展的缓慢，因此人文地理始终没有发展成为一门独立的学科。

20世纪初开始，西方现代科学传入中国，1909年在北京成立“中国地学会”，并出版《地学杂志》，宣传了西方人文地理思想。当时从欧美留学归来的地理学者传播了西方地理学思想，开始重视人文地理。如我国现代地理学奠基人竺可桢先生早年即发表了《地理与文化的关系》(1916)、《地理对人生之影响》(1922)、《天时对于战争之影响》(1932)、《气候与人生及其他生物的关系》(1936)等论文，阐述人地之间的关系。以后胡焕庸、黄国璋、张其昀、刘恩兰、王成祖、李旭旦等先生都对中国现代人文地理学的发展做出过重大贡献。虽然在他们的著作中多数追溯过历史的渊源或介绍过历史背景，但主要还是论述当代人文地理。历史人文地理还不成其为一门独立的学科。

历史人文地理作为一门独立学科的兴起，实开始于20世纪30年代。

1934年由顾颉刚、谭其骧主持成立的“禹贡学会”，开创了我国现代历史地理学的局面。一般印象以为当时的“禹贡学会”主要从事沿革地理的研究，其实不然。我们从学会创办的《禹贡》半月刊自创办至停刊的7卷82期所发表的论文来看，除了一小部分是历史自然地理的论文外，其余大部分是历史人文地理方面的论文，沿革地理只占其中一小部分，大量的是有关历史人口、城市、交通、物产、民族、文化以及边疆史地等等专题论文和考证。正如该刊7卷1,2,3合期后记讲到“本会此后三年中工作计划”时说：“盖研究吾国地理之目的，端在明了古今疆域之演变，户口之增损，民族之融和，山川之险易，以及郡县建置，道路修筑，边城关堡之创设，运河沟洫之浚凿，土地物产之利用，其所关民生经济及国家大计者为至重且巨也。”可见历史人文地理在“禹贡学会”同仁的头脑里已占据十分重要的地位。

新中国成立后，由于片面学习原苏联的结果，地理学界重自然轻人文的倾向也影响了我国地理学界，人文地理学的发展受到了冷落，主要表现是以人文地理学的一个分支经济地理学代替了全部人文地理学的内容。历史地理学的人文地理研究也不免受到影响。然而作为中国人文地理一个分支的沿革地理学，由于深厚的传统和客观形势的需要，不仅没有萧条，反而有了充分的发展，主要表现为由谭其骧主编《中国历史地图集》的出版。该图集是一项巨大的工程，从1955年开编，到1988年出齐，前后竟经历了30余年。全图共8册，上起原始社会，下迄晚清，共分20个图组，有图304幅。它不仅包括了历代中原王朝的统治范围，而且也包括各边区少数民族政权所管辖的地区，体现了我国是一个多民族共同缔造的伟大国家的历史事实。内容上以疆域政区为主，收录了全部可考的县级地名和县级以上行政单位和界线，还收录了县级以下部分重要地名。此外，山岭、长城、边寨、关津等要素和重要交通道路，历代河流、湖泊和海岸的变迁，均以尽可能科学的方法予以表示。全部地名有7万多个。这部大型普通历史地图集不仅集中反映了我国沿革地理学和考古学的研究成果，而且也为历史地理学各分支学科研究的全面开展，提供了可靠的基础。是新中国历史地理学发展史上的一个里程碑。该图集的框架是以历史人文地理分支政区地理为主的，因此可以说人文地理学中的政区地理学在近几十年来发展是比较明显的，同时也推动了边疆史地的发展。但这毕竟只是人文地理学中的一个分支，就整个历史人文地理来说，发展是极不平衡的。

1979年末在广州召开了中国地理学会第四届代表大会，会上以李旭旦、吴传钧为代表的老一辈地理学家率先提出尽快复兴人文地理学的建议，得到了与会代表的热烈响应，为复兴人文地理学揭开了序幕。1981年中国地理学会在杭州召开了建国以来第一次人文地理学讨论会，会上明确了人文地理学地位、方向和任务。1983 年又成立了中国地理学会人文地理专业委员会，使人文地理的发展有了组织保证。此后现代人文地理学有了明显的发展，同时也影响了历史人文地理学界。1982 年谭其骧发表了《历史人文地理研究发凡与举例》一文，强调当前研究历史人文地理的重要性，他指出“要研究当代的人文地理，历史人文地理的研究是不可或缺的。要认识当前中国的国情，中国历史人文地理的研究成果是不可或缺的。”又指出“中国历史人文地理需要并可能研究的方面与门类极为广泛。论人口则应推究各时代宽乡与狭乡的变化，各地区间的人口流动以及由其他原因导致的增殖与减耗，还要注意各地区的民族构成和各民族的移动、扩散、分化与融合过程。论产业则要探索各地粮食生产和经济作物的品种及产量高低，手工业和矿业的特色与盛衰，作为商品的行销范围等，又要估算获利轻重对当地经济荣枯的影响。论交通则要研寻各水陆线路的开辟、移动、兴衰。论聚落城市的形成隆替，既要阐明各地区乃至全国的布局，又要指陈其工商业联系地区的范围。论疆域政区的沿革，既要考究建置分并、辖境治所的或沿或革，也要阐明其所以然和对经济、政治、文化各方面的影响。论文化则要注意到各种文化现象的地理分布和地理差异。各个历史时期都有不同于此前此后的经济区域和文化区域。恰当地指出各区的地域及其特色，是论述这一时期人文地理的重要内容。经济区域当然是不同的生产方式和生产关系形成的，而文化区域的形成因素则主要是语言、信仰、生活习惯、社会风气的异同。全国和各大区域内的经济重心和文化重心以及风物产地随着时代的推移往往也有所变动。这些都是中国历史文化地理亟待开拓的大有可为的研究领域。”以上的论述对历史人文地理研究具有指导性意义。

在老一辈历史地理学家的倡导下，20 世纪 80 年代以来历史人文地理的研究也开始蓬勃发展起来。其成果大致分为两个方面：一类是部门历史人文地理，研究的范围又分为断代和地区两类。断代是根据中国历史的特点和资料收集方便而形成的以一个历史时期为剖面，考察某一部门历史人文地理的现象分布、变化的过程及其规律。如对某一历史时期的疆域、政区、人口、农业、城市、手工业、交通等人文地理要素作全面横向的考察。地区则以某一地区为范围，考察该地区某一部门在整个历史时期的分布、变化的过程及其规律。另一方面为区域历史人文地理的综合研究，也是近年来历史人文地理研究一个可喜的方向。由于区域综合研究，时间跨度长，涉及面广，资料收集难度大，因此成果较少。但也只有区域综合性研究，才会对中国历史人文地理中各要素的相互关系和最终影响有深刻的理解。

综观近十余年历史人文地理研究的状况，成绩是可喜的。但以中国历史人文地理这门学科的丰富内容以及对现代科学要求的标准而言，无论在理论上还是成果的覆盖面上，都还有很大距离。例如研究的课题和方面基本上还没有突破传统的模式，方法上没有更新的手段，思路还比较单一。要改变这种状况，有较新的突破，需要历史地理学界同仁共同努力。1982 年开始由中国社会科学院主持、谭其骧主编的《中华人民共和国国家历史地图集》，目前正在进行之中。这部图集包括自然地理和人文地理的各个方面。属于人文地理方面的有疆域政区、军事战争、农牧业、手工业、矿业、交通、城市分布和规制、民族分布和迁移、人口分布、宗教、文化事业、人才分布等图组，反映了 90 年代中期的学术水平。这部图集的出版，必将对我国历史人文地理的研究起着十分重要的推动作用。正如谭其骧所说：“历史人文地理将是中国历史地理领域中最有希望、最繁荣的分支。在中国实现现代化的过程中，历史人文地理研究必将做出自己的贡献，这是其他学科所无法替代的。”

鉴于上述情况，我们认为有必要先写一本综合性的历史人文地理著作作为基础以推动学科的发展。但目前要写出一本全面、深刻反映中国历史人文地理的专著，还存在不少困难。第一，历史人文地理内容十分丰富，各分支学科很多。全面开展历史人文地理不过是近十余年的时间，因此各方面研究得还不够全面，有的分支尚未涉及，已有研究的分支也不够深刻和透彻。即便是历史最悠久的政区地理而言，目前还只能说刚刚走出沿革地理的传统，要对历代政区的演变作出科学分析并探讨其内在的变化的规律，还有相当的距离。政区地理况且如此，遑论其他？第二，由于各分支学科研究不全面、不成熟，一套完整的学科理论体系尚未建立，目前还没有可以利用的一套完整的理论来统率各个分支，形成一套完整的学科体系。既然如此，那为什么还要编写这本著作呢？我们认为虽然目前中国历史人文地理研究状况如此，但早日推出一本初步的中国历史人文地理专著，作为研究者的起点，对推动中国历史人文地理研究还是能起一定的作用的。20 世纪 80 年代初，中国科学院编辑了一套《中国自然地理》丛书，其中就有一本《历史自然地理》。当时历史自然地理各分支的研究也很不全面、不深刻，更谈不上有一套完整的理论体系。但这本历史自然地理著作出版后，曾引起许多学者对历史自然地理研究的兴趣，特别是历史气候、历史河流地貌方面，不少学者就在该书的基础上作了深入的研究，取得了可喜的成绩，在国内外地理和历史地理学界都有一定的影响，因此该书对推动历史自然地理研究起了重要的作用。现在回过头来看，该书当然存在不少缺点，但其首发之功是不可磨灭的。有鉴于此，我们不揣浅陋决定来写这本书。

本书是集体之作。全书先由邹逸麟定出框架、体例，分头撰写。第一、二、三、四章由邹逸麟撰写；第五章由吴松弟撰写；第六章由韩茂莉撰写；第七章一、二、三、四节由邹逸麟撰写，第五节由华林甫撰写，第六节由戴鞍钢撰写；第八章由唐晓峰撰写；第九章由吴海涛、邹逸麟撰写；第十章由王振忠撰写。全书最后由邹逸麟统稿、定稿。书中插图除第六章三幅由韩茂莉绘制外，其他全由陈伟庆女士绘制。

本书作者都是长期从事历史地理研究的专业工作者，但个人研究领域毕竟有限。因此书中除了部分确为作者个人研究心得外，不少部分是吸收了前人研究的成果编写而成，书中基本上都一一注明出处，最后还附一参考文献目录，供读者参考。本书的缺点肯定不少，例如学科门类不够齐全，研究深度也不够，有的观点值得商榷。限于时间、篇幅和我们的水平，目前就只能以此奉献给读者，希望广大读者在阅读过程中提出宝贵意见，共同推进我国历史人文地理学的发展。

本书撰写得到国家自然科学基金(批准号 49771026)的资助，特此致谢。

邹逸麟

2000 年 1 月 20 日

于复旦大学历史地理研究所

目　录

第一章 绪　论

中国是一个疆域辽阔、地形复杂、历史悠久、民族众多、文化沉淀深厚的文明古国。如果从新石器开始计起，中国人民在这块土地上已经劳动、生息了1万多年了。在这1万多年的时间里，中华民族的生存和发展，时刻离不开自然环境，于是就产生了在中国这块土地上特定的人地关系。这种特定的人地关系经过千万年来的整合，形成了一种绚丽多彩、繁复纷呈的人文景观，这种人文景观表现为强烈的历史继承性、地域的差异性和凝固的内聚性。这就是中国历史人文地理最基本的特色。近现代中国的每一种人文地理景观都可以追溯到它的历史渊源，都可以在历史的长河中，寻找出它产生和变迁的自然、社会背景，认识其存在的必然性和合理性。同时为意欲改变这种人文环境提供措施依据。

当今的中国是由多民族共同缔造、有着辽阔疆土的统一国家，是新石器时代以来，在中国大地上出现的众多人群、多元文化长期融合的结果。在人类社会的早期，在中国这块大地上，不同地域的不同人群因不同自然条件和生存环境，逐渐形成了农耕、游牧和渔猎三种不同生产方式的区域人群。商周以后，出现了比较稳定的以华夏族为中心的农耕文化区、西北边疆的游牧民族文化区和东北渔猎民族文化区，这三大区的人口数量和分布、经济结构、政治体制、文化意识、生活方式，都有很大的差别。在数千年生存和发展历史过程中，这三大区人群因经济互补的需要，不断地发生交融和磨合，这种交融、磨合表现为战争和分裂、和平和统一状态的交替出现，不论战争、分裂时期，还是和平、统一时期，各政权、各地区之间人员的交往、物资的流通、文化的交流从未中断过。由此经过长期的发展，最后形成农耕、游牧、渔猎三大区统一的多民族国家。这是历史发展的必然结果，是中华大家庭中每一个成员的共同愿望。为此，中华民族付出了极大的代价。今天，我们在从内地到边区的各地区、各民族经济、文化中很容易发现我中有你、你中有我，相互影响、相互渗透的痕迹，就是数千年来融合的结果。19世纪中叶以后，由于西方侵略者利用武力，威逼中国政府签订一系列不平等条约，强行割去我国数百万平方公里的土地，这是中华民族心灵深处感到最沉重、最耻辱的创痛。因此洗刷国耻、希望祖国早日统一，是中国人民的百年情结。1997年的香港回归、1999年的澳门回归，全世界的华人都感到欢欣鼓舞，同时也迫切希望台湾海峡两岸早日统一，都是这种感情的充分表现。因此，研究我国疆域形成的历史过程，不仅具有发扬爱国主义精神的积极意义，而且对多民族共同缔造统一国家的历史意义将有深刻的认识，有利于理解我国今天的多民族统一国家中种种复杂人文地理现象深层次的内在原因，有利于民族团结和祖国统一。

地方行政区划是统一国家中央政府对其所辖领土分地区分层次进行统治、管理的区划。在我国历史上三大产业区范围内，以汉族为中心的农业区最早出现中央集权的统一国家。因其统治的人民中农民占绝大部分，而农民又与土地有着密切关系，所以以汉族为中心的农业区早在公元前221年秦始皇统一六国后，全国已开始实行以统治和管理人民和土地为主的郡县制，至今已有2 200年历史了。郡县制萌芽于春秋时代中期，经过几个世纪的演变，至战国后期除齐国外，六国普遍推行。秦始皇统一后作为划一的地方行政制度推行于全国。这种制度所反映的管理思想和制度之严密、周全，足以说明中国国家体制的早熟。以后的2 000多年里，郡县制的具体措施几经变迁，从秦汉的郡县制、魏晋的州郡县制、唐宋的道路府州县制，直至元明清省路府州县制，时或二级，时或三级(或虚三级)，时或四级，循环更迭，变迁繁复；但总的分层次、分区域的精神未变。不仅是汉族王朝统治时期，就是游牧民族入主中原，也始终实行郡县制。这说明郡县制最适应农耕地区的统治和管理。至于县级以上辖区的幅员、边界的变化，更是杂复，或大或小，或与山川形胜相合，或与山川形胜相背，形成犬牙交错之势。这种变化则又与中国特定的历史和地理环境有关，即在幅员辽阔、地形复杂疆土内建立的统一国家中，在中央与地方之间必然会产生权力分配上的矛盾。当中央政府高度集权时，往往实行地方行政郡县两级制，这样下情容易上达，中央政令容易下布。但中国疆土辽阔，两级制必然出现数十个辖县政区。当内忧外患频繁，地方行政两级制因辖区小、权力有限，难以靖抚地方时，为加强地方应变能力，又往往在两级以上增加一或二级，改为三级或四级制。这时出现的一级政区辖区辽阔，分散了中央的权力，出现"股大于干"地方权力过重的弊端，最终形成地方割据势力，出现分裂的局面。下一个统一政权出现后，鉴于历史教训，免于重蹈覆辙，往往又恢复地方行政两级制，但中国疆土辽阔，地形复杂，内忧外患不断，非常时期两级制因权力范围过小，应变能力差，则又不得不在两级制上加大地方权力。于是循环往复，成了中国地方行政制度演变的特色。这种演变对人文地理现象的形成和变迁有着十分重要的影响。至于辖县政区幅员的大小，边界划分的原则是"山川形胜"还是"犬牙交错"，则往往是中央政府对控制地方的信心和防止地方割据的反映。因此从数千年我国地方行政区划等级、层次、边界、幅员的变迁，可以窥探中国封建社会中央与地方权力分配矛盾之递嬗。惟有县一级政区却具有2 000多年的生命力，直至20世纪80年代基本未变，其原因主要是县级行政责职主要是理民，管理生产，征收赋税，为封建政权的经济基础，不宜频繁更动。直至20世纪80年代开始，由于国家推行发展商品经济、改革开放政策，打破了长期封闭式经济的格局，实行了2 000多年的县级制度开始不适应城乡一体化的发展，于是撤县建市、改县为区成为近一二十年来地方行政区划改革的浪潮。

在北方蒙古高原地区，自先秦以来，一直是游牧民族控制的地区，虽然在历史上也曾出现过统一在一个强有力的单于或可汗之下的政权，但对其茫茫无际的草原和来去无踪的游牧生涯，也只能施行一种松弛的部落联盟或军政合一的统治体制，没有像农耕区那样严格的地方行政区划制度。大兴安岭以东是高寒森林地区，古代经济发展缓慢，长期处于渔猎和采集混合经济阶段，8世纪以前政治上基本还处在分散部族社会状态，尚未出现比较成熟的统治政权。西南地区群山深谷、民族群体分散林立，隋唐以前也未形成统一的民族政权，当然谈不上地方行政区划。8世纪以后，这些地区随着经济的发展，民族意识和政权意识的加强，纷纷建立国家政权，其地方行政制度，则往往学习汉族王朝的体制，在农耕区施行郡县制，而在非农耕区则采取原有的传统制度。以后这些地区和政权在汉族王朝的统治之下，中央政府根据自然和人文的特定条件，采取依靠当地部落酋长或头人主政的羁縻政策，体现了儒家"一统天下"、"华夷一体"的思想。具体而言，在中国历史上就是汉代的都护府、唐宋羁縻府州和元明清的土司制度。2 000多年来，政权更迭频繁，但对边区少数民族地区采取基层自治的羁縻统治，始终未变。正是这种政策维护了统一多民族国家的长期存在。新中国成立后，采取少数民族集居地区施行自治区、州、县制度，就是这种管理精神的延续。由此可见，从历史上地方行政区划的变迁，也可以从一个侧面看出统一多民族国家形成、发展的历史进程和传统。

对中央集权的统一国家而言，疆域如体魄，政区如四肢，首都则是心脏，是向全国发号施令的地方。首都除了居住着以皇帝为首的皇室集团外，还是全国最高决策和权力机构的所在地，设置有最高的文化和教育机构，因而拥有庞大的各级官员队伍及其附属人员，驻扎着最强大的军队以拱卫京师，并以其政治上的权力集中了全国的财富。首都的居民大都是具有政治、经济和文化上的各种特权消费阶层，于是为各种上层人物服务的手工业和商业十分繁荣，就自然而然地成了全国政治、经济和文化中心。由于这些前提，首都也就掌握了全国的命运，成了一个国家政权的象征。于是一个国家的政治、经济、文化的繁荣、萧条、兴盛、衰败等各种现象，在首都都能有所反映。首都在统一国家中地位既然如此重要，故统治者对其地理位置的选择显得十分慎重。选址的原则不外乎政治、经济、交通等地理条件，但不同历史时期的政治、经济、交通条件不同，都址的选择也不同。汉唐有长安、洛阳的选择，六朝时北有长安、洛阳和邺城，南有建康为政治中心，宋代则以开封为首都，金元以后则以北京为首选。这种选择的变化，决定于当时整个中国政治、经济、交通格局的变化。都城除选址外，内部的规制也能反映一个国家政权在发展过程中政治、经济和文化的变化。秦汉以前，都城主要起着政治中心的作用，故其中除了皇宫和官衙以外很少有居民。秦汉以后，随着社会经济的发展，都城的经济和文化的职能渐为显著，都城内部居民的里坊和手工业作坊和商业市集增加，但皇室、官衙区与居民区、商业区还是截然分开，并有严格的管理，完全是一种封闭式的城市。宋代以后商品经济的空前发展，市民经济和文化的兴起，都城的经济、文化内涵日益丰富，都城的规制起了很大变化，从封闭式都城向开放性都城转变，成了全国名符其实的政治、经济、文化中心。因此，研究都城的历史地理问题不仅限于对于一个城市的研究，而是可以通过历代都城选址和内部规制的变化，窥测历史时期一部分人文地理格局的变化。

人是一切人文地理要素的载体，人口的数量、分布及其变迁，直接影响各种人文景观的布局和变迁。我国是世界上人口大国，人口数量几乎占世界人口的20%。但历史上人口数量的增长在公元1000年前后，有很大的不同。公元1000年以前，长期徘徊在6 000万至1亿之间。公元1000年以后，人口突破1亿，以后虽也出现过低谷，但总的趋势是不断增长。17世纪前期的明代末年突破2亿，到20世纪中叶达到了4.5亿。这种增长的速度，一方面固然与基数增大有关，更重要的是与农业的地区开发、作物的改良、新品种的传入、医药卫生提高等等整个社会的经济、文化发展有关。这就引出一系列历史人文地理的问题。人口分布的地域差异是中国历史人口地理的又一特点。中国特定的自然条件分为三大自然区，占有全国陆地面积55%的西北干旱半干旱区和青藏高原区，只有全部人口的5%，而占有全国陆地面积45%的东部季风区则居住着95%的人口。这种稀稠不均的分布格局，2 000多年没有根本的变化。即使在东部季风区人口分布也不平衡，早期人类主要居住在山麓、河谷地带，高山、森林、河湖沼泽密布的平原地带人口较少，以后随着人类适应自然能力的加强，开始向平原地带发展。但总的情况还是分布极不均匀。以后因战争、灾害或其他社会不安定因素以及政府行为导致的人口的迁徙，在历史上任何时期都发生过，不过规模大小有所不同而已。人口移动的数量和趋向因不同历史时期的诱因而异，但离不开自然、社会经济等因素。因战争引起的人口迁徙，往往选择地点较远、相对安定的地区以避开战祸和死亡；因灾害引起的人口迁徙，则往往去地不会太远，求得暂时的生存，灾后也可能返回原乡；而由政府行为迫迁的人口，往往或是从狭乡到宽乡，或是从内地至边区，或是由外地充实京畿；由社会其他不安定因素如逃避赋税、徭役、失去土地的农民等等，则往往主动迁往人烟稀少的森林、草原和边区，以求得生存和发展；边区民族入居内地，则往往寻找其适居的地方而定。中国在历史上是一个天灾人祸连绵不断、社会矛盾（民族矛盾和阶级矛盾）层出不穷的国家，因此历史上人口迁徙的史实从未间断过。迁移的规模和地点因时而异。人口的迁徙，不仅是人口数量的迁徙，也还是劳动力、生产技术、文化意识的迁徙。因此历史上一次大规模的人口迁徙，必然造成人地关系的一次重大调整。秦汉时期汉族人口的大部分主要聚居在黄河中下游地区，江淮以南散居着百越，北方蒙古高原则是以匈奴为代表的游牧民族活动之地，西部是古代羌人居地。东汉以来，北方游牧民族大批入居黄河流域，从江统《徙戎论》所记，说明西晋初年在关中一些地区，非汉族人口居民占相当大的比例。晋末永嘉之乱，引起中国历史上第一次人口大规模迁移，主要表现：一是北方地区内部民族大迁徙和大融合，以汉民族为核心的新的民族融合体由此产生。二是因避战乱，北方人口大量迁往江淮流域，造成南方经济的大开发，形成南北经济对峙的局面。唐代中期安史之乱至五代，中原地区的长期战乱，诱发了中国历史上第二次人口大规模迁移，主要是北方人口的南迁至长江和珠江流域，造成南北人口分布格局的转变，同时也促进南方经济的大发展，全国经济重心由黄河流域向长江流域转移。北宋末年的靖康之乱，导致中国历史上第三次人口大规模迁移，其结果是南方人口在全国人口中比重远远超过北方，奠定了南方经济在全国领先的地位。明清两代通过政府行为将大批人口从狭乡迁往宽乡，又有人民自觉的迁移，南北人口布局稍趋平衡，基本上奠定了近代人口分布的格局。历史上多次人口大规模迁徙，形成各种民族的大融合，中华民族共同体在不断地更新，各种文化在不断地交融，今天的中华文化并非单纯的汉族文化，而是多民族共同缔造的中华文化。今天研究我国人口的分布和民族文化的格局问题，不了解历史人口的变迁显然是不行的。

社会生产是人类生存的必要条件。我国因自然条件不同，自新石器时代以来，很早就形成了农耕、渔猎、游牧三大产业区。正如《淮南子·齐俗训》所言：“其导万民也，水处者渔，山处者木，谷处者牧，陆处者农。”这种产业的地域差异，完全是由自然条件所决定的。而我国国土内最早进入文明阶段的是适宜农业的季风区，以后成为中华民族的主体部分，而农业这里指狭义的种植业，就成为我国数千年来的主要产业。在商周春秋战国时代，虽已以种植业为主，但还兼营林、牧、渔业。战国中期以后，各国竞相变法，主要内容之一是发展农耕业。秦汉时代，由于军事上开疆拓土对粮食的需求，政治体制上专制主义中央集权的加强，需要将农民束缚在土地上，经济上推行“崇本抑末”政策，于是粮食种植业成为中原王朝政府惟一关心的支柱产业。至少在黄河流域农业已与牧业分离，确立了单一农耕经济。从此，种植业为主要产业在汉王朝统治者和人民心目中已形成共识，认为是生存、发展的惟一之道。于是凡是汉民族到达的地方就开垦种植，自给自足的小农经济成为长期封建社会的基础。不仅我国历史上王朝的兴衰更迭与农业兴旺、衰败有直接关系，就是数千年来我国的政治体制、经济制度、社会组织、文化艺术、思想意识、民风习俗都受到农业生产的直接影响。与此同时，由于扩大耕地结果引起的森林草原面积缩小、湖泊淤填、山坡地垦殖，林、牧、渔业自然衰落，产业的跛足、环境的恶化，也使整个封建社会经济发展滞缓。其次，由于我国地域辽阔，各地区自然条件不同，农业的地域差异性十分突出。历史时期由于自然和人为的因素，不同地区农业的兴衰更替有过很大变化，由此引起人口的迁移、地区产业结构的变化以及其他人文景观变迁。因此研究我国农业的地区开发和变迁，除了农业经济本身外，也可以从中窥探其他自然、人文景观变迁的历史背景。

我国北部和西北部干旱半干旱区存在大片荒漠和草原，长期是我国游牧民族活动的地区，仅有少量灌溉农业，历史上凡当汉民族入居该地，才有规模农业，但仅限少量可灌溉地。由于农业的经济效益高于牧业，同时游牧民族对农产品的需求，当游牧民族统治中原时，原为汉族在草原所开垦的农耕地，大多继续维持农耕生产。于是就总体状况而言，农耕地不断扩大，牧区缩小，半农半牧区多为农作所占。清代以来，内地人口骤增，农业技术又无质的改变，增加粮食的出路，惟有扩大耕地，于是政府组织和私垦草原成为一时风气。草原的被垦，在短时期内是增加了粮食，从长远来看却造成水土流失，地面起沙，破坏了环境。对历史时期农牧交错地带产业配置问题，是历史人文地理研究的重要课题。

东北森林寒冷区和青藏、西南云贵高原，均由于自然条件所限，长期处于较原始的农作、畜牧和渔猎、采集混合经济阶段。清代以前汉族进入这些地区较少，所以一直没有较大规模的农业开发。清代以后，大批河北、山东人口迁入东北，农耕业不断扩展。由于东北地区除了寒冷以外，水土资源都十分丰富，至近代成为全国的粮仓之一。

总之，当农耕区最先进入文明社会以后，在与游牧、渔猎经济区长期交往过程中，农业文明的影响不断扩大，耕作业的生产方式、技术，以至生活方式和文化意识，逐渐影响其他二大区域，秦汉以后开始出现三大区统一政权。这种政权出现后，又进一步加强了区域之间的交融，其间当然有合作、也有排斥，然而经济利益至上，经过长期的交融，最终还是出现大一统的清帝国。因此区域经济的差异，是引起交融的前提，而经济上的认同，最终将得到政治上的认同。

手工业也是我国传统产业，早在商周时代手工业已与农业分离成为独立产业，青铜、纺织、制陶业都已有相当水平。春秋战国时期，一些主要手工业已有相当的规模，各国之间商品流通一度繁荣，出现不少以私人经营手工业、商业起家的豪富。但是秦汉以后长期封闭式的自给自足的小农经济社会，除了专为供应皇室宫廷、达官贵族享用的一些高档手工业品外，大部分还处于家庭手工业的阶段。一些高精技术的产品，因专为宫廷贵族服务，讲质不讲量，不作为商品，没有竞争，技术父子师徒相传，世代衰退，以至失传。唐宋以后，部分地区如黄河和长江中下游地区、部分产业如丝绸、棉布、造纸、印刷、瓷器等等已有相当规模的发展，国内地区间商品交流相当繁荣，固定市场已经形成，不少商品如丝绸、瓷器已远销欧亚。不少地区和城市已从原先单纯依靠农耕经济为主要产业转变为以手工业为主要产业，如太湖流域，纯粹以手工业品兴起的城市已经出现，如江南市镇。特别是明清时期，江南地区因手工业兴起的城镇如景德镇已全国著名，江南地区经济明显上升，丝绸和瓷器已成为国际市场上的紧俏商品。但由于政府的控制和干涉，总体而言，尚未发展为近代工业的规模和形成近代商品经济市场。19 世纪末叶以来，中国民族资本才有所兴起，城市经济有所发展。但好景不长，20 世纪 30 年代日本帝国主义的入侵，中断了近代中国工业的发展。直至新中国成立前，中国始终没有走上近代工商业社会的道路。由此造成中国近代区域经济的差异十分强烈，城市和农村对立，贫富的差别，东西部地区经济的差距，成为阻碍整个中国经济发展的桎梏。

城市是一地区的政治、经济、文化中心，而交通道路则是维系大小城市之间的通道，两者之间是相辅相成的关系。古代中国，政治上长期是一个专制主义中央集权的国家，社会经济基础是自给自足的小农经济，商品市场很不发达。因此，唐朝以前从首都至州、郡、县城的各级城市，基本上都是全国和各级地区的统治管理中心，也就是政治中心。由于它是政治中心，就可以通过行政手段或社会的需要而使其成为经济和文化中心。例如统治者可以通过政府权力兴办许多重要的手工业，开办国立学校和图书馆，兴举各种文化学术事业。又由于政治中心集中了地区中最富有的人群，于是商业及其他娱乐服务消费行业也就自然集中于此。由此等等原因而产生的交通路线主要作用是服务于中央政府和地方政治中心的各种需要，如输送漕粮、贡赋，调动军队，下达政令和加强对地方统治等。其路线主要特点：以全国而言，主要是以首都为中心向四方辐射，远达周边各地；以一州一郡一府一县范围而言，则是以州、郡、府、县治所在地为中心向辖区内四周辐射。所以首都和地区政治中心都是交通的枢纽。唐宋以后，由于商品经济发展，部分地区主要是东南地区出现了一批游离于政治中心以外的城市——手工业商业城镇，明清以后长江、黄河、珠江流域普遍出现类似的经济城镇，中国的城市分布和交通格局都出现了新的面貌。这些城镇的政治地位虽然不如府州县城，然而其经济作用是府州县城所不能替代的。也因为这些城镇具有充裕的经济实力，文化教育事业得以兴旺，改变了以往文化教育大多集中于首都的传统，地方文人集团、地方学派、地方特征的种种文化如雨后春笋破土而出，文化景观发生显著变化。由此可见，手工业、商业的发展不仅是个经济问题，也是整个文化地理中重要的问题。

就具体交通路线而言，陆路交通路线在东部平原地区开发较早，其中平原地区可选择的陆路交通路线较多，历史时期形成后随整个经济格局的变化而变化。在西部山区和东南丘陵地带则因自然条件的限制，可选择的余地少，某一交通路线初次开辟以后，就很少变化，一直可以延续到近代，如川陕、川滇、甘新、赣粤、湘桂间古代陆路交通路线，大都为近代铁路公路交通路线的基础。我国山地多平原少，因此大多数陆路交通自开辟后很少变迁，如沿着太行山东麓的京广铁路线，自春秋战国以来即为南北陆路交通的大道。水运交通则不然，由于自然条件的变化，特别是东部平原地区历史上河流变迁频繁，所以水运路线格局，古今变化较大。如宋代以前黄河流域水资源比较丰富，河道比较稳定，包括黄河干流在内各大河流绝大多数可有季节性通航，所以唐代以前北方水运交通十分发达，大规模的军事运输和漕粮运输主要要采取水运。历史上为沟通南北所开凿的各时期运河也大多以黄河为水源。宋代以后，由于黄河中上游黄土高原森林植被的破坏，水土流失日益严重，环境渐趋恶化，河流泥沙量增高，水资源枯竭，黄河干流及其各支流通航效益日渐衰落，至近现代以来，基本上消失了通航之利。长江流域各河流虽然因水资源条件较好，古代为南方地区东西水运的干道，今天仍然维持较好的通航效益，然而也因含沙量增加，河道淤浅多变，其经济效益已远不如前。明清以后，南方水运也不及唐宋时期，一方面固然与船只吨位增加有关，但在轮船出现以前这种因素影响不大，主要是河道条件恶化。随着水运路线的改变和整体衰落，原先沿河、沿运各商业城市也随之衰落。近代铁路公路兴起后，我国交通干道发生巨大变化，城市布局也随之发生巨大变化。

我国地域广大，自然环境地区差异明显，“一方水土养一方人”，不同地区因不同的自然、社会经济条件，形成不同地域人群的生活方式、思想观念、行为准则。这种差异具体表现为语言、饮食、建筑、婚姻制度、生活习俗、宗教信仰、职业类别以至于学术文化等等方面的区域差异，由此形成各种文化区域。此类文化区域及其内在的种种要素，随着自然变迁、政治动荡、经济兴衰、人口和民族迁徙，在历史上都发生过巨大变化。文化区域划分主要依据文化要素，但文化区域的生成和变迁，离不开自然条件、经济条件，同时政治区划在某种程度上制约着文化区域的形成和变化。因此文化地理的研究离不开自然、政治、经济地理的研究成果，否则难以究其变化的原因和规律。社会文化地理要素繁复纷呈，涉及面十分广泛。其中某些要素分布格局的变迁，在中国特定的历史条件，与政治局面的变化有着相当密切的关系。战国至秦汉，魏晋南北朝至唐前期，唐后期至北宋，两宋至辽金，自明至清，都出现过文化格局的大变动。这是文化地理要素多变性的一面。同时由于中国在长期封闭式的小农经济社会里，某些要素的区域差异的传统沿袭时间很长，例如今日中国的文化格局基本形成于明清时期，五六百年来某些文化地理现象，直到近现代还留有很深的痕迹。这是文化地理要素继承性的一面。以往研究中国传统文化比较集中于高层次的精英文化，对社会文化涉猎较少。但要真正认识和理解中国国情，仅仅了解精英文化是不够的，还必须了解中国广大基层人民的社会生活和精神风貌，才能对中国的社会及其变迁有深刻的理解。而研究中国广大人民社会生活和精神风貌，只有从繁复纷呈的人文景观的地域分布和变迁中，去考察今日中国社会文化的历史渊源。

历史人文地理的内涵可谓十分广泛，有理由说每一种人类活动过程中，在地球表面所生产的地理现象都可以作为人文地理的对象来研究。人类活动的领域十分广泛，包括政治、军事、经济、文化等等各方面，而每一方面又离不开自然环境。因此，研究历史人文地理需要有自然地理学、历史学、政治学、经济学、社会学、文化人类学等多学科的知识，个人的知识毕竟有限，因此大型研究项目，需要多学科共同参与，才能得出比较有质量的成果。

目前我国对历史人文地理的研究还只能说处于起步阶段。首先，研究的范围比较集中于政治、经济（主要是农业）、人口等几个方面。这些固然是一切人文地理现象的基础，但一切人文地理现象都是互相制约、互相影响的。仅限于少数要素的研究，远不能对整个中国历史人文地理现象产生完整的认识和深刻的理解。其次，研究方法上，还仅限于历史文献的传统方法。当然，要做到这一点已经极不容易。中国的历史文献浩如烟海，而人文地理的资料更是散落于这瀚海之中。二十五史、资治通鉴、十通、历代会典、明清实录等等传统研究史学的基本资料，远不能满足历史人文地理研究的需要。因为社会上广大基层人民活动现象往往被官方史书记载所忽略，而社会上广大基层人民活动的现象正是我们研究历史人文地理最宝贵的资料。因此可以说，除了正统的史书外，官府文牍、野史杂记、方志图录、碑记题咏、佛道经藏、诗文杂集、日记书信、家庭账册、公私契约、戏曲诗词、民间歌谣等等，凡一切能反映某一个时期人们活动的文字记录，都可以成为研究历史人文地理的宝贵资料。这类文献资料一方面因社会的动荡极不容易保存，另一方面大多散存于民间而非公私图书馆，因此收集起来极为不易，遂使研究历史人文地理在资料收集方面较其他史学领域的课题更为困难。再次，缺乏深入细致的社会调查。上文已曾说过，人文地理现象有强烈的继承性。许多明清以来形成的人文地理现象，在今天基层社会保存着明显的痕迹。如果我们深入社会、深入农村进行细致的社会调查，可以补充文献的不足，将会对历史人文地理各种要素的形成和变迁有更深刻的理解。其四，中国历史人文地理研究尚未形成系统完整的理论，这当然与具体课题研究不多有关。但缺乏理论的指导，亦会影响研究成果的成熟。总之，中国历史人文地理研究进一步发展，有待于同行们的共同努力。

参 考 文 献(略)

第二章 统一多民族国家疆域形成的历史过程

中国是一个由多民族共同缔造的统一国家。历史时期中华民族大家庭中每一个成员在祖国土地上劳动、生息的范围及其所建立的政权的疆域和政区，都是中国历史上疆域政区不可分割的一部分。现今中国的国境南邻越南、老挝和缅甸，西南与印度、不丹、锡金和尼泊尔接界，西连巴基斯坦、阿富汗，西北和东北与独联体部分国家接壤，正北与蒙古国为邻，东面隔鸭绿江、图们江与朝鲜分界，隔黄海、东海、南海与韩国、日本、菲律宾、印度尼西亚、马来西亚等国相望，全国面积960万平方公里。中国现今的疆域是4 000多年来以华夏族为主体的政权与周边各族的部落、部族政权在长期融合的过程中逐渐形成的。

第一节 先秦时期华夏诸国疆域的形成和后代人文区域的关系

迄今为止，在中国的土地上发现的新石器时代遗址大约有六七千处，遍及全国各地。这些文化遗址的分布，反映了原始社会后期人类活动的范围。这些分散的原始氏族和部落经过长期的交往和融合，形成了三个主要部落联盟，一是活动于黄河中游的夏人，一是活动于黄河下游的夷人，此外是活动于江汉流域及其以南地区的苗蛮集团。先是夏人部落不断扩展，与东部夷族交相融合，形成最大的夏人部落联盟。以后又与南方的苗蛮部落集团频繁交往，使华夏部落集团不断扩大，逐渐成为中华民族的主体。这个过程大体分为下列几个时期：

(1) 约公元前21世纪，中国黄河流域出现了第一个国家政权——夏王朝。据考古和文献资料揭示，夏朝统治的中心地区在今豫西嵩山附近的颍河上游、伊洛河流域和河南黄河北岸的古济水流域以及晋西南地区。现在一般认为二里头类型文化代表夏文化，而二里头文化遗址主要集中分布在以上一些地区。文献记载中的禹都阳城，很可能就是近年在河南登封告成镇王城冈发现的古城址。以后夏王朝几个君主活动的地方也都在这个地区。如斟寻在今巩县(一说偃师)，阳翟即今禹县，原在今济源县境，此外，几处称为“夏墟”的地方，多在今晋西南的翼城、临汾、夏县、安邑、永济等地。夏王朝的势力范围还向东扩展到了豫东和鲁西地区，夏朝后期都城斟灌，可能在今山东观城县，帝丘在今河南濮阳西南，老丘在今河南陈留。其势力所及南至江汉，东近淮泗。中国主体民族华夏族就是在这个地区发展起来的。

(2) 继夏朝而兴起的商朝，约公元前16～前11世纪。商族相传是东方古老的部落，始祖是契，传十四世至汤，才灭了夏朝。据《尚书·商书》记载：“自契至成汤，八迁，汤始居亳。”这八迁的具体地点，自唐代以来说法不一，很难确指。但早期商人活动的中心地区显然是在夏朝中心区域的东部，大体上在今河北省西南部、河南省北、中部和山东省西部范围内。近年有人认为郑州商城或郾师商城都有可能是汤的亳都所在。成汤灭夏后至盘庚五迁，始居于殷。《古本竹书纪年》:“自盘庚徙殷，至纣之灭，二百七十三年，更不徙都。”现除殷已经考古证实在今河南安阳西北小屯村外，其余四处隞(郑州)、相(内黄)、邢(邢台)、奄(曲阜)，尚无定说。不过从文献记载和商代遗址发现的地或分布来看，河北西南部和河南北中部为其统治中心区，是不成问题的。盘庚(第二十商王)迁殷后，国势逐渐强大。武丁(第二十三王)以前，商朝的疆域北面扩展到了河北的易水流域，南抵淮滨，西至太行山、伏牛山脉，东至泰山山脉。武丁以后，疆域有所扩大，东北可能到达了辽宁，南抵江淮(湖北黄陂盘龙城即为归附商朝的一个方国)，西北越过太行山进入山西高原、渭水下游，成为古代东方一大强国。

商朝的周围还有许多部族和方国(即归附商朝的部落国家)，在今天东北的有肃慎、孤竹，今北京市和河北易县一带的有燕，在今内蒙古东南部和今山西境内有鬼方、舌方、土方，在今陕西北部有羌方、犬戎、熏育(荤粥)，西部有周、氐，西南有巴、蜀，长江中游有濮人、楚人，淮河流域有淮夷等等。

(3) 公元前 11 世纪至前 8 世纪建立周朝的周人，也是一个古老的部族，相传起源陕西武功一带(一说源出山西汾河流域)。周人原为商朝西部的一个方国，到公刘时代，由于狄人的侵扰，迁居于豳(今陕西彬县、旬邑一带)。至古公亶父(周太王)时，仍因狄、戎的侵扰，又南逾梁山，迁至岐山下的周原。考古证明周原在今陕西岐山县京当乡与扶风县黄堆乡和法门乡之间，是一块地势平衍、水草丰肥的沃土。周人就在此定居下来，定国号为周，营建城郭，修建宫室，以后逐渐强大，奠定了灭商的基础。

从周文王开始沿渭河向东发展，剪除了商朝在关中的势力，迁都于丰(今西安市西南沣河西岸)。周原出土的甲骨文中已有“伐蜀”、“征巢”、“楚子来告”等记载，说明当时周人的政治影响已到达了西南巴、蜀和江淮、江汉流域。以后武王即位，为经营东方，将国都迁至沣河东岸的镐(今西安市西南斗门镇一带)。数年后灭殷，控制了商朝统治区。武王死后，周公东征，相继征服了商朝残余势力和东方诸小国。周朝对其新取得的领土，采取分封制。因此周王朝的势力范围有两个层次:一是周朝王室直接治理的地区，称为“周邦”、“王畿”，主要是周人的创业地和政治中心丰、镐一带，即所谓“宗周”，也即今西安地区，还有就是周成王时周公和召公的营建的洛邑，也即成周，即今河南洛阳地区。二是周王室将王畿以外的地区分封给宗室、勋戚、功臣、先圣后裔，建立统治据点，以拱卫周室。据记载，周初分封 71 国，以后仍陆续有所分封，多至数百国。其中主要的有东方的齐、鲁，北方的燕、晋等大国，此外还有黄河下游的卫、管、陈、蔡，汉江流域的“汉阳诸姬”，长江下游的宜(在今江苏丹徒县)和太湖流域的吴等等。总之，周代盛时势力范围所及相当辽阔，东北方封国燕疆土已到达了今辽宁喀左、朝阳一带，西面至今渭河上游，北方抵汾河流域和霍山一带，东面齐、鲁到了山东半岛，南至汉江中游，东南抵长江下游和太湖流域，武王灭殷发动的牧野之战时，其部队统下有庸、蜀、微、髳等人，说明势力也达到巴蜀一带。周公在今洛阳附近建洛邑，作为控制东方的政治中心。

周王朝控制的领土内，并不是连成一片的，除荒地外，还杂居着许多夷狄和方国。其周围也同时存在许多部落、部族和方国。东北有肃慎、孤竹，北部有鬼方、北戎，西有犬戎、翟、羌，江汉平原有荆楚，荆楚以西有濮、群蛮，西南有巴、蜀，淮泗之间有淮夷、徐夷等。

(4) 西周末年，犬戎强大，最后杀周幽王而周亡。公元前 770 年平王东迁，是为东周，进入历史上春秋战国时代。

春秋初年，全国处于分裂割据状态，见于《左传》的大小国家有120多个。而其时四周夷狄却伺机强大，入侵中原华夏地域。“南夷与北夷交，中国不绝如线”①。西方关中地区为犬戎所据，东方的山戎、北戎曾扰燕、齐、郑国，山东东部、淮北一带的东夷、淮夷势力也伸入中原地区。最强大的是狄，居于山西中部以北、陕西北部及太行山东西两麓，地域广大，并四出侵扰，主要是向东向南扩展，如侵邢(今河北邢台)，灭卫(今河南淇县)，灭温(今河南温县)，并多次侵扰晋、齐、郑、鲁、宋等大国。南方荆蛮的楚势力也逐步强大，经江汉间向北发展，并吞了汉淮间许多小国，“汉阳诸姬，楚实尽之”②，并占有了南阳盆地和汝颍河流域。中叶以后，五霸迭兴，齐桓公、晋文公、秦穆公相继和戎狄展开斗争。齐并西征戎狄，东并山东半岛诸夷；晋并太行东西大河南北诸戎狄；秦并关中自陇以东诸戎，基本上控制了关中四周土地。原处中原地区的戎狄、诸夷也渐与华夏融合，南方的楚越“蛮夷”之地也多诸夏化。如西周末年楚国自称“蛮夷”，到春秋后期则以“华夏”自居。所以到了春秋末年诸夏范围又有所扩展。秦国的西疆到了渭水上游，今宁夏东南部和甘肃东部；东逾黄河和崤函之塞，与三晋对峙；东南逾今商洛地区与楚为邻；南逾今陕西汉中地区进入巴蜀；都于雍(今陕西凤翔东南)。晋国兼并戎狄后，北疆到了山西中部汾河中游，东北达河北南部、河南北部和陕西东南部；先后都绛(今山西翼城县东南)、新田(曲沃县西北)。齐国北疆至黄河与燕接界，西至济水与卫为邻，南以泰山与鲁分界，东灭莱国据有山东半岛。以临淄(今淄博市临淄)为都城。燕国的北界到了河北北部和辽宁西部的大凌河流域，西面尚有戎、狄诸族，南面与齐为界；都城在蓟(今北京城西南部)。南方的楚国的势力北达汉水中游连及淮域，东至江淮中部，西至陕西东南部和四川东部，南达湖南洞庭平原；建都于郢(今湖北荆州市北纪南城)。越国原据有今浙东一带，都于会稽(今浙江绍兴市)，勾践时灭吴，向北扩展，疆土有今江苏北部运河以东和山东南部，苏南、皖南和江西东部和浙江北部，并一度迁都琅邪(今山东胶南县南)，与中原诸国会盟。春秋战国之际，战争频仍，中原诸国相互兼并，至战国初年，只剩下十余国，其中最大的为秦、韩、赵、魏、齐、楚、燕七大强国，史称“七雄”。这时七国国势强盛，纷纷向四边开疆拓土，置郡县，修长城。魏国原有晋南、豫北和豫中偏东一带，在公元前4世纪前后取河西白狄地(今陕北)及部分秦地，“筑长城，自郑滨洛以北，有上郡”③，即今陕西北洛河的魏长城。都城先在安邑(今山西夏县)，后迁都大梁(今河南开封市)。赵国占有今山西中部、北部以及河北中部和西北部，其北界原在今桑乾河上游一带，赵武灵王时(前325～前299年)“胡服骑射”，向北击败了林胡、楼烦，疆土扩展至河套北面阴山地区，置云中、雁门、代郡，筑长城自代(今河北蔚县)西傍阴山山脉至高阙(今内蒙古临河县东北狼山口)。都于邯郸(今河北邯郸市)。燕国原有河北北部和辽南一带，燕昭王时(前311～前279年)击退了东胡，却地千余里，在北边设置了上谷、渔阳、右北平、辽西、辽东五郡，筑长城西起造阳(约今河北张家口附近)，东经辽东，又东至满潘汗(今朝鲜清川江一带)与朝鲜分界。今内蒙古西昭乌达盟境内还有断续的燕长城遗址存在。仍以蓟为都。韩国国土最小，据有今晋东南、豫西及部分豫中地，先都平阳(今山西临汾市)，后迁都郑(今河南新郑)。西面的秦国拓土最为显著，秦惠王时(前337～前321年)南攻楚汉中，取地300公里，置汉中郡。昭襄王时(前306～前251年)灭义渠等戎而置陇西、

---

① 《公羊传》僖公四年。
② 《左传》僖公二十八年。
③ 《史记·秦本纪》。

北地二郡(在今甘肃东部),疆界扩展至今甘肃东部和宁夏南部的泾渭河上游和洮河流域。于是筑长城,西端起临洮(今甘肃岷县),沿洮河而上,东北沿北地、上郡北界,至今陕北黄河西岸止,今仍有断续遗址存在。先都栎阳(今陕西临潼北渭水北岸),后向东迁都咸阳(今咸阳东北)。齐国在战国仍然强大,都城仍在临淄,疆土北至河北中部与燕分界,南至泰山与鲁为邻,西隔黄河与赵、魏对峙,东至于海。楚国在战国时期空前强大,大施开疆拓土,初期灭蔡,占有淮北地,后又灭莒(今山东莒县),后期灭鲁,据有山东南部地;向南越过了洞庭湖到了湘、资、沅、澧流域,向西占有了湘西、鄂西地区,设置了巫郡、黔中郡,势力还远及广西平乐一带。前 279 年左右楚顷襄王派庄蹻由黔中郡向西南进入贵州夜郎国,直至滇池(后黔中郡为秦国所有,庄蹻即在云南自称滇王)。战国中期楚灭越,疆土拓至浙江及海。晚期曾先后迁都陈(今河南淮阳)、巨阳(今安徽太和东南)、寿春(今寿县西南)。

总之,到了战国末年,七雄的疆域范围,东北过鸭绿江到了朝鲜北部,北面到了内蒙古西部河套地区、山西、河北北部和辽宁南部,西面抵达甘肃洮河流域,南面已有浙江一半、江西北部、湖南全省及贵州、四川一部,为秦统一后的疆域打下了基础。

战国初年,华夏诸国的周围分布着许多蛮夷和戎狄,以后有的与华夏族合并、融合,有的保持自己发展的道路。靠近中原地区的戎狄,先后为魏、赵、韩、秦并合,遂与华夏族融合。东夷和淮夷也为齐、鲁所并。南方越族的许多地方成为楚国的领地。较远的如北边的林胡、楼烦原居晋、陕北部和内蒙古地区,先曾为秦、晋、燕北边大敌,战国时受赵、燕攻击,渐次退出长城以外,为匈奴所并。战国后期,匈奴南下,成为华夏族北边的劲敌,"冠带战国七,而三国边于匈奴"①。东北地区今大兴安岭南端至西拉木伦河流域为东胡所居,其东为濊貊,居在今长城以外辽宁、吉林一带,再东则为肃慎地区,在今松花江、黑龙江流域了。在河西地区有羌人和月氏人。西南巴蜀为秦人占有后,其西、其南还有且兰、夜郎、滇、昆明(均在今云南、贵州一带)、邛都(今西昌一带)嶲、筰都(今四川大渡河、雅砻江流域)、徙(今四川天全一带)、冉駹(今四川茂县汶川)、白马(今甘肃成县)等各族。楚国西南有百濮、群蛮。大江以南有百越,分为东瓯(今浙江南部)、闽越(今福建)、南越(今广东)、骆越(今广西)等。

综上所述,先秦时期疆域变迁的总趋势:一方面是华夏地区由中原向南向北,逐渐扩展。夏时主要统治区在黄河中游地区;商时南至淮河,北至河北中部;周时南面到了长江南岸,东北到了辽宁南部;春秋时南到洞庭湖,北至山西中部;战国时南至五岭,北至阴山。另一方面是从下游向上游发展,夏商时主要在黄河中下游,周时向西发展到渭河上游,春秋时发展到洮河。长江流域从下游向上游发展与黄河流域有所不同,主要由于交通关系,黄河流域诸夏文化先到长江中下游,然后向上游发展。

从西周诸国林立,华夏与戎狄、蛮夷杂居的局面,至春秋五霸迭兴,华夏文化圈的扩大,再至战国七国争雄的局势,最后出现秦帝国统一局面的形成,前后大致经过了 8 个世纪。在这 800 年里,通过政治(包括战争)、经济、文化的交流,相互融合,相互认同,最后通过军事手段,达到了政治上的统一。但是中国地域广大,自然环境、经济环境区域差异很大。因此虽然秦帝国统一后,战国以来各地人文景观的差异还是长期保留着,所以《汉书·地理志》后序云:"凡民函五常之性,而其刚柔缓急,音声不同,系水土之风气,故谓之风;好

---

① 《史记·匈奴列传》。

恶取舍，动静亡常，随君上之情欲，故谓之俗。”其引刘向《域分》、朱赣《风俗》记述各地经济文化、风俗民情，即以春秋战国时代秦地、魏地、周地、韩地、赵地、燕地、齐地、鲁地、宋地、卫地、楚地、吴地、粤地划分，说明至汉初，春秋战国以来各国人文景观的地域差异还长期保留着。经过两汉400年的统一政治局面，黄河中下游地区的文化差异逐步缩小，但三晋（魏、赵、韩）、秦、齐、楚、吴越、粤、巴蜀文化差异还长期保留着，至今还有遗踪可寻。因此中国人文景观具有很强的历史继承性和地域差异性，这是中国历史人文地理很重要的特点。

第二节　秦汉统一王朝疆域的形成及其自然、人文地理背景

公元前221年秦始皇统一六国，中国历史上第一次出现了中央集权的统一的多民族国家。秦、两汉共400年（公元前221～公元220年），以汉族为中心的中原王朝疆域规模基本奠定。因此这一时期的疆域在中国历史上有开创性意义。

秦王政（统一后称始皇）二十五年（前222年），即统一六国前一年，平定楚国江南地（即吴、越旧域），设会稽郡，有今江苏长江以南、浙江大部的安徽东南小部分地；又并闽越和东瓯，置闽中郡，有今福建全省和浙江东南部地。三十三年（前214年）秦军五十万，南逾五岭，统一了南越和西瓯地区，置桂林、南海、象三郡，相当今广东、广西二省区。三十二年派将军蒙恬发兵30万北击匈奴，略取“河南地”（河套以南地，古时黄河干流走今乌加河）；次年又使蒙恬渡河，拓地至阴山，沿河筑城，在河套地区设置九原郡，并置四十四县，徙有罪的人充实之，将匈奴势力逐至阴山以北。于是将战国秦、赵、燕以及秦始皇时代所筑的长城重加修缮和连接，形成“西起临洮（今甘肃岷县）东至辽东，延袤万余里”的秦长城。历史文献记载秦代的疆域，“东至海暨朝鲜，西至临洮、羌中，南至北响户（北回归线以南），北据河为塞，并阴山至辽东”①。秦始皇时代还开筑了从今四川宜宾经云南昭通至曲靖地区的五尺道，控制了当地的邛、筰、冉駹等部族国家，将政治势力深入到了云贵高原，但因为秦朝统治时间短促，未及设置郡县而亡。

秦代统一帝国疆域的形成，是战国以来各国历史发展的必然结果。战国中期以来各国为自强，竞相变法，其中很重要的内容，就是发展农耕业。秦国和东方六国都处于温带、亚热带地区，光、热、水、土和生物等自然资源和自然条件都比较适合农业的发展。虽然由于大部分处于季风区，降水季节分配不均，易旱易涝。但是战国以来各国开始十分注意农田水利建设，因此除非遭到十分严重的灾害，农业收成仍能得到可靠的保证。生产方式的认同，减少了统一期间的阻力。同时对中原华夏文化的认同，也为统一事业在人文方面创造了条件。在春秋时代，秦国僻在西隅，“不与中国诸侯之会盟”，但对西戎还是以“中国”自居②。楚国在西周末年自称“蛮夷”，到了春秋末年则以“华夏”自居。其他处于中原之间的各小国，经过春秋战国长期的融合，都已华夏化了。所以秦始皇统一后很快就进行法律、度量衡、货币、车轨、文字、历法的统一，并未遭到什么阻力。这正说明秦帝国统一疆域的出现是历史发展的必然产物。

汉高祖刘邦即位后，先是剪除异姓诸侯，后又平定吴楚七国之乱，中原战争长期不息，政局动荡不定，无暇顾及边防。北部边境上秦朝所徙的戍卒纷纷离去，匈奴乘机渡河南下，

---

① 《史记·秦始皇本纪》。
② 《史记·秦本纪》。

重新占有了秦朝开拓的“河南地”。“与中国(按指汉朝)界于故塞”①,即以朝那(今宁夏固原东南)、肤施(今陕西榆林东南)、武州塞(今山西左云至大同)一线与汉朝分界,今内蒙古河套内外地区复为匈奴所有。文、景帝时代还不断侵扰北部边郡。东南的东瓯和闽越也乘机脱离秦王朝,闽中郡废。汉初分别封其为东瓯王、闽越王,不为直属版图。秦南海郡龙川令赵佗在秦亡后,据南海,又西并桂林、象郡,自立为南越王,尽有岭南之地。西南方面放弃了五尺道,失去了对云贵高原上部族国家的控制,连同战国时楚国在今湘西、黔东设置黔中郡也放弃了。所以秦末汉初时王朝的疆域,不仅小于秦始皇时代,也小于战国末年。

汉武帝继位后,在其前40年(前140～前100年)内,不断地向外扩展领土,使汉代的疆土达到了空前的辽阔。

(1) 北方疆域的开拓。公元前127年汉将卫青出击匈奴,不仅收复了陇西、北地、上郡的北部,还收复了河南地,置朔方、五原二郡(秦九原郡故地)。云中、雁门二郡的北界也在此时得到恢复。北边疆界又推至河套、阴山以北。公元前119年汉将卫青、霍去病率重兵出击匈奴,追至狼居胥山(今蒙古国境内肯特山),匈奴远遁,从此“幕南无王庭”。

(2) 西北河西四郡的设置。公元前121年汉将霍去病出陇西击居于河西走廊的匈奴浑邪王、休屠王,浑邪王杀休屠王降汉,以其地置酒泉郡,以隔断匈奴与羌人的联系。以后的几十年里,陆续分置了张掖、敦煌、武威三郡,合称河西四郡。连同公元前81年“西逐诸羌”后,在湟水流域设置的金城郡,合称河西五郡。这是历史上第一次将河西走廊地区纳入中原王朝的疆土之内。

(3) 南方疆土的扩展。公元前138年,东瓯王迫于闽越王的威胁,征得汉朝的同意,举国内迁至江淮之间。公元前110年,汉朝又灭了闽越,又徙其部分人民于江淮间。后在其原地即今福建全省和浙江南部地置冶(今福建福州市)、回浦(今浙江临海东南)二县,属会稽郡。公元前111年汉分五路大军逾五岭,平南越,以其地置南海、郁林、苍梧、合浦、交趾、九真、日南、象八郡。次年又跨海于海南岛上置珠崖、儋耳二郡。以上十郡包括了今天广东、广西、海南三省区和越南北部地区,较秦时的南疆更为扩大。

(4) 西南七郡的设置。公元前135～前109年间,汉王朝势力向西南扩张,在原夜郎、且兰、邛筰、冉駹、白马氐、劳浸、靡莫、滇、昆明等部族国家地置犍为、牂柯、越嶲、沈黎、汶山、武都、益州七郡,除了武都郡位于陕甘二省南端的嘉陵江上游外,其余六郡均在今云贵高原与川边地区。这时汉代的西南边界已到达今四川邛崃山和云南高黎贡山和哀牢山一线,版图大大超过了秦代。

(5) 东北乐浪四郡的设置。公元前108年灭了由燕人卫满在朝鲜建立的卫氏朝鲜,以朝鲜及其附属国地置乐浪、玄菟、真番、临屯四郡,将东北疆界推至朝鲜半岛中、北部,东至日本海,南抵汉城以北一带。

(6) 西域都护府的设置。“西域”一词有狭广二义:狭义的西域是指今甘肃敦煌玉门关、阳关以西,葱岭(今帕米尔高原)以东的今新疆地区;广义的西域还包括葱岭以西远至中亚或更远至欧洲东部和北非地区。中国历史文献里有政区意义的西域往往是狭义的,而广义的西域则指从玉门、阳关西出所能达到的地区。

新疆地区由于地理环境的影响,在古代分布着许多分散的小国。居于沙漠中绿洲的城

① 《史记·匈奴列传》。

邦国家，以种植业定居为主，称为居国；在山谷中逐水草而牧的，称为行国。历史有所谓三十六国、四十八国、五十余国之说。公元前2世纪初，匈奴势力已经到达了西域（狭义），设置僮仆都尉控制西域诸国，并征收赋税①。汉武帝时曾于公元前138、公元前119年两次派张骞出使西域（广义），目的是联络乌孙（今伊犁河和伊塞克湖一带）、大月氏（今阿姆河上游），以抗击匈奴。公元前102年又远征在费尔干纳盆地的大宛获胜，于是西域震恐，纷纷遣使来贡。汉朝于是在敦煌至罗布泊之间设立了交通亭站，在轮台（今新疆轮台东南）、渠犁（今库尔勒）等处进行屯田，以保护来往使者和提供粮食供应。这时汉朝还只控制天山南路，北路自乌孙以东犹在匈奴统治之下。以后匈奴势弱，公元前60年匈奴日逐王降汉，“僮仆都尉由此罢”②，天山北路也摆脱了匈奴的统治。汉朝派郑吉为第一任西域都护驻乌垒城（今新疆轮台东），其辖区包括今新疆及巴尔喀什湖以南的乌孙、帕米尔地区的无雷和费尔干纳盆地的大宛等。

综上所述，可见汉武帝时代的疆域空前辽阔：东抵日本海、黄海暨朝鲜半岛中北部，北逾阴山，西至中亚，西南至高黎贡山、哀牢山，南至越南中部和南海。见图2-1。

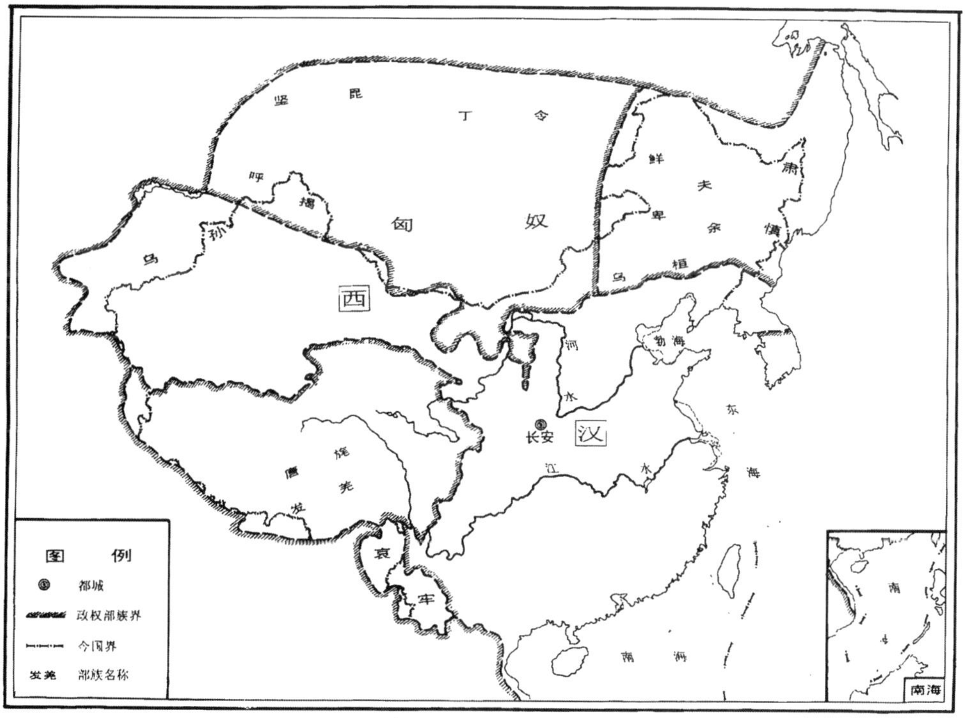

图2-1 西汉武帝时疆域形势图
（采自谭其骧主编《简明中国历史地图集》17～18幅）

自汉武帝末年以后的近百年间，随着国势的削弱，版图有所缩小。东北方面由于濊貊族的反抗，公元前82年（始元五年）撤销了真番、临屯二郡，将其尚可控制的单单大岭（今朝鲜境内狼林山、阿虎飞岭）以东七县的领土并入乐浪、玄菟二郡，后玄菟郡也内迁至今辽

①②《汉书·西域传》。

宁新宾附近，单单大岭以东七县全归乐浪郡所辖，遂置乐浪东部都尉分治之。辽东四郡变成了二郡。元帝时(前48～前33年)高句丽兴起，更为削弱了汉朝的统治。西南方面，因当地部族的反抗，公元前97年撤销沈黎郡，公元前67年又撤销了汶山郡，将二郡的辖地并入了蜀郡，西南七郡变成了五郡。南方于公元前76年省象郡入郁林、牂柯二郡，罢海南岛上的珠崖、儋耳二郡，汉朝势力退入大陆，南海十郡变成了七郡。总之，到了公元前夕汉朝的疆域已明显内缩。

西汉末年疆域发生较大的变化。由于王莽对匈奴的错误政策和匈奴内部的因素，造成东汉初年匈奴联合乌桓、鲜卑屡屡袭击边郡，几无宁岁。公元39年(建武十五年)东汉王朝被迫将雁门、代郡、上谷三边郡(相当今河北、山西北部)的人民移居到常山关(今河北唐县西北倒马关)、居庸关以东，匈奴乘机转居塞内。公元48年匈奴内部分裂为南北二部，时适逢蒙古高原连年旱蝗，赤地千里，人畜饥疫，死耗大半。匈奴呼韩邪单于率众到五原塞附汉，入居云中郡(治今内蒙古托克托)，旋迁至西河郡美稷(今内蒙古伊克昭盟准格尔旗西北)，其所领八部牧民分驻于沿边的北地、朔方、五原、云中、定襄、雁门、代、上谷八郡(今甘肃东部、山西和陕西北部、内蒙古呼和浩特至包头一带以及河北西北部)，东汉王朝才恢复了对这些地区的统治。

公元2世纪上半叶，东汉安帝、顺帝时代，西北的羌人不断地侵扰边郡，削弱了东汉的国防势力。陇西、安定、北地、西河、上郡的郡治和人民一度内迁渭水流域和山西中部。北边的鲜卑开始强大，也不断地侵扰北边诸州，构成了匈奴以后东汉北部的一大威胁。灵帝中平元年(184年)黄巾起义，中原烽火遍起，政府已无暇顾及北边，逐渐放弃了定襄、云中、五原、朔方、上郡、北地等六郡，以及雁门郡恒山、代郡上谷郡桑乾河、安定郡朝那、西河郡离石(今属山西)一线以北地区，约当今河套、陕北、晋西北、河北长城以北地均为鲜卑、羌胡所居。

东北方面，高句丽于西汉末年建国，都国内城(今吉林集安市)，以后逐渐强大，向东西扩展。公元30年(建武六年)罢乐浪东部都尉，单单大岭以东七县领土全归高句丽所有，玄兔郡治内徙至今沈阳、抚顺间，鸭绿江上游地亦入高句丽。在南方，137年在今越南境内的日南郡象林县徼外土著攻占象林县，建立林邑国，使日南郡的南界从北纬14度以南，北缩至16度。

惟西南疆界有所扩展。公元69年(永平十二年)居于今云南西部地区的哀牢夷内附，东汉在其地置哀牢(今云南盈江东)、博南(今永平西南)二县，又割原属益州郡西部都尉所领的不韦(今保山县金鸡村)、嶲唐(今云龙西南)、比苏(今云龙北)、楪榆(今洱海西岸)、邪龙(今巍山县境)、云南(今祥云东南云南驿)六县置永昌郡。由此东汉西南的疆界已达到伊洛瓦底江上游支流大盈江一带。

秦汉时代中原王朝周边民族中以匈奴最为强大。匈奴是游牧民族，约于公元前3世纪兴起于中国的大漠南北。其东与西拉木伦河以北的东胡为邻，北接贝加尔湖一带的丁零，西至色楞格拉河一带，南面与秦、赵、燕三国长城为界。秦始皇时出击匈奴，夺取河南地，匈奴势力退出阴山以北。秦末中原战乱，匈奴乘机渡河南下，与中原王朝以故塞(即战国以来汉匈分界)为界。至匈奴冒顿单于时期(?～前174年)，东击东胡，西逐月氏，北服丁零，南并楼烦、白羊，及侵燕、代，悉收秦前所取河南地。其势力包有东至辽河，西至葱岭，北抵贝加尔湖，南达战国长城的广大地区。在中国北部以漠北鄂尔浑河为中心，建立了强大的民族政权。至汉武帝以后,匈奴退出河套及其迤西一带,河西走廊、新疆等地为汉朝所有,其势益衰。其后丁零乘匈奴渐衰之机,攻其北部,乌桓入其东,乌孙击其西,南面又受到汉朝的多次袭击,匈奴人畜大量死亡,更为虚弱。公元48年(建武二十四年)匈奴内部分裂为南北两部,南匈奴归附于汉,入居云中郡,以后又迁至西河郡美稷县,这是匈奴入居内地传统的居留地方。

南匈奴的内附是我国历史上农业民族与游牧民族长期交往的结果。塞北匈奴的游牧经济在生产上和生活上需要与汉朝进行农产品和手工业的交换,所谓"单于好汉缯絮食物"①,而汉朝又需要匈奴的名马。在长期交往过程中,汉族先进的经济文化所给予匈奴的积极影响,逐渐在匈奴内部产生对汉族关系上两种不同态度的社会势力,同时也是匈奴社会发展不平衡的反映。内附的南匈奴促进了游牧民族和农业民族经济文化的交流,对中国大一统国家的形成与发展起着重要的巩固作用。

北匈奴自南部内附以后,势孤力单,其时又遭到多方攻击,"南部攻其前,丁零寇其后,鲜卑击其左,西域侵其右"②,北匈奴在漠北遂难以立足,其部民或西迁或南下,分崩离析。公元89～91年(永元元年～三年)东汉连续三年出兵攻击北匈奴,大军先后直达燕然山(今杭爱山)、金微山(阿尔泰山),北匈奴单于领一部分人众西徙乌孙,后转迁康居,其故地为鲜卑所据,留下的十余万落(由若干帐户组成的帐落)并入鲜卑。在中国大漠南北活跃了300多年匈奴政权退出了历史舞台。

匈奴以东是东胡族的乌桓和鲜卑,最初都分布在蒙古高原的东南部和东北角。乌桓后为匈奴所击败,迁至西拉木伦河以北,今阿鲁科尔沁旗一带。公元前3世纪末,乌桓役属于匈奴,公元前119年,汉将霍去病击败匈奴,徙乌桓于沿边的上谷、渔阳、右北平、辽东、辽西五郡塞外,即今老哈河流域、滦河上游一带,为汉侦察匈奴动静,并在幽州(今北京)置护乌桓校尉,监领乌桓,使不与匈奴通。东汉初年,乌桓入居辽东属国、辽西、右北平、渔阳、广阳、上谷、代、雁门、太原、朔方等十郡障塞之内,约当今辽宁大凌河下游、河北北部、山西北部和中部以及向西抵达内蒙古伊克昭盟一带,原居地为鲜卑所据。

鲜卑按其起源地区,分为东部鲜卑和拓跋鲜卑两部。东部鲜卑原居鲜卑山,据今人考证约在今内蒙古东部科尔沁旗西哈古勒河附近,在乌桓之北。匈奴冒顿单于强大击败东胡后,迁至辽东塞外。汉武帝时乌桓附汉,迁居老哈河流域,鲜卑也西南迁徙西拉木伦河流域。因为乌桓所隔,西汉一代未与中原王朝通使。拓跋鲜卑原居于大鲜卑山,即今大兴安岭北段。东汉初年,东部鲜卑常与乌桓、匈奴联合犯边。东汉中叶,乘匈奴衰弱之机,联合丁零、南匈奴和西域诸国攻击北匈奴,后北匈奴西迁中亚,鲜卑遂占有匈奴故地。其时拓跋鲜卑也向西南迁移至呼伦贝尔草原,以后又迁至蒙古高原西部。公元2世纪中,东部鲜卑首领檀石槐统一了鲜卑各部,成立了草原部落大联盟,北拒丁零,南略汉边,西击乌孙,其势力范围包括了整个蒙古草原,分为东(从右北平以东至辽东)、中(从右北平以西至上谷)、西(从上谷以西至敦煌)三部。单于庭在弹汗山(今大青山)歠仇水上。东部大人即后来宇文鲜卑的先世,中部大人即后来慕容鲜卑的先世,西部大人即后来拓跋鲜卑的先世。所以公元2世纪以后,东汉北部"幽、并、凉三州缘边诸郡,无岁不被鲜卑寇抄",并入居云

① 《汉书·匈奴传上》。
② 《后汉书·南匈奴传》。

中、雁门、北地、代郡、上谷及太原等郡边塞内外①。东汉北疆势力内缩。公元181年檀石槐死，鲜卑分裂，西部鲜卑诸部相率叛去，漠南自云中郡以东分为三部分：一为檀石槐后裔，占有云中、雁门、北地、代郡以及太原等郡的全部或一部分；一为轲比能集团，据有自高柳（今山西阳高）以东的代郡上谷郡边塞内外各地；一为渔阳、右北平、辽西等郡塞外小集团，"割地统御，各有分界"②。鲜卑势力一度衰落。

鲜卑以东活动于黑龙江、松花江和鸭绿江流域的是濊貊语族的夫余、高句丽、濊貊和沃沮。夫余活动于松嫩平原，建立过政权，与两汉保持友好亲系。夫余南古高句丽，在今辽宁新宾一带，后为卫氏朝鲜所并。古高句丽以东为沃沮，汉武帝灭卫氏朝鲜后于其地置玄菟郡（治今朝鲜咸兴），昭帝时为夷貊所侵，郡治内迁至高丽县（今辽宁新宾西）。元帝时（前37年）夫余王子朱蒙在浑江流域重建高句丽，迫使汉玄菟郡再度内迁至沈阳、抚顺间。沃沮之南为濊貊，在朝鲜单单大岭以东，西至乐浪，东穷大海，南与辰韩接。汉武帝时曾一度于其地置苍海（前128～前126年）、临屯二郡。东汉时高句丽强大，鸭绿江两岸、浑江流域尽为其所有，东汉后濊地亦入高句丽。在夫余东北、沃沮北为肃慎族，后称挹娄，分布于黑龙江、乌苏里江一带东滨大海，曾长期臣属于夫余。

秦汉时期分布在青、藏、甘西南、川西的有羌系各族。分布在青海湖周围及其迤东与汉朝接壤地区的有先零羌、烧当羌等，蜀郡、广汉郡徼外有白马羌，越嶲郡徼外有旄牛羌等，更远处有唐羌、发羌等分布于西藏地区。汉景帝时（前156～前141年）居于湟水流域的部分羌人迁入陇西郡。武帝时在湟水流域置护羌校尉治理，昭帝时又置金城郡，治允吾县（今甘肃民和南），羌人去湟中居于青海湖一带。以后西汉政府招徕羌人入居边地，西汉末王莽时金城郡所领各县多为羌人占有。东汉时羌人不断内迁，公元35年（建武十一年）先零羌归附，徙置于天水、陇西、扶风三郡。公元58年（永平元年）烧当羌迁至京兆、冯翊、扶风的三辅地区。于是渭水流域和西北各郡均有羌人活动，并多次反抗东汉王朝的统治。其盛时曾"东犯赵魏，南入益州"，还"寇抄三辅"，金城、陇西、安定、北地、上郡等郡治都内迁至陇东和渭水流域，成为东汉西北一大边患。东汉中叶以后，甘南、川西、青海湖以东居留着大批羌人，汉族势力大为削弱。

在今滇、黔、川西的川西南及桂西地区，秦汉时代分布着总称为"西南夷"的众多民族和部落，种类繁多，主要有白马、冉駹、徙、筰都、邛都、僰、滇、嶲、昆明、夜郎、句町、漏卧、且兰、哀牢等等，有的是濮人，有的是氐族。汉武帝开西南夷，先后在其地置犍为、牂柯、越嶲、沈黎、汶山、武都、益州七郡。公元69年（东汉永平十二年）哀牢夷率种人55万口内附，于其地置哀牢、博南二县，割益州郡西部都尉所领六县，合为永昌郡，开启了通往掸国（今缅甸）以至大秦（罗马）的道路。

从公元前2世纪至公元2世纪的400年间，是中国疆域基本形成的关键时期。自战国以来长期的经济文化交流，农耕区已统一在一个政权之下，秦始皇统一六国即然。秦汉时代北逐匈奴，筑长城，主观上并无领土要求，其主要目的：一是为了保护农耕区，正如汉文帝给匈奴单于信中所说："先帝制，长城以北，引弓之国，受令单于；长城以内，冠带之室，朕亦制之。使万民耕织射猎衣食，父子无离，臣主相安，俱无暴逆"③。故汉初有和亲政策的出

① 《后汉书·鲜卑传》。
② 《三国志·魏志·田豫传》。
③ 《史记·匈奴列传》。

现。二是打通与域外交通的道路，如武帝时开河西四郡，置西域都护，以及两汉开西南夷，置七郡。虽然置郡之初，曾受到当地部族的不断反抗，但汉朝政府还是千方百计用武力控制对当地的统治，目的即在于维持与中亚与西南亚的交通。由于西南地区山川阻深，各部族国家分散溪谷，势孤力单，又风俗各异，容易被汉朝所控制。而北方蒙古草原则不然，地域辽阔，驰骋千里，一旦有强有力的部族领袖能统一草原各部，即可形成与汉王朝对立的强大势力，匈奴、鲜卑、西羌即然。游牧民族所处的自然环境不稳定，又加上对农业区物资如粮食、布帛、铁器的需求超过农耕区人民对游牧区物资马匹的要求，故就不断地骚扰农耕区，强时则掳掠而去，弱时则内迁归附，因而造成北边形势的不断变化。然而客观上却加强了游牧民族与农耕民族的经济文化交流，对中国几千年来多民族统一国家的形成有着重要的作用。东北方面由于气候寒冷，当地人民还处于较落后的狩猎、采集经济阶段，生产低下，又无对外交通的价值，故秦汉时代对东北疆域并无积极的经营。这就是秦汉时代中国疆域形成的自然、人文地理背景。

第三节　魏晋南北朝时期边区民族的壮大与周边疆界的变迁

本时期中原地区处于长期战乱状态，而边区民族伺机兴起，并向农耕地区扩展，出现了全国性的民族大迁徙，黄河流域第一次进入民族大融合时期。汉族统治中原王朝疆土区域的内缩和边区各族统治范围的扩展，是为本时期中国疆域变迁的特点。现试以分区叙述之。

一、东北边区形势

东汉中期以后，东北地区民族林立，据有今吉林的长春、农安和黑龙江的哈尔滨一带的夫余族尚为强盛，而据有今松花江、乌苏里江下游地区的挹娄臣属于夫余。魏晋以后，夫余渐衰。5世纪末为勿吉（肃慎、挹娄的改称）所逐，投奔高句丽。勿吉在北朝时强大，居于今松花江、乌苏里江一带。在勿吉北面的是豆莫娄，居于今黑龙江下游，东至于海。6世纪中，黑龙江上游齐齐哈尔至讷河一带为室韦（一作失韦）所居。4世纪中叶后，活动于西拉木伦河、老哈河流域的是奚（一作库莫奚，在西）和契丹（在东）。

对东北地区疆域变化影响最大的是高句丽。东汉末年，乐浪郡南部诸县地已经荒废。初平年间（190～193年）公孙度割据辽东，自称平州牧。建安（196～219年）中，其子公孙康分乐浪郡屯有县（今朝鲜黄州）以南荒地置带方郡，在今朝鲜黄海南道、北道一带，并向南扩展，使韩濊役属带方郡。238年（魏景初二年）公孙氏为曹魏所灭，时值公元3世纪。这时高句丽统治区已有今浑河流域以东，盖马大山以西，北至松花江上游，南至朝鲜清川江一带。国都丸都城（今辽宁集安县北2.5公里山城子）。其后国势渐强，不断向周围扩展。313年，高句丽向南占有了乐浪郡，带方郡则为韩濊所有，中原王朝势力退出了朝鲜半岛。以后十六国前燕、后燕与高句丽之间争夺辽东、玄菟两郡，互有进退。至404年两郡终为高句丽所有，中原政权后燕退出辽东，东北边境以辽河为界。其时高句丽已迁都平壤，南界达汉城以北，与新罗、百济为界，为朝鲜半岛上一大强国。辽东地区自公元前3世纪左右战国燕破东胡置辽东郡开始，以后汉代又置乐浪四郡，南界至朝鲜汉城以北，一直是中原王朝直属领土，前后达7个世纪之久，至公元404年为高句丽所占，这是东北疆界的重大变化。

二、北方边区形势

当东汉末年鲜卑衰落时，取代鲜卑雄踞于蒙古高原的有敕勒和柔然。敕勒又称丁零、高车、狄历、铁勒，是我国北方古老的游牧民族，原居于贝加尔湖周围及其以西地区。公元前3世纪役属于匈奴。北匈奴西迁后，部分敕勒自贝加尔湖一带向南往蒙古高原中部徙移，后为鲜卑势力所阻。以后鲜卑势衰，部分敕勒遂南迁至今甘肃兰州、武威、酒泉以北，居延海至黄河河套一带游牧，留在贝加尔湖的称为"东部高车"①。3世纪中叶以后，鲜卑军事大联盟瓦解，有更多的敕勒迁入塞内，成为十六国时期黄河流域众多游牧民族之一，分布于长城内外，河北、山西、河南以及陇西等地。388～392年曾在河南、山东间建立过翟魏政权。4世纪以后，游牧于漠北的敕勒部落人口繁衍，4世纪末、5世纪初部分被北魏迫迁至漠南，而居于漠北的敕勒，仍被柔然所统治。5世纪末，漠北敕勒曾一度击败柔然，建立过高车国，其控制地区东北至色楞格河、鄂尔浑河、土拉河一带，北达阿尔泰山，南服高昌、焉耆、鄯善，西接悦般，东与北魏接界。然为时很短，前后仅54年(487～541年)，最终为柔然所灭。

柔然又作蠕蠕、芮芮、茹茹，为东胡鲜卑中的一支，原游牧于今内蒙古河套东北、阴山以北一带。4世纪末为拓跋魏所破，退居漠北，征服了敕勒诸部，居有漠北地区。402年柔然首领社仑统一漠北草原，建立了政权，自称可汗，其辖区东至朝鲜故地之西，南邻大漠与北魏为界，西逾阿尔泰山，包有准噶尔盆地，北至贝加尔湖。此后不断地与北魏发生战争，423年北魏修筑了"东起赤城(今河北赤城)，西至五原(今内蒙古包头市东北)，延袤2 000余里"的长城②，以御柔然。429年北魏大败柔然，追至弱洛水(今蒙古国土拉河)，柔然向北魏求和。自后柔然向西域挺进，5世纪60～70年代据有西域焉耆、鄯善、龟兹、姑墨(今新疆阿克苏)诸国，541年灭了高车国，更为强盛。6世纪中柔然锻工突厥族兴起，555年柔然政权在北齐、突厥攻击下瓦解。大漠南北、西域诸国遂为突厥所控制。柔然是5～6世纪间雄踞于蒙古高原上最强大的政权，前后达一个半世纪之久。

漠南地区政治形势变化也很大。自东汉末年以来，南匈奴大批入迁于今陕西、山西北部的沿边诸郡，共有3万余落(落是游放部族若干帐户所组成的帐落群)。其中心在今山西汾河中游地区。原先入居边郡的乌桓在匈奴与汉朝之间叛服不常，其中辽东、辽西、右北平三郡乌桓曾一度统一起来，骚扰边地。公元207年为曹操所击破，再度内迁至并、幽二州所属诸郡，编入军队，"由是三郡乌桓为天下名骑"③，是为曹魏政权一支强大的军事力量。蒙古高原上原为鲜卑所控制，181年东汉灵帝时，鲜卑首领檀石槐死，鲜卑部落联盟解体。曹魏时鲜卑大人轲比能又统一东部鲜卑，占有漠南，"自云中(今内蒙古托克托县东北)、五原(今包头市东北)以东抵辽水，皆为鲜卑庭"④。231年轲比能死，鲜卑各部纷纷南进，慕容部、宇文部、段部移居于辽水东西和河北塞外。宇文部在北，大致今西拉木伦河以南老哈河

① 《魏书》卷四上《世祖纪》。
② 《魏书·太宗纪》。
③ 《三国志·魏志·乌丸传》。
④ 《三国志·魏志·鲜卑传》。

流域;段部在南,大致分布在今河北省滦河下游及迤东地区;慕容部在段部之东,即今大凌河流域及迤东地区。拓跋部则迁居于河套以北和河北、山西北部。4世纪初拓跋部强大,于338年建立代国,以盛乐城(在今内蒙古和林格尔北)为北都,平城(今山西大市)为南都。在东起浑源,西至河套,南过长城抵今山西大同、代县北,北达漠北草原的广大地区内的部落均臣奉拓跋鲜卑。秃发部迁至甘肃东部和宁夏、陕西一带。乞伏部迁至陇西。而慕容部一支吐谷浑迁至青海湖一带。十六国时期迁至内地的少数民族,历史上所谓"五胡",纷纷在中原建立政权。由于他们的根据地在北方,在中原建立的政权的北疆都有所扩展。如后赵控制了河套地区,前燕灭了鲜卑宇文部后,疆域扩展到了老哈河流域,前秦于376年灭了代国后有了河套地区的大黑河流域。所以当北魏(386年拓跋鲜卑重建魏国,史称北魏)统一北中国时,北部疆界到了阴山、河套,与北面的柔然接壤,大致同秦汉时代的北界。而东北则不如前汉和前燕。北魏后期六镇起义后,漠北突厥兴起,北疆才大大内缩。

三、西北边区形势

魏晋时控制了新疆东部地区,在高昌(今新疆吐鲁番东南)置戊己校尉,在海头(罗布泊西)置西域长史。略同东汉规模。西域诸国无岁不奉朝贡。自西汉以来,中原王朝虽然控制了西域地区,但从西域都护到戊己校尉都不是民政机构,而是一种军政合一的羁縻统治,与内地由中央直接统治到基层的郡县制不同。而十六国时期据有今河西走廊地区的前凉政权乘中原战乱之际,出兵击败了孤悬一隅的西晋所置戊己校尉,在高昌地区设置了高昌郡(今吐鲁番盆地)。此后据有其地的前秦、后凉、西凉、北凉都置有高昌郡。这是西汉以来大量汉人入居开发的结果,到了前凉时期就很自然采用了与内地农业区同样的地方行政制度进行统治,这是中国疆域史上第一次在新疆地区设置与内地同样的地方行政制度,在西北开发史上具有重要意义。至5世纪30年代,北魏灭北凉,北凉王逃至高昌,建立高昌国,以后经阚、张、马、麴数姓,麴氏享国最久,其盛时疆土南接罗布泊以南的吐谷浑国,东连敦煌,西次龟兹(今新疆库车),北邻天山。7世纪中为唐朝所灭。

5世纪初,新疆西部所谓西域地区,有龟兹(今阿克苏、库车一带)、疏勒(今新疆喀什地区)、乌孙、悦般(均在今巴尔喀什湖东南)、渴槃陁(今新疆塔什库尔干一带)、于阗(今和田一带)、鄯善(今若羌一带)、焉耆(今焉耆、博斯腾湖一带)、车师(今吐鲁番一带)等小国,都有归附北魏的愿望,因柔然所阻,未能遂愿。其间北魏与柔然常为争夺西域,互有进退。5世纪中柔然曾控制新疆西部焉耆、龟兹、鄯善、姑墨等国,北魏曾于焉耆置镇鄯善置西戎校尉府,然统治均不稳定。

四、西部边区形势

西晋末年,慕容鲜卑一支吐谷浑西迁至甘肃南部和青海地区,约于329年左右建立吐谷浑国①。其疆域东至西倾山、白龙江流域,北接祁连山,西至巴颜喀喇山,南至川北阿坝、松潘一带。前期东、北部受到西秦的威胁,北部边界时大时小。其中心逐步由东向西移动,

① 周伟洲:《吐谷浑史》,第15页,宁夏人民出版社,1984年。

主要在青海湖周围，尚无固定首府，是与其游牧经济相适应的。426年后吐谷浑转入兴盛时期，431年西秦、夏国亡，吐谷浑掠夺了大批夏国和西秦的人口和财物，东北疆域也扩大达到了陇西一带，即西秦原有一部分土地。至5世纪末6世纪初，吐谷浑全盛时东至洮河流域，西至今新疆若羌、且末一带。政治中心在青海湖西15里（1里合0.5公里）的伏俟城。

北朝时居于今甘肃东部白龙江上游宕昌地区建立的宕昌，系羌族梁氏建立的小政权，曾受吐谷浑控制，公元566年为北周所破，置宕州。在今北川、南坪一带的邓至羌，也曾役属于吐谷浑。552年为西魏所破，置邓州。此外，北朝时居于青海南部的为党项羌，北接吐谷浑，“魏周之际，数来寇边”①。在西藏东部为西羌一支建立的附国，西部为女国。

五、西南边区形势

三国蜀汉时开始在西南少数民族所居的南中地区（今四川大渡河以南和云南、贵州两省地区），设置了不少郡县，于214年设置庲降都督以统之。271年（西晋泰始七年）分益州南部置宁州，辖云南大部和贵州、广西一小部分。南朝时对西南地区控制不力，至6世纪中叶侯景之乱后，分布在滇东黔西一带的爨族乘机独立，影响到周围其他民族纷纷脱离南朝，南朝萧梁的势力退出了宁州，由当地土豪爨氏家族控制。于是大渡河、川江以南的南中地区形成西南各族林立的局面。四川盆地西部山区则为党项羌所占有。

越南方面，自东汉末年林邑国建立后，不断向北扩展。248年林邑北侵，占有了日南郡最南的寿冷县（今广治北），以此与东吴分界。东吴日南郡南界北缩至北纬17度。南朝时势力更弱，整个日南郡均为林邑所有，边界北缩至北纬18度。

从公元3世纪初至6世纪末的近400年内，中国疆域变迁的主要特点是边区少数民族纷纷建立了有一定统治规模的政权，军事势力逐渐强大，统治区域南北都有所扩展。不仅包含了原有的游牧地区，还包含了漠南的农耕区。这是秦汉以来边区民族受汉文化的影响，逐渐适应农牧两种文明的结合，能够将两种不同经济区联合在一个政权之下，表现了政治的成熟和经济上的兼容，对我国多民族统一国家的建立有一定影响。同时原来的中原王朝由于北部游牧民族的入居，发生了长期战乱，黄河流域出现了第一次民族大融合。各民族之间经济、文化交流空前加强，统治地区犬牙交错，互相之间，消长频繁。这种融合为隋唐大统一帝国的出现打下了基础。这一时期就整个中国疆域而言，除了西南边境有所内缩外，北部边境的规模无显著变化。

第四节　隋唐统一帝国疆域的形成——魏晋以来多民族融合的结果

隋唐五代时期共380年，在此期间疆域变迁很大，大致可以公元755年唐安史之乱事件为界，分为前后两个时期。

---

① 《隋书·西域·党项传》。

一、隋和唐前期(581～755年)为中原王朝疆域的扩展期

6世纪中叶在中国北方蒙古高原上兴起的突厥人，原居于叶尼塞河上游，后来迁至阿尔泰山一带，以锻铁为业，臣服于柔然。公元552年突厥人在土门可汗领导下灭了柔然汗国，建立了突厥汗国。以后又“西破厌哒，东走契丹，北并契骨，威服塞外诸国。其地东自辽海以西，西至西海万里，南自沙漠以北，北至北海五六千里，皆属焉”①。此处辽海指辽河下游濒海地区，西海指里海，北海指贝加尔湖。建牙于都斤山(又作郁督军山、乌德鞬山，即鄂尔浑上游杭爱山)。这是公元583年前突厥极盛时期的疆域。以后，突厥势力又南进至阴山，逼临周、齐，成为中原王朝北边的强大邻邦。隋朝初年，不断侵扰东北、北、西北三边。公元583年突厥内部分裂为东西二个汗国，东突厥居于阿尔泰山以东的蒙古高原，西突厥居于阿尔泰山以西至雷翥海(里海，一说咸海)，包括准噶尔盆地、伊犁河流域和楚河流域。时东突厥已衰，其西为西突厥所困，其东又畏契丹人入侵，584年向隋朝求援，隋朝同意其部落度漠南，寄居白道川(今内蒙古呼和浩特市北白道溪)，立约以沙碛与隋为界。隋朝乘机取得河套地，置五原、榆林等郡。这是隋朝向北疆土的开拓。

公元608年(隋大业四年)隋军进驻伊吾城(今新疆哈密)，设伊吾镇，610年置伊吾郡。609年隋军大破据有今青海省和新疆东部的吐谷浑国，可汗伏允远循雪山(今甘肃岷山)，“其故地皆空，自西平临羌城(今青海湟源东南)以西，且末以东，祁连以南，雪山以北，东西4 000里，南北2 000里，皆为隋有”②。隋朝在其地置西海(治今青海湖西7.5公里伏俟城，即吐谷浑国都城)、河源(治赤水城，今青海兴海县东南)、鄯善(治今新疆若羌)、且末(治今且末)四郡。前二郡在青海境内，后二省在新疆东南部。加上610年所置伊吾郡，为西北五郡，包括了新疆东部和青海省大部分，中原王朝西部郡县设置如此之远是前所未有的，当为十六国以来中原文化在西部开拓的结果，在疆域史具有重要意义。

在西南，隋朝初年开始企图恢复对两晋南朝以来原宁州的统治，593年(开皇十三年)前后，在味县(今云南曲靖)置南宁州总管府。其统治区西南止于今礼社江、元江一线。此后不断受到爨族人民的反抗，不得不放弃南宁州，西南边界保持在今贵州西部的安顺东部地带。

在南方，隋炀帝大业年间疆域也有所扩大。605年(大业元年)派大将军刘方平林邑国，置比景、海阴、林邑三郡。林邑、比景二郡约在旧日南郡境内，海阴确址无考，南界当已超过日南郡旧界，至越南南圻一带。但为时很短，只有数月的时间，刘方退兵后不久，林邑即复其国。海南岛再度归附中原王朝也在隋炀帝时代。自西汉末年昭、元二帝时代先后罢弃了在武帝时代在海南岛上设置的儋耳、珠崖二郡后，经东汉、魏晋南北朝，海南岛上一直是当地土著俚族人所居。隋初海南岛为俚族首领高凉冼夫人所控制，隋文帝封冼氏为谯国夫人，开幕府，置长史以下官属，给印章，承认其对当地的统治。仁寿(601～604年)初，冼夫人卒，隋朝才正式控制了海南岛，610年(大业六年)在海南岛上设朱崖、儋耳、临振三郡。上距汉元帝时罢弃珠崖郡，共656年③，中原王朝又重新控制了海南岛。

---

① 《周书·突厥传》。
② 《隋书·吐谷浑传》。
③ 谭其骧《自汉至唐海南岛历史政治地理》，载《长水集续编》，人民出版社，1994年。

隋末战乱，中原王朝对边区失去控制。吐谷浑复国，收复了为隋朝所占故地，脱离了中原王朝。海南岛又在俚族酋豪冯氏控制下，至唐武德初才归附中原王朝。

唐初太宗、高宗统治（627～683年）的半个世纪里，是中原王朝疆域又一次扩展时期。

1. 北方疆域的开拓

隋末东突厥势力增长，东至契丹、室韦，西尽吐谷浑、高昌诸国，都在其役属之下。630年（唐贞观四年）唐朝出兵灭了东突厥，"斥地自阴山北至大漠"①，将漠南地区收入版图。此后50年，东突厥一直是唐朝的属国。6世纪以前活动在漠北的铁勒诸部役属于突厥。629年，在东突厥将亡之际，铁勒部之一薛延陀建汗国于漠北，建牙于郁督军山下。其盛时疆域东至室韦，西至阿尔泰山，南至突厥，北临瀚海（指杭爱山）②。646年（贞观二十年）唐朝一举灭了漠北的薛延陀，大漠南北全入唐版图。于是以大漠为界，在漠北设安北都护府（先于647年置燕然都护府于河套乌加河北，663年移治回纥本部土拉河畔，改称瀚海都护府。669年改称安北都护府仍治漠北，在今蒙古共和国杭爱山东端），统辖漠北铁勒诸部都督府州；在漠南设单于都护府（663年置云中都护府，治云中城，今内蒙古和林格尔北土城子，664年改称单于都护府），统辖漠南突厥诸部都督府州。这是唐朝北方疆域极盛时期。679年（调露元年）由于单于都护府境内的突厥叛唐，682年（永淳元年）突厥复国，唐朝势力退出漠北。698年（圣历元年）单于都护府并入安北都护府，移治阴山以南③。

7世纪初，回纥兴起于薛延陀北娑陵水（今色楞格河）一带，先臣服于突厥，后臣服于薛延陀。突厥亡后，与薛延陀平分漠北。646年薛延陀为唐所灭，回纥奄有其地。744年（天宝三载）建国，745年击杀突厥白眉可汗，斥地辽阔，东极大兴安岭的室韦，西至金山（阿尔泰山），南临大漠，尽得突厥故地。建牙鄂尔浑河，为漠北一大强国。

2. 西北疆域的扩展

西突厥射匮可汗在位时（611～618年），征服了准噶尔盆地的薛延陀族，拓地东北至阿尔泰山，东南至玉门，西北至里海，西南至兴都库什山，618年更北并铁勒余部，西南逾阿姆河，占领吐火罗斯坦（今阿富汗北部），建牙庭于龟兹以北三弥山裕尔都斯谷，又在千泉④建夏都。为唐初西北一大劲敌。630年（贞观四年）唐灭东突厥，对西域震动很大。就在这一年，西域胡人所居伊吾七城（即隋伊吾郡地）降唐，唐朝于其地置西伊州（治哈密），632年改名伊州。这是唐朝进入西域的第一步。640年（贞观十四年）平高昌（今新疆吐鲁番东南），于其地置西州和安西都护府。同时又取可图浮汗城（今吉木萨尔北古城子），置庭州。644年取焉耆（今新疆焉耆西南），648年取龟兹（今库车），西突厥裕尔都斯谷之汗庭归唐所有。次年移西域都护府于龟兹，并置龟兹、于阗（今和田）、疏勒（今喀什市）、碎叶（今吉尔吉斯北部托克马克附近）四镇。659年（显庆四年）唐又平西突厥，至此西突厥及其属国全境入唐版图。唐朝在东起阿尔泰山、西至咸海的西突厥本部设置了几十个羁縻都督府州，由昆陵、濛池二都护府统辖。这二都护府和河中地区（今乌兹别克撒马尔罕一带）及天

---

① 《通鉴》卷一九三。
② 岑仲勉：《中外史地考证》，第67页，中华书局，1962年。
③ 谭其骧：《唐北陲二都护府建置沿革与治所迁移》，《长水集》下册，人民出版社，1987。
④ 冯承钧：《西域地名》说为喀拉湖以南的明布拉克。

山南路城邦诸国都属安西都护府管辖。661年(龙朔元年)又在阿姆河以南西域十六国置羁縻都督府州,势力最远伸至波斯。这是唐朝西北疆域最盛时期。702年(长安二年)分安西都护府置北庭都护府,治庭州,分辖天山以北昆陵、濛池二都护府所领突厥诸部;安西都护府只辖天山南路及葱岭东西城邦诸国①。在665年(唐麟德二年)时由于大食势力的扩展,唐朝势力退出葱岭以西。715年(开元三年)唐朝击退了吐蕃、大食的进攻,势力一度又扩至葱岭以西。751年(天宝十年)唐朝与大食怛罗斯(今哈萨克江布尔城)一役战败后,唐朝势力退至葱岭以东,在葱岭以西影响大为削弱。

3. 东北疆域的变迁

隋唐初年朝鲜半岛上高丽、百济、新罗三国鼎立。高丽在北,新罗据东南,百济居西南。隋代曾4次出征高丽,均以失败告终。645年(唐贞观十九年)唐朝军队开始进入高丽本土,攻下许多城市,后因天寒而班师。660年(显庆五年)唐先灭了朝鲜半岛西南部的百济。667年(乾封二年)唐再次进攻高丽,次年(总章元年)攻下平壤,灭高丽。于其地置都督府州县,并设安东都护府于平壤,统理高丽及靺鞨诸部府州,辖区西起辽河,东与北抵海,包有今乌苏里江以东和黑龙江下游地区,南及朝鲜半岛北部及西南部。这是唐朝东北疆域最盛时期。但不久即遭到高丽人民的强烈反抗,同时新罗也向北扩展。670年(咸亨元年)安东都护府被迫内迁移治辽东,676年(上元三年)移治辽东城(今辽宁辽阳市)。677年(仪凤二年)移治新城(今抚顺市北高尔山)。开元以后移至辽西,放弃了对辽东的控制②。开元后期辖境南部缩小,浿水(今朝鲜大同江)以南为新罗所有。天宝以后安东都护府废,辽东遂空。居于松花江上游的粟末靺鞨乘机兴起,据有其地。

隋唐之际,东北地区的勿吉又称靺鞨,分黑水、粟末等七部。当唐朝势力在东北削弱之时,居于松花江流域的粟末靺鞨扩展势力。698年其首领大祚荣在忽汗河(今牡丹江)上游东牟山筑城,建立震国。713年(唐开元元年)唐封大祚荣为渤海郡王,加授忽汗州都督,遂改称渤海国。8世纪中(唐天宝末),渤海国迁都上京龙泉府(今黑龙江宁安县南东京城)。当唐朝与高丽双方在辽东势力都受到削弱时,渤海起而取之,逐渐扩展势力开拓疆土,其盛时南以泥河(今朝鲜咸境道龙兴江)与新罗分界,东北至黑龙江下游与黑水靺鞨为邻,北隔那河(今东流松花江)与室韦为界,西与契丹接境,西南抵辽东地区与唐为邻,东至于海,为“海东盛国”。

唐朝盛时曾于648年(贞观二十二年)在契丹所居西拉木伦河流域置松漠都督府,在奚所居老哈河流域置饶乐都督府。726年(开元十四年)在松花江下游、黑龙江下游与乌苏里江流域黑水靺鞨分布地(其中窟说部在今库页岛上)置黑水都督府。742年(天宝元年)以前又在黑龙江中上游和嫩江流域室韦分布地置室韦都督府。以上都督府均归安东都护府管辖,均属羁縻性质,安东府内迁后,渐失控制。

4. 西部和西南部疆域变迁

隋末战乱,吐谷浑摆脱了隋朝的统治,重新复国,但其国势已不能与兴盛时相比。唐武德(618～626年)初开始,与其役属的党项一起不断侵扰唐朝的甘南、川西边境。629年(贞

---

① 《新唐书·地理志七下》。
② 孙进己等:《东北历史地理》第2卷,第267～270页。黑龙江人民出版社,1989年。

观三年)开始有不少党项部落归附,唐朝在其地设置了几十个州县,最西到达今四川阿坝和青海阿尼玛卿山一带,“于是自河首积石山而东,皆为中国地”①。635年(贞观九年)初,在吐谷浑煽动下,已附唐的党项羌皆叛归吐谷浑。同年唐朝出兵平定了吐谷浑和党项,又将四川西部西羌部落改入版图,在大小金川一带也设置了州县,边界线西推至黄河河曲,其南大致以折多山为界。吐谷浑作为一个唐朝边区部族臣属于唐朝。此后吐谷浑不断受到吐蕃的侵扰和攻击,663年(唐龙朔三年)为吐蕃所灭,其地全为吐蕃所占。从此吐谷浑作为一个部族分别归吐蕃、唐朝统治,散居于青、甘、陕、宁等地。吐谷浑建国如自329年起计,共334年。

在此同时,吐谷浑的西南今西藏地区有吐蕃族的兴起。吐蕃原居于雅鲁藏布江一带,6世纪中开始强大,至6世纪末与吐谷浑、苏毗为青藏高原上三大势力。7世纪初,赞普松赞干布(?～650年)在位,自山南匹播城(今泽当琼吉宗)迁都逻些(今西藏拉萨),统一西藏高原,再征服了北面的苏毗(西藏北部)和西面的羊同(西藏阿里地区)以及南边的泥波罗(今尼泊尔),其疆域一度扩至至今印度河上游包括拉达克即大小勃律和尼泊尔地区。7世纪下半叶,吐蕃更为强大。663年(唐龙朔三年)击破吐谷浑,尽有其地,遂统一了青藏高原。后多次与唐朝争夺安西四镇,为唐朝西南一大劲敌。

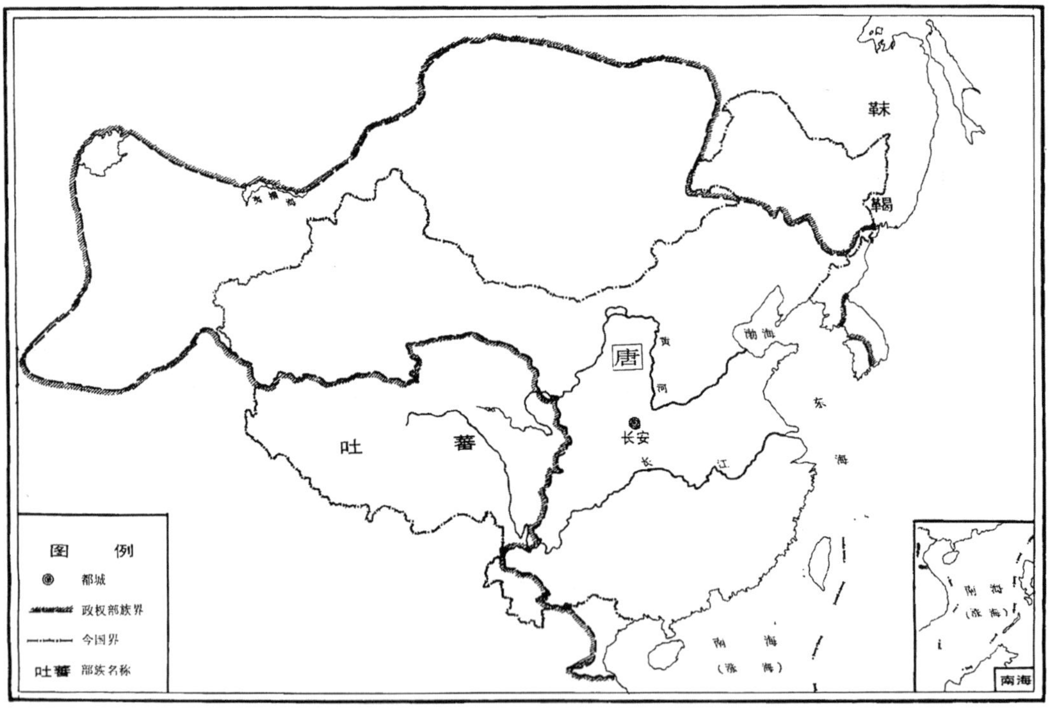

图 2-2 唐前期盛时疆域形势图

(采自谭其骧主编《简明中国历史地图集》39～40幅)

在西南方面,唐初即进行西南边疆的经营,招降边境各族,以其首领为刺史、都督,皆得世袭。621年(武德四年)于味县置南宁州总管府,624年改为南宁州都督府,其时西界扩

① 《新唐书·党项传》。

展至今云南弥渡、华宁一带。664年(麟德元年)又于今姚安县置姚州都督府(治姚安),辖数十羁縻州,加强对洱海地区的统治,其西界大致澜沧江、元江一线。

在南部边境,唐武德初尽有隋交趾之地,622年(武德五年)置交州总管府,后改都督府。679年(调露元年)改为安南都护府,治宋平(今越南河内),其辖区西南界有今云南东南、广西西南和越南北部地,南至今越南河静省南部和广平省北部交界的横山一线。见图2-2。

二、唐后期和五代(756~960年)中原王朝疆域收缩和边区民族政权疆土扩展期

安史之乱后,唐朝国力严重削弱,周边各族因长期受汉文化的影响,加强了自身的政权建设,乘机扩大了疆土,使汉族政权的疆土日缩。

1. 北方疆域

8世纪中叶开始称雄于漠北的回纥汗国,对唐朝平定安史之乱和收复两京(长安、洛阳)、河北,出力很大。9世纪初,回纥更强,大破吐蕃,恢复了自北庭、龟兹,西至拔贺那国(今乌兹别克费尔干纳盆地)的交通道路,雄踞漠北。840年左右,回纥内乱迭起,被黠戛斯乘机攻破,各部分散,一部分南迁至唐边塞受唐招抚,余众分三支西迁:一支西南至甘州(治今甘肃张掖市)为中心的河西走廊地区,史称河西回鹘、甘州回鹘,11世纪初为西夏所并;一支西迁至新疆东部,以高昌(今吐鲁番)为中心,建都喀喇和卓城(今吐鲁番东35公里),疆域西包龟兹,东至敦煌,北界天山,南邻于阗,史称西州回鹘或高昌回鹘;一支西迁至新疆西部和中亚,从10世纪中至13世纪初,在以楚河为中心,建立了黑汗王朝,又称哈喇王朝,都城八拉沙衮(今吉尔吉斯斯坦托克马克东)。其西界至阿姆河,包有今新疆东部和中亚河中地区。

2. 东北疆域

安史之乱后,居于西拉木伦河和老哈河流域的契丹和奚脱离了唐朝的控制,日益强大。10世纪初契丹首领耶律阿保机统一各部,916年建立强大的契丹帝国。此后为扩展疆土,西征回鹘、党项、吐谷浑、阻卜(鞑靼)和突厥余部,926年还灭了东面的渤海国,建为东丹国,952年又为辽所并。其时辽国疆域东至于海,西通西域。五代后唐时先占有营、平二州(今河北滦河下游和辽宁大凌河流域)。936年后晋又割让山南代北地区的幽云十六州(幽、蓟、瀛、莫、涿、檀、顺、新、妫、儒、武、云、应、寰、朔、蔚)给契丹,大体相当今北京市和河北山西二省的北部地区。947年建国号曰辽。五代末后周于959年(显德六年)收复了十六州最南的瀛(治今河北河间)、莫(治今任丘北鄚州镇)二州后,中原王朝和辽(契丹)以河北的白沟河和山西内长城为界。

3. 西南疆域

安史之乱起,唐朝将陇右、河西及四镇兵力东调平乱,西边国防空虚,吐蕃伺机而取有唐朝的川西北、青东、甘东南地区,764~781年又先后占凉、甘、肃、瓜、沙州,河西走廊尽

入吐蕃。8世纪下半叶，吐蕃进入极盛时期，其疆土除本土青藏高原外，北面包有河西走廊至新疆东部、湟水流域，东至陇山，东南有云南省西北角和四川盆地的西部山区，南有尼泊尔，西至中亚。国势十分强大，并不时与唐朝冲突，侵入关内北部诸州，763年曾一度攻占长安。此后回鹘与唐联合对付吐蕃，云南的南诏也脱离吐蕃的羁绊，吐蕃处境孤立，势力日削。这样，吐蕃曾多次与唐会盟、败盟，最后于821～822年(唐长庆元至二年)会盟，于次年立《唐蕃会盟碑》(该碑今仍屹立于拉萨大昭寺前)。9世纪中，吐蕃内乱。848年(唐大中二年)沙州土豪张议潮率众起义，赶走吐蕃守将，收复瓜、沙二州，遣使向长安报捷。851年遣使奉瓜、沙、伊、西、肃、甘、兰、鄯、河、岷、廓十一州图籍入献唐朝。唐封其为归义军节度使。861年(唐咸通二年)张议潮又收复凉州。吐蕃退出陇右、河西。时归义军辖区东抵灵州，西达伊吾，尽有河西之地。时吐蕃内部分裂，王朝瓦解，西藏遂陷于分裂割局面。

西南方面有南诏的建国。隋唐时期在今云南洱海周围地区以乌蛮为主体和白蛮等族长期融合形成六个部落，史称"六诏"(诏即王的意思)。六诏是蒙巂(今巍山北)、越析(今宾川)、浪穹(今洱源)、邆赕(今洱源东南邓川)、施浪(今洱源东)、蒙舍(今巍山北)。蒙舍地处六诏最南，又称南诏。唐前期曾于其地置姚州，此后数十年间，唐与吐蕃的斗争中，南诏始终附唐。唐朝需要在洱海地区建立一个强大的地方政权与吐蕃抗衡。在唐朝的支持下，南诏统一了五诏。738年(开元二十六年)唐封其首领皮罗阁为云南王，在洱海地区建立了统一政权，但仍在唐姚州都督府的监督之下。以后南诏强大，并吞了洱海地区的东西两爨。750年(天宝九载)开始与唐朝对立，攻陷姚州都督府，迫使唐朝势力退至金沙江北岸。765年(永泰元年)以洱海、滇池为中心的云南地区全统一在南诏政权之下。前期建都太和城(今大理市和旧大理间太和村)，779年迁都羊(阳)苴咩城(旧大理)。9世纪时为最盛，其时疆域有今云南全省、四川大渡河以南，贵州西部以及缅甸、老挝北部地区，北与吐蕃接界。902年为权臣郑氏所篡，建立长和国，南诏亡。后又经赵氏天兴国(928～929年)、杨氏义宁国(929～937年)，至937年政权落在南诏贵族段氏(白族)手中，建立了大理国。

唐末交州土著势力崛起。906年交州土人曲承裕据安南，自称节度使。930年为南汉所灭。后经杨廷艺、皎公羡割据。至938年吴权自立为王，越南北部自成一区，脱离了中原王朝。自汉武帝平南越起，千百年来一直是中原王朝直属版图的越南北部地区，至此完全脱离汉族中原王朝而独立。

从唐朝在756年安史之乱前后中国疆域变化的史事看来，中国主体王朝也即中原王朝国力的盛衰与中国疆域变化有着密切的关系。当中原王朝国力强盛时，边区少数民族政权，无论是从仰慕中原经济、文化出发，抑或迫于强大的政治压力，形成一种强烈的向心力，以中原王朝首都为中心，其辐射力可达东西数万公里。当中原王朝内部发生动乱，国势衰落时，这种向心力立刻变成离心力，边区民族政权纷纷独立，自求发展，扩展自己的国力。这几乎形成一种规律，从中国疆域变迁史上可获证明。但由于其在与中原王朝合为一体的过程中，长时期地接受了中原文化，使游牧文明和农耕文明间相互交融，当中原地区再度出现强有力的政权时，这些边区民族又可能再一次投入中华大家庭的怀抱。这从以后的疆域史上也可获得证明。

第五节　两宋时期各分裂政权的疆域——新兴边区民族势力的崛起

公元10世纪下半叶至13世纪下半叶的300年内，中国境内分成好几个政权。在中原地区先后有北宋、南宋、辽、金、西夏，在边区先后有南诏、大理、吐蕃诸部、西州回鹘、喀喇汗国、西辽等。现分别阐述其疆土变迁的过程。

一、北　　宋

因五代梁晋汉周之旧，建都开封。宋太祖时（960～975年）先后征服了荆南、湖南、后蜀、南汉、南唐诸国，宋太宗时（976～997年）又有吴越归附，漳、泉献地。979年（太平兴国四年）又灭了山西中部的北汉政权，结束了唐安史之乱以来200多年藩镇割据的局面，在中原地区建立了统一王朝。惟唐末以来据有今陕北、河套的党项族，时降时叛，宋朝始终未能统治到这一地区，到11世纪成立了夏国。宋代前期对西夏主要采取绥靖政策，宋神宗时代曾锐意开拓疆土，1067年（治平四年）收复了绥州，熙宁以后又取得了银州一部分地（今绥德、米脂一带）。1072年、1073年、1081年（熙宁五年、六年、元丰四年）又取得唐末吐蕃、西羌所据甘肃陇西地，置熙、河、洮、岷、兰等州。哲宗元符时（1098～1100年）和徽宗崇宁、大观时（1102～1110年）才进一步从吐蕃手中取得湟水流域、洮河上游和黄河上游贵德一带疆土，置鄯、湟、廓、洮、积石等州军。1121年（宣和三年）西安州（今宁夏海原）、怀德军（今宁夏固原北寺口子东）又为西夏所取。总之，北宋前期对西夏的边疆斗争中基本上处于守势，后期虽采取进攻政策，因国力所限未见多大效果。

在西南方面，唐代所置羁縻州在唐末国势衰颓时，都已脱离中原王朝。宋王朝建立后，西南少数民族又纷纷归附。宋朝即在其地置羁縻府州：有雅州（治今四川雅安）及其所属羁縻州，约在今雅安、天全、泸定等大渡河上游两岸一带；黎州（治今汉源）及其所属羁縻州，约在自汉源大渡河南岸至越西一带；叙州（治今宜宾市）及其所属羁縻州，约自今四川宜宾以南包有云南东川、会泽以北的东北部和贵州遵义以西、安顺以北的西部地；泸州（治今泸州市）及其所属羁縻州，约有今四川泸州以南至贵州六盘水市、织金以北地；黔州（治今彭水）及其所属羁縻州，约当今四川彭水以南和贵州大部分地区；邕州（治今广西南宁市）及其所属羁縻州，约有今南宁市以西广西地区。这些边区羁縻州西南与大理国接境。直至北宋末年，疆土无多大变化。

二、辽

与宋对峙的辽朝疆域辽阔，南以山西雁门山、河北大茂山和白沟（今河北拒马河下游走白沟镇、霸县、信安镇一线）与北宋分界；北面以西北路招讨司、乌古敌烈统军司统辖漠北诸部族，北界在今蒙古国和俄罗斯边界以北，至克鲁伦河、鄂尔浑河、色楞格河；东循外兴安岭至海；东面926年后据有渤海国故地；东南跨越鸭绿江、图们江有今朝鲜北部新义州、咸兴一线以北地，其南为王氏高丽；西境辖有阿尔泰山地区的粘八葛部。东北黑龙江下游的室韦诸部和松花江流域的女真诸部为其羁縻地区。初期建都上京临潢府（今内蒙古巴林左旗东南波罗城），1007年（辽统和二十五年）迁都中京大定府（今内蒙古宁城南大明城）。1114年（辽天庆四年）属部女真完颜部起兵反辽，次年建国号金，十年以后（1125年），辽为金所灭。

三、西　　夏

党项羌古羌人一支，北朝末期分布于青海湖东部黄河河曲一带。唐初势力范围扩展，东至中原王朝的松州，北连吐谷浑，南为吐蕃。唐时置羁縻州理之。后为吐蕃所逼，请求内迁，唐遂移其部众于陕西西北部的庆州一带。安史乱后，或臣属吐蕃或附唐，叛服不常。唐后期居地扩大，散居于今甘肃东南部、宁夏、内蒙古鄂尔多斯高地南部和陕西西北部地区的银、夏、绥、延等州。以居于夏州（治今内蒙古乌审旗南白城子）的平夏部最强[①]。唐末因助政府镇压黄巢起义有功，于881年（唐中和元年）封为定难军节度使，辖有夏、绥、银、宥四州之地，开始成为割据政权。宋初不断寇边，1002年（宋咸平五年）攻下灵州（治今宁夏灵武西南），继又取西凉府（今甘肃武威）。初以夏州为政治中心，旋迁灵州，1020年迁都怀远镇（今宁夏银川市），筑城居之，建为兴州。1021年（契丹太平元年）契丹封其为大夏国王。1033年夏国升兴州为兴庆府，定为国都。1035年（景祐二年）进攻回鹘占领了肃、瓜、沙三州，控制了整个河西走廊。1038年称帝，国号大夏。宋人因其在西部，故称其为西夏。其时疆域：东据黄河，西至古玉门关（今敦煌西北小方盘城），南临萧关，北抵大漠，据有夏、银、绥、宥、静、灵、盐、会、胜、甘、肃、凉、瓜、沙州地。宋神宗以后，东部绥州和银州一部地入宋。1127年北宋亡。此后1136年、1137年夏国又从金人手中取得湟水流域，达到西夏立国以来最大疆域。1146年（金皇统六年）金又以沿边德威城、西安州、定边军予夏。自后金、夏间边境时有进退。1227年为蒙古所灭。自881年起计，党项族建立政权346年。如自1038年称帝起计，共190年。

四、大　　理

902年（唐天复二年）南诏政权崩溃，此后自902～937年间，先后出现过长和国、天兴国、义宁国的统治。937年为白蛮首领段思平取代，建立大理国。其疆域基本上沿袭南诏时期，惟局部地区有所改变。辖有今云南省除金沙江、牛拦江以东的昭通等数县外的全境，四川大渡河以南及贵州西边数县，西南还远及今缅甸和老挝的北部、越南西北角和泰国西北一小部分。

五、吐蕃诸部

自9世纪中分裂后，成为青藏高原许多分散部落，史书为吐蕃诸部或西蕃。其中最强大的是兴起在邈川城（今青海乐都县东南）一带的唃厮啰，曾一度为吐蕃割据势力中的霸主。终宋一代长期与中原王朝保持交往关系。

---

① 《新、旧唐书·党项传》。

六、西州回鹘

唐末回鹘一支西迁至新疆东部，以高昌（今吐鲁番）为都城，又称高昌回鹘。其疆域西面开拓至龟兹（今新疆库车）以西阿克苏、乌什一带，与喀喇汗国接壤，西北界天山，北面包括准噶尔盆地，南隔塔里木盆地与于阗为邻，东至敦煌西与西夏分界，东南以阿尔金山与黄头回纥（居阿尔金山南、青海北部）接壤。12 世纪 20 年代臣服于西辽。13 世纪初臣服于蒙古。

七、喀喇汗国

回鹘西迁至中亚所建立的王国，又称黑汗王朝。是一个松散的多民族部落联合。实行双汗制。大汗直接统治东部，建都八拉沙衮；副汗治怛罗斯和疏勒。其余小汗，各有分地。是中国境内第一个接受伊斯兰教的突厥语民族建立的王朝。由于建国时间较长（840～1212 年），前后疆域变化很大。在 1009 年合并于阗李氏王朝以前，其版图东至今新疆阿克苏、拜城间，与西州回鹘以荒山、沙漠为界，东北隔准噶尔盆地为西州回鹘，北至巴尔喀什湖，西北至锡尔河、阿姆河下游，西南抵阿姆河，南至葱岭与于阗接壤。大约自 1041 年起黑汗王朝正式分裂为二，西汗以布哈拉为都城，领有河中地区（阿姆河、锡尔河之间地区）、费尔干纳西部；东汗以八拉沙衮为都城，领有怛罗斯、石城（今塔什干）、费尔干纳、七河流域（巴尔喀什湖以南，包括哈萨克斯坦东南、楚河流域及天山北麓地区西段）和喀什噶尔。东西两汗互相攻伐。1132 年后东西两汗臣服西辽王朝。1140 年左右西辽占领八拉沙衮，东喀喇汗王朝沦为西辽附庸，1211 年为西辽王所灭，次年西喀喇汗王朝为花剌子模所灭。

八、金　　朝

1115 年女真人建立的金朝，崛起于松花江支流阿什河（金时称按出虎河）。其后迅速强大，1125 年灭辽，1126 年灭北宋。1142 年（南宋绍兴十二年）与南宋罢兵议和，成为北中国一大强国。初都按出虎水上的上京会宁府（今黑龙江阿城市南白城），1153 年（金贞元元年）迁都燕京，建号中都大兴府（今北京城西南隅）。1214 年（贞祐二年）为避蒙古兵锋迁都开封府（今河南开封市）。其盛时曾不断进攻南宋，取得一定土地。但比较稳定的疆域是南以淮水、秦岭与南宋分界，东至日本海，东南稍逾鸭绿江、图们江与高丽接壤，西邻西夏、吐蕃，略同北宋旧界，北边东段抵外兴安岭，西段有蒙古高原诸部，在金代屡为边患。为了防御蒙古的入侵，在金熙宗（1135～1148 年）初年即有婆卢火在北部边境上修筑界壕（或作壕堑、金源边堡）之举。以后经大定年间，明昌三年（1192 年）至承安三年（1198 年）不断修建，基本完成。经考古调查①，具体走向：东北起自今内蒙古莫力达瓦达斡尔族自治旗尼尔基镇北七家村南，西南沿兴安岭，经索伦、突泉西、达尔泊北，再沿阴山西延至黄河后套，今东段尚有土壁遗址；又今额尔古纳河上游北岸，西经满洲里市北，直至蒙古国境，也有金代

① 夏洲杰：《金代长城》，刊《中国长城遗迹调查报告集》，文物出版社，1981。

边堡遗址。金界壕直线距里约 2 500 公里，实际长度仅从保存在今天地面上有遗迹可查的就有近 5 000 公里，可见规模之大。这是金代北部边疆上的一条防线，而金代北疆界则在今俄罗斯远东地区的勒拿河上游一带。1234 年为蒙古所灭。

九、西　　辽

1124 年，即金灭辽前一年，辽宗室耶律大石自立为王，率部西迁，1131 年至起儿漫（今乌兹别克克尔米涅）称帝，后迁至虎思斡耳朵（今吉尔吉斯托克马克东南楚河南岸），史称西辽或黑契丹。其直辖领土以都城虎思斡耳朵为中心，北至伊犁河，南至锡尔河上游，东至伊塞克湖东南的巴尔思罕，西至塔剌思。1134 年（西辽康国元年）起，西辽大力开疆拓土，东攻金朝至喀什噶尔、和阗，西攻寻干思（今撒马尔罕），南渡阿姆河降服花剌子模。1142 年时，其疆土西抵咸海、阿姆河两岸，并将花剌子模改为附庸，北面越过巴尔喀什湖北岸，其东至土拉河上游，包有可敦城（今蒙古国乔巴山城西）周围地区，东北势力范围在 1175 年前曾到达谦河（今叶尼塞河上游），1175 年后，退至阿尔泰山南乌伦克河，其东以役属畏兀儿与西夏接壤，其南，西段以阿姆河为界，中段包括瓦罕走廊，东段以昆仑山与吐蕃诸部、黄头回纥邻界，东南包括哈密、若羌与西夏为邻[①]。一时为中亚一大强国。1218 年为蒙古所灭。西辽立国共 94 年。

十、南　　宋

1127 年（南宋建炎元年）初都南京，1138 年（绍兴八年）正式定都临安（今杭州市）。疆土仅限于秦岭淮河以南，岷山、邛崃山以东地区。东南海疆有所展，澎湖列岛始见于南宋赵汝适《诸蕃志》（成书于 1225 年）属当时的晋江县（今泉州市）管辖。

从上所述，可知从公元 10 世纪中叶至 13 世纪上半叶的近 300 年时间内，当时中国境内存在过先后由十个政权，分别由汉、契丹、女真、回鹘、党项、白蛮、吐蕃等族所建立。于是出现了疆土交错、纷呈繁复的局势。这种局面的产生，是因为隋唐强大统一帝国时期，汉族和周边少数民族之间有了长期的政治、经济、文化诸方面的双向交流，使周边少数民族加强了民族意识和政权意识，当汉族中原王朝国势一旦衰落时，周边少数民族乘机奋起，加强四边疆土的开拓、政权的建设和经济的开发。虽然晚唐以后，中国处于分裂状态，但整个中国社会的进步并未停止。我们从辽、金、西夏、大理等政权在疆土治理方面所设置的政区体制，明显吸取了汉族王朝农耕民族的统治经验，其较松散的游牧部族的统治方式为进步；还有其他官吏制度也明显受到唐宋制度的影响。可见相对成熟的汉文化对边区民族政治体制上的影响。这种长期的政治、经济、文化诸方面的交流融合，为以后元统一帝国的建立准备了条件。见图 2-3。

---

① 魏良弢：《西辽王朝疆域考释》，《历史地理》第 5 辑，1987 年。

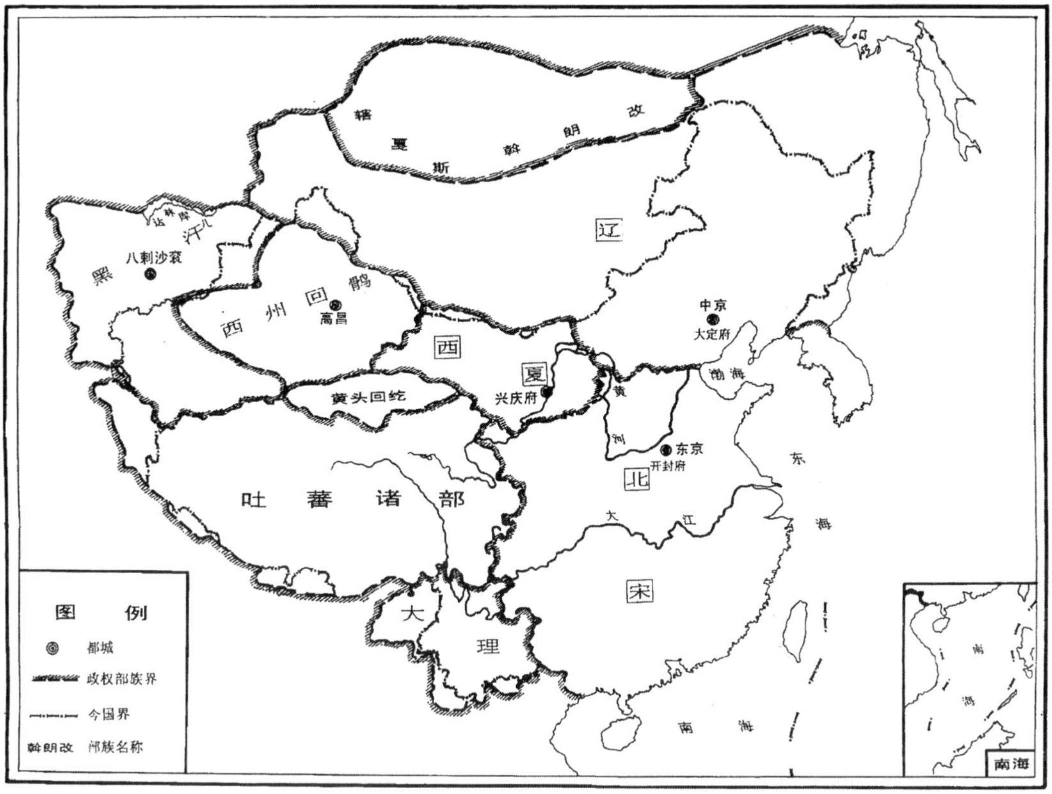

图 2-3 北宋、辽时期疆域形势图

（采自谭其骧主编《简明中国历史地图集》51～52 幅）

第六节　元统一帝国的出现——蒙古势力的扩张与各民族的融合

元代是中国疆域史上又一次扩展时期。其与汉唐不同，是由边区少数民族占有了全部汉族地区的统一帝国。因为是少数民族将其原根据地的广大边区加入了统一的大家庭，故其疆域十分辽阔。《元史·地理志》序云："其地北逾阴山，西极流沙，东尽辽左，南越海表。……元东南所至不下汉唐，而西北则过之，有难以里数限者矣"。本节所述元朝疆域是指元朝皇帝直接统治的版图，不是指整个蒙古帝国。

元帝国建立前，在中国范围内分成七个部分：蒙古高原诸部、西辽、金、西夏、南宋、吐蕃、大理。1203 年，铁木真统一了漠北蒙古诸部。1206 年蒙古贵族在斡难河源奉铁木真为大汗，尊号成吉思汗，建立了大蒙古国。自后开始向蒙古高原以外地区扩展，至 1279 年，最后统一了中国境内所有政权。

蒙古统一中国的时间十分漫长。自 1205 年起，蒙古曾六次进兵西夏，终于 1227 年灭了西夏国。黄河上游地区遂为蒙古势力所控制。1211 年成吉思汗亲率大军南下攻金。1215 年蒙古兵攻占中都城（今北京城西南隅），金宣宗南迁汴京（今河南开封市），1234 年蒙古又与宋联合攻金，金亡。黄河流域全为蒙古所控制。1215 年时，金朝的辽东宣抚使蒲鲜万奴叛金，在辽东东部独立，建立大真国。1233 年即为蒙古所灭。于是东北地区全入蒙古。自

1218 年起，成吉思汗又向北方森林地区扩展势力，把活动于蒙古高原以北叶尼塞河一带的"林木中百姓"各部落纳入大蒙古国统治之下，这样北部极边的寒冻地带也收入蒙古版图。1211 年(或 1212 年)西辽帝位为乃蛮部屈出律汗所篡，1218 年屈出律为蒙古军所杀，西辽国土尽归蒙古。蒙古在灭金以后，于 1235 年开始进攻南宋，但遭到强烈反抗，特别是攻打四川，所遇久攻不下，蒙哥汗亦死军中。最后终因南宋内政极端腐败，军力过于悬殊，于 1276 年(元至元十三年)都城临安为蒙古军攻占，南宋亡。1279 年，南宋残部被元军消灭于广东新会海中厓山，南中国全入元朝版图。蒙古在进攻南宋的同时，又发动了南侵大理的战争。1256 年灭了段氏大理国。当 1227 年蒙古灭西夏后，对西藏地方政治宗教势力产生巨大影响。1239 年、1244 年蒙古军两次进军西藏，后与西藏地方实力派萨斯迦派宗教领袖进行磋商，乌思、藏、纳里诸地都归附了蒙古。从 1205 年至 1279 年的 74 年时间里，蒙古军先后征服了西夏、西辽、金、吐蕃、大理，最后灭了南宋，统一了全中国。

自成吉思汗至蒙哥汗(宪宗，1251～1259 年)，蒙古帝国均以蒙古高原为根据地。成吉思汗的大斡耳朵设在怯绿连河上游的曲雕阿兰之地(今蒙古国肯特省温都尔汗西南)。成吉思汗儿子窝阔台继位后，于 1235 年建都于鄂尔浑河上游的哈喇和林(今蒙古国后杭爱省厄尔德尼召北哈尔和林)。1259 年蒙哥汗死，次年，忽必烈即大汗位于漠南的开平(今内蒙古正蓝旗东闪电河北岸)，1263 年升开平为上都，以取代哈喇和林。1264 年改汉地燕京为中都，1267 年改筑中都新城于旧城东北(即今北京城前身)，并迁都于此。1271 年(元至元八年)改国号为大元，次年改中都为大都。从此这个政权便承继宋金成为中国史上一个中原王朝。

当元世祖忽必烈征服南宋时，蒙古帝国已开始分裂。西辽故土在元朝和窝阔台、察合台二汗国三方争夺之下。13 世纪时今新疆地区大部分还直属元朝管辖，元世祖忽必烈曾在阿力麻里(今霍城县水定镇西北)、别失八里(今吉木萨尔北破城子)、火州(今吐鲁番东南)、斡端(今和田)、可失哈耳(今喀什市)等地设置地方行政机构。14 世纪开始这些地区终于并入察合台汗国。察合台汗国都阿力麻里(今新疆霍城县水定镇西北)，其疆域西至两河流域，东至新疆哈密，南至昆仑山、兴都库什山，北抵巴尔喀什湖、额尔齐斯河南岸。

元世祖即位后，建立地方行省制度，全国划分为十一个行政区，即中书省直辖和十行省及吐蕃宣政院地。

元朝疆域辽阔，四周边区以岭北行省为最大。漠北本是蒙古本土，为诸王封地和诸千户牧地。至元时置和林宣慰司为中书省派出机构，大德时改为和林等处行中书省，1312 年(皇庆元年)改为岭北等处行省，治和宁路(今蒙古国哈尔和林)。辖区东至哈喇温山(今大兴安岭)，接辽阳行省；西至也儿的石河(今额尔齐斯河)，接钦察汗国和察合台汗国；北至北海(今西伯利亚北部)之地；南隔大漠与中书省和甘肃行省接界。包括今蒙古共和国、俄罗斯西伯利亚中部和中国内蒙古北部、东部及黑龙江省西部地区。

至元初在东北地区置北京行省，后改为辽阳等处行省，治辽阳路(今辽宁辽阳市)。辖区东临大海，在黑龙江口奴儿干地置征东元帅府，1287 年(至元二十四年)前还控制了库页岛上的骨嵬，将其收入版图；行省南端包括辽东半岛，东南与高丽接界，行省所辖开元路南界东段最初抵达铁岭(今朝鲜元山南)。13 世纪末，省属双城府治(今朝鲜永兴)以南地相继为高丽收复，南界遂止于双城府①。元末至正年间，双城为高丽所破，元、高丽间疆界北移至今朝鲜咸兴南—西南一线，大致恢复辽金时代旧界②；西段疆界元至元初年曾以慈悲岭（今朝鲜黄海北道黄州东岊山）为界山，1290 年（至元二十七年）因高丽之请，以东宁路所辖诸城归还高丽，至是元、高丽间边界大致恢复到辽金时期鸭绿江口以上占有南岸一部分土地分界状况。

1254 年灭大理国后，先分置十九个万户府，后又置南、北、中三路总管府，至 1276 年（至元十三年）才立云南行中书省以为定制。治中庆路（今云南昆明市）。因大理国境内少数民族复杂，直至大德年间才全部征服。其省境疆界基本同大理时规模。其后直至元末不断向外扩展。元至元年间在云南西部置金齿宣抚司，治保山，与印度和缅甸接界。其辖区内最西的蒙光路（今缅甸孟拱）西界，即今缅甸北部和印度分界的那加山脉；西南边境在元灭大理初基本维持大理时西南界。1271 年（至元八年）开始多次进攻缅甸。1277 年（至元十四年）占有了今缅甸新维至腊戍上下地。1284 年（至元二十一年）攻占太公城（今缅甸伊洛瓦底江东岸拉因公），后置太公路。1286 年（至元二十三年）再度进攻缅甸，灭了缅甸的蒲甘王朝（都今伊洛瓦底江东岸蒲甘）。1312 年（皇庆元年）在阿瓦（今曼德勒西南）置邦牙宣慰司，属云南行省管辖。其时西南边界到达伊洛瓦底江下游卑谬下端一带。1342 年（至正二年）邦牙司撤销，西南界北缩至太公城以南，大致相当今萨尔温江以西掸邦地区。在大德中（1297～1307 年），在原臣属大理的景咙国置彻里军民总管府（治今车里），境外为八百媳妇国，其南部分界为今缅甸南掸邦北部南垒河。1300 年（大德四年）发动了对八百媳妇国的征伐未成，最后八百媳妇愿受招抚，主动请元朝设置官吏，1327 年（泰定四年）置蒙庆宣慰司，治今泰国清莱府北部昌盛，又于其南置八百等处都元帅府，驻八百大甸，即今泰国北部清迈。遂使元朝云南行省南界包括了泰国北部清迈府地区。1338 年（至元四年）又因老告（即今老挝）主动来朝后，元朝于其地置老告总管府，于是云南行省南界扩大到了老挝琅勃拉邦与万象、川圹的交接地带。云南行省东南边界有 1323 年（至治三年）所置宁远州，治今越南北部莱州，据有今越南西北一小部分土地。此外，元临安路所辖有今马关县外今越南河江省境大赌咒河（今斋河，又名黑河）以北地，总之，元代云南行省辖土十分广大，包括今云南全省及贵州、四川部分地区外，还有今缅甸、泰国、老挝的北部和越南一小部分地区。

西南方面统一吐蕃地区，设立三个最高地方行政机构：吐蕃等处宣慰使司都元帅府，又称朵思麻宣慰司，辖今青海东部；吐蕃等路宣慰使司都元帅府，又称朵甘思宣慰司，辖有今甘孜藏族自治州及昌都地区；乌思、藏、纳·里速、古鲁·孙等三路宣慰使司都元帅府，又称乌思藏宣慰司，辖前藏、后藏和阿里地区，辖区包括今西藏、青海大部四川西部、甘肃小部及不丹、锡金和克什米尔部分地区。三司直属中央宣政院管辖，使西藏高原地区第一次归入中原王朝的直属版图③。

海疆方面，有对台湾海峡的开发。台湾在三国吴时称夷洲，据《三国志》记载，公元 230 年（吴黄龙二年）曾遣甲士万人浮海至夷洲，俘虏了数千人而还。这是有文献记载大陆与台湾的第一次接触。隋时台湾称流求，大业时隋军曾从广东潮州泛海经澎湖列岛的花屿、奎

① 谭其骧：《元代的水达达路和开元路》，刊《历史地理》创刊号，1980 年。
② 韩儒林主编：《元朝史》下册，第 197 页。
③ 韩儒林：《元朝中央政府是怎样管理西藏地方的》，刊《穹庐集》，上海人民出版社，1982 年。

壁山，至台湾本岛，俘男女数人而归，但没有设置行政机构。南宋时福建沿海地方向海上开发，澎湖列岛属泉州晋江县管辖，明确见于南宋人赵汝适的《诸蕃志》。到了元代台湾称琉求，据《岛夷志略》记载，大约在1290年（元世祖至元末）前后，第一次在澎湖列岛上置行政机构巡检司，征收租税，属泉州路晋江县（一说同安县）管辖。

元汪大渊《岛夷志略》记南海有万里石塘，当指今南海诸岛，或云今西沙、中沙群岛，或云包有今南沙群岛，说明东南沿海海上行商和渔民很早就在南海诸岛一带时进行活动。

自8世纪中叶唐安史之乱以来，原先大一统的多民族国家长期处于分裂状态。10世纪中北宋建立，只是统一了中原地区的大部分，整个中国还处于七八个政权的割据局面，前后达三四百年之久。这种分裂阻碍了各地区经济的发展和人民生活的提高。分裂时期各政权之间互相残杀造成人民生命财产的损失，战争对社会经济建设的破坏自不待言，即便是和平时期，政权之间物资的禁运，商品流动的阻隔，人才、文化交流的缓滞，都影响了农耕、游牧、渔猎区间的沟通交融，无疑会影响了整个中国社会的进步和经济的发展。蒙古族虽然通过军事征服手段击败了各个政权和民族，在战争过程中，确实对人民生命财产和社会经济有过严重的破坏。但当打破了各民族政权间疆界，建立了统一政权以后，使居于北方的契丹人、女真人、党项人、蒙古人、色目人（包括畏吾儿人和西域各部人）、汉人和农耕、游牧、渔猎区之间经济、文化的交流融合得到充分的加强，对整个中国社会经济文化发展和进步，无疑具有十分重要的作用。此外，由于蒙古帝国地跨欧亚大陆，元帝国对中外文化交流和中外交通发展的作用是史无前例的。现以本节疆域而言，元帝国首次将蒙古高原和西藏高原纳入中原王朝的直属版图，为近代中国疆域的形成奠定了基础，在中国疆域变迁史上具有十分重要的地位。

第七节　明时期中国的疆域形势——农耕、游牧、渔猎区的分裂

1368年元顺帝在北伐的明军威逼下，北遁上都。明军进入大都（今北京城），元朝作为中原统治王朝，至此结束。元朝残余势力退据漠北，史称北元，1402年后改称鞑靼。继之而起的明王朝直接统治了原来南宋、大理、西夏和金的大部领土，对黑龙江、松花江流域和吐蕃地区则采取羁縻统治的方式，漠北地区仍为蒙古后裔鞑靼、瓦剌所据。今新疆地区为察合台汗国后裔亦力把里的领土，而介于亦力把里与甘肃之间的嘉峪关以外的哈密等卫，明前期也在明王朝羁縻统治之下。总之，在蒙古人统治中国将近一个世纪以后，由于蒙古帝国的民族分化政策和强暴的黑暗统治，最终又使中国出现农耕区和游牧、渔猎区的长期分裂局面。现试以各边区分述之。

一、北部疆域变迁

1369年（洪武二年）明军北伐，攻下上都，元顺帝北遁，次年死于应昌（今内蒙古达里诺尔西南）。1370年明军再一次北伐，至开平，破应昌，元朝残余势力逃至和林旧都。此后在洪武年间，曾多次对蒙古用兵，“肃清沙漠”，军锋直指蒙古心脏地区土喇河（今土拉河）、阿鲁浑河（鄂尔浑河）和胪朐河（今克鲁伦河）一带，严重打击了蒙古势力。当蒙古势力远遁后，明朝政府在蒙古高原的南缘设置了40余个卫所（一种军事屯戍组织），著名的有东胜

卫(治今内蒙古托克托)、云川卫(今和林格尔)、官山卫(今察哈尔右翼中旗南)、察罕脑儿卫(今商都东南察汗淖尔附近)、开平卫(今正蓝旗东北闪电河北岸)、全宁卫(今翁牛特旗)、老哈河卫(老哈河流域)等等,都是为明帝国的北部重地。其走向大致沿着阴山、大青山南麓斜向东北至西拉木伦河侧一线,是为明王朝北部疆界①。这实际是当时一条农牧分界线。15世纪以后,由于北部边区气候转寒,沙地扩大,环境严酷,屯垦农耕已无法维持卫所士兵及其家属的生存,而由内地转输给养又不胜负担;同时由于在靖难战争中燕王尽拔大宁及北平都司诸卫兵士投入战斗,边塞空虚,设施残破。所以在1403年(永乐元年)一年之内将北部大部分卫所内迁至山西、河北北部的长城一线。但当时明朝的北疆仍然保持在蒙古高原南缘一线②。

当时蒙古内部分裂为三部:兀良哈部、鞑靼部、瓦剌部。兀良哈部原居在大兴安岭南端今黑龙江和内蒙古两省交界地带。明初元辽阳行省境内蒙古诸部降明,1389年(洪武二十二年)在其地置朵颜、泰宁、福余三卫,史称兀良哈三卫。鞑靼居阿尔泰山以东蒙古东部,瓦剌居阿尔泰山以西叶尼塞河、鄂毕河一带的蒙古西部。永乐年间,明朝军势仍十分强盛,朱棣曾多次亲征鞑靼和瓦剌,兵锋直指东蒙古本部泸朐河、斡难河(今鄂嫩河)、土拉河、克鲁伦河一带,历史上称为"五出三犁"之威,高原震骇,蒙古远遁,"漠南无王庭"。永乐以后,北部境外出现了新的形势。首先,宣德(1426～1435年)初年开始兀良哈三卫开始南迁,至正统(1426～1449年)初年活动于西拉木伦河、老哈河一带,天顺(1457～1464年)、成化(1465～1487年)年间牧地才固定下来:朵颜卫和泰宁卫约在今老哈河、滦河一带,经常侵犯明朝西自开平,东至古北口、山海关一带边境;福余卫在朵、泰二卫东北,约在今辽宁开原以西一带,屡犯辽东都司边境。总之,至明代中期,自开平至辽东,蓟辽边外已为兀良哈三卫牧地,时为边患。其次,是鞑靼的南进,永乐以后,原"北元"势力稍有复苏,1449年(正统十四年)"土木堡之变"后,开始南进,自景泰(1450～1456年)末年进入河套地区,成化以后长期驻牧河套以及河套西甘、凉境外,并大规模侵犯明朝边境。正德(1506～1521年)年间,即16世纪初,北元一部分余部出河套西奔,进入青藏高原,沟通了蒙古草原和青藏高原间的经济、文化联系,最为显著的就是藏传佛教在蒙古地区的传播。再次,瓦剌部与鞑靼部在明初不断发生战争,以后鞑靼游牧漠南,瓦剌东侵,一度攻占东蒙古和林,并袭击山西大同、甘肃甘州一带。1449年(正统十四年)明英宗亲征瓦剌,土木堡一役,明军大败,英宗被俘。1451年瓦剌也先汗击杀东蒙古脱脱不花可汗,瓦剌一度十分强盛,除占有原来的叶尼塞河上游广大地区外,已西越阿尔泰山,至额尔齐斯河上游,南面"东及建州、兀良哈,西及赤斤蒙古、哈密"③,屡为边患。1454年也先身亡。景泰(1450～1456年)以后瓦剌为鞑靼所袭,西迁。嘉靖以后又为吐鲁番所败,益西迁,活动于今叶尼塞河、鄂毕河一带。

明代自永乐边卫内迁以后,三面近塞。宣德以来,蒙古南进入漠南地区,明朝在"东起鸭绿江,西抵嘉峪关,绵亘万里,分地守御。初设辽东、宣府、大同、延绥四镇,继设宁夏、甘肃、蓟州三镇,而太原总兵治偏头,三边制府驻固原,亦称二镇,是为九边"④。是明代北边的九个军区。同时为防御鞑靼、瓦剌的侵扰,自洪武开始即修筑北边关隘、烽堠,宣德、正统

---

① 《明史·地理志》。
② 邹逸麟:《明清时期北部农牧过渡带的推移和气候寒暖变化》,刊《复旦学报》,1995年第1期;达力扎布《明代漠南蒙古历史研究》,第7,10页。
③ 《明史·瓦剌传》。
④ 《明史·兵志三》。

以后边防事急，更加强了烽堠、墩堡和其间边墙的修建，至万历时，前后经过200多年，形成了一条东起山海关，西讫嘉峪关的长城。是为明代中后期的北边。

二、东北疆域变迁

在朱元璋推翻元朝统治的同时，东北地区黑龙江下游及极东缘地区的吾者野人（或作兀者野人，即金时兀里改人）也掀起反抗元朝统治的斗争①。当朱元璋将元朝势力赶出中原后，明王朝遣使自莱州湾渡海，很快消灭了在辽东的元朝残余势力，顺利地控制了辽东地区，置辽东都司（治今辽宁辽阳市），进一步经营东北。以后又多次进军松花江、黑龙江流域，并招抚女真各部，最后继承了元帝国在东北的疆土，势力到达了黑龙江口和库页岛。自1403年（永乐元年）至1409年（永乐七年）间，明朝在黑龙江南北、乌苏里江东西、松花江流域，先后设置了115个卫。1409年在黑龙江下游和亨滚河（今阿姆贡河）会合处东岸特林地方，即元征东元帅府地，设置了奴儿干都司，下辖130多个卫所。1413年（永乐十一年）、1433年（宣德八年）中央两次派员至该地巡视，并建永宁寺碑和重建永宁寺碑，两碑至今尚存。是明朝对黑龙江下游地区行使统治权的物证②。以后奴儿干都司所属卫所与明朝中央政府关系日益密切，明政府定期派兵往奴儿干都司地驻守，至万历年间（16世纪下半叶）下辖卫增至384个③。以后自宣德至正统年间（1426～1449年），原居于西拉木伦河流域的兀良哈三卫南迁至辽河以西、内蒙古昭盟和河北北部地区；原居于绥芬河一带的建州女真也逐渐南迁至浑河一带。其后不断相交侵犯辽东的农耕区，1469年（成化五年）明政府在今辽宁省境内修了一道跨辽河东西的辽东边墙。16世纪末至17世纪初，居于今浑河、苏子河流域的建州女真酋努尔哈赤崛起，统一了女真诸部，原设于女真诸部的羁縻卫所遂归消亡，其地为女真势力所控制。1616年努尔哈赤称帝，以赫图阿拉（今辽宁新宾县西老城）为都，建国号为金（史称后金）。其后，后金势力不断壮大。1619年（万历四十七年）萨尔浒山（今宁抚顺市东北）之战，明军大败，后金即攻破辽东边墙，占领了辽东都司的大部分土地。17世纪30年代后，奴干儿都司全部辖境全在其控制之下。

三、西北疆域变迁

明初洪武时国力强盛，西北最远势力到达今新疆东边的哈密和青海柴达木盆地，其西则达察合台汗国。1370年察合台汗国亡后，分裂为东西两部分，西察哈台汗演变为帖木尔汗国，不在中国范围之内；东察合台汗居于今新疆东部，形成别失把里汗国。而居于今新疆东部的其他畏吾儿人，形成许多互不统隶的封建地方政权，“地大者称国，小者止称地面”④，继续受蒙古人的统治。当明初军队到达甘肃河州（今临夏市）时，居于青海原受元朝敕封的撒里畏吾儿来归。1374年（洪武七年）分其地为：阿端、阿真、苦先、帖里四部。次年置安定、阿端二卫，其地在今青海柴达木盆地北部托来南山、党河南山、安极尔山以南地。

---

① 《元史·顺帝纪四》。
② 李健才：《明代东北》，第53～56页。
③ 《明史·兵志二》。
④ 《明史·西域传四》。

几乎同时又在苦先置曲先卫，约在今青海省西北部阿尔金山之南一带。永乐后迁徙至药王淮(《方舆纪要》作药王滩，疑是)，确址不详。1375年(洪武八年)又于青海湖东侧、黄河以北置罕东卫。1479年(成化十五年)在沙州一带(今敦煌)置罕东左卫①。1410年(永乐八年)于原居于沙州的蒙古人地，置赤金(斤)蒙古卫(今甘肃玉门市西北赤金)。1404年(永乐二年)于居于敦煌的蒙古人地置沙州卫(今敦煌)，1434年(宣德九年)因受罕东卫侵扰和哈密卫所逼，移治苦峪(今甘肃安西县东南)，遥领其众。1406年(永乐四年)于原蒙古人所居哈密力地置哈密卫(今新疆哈密)。以上诸卫，均受明王朝节制。所以明初西北疆境包括今青海全省至今新疆东部。15世纪中叶以后，西北形势变化。哈密卫受到多方侵扰，1472年(成化八年)一度哈密卫城被吐鲁番所攻破，卫内迁于苦峪。后复。1514年(正德九年)终于为吐鲁番所并。赤金蒙古卫当其冲，亦受其侵，内迁肃州南山，其城遂空。其他安定、罕东、罕东左、阿端、曲先、沙州等卫，或为吐鲁番所并，或为蒙古入青海时所破，有的迁入肃州，有的四散。明朝西北屏障全失②。15世纪下半叶开始，由于瓦剌和吐蕃的侵扰，明朝放弃了这些地区，退守嘉峪关。

吐鲁番(今新疆吐鲁番)在14世纪末原为地方小国，后合并火州(今新疆吐鲁番东南哈剌和卓)、柳城(今鄯善县东南鲁克沁)二小地面后，日益强大。15世纪中叶吞并哈密、瓜、沙，侵扰甘、肃州，嘉峪关外，几尽为所有，以迄明季。16世纪下半叶开始衰落。

吐鲁番以西为察合台后裔建立的别失把里王国，以建都于别失把里城(今新疆吉木萨尔县北破城子)而得名。居民以畏吾儿族为主。其境域相当今伊犁河流域、天山以北和额尔齐斯河、巴尔喀什湖以南地区。1418年迁都亦力把里(今伊宁市)，改国号为亦力把里。天山以南包括费尔干纳盆地，南抵昆仑山为亦力把里首辅大臣朵豁剌惕家族世袭领地。15世纪下半叶分裂为亦力把里、叶尔羌、吐鲁番三政权，其王皆察合台后裔。1514年建立起来的叶尔羌汗国不久消灭了东察合台的残余势力，统一了天山南北。1600年为最盛时，其疆域东至嘉峪关与明朝为邻，南以昆仑山、阿尔金山为界，与乌思藏、蒙古部族相邻，西南以喀喇昆仑山与乌思藏之拉达克、博洛尔分界，西面包括整个帕米尔及希瓦、瓦罕地区与印度莫卧尔帝国邻属地区相邻③。1680年为准噶尔所灭。

四、西部疆界

明朝在今西藏地区设置乌思藏都指挥使司，在青海和川西地区设置朵甘都指挥使司，又于拉达克地区(今克什米尔)置俄力思军民元帅府，长官均由明政府任命。同时继承元代西藏政教合一体制，尊迦举派及其他教派国师为五法王，即大宝法王、阐化王、赞善王、护教王、阐教王，各有分地，法王为最高僧侣，奉明朝敕命，行使地方职权。法王以下各级僧官也必须由明朝廷任免，袭职、升迁也由明王朝决定。于是西藏、青海、川西地方各不统属的地方行政单位，直属明中央政府。其疆界基本同于元代。

---

① 邓锐龄:《明初安定、阿端、曲先、罕东等卫杂考》刊《历史地理》第2辑，1982年。
② 《明史·西域传一、二》。
③ 魏良弢:《叶尔羌汗国史纲》，第85～90页，黑龙江教育出版社，1994年。

五、西南疆界变迁

当1368年明王朝建立之时，西南边区尚未收入版图。直至1381年(洪武十四年)，川、贵、云三省才全部统一明王朝版图范围之内。有明一代仍以云南省为西南极边省，故明代西南边疆即云南省西部和南部边界。洪武年间继承了元代在云南西部和南部边境上曾置有六个宣慰司，即车里宣慰司(今西双版纳)、老挝宣慰司(今老挝北部)、八百大甸宣慰司(今泰国北部)、木邦宣慰司、孟养宣慰司、缅甸宣慰司(三司皆在今缅甸北中部)，其后边界变迁颇为复杂。

明军洪武初入云南，即在其西边傣族聚居区原元云远路置孟养府，永乐初改为孟养军民宣慰司(治今缅甸孟养)，其西界达那加山脉以东，西南达今亲敦江中下游的上亲敦县至杰沙一线。1430年(宣德五年)为麓川思氏(驻今云南瑞丽)所控制。1585年(万历十三年)复于其地置孟养长官司。1604年(万历三十二年)孟养之地全为缅甸所有。其时西界内缩至大金沙江(今迈立开江)一线。洪武年间改元金齿宣抚司所辖木邦路为木邦府，治缅甸新维。1404年(永乐二年)改为木邦军民宣慰使司，以后木邦土司不断扩大自己的领地。其盛时包括萨尔温江以西缅甸掸邦之地，加上今密支那南部伊洛瓦底江以东一片克钦邦属地。1484年(成化二十年)从木邦分置孟密宣抚司，木邦司势力稍弱，1606年(万历三十四年)为缅甸洞吾王朝所并。孟密宣抚司治今缅甸掸邦蒙米特，其西界至伊洛瓦底江东岸。明初于元末邦牙宣慰司基础上置缅甸宣慰司，治阿瓦(今曼德勒西南)，其北境自江头城(今杰沙)南部斜线向西南至戛里(今上亲敦县)与孟养接界，南面约至蒲甘一带。明朝在设缅甸宣慰司后，至1424年(永乐二十二年)又进一步向南扩展，置底兀剌宣慰司，治洞吾(今缅甸东吁)，隶属云南行省。然为时甚短，1430年(宣德五年)后即不见记载，1526年(嘉靖五年)以后缅甸宣慰司为孟养、木邦土司攻破，宣慰司被杀，其子至洞吾建立缅甸史上洞吾王朝。此外，永乐初年又在白古(今缅甸勃固)置大古剌宣慰司，在马都八(今缅甸莫塔马)，置底马撒宣慰司。其地在伊洛瓦底江三角洲至萨尔温江口一带。在云南省南部，永乐初置孟艮御夷府(今缅甸景栋)，辖今景栋地区。洪武时又在元八百等处宣慰司地域上置八百大甸宣慰司①，治景迈(今泰国北部清迈)，其境“其地东至车里，南至波勒，西至木邦，北至孟艮”②。波勒即今泰国彭世洛，可知其南界已达泰国北部诸地。永乐时又在元朝老告总管府基础上建立老挝宣慰司，治南掌(今老挝琅勃拉邦)，其南境至万象以北。

以上所述，可知明朝洪武、永乐年间继承了元朝在西南的影响，在云南西南边境设置了六宣慰司，边界南推至缅甸中部、老挝中部和泰国北部。以后由于边境土司内部相互争斗和明朝国势的衰落。嘉靖以后缅甸宣慰司被木邦攻破，宣慰司后人于洞吾另建缅甸洞吾王朝，势力日渐壮大，而明王朝政治腐败，无暇顾及西南边地，孟养、木邦、孟密、底兀剌、大古剌、底马撒、八百大甸、老挝等土司先后为洞吾王朝所并。至16世纪下半叶，即明万历后期开始，明王朝云南边界西面内缩至迈立开江、萨尔温江一线，仅南面泰国景栋地区为云南孟艮府地，1622年(明天启二年)洞吾王朝兵入孟艮，不久明亡，孟艮地入缅甸。于是，明车里宣慰司直接与缅甸、老挝接界，其南与缅甸边界同今，而有今老挝北部孟乌(今孟乌

---

① 《明史·云南土司传三》。
② 《明史·八百土司传》。

怒)、乌得(今孟乌再)等一小部分地区。

六、南部疆域

越南中北部于五代晋天福三年(938年)脱离南汉政权,成立大越国。以后历经杨氏、丁氏、黎氏、李氏王朝,至宋时广源州人侬智高叛乱,一度侵入宋境邕州、广州,侬智高乱平后,宋朝曾一度进军交趾,然不久即退兵。南宋时封李氏为安南国王,安南始为正式国名。南宋末年安南陈氏立国,1257年(蒙古宪宗七年)蒙古军以下云南之余威,进军交趾,安南降元。但元朝并未在安南置行省,只是置达鲁花赤,作为元朝的附庸国。至元年间曾再度遣兵远征安南,欲于其地置行省,终由军事失败而未果。明初安南胡氏篡位,改国号大虞。1406年(永乐四年)明军进攻安南,军锋直至日南州,将安南收入明朝直属版图。次年置安南布政使司,下设15府,分辖36州,200余县。推行与内地同样的地方行政制度。后因当地人民的强烈反抗,明朝政府终于1427年(宣德二年)被迫撤兵弃守,安南恢复黎氏王朝。明朝统治越南北中部共20年。自后越南一直是独立国家,直至近代。以后中越边界的情况是:宣德二年(1427年)云南宁远州为黎氏王朝所得,明仅有今越南江河省莱州市、黑河以北地,为沐氏勋庄;其东在马关县南即仍元朝之旧以大赌咒河为界。广西与越南边界大致同今,唯十万大山以南、分茅岭以北一小块土地为越南所有。

七、东南海疆

16世纪开始不少大陆和澎湖渔民和商人去台湾捕鱼和经商,有的即移居台湾。16世纪中叶(明嘉靖年间)以后,闽、浙、粤海上和台澎地区出现不少武装集团,前后曾盘踞台湾,如林道乾、林凤、林辛老、颜思齐、郑芝龙等,有的还建立过政权。1624年(天启四年)荷兰殖民者占据了台南地区,筑热兰遮城(今台南市安平区)。1626年(天启六年)西班牙殖民者登上台湾岛北部,进入鸡笼港(今基隆),接着在台北各地扩大侵略,占有淡火、宜兰等地。1642年(崇祯十五年)荷兰人击败西班牙人占据了台湾全岛。1661年(清顺治十八年)郑成功自金门率军进攻台湾,次年荷兰人被逐出台湾,结束了荷兰东印度公司对台湾38年的殖民统治。郑氏改复台湾后,设置了承天府和天兴、万年二县,以后又增设了州县。沿海漳、泉、惠、潮等地人民大量移入,对台湾的开发起了很大作用。台湾岛东北钓鱼列岛最早见于1532年(明嘉靖十一年)陈侃所著《使琉球录》,该书明确指出赤屿与久米岛之间为中国和琉球的分界线。此后1561年(嘉靖四十年)郭汝霖《重刻使琉球录》、清康熙年间徐光葆《中山传信录》所记均同。可见钓鱼列岛自来即为中国领土。

1553年(嘉靖三十二年)葡萄牙人通过贿赂手段取得在澳门停泊船舶权。1557年以取得正式居留权。自此葡萄牙人得到明政府的默许,在此通商居住、贸易。以后又不断扩展地盘,修建教堂、炮台、城墙,直至清代前期澳门成为由葡人经营、管理的中国领土。

明代海上航行较前代更为发展,东南沿海渔民去南海一带捕鱼很多,因此明代计有二十多种图籍有千里长沙、千里石塘、万里石塘、万里石堤等记载,这些岛屿大多为珊瑚礁岛,无人居住,具体所指各书不同,大体指今西沙、中沙、南沙群岛。这些记载反映了我国沿海人民在南海地区的频繁活动。

明朝时期中国境内又分裂为明王朝、鞑靼、瓦剌、女真后金、属察合台后裔的亦力把里、吐鲁番、叶尔羌、台湾的郑氏等几个政权，中国又有200多年处于分裂状态。元帝国的出现虽然对结束宋时期各民族分裂局面，创造了各民族地区之间的交融的条件，也曾对这种交融起过重要的作用。但元帝国成立后政府采取的却是民族分化和民族压迫、歧视的政策，如根据不同的民族和征服的先后，把全国各族人民分为蒙古人、色目人、汉人、南人四等，在官吏任用、法律地位、科举名额和待遇以及其他权利和义务方面都有种种不平等的规定。这种民族分化和歧视政策，引起汉人、南人中上层分子的强烈不满。因此当南方汉人夺取政权后，对蒙古民族有一种心理上的憎恨，再加上游牧民族当失去了对农业区的统治后，更加深了对农耕区的破坏，使明王朝不得不修长城加以防范。这种心理上、地理上的对立，阻碍了民族的团结和融合，使农耕区和游牧区处于长期分裂的状态。由此可见，民族分裂和民族歧视是统一国家的大敌。

第八节　清帝国的形成——中华帝国最终疆域的形成，反映农耕、游牧、渔猎三大区域的最后融合

18世纪中叶形成的清代疆域，是秦汉以来中华各民族数千年来长期交往、融合的结果。清代的统一并不仅仅依靠军事力量的强大，主要是各民族地区经济发展到了18世纪，相互之间依赖更为紧密，产生了共同建立一个统一政权的愿望。这是历史发展的必然结果。

清代的疆域是由三大部分组成的：以狩猎为主的女真区、以畜牧为主的蒙古区和以农耕为主的明朝区。

清代的统一经历了100多年，其间经过了十分复杂、艰难的过程。今分别阐述之。

一、统一大漠南北蒙古诸部

明末蒙古分为漠南、漠北、漠西三大部，各部处于分裂状态。漠南蒙古即《明史》的鞑靼，为元朝的后裔，其时分居于东起吉林，西至贺兰山，南邻长城，北距瀚海的广大地区。1470年（明成化六年）达延汗统一了东蒙古，遂将漠南蒙古分为左右二翼，共六万户，分封自己子弟。左翼三万户：察哈尔（今锡林郭勒盟）、乌梁海（今即兀良哈，今昭乌达盟）、喀尔喀（今喀尔喀河一带）；右翼三万户：鄂尔多斯（今伊克昭盟）、土默特（今乌兰察布盟）、永谢布（今张家口以北一带）。以后喀尔喀人口增多，居于大兴安岭以东为内喀尔喀，居于今蒙古国为外喀尔喀。诸部中以察哈尔部为最强大。另有居于嫩江流域的科尔沁部。建州女真兴起，建立了后金政权。为了解决与明朝战争中的后顾之忧，就是怕蒙、明联合起来腹背受敌，于是开始进行与蒙古的联合。蒙古早在明朝中叶南迁起，就与女真各部产生了密切的贸易关系。1616年努尔哈赤建立后金政权，随后攻占了明朝辽东地区，最先接触的是漠南蒙古各部，于是双方就产生了矛盾。后金采取政治上威逼，经济上排挤，以及联姻等软硬手段，迫使漠南蒙古就范。从1629年（后金天聪三年）至1635年（天聪九年），科尔沁部、内喀尔喀部、察哈尔部先后归附后金。在此期间至稍后崇德年间右翼三部也先后归附清廷。1636年漠南蒙古16个部49个封建领主，承认皇太极为可汗。同年皇太极在盛京（今沈阳

市)即帝位,改国号曰清,并逐渐与漠北、漠西蒙古建立联系。总之,清廷在入关以前已经将漠南蒙古诸部收入版图。

漠北蒙古即喀尔喀蒙古,为居于喀尔喀河(今内蒙古流入贝尔湖的哈尔哈河)两岸蒙古各部的总称。元、明时居于河东为内喀尔喀,河西为外喀尔喀。明嘉靖末年内喀尔喀南迁至辽河流域,后附清实行扎萨克制。居原地的外喀尔喀仍称喀尔喀。其地东临呼伦贝尔,西至阿尔泰山,南至大漠与漠南蒙古相连,北与俄罗斯为邻。外喀尔喀蒙古分为三大部:土谢图汗、扎萨克图汗、车臣汗。1635年(后金天聪九年)就致书与后金通好。1638年(崇德三年)开始,每年遣使向清朝朝贡。1655年(清顺治十二年)清朝在喀尔喀设立扎萨克,从而使喀尔喀蒙古与清朝中央在政治上有密切联系。此后喀尔喀内部发生纷争,1688年(康熙二十七年)准噶尔首领噶尔丹乘机向喀尔喀大举进攻,喀尔喀蒙古举旗投清。1691年(康熙三十年)康熙帝与内外蒙古各部首领在多伦诺尔会盟,规定喀尔喀蒙古遵行清朝法令,宣布保留喀尔喀三部首领的汗号,并赐以满洲贵族同样的各级爵位封号,行政体制也与内蒙古同样行扎萨克制,加强和巩固了清廷对喀尔喀蒙古的管辖。1732年(雍正十年)喀尔喀亲王额驸策棱击败准噶尔部有功,清廷从土谢图汗部分出21旗隶属额驸策棱所在赛音诺颜部,为大扎萨克,喀尔喀由此分为四部。外蒙古自康熙以来即为中国直属领土的一部分。至17世纪末,内外蒙古全属清朝直属版图。

当内外蒙古归属中国时,俄国的势力已进入西伯利亚。于是出现了中俄在蒙古高原与西伯利亚之间界线的问题,但未经划定。1689年《尼布楚条约》后,中俄东部边界划定,中方多次向俄方表示为西段界线谈判,俄方为扩大侵占蒙古高原土地,一直拒绝中方建议。直至1727年(雍正五年)中俄订立《布连斯奇条约》,条约规定:以恰克图和鄂尔怀图之间第一鄂博为起点,向东至额尔古纳河,向西经萨彦岭至沙宾纳依岭(即沙宾达巴哈),北部归俄国,南部归中国。遂为有清一代稳定的北界。同年又订《恰克图条约》规定中俄双方有关两国政治、经济、宗教方面的规定,取得了中俄边界的长期安定。

二、统一天山南北

漠西蒙古即明代瓦剌,清时称厄鲁特、额鲁特或卫特拉,是西蒙古诸部的总称。明末清初,经过长期的发展变化、迁移和融合吸收了周围突厥语系和东蒙古诸族成分,最后归并为准噶尔、杜尔伯特、和硕特、土尔扈特四部以及附牧于土尔伯特的辉特部。其牧地,西北至额尔齐斯河中游、鄂毕河以及哈萨克草原,西南至伊犁河流域,东南至青海地区。诸部分牧而居,各不相属。有一松散议事机构——丘尔干(蒙语"会盟"之意),起协调各部关系的作用。17世纪20年代后,准噶尔部强大,成为实际盟主。30年代土尔扈特与准噶尔部不合,西迁至额济勒河(今伏尔加河)下游,自成独立游牧部落。不久,和硕特部也向东南迁移到青海,后又进入西藏。至17世纪中叶,逐渐形成以准噶尔部为核心,联合厄鲁特各部及其他一些蒙古、突厥部落的强大政权。17世纪70年代开始,准噶尔部噶尔丹称汗,先后并吞了新疆天山南路的叶尔羌汗国,其时除统治天山南北外,北面起自鄂木河,沿额尔齐斯河两岸溯流而上,抵阿尔泰山,往西至巴尔喀什湖以南哈萨克广大牧地,东至鄂毕河,均为其势力所及,还远及塔什干、费尔干纳、撒马尔罕等地。噶尔丹将政治中心移到伊犁河谷,成为各部朝宗之地。准噶尔雄踞西北后,仍与清廷保持朝贡关系。当时清廷正忙于征讨

"三藩",无暇顾及西北。1688年(康熙二十七年)噶尔丹勾结沙俄大举进攻喀尔喀蒙古,迫使喀尔喀举部内迁附清。接着噶尔丹又进军内蒙古,清政府了解噶尔丹与沙俄的勾结,避免两线作战的不利地位,对沙俄作出让步,于1689年9月7日与俄国订立了《尼布楚条约》。1690年(康熙二十九年)康熙亲率大军,大败噶尔丹军于乌兰布通峰下(在今内蒙古克什克腾旗南萨岭河上源)。噶尔丹北遁科布多。次年,清廷正式接受喀尔喀蒙古归其统辖,重新统一了漠北地区。1695年(康熙三十四年)噶尔丹又点燃战火,进军巴颜乌兰地区(今蒙古国克鲁伦河上源),次年,清廷遣大军反击,在昭莫多(今蒙古国乌兰巴托南宗莫德)全歼噶尔丹基本力量。1697年噶尔丹死。其后策妄阿拉布坦与其子噶尔丹策零统治准噶尔,1698年、1699年相继进兵哈萨克,夺取额尔齐斯河西岸的哈萨克草原,势力伸长至锡尔河下游。准噶尔进入全盛时期。1716年进军西藏,次年控制拉萨。1720年(康熙五十九年)清军击退在西藏的准噶尔军,控制了西藏政局。1727年(雍正五年)策妄阿拉布坦死,长子噶尔丹策零继位。1731年准噶尔又进攻喀尔喀蒙古,大败清军于和通淖尔(今新疆与俄罗斯交界阿尔泰山北麓),准部意气更甚。1732年(雍正十年)清军又大败准噶尔于额尔德尼召(今蒙古国鄂尔浑河上游杭爱山东侧),准噶尔求和,1739年与清廷划定了与喀尔喀的游牧分界。1745年准噶尔部首领噶尔丹策零死,内部为继承领导权发生内讧。1752年达瓦齐登上准噶尔大台吉位,内部又发生分裂,部分势力附清。1755年(乾隆二十年)清军远征准噶尔,大军向伊犁挺进,生擒达瓦齐。此后原已归附清廷的阿睦尔撒纳等又作乱,并投靠沙俄,后死于沙俄。1757年(乾隆二十二年)参与阿睦尔撒纳叛乱的新疆回部大小和卓叛乱,妄图建立伊斯兰汗国。1759年(乾隆二十四年)征服了在天山南路叛乱的大小和卓,天山南北全部完全平定。至此,清廷统一天山南北路的事业终于完成。1771年(乾隆三十六年)土尔扈特因不愿受沙俄的压迫和奴役,从伏尔加河万里返归祖国。清廷在厄鲁特蒙古族聚居地区先后施行盟旗制度,遂完全在清廷统治之下。

17世纪中期我国西北部出现了以准噶尔部为核心的强大政治势力,其控制范围地跨葱岭东西、天山南北,东抵哈密,西及中亚,疆土之广,不下于清朝。军事上具有游牧民族特性,骁勇善战,并向外勾结沙俄势力,雄踞西北,觊觎中华。对清朝政权具有生死存亡的威胁。清廷康熙、雍正、乾隆三朝前后,经过多次大小战役,历时100余年,先后消灭了准噶尔、大小和卓的割据势力,统一西北边疆,有力抵制了沙俄势力的扩张,奠定了近代中国的西北疆域,具有十分重大的历史功绩。

三、青藏地区统治的巩固

青海地区在16世纪初为东蒙古所占,史称西海蒙古。1636年厄鲁特蒙古和硕特部首领顾实汗率部移牧来此,史称青海蒙古。不久,又进入西藏。与清廷通好,并受策封。1720年(康熙五十九年)清廷护送达赖喇嘛噶桑嘉措入藏至拉萨布达拉宫举行坐床典礼。1723年(雍正元年)和硕特部首领罗卜藏丹津叛乱,不久,清廷平定叛乱。清廷即在青海地区行政建置作重大改革,在西宁设府,领两县一卫,对蒙古部落设旗,将青海地区完全置于清王朝直接统治之下。

明末和硕特部顾实汗进入西藏。西藏通过蒙古与清朝发生联系。顺治、康熙时先后策封达赖喇嘛、班禅额尔德尼,赐以册印。1716年(康熙五十五年)准噶尔进军西藏,次年围攻拉萨，大肆杀掠。1720年清军击退准噶尔入藏军队，控制了西藏局面，并迎达赖入藏坐床，确立了达赖的地位。1727年(雍正五年)清廷派遣驻藏大臣入驻西藏，办理前后藏事务，成为定制。1788年(乾隆五十三年)居于尼泊尔的廓尔喀族侵入后藏，次年被清军击退。1791年(乾隆五十六年)再次大举入侵，次年被清军逐出后藏。事后清廷对西藏事务进行了改革，巩固了对西藏的统治。

四、东北边疆的变迁

1583年(明万历十一年)努尔哈赤起兵，至1594年(万历二十二年)完成了统一建州女真各部的事业，但对明朝仍十分恭顺，接受明朝封赏。以后至1619年(万历四十七年)，先后统一了西海女真和东海女真，“自东海至辽边，北自蒙古、嫩江，南至朝鲜、鸭绿江，同一语音者，俱征服，是年诸部始合为一”①。成为辽东地区一大政治势力。1619年萨尔浒一战，大败明军。并筑萨尔浒城，自赫图阿拉迁都于此。此后，后金由防御转入进攻，而明朝由进攻转入防御。接着后金即进攻沈辽地区，辽左望风瓦解。1621年(后金天命六年)迁都辽阳(今辽阳市太子河东新城村)，名曰东京。以后，1636年漠南蒙古归附清朝，1638年漠北蒙古向清廷朝贡。从而消除了清军后顾之忧。1642年(清崇德七年)，自贝加尔湖以东，外兴安岭以南整个黑龙江流域东至库页岛全部收入清朝版图。

沙俄在十五世纪末，越过乌拉尔山，进入远东，17世纪中叶起，沙俄更向东挺进，势力侵入黑龙江流域。1650年强占了索伦部达斡尔人建立的雅克萨村(今漠河东、黑龙江北岸)，后又建立城堡。1658年在石勒喀河(今黑龙江上游)、涅尔查河口建立了尼布楚城(今涅尔琴斯克)，作为侵略和贸易的据点。当时清廷正在对付国内问题，无暇顾及边地。康熙平定“三藩”后，采取了加强东北边防的措施。1684年(康熙二十四年)清军在围攻雅克萨城中打败了俄军后，于1689年中俄双方签订了《尼布楚条约》，规定中俄两国以流入黑龙江之额尔古纳河的格尔必齐河为界，再由格尔必齐河发源处沿外兴安岭直达于海，为两国之界。拆毁雅克萨城。惟乌第河与外兴安岭之间存放待议。这个条约规定了黑龙江流域和乌苏里江流域为中国的领土，事实上俄国也承认他们进入黑龙江地区是非法的。但同时俄国也获得了贝加尔湖以东至尼布楚城一带地区，并将乌第河、外兴安岭之间划为待议地区，对他们有利。总之，《尼布楚条约》是在双方平等谈判、中国作了让步条件下缔结的，使中国东北边境取得了较长期的稳定。此后至19世纪中叶是为中俄的边界。

五、西南边疆的变迁

1646年(顺治三年)清军进驻四川，1658年进驻贵州，次年春才进入云南省，消灭了南明的残余势力，完成西南三省的统治。这三省中濒临边界的只是云南省。所以清代西南疆即指云南东南、南、西南边疆。云南边境自东向西沿边共置广南、开化、临安、普洱、顺宁、永昌、腾越、丽江八府(厅)，在19世纪中叶以前各府境内的中国与越南、缅甸、老挝边界上土司归附时有反复，故边界细微变化很大，不能详述。现概而言之。今富宁县南边的中越边

① 《满洲实录》卷六。

界与今基本相同。开化府(治今文山)南界,清初仍袭明旧以大赌咒河为界,康熙年间,大赌咒河北岸的四十余村寨为黎氏王朝暗中所占,并谎称大赌咒河上源某一小支流为小赌咒河为界。1725年(雍正三年)勘界时不得不承认现实,1728年改订以小赌咒河为界,实际是将今麻栗坡县南部的南温河以西南和马关县境的小赌咒河(包括下游响水河)以东北的土地划归越南①。临安府南界仍同明时以莱州和黑河为界,但越南方面不断想夺去这块土地。至咸丰、同治年间因滇乱,越人才乘机占去。普洱府车里司(今西双版纳)南端与缅甸、南掌(今老挝)接界,中缅界同今,中老边界清时占有孟乌(今老挝孟乌怒)、乌得(孟乌再)地。顺庆府孟连司南部中缅边界与今基本相同,西部萨尔温江以东、南卡江以西南部阿南瓦山区,在乾隆以后脱离孟连司,自成独立部落。而今沧源县南境外一小块称"葫芦地"土地,则属耿马司管辖。永昌府南界以查里江(今萨尔温江)、南滚江为中缅边界,今界外至萨尔温江间麻栗坝地属中国。其西边界同今,惟潞西县南猛板尚属缅甸。腾越厅与缅甸边界在清前期大致以恩梅开江和缅甸密支那、八莫和中国盈江、瑞丽间中间地带为界,南端中国有今境外铁壁、虎踞、汉龙、天马等关的土地。丽江府西境大致以高黎贡山为界,其西恩梅开江和迈立开江上游为怒族木王地,既不属清也不属缅甸,19世纪后期为英人所占。广西和越南的边界基本因袭明朝,即十万大山以南、分茅岭间地仍属越南,其余同今。这条绵长的西南边界至19世纪中叶英法侵占缅甸、越南后开始发生变化。

六、东南和南部海疆

1680年(清康熙十九年)平定了"三藩"之乱,清廷转手致力于进取台湾。1683年(康熙二十二年)清军与台湾郑氏在澎湖一战,大败郑军,接着攻克台湾。从此台湾遂与大陆在一个政权统治之下。次年清廷在台湾置府,属福建省管辖,府下设台湾、诸罗、凤山三县。其东北钓鱼列岛均属中国领土。清代有关南海诸岛的文献记载和地图很多,如顾祖禹《读史方舆纪要》、屈大均《广东新语》、严如煜《海防辑要》、陈伦炯《海国闻见录》、魏源《海国图志》等等,均有千里石塘、万里石塘、万里长沙等记载,均指今南海东沙、中沙、西沙、南沙诸珊瑚岛屿。可知在当时南海诸岛当在清廷势力控制之下。

自1616年努尔哈赤建立后金,即有谋图天下的雄心。自后统一大漠南北蒙古,进山海关与朱明争天下,平南明,削"三藩",收复台湾,平准噶尔、回部,最终统一全国,前后经历了140余年,大小战役百余次,艰苦卓绝,付出了极大的代价,为今天中国的疆域奠定了格局。其功当彪炳史册,永不可没。然深思之,实为秦汉以来,2 000多年中华各族长期交往融合的结果。试观历史,中华2 000年来,分裂最大之原由,即为农耕和游牧、渔猎三大区的对立。清廷以其渔猎区势力为代表,先笼络内外蒙古,然后再统一农耕地区,使三大区统一于一个政权之下,并以不同的统治方式统治之,使有疆土有300年之稳定,其中确有不少历史经验可以研究。其一西北民族因有外来势力的干扰以及宗教势力的影响,分裂意念较强。然而该地自西汉以来即受汉族王朝的统治,当地人民与内地农耕区有千丝万缕的联系,其欲分裂,民心不从。且西部历来为中国军事镇守要地,故清廷不惜化将近100年的时间,竭尽人力、物力、财力,最终将西部纳入中国的版图,巩固了中国西部疆土,对中国社会

---

① 《中国西南边疆变迁史》,第182页。

稳定发展，起了极为重要的作用。当时准噶尔势力不可一世，其统治地域不下于清朝。试想如无强有力的手段，东南江山可能为准噶尔所有，则中国政治、经济、文化必将出现大倒退，人民将沦入黑暗残暴的统治之下，其命运当可想而知。其二，台湾自古为中华民族之一高山族的居地，明清以来大批大陆沿海居民迁入该地，对传播中华经济文化起着重要作用。然其地远悬海外，与大陆联系不强。明末郑氏驱逐荷人葡人，据有台湾，然其势孤力单，地位终究不稳。清廷一举攻下台湾，设立府州，与内地同制，使中国第一大岛与内地融入同一大家庭中，成为国际上共识，不可不谓是清廷一大功绩。其三，清廷统一农耕、游牧、渔猎三大区，并非以统一模式进行统治，而是根据不同民族、地域特点，分别以不同的统治政策和制度，取得较好效果，其中经验值得研究。19 世纪中叶以后，西方帝国主义势力入侵，加上清廷政治腐败，经济衰退，国力颓落，割地赔款，成为国耻。然其前期对中国疆域缔造的功绩是不可埋没的。见图 2-4。

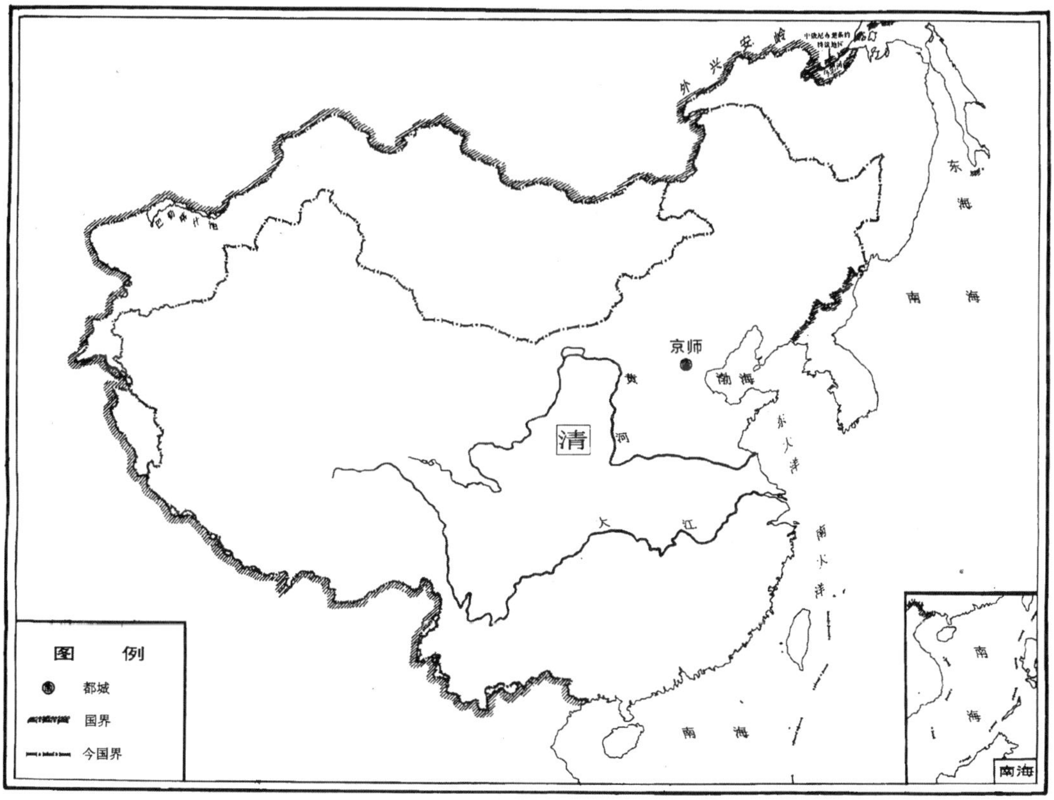

图 2-4　清代中期疆域形图

（采自谭其骧主编《简明中国历史地图集》65～66 幅）

第九节　近代帝国主义侵华和中国国土的沦丧

18 世纪中叶至 19 世纪中叶，即清朝乾隆中叶至道光初是中国疆域极盛时期。19 世纪中叶开始，帝国主义列强先后入侵中国，强迫清朝签订了一系列不平等条约，割去了中国大片领土。遂使中国国势日衰，疆土日蹙。这是近代中国疆域变迁一大特点。

一、东北疆界的变迁

19世纪中叶以前，沙俄势力已经潜入黑龙江下游、乌苏里江以东地区，进行调查和考察，对那里的金矿发生浓厚的兴趣，早已蓄谋侵略的计划。1849年又潜入黑龙江口和库页岛，更为坚定了侵略的野心。1854年、1856年间，沙俄多次派遣大批侵略军进入黑龙江、乌苏里江地区，建立村屯，设置堡垒。1856年(清咸丰六年)英法侵略者发动了第二次鸦片战争，沙俄认为时机已到，加速了侵略行径。1858年沙俄在加强了黑龙江流域侵略力量的同时，气势汹汹地要求与清廷开始边界谈判，提出以黑龙江、乌苏里江为中俄国界，妄图强迫清廷承认其已占领土。中方代表黑龙江将军奕山初予拒绝，后在俄方武力威胁下，被迫在不平等的《瑷珲条约》上签了字。该条约第一条规定："黑龙江、松花江左岸，由额尔古纳河至松花江海口，作为俄罗斯国所属之地。"同时还规定黑龙江东岸、精奇里河以南原满族人所居六十四屯，任其永久居住，由中国管理。(其地西自黑龙江，北起精奇里江，南抵豁尔莫勒津地对岸，长约90公里。1900年俄军悍然侵占江东六十四屯全区，劫掠烧杀，将屯民7 000余人赶入江中，强占其地。)条约同时规定乌苏里江以东至海的土地，由中俄两国共管。从此黑龙江以北、外兴安岭以南的60多万平方公里的中国领土，归属了俄国，黑龙江由原来中国的一条内河，变成了中俄两国的界河。同年英法侵略军占领大沽口，进逼天津。清廷在英、法、俄、美四国威逼下，签订了中法、中英、中俄《天津条约》。中俄《天津条约》规定：中俄将从前未经定明的边界，由两国派大员秉公查勘，务将边界清理补入此次条约之内。这就为沙俄进一步割占中国领土埋下了伏笔。此后，沙俄军队进入乌苏里江东西两岸，并在兴凯湖、绥芬河一带察看地形、绘制地图，并发求清廷派员前往会勘。清廷认为该地不与俄国接壤，严正予以拒绝。1860年(咸丰十年)清廷在武力威逼下，被迫签订了中俄《北京条约》。1861年中俄又签订了《勘分东界约记》，两条约不仅将《瑷珲条约》中规定乌苏里江以东中俄共管的土地，割归沙俄；还规定乌苏里江上源松阿察河(由兴凯湖流入乌苏里江)、瑚布图河(今绥芬河支流)至图们江口以东的兴凯湖西南濒海大片中国领土(包括兴凯湖大部)也归沙俄所有。于是又有40多万平方公里的中国领土被沙俄所攫取。沙俄侵略者在1858～1860年的不到3年的时间内，利用英法发动的第二次鸦片战争之机，强迫清廷接受了三个不平等条约，割占了中国100多万平方公里的领土。

二、北部疆界的变迁

清前期喀尔喀蒙古扎萨克图汗领地唐努乌梁海，在喀尔喀蒙古西北部萨彦岭以南，唐努山以北，叶尼塞河上游流域。分为五旗四十六佐领，由清乌里雅苏台定边左副将军统辖。1727年中俄《布连斯奇条约》和《恰克图界约》规定萨彦岭为中俄分界。以后1864年(同治三年)《中俄勘分西北界约记》、1869年(同治八年)《乌里雅苏台界约》都一再明确萨彦岭为中俄分界。直至1911年(宣统三年)沙俄大举入侵该地区之前，唐努乌梁海一直由乌里雅苏台将军的科布多参赞大臣管辖。但自1862年(同治元年)开始，沙俄便觊觎唐努乌梁海土地。1864年订《中俄勘分西北界约记》即割去西北部十佐领，相当今俄罗斯哈卡斯自治州和克麦罗沃州的南部地区。1911年中部二十七佐领为沙俄强占，东部九佐领为当时宣布“独立”的喀尔喀封建主所占领。俄国十月革命后，中东部三十六佐领一度为中国政府所收复。并派员驻扎其地。但不久被迫撤退东部九佐领地，今属蒙古国库苏西勒省。中部俄占二十七佐领于1924年宣布成立“乌梁海共和国”，1926年改称“唐努图瓦人民共和国”。1944年并入苏联，称“图瓦自治共和国”，1948年又宣布改称图瓦自治州。中国政府对此迄今未予承认。

1911年(宣统三年)外蒙古上层分子在沙俄策动下宣布“独立”，建立“大蒙古国政府”，驱逐清廷驻库伦办事大臣，私自与俄国签订非法的《俄蒙协约》(即《库伦条约》)。1915年中蒙俄签订《恰克图协约》第二条规定：“外蒙古承认中国宗主权。中国、俄国承认外蒙古自治，为中国领土的一部分”。1919年夏外蒙古上层分子与中国北洋政府开始关于取消“自治”的谈判。同年11月，外蒙古自治政府正式取消，外蒙古地区由西北筹边使管辖，保留汗的称号。1921年蒙古人民革命成功，7月宣布独立，建立“君主立宪政储”。1924年第一届大人民呼拉尔在库伦召开，宣布废除君主立宪制，成立蒙古人民共和国。1945年2月美、苏、英三国首脑签订涉及外蒙古主权的雅尔塔协定。1946年中国国民政府承认外蒙古独立。

1727年中俄订立《布连斯奇条约》和《恰克图条约》规定的有清一代的中俄边界，至此中段、东段至今成为俄蒙边界，西段为俄罗斯图瓦自治州北界。

三、西北疆界的变迁

18世纪中叶清廷平定准部、回部时，俄国势力还未到中亚。当时葱岭(今帕米尔)以西诸游牧部族和一些封建小国相继降清，成为清朝的藩属国。清廷设伊犁将军统辖天山南北准部、回部旧地，以巴尔喀什湖北岸、楚河中游、塔拉斯河下游与藩部左右哈萨克为界，西南以葱岭、喀喇昆仑山与藩部布鲁特、藩属浩罕、拔达克山、博格尔相接。19世纪沙俄进入中亚，清朝的藩部先后被沙俄所占，遂发生了中俄西北边界问题。1831年(道光十一年)沙俄在巴尔喀什湖与斋桑泊之间的中国领土上建立了塞尔格奥堡(今阿雅古兹附近)，扼制了塔城对外的交通要点。1846年(道光二十六年)又在巴尔喀什湖与伊犁之间建立了阔帕勒堡(今塔尔达库尔干附近)。1853年(咸丰三年)在伊犁河中游建立维尔尼堡(1921年改名阿拉木图)，截断了伊犁通向中亚的道路。同时还在这些城堡之间建立了20多个驿站，构成了一条由北而南深入巴尔喀什湖以东、以南直达伊塞克湖盆地长达700多公里的武装堡垒线，并利用此线进行武装移民，建立哥萨克村庄。这些都为进一步侵占中国西北领土做好了准备。同时在1851年(咸丰元年)强迫中国订立了《伊犁、塔尔巴哈台通商章程》，沙俄获得向中国免税倾销商品和在伊犁、塔尔巴哈台设立居住地、市场、货栈等特权，为沙俄对中国新疆地区经济侵略铺平了道路①。1860年沙俄在《北京条约》中攫取了中国乌苏里江以东40多万平方公里的领土外，还为侵占中国西部疆土埋下了钉子。该条约第二条规定：“西界尚在未定之交界，此后应顺山岭、大河之流及现在中国常驻卡伦等处，及1728年(雍正六年)所立沙宾达巴哈之界碑末处起，往西直至斋桑淖尔湖，自此往西南顺天山之特穆尔图淖尔，南至浩罕边界为界。”其中“常驻卡伦”中“常驻”两字是条约原俄文本所无，

① 复旦大学历史系编：《沙俄侵华史》，第146～147页，上海人民出版社，1986年。

是俄译中文本时加上去的。按清制，边界卡伦分常设、移设、添撤三种，历年不变。设有定地的称常设卡伦；驻兵轮流替代，或秋冬两季迁移的，称移设卡伦；按需要时添时撤的，称添撤卡伦。故边界的依据应以最外的卡伦为准。当1862年(同治元年)俄方与中方谈判时，中方不同意以常设卡伦为界，并视以伊犁库藏地图为证。结果谈判中断。以后俄方又派遣军队进入中国领土，遭到中国军队的反击。1864年新疆少数民族起兵反清，俄方认为此机可乘，派兵威胁清廷。清廷被迫接受沙俄提出的条件，中俄签订了《勘分西北界约记》。通过这个条约，原属于清朝乌里雅苏台将军辖区的西北部，包括唐努乌梁海十佐领牧地，科布多所属阿勒坦淖尔乌梁海二旗全部和科布多所属阿勒坦乌梁海七旗所属的大片中国哈萨克、布鲁特(今柯尔克孜)族的牧地，均被沙俄所占。中国丧失的领土总数达44万多平方公里。

1864年新疆少数民族起兵反清，占领了乌鲁木齐(汉、满城)、叶尔羌、英吉沙尔、喀什噶尔四城。1865年又占领了伊犁、塔尔巴哈台。清廷对新疆大部分地区失去了控制。后因浩罕封建统治者阿古柏的加入，情况更为复杂。1871年(同治十年)沙俄假借俄国边界被侵为名，悍然出兵伊犁地区。以后又有英国支持阿古柏政权，引起沙俄加紧对新疆的侵略计划。1876～1877年清甘陕总督左宗棠平定了天山南北的叛乱，沙俄侵吞中国新疆领土的阴谋，终于破产。当清廷平定天山北路，收复乌鲁木齐、玛纳斯后，就向俄国提出归还伊犁的要求，遭到俄方种种阻挠。1881年中俄订立《伊犁条约》，将霍尔果斯河以西地区划归沙俄。次年俄国才从伊犁撤军。以后中俄又签订了一系列条约，如《喀什喀尔界约》(1882年)。《中俄科塔界约》(1883年)、《续勘喀什喀尔界约》(1884年)，沙俄在中国新疆共攫取7万多平方公里的领土，中俄西北边界才划定如今界。

1876年沙俄吞并了浩罕汗国后，与中国帕米尔地区发生接壤，于是又将侵吞帕米尔提到日程上来了。帕米尔高原，分为八帕：塔克敦巴什帕米尔、小帕米尔、大帕米尔、叶什勒库里帕米尔、让库里帕米尔、萨雷慈帕米尔、瓦罕帕米尔、哈尔果什帕米尔。帕米尔古称葱岭，唐时又称播米罗川、播密川。自古以来即为中国领土。1759年(乾隆二十四年)清朝平定大小和卓，立纪功碑《平定西部勒铭伊西洱库里淖尔碑文》于叶什勒库里的苏满塔什。其地为中国领土帕米尔与拔克达山领地接壤处，足证帕米尔在清代为中国领土。此碑于1892年被沙俄哥萨克偷去，迁至塔什干博物馆。1915年斯坦因还看到过碑石的基座。1876年左宗棠平定天山南北后，次年便环绕整个帕米尔建立七个卡伦。1892年新疆巡抚魏光焘重竖乾隆御制勒铭伊西洱库尔碑于苏满卡。与此同时，沙俄也频繁向帕米尔窥探。1891年沙俄军队进入帕米尔，竖立标杆。为此清廷向俄国提出强烈抗议。次年俄军又深入帕米尔地区。清廷在沙俄军事威逼下撤出驻于苏满卡伦的守军，俄方乘机大举进屯，占领了塔克敦巴什以南的中国整个帕米尔地区。同时英国也从阿富汗向北侵入帕米尔地区，俄英由此也引起矛盾。沙俄企图强迫清廷订立条约承认已成事实，于1892～1894年与清廷进行长期谈判。然即以1884年订立的《续勘喀什喀尔界约》，也规定：在帕米尔地区，自乌孜别里山口起，“俄国界线转往西南，中国界线一直往南”。可见即按此不平等条约，属于俄国也只限于自乌孜别里山口转往西南一线以北的地段；自乌孜别里山口向南一线以东的土地，无可置疑当属中国；至于“往西南”、“往南”之间的土地，也不可能属于俄国。故谈判陷于僵局。1895年英俄在伦敦订约私分帕米尔，大部分属俄，小部分属阿富汗。沙俄非法占领了中国萨雷阔勒岭以西2万多平方公里的领土。中国只剩下塔克敦巴什帕米尔和让库里帕米尔一部分,即今塔什库尔干地。中国政府对此始终未予承认。

总之,自19世纪中叶以来,沙俄通过各种手段攫取了中国西部50多万平方公里的领土。

四、西南疆界的变迁

这一段中国边界接壤的国家较多,可分为中印、中缅、中老、中越各段。

中印边界:重大变迁有东西两段。西段为喜马拉雅山以北和喀喇昆仑山以南的拉达克地区,首府在今列城,原为西藏的一部分。1842年西藏地方政府与克什米尔订约,将拉达克地区让于克什米尔,清廷未予承认。19世纪70年代英国取得克什米尔,拉达克地区也随同被占。东段自19世纪中叶以来,英国势力侵入廓尔喀(尼泊尔)、布鲁克巴(不丹)、哲孟雄(锡金),形成对中国西藏的包围。并不断武装侵略西藏边界地区,侵犯中国在西藏的主权。原以喜马拉雅山南麓为中尼分界。门隅、洛瑜(洛域)、察隅三区都在西藏境内,终清一代不变。1913~1914年英国和西藏地方政府在印度西姆拉会议上搞了一个以英方代表麦克马洪为名,基本上以喜马列拉雅山脊为界的麦克马洪线,未敢公开。1940年英国乘中国抗日之际,占领了传统边界以北的部分地区。当时政府曾提出抗议。1951年印度政府乘中国人民解放军进入西藏之际,出兵占有了麦克马洪线以南的土地,包括长期以来西藏地方政府设官征税、以达旺为首府的门隅地区。

中缅边界:19世纪后期英、法帝国主义并吞了缅甸、老挝、越南后,图谋继续扩张,遂使传统的边界发生了变化。1885年英国并吞了缅甸后不久,即接吞并了一些本来并不属于缅甸,介于滇、缅之间的木邦、孟养等土司。以后进一步又占领了中国腾越厅、永昌府、顺宁府的一些边境地。经1894年《中英伦敦条约》、1897年《中英续议滇缅条约附款》两次订约,将萨尔温江以东麻栗坡地划给了缅甸,形成今日镇康、耿马以西的中缅边界。条约同时将今瑞丽县以外、天马关以北的孟卯三角地“永租”给英国。1898年、1899年两次勘界,又强行将腾越厅境内的虎踞、铁壁等关强行划给缅甸,并占领了厅外茶山地区。以后划定北段自尖高山向南至南定河,南段自南卡江至澜沧江的两段边界。自尖高山以北为北段无约未定界,自南定河以南为南段有约未定界。但1900年(光绪二十六年),英帝武装占领中国片马(今云南泸水县西)附近的茨竹、派赖等地,遭到了当地人民的反击。1910~1927年英帝国主义又武装侵占片马、古浪、岗房等地,虽不断受到中国人民反抗,英帝仍强行霸占。1941年抗战期间强迫中国政府接受一条“一九四一年线”,将阿瓦山区分属中缅两边。南段的大部分即依孟连土司与莽冷间的南卡江界。但今西盟县西部境外的南锡河上游以东的一片地方,本在南卡江界内,为孟连土司的辖境,而按照“一九四一年线”,这一片地划给了缅甸。又将阿瓦山区,原葫芦酋长大部分地,划给了缅甸,包括乾隆年间开采的茂隆银厂和今国境线内的班老等地都划在界外。丽江府外原怒族木王地,于清末为英人所占,遂以高黎贡山为界。“一九四一年线”并未正式树立界碑,故仍称未定界。1948年缅甸独立。1950年与中国建交。1960年中缅签订友好条约,缅方归还了中国片马、古浪、岗房三地,中方对1897年约定由中国保留主权而由缅方永租的孟卯三角地放弃主权,移交缅甸。

中老、中越边界:在19世纪后期法帝国主义并吞老挝、越南以前,边界有过一些变化。因地形复杂、村落交错,还有许多插花地,其中变化难以备述。1884年法国并吞越南,1893

年并吞老挝后，就发生了中法、中老边界问题。咸丰、同治时云南各族人民起义反清。临安府界外勐赖、勐梭等地在中国和越南之间反复无常。1895 年（光绪二十一年）与中国签订《续议界务专条附章》划界，将原属云南的临安府南境的勐蚌、勐赖、勐梭和衙门坡、普方、里方划给法属安南，普洱府属车里宣慰司的勐乌、乌得等地划给法属老挝，形成今日云南金平县至绿春县间中越边界。

1884 年（光绪十年）中法越南战争爆发，清兵自马关出兵。次年中法议和，清兵撤回时，顺路收回了开化府外大赌咒河以北的土地。中国军队在越南打了胜仗，清廷却向法国屈从求和，并命军队撤回界内，然而事实上滇军一直驻在大赌咒河北岸的黄树皮一带征收赋税，尽管法国仍不承认。1886 年（光绪十二年）中法签订的《滇越边界勘界节略》和 1887 年签订的《续议界务专条》、1895 年（光绪二十一年）又签订了《续议界务专条附章》，最终划定了中越国界，即在大赌咒河和小赌咒河间划一条妥协界线，麻栗坡、都龙、勐峒地归中国，而黄树皮归越南，形成今日云南马关县南中越边界。原越南所有大万大山以南、分茅岭以北地，1887 年（光绪十三年）中法续议界约时归还中国。

五、海疆变迁

1840 年鸦片战争以后，西方帝国主义纷纷强占中国沿海各地。英帝国主义觊觎香港已久。1828 年即占领了香港附近的峙山，1836 年占领金星门，1837 年秘密在香港建立“居留地”。1839 年以香港为基地发动侵华战争。1842 年英国通过《南京条约》强行割占香港。1860 年通过《北京条约》强迫九龙割让给英国。1898 年《中英展拓香港界址专条》清廷又将新界租借给英国为期 99 年。1887 年在英帝支持下，清廷被迫与葡萄牙政府订立《和好通商条约》，将澳门永租给葡萄牙。1895 年日本通过《马关条约》割占台湾和澎湖列岛（包括钓鱼列岛）。1898 年德国强租山东胶州湾，俄国强租奉天、旅顺、大连，法国强租广东广州湾，英国强租新界外，又强租山东威海卫。1905 年日俄战后旅大、1914 年第一次世界大战后胶州湾相继为日本所占。胶州湾于 1922 年收回，威海卫于 1930 年收回。台湾、澎湖、旅大及广州湾皆于 1945 年抗战胜利后收回。1900 年日本改钓鱼岛、黄尾屿等通称为“尖阁列岛”（不包括赤尾屿）。按《波茨坦公告》日本应将钓鱼列岛与台湾、澎湖一并归还中国，而至今日本仍占领着钓鱼列岛和赤尾屿。

1984 年中英议定，香港、九龙定于 1997 年 7 月 1 日收回。1987 年中葡议定，澳门于 1999 年 12 月 20 日收回。

南海诸岛历来为中国东沿海渔民捕捞栖息之所。清季以后日、法等国企图侵占，未能遂愿。第二次世界大战中为日本海军所占。1945 年日本投降后，由当时中国政府派舰巡逻，测绘、定名，并重申主权。

19 世纪以来，由于以清廷为代表的中国政府在政治上黑暗，经济上的贫困，科技上的落后，文化上的愚昧，整个国力远远不能与西方资本主义世界相匹敌。1840 年以后，以英国为代表的西方列强用武力打开了中国的大门，于是似乎形成一股潮流，纷纷将中国视为俎上之脔，欲分而食之；具体而言，即从政治、经济、文化各方面侵入中国的肌体。最为露骨的即从东南西北四周分割中国的领土，据为己有。清朝政府在武力威逼之下，为保持自身的统治，不惜出卖祖国和人民的利益，割土赔款，委曲求全，成为历史的罪人。从 19 世纪中叶至20世纪初的半个世纪内,一个国家竟有将近200万平方公里的领土被割去,在世界历史上也是罕见的。一部中国近代史,从某种角度而言,也是一部中国国土沦丧史。其中沉痛的教训,是实得好好总结的。

参 考 文 献

马长寿.1957.突厥人和突厥汗国.上海:上海人民出版社

马长寿.1962.乌桓与鲜卑.上海:上海人民出版社

中国社会科学院考古研究所编.1984.新中国的考古发现和研究.北京:文物出版社

《中国大百科全书·中国历史卷》,喀尔喀蒙古、外蒙古、厄鲁特蒙古、唐努乌梁海条

王治来.1986.中亚史纲.长沙:湖南教育出版社

王彦威编:《清季外交史料》

尤　中.1987.中国西南边疆变迁史.昆明:云南教育出版社

冯家升等编著.1981.维吾尔族史料简编(上、下册).北京:民族出版社

刘迎胜.1994.西北民族史与察合台汗国史研究.南京:南京大学出版社

北京大学历史系等.1973.西藏地方历史资料选辑.北京:生活·读书·新知三联书店

孙进己等.1989.东北历史地理(第一、二卷).哈尔滨:黑龙江人民出版社

达力扎布.1997.明代漠南蒙古历史研究.呼和浩特:内蒙古文化出版社

江天健.1993.北宋对于西夏边防研究论集.台湾:华世出版社

许倬云.1994.西周史.北京:生活·读书·新知三联书店

李键才.1986.明代东北.沈阳:辽宁人民出版社

杨　宽.1981.战国史.上海:上海人民出版社

陈得芝主编.1997.中国通史·第八卷——中古时代·元时期.上海:上海人民出版社

陈碧笙.1982.台湾地方史.北京:中国社会科学出版社

吴天墀.1980.西夏史稿.成都:四川人民出版社

郑杰祥.1994.商代地理概论.郑州:中州古籍出版社

林　干.1984.匈奴历史年表.北京:中华书局

林　干.1977.匈奴史.呼和浩特:内蒙古人民出版社

周伟洲.1984.吐谷浑史.银川:宁夏人民出版社

周伟洲.1983.敕勒与柔然.上海:上海人民出版社

罗致平等.1985.准噶尔史略.北京:人民出版社

〔英〕拉文斯基著,陈霞飞译.1974.俄国人在黑龙江.北京:商务印书馆

荣新江.1996.归义军史研究.上海:上海古籍出版社

段连勤.1988.丁零、高车与铁勒.上海:上海人民出版社

复旦大学历史系编.1986.沙俄侵华史.上海:上海人民出版社

徐旭生.1985.中国古史的传说时代.北京:文物出版社

韩荫晟编.1983.党项与西夏资料汇编(上卷第一册).银川:宁夏人民出版社

韩儒林主编.1986.元朝史(上、下册).北京:人民出版社

韩振华编.1981.南海诸岛史地考证论集.北京:中华书局

韩儒林.1982.穹庐集.上海:上海人民出版社

谭其骧主编.1987.中国历史地图集(八册).北京:地图出版社

谭其骧.1994.长水集(上、下册)(1987年长水集续编).北京:人民出版社

新疆社会科学院民族研究所编.1980.新疆简史(第一册).乌鲁木齐:新疆人民出版社

《筹办夷务始末》,中华书局本

魏良弢.1987.西辽史研究.银川:宁夏人民出版社

魏良弢.1994.叶尔羌汗国史纲.哈尔滨:黑龙江教育出版社

第三章　历代行政区划的划分和结构、职能的变迁

行政区划是国家对所辖领土进行分级管理的区域结构，是在中央集权出现后的产物。在我国商、周时代实行封建制，即采取“封邦建国”的办法进行统治。商王和周天子除了王畿附近的土地由自己直接统治外，其他土地和人民分封给诸侯、卿大夫等各级大小领主，作为他们的采邑。各级领主除了对天子有少量象征性的贡纳和服役外，在自己的封地内有绝对的主权。天子和各级诸侯、卿大夫在自己辖区内各自为政，所谓“分土而治”。因此，在商、周疆域内无所谓行政区划。春秋中期以后，在不断的征战中，有些诸侯国君逐渐强大，开始发展中央集权，对新开拓的疆土和私家剥夺来的土地，不再进行分封，而是由国君直接统治，采取分层划区进行管理，地方行政区划由此出现。

我国历史上行政区划制度的萌芽、出现，到完全确立和全面推行，即从春秋初期至秦始皇统一全面实行郡县制，大约经过五个世纪的漫长历程。其过程与中央集权制度萌芽、出现和全面确立几乎是同步的。行政区划制度全面确立以后，中央政府要将一部分权力下放给地方政府，就必然出现中央与地方在集权上的矛盾，当矛盾发展到爆发时，就会出现一次中央和地方在权力上的调整。一部中国行政区划变迁史，也就是中央和地方权力的调整史。

行政区划既然是为统治和管理土地和人民设置的，因此区域的划分和管理决定因素是政治，包括政权更迭、疆域伸缩、民族分布、中央与地方的关系等等因素，但为了更有效地进行统治和管理，包括捍卫边疆、发展生产、增加赋税、便利交通等，自然条件和经济因素也是十分重要的条件。因此，历史上政区划分以政治为首要因素，同时顾及到自然、经济，在中央集权稳定的情况下，最理想的是三者兼顾。如果中央集权遭到威胁时，则往往只考虑政治因素，而不顾及其他，这就是行政区划的政治主导原则，是由中央集权体制所决定的。

从政区地理角度考察，行政区划基本上有四个要素：一是层次，即中央到地方分几个层次进行管理，是行政区划的最基本要素。一般而言，层次少便于中央管理，上情容易下达；层次多，上下阻隔，政令不易通达。中国幅员广大，层次不能任意减少，但层次过多又会使地方权力增大，削弱中央的权力。因此中国政区沿革核心就是政区层次的调整变化，集中体现了中央和地方权力消长演变过程。二是幅员，即政区面积范围。《礼记·王制》：“凡居民，量地以制邑，度地以居民。”中国历史上有所谓“百里之县”、“千里之郡”、“万里之州”的说法，即不同层次有不同的管理幅员，以便更有效地进行统治。三是边界，这里说的是国家内部政区之间的界线。政区既然是中央集权国家为管理地方而设置的一种区划，其边界的划分当然以有利于中央集权统治为原则，同时为考虑到经济的发展，尽可能与地理环境相一致，这也是巩固中央统治的基础。因此历史上曾经出现“山川形便”与“犬牙相错”两条相矛盾的原则。中国历史上政区边界的变化很大程度上是这两个原则的并存和交替的过

程。四是行政中心。一个政区必定有一个(有时有两个)管理的行政中心。这个行政中心位置的确定,主要是由地理环境决定的。但当政治形势、政区幅员大小或自然环境发生变化时,政治中心也会发生变化。

二三千年来,随着国家疆域的变迁、中央政府权力的兴衰、地方势力的消长、自然和经济、人口情况的变化,行政区划的层次、幅员、边界和行政中心都有过十分繁复的变迁。这种变迁很大程度综合反映了我国人文地理面貌的变化。

第一节 秦统一前地方行政区划的出现

最早出现的地方行政区划是县。据现有的《春秋》、《左传》、《国语》、《史记》等文献资料看来,作为行政区划意义的县的出现和形成,有一个相当长时期的演化过程。据研究,最早文献上记载的县,并非后来作为基层政区的县,而是指国都以外的郊野乡聚之地,与“鄙”同义,如《左传》昭公十九年,子产说:“晋大夫而专其位,是晋之县鄙也,何国之为?”还没有行政区划的意义。到了春秋中后期县的含意发生了变化,出现了与邑同义的县,例如楚武王时(前740～前690年)灭权(今湖北荆门市东南)、楚文王时(前689～前677年)灭申(今河南南阳县)、息(今河南息县西南)二国为县,并置尹以治。以后楚庄王十六年(前598年)、楚灵王七年(前534年)两度灭陈,十年又灭蔡,先后置陈公、蔡公,称为县公,也就是县的长官。秦武公时(前697～前678年)灭邽戎、冀戎地置邽县(今甘肃天水市)、冀县(今甘谷县东)。可见最早设含有行政区划意义的县是南方的大国楚和西方的大国秦。这可能是由于这两个国家处于中原地区的边缘,容易开疆拓土,对新得的土地,不再进行分封,而由国君设县直接统治。北边的晋国也有此类情况,晋景公六年(前594年)灭赤狄潞氏,置瓜衍县(今山西孝义市北),晋平公十九年(前539年)将州县赐给郑臣伯石。以后晋国所置倒很多,仅晋平公二十一年(前537年)一次见于记载的县就有49个①。其中平阳和杨在战国成为重要商业都会。此外,齐、吴等国都有县的设置。那时不仅设在边区,也有将新吞并的处于经济发达、交通要冲的小国也置为县。如吴国在今江苏镇江市所置朱方县,也是交通要冲之地。公元前545年吴国将朱方县封给从齐国逃出来的齐相庆封,使之“富于在齐”②。春秋后期各国县数骤增,如齐国有县三百。应该指出,当时的县与后来郡县制的县有相同处也有不同处。其不同处:一是有的县作为食邑赐给大夫的,有的县大夫可以世袭,食邑可以互换;二是县的大小悬殊很大,大如楚灭陈、蔡那样中等国家以一国为一县,小的如齐国的县等于一个乡;三是先在边境地区设置,具有军事重镇性质。其相同处:一是作为国君的直属领土,即便赐给大夫的采邑,也有予夺之权;二是县的长官由国君委派,称尹、公或大夫,不是世袭。因此县邑之县,已开始从采邑制向正式地方行政区划的郡县制的县过渡。到了春秋后期,作为地方行政区划的郡县制的县开始确立,如晋顷公十二年(前514年)韩、赵、魏、知、范、中行氏六大夫联合灭了在汾水流域祁氏、羊舌氏,将两家的土地分置了十县,任十人为大夫,此十人或“为有力于王室”,或“能守业者”,“以贤举也”。任职者均以“忠、义”见著;地方上有狱不能断,转报国君定夺③。这显然与分封时代以宗族为主的采

① 《左传》昭公五年。
② 《史记·吴世家》。
③ 《左传》昭公二十八年。

邑制不同，而是与后代以才德选拔官吏、地方官吏受制于中央无异。中央直属，置官分守，各有分地，县长官食禄不食邑，临民不临土，流动不世袭，这些作为地方行政制度特点的县至春秋后期均已具备，可见至此地方行政区划的县雏形已经形成①。

战国晚期县已经成为较为普遍的地方行政区划，但各国设县的背景不同，县的大小各异，各国县制尚不统一，限于记载，具体县数已无法考证了。

郡的出现也在春秋而较晚于县。初期皆设于边远荒僻之地，具有军事防守性质，而经济开发程度相对低于县，两者不相统隶。故春秋末年赵简子誓师，有"克敌者，上大夫受县，下大夫受郡"的说法②，这是因为县比郡富庶的原因。战国时韩、赵、魏、燕、楚、秦各国都置有郡，且所置郡亦多在国境边区，如魏的西河、上郡、河东、方舆、大宋、陶等郡，赵的代、雁门、云中、上党等郡，韩国的三川、上蔡、上党等郡，燕的上谷、渔阳、右北平、辽西、辽东等郡，楚国的宛、汉中、新城、江东、黔中、巫等郡，秦国的北地、陇西等郡。唯齐国不设郡，置有五都，即在首都临淄之外，另有高唐（今山东禹城县西南）、博（泰安县东南旧县）、平陆（今汶上县北）、邶殿（今昌邑县西）四个别都。这四个别都都是地处齐国边境和交通要隘之地，其作用与郡相同。

一郡之长称守，由将军充任，可征发一郡兵力，进行征伐；一县之长尹、公、大夫，后又称令。以后以边郡地域大，遂分置数县；内地事多，遂在数县之上置郡以统之。于是才逐渐形成以郡统县的制度，郡县大小也渐趋一致。这种制度可能始于三晋，如魏上郡领 15 县，赵上党郡领 24 县，韩上党郡领 17 县。以后秦、楚、燕相继效法，实行郡统县制。不过整个战国时代，郡县制和采邑制始终同时存在。至秦统一后，郡县制才正式成为全国划一的地方行政区划。

战国末年，秦国势力强大，向外扩展，陆续占有巴、蜀及东方各国领土，继续推行郡县制，或以旧国国土或国都置郡，如巴郡、蜀郡、临淄、南郡、邯郸，或即沿袭原东方各国的郡重建，如上郡、河东、汉中、上党、三川、雁门、云中、代郡、黔中、上谷、渔阳、右北平、辽东、辽西，或析新有领土置郡，如南阳、太原，东郡、颍川、巨鹿、广阳、薛郡、砀郡、陈郡、泗水、九江、长沙、会稽、琅邪。加上秦国原有的陇西、北地二郡和秦王政二十五年平越君所置闽中郡，共为 36 郡③。

第二节　郡县制的确立与划分

公元前 221 年，秦始皇二十六年统一六国后，废除封建制，在全国推行郡县制。初平天下时为 36 郡（见上）。以后南北开疆拓土，陆续增置新郡，如公元前 214 年（秦始皇三十三年）平陆梁地，置桂林、南海、象三郡，北斥匈奴置九原郡，公元前 212 年分薛郡置东海郡，其余无明确设置年代，然确为秦郡的有分邯郸置常山郡，分临淄郡置济北郡，分琅邪置胶东郡，分河东置河内郡，分九江置衡山郡。以上是秦一代有明确记载的四十六郡。其余有见于楚汉之际记载的鄣郡、庐江二郡，也可能是秦末所置，加上都城周围地区直属内史，秦一代总共有 50 个郡级政区。

---

① 周振鹤：《县制起源三阶段说》，《中国历史地理论丛》，1997 年第 3 期。
② 《左传》哀公二年。
③ 谭其骧：《秦郡新考》，《长水集》上册，人民出版社，1987 年。

秦末楚汉之际，项羽以梁楚地9郡自立西楚国，并将其余秦郡划地分封给灭秦有功将领、旧六国贵族以及秦降将等18人为诸侯王。项羽和各诸侯王在战争时期并未置新郡，惟前206年(汉高帝元年)开始才有郡名更改和新郡的设置。前202年(汉高帝五年)汉王朝正式建立后，刘邦开始分封异姓诸侯七人，将东部疆土22郡分封为七异姓诸侯王国，即燕(臧荼)、韩(韩王信)、赵(张耳)、楚(韩信)、淮南(英布)、梁(彭越)、长沙(吴芮)。刘邦自领24郡之地。但这种举措是与中央集权相矛盾的，于是从六年开始又逐个翦除异姓诸侯，与此同时又大建同姓诸侯以为中央朝廷的屏藩。至前195年(高帝十二年)基本完成，共建同姓诸侯九王国，即楚(交)、吴(濞)、齐(肥)、赵(如意)、代(恒)、梁(恢)、淮阳(友)、淮南(长)、燕(建)，另外还存下一个异姓诸侯长沙王吴芮。这十个诸侯王国共占40郡，包括了原秦王朝东半部的大部分土地。这些诸侯王国，“大者或五六郡，连城数十，置百官宫观，僭於天子”①。如楚王刘交有3郡36县，吴王刘濞有3郡53县，齐王肥有6郡73县。以上同姓、异姓诸侯又称内诸侯，仍属汉中央节制，其封域属于西汉版图。此外，刘邦时还封故越王亡诸为闽越王，王闽中地；封秦南海尉赵佗为南越王，王南海、桂林、象3郡；十二年封“越之世”南武侯织为南海王，其地当在闽越、南越、淮南三国间。这三王国称外诸侯，他们对汉王朝只是称臣纳贡，不受汉王朝控制，其领土在汉王朝之外。而汉高帝刘邦直属领土仅15郡，即内史、上郡、北地、陇西、汉中、巴郡、蜀郡、广汉、云中、上党、河东、河内、河南、南阳、南郡，比高帝五年时还小②。汉高帝刘邦死后，吕氏当政，打击刘氏诸侯王，增封外戚诸侯王，诸侯王国增至十四。吕氏一死，文帝即位，清除诸吕，恢复同姓诸侯王国。但同姓诸侯王国地域大，人口众，实力雄厚，对中央政权是莫大的威胁。因此文帝接受贾谊“以亲制疏、众建诸侯少其力”的建议，分齐为七，分淮南为三，用分地的办法削弱诸侯王的势力。其时诸侯王国增至17个，而汉中央政府直接控制的郡达24个。景帝即位，采纳晁错的削藩政策，“请诸侯之罪过，削其支郡”③，支郡即王国四边的郡，就是用直接削地的办法来缩小王国的版图。这就直接触犯了诸侯王的利益，于是引起了景帝三年(前154年)的以吴、楚为首联合赵、济南、淄川、胶西、胶东的七国之乱，未几即告失败。平乱后，景帝乘机尽收诸侯支郡，同时又以部分汉郡和所削支郡置国，致使王国达25个，为汉一代最高数。这时王国权力空前削弱，一是版图大为缩小，除江都国外，其他王国一国仅领一郡之地，二是政治上、经济上的一些特权被剥夺，诸侯仅食租税而已，王国的地位与郡相同。经过削藩以后，中央控制的汉郡到达了43个。但有的王国地域还是很大，有的还连城数十。武帝即位，采取主父偃的建议，颁布“推恩令”，其办法是诸侯王位由嫡子继任，余子皆须列土分一县或一乡之地封侯，汉廷定以名号，该侯国须别属旁郡所有。所以推恩令实际上是一种削地政策，使王国不断缩小，汉郡不断扩大。同时，武帝时代，一方面开疆拓土，初郡与边郡大量增加。如灭古朝鲜，设真番、临屯、玄菟、乐浪4郡；北逐匈奴，取河南地，置朔方、五原2郡；从匈奴手中收河西地区，置武威、酒泉、张掖、敦煌4郡，在湟水流域置金城郡；灭南越，置南海、郁林、象郡、苍梧、合浦、儋耳、珠崖、交趾、九真、日南10郡；平西南夷，置犍为、牂柯、武都、益州、汶山、沈黎、越嶲7郡。一方面将内地的郡分小，如秦时关中地区京师附近由中央官内史管理，其辖区也称内史，汉时京师地区人口众多，政事纷繁，遂将内史一地，分为

① 《史记·汉兴以来诸侯王年表》。
② 周振鹤:《西汉政区地理》，第11页，人民出版社，1987年。
③ 《汉书·晁错传》。

京兆尹、左冯翊、右扶风三辖区，其他地区又分置出西河、广平、涿郡、临淮、天水、安定、弘农、零陵诸郡，共有18王国、91郡，达到了西汉一代郡、国的最高数。《史记·汉兴以来诸侯王表》云："诸侯稍微，大国不过十余城，小侯不过数十里，……而汉郡八九十，形错诸侯间，犬牙相临，秉其阸塞地利，强本干，弱枝叶之势。"这就是汉武帝末年的形势。武帝以后，边疆内缩，内地省并，王国与郡数变化不小，但趋势是王国地位逐渐降低，"员职皆朝廷为署，不得自置"，成帝时省内史，令相治民，而王国的相地位低于郡守，辖地也小于郡。西汉末年大郡领县30～50个，诸侯王国大者不过十数城，小的只有三四县之地。至此郡与国并无二致，同属一个政区级，往往郡、国并称，实际上郡大于国。至平帝元始二年（公元2年）共有郡国103，辖县1 587，即《汉书·地理志》的制度。西汉时代除了正式的郡国之外，还有一个特殊的行政区划，即汉武帝以来对西域经营的结果而设的西域都护府，控制天山南北50多个"行国"和"居国"，都护俸禄比二千石，级别与郡太守相同。都护驻地在乌垒城（今新疆轮台东），都护府下不设县，而是对这些小国以军事监护方式实行管理，只要求效忠于汉王朝，并不干涉其内部事务，惟不定期朝贡而已。

秦始皇废封建，在全国建立统一的郡县两级制。汉高祖刘邦先后实行异姓和同姓诸侯分封制，这种分封制虽不同于西周分封，但从中央集权而言，总是一种倒退。地方行政区形成郡县两级和王国、郡、县三级制并存的局面，造成社会的不安定。经过文帝、景帝、武帝三代的削藩，至武帝末年起才正式实现了郡县两级制。

东汉初年，"因官多役烦，乃命并合"①，对全国的郡国进行了省并，至光武末年为93郡国。以后又曾增设和削除一些王国，中叶时期变化尤大，最多时为东汉末建安年间达136郡国。但比较稳定的是以永和五年（140年）前后为断的105郡国。东汉时郡级政区除郡、王国外，还有属国都尉。秦代一郡置守（主民政）、尉（主军事）、监（主监察）三员。西汉省监，监察事务由中央派员直接主持。每郡仅守（后称太守）、尉（后称都尉）二员，边郡因军事需要有二个以上都尉，分别以东、西、南、北称之。此外还有专职的关都尉（如玉门关都尉、阳关都尉）、农都尉等。管理少数民族的又称属国都尉，如上郡的龟兹有属国都尉。东汉时内地郡皆省都尉，军事由郡太守兼管。边区仍保留都尉，并将属国都尉的权力扩大，"稍有分县，治民比郡"②。就是属国都尉也分领一部分县，分理民政，地位同郡，如分犍为郡南部为属国都尉，分蜀郡西部为属国都尉，分广汉郡北部为属国都尉，辖境均小于郡，而与郡同级。故东汉时郡级政区有郡、王国、属国都尉三类。东汉时西域叛服不常，曾两度置西域都护府，治龟兹它乾城（今新疆新和县西南）。其性质与地位和西汉相同。

秦县约近1 000。据《汉书·地理志》记载，西汉末年为1 587个县。近年来在汉简中发现不少不见于今存文献中的汉县，可知实际汉县不止此数。东汉初年省并400余县，至《续汉书·郡国志》所载140年制度为1 180县。东汉疆域小于西汉，加上东汉初年的省并，故县减少1/4。西汉县级政区分县、侯国、邑、道四类，列侯所封食邑为侯国，皇太后、公主所封食邑称邑，境内有少数民族称道。侯国的长官称相，县、邑、道长官均称令（万户以上）、长（万户以下）。东汉时县一级还有公国，其余同西汉。

秦汉时代郡的地域分布，以秦岭、淮河一线分南北，疏密悬殊很大。秦时46郡加上内史共47个郡级政区，主要分布在北方的黄河中下游地区，黄河、函谷关以东、淮河以北占

① 《续汉书·郡国志》。
② 《续汉书·百官志五》。

27郡，秦岭、淮河以南为12郡，仅占全国郡数的1/4。这从一个侧面反映关东地区人口较多，经济比较发达；而南方相对而言，人口比较稀少，经济还没有得到充分的开发。西汉时期开疆拓土，南北东西都比秦代有明显扩展，郡国增至103。但秦岭、淮河一线以南也只有29郡（海南岛上珠崖、儋耳为时较短不计），还不到全国郡数的1/3，关东地区却占了50余郡，为全国郡数之半。虽然其中有些王国领域甚小，仅领二三县，但这里人口密度高，经济发达是不可否认的。东汉时，秦岭、淮河一线以南荆、扬、益、交四州领郡级政区32个，关东地区有郡近50，与西汉的情况大致相同。以上分布的格局，可以说明秦汉时代黄河中下游地区自商周以来已经发展成为中国政治经济中心，而秦岭、淮河以南地区相对而言，尚处在发展的初期阶段。

郡县的幅员没有明确的规定，原则上“县大率方百里，其民稠则减，稀则旷。”就是以人口多少为划分标准，其目的是“牧民”，管理好人民的生产，征收赋税，是中央政府统治的基层政区，其幅员大小以有利于管理农业生产、征收赋税、行颁政令为原则。自秦汉至明清，专制主义中央集权的政体没有改变，生产、交通水平没有质的变化，因此县的幅员没有很大的变化。秦时约1 000个县，至清代疆土扩大了成倍，但县数也仅1 500余。郡的情况有些不同，郡是统县政区，是中央分出一部分权力由郡级长官掌握，往往会产生中央集权和地方分权之间的矛盾，因此历史上郡级政区幅员大小与中央集权强弱有关，郡级政区过大过小，对统治、管理都不便。秦代郡的幅员比较适中，近50郡，辖近1 000县，大致每郡统县20左右，比较合适。各郡间大小比较一致，如临淄、济北、琅邪、薛郡、胶东五郡相当今山东省；河东、上党、太原、代郡、雁门五郡相当今山西省，其东、西、南三边，正好以黄河、太行山为界；邯郸、巨鹿、恒山、广阳、上谷、渔阳、右北平七郡相当今河北、北京、天津三省市。秦岭、淮河以南诸郡因开发较晚，郡的幅员较大，但大都与今天省界也颇相合，如长沙郡相当今大半个湖南省，闽中郡包括了今福建全省和半个浙江省。秦郡的边界也比较符合自然条件，如秦岭、淮河、黄河、长江都是郡的天然分界线，秦朝以首都咸阳为中心的内史地区，基本上就是今天关中平原，南阳郡就是南阳盆地，三川郡就是洛阳盆地，今山西省境内的太原等五郡，也完全适合山西省的自然分区。惟长沙郡南端越五岭有今连县地，显然是初平南越时为了控制南越地方而设。秦郡的治所大多是春秋战国时旧国国都或商业贸易中心，前者如临淄郡的临淄，邯郸郡的邯郸，广阳郡的蓟，三川郡的洛阳，陈郡的陈，颍川郡的阳翟，薛郡的鲁，南郡江陵，会稽郡的吴，东郡的濮阳，砀郡的睢阳等；后者如蜀郡的成都，九江郡的寿春，南海郡的番禺，南阳郡的宛等。总之，秦郡的幅员、边界、治所都与地理环境较为一致，这是郡县制初定时期，尚未受到其他因素的干扰之故。

《汉书·地理志》所反映的西汉末年郡国的地理特征产生的新的变化。首先，郡国幅员缩小。《汉书·地理志》说“汉兴以其（指秦代）郡大，稍复开置。”就是将秦代一郡分成二三或数郡，如分内史为京兆尹、右扶风、左冯翊三个相当于郡的政区，分沛郡、广陵置临淮郡，分东海郡南部置泗水国，分衡山、南郡置江夏郡等，使郡级政区幅员缩小；同时郡、国幅员差别悬殊。大郡如东海郡领县57，琅邪郡领县51，汝南郡领县37，沛郡领县37，南阳郡领县36，而小的王国如河间、广阳、城阳三国各领县4，泗水国、甾川国各领县3。这是文帝、景帝、武帝、昭帝、宣帝历朝不断推行削弱诸侯王国政策的结果。但郡与王国毕竟是同级政区，幅员如此悬殊，总不相宜。其次，郡国的边界无序化。上文提到边界的划定在历史上有山川形便与犬牙相错两原则，秦代基本上符合山川形便的原则。西汉初年尚算合理，末年时由于削藩的结果，郡的边界出现了与山川不合的奇特现象，如西河郡无视山陕间黄河天险，跨有黄河东西土地；临淮郡跨淮河南北、里运河东西，在跨里运河东西却又存在一个广陵国，而临淮郡则靠今淮安县一条狭长走廊联系里运河东西的郡土；山阳郡主要据有古泗水以西今鲁西南部分地是比较合理的，但它却又领有泗水中游的瑕丘（今山东兖州市）和南平阳（今邹县市）两县，其郡界如同一条狭长有勺柄伸向北部；齐郡境内有巨淀泊，而注入巨淀泊的短短的女水、洋水、浊水三条河流却跨流经齐郡、甾川、北海三郡国；秦时河北地区大清河北为广阳郡，南为巨鹿郡，两郡以大清河为界颇为相宜，而汉时则上游为涿郡，下游为渤海郡，两郡南北都跨大清河，显然违背山川分界原则。同时为了加强中央集权，防止地方权力过重，有意将郡界划成犬牙相错。《汉书·文帝纪》载，中尉宋昌进曰："高帝王

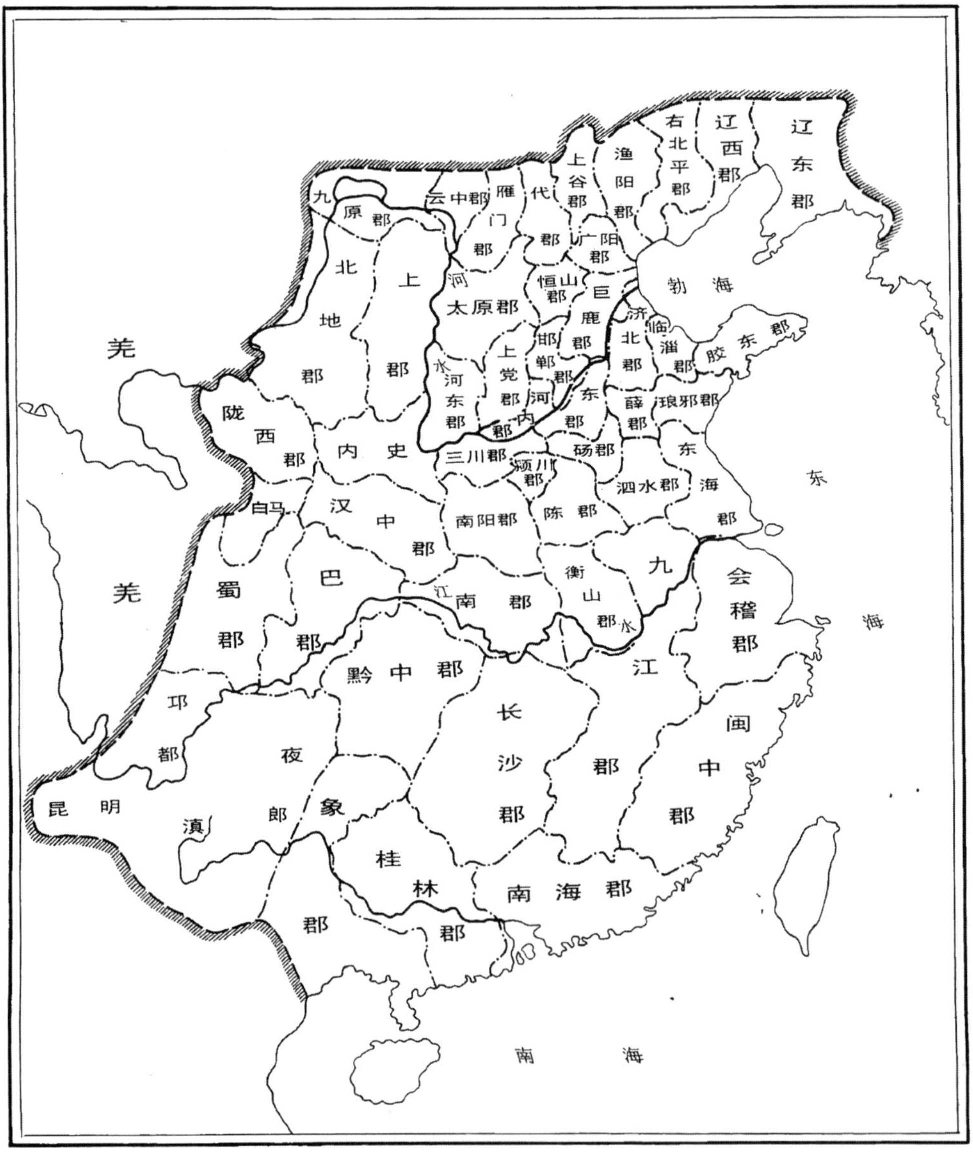

图 3-1 秦郡形势图

（据谭其骧主编《中国历史地图集》第 2 册绘制）

子弟，地犬牙相制，所谓盘石之宗也。”《索隐》：“师古曰：犬牙，言地形如犬牙交相入也。”典型的如上述北方诸郡国，南方有桂阳郡越南岭有地至今广东英德，零陵郡南边领有南岭以南的今桂林、阳朔地区。五岭应该是政区的天然分界线，汉代如此划界无非是为了便于对岭南地方的控制。这种犬牙交错的郡界，对行政管理方面肯定有许多不便之处，但统治者权衡利弊，还是以中央集权因素列为首位。东汉时期经过省并，少数郡界有所调整，与山川形势相合，如渤海郡经调整，西、北、南三边均以今海河、南运河、马颊河为界，河间国与涿郡以今大清河为界，大茅山以东、钱塘江以北自为吴郡地。但大多数郡国仍沿袭西汉犬牙相错局面。东汉的郡国治所大部分沿袭西汉，但少数郡因经济开发，出现了新的经济中心，成为郡的治所，如会稽郡分吴、会稽二郡，山阳(今绍兴)成为新会稽郡的治所。

秦汉时期是郡县二级制的定型和完成时期，由于西汉初年分封诸侯王和文帝以后削除王国势力的曲折过程，使统县的郡级政区经过复杂的变化，郡级政区的地理要素出现多变性，而县级政区除因开疆拓土和经济发展，数量有所增加外，其地理特征并无特殊变化。可见县级政区是封建中央集权政府统治国家的基层组织，其任务是劝课农桑，收租征赋，对象是人民，故其无需以常变动，以免造成统治不利。统县的郡级政区则是中央权力的分散，中央集权和地方势力加强的矛盾，往往会造成郡级政区的多变。县级政区的稳定性和统县政区的多变性，是整个封建社会政区变化的基本特征。见图 3-1。

第三节　州郡县三级制的确立与解体

春秋战国时代人们借用大禹治水的传说，把他们所知的天下地域范围划分成九个区域，即人们常说的大禹九州。后代误传为先秦时代的地方行政区划，是没有根据的。九州的名称记载不一，下列为几种有代表性的(表 3-1)：

表 3-1

《尚书·禹贡》	雍	梁	冀	豫	青	徐	荆	扬	兖			
《周礼·职方》	雍		冀	豫	青		荆	扬	兖	幽	并	
《尔雅·释地》	雍		冀	豫		徐	荆	扬	兖	幽		营
《吕氏春秋·有始览》	雍		冀	豫	青	徐	荆	扬	兖	幽		

汉后经学家认为《禹贡》九州是夏代大禹时制度，《周礼》是周制，《尔雅》是殷制。《吕氏春秋》是杂家，不是经典，就不加理会。其实夏商周三代根本不可能这种地方行政制度，完全是后代经学家的附会。

然而州作为一种地方行政制度，从西汉开始萌芽，到完全形成，则已至东汉末年，经过了整个两汉时期。上文提到西汉初年中央直辖仅 15 郡，故而去秦制郡监，吏治由丞相派员视察，无常设官员。到汉武帝时代郡国增至 109 个，丞相无法兼管，于是在前 106 年(元封五年)将长安京畿附近 7 郡以外的全国郡国分成 13 个区域，这区域称部，每部派一刺史(刺即监察之意)，巡视吏治和豪右强宗，称为行部。刺史所监察的区域称刺史部。为了给每个刺史部取个名称，就借用了《禹贡》的九州的名称(改雍为凉，改梁为益)加上《职方》的两个州名(幽、并)，共为冀、兖、豫、青、徐、幽、并、凉、荆、扬、益 11 州，另有两个不在《禹贡》

范围内的刺史部，即最北的朔方（河套）和最南的交趾（岭南），共为13个刺史部，俗称13州。前89年（征和四年）又于京畿附近7郡（京兆尹、右扶风、左冯翊、河东郡、河内郡、河南郡、弘农郡）置司隶校尉，察举京师百官和近畿七郡吏治和豪右强宗，称司隶校尉部，于是在汉武帝时出现了14个监察区。西汉的刺史“位卑权重”，秩六百石，与县令相同，但有权省察秩二千石的郡太守、都尉。刺史每年8月巡行所部，岁终至京师向丞相奏事，由丞相处置，故无固定驻地。东汉初年，匈奴南侵，省朔方入并州，改交趾为交州，加上首都洛阳附近的司隶校尉部，共13个监察区，俗称13州。同时加重刺史的职权，如岁终刺史本人不必诣京师奏事，而由属下替代，于是有了固定驻地；职权不限于监察，还有黜陟之权，成为郡国守相的上司，但毕竟治官不治民，不干预地方行政，仍不得算地方一级行政机构。据《续汉书·郡国志》记载，东汉刺史治所如下（表3-2）：

表3-2

刺史部	治所	今地	刺史部	治所	今地
司隶	雒阳	今洛阳市东汉魏故城	并州	晋阳	今山西太原市晋源镇
冀州	高邑	今河北柏乡北	凉州	陇县	今甘肃张家川自治县
徐州	郯县	今山东郯城北	荆州	汉寿	今湖南常德市东北
青州	临淄	今山东淄博市临淄故城	扬州	历阳	今安徽和县
兖州	昌邑	今山东金乡西北	益州	雒县	今四川广汉北
豫州	谯县	今安徽亳州市	交州	龙编	今越南河内东
幽州	蓟县	今北京城西南隅			

184年（东汉灵帝中平元年）黄巾起义，四方多事。188年（中平五年）朝廷选重臣出任刺史称州牧，掌一州军民，余称刺史，职权相同。“州任之重，自此而始”，从此州由监察区逐渐变成为行政区，地方行政制度由秦汉400年的郡县二级制开始进入此后400年经魏晋南北朝至隋初的州郡县三级制。

194年（东汉献帝兴平元年）分凉州河西四郡为雍州，则东汉末为14州。三国鼎立时期荆、扬各分为二。魏据黄河流域有司、豫、冀、兖、徐、青、雍、凉、并、幽、荆（汉荆州北部）、扬（汉扬州北部）12州；孙吴据有长江中下游和珠江流域，有荆、扬、交3州；蜀汉据有今四川和陕西汉中盆地置益州一州，另置分理益州南部今川西和云南、贵州地区所谓“南中七郡”的庲降都督，主要是镇抚南中少数民族豪强，介于州郡之间的军事辖区。故三国时总共还是算16州。264年（孙吴永安七年）分交州为广州（今两广）。263年曹魏灭蜀，始分益州为梁州（今四川东部）。265年司马氏代魏时为14州，吴有4州，南北共18州。269年（西晋泰始五年）分雍、凉、梁三州部分地置秦州，270年分益州西南部地置宁州，274年分幽州东部地置平州，共17州。280年（太康元年）晋平吴统一，将南北荆、扬州合一，全国共19州。291年从荆、扬二州分出今福建、江西地置江州，307年从荆、广二州分出今湖南东部和广东北部地置湘州。至西晋末年共21州。

西汉州部的幅员很大，北方的州略当今半省、大半省或一省之地。如兖、豫、青、徐四州之地，相当今山东全省、河南大部、安徽淮河以北、江苏长江以北地区；冀州相当今北京市、天津市、河北大部和辽宁省地区；南方的州更大，相当今二三省或三四省地，如荆州相当今湖南、湖北二省和河南省南阳盆地和广东的韶关地区；扬州相当今浙江、福建全省和安徽淮河以南和江苏长江以南地区；益州包括今四川大部、贵州全省、云南大部和陕西汉中地区；交州相当今两广和越南北部地区。东汉时除朔方并入并州成为跨黄河东西据有今山西大部、陕北和内蒙古河套地区的大州外，其余的幅员都继承下来了。由于州制初为监察区演变而来，为巡视方便，州的边界基本上符合山川形便。刺史驻地选择主要着眼于交通方便，如与传统的政治中心吻合，当然是首选，如司隶部驻洛阳，青州驻临淄，冀州驻刘秀登基的高邑，幽州治蓟，交州治龙编等，而扬州不驻战国以来一大都会的合肥而治长江边上的历阳，豫州驻涡水沿岸的谯，徐州驻沂、沭河沿岸的郯县，兖州驻泗水（又称菏水）南岸的昌邑，显然是这些城市地处东西、南北交通要冲之故；益州治雒而不治成都，当与地处汉中盆地进入成都平原首站有关，凉州治陇县也是因为地处关中平原进入河西的门户；至于荆州治沅水旁的汉寿，显然是与东汉一代经营武陵蛮有关。三国西晋时期，州正式成为一级政区，除周边几个州因分置新州幅员有所缩小外，大体上无明显变化，惟不少州刺史的驻地发生了变化，如冀州从偏西的高邑迁至地位适中的信都（今河北冀县），徐州迁至彭城（今徐州市），当然较郯更为合适；豫州从谯迁至陈（今河南淮阳），是东汉以来蔡河水运较涡水更为发达之故；兖州从昌邑迁至廪丘（今山东郓城县西北），可能是廪丘近东汉以后黄河和濮水，交通更为便利；凉州迁至地位适中的姑臧（今甘肃武威），自后一直是河西地区的政治中心，益州迁至成都无疑是最合适的，荆州迁至江陵是两湖地区传统中心，扬州治建业（今南京市）是从政治上考虑的选择，从交州分出今两广地区置广州，番禺（今广州市）当然是首选；其他新置州治，都是选择地位适中的城市，如平州治襄平（辽宁辽阳市），秦州治冀县（今甘肃甘谷县东），在东汉末年一度为凉州治；梁州治南郑（今陕西汉中市），从地理位置考虑，都是最佳选择。总之，自东汉末、三国开始，州作为一级政区，其中心的选择，较初置时更为全面了。

三国时期开始稳定的州郡县三级制。州辖郡、国，郡、国辖县、道、邑、侯国，制度同东汉。吴、蜀无王国，只有郡。孙吴还有一种以屯田为主兼管该地人民的农政合一的地方行政区划，即典农校尉和典农都尉，前者同郡，后者同县。如毗陵典农校尉，领毗陵（校尉驻地，今江苏常州市）、云阳（今丹阳）、武进（今镇江市东南丹徒镇）三县；如属丹阳郡的江乘典农都尉（今江苏句容北）、湖熟典农都尉（今江宁县湖熟镇）、溧阳屯田都尉（今溧阳县）等。这是因为东汉末年中原地区大批人口迁往东南地区，而东南荒地尚多，屯田客即为当地居民，故出现农政合一制度。西晋初都改为郡县。

曹魏有郡国约 90，吴有郡 43，蜀有郡 22，共有 155 郡国。对两汉而言，南北郡国数均有增加。由于疆土没有明显扩大，郡国幅员显然是缩小了。南方郡数增加比较明显，如两汉时今江西省仅豫章一郡，孙吴时分为豫章、临川、鄱阳、庐陵四郡，东汉时今浙江省钱塘江以南部分和福建省合置会稽一郡，孙吴时一分为三，今浙江省钱塘江以南分置会稽、临海二郡，福建自为建安一郡。此外，南北郡数比重发生了变化，三国大体上是北方占 6/10，南方占 4/10。西晋时总共 162 郡，秦岭、淮河以北有 86 郡，以南 76 郡，北方占 53%，南方占 47%。与此同时，南方的地区政治中心也随着郡级政区的增多而增多。县的情况南北也不同。魏有县 700 余，吴有县 313，蜀有县 100 余，共有县 1 200 左右。与两汉比较，黄河流域的县不仅没有增加，反而减少；而南方明显增加，如吴、蜀境内因经济开发，人口繁衍，县数明显增多。两汉时今福建省境内仅一县，孙吴时增至8县；今江西省东汉时置21县，孙吴时增至54县；今湖南省东汉时置38县，孙吴时增至56县。南方郡县的明显增多，反映了东汉末年以来，南方地区逐渐开发的结果。

晋武帝司马炎认为曹魏未分封同姓诸侯以为屏藩，故司马氏有篡位之机，遂于265年（泰始元年），封宗室二十七人为王，王有领地，但不过一郡而已。又以诸王出镇重地，造成统治集团内部争权夺利，最终引起“八王之乱”。黄河南北陷入长达16年之久的混战。在内战中利用少数民族的贵族参加内战，使匈奴、鲜卑等少数民族长驱直入中原，西晋政权内部力量消耗殆尽，民族矛盾和阶级矛盾加剧，最终爆发永嘉之乱。

西晋末年永嘉之乱，北方先后在游牧民族所建立十六国的统治之下。各国为“务广虚名”，往往在各自统治的较小区域内随意分置许多州，州制开始发生混乱。“如石氏建扬州之号，仅得一城；前燕标荆土之名，惟余数县”①。又如汉刘渊在平阳（今山西临汾西南）置雍州，在离石（今县）又置幽州。前赵刘聪以洛阳为荆州，在隔河北岸的怀县（今武陟县西南）置殷州。北燕仅西晋平州一半和幽州一小部分地区，却置了并、幽、青、平、冀5州。北凉仅今甘肃张掖、民乐、山丹数县之地，先后设置了沙、秦、凉3州。南燕疆土稍大，也只有山东半岛地区，置了青、并、幽、徐、兖5州。郡的数目则更多，不胜详述。南方东晋有10余州。南朝宋、齐各有20余州。梁天监十年（511年）有23州，以后开疆拓土，析置新州，至大同中（535～545年）仅隔20～30年，竟增至107州。陈朝疆土狭小，仅长江中下游南岸和珠江流域，却有42州（一说44州）。5世纪中北魏统一北方后，经过一番省并，初年约有10余州。至孝文帝太和（477～499年）中有38州。太和后增置益滥，末年竞达80余州。当时北中国处于一片战乱之中，人口大量死亡，所谓“孝昌（北魏孝明帝年号，525～527年）之际，乱离尤甚。恒代以北，尽为丘墟；崤潼以西，烟火断绝；齐方全赵，死如乱麻。于是生民耗减，且将大半”②。在这样背景下，东魏、西魏分裂时，相合仍有110余州。以后北齐据有北中国东半部地区，经过省并至末年，竟有97州。正如《北齐书・文宣帝纪》所言：“百室之邑，便立州名；三户之民，空张郡目。”北周大象二年（580年）有州211。南北朝前期共有州50～60个，末年达300余州。州制之滥，至此已极。州既如此，郡亦相同。郡置之滥，北朝胜于南朝。南朝刘宋大明八年（464年）有郡270余，南齐时有郡370余，梁天监十年有郡350余；其中还有在开发南方蛮、俚、僚地区设置的宁蛮府、左郡左县和俚郡僚郡60余，不少是“或因荒徼之民所居村落置州及郡县，刺史、守、令皆用彼人为之”，故《通鉴》胡注说萧齐时“有寄治者，有新置者，有俚郡、僚郡、荒郡、左郡，无属县者，有或荒无民户者，郡县之建置虽多，而名存实亡。”北朝更滥，北齐天保（550～559年）间有郡160，北周末竟有500余郡，而县不过1 124个③。州郡之滥，其原因或为战争繁多，有功之将别无可奖，惟以州刺史、郡太守为赏；或为新拓少数民族地区，为安抚笼络其首领而赐以刺史之职。于是不得不将州郡领域越分越小，以便安置，达到了恶性膨胀的地步。同时当时政局混乱，兵燹连年，政权更迭无常，各国疆域伸缩不定，人口流动靡定，州郡废置不常，“版籍之混淆，职方所不能记”④。各正史地理志已不可能反映当时的实际情况。

---

① 洪亮吉：《十六国疆域志》序。
② 《魏书・地形志序》。
③ 《隋书・地理志序》、胡阿祥：《六朝疆域与政区研究史料评说》，《历史地理》，第12辑，1995年。
④ 《宋书・志序》。

东汉末年初行州郡县三级制时，一州往往辖有十几或七八个郡，每郡领有十余或二十余县不等。可是到了南北朝后期，有些州只辖一二个郡，一郡只领二三或一二个县。有的州、郡竟无县可领，有的仅存名目。南朝齐在汉中地区的梁州统65郡，其中45郡“荒或无民户”①。有的两州、郡合治一地，一人兼任两刺史或太守，称为“双头州郡”。故实际上只是州直接领县，郡形同虚设。中央对地方已失去控制，地方权力也近乎解体。至此，实行了400多年的州郡制三级制已经完全处于崩溃的境地了。

东晋南朝时期还有一种特殊的地方行政制度，即侨州郡县的设置。晋末永嘉之乱，中原人民纷纷流徙，大部分渡淮南迁，也有一小部分迁往辽东和河西的。因此侨州郡县不限于东晋南朝，北方也有，如前燕慕容氏将中原地区迁居辽河流域的流人设置侨郡，以冀州人置冀阳郡，以豫州人置成周郡，以青州人置营丘郡，以并州人置唐国郡。河西的割据政权也有会稽郡、建康郡之设。以后北朝也有侨州，六镇起义后，北魏东魏曾侨置恒云、朔、燕、蔚、显六州于并、肆、汾州界内。西魏、北周亦曾侨置此六州于秦陇地区②。而迁往南方的移民往往由原中原世家大族为核心形成的流民集团，当地政府为了招抚流民，安置世族大姓，保持其原有显赫的郡望，即就地按原来籍贯的州郡县名设置政区，给以不税不役的待遇。所以侨州郡县作为一种地方制度，并广泛实行，对后代地方行政制度影响较大的则为东晋南朝的侨州郡县。据今人研究，东晋南朝时先后共置过侨州78，侨郡258，其情况十分复杂，也极不稳定。有沦没一州一郡一县，而侨置数州数郡数县者，侨名加“南”、“北”、“东”、“西”字加以区别；有实土恢复而侨置不废，以致侨实并存者；有实土恢复不再建置，而出现侨州领有原实郡县者；有侨置改名不沿袭旧称而改新名者；有原为王国侨置改为郡者；等等③。正如《宋书·诸志总序》所言：“魏晋以来，迁徙百计，一郡分为四五，一县割成二三，或昨属荆、豫，今属司、兖，朝为零、桂之士，夕为庐、九之民，去来纷扰，无暂止息，版籍为之浑淆，职方所不能记。自戎狄内侮，有晋东迁，中土遗氓，播徙江外，幽、并、冀、雍、兖、豫、青、徐之境，幽沦寇逆。……百郡千域，流寓比室。……莫不各树邦邑，思复旧井。……故魏邦而有韩邑，齐县而有赵民。且省置交加，日回月徙，寄寓迁流，迄无定託，邦名邑号，难或详书”。

侨州郡县的地理分布，基本上呈分散状态，如江南、江淮、河淮、江汉、梁益各区均有设置。但仍有相对集中的地带，其原因是多样的。如由于侨流的迁移路线，因此比较集中在南北交通道路上，如渡淮而南经邗沟至江南运河的淮阴、广陵、京口、江乘一线侨置甚为密集，淮南则集中在交通要道钟离、马头、寿春、合肥、历阳、芜湖一线。南阳盆地为关中诸州侨民流迁所经，亦为侨置集密地。汉中、巴、蜀诸地侨置多集中在川陕交通道上。又如建康为东晋都城所在，南渡晋王室大臣多侨居于此，当可理解。过江侨民最集中的是当时地广人稀的旧晋陵郡即今镇江、丹阳、常州、无锡一带，备有徐、兖、幽、冀、青、并、司、豫、扬九州郡邑，而不再南进至经济发达、江东豪强集中的三吴地区。其原因是避免与当地土著发生经济上的冲突。又如襄阳、汉中一带，民户流荒，当地又无强悍的土著大族，故关中、河南大姓侨民多集中于襄阳、汉中一带，甚至出现侨流压倒土著的局面。当时流往岭南、八闽地区

---

① 《南齐书·州郡志》。
② 王仲荦：《北周地理志》，中华书局，1980年。
③ 胡阿祥：《东晋南朝侨州郡县的设置及其地理分布》(上)(下)，《历史地理》，第8辑，1990年7月，第9辑，1990年10月。

的侨民也有，为何不见侨置？其原因当是流人中无豪姓大族，人口又比较分散，而流入之地地广人稀，又距中原遥远，失去恢复中原之意，故无侨置必要。总之，侨置的地理分布有多种因素综合影响的结果。

东晋以来地方行政制度上出现“吴邦而有徐邑，扬境而宅兖民，上淆辰纪，下乱畿甸”① 的局面，侨民大量增加，而国家赋税无得，在管理上、经济上均十分不便。于是从东晋咸和（326～334年）开始施行“以土断定”政策，具体而言，即通过省并、割实（无实土给予实土）、改属（土断前侨置郡县名义上仍属原州，事务由当地州兼理，土断后侨置郡县改属当地实州或有实土的侨州）、借侨名新立郡县（调整侨民隶属）等措施，调整了地方行政机构，完全了侨民户籍制度，协调了侨州郡县与当地州郡县之间关系，缓和了因侨置引起的郡县制度与行政区划的混乱局面。从东晋咸和至陈天嘉（560～565年）年间，共有十次土断，经土断“正其封疆，以土断人户，明考课之科，修闾伍之法”② 使大批侨籍人户与当地户籍一样承担国家税役，增加了政府的财政收入。但土断的政策由于土著豪族阻碍，事难畅行，并不彻底，不少侨置集中之处，仍未土断。因此行政区划上混乱局面并未彻底改变，直至隋朝统一，才最终解决。

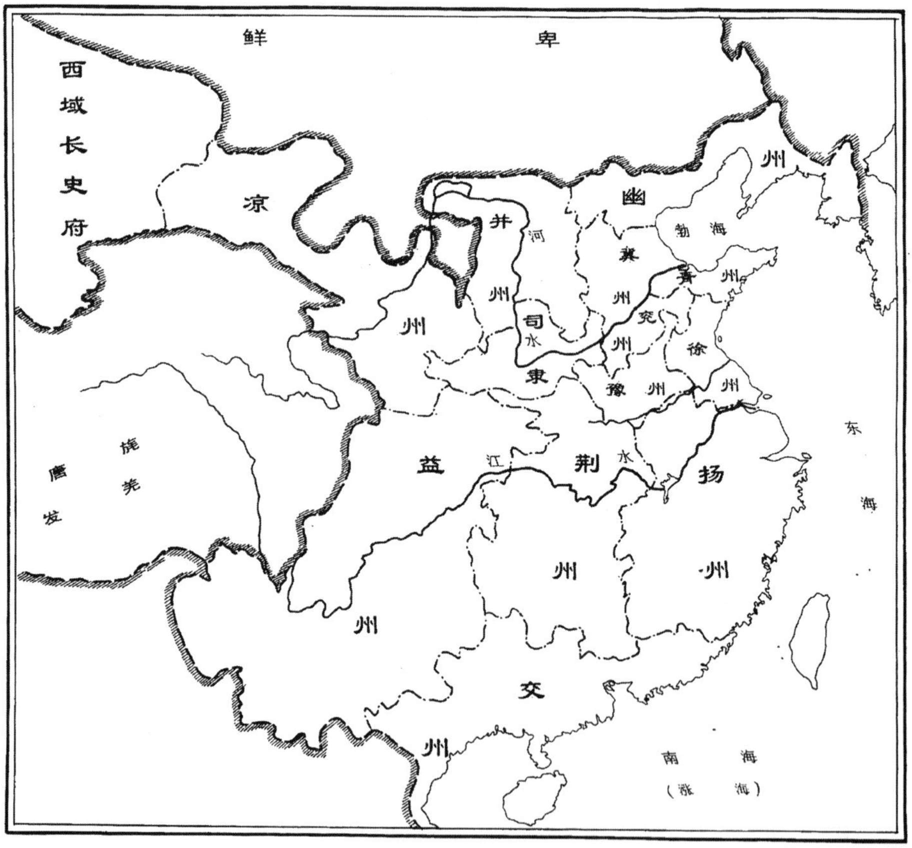

图 3-2　东汉十三刺史部图

（据谭其骧主编《中国历史地图集》第2册绘制）

---

① 《宋书·周朗传》。
② 《晋书·范宁传》。

州郡县三级制出现原是为了加强地方权力，以维护地方治安。孰料由此引起军阀混战、地方割据，最终出现三国鼎立的局面。其时制度运行尚属正常。司马晋代魏，为巩固司马集团的统治，大封宗室为王，并令诸王出镇，都督诸州军事，复综民事。不料事与愿违，最终酿成诸王争权的“八王之乱”，同时引起民族矛盾，诱发了规模更大的永嘉之乱，西晋政权在战争烽火中覆灭。东晋十六国南北朝时期，北、南中国长期处于一片混乱之下，州郡制度的置、废、改、并，已非出于地方管理和需要，已完全由战争局面变化和人民迁徙所决定。至南北朝末年州郡之滥，无以复加，已到非改不可的地步了。见图 3-2。

第四节　道路制度的出现与中央和地方权力分配的演变

上文已述，州郡县三级至南北朝后期已经混乱到了极点，郡一级形同虚设，地方行政制度已经到了非改不可的地步了。隋朝建立后，于 583 年（开皇三年）罢天下郡，以州领县。589 年平陈，统一南北，将州县二级制推行到全境。607 年（大业三年）又改州为郡，变成郡县二级制。从此，州即是郡，郡即是州。《隋书·地理志》是大业五年的制度，故以郡领县。当时有郡 190，县 1 255，与南北朝后期相比，县的数量基本未变，而县以上政区则大大精简了。隋朝实行州县制共 24 年（583～606 年），而实行郡县制仅 11 年（607～618 年）。然而大家都以为隋朝实行郡县制，这是受了《隋书·地理志》的影响。

618 年（唐武德元年）又改郡为州，又恢复了州县二级制。然唐武德年间，天下初定，中原尚有群雄竞逐，李氏政权为了扩展自己势力，对归附者和有军功者，均赐予刺史名号，一时间“权置州郡”大量出现，州竟膨胀达五六百之数，“倍于开皇、大业之间”。然这是一种权宜之机，当天下大定后，于 627 年（贞观元年），悉令省并①。以后在 742～758 年（天宝元年至乾元元年）间又曾一度改州为郡，实行郡县二级制。但唐一代近 300 年，实行郡县制仅 16 年，所以基本上是州县制。

唐代州一级行政区划中还有府的建制，这是唐代的创制。先是开元元年（713 年）升首都雍州为京兆府，升陪都洛州为河南府。以后陆续升新建的陪都和皇帝驻跸过的州为府，如升并州为太原府（732 年），升岐州为凤翔府（757 年），升益州为成都府（757 年），升蒲州为河中府（760 年），升荆州为江陵府（760 年），升梁州为兴元府（784 年），升华州为兴德府（897 年），升陕州为兴唐府（909 年）。五代十国时期各国的首都、陪都都升为府，在黄河流域的有开封府、大名府、太原府、河南府、京兆府、凤翔府等，在长江流域及其以南地区的有江都府、江宁府、长沙府、成都府、兴元府、兴王府（今广州）等。宋代升州为府的情况更多了，除了首都、陪都建府以外，凡皇帝诞生、居住、巡游过的地方，以及其他地位重要的州均建为府。北宋宣和末全境有府 37，南宋时全境有府 34②。当时黄河、长江流域一些重要城市所在地几乎都建置了府。府虽与州同级然其地位略高于州，但到了以后明清时代大部分领县政区都建为府了。

五代两宋时期地方行政区中还出现军和监的建制。军在唐时是军镇，“唐初，兵之戍边者，大曰军，小曰守捉，曰城，曰镇，而总之者曰道”③。道就是军区。所以军属军事系统，只

① 《旧唐书·地理志》。
② 《宋史·地理志》。
③ 《新唐书·兵志》。

管军队，将领称使，多设在边区。五代时军事行动频繁，军不仅管兵马，也辖土地民政。宋代沿袭五代制度，演变成地方行政单位，多设在今山西、河北、陕西沿边地区，统领县、镇、堡、寨；在内地也有因交通要冲或其他重要地点，但还够不上置州条件的地方置军，如为保护漕运和输纳赋税在定陶县置广济军，在夔州云安县置云安军，为户繁地要在福建建州邵武县置邵武军等，均领县兼民政。与府州同级的军，其地位与下州相等，属府州的军，地位与县等。监是由国家经营的矿冶、铸钱、牧马、制盐等专业管理机构，对国家财政关系甚大，地方官无法兼营，故划出一定地域由监官管辖，如属于荆湖南路的桂阳监（银冶，今湖南桂阳）和属于成都府路的仙井监（制盐，今四川仁寿）各领二县，成为地方行政机构。军、监有领县与不领县两种，领县的军、监与府州同级，其地位同下州，不领县的军、监属府州，与县同级。总之，宋代领县政区有府、州、军、监四种。县级政区除县外，还有城、镇、堡、砦（寨）等军事建置，大多设在西北边防地区。此外还有许多设置在湘、黔、川所谓"西南溪洞蛮夷"地区沿袭唐制的羁縻州县。

北齐时州已分九等，隋朝因之，州郡县各分九等。唐时府不分等，州则根据地位轻重、辖境大小、人口多寡、经济开发程度，分为辅、望、雄、紧、上、中、下七等，县也有赤、畿、望、紧、上、中、中下、下八等。宋代府的地位较尊，"州郡之名，莫重于府"①。府有京府、次府之分。首都东京开封府、陪都西京河南府、南京应天府、北京大名府，为四京府，其余为次府。州县分等基本同唐。唐代府、州、县长官称尹、刺史、令。宋代为加强中央集权，府、州、军、监均直属中央，长官由京官出守列郡，是为差遣，故其长官名称都是京官带原衔知某府、州、军、监事，如"权知某府事"、"知某州军事"、"知某军事"、"知某县事"，简称"知府"、"知州"、"知县"。重臣出任一府之事，称"判某府"。明清时知府、知州、知县才成为正式官名。

唐代约有350余州，1 500余县，州县制趋于正常。宋代疆域远较唐代小，但府州军监也有300余，辖1 200多县级政区。唐代疆土与汉代大体相近，但唐代州的幅员仅有汉郡的1/3，宋代疆土小于唐代，却仍有300余州，可见州的幅员更小了。据《宋史·地理志》记载，有将近1/10的领县政区只领一县。同时唐前期和宋代，按制府州直属中央管辖，刺史无兵权，州县属均由中央吏部铨选。这是唐人洞察了魏晋以来地方分裂的弊端，宋人接受了唐代藩镇割据的教训，有意强化中央集权，削弱地方势力，使其无法割据一方。然而面对这样庞大的府州，中央实际上是无法直接统治的，但又不愿意在府州上再加一级行政机构，怕地方扩大权限与中央抗衡。于是就设计了一种监司机构，每一机构专司一样事务，直属中央，务司其职，互相牵制，于是就产生了道路制度。

公元627年（唐贞观元年）根据自然山川形势分全国为10个自然区域：关内（潼关以西、秦岭以北，包括河套地区）、河南（当时黄河以南、淮河以北）、河北（当时黄河以北、太行山以东）、河东（黄河以东、太行山以西）、陇右（陇山以西，远及新疆地区）、山南（秦岭以南、长江以北）、淮南（江淮之间）、江南（长江以南）、剑南（剑阁以南）、岭南（五岭以南），称为十道。706年（神龙二年）开始曾设过"十道巡察使"、"十道存抚使"、"十道按察使"，负有监察任务，皆由中央临时派遣，不常置。733年（开元二十一年）分为15道，即将关内道分出首都长安附近地区为京畿道，河南道分出陪都洛阳附近地区为都畿道，又分山南为东西两道，江南为东西两道，另分设黔中道（今贵州大部、川、湘、鄂、桂各一小部）。每道置采访处

① 洪迈：《容斋四笔》卷十二。

置使，有固定治所，专检察非法，如汉刺史，正式成为15个监察区（见图3-3与表3-3）：

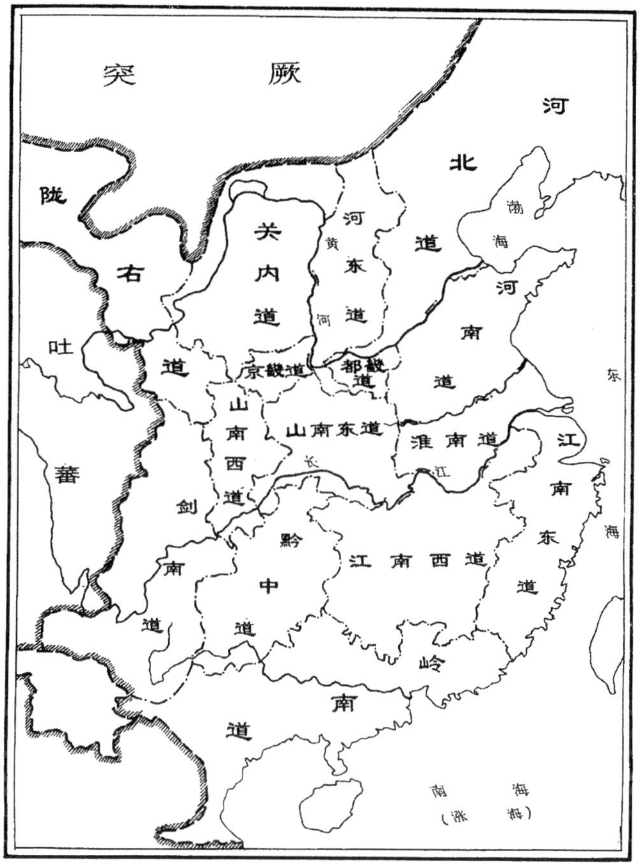

图3-3 唐十五道图

（据谭其骧主编《简明中国历史地图集》41～42幅绘制）

表3-3

道　名	治　　所	道　名	治　　所
京　畿	治京师长安城内	都　畿	治陪都洛阳城内
关　内	治长安城内	河　南	治汴州，今开封市
河　东	治蒲州，今山西永济县蒲州镇	河　北	治魏州，今河北大名县东北
陇　右	治鄯州，今青海乐都县	山南东	治梁州，今陕西汉中市
山南西	治襄州，今湖北襄樊市	剑　南	治益州，今四川成都市
淮　南	治扬州，今江苏扬州市	江南东	治苏州，今江苏苏州市
江南西	治洪州，今江西南昌市	黔　中	治黔州，今四川彭水县东
岭　南	治广州，今广东广州市		

中唐以后又出现节度使制度。唐初沿袭北朝以来制度，在军事重要地置总管，后改为都督，管辖几个州的军事。永徽（650～655年）以后为加强防务，给边境诸州都督带使持节（节是权力的凭证），以增其权力，称节度使。711年（景云二年）正式命凉州刺都督贺拔延

嗣为河西节度使，遂成定制。开元时有沿边八节度，天宝时有沿边九节度使（范阳、平卢、朔方、河东、河西、陇右、剑南、安西、北庭）和一经略使（岭南）。开元末节度使权渐重，除军事外，兼支度使、营田使、采访处置使，已兼及民政、财政和监察。至天宝年间，节度使几乎囊括了边州所有军、政、财、监大权，最终造尾大不掉之势，爆发了安史之乱。至德以后，内地也遍设节度使，大者领州十余，小者也有三四，节度使权也愈来愈大，位尊权重，俨然一方大员。节度使兼辖区内所驻地的本州刺史，该州称都府，他州称支郡。其辖区称镇、方镇、藩镇或道。比较不重要的地方则置观察使或防御使、经略使统辖一道，与节度使名异实同，惟地位略低。从而形成了道（方镇）、州（府）、县三级地方行政区划。唐朝后期全国有四五十个镇，除首都京兆府和附近几个州、陪都河南府外，其余府州均属方镇。五代十国就是唐末藩镇割据的延续。

唐代前期国势强盛，先后灭了东突厥、高昌、薛延陀、西突厥、高丽等，甘肃、四川、云南和贵州地区边疆少数民族也纷纷归附。为了加强这些地区的统治，唐朝政府仿效汉代西域都护的建制，采取了都护府和羁縻府州县的制度。即由唐政府任命当地少数民族原部落首领为羁縻府州都督、刺史、县令，颁发印信，可以世袭，且户籍不上中央户部，绝大部分承担贡赋，这种府州与普通府州即所谓"正州"不同，称为"羁縻府州"。唐时在沿边各地设置了850余羁縻府州，分别由边州都督府和军事监护性质的都护府统辖。自太宗贞观年间开始设置，后经省并改徙，至开元天宝年间有六都护府分布四边：安东都护府管辖东北地区，安北都护府管辖漠北，单于都护府管辖漠南，安西都府管辖天山以南的西域地区，北庭都护府管辖天山以北的西域地区，安南都护府管辖广西西部、云南东南和越南北部地区。由于政治形势的变化，上述各都护府的治所和辖区都有过变化（详见疆域一章）①。

唐代前后期地方行政区划变化，与西汉武帝至东汉末年行政区划的变化十分相象，反映了中国封建社会前期中央和地方权力分配上矛盾的循环。唐初实行州县两级制，削弱刺史权力，原想保持内重外轻、中央权力集中的局面。但州数太多，中央无法控制，早在贞观年间就分天下为十道即十个监察区，推行不定期的监察吏治制度。以后到开元年间设置了15个作为固定监察区的采访使道，主观上就是不愿意推行三级制，希望保持州县两级制，以维护中央的绝对权威，不致引起地方割据。但是像中国这样一个地域广大，人口众多，而又要实行专制主义中央集权体制的国家，地方官权力太小，容易削弱了地方上靖绥御侮和发展经济的能力。例如刺史无兵权，而边防地区又不能无军事防御，所以在武德初就在缘边及襟要地区的一些州治置总管府，以本州刺史兼总管，总揽附近数州军事，不久改称都督府；后因四边多事，对边区的都督加使持节，增其权力，称节度使，为一方军事大员。以后为了让节度使有更大靖绥地方权力，政府被迫将军、政、财、监大权全集中在节度使一人身上，又因边区联防需要，常使一人兼摄数镇。于是边区因军事上需要实行三级制，而内地还是二级制，内重外轻的局面岌岌可危，最终于天宝末年爆发了安史之乱，安禄山即以身范阳、平卢、河东三镇节度使起兵反唐的。安史之乱后，为了镇抚叛乱，内地也遍设方镇，至德以后，安史之乱虽然平定，但藩镇割据形势已定，俨然一独立王国，地方行政区划形成了实际上的三级制，中央权力大为削弱，唐王朝在藩镇纷争中覆灭，接着就是半个多世纪的五代十国分裂局面。

---

① 谭其骧：《唐代羁縻州述论》，《长水集续编》，人民出版社，1994年。

宋初汲取了唐代藩镇割据的教训，革除了藩镇的实权，尽罢节度使所辖支郡，节度使只是空衔，不理州事，诸州直属中央。并将全国府州军监划分为若干区域，每一区域设转运使负责征收和转输各地的财赋，既要转输，其必与交通路线有关，故称此区域为路。以后转运使职权逐渐扩大，兼及“边防、盗贼、刑讼、金谷、按廉之任”，控制了地方一切行政事务，形成分路而治的局面。真宗时（998～1022 年）考虑到转运使权力太重，于是增设了提点刑狱使，总揽一路司法和监察，安抚使主持一路军事，提举常平使主管一路储备粮食平抑物价，而转运使专理一路财赋和民政。所以宋代一路有四个长官：转运使（简称漕司）、提点刑狱使（简称宪司）、安抚使（简称帅司）、提举常平使（仓司），总称监司。

北宋路以转运使为主，初分时极不稳定，省并频繁。997 年（至道三年）始定为 15 路：京东、京西、河北、河东、陕西、淮南、江南、荆湖北、荆湖南、两浙、福建、西川、峡、广南东、广南西路。1001 年（咸平四年）分西川为益州、利州二路，分峡路为夔州、梓州二路，合称川峡四路（四川名称由此），共 17 路。1020 年（天禧四年）分江南路为江南东、西二路，是为 18 路。以后屡有省并增改；1072 年（熙宁五年）分京西为南北二路，分淮南为东西二路（一说分于皇祐三年，1051 年），分陕西为永兴军、秦凤二路；1073 年分河北为东西二路；1074 年（熙宁七年）分京东为京东东、京东西二路。至 1085 年（元丰八年）定为 23 路。这是宋代具有代表性的路制。1105 年（崇宁四年）将首都一府置为京畿路。1122 年（宣和四年）宋金盟约，约定联合灭辽后，金归还燕云十六州之地，于是北宋预置了燕山府路和云中府路。不料金灭辽后未能践约，仅还六州，未几金人又南侵。所以北宋末年号称 26 路，实际上只 24 路。以北宋一代而言，18 路、23 路的时间最长，为分路的代表。以下为 24 路的治所和辖区（表 3-4）：

表 3-4

路　名	治　　所	辖　　区
京 畿 路	陈留（今开封市陈留）	今河南开封市为中心，北至延津、长垣，南至扶沟、太康，东至民权、睢县，西至中牟、尉氏
京西南路	襄州（今襄樊市襄阳县）	今河南唐白河流域、湖北宜城以上和陕南的汉江流域
京西北路	河南府（今洛阳市）	河南伊洛河流域和汝颍河流域
京东东路	青州（今青州市）	今山东泰山山脉以北以东地和江苏宿迁地区
京东西路	应天府（今商丘县南）	今山东泰山山脉以西以南地和江苏徐州地区
河北东路	大名府（今大名县东）	今河北省拒马河、大清河以南容城、肃宁、滏阳河以东、天津市南部和山东省聊城、惠民地区
河北西路	真定府（今定州市）	今河北省拒马河以南高阳、饶阳、滏阳河以西和河南省黄河以北地区
河 东 路	太原府（今太原市）	恒山以南、除涞水河流域以外的今山西全省和陕西府谷、神木、佳县地区
永兴军路	京兆府（今西安市）	今陕西白于山、横山以南，蒲河、麟游以东，甘肃环江、马莲河流域地区

续表 3-4

路　名	治　　所	辖　　区
秦凤路	秦州(今天水市)	今陕西秦岭以北、蒲河、麟游以西,宁夏同心以南,甘肃黄河以南,青海湟源以东地区
淮南东路	扬州(今扬州市)	今安徽淮河以北和淮南嘉山、全椒以东至海的江淮间地区
淮南西路	寿州(凤台县)	今河南光山、湖北黄陂以东,安徽池河、滁河以西的江淮之间地区
两浙路	杭州(今杭州市)	今浙江省和大茅山以东的苏南地区
江南东路	江宁府(今南京市)	今江苏大茅山以西和皖南地区以及江西鄱阳湖以东昌江、乐安江、信江流域
江南西路	洪州(今南昌市)	除鄱阳湖以东地区外的今江西全省
荆湖南路	潭州(今长沙市)	今湖南省
荆湖北路	江陵府(今荆州市)	今湖北省宜城、钟祥、京山以南,始建、鹤峰以东的大部分地区
成都府路	成都府(今成都市)	今四川省江油、绵阳、简阳、仁寿、犍为以西地区
梓州路	梓州(今三台县)	今四川盐亭、仪龙以南,平昌、大足、邻水以西,中江、资阳、屏山以东和贵州西部地区
利州路	兴元府(今汉中市)	今陕西秦岭以南、佛坪、石泉以西和四川平昌、营山、南部、梓潼以北地区
夔州路	夔州(今奉节县)	今重庆市达县市、垫江、璧山以东和贵州省东部地区
福建路	福州(今福州市)	今福建省
广南东路	广州(今广州市)	除雷州半岛以外的今广东省
广南西路	桂州(今桂林市)	今广西省、海南省和雷州半岛

北宋所谓18路、23路,均指转运使分路而言,宪司、帅司分路则不同。如河北地区转运使分为东西二路,帅司因防御契丹需要分为大名府、高阳关、真定府、定州四路,宪司则合为河北一路。陕西地区转运司分为永兴、秦凤军二路,但为对付西夏,安抚司分为永兴军、鄜延、环庆、秦凤、泾原、熙河六路。全国各路普设漕、宪二司,帅司则不一定每路均设。见图 3-4。

1127年(南宋建炎元年)诸路遍设安抚司,自后南宋一代因长期处于战争状态,分路均指安抚使为主,虽有分合,然长期稳定为两浙东、两浙西、江南东、江南西、淮南东、淮南西、荆湖南、荆湖北、京西南、成都府、潼川府、夔州、利州、福建、广南东、广南西等16路。漕司、宪司则不同,如两浙路安抚司分为东西二路,漕司则合为一路。

故宋代地方行政制度的特点:一是不在府州以上设立一级行政机构和单一的长官,而是将各路不同事务,分为军、政、财、储四种监司,各司其职,不集权于一司一人;二是诸司分路不同,治所不一,有时诸司分路相同,但治所也不在一地。互相牵制,形成复式路制;三是府州可不通过监司,直接向中央奏事。因此也不能算是严格意义上三级制,但这些监司毕竟统辖一路某一事务,故可视为二级半或虚三级。

由此可见,宋代路制完全是为了不使地方形成割据局面,达到中央高度集权、内重外轻的目的。这种强干弱枝的结果,大大削弱了地方对外防务对内镇抚的能力,故宋一代内

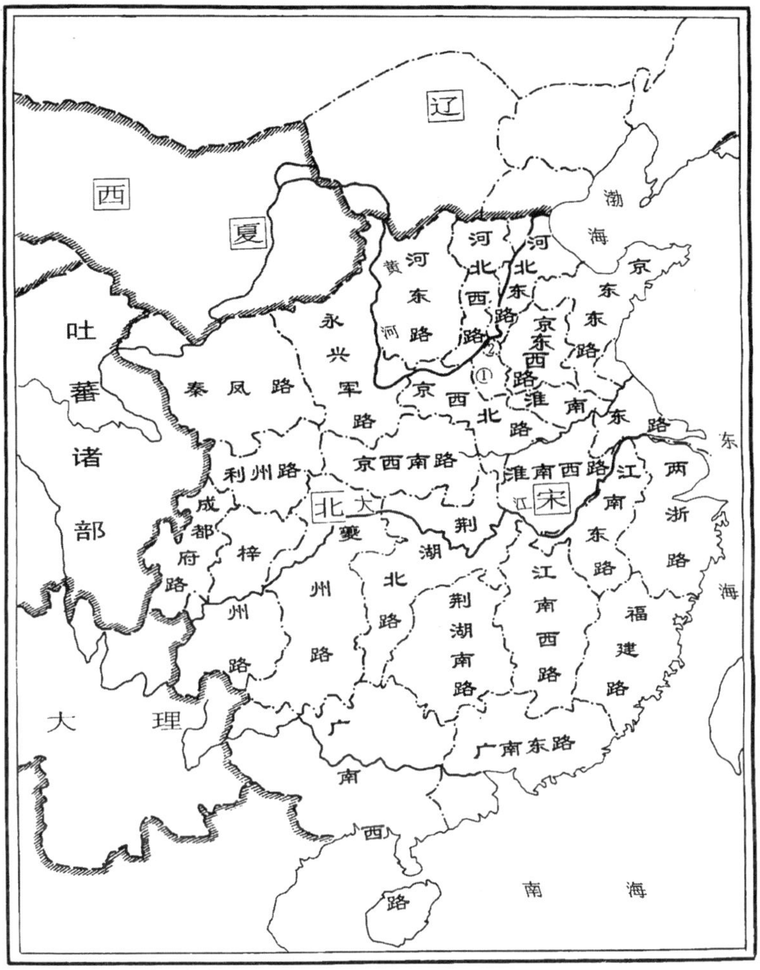

①京畿路 ②属京西北路

图 3-4 北宋二十四路图

（采自谭其骧主编《简明中国历史地图集》51～52 幅）

忧外患不止。

唐代疆域与汉代大致相当，唐初 10 道的幅员则比与汉 14 州部地域还要广袤，如唐河北道包括了汉幽、冀二州，河南道包括了汉兖、豫、青、徐四州，江南道的幅员超过了荆、扬二州。开元后分为 15 道，与汉州大致相当了。京畿、都畿二道，是因首都、陪都而分，京都地区为王公贵族、豪门权臣聚居之地，最为难治，故幅员最小，不过五六个州。其他除江南、山南两道外，幅员与汉州相近。安史之乱后，道（方镇）成为一级行政区划，大约有四五十，其幅员与秦郡相当，小的方镇不过数州、十余州，大的方镇如福建、江西、岭南相当今福建省、江西省和未分海南省前的广东省。宋代的路幅员要比唐道小。北宋转运使路可以天禧 18 路和元丰 23 路为代表，18 路幅员除陕西路较今陕西省大，另有今甘肃东部、宁夏南部和青海一小部分地区，其余各路大致与今省幅员相近。如福建路与今福建省完全相同，京东路与今山东省相差很小，广南东路与今广东省相比少了雷州半岛，而广南西路则除今广西省外还有雷州半岛和海南省。23 路时经过分置的各路都较今省小。

唐代10道、15道的划分的原则是"山川形便"，为了中央大员按察、举刺之便，就必需考虑到交通上的便利，故各道边界大多符合自然地理区划。安史之乱后，全国分为四五十方镇(道)，这些道的分界，虽然有些是政治、军事原因，有跨江(荆南、鄂岳)、跨淮(武宁)、跨太行(潞州)等不合自然区划的分界，但大多数是继承了15道的划区，再行析小而已。而这种析置也考虑到自然区划，并且有不少被继承为今天的省区，如江西、湖南、福建就相当于今天的省区。北方的情况要复杂一些，但也不完全不考虑自然条件，如今山东省以泰山山脉为界分为平卢(鲁北和胶东)、兖海(鲁南)、义成(鲁西南)三镇。宋代转运使路主要职责是转输一路财赋，按理应更按自然区划划分，但宋朝统治者接受了唐代藩镇辖据的教训，为了加强中央集权，防止地方割据，开始有意背离了"山川形便"的原则。如河东路基本以今天山西省为境，但西北又跨黄河有今陕西神木、府谷、佳县地，南面却舍弃涑水河流域入永兴军路；如商洛地区唐属山南东道较合理，而宋改属永兴军路；淮南东路名曰淮南，却有今安徽省淮北地区；京西北路从洛阳斜东南跨过熊耳山，直抵淮滨，而北又有黄河北岸的孟州。而宪司、帅司分路又不同，这完全可见宋代在分路治理上的政治因素。

唐宋时代政区分布的地理格局已与汉晋时不同，以秦岭淮河为界，汉代14州部是北10南4，西晋19州是北12南7；而唐15道则是北7南8，这说明唐代开始南方经济已逐渐上升，以致与北方抗衡；宋代23路则为北8南15，即便是将辽、西夏的政区也算进去，也是南密北疏，也是从一个侧面反映南方人口、经济地位的上升。特别要指出的是，两宋时期加强了对湖南、四川、贵州地区的开发，继承了唐代羁縻州的制度。

辽代统治区分为两大部分，一是北面契丹本部和其他游牧民族区，一是南面汉人农耕区，辽朝政府采取不同的统治体制。《辽史·百官志一》云："辽国官制，分南北院。北面治宫帐、部族、属国之政，南面治汉人州县、租赋、军马之事。因俗而治，得其宜矣。"辽代对南面原汉人地区采用的地方行政区划是杂糅了唐宋制度，在分区上沿袭唐代制度，将全境分为五道。每道有一政治中心称府，建有京号，并以京号为道名，合称五京道(表3-5)。

表3-5

道名	治所	辖区
上京道	上京临潢府(今内蒙古巴林右旗东南波罗城)	今西拉木伦河流域为中心契丹本土
中京道	中京大定府(今内蒙古宁城西大明城)	今内蒙古老哈河上游和英金河、锡伯河流域，辽宁的大小凌河流域和河北省长城以外的滦河流域
东京道	东京辽阳府(今辽宁辽阳市)	原东丹国地区，今辽河、嫩江以东至海，外兴安岭以南地区，包括今朝鲜东北部地区
南京道	南京析津府(今北京城西南隅)	原幽蓟十六州东部地区，今海河、大清河以北，内长城以南的北京市、天津市、河北省地区
西京道	西京大同府(今山西大同市)	原幽蓟十六州西部地区，今山西省北部和内蒙古东南部地区

但具体统治方法上却采用了宋代的路制，即每道设总管府(帅司)、处置使司(宪司)和

转运使司(漕司)①,也是三权分立。道以下分府、州、军、城四类,府、州下领县;另有隶属府、州的州、军、城,与县同级,这类州也领县。这种制度为前所未有,开明清时代直隶州、散州的先声。辽代的府除五京五府外,还有在渤海国故地设置的率宾、定理、铁利、安定、长岭、镇海六府和1041年(重熙十年)升霸州置的兴中府(治今辽宁朝阳市),地位次于京府。

辽代还有三种特殊的地方行政制度:一是头下军州,又作投下军州。《辽史·地理志》:"头下军州,皆诸王、外戚、大臣及诸部从征俘掠,或置生口,各团集建州县以居之。横帐诸王、国舅、公主许创立州城,自余不得建城郭。""其节度使朝廷命之,刺史以下皆本主部曲充焉。"这是贵族、功臣将战争中掠夺来的人口,作为他们私奴所建立的州县。按人口多少分为头下州、军、县、城、堡等级次。《辽史·地理志》记载头下军州有16个,《契丹国志》载有23个,大多与《辽史》不同,总数可能有30余个,因屡有废置,记载不全。二是斡鲁朵制,即宫帷制。斡鲁朵是皇帝皇后的宫殿、行帐所在。辽代共有12宫1府②。这种以皇帝或皇太后私奴所建立的州县,属该皇帝的某宫(斡鲁朵)所辖,实际就是皇帝的头下军州。由宫卫统辖的州县大多集中在上、中、东三京道即契丹腹地,有利于保卫契丹统治核心集团。三是边防城。主要设置在西北边防线上的州、军、城,总称边防城。为国防需要所置,不承担赋税,虽也称州,实与传统州不同。

辽代对北边原游牧部族地区不采取中原王朝传统的州县制,分为部族、属国两类。部族置节度使,分别属东北路招讨司、东北路统军司、东北路兵马司、东京都署司、西北路招讨司、西南路招讨司、黄龙府都部署司、乌古敌烈统军司等边防官司。属国则"朝贡无常。有事则遣使征兵,或下诏专征。不从者讨之。助军众寡,各从其便,无常额"③。据《辽史·地理志》记载,辽朝有5京、6府、156州、军、城,306县,52部族,60属国。

辽代国土主要部分是契丹本土、蒙古高原和东北黑龙江、松花江流域的女真族地区,占有汉族的土地仅山西恒山、大茂山和河北拒马河、大清河以北地区。因此所分五京道幅员广大,并且符合民族和自然界线。如中京道即原唐时奚族饶乐都督府的老哈河上游和滦河中上游地区,上京道即本部西拉木伦河流域和蒙古高原,东京道即大兴安岭以东女真族地区,而西京、南京两道即今内长城为界晋北、冀北和京津地区。其治所也都是隋唐以来传统的政治中心。

金代杂糅辽、宋制度,前后有17,20,19路之分。每路置一都总管府,掌一路军事兼民政。金灭辽后,沿袭了辽代五京之制,以其发祥地为上京会宁府(治今黑龙江省阿城县南白城子)。侵宋占领秦岭、淮河以北地区后,1153年(金贞元元年)迁都燕京析津府,改为中都大兴府(今北京城西南隅),改辽中京大定府为北京大定府,以宋故都为南京开封府,东京辽阳府、西京大同府因辽之旧。这一都五京各领一路。此外,改北京路(辽上京道)为临潢府路,分东京路为咸平路。河北东、西路因宋之旧,并分其南部为大名府路,分宋河东路为南北二路,山东东、山东西路因宋京东东、京东西路之旧,分宋陕西的秦凤路、永兴军路为京兆府及凤翔、鄜延、庆原、临洮五路。至大定(1161～1189年)为以上20路。1205年(泰和五年)并临潢府路入北京路,是为19路,即为《金史·地理志》制度。另外还置转运使司,

---

① 转运使司各道名称不一,如南京道称转运使司,中京道称度支使司,西京道称计使司,东京道称户部使司,上京道称盐铁使司。见《辽史·百官志四》。

② 辽代九帝各一宫,另两位摄政最久的应天、承天两皇太后各一宫,皇弟置一宫,丞相耶律隆运置一府。

③ 《辽史·兵卫志下》。

掌一路财赋，提刑使司（后改按察使司）掌一路司法，统军司掌一路兵马。这三种监司分路与总管府不同，如凤翔、庆原、临洮三总管府路，合为陕西西河转运使司一路，京兆府、鄜延二总管府路，合为陕西东河转运使司一路。故总管府为19路时，转运使司为13路，提刑使司为8路，统军司为3路。此制与宋相仿。金代在东北外兴安岭以南、黑龙江流域设有曷懒路、婆速府路、蒲与路、速频路、胡里改路等，也为地方基层行政单位，不领府州县，只辖猛安、谋克（三百户为一谋克，十谋克为一猛安，是军政合一的部落联盟组织）。曷懒、速频等4路隶属上京路，婆速路隶属东京路①，故不在20路、19路之数。

金代20路分为一都、五京府与14总管府，下辖府、州、军（后尽升为州）。中都与上、东、南、西、北五京置留守兼摄府尹、总管，诸总管府则由府尹兼总管，各治本路。其作为散府，各置府尹，所辖仅限本府，隶于路。州分节度、防御、刺史三级，分上中下三等，共三级九等。县置令，按户口多少，分赤、京、剧（次赤）、次剧、上、中、下七等。据《金史·地理志》载，金代后期有京府州179，县683。《金史·兵志》载，大定末年有猛安202，谋克1 878。

金代分路基本上沿袭了辽道、宋路制度，同时根据当时政治、军事形势另有分析。对宋境而言，宋代河北为东西两路，金时在东路南部分置大名府路，宋河东路金分为南、北两路，显然是为了对付宋朝军事上的需要；金分宋时永兴军、秦凤两路为五路也是为了对付西夏。东北边区大体上也是如此，如女真起源于东北，对当地民族控制当较辽代更为严密，故析上京道为上京路、咸平路、东京路三路。金代路制以总管府为主，其军事性十分明显（表3-6）。

表 3-6

路名	治所	辖区
中都路	大兴府（今北京城西南隅）	今河北长城以南，北京市、天津市海河以北和河北清苑、高阳、文安以北地区
河北东路	河间府（今河间县）	今天津市海河以南、河北大城、高阳以南，蠡县、束鹿、新河以东至海，南宫、吴桥以北和山东德州、庆云以北地区
河北西路	真定府（今定州市）	今河北长城以南、望都、深泽、威县、肥乡以西地区和河南新乡地区
大名府路	大名府（今大名东）	北自河北故城，南至河南长垣，东至山东平原、高唐、阳谷、郓城，西至河北清河、魏县和河南内黄间的冀、豫、鲁三交界地区
上京路	会宁府（今阿城县南白城子）	今黑龙江中下游，乌苏里江、松花江、嫩江流域和大兴安岭一带
咸平路	咸平府（今开原市北）	今辽宁北部铁岭以北的辽河流域地区
东京路	辽阳府（今辽阳市）	今辽宁东部和吉林东南部地区
北京路	大定府（今内蒙古宁城县西南大明城）	东至今辽宁锦州市，西至今河北丰宁县，南至河北长城和秦皇岛，北至内蒙古赤峰市
临潢府路	临潢府（今内蒙古巴林左旗东南波罗城）	今内蒙古大兴安岭以南，黑龙江、吉林双辽以西，西拉木伦河南岸以北，达尔泊以东地区
西京路	大同府（今大同市）	内蒙古固阳、达尔汗茂明安联合旗以东，达尔泊以西，山西北部和河北内外长城间地区

① 谭其骧：《金代路制考》，《长水集》下册，1987年。

续表 3-6

路名	治所	辖区
南京路	开封府(今开封市)	除黄河以北、淮河以南的今河南省和安徽淮北地区
山东东路	益都府(今青州市)	同宋京东东路
山东西路	东平府(今东平县)	同宋京东西路
河东北路	太原府(今太原市)	今山西省灵石、榆社、左权以北,恒山以南地区
河东南路	平阳府(今临汾市)	今山西省灵石、榆社、左权以南地区和河南省黄河以北焦作市地区
京兆府路	京兆府(今西安市)	今陕西黄龙、宜君以南,镇安、商南、山阳以北,乾县、武功、户县以东地区和河南灵宝、卢氏、滦川地区
凤翔路	凤翔府(今凤翔县)	今陕西秦岭以北麟游、崇信以西,宁夏同心以南,甘肃会宁、通渭、甘谷以东地区
鄜延路	延安府(今延安市)	今陕西无定河以南,梁山以北地区
庆原路	庆阳府(今庆阳县)	今甘肃环江、马莲河流域
临洮路	临洮府(今临洮县)	今甘肃黄河以南,会宁、通渭以西,洮河以北地区

西夏的地方行政制度也是杂糅了唐宋制度,分为州县二级。《宋史·夏国传》载,西夏后期有 22 州。《宋史·钟傅传》载,宋崇宁四年(1105 年)时,西夏河南之地有 45 州。今人研究西夏州名可考者 36 州①。西夏的州规模很小,人口稀少,也有许多是将原来的城镇堡砦改建为州,以张声势,安置部属。此外还有郡和府的设置。郡兼理军民置于边防要地,如五原郡、灵武郡、蕃和郡、镇夷郡等。府有兴庆府(兴州)、西平府(灵州),为银川平原上两个政治中心,分别为东京、西京。西夏是军事性质很强的政权,在其全境分为 12 个军区,设有 12 个监军司,每一监置都统军、副统军、监军使各一员。其名称和驻地如下(表 3-7)。

表 3-7

监军司名	驻防地	监军司名	驻防地
左厢神勇军司	夏州弥陀洞(今内蒙古乌审旗南白城子东海流图庙一带)	祥祐军司	石州(今陕西横山东北波罗堡一带)
西寿保泰监军司	柔狼山(今甘肃靖远县东北)	右厢朝顺监军司	兴庆府北贺兰山区的克夷门,一说凉州(今武威)
白马强镇监军司	今内蒙古阿拉善左旗北、贺兰山西北,一说在盐州(今定边)	黑水镇燕监军司	肃州东北,今内蒙古额济纳旗境黑水故城,即汉居延故城
黑山威福监军司	今河套乌加河北,一说今宁夏中卫北黑山嘴	嘉宁军司	驻宥州(今内蒙古鄂托克旗东南城川故城)
静塞军司	韦州(今宁夏同心县东北韦州)	卓啰和南军司	卓啰城(今兰州黄河北岸喀罗川侧)
甘肃军司	甘州(今张掖)	西平军司	瓜州(今甘肃安西县东南)

① 章巽:《夏国诸州考》,开封师院学报,1963 年 9 月第 1 期。

7～9 世纪建于云南地区的南诏国的地方行政制度吸收了唐朝制度，但也保持了自己的民族特色。其地方行政制度有仿唐制度的节度、都督、府、郡、州、县，还有民族特色的赕和部（地方民族集体，相当于县）。早期首府为太和城（今大理市下关与原大理县间的太和村西），779 年徙都阳苴咩城（今大理旧县城西三塔附近）。另置善阐府（今昆明市）为别都。南诏的统治中心始终在今大理州一带，先后在今大理州境内设置了 10 赕，《新唐书·南蛮传》说："夷语赕若州"，即相当于唐朝的州，此 10 赕分别为：云南赕（驻今祥云云南驿）、白崖赕亦曰勃弄赕（驻今弥渡县红岩）、品澹赕（驻今祥云）、赵川赕（驻今大理凤仪）、蒙舍赕（驻今巍山）、蒙秦赕（驻今漾濞）、邆川赕（驻今洱源南邓川）、大厘赕亦曰史赕（驻今大理喜洲）、苴咩赕亦曰阳赕（驻今旧大理县）、矣和赕（驻今洱源县东北之三营），都在洱海周围地区，是南诏国王的直辖领地，也是南昭的政治、经济、文化中心。其后南北开疆拓土，设置了六节度和二都督。六节度见表 3-8。

表 3-8

节度名	驻　　地	辖　　区
弄栋节度	弄栋城（今姚安）	今云南姚安、元谋、楚雄、大姚、永仁等地区
永昌节度	永昌府（今保山）	今云南保山地区、临沧地区和思茅地区的一部分、德宏州大部、怒江州西部和缅甸克钦邦北部地区
银生节度	银生府（今景东）	今云南澜沧江以东、哀牢山以西和老挝北部地区
拓东节度	拓东城（今昆明）	今云南金沙江以东、南盘江以北地区
丽水节度	丽水城（今缅甸密支那南伊洛瓦底江东岸达罗基附近）	今缅甸伊洛瓦底江上游两岸地区
剑川节度	剑川城（今剑川）	今云南华坪、云龙以北的澜沧江、金沙江流域

二都督为：会川都督（治今四川会理），辖今云南金沙江以西、雅砻江以东、大渡河以南地区；通海都督（治今云南通海），辖今云南东南部元江两岸个旧市地区。10 赕是南诏的核心地区，6 节度、2 都督是仿效唐制，是边区军政合一的地方行政制度。这些节度、都督下各辖府、郡、州、县、部、赕、城，南诏先后曾置节度 11、都督 2、府 4、郡 10、州 6、县 3、赕 25、部 42、城 30。

公元 937～1245 年在云南建立的大理国，以大理（羊苴咩城）为首府，其周围今大理州地为国王直辖王畿之地。其地方行政区划立脚点基本上同南诏，后期略有增改。除首都大理府外，另有称府、郡的 14 个政区（表 3-9）。

以上 15 政区领有州和民族自治组织的部、甸（赕）以及属府的郡、县、城、邑，据统计，先后共有郡 5、州 3、甸（赕）33、部 85、城 7、县 1、邑 1。这些说明大理国是以"白蛮"（白族）为主的多民族国家。

7 世纪末至 10 世纪上半叶，建立在东北松花江、牡丹江、鸭绿江流域的渤海国的地方行政区划仿照唐制，设 5 京、15 府、3 独奏州（直隶州）、57 属府州、114 县（表 3-10）。

表 3-9

府、郡名	驻 地	辖 区
大理府	今大理市	今云南下关市、大理为中心的洱海周围地区
善阐府	今昆明市	今云南昆明市滇池周围地区
威楚府	今楚雄市	今云南澜沧江以东、普渡河、绿汁江以西，哀牢山、无量山东西麓地区
会川府	今会理县	今云南会理、会东、米易等地区
建昌府	今西昌市	今四川大渡河以南、云南金沙江以西、雅砻江以东地区
永昌府	今保山市	今云南澜沧江以西、怒江以东、保山以南地区
腾冲府	今腾冲县	今云南高黎贡山以西、那加山脉以东的缅甸伊洛瓦底江以北地区
谋统府	今鹤庆县	今云南鹤庆、剑川、兰坪、碧江、福贡等地区
最宁府	今开远市	今云南南盘江以南、开远、蒙自以东的东南部地区
弄栋府	今大姚县	今云南大姚、姚安、永仁等县地区
善巨郡	今永胜县	今四川雅砻江以西盐边、盐源和云南金沙江、维西、贡山以北地区
秀山郡	今通海县	今云南蒙自以西，华宁、峨山以南，红河、绿春以东和越南莱州地区
石城郡	今曲靖市	今贵州盘县、普安、晴隆和云南寻甸、陆良、弥勒以东，南盘江以北地区
东川郡	今会泽县	今云南东川、会泽、巧家地区
景 咙	今景洪市	今云南景洪地区和老挝琅勃拉邦、昌盛等北部地区

表 3-10

京 府	治 所	辖 地
上京龙泉府	龙州（今黑龙江宁安西南东京城）	龙、湖、渤 3 州，长平等 8 县
中京显德府	显州（今吉林敦化敖东城）	卢、显、铁、汤、荣、兴 6 州，位城等 25 县
东京龙原府	庆州（今吉林珲春西南八连城）	庆、穆、盐、贺 4 州，龙原等 17 县
南京南海府	沃州（今朝鲜咸兴，一说镜城）	沃、睛、椒 3 州，沃沮等 15 县
西京鸭绿府	神州（今朝鲜慈江道鸭绿江东南岸长城里）	神、正、桓、丰 4 州，神鹿等 10 县
长岭府	今吉林桦甸县苏密城	瑕、河 2 州
扶余府	今吉林四平市	扶、仙 2 州，扶余等 7 县
鄚颉府	今黑龙江哈尔滨市东南阿城	鄚、高 2 州，奥喜等 2 县
定理府	今俄罗斯苏城	定、潘 2 州
安边府	今俄罗斯奥耳加	安、琼 2 州
率宾府	今绥芬河流域双城子	华、兴、建 3 州
东平府	今兴凯湖西北岸	伊、蒙、沱、黑、比 5 州，紫蒙等 18 县
铁利府	今黑龙江依兰	广、汾、蒲、海、义、归 6 州
怀远府	今黑龙江同江县附近	达、越、怀、纪、富、美、福、邪、芝 9 州，怀福等 9 县
安远府	今乌苏里江以东伊曼附近	宁、湄、慕、常 4 州，新安等 3 县
郢 州	今黑龙江林口一带	
铜 州	今吉林嘎呀河上游一带	
涑 州	今吉林吉林市一带*	

* 关于渤海国诸府的地望，金毓黻《渤海国志长编》、津田左右吉《渤海考》、和田清《渤海国地理考》、孙进己《东北历史地理》、《东北民族史稿》及有关东北地区地方志等，说法都不一致，今姑从谭其骧主编《中国历史地图集》。

隋、唐、两宋是我国封建社会政治、经济、文化高度发展时期，也是继秦、汉以后中央集权进一步发展的时期。在这个时期里，中央与地方的关系经过一个集权—分权—集权的曲折过程，在地方行政区划方面就表现为二级→三级→虚三级的变化，这种地方行政制度也影响了周边民族政权，而周边民族政权在吸收了汉族王朝的制度外，也保留了自己民族的特点。这一时期的地方行政制度又为后来的元明清三代所继承，充分体现了多民族共同缔造国家的特色，本时期的政区制度的特点：

（1）隋、唐前期接受了魏晋南北朝数百年分裂的历史教训，建国之初，在地方行政制度上即实行中央集权体制，全国300多州直属中央领导。但在中国这样一个地域广大，地形复杂的国家里，由中央政府直接管辖300多州，实际上是无法办到的。一个州仅辖几个、十几个县，刺史又无兵权，边区的州如何能起防御守卫的作用？于是在唐初设置的不固定监察区十道的基础上，在唐中期形成了固定的15道监察区，道采访使仅有检察非法之权，不能干涉地方行政，还是坚持州县两级制。而边区则开始实行了都督府制，即数州联合的军区制，以后发展为节度使，集军、政、财、监大权于一人，最后发生了安史之乱。此后又是藩镇割据，形成中央与地方分权的三级制，最后唐亡于藩镇。赵宋代兴，实行高度中央集权体制，废除节度使实权，全国数百州直接向中央奏事，由中央派员知方地事，坚决不采取三级制，而是采取漕、帅、宪、仓四种监司分立的路制，各司其事，互相牵制，达到高度集权中央的目的。结果目的是达到了，但这种强干弱枝、内重外轻绝对集权的做法，使得“一兵之籍，一财之源，一地之守，皆人主自为之也。”地方上对内绥靖、对外御侮的能力极差，宋代终于在积贫积弱、内忧外患不止的情况下亡国。由此可见，像中国这样一个地域广大、地理条件复杂的国家，实行中央集权体制，必然会有中央与地方权力上分配的矛盾，这种矛盾在唐宋时代最终未获妥善的解决。

（2）唐宋时期的地方行政制度，对边区少数民族政权具有很大的影响。辽代的五京道、金代的五京和路制，渤海的五京、南诏的节度、大理的府郡、西夏的州，无疑都是受到唐宋制度的影响。这种影响还远及日本和朝鲜。从历史的发展来看，不但唐宋时代的道、路、府、州（包括羁縻州）制度为以后元、明、清三代（改羁縻州为土司制）所继承，就是明、清的都、布、按三司也是宋代帅、漕、宪三司的发展。由此体现我国地方行政制度的继承性和稳定性。

（3）唐宋时期的边区民族政权，除了吸收汉王朝的制度外，还根据本民族统治区的特点，设有府州以外的行政体制，如辽代的头下军州、部族、属国，金代的猛安、谋克，西夏的监军司，南诏、大理的赕等，这些制度同样也影响了后代王朝，元代的岭北行省的部，明代行都司、卫所，清代边区的盟、旗、城和将军制等都可以从中找到渊源。

从这一时期地方行政制度也可以看出汉族王朝与周边少数民族王朝在地方行政体制上双向交流，反映了我国是多民族共同缔造的特点。

第五节　行省时代与中央集权的加强

自元代开始，我国实行省（行省）、路（府、州）县三级地方行政制度，最高一级为行省（省），故称行省时代。

行省制度实起源于魏晋以来的行台制度，原为中央（台、省）的派出机构。凡地方有事，临时代中央执行任务，事毕即罢。东魏、北齐时曾分道设置过行台省。以后金代初年曾置行尚书省于汴京，以治刘豫伪齐旧地，即陕西、河南地，后罢。1194年(金明昌五年)为治理黄河也曾置行尚书省，河工毕即罢。至金朝末年外遭蒙古、西夏、南宋三方面的进攻，境内到处发生农民起义，所设行省渐多，如在北部邻近蒙古边境地区连接设置了临潢、抚州、北京三行省，南面为了备宋，在黄河南北也开始设置行省，如南京行省。末年国势日蹙，置行省更多，稍大的有大名、陕西、河北、河东、辽东、益都等行省；稍小的有关中、徐州、邓州、息州、陈州、陕州等行省，为时都很短。这些行省虽然都是临时中央的派出机构，前期只理民政，不理军事，后期因内忧外患不断，行省兼理民、军政，实际成了地方一级政区，前期行省职官仿中央尚书省而置，官品比中央低一品，出任者由左右丞相、平章政事领行省事，以后行省较多，则以参知政事领行省事，不过因时代动乱，建置没有固定，事毕即还朝①。

蒙古占有金地后，也仿金朝实行行省制度，如燕京行省、山东西路行省等。金代称行尚书省，元世祖时将尚书省并入中书省，故称行中书省。起初也是中央临时派出机构，"有征伐之役，分任军民之事，皆称行省，未有定制"。后因军事征伐时间很长(从伐金到灭宋共70年)，逐渐形成定制，其职能也由只管军事变为兼及民政，后因中央宰执行某处省事系衔嫌于外重，其长官由中书省宰执官系衔出领某行省事演变为某处行省某官，不再中书省

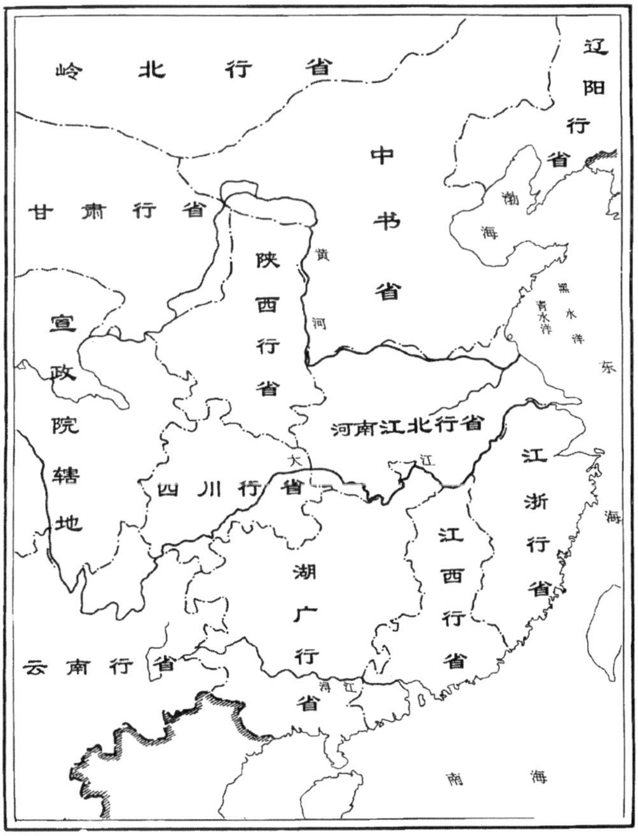

图 3-5　元中书省和10行省图

(据谭其骧主编《中国历史地图集》第7册绘制)

① 景爱:《金代行省考》,《历史地理》,第9辑,1990年。

宰相职衔，并罢各行省所设丞相，只置平章事为最高长官，以别于都省。行省从都省派出机构逐渐演变为地方最高行政机构，“掌国庶务，统郡县、镇边鄙，与都省为表里”，“凡钱粮、兵甲、屯种、漕运、军国重事，无不领之”①。这种演变大约完成于平宋以后。

元朝初年全国仅置7个行省的幅员十分辽阔，如中书一省竟包括以后的中书、辽阳、岭北三省之地，陕西行省包括后来的陕西、四川、甘肃三行省，以后行省设置和辖区变化很不稳定，到1290年(至元二十七年)在全国范围内调整行省建制，除吐蕃地区直属中央宣政院外，分为中书省和10行中书省，共11个区域(图3-5与表3-11)。

表3-11

行省名	省会	辖区
中书省(中央中书省直辖地区，又称都省、腹里)	大都(今北京城)	今北京、天津二市及山西、山东、河北、河南省黄河以北部分地区和内蒙古部分地区
辽阳行省	辽阳(今辽宁辽阳市)	今辽宁、吉林、黑龙江三省以及黑龙江以北、乌苏里江以东地区
陕西行省	奉元(今西安市)	今陕西全省、甘肃东南部和内蒙古部分地区
甘肃行省	甘州(今张掖市)	今甘肃河西走廊、宁夏大部和内蒙古部分地区
河南江北行省	汴梁(今开封市)	今河南省黄河以南及湖北、江苏、安徽三省的长江以北地区
江浙行省	杭州(今杭州市)	今上海市、安徽和江苏长江以南部分，浙江、福建二省及江西省部分地区
江西行省	龙兴(今南昌市)	今江西省大部及广东全省
湖广行省	武昌(今武汉市武昌)	今湖南、广西两省，贵州大部及广东雷州半岛和海南省
四川行省	成都(今成都市)	今重庆市、四川省甘孜、阿坝、雅安以东的大部分及湖南、湖北二省各一部分
云南行省	昆明(今昆明市)	今云南全省、四川部分地区及缅甸、泰国北部一些地区
岭北行省	和林(今蒙古共和国鄂尔浑河上游哈喇和林)	今蒙古共和国全境、我国内蒙古、新疆一部分和俄罗斯西伯利亚地区

另于高丽国置征东行省，行省丞相由高丽国王兼任，自辟官属，财赋亦不入都省，是为藩属国，与内地行省性质不同。

元朝末年，农民起义烽火遍地，为了镇压起义和维持地方治安，又分置许多行省。如于中书省境内济宁(今山东巨野)、彰德(今河南安阳)、冀宁(今山西太原)、保定、真定(今河北定州市)、大同等地置中书分省，又分出山东行省；从河南江北行省分出淮南江北行省，从江浙行省分出福建行省，福建行省后又分出建宁、汀州、泉州分省等。总之，到了元末，行省制度已经十分混乱了。

明初一段时间曾沿袭元代行省制度，但元代行省统辖军民，权力太大，不利于中央集权，故不久即进行改革。1376年(洪武九年)改行省为承宣布政使司，主管一省民政，分颁天下府州县及羁縻诸司，上与中央六部直接联系。1370年(洪武三年)时于各省置一都卫，

① 《元史·百官志七》。

1375年改为都指挥使司，主管一省军户卫所番汉诸军，上听命于兵部和五军都督府。另有主一省监察司法的提刑按察使司，上听命于刑部、都察院。行省取消后，因名称和辖区未变，故习惯上仍然称省。明代将一省之权分为都、布、按三司，这“三司”既是官府名称，又是省一级民政、军事、监察三区划的名称。这就与元代军政合一的行省制度不同。此外元代行省官制和中央中书省官制相同，而明代则改用地方官名称，如“承宣布政使”的职责即“承流宣播”中央的政令，通达一省民情之事。1380年（洪武十三年）为加强皇权，罢中书省，六部直属皇帝，原属中书省的辖区也直属六部，称为直隶。如洪武初建都南京应天府（今南京市），十年改称京师，即以中央直辖的相当今江苏、安徽两省和上海一市的地区为直隶，也称京师。永乐时迁都顺天府（今北京市）为京师，即以相当今北京市、天津市和河北省大部分地区为直隶，仍称京师。原直隶改为南直隶，也称南京。这京师、南京既是中央政府的名称，也是中央直辖政区的名称。自1428年（宣德三年）以后，全国分为两京十三布政使司，即京师、南京、山西、山东、河南、陕西、四川、江西、湖广（今湖南、湖北）、浙江、福建、广东（含今海南省）、广西、贵州、云南，合称15省，为明一代常制。

明代一般省份都是一都指挥使司辖一省卫所军户。但边区军户多民户少，甚至只有军户没有民户，一个都司鞭长莫及，于是增设几个都司或行都司。明代一共有16都司、5行都司、2留守司。其中13个是与布政使司同名同治的都司，还有3个是北直隶境内的万全都司（治今宣化）、大宁都司（初治内蒙古宁城西，永乐后移治今保定市）和属于山东省的辽东都司（治今辽阳市）。5行都司是陕西（治甘州卫，今甘肃张掖市）、四川（治建昌卫，今西昌市）、湖广（治郧阳卫，今湖北郧县）、福建（治建宁府，今建瓯市）、山西（治大同府，今大同市）。2留守司是洪武年间置于凤阳府（治今安徽凤阳）的中都留守司和嘉靖年间置于承天府（治今湖北钟祥市）的兴都留守司。此外，还有统辖黑龙江、松花江流域和库页岛的奴儿干都司，在政教合一的青藏地区设置有乌思藏、朵干二都司及当地宗教首领八大法王分辖各政教中心的寺院，还有各诸侯家属封地①，另有置于今甘肃、青海、西藏交界地区的哈密、罕东、曲先、阿端等卫，以上均属羁縻性质，与内地的都司、行都司卫所性质有所不同。

明代都司行都司卫所的任务是，对外防御侵略，巩固边防，对内镇压人民反抗，维护封建统治。留守司则掌守卫中都、留都之事。明制：大抵5 600军士为一卫，每卫设前、后、中、左、右五千户所，每1 120军士为一千户所，112军士为一百户所。百户所设总旗二（每总旗辖50军士），小旗10（每小旗辖10军士）。另有守御千户所比一般千户所地位略高，不属卫，直属都司。军士有军籍，父子相继，世为军户。平时在政府拨给的土地上进行屯田和训练，垦种自给；国家有事，由国家命将充任总兵官，统率卫所军士进行征伐，事毕，将还于朝，军士各还卫所驻地。内地9/10土地属府州县民户，卫所杂处其间，土地不能自成一区域，称无实土卫所。如13个与布政使司同名同治的都司绝大多数为无实土卫所，仅陕西、四川、湖广、云南、贵州五都司领有少数实土卫所。边区军户多而民户少，或以军户为主，卫所土地自成一区，称实土卫所。如五行都司中陕西、山西、四川行都司系实土卫所。辽东都司只领卫所，不领府州县，全系实土卫所。万全都司大多为实土。大宁都司原系实土，永乐初内迁后，遂无实土。留守司均无实土。有实土的都司卫所，既管军务，又管民事，实际上成为一种地方行政区划。

---

① 房建昌：《明代西藏行政区划考》，《历史地理》，第13辑，1996年。

明代一省分置三司，所以一省的辖区并非仅指布政使司辖区，也包括都指挥使司、提刑按察使司的辖区。如山东省不仅包括山东布政使司、山东都司辖区，还要包括辽东都司辖区(因辽东都司的监察由山东按察使管辖)。北直隶包括北直隶和万全、大宁都司。陕西省包括陕西布政使司、陕西都司和陕西行都司辖区。

明初实行一省都、布、按三司分立，三司并为封疆大吏，原为避免地方权力过于集中，不久由于阶级矛盾和民族矛盾加剧，内忧外患，三权分立的局面不能应变。于是自宣德以后开始有派部(六部)、院(都察院)大臣以“总督”、“巡抚”职衔督抚地方的临时措施，宣德初有陕西、南畿浙西、辽东、宣大等巡抚，正统年间开始置有云南总督、贵州总督。景泰以后，地方多事，逐渐普遍设立，成为常制。嘉靖以后，内忧外患连年不断，全国普遍设立节制都、布、按三司的总督和巡抚。明末增设渐多，崇祯年间“时各督抚四十有一，府之滥极矣”①。总督主要署理军务，实际有两种，一种短暂设置、数年即罢的，一种比较长期固定设置的，有蓟辽保定、宣大山西、陕西三边、两广四总督。巡抚主理民政，兼理军务，每省皆有，辖区大小前后差异很大，有的一巡抚辖两布政使地，如宣德、正统间的山西河南巡抚，有的一省一巡抚，如正统以后的福建巡抚，有的一省有几个巡抚，如北直隶有顺天、保定、宣府三巡抚，陕西有陕西、宁夏、延绥、甘肃四巡抚，有的相邻几个省合一巡抚，如南赣韶汀巡抚，辖江西二府(赣州、南安)、广东二府(南雄、韶州)、福建一府(汀州)、湖广一州(郴州)，有的仅辖一州之地，如昌平巡抚、通州巡抚等。总督辖区也有超过一省的，如宣大山西总督即山西省加上宣府镇。总督、巡抚不仅辖区与三司不一致，驻地也不一定在省会。如蓟辽保定总督驻在密云，防秋驻昌平，宣大山西总督先后驻过宣府、怀来、阳和，陕西三边总督驻固原，防秋驻花马池，两广总督先后曾驻梧州、肇庆、惠州、潮州等地。巡抚主民政，故大部分巡抚与布政使司驻省会。但也有例外，如顺天巡抚驻遵化，保定巡抚驻真定，南赣韶汀巡抚驻赣州等②。总之，明一代总督巡抚始终是中央的派出的钦差大臣，均系兵部尚书、侍郎或都察院都(副、佥)御史衔，总督、巡抚某外地方，与三司之间名义仍是中央官与地方官的关系，重大地方事务三司听其节制，地方上日常事务仍由三司管理。

总督、巡抚成为地方官实始于清。清初为使督抚辖区和省区一致起来，进行了一系列调整工作，例如改变兼制邻省州县和跨省的督抚制度。裁减和新置一些督抚，使督抚和省制协调起来。

明中叶以后，内地主要以巡抚统治，边地才设总督。清初因军事需要内地也遍设总督。1661 年(顺治十八年)肃清了南明势力后，确立了一省一督制，15 省共 15 总督。1665 年(康熙四年)因各省以巡抚为主，总督无需每省一个，遂裁并为二省或三省一总督，共 9 总督：直隶山东河南、两江③、山陕、福建、浙江、湖广、四川、两广、云南。此后几经裁并改置，至 1683 年(康熙二十二年)开始定为两江、山陕、福建、湖广、两广、云南 6 总督，至康熙末年不改。雍正年间和乾隆初又有增改，至 1760 年(乾隆二十五年)后，长期固定为直隶、两江、陕甘、四川、闽浙、湖广(湖北、湖南)、两广、云南 8 总督。为清一代常制。巡抚的调整也很复杂，关键一年是康熙四年(1665 年)。原在 1662 年(康熙元年)时内地 15 省共 23 巡抚。江南省原有江宁(治苏州)、安徽(治安庆)、凤阳(治凤阳)三巡抚，左(治江宁)、右(治苏

---

① 谈迁:《国榷》卷九九，崇祯十六年十二月戊子。
② 靳润成:《明朝总督巡抚辖区研究》，天津古籍出版社，1996 年。
③ 即江南、江西。江南明为南直隶，清初改名，康熙初分为江苏、安徽二省。

州)二布政使司。1665年(康熙四年)裁凤阳巡抚。1667年(康熙六年)改左布政使司为安徽布政使司,右布政使司为江苏布政使司。1686年(康熙二十五年)改江宁巡抚为江苏巡抚①,巡抚与布政使司辖区就统一起来了。以后1760年(乾隆二十五年)又将安徽布政使司从江宁迁往安庆,两者驻地也一致了。陕西一省原有陕西、甘肃、延绥、宁夏四巡抚。1662年(康熙元年)9月裁延绥,1665年(康熙四年)裁宁夏,留下了陕西、甘肃二巡抚。1664年时陕西分为左右二布政使司,左司仍驻西安,右司驻巩昌。1668年(康熙七年)改右司为甘肃布政使司,并移驻兰州,与甘肃、陕西二巡抚辖区驻地一致了(乾隆二十九年陕甘总督由肃州移驻兰州)。湖广原有郧阳、南赣、湖广、偏沅四巡抚。1664年(康熙三年)裁郧阳,1665年裁南赣。1664年时湖广分左、右二布政使司,左司仍治武昌,右司迁驻长沙,分治湖南。1667年改左司为湖北布政使司,改右司为湖南布政使司。雍正初改湖广巡抚为湖北巡抚,改偏沅巡抚(康熙三年时移治长沙)为湖南巡抚。至此18省18巡抚驻地辖区已趋统一。1748年(乾隆十三年)裁四川巡抚,1764年(乾隆二十九年)裁甘肃巡抚。直隶巡抚早在1724年(雍正二年)时已改为总督兼巡抚事。18世纪中叶(乾隆中叶)以后,全国确定为8总督、15巡抚(江苏、安徽、山东、山西、河南、陕西、福建、浙江、江西、湖北、湖南、广东、广西、云南、贵州)。直隶、四川、甘肃三省无巡抚,由总督兼巡抚事。山东、山西、河南三省无总督,由巡抚兼总督职责,成为定制。至光绪年间始有增减:1884年(光绪十年)置新疆巡抚;1885年改福建巡抚为台湾巡抚,移驻台湾,1895年因中日战后台湾割让日本而裁。1904年(光绪三十年)裁湖北、云南二巡抚;1905年裁广东巡抚,1907年(光绪三十三年)增设奉天、吉林、黑龙江三巡抚和东三省总督。清末为9总督15巡抚。

明代一省之长为布政使,清代一省之长为巡抚。故分巡抚才算分省。如江苏省在乾隆二十五年分江苏(治苏州府,辖苏、松、镇、常、太四府一州)、江宁(治江宁府,辖江宁及长江以北诸府州)二布政使司,但仍为一省。然以省级长官而言,有督(制台)、抚(抚台)、布(藩台)、按(臬台)四员。总督"掌厘治军民,综制文武,察举官吏,修饬封疆",侧重于军事,地位略高于巡抚。巡抚"掌宣布德意,抚安齐民,修明政刑,兴革利弊,考覈群吏,会总督以诏废置",重于民政。布政使"掌宣化承流,帅府州县官,廉其录职能否,上下其考,报督抚上达吏部",按察使"掌振扬风纪,澄清吏治",地位皆次于巡抚②。

清代在边疆地区施行与内地不同的行政区划制度,乃由中央委派重臣,授以将军、都统、大臣等官职,推行军政合一的统治制度。如在东北地区设有奉天(又称盛京。驻奉天,今沈阳市)、吉林(驻吉林,今市)、黑龙江(驻齐齐哈尔,今市)三将军,外蒙古设乌里雅苏台(驻今蒙古共和国扎布汗省省会扎布哈朗特)将军,新疆设伊犁(驻惠远城,今霍城县东南)将军,各有其将军辖区。将军下设副都统、参赞、办事大臣等辖区。设西藏、西宁办事大臣分别驻拉萨、甘肃西宁府(今青海西宁市)管辖西藏、青海地方。内蒙古盟旗地区由中央理藩院直接管辖。以上8个边区加上内地18省,全国共分26个大政区。清末帝国主义入侵,为了加强防务,1884年(光绪十年)建新疆省,1885年(光绪十一年)建台湾省(《马关条约》后割让给日本),1907年(光绪三十三年)改奉天、吉林、黑龙江三将军辖区为省,清末全国为22省。

元帝国的版图较汉、唐为大,而元代所建行省级政区仅11个,省的幅员十分广袤。如

① 《清史稿·赵麟传》、钱实甫:《清代督抚年表》。
② 《清史稿·职官志三》。

中书一省竟包有今京、津、冀、晋、鲁、豫(绝大部分)等数省之地,辽阳行省、岭北行省更可谓是辽阔无际。其他内地行省也有今数省之地,下辖30余个路、府、州,管理幅度过大。这种划分显然不是从行政管理出发,而是着眼于军事统治。因为蒙古民族完全用武力手段征服了宋代以来的6个政权(北宋、南宋、金、西夏、西辽、大理、吐蕃),为了防止被征服民族的反抗,不得不将中枢权力分散到各处,建立起镇抚作用的军事区域,而中枢权力又不宜太多的分散,因此行省数目不能过多。同时因为元朝统治者为马背上的民族,日驰千里为寻常之事,所以幅员辽阔也不足为奇。但幅员过大,毕竟不利于行政管理,于是又在行省与路府州之间设置道一级,作为监察区,以辅助行省管理事务,开创了省以下设置监察区的先例。到了元末地方多事,农民起义烽火遍地,不得不从行省中分出分省、行省,以便对付紧急事件。这与历史上其他朝代不同,以往是在末年将小政区合并成大政区,而元末却是将大政区分小,这说明政区过大也不利于中央集权统治。所以明代除了改行省为承宣布政使司外,还将省的幅员调整得比较均匀,唯南北两京辖区过大,这在下面再说。清代沿袭明制,除了将南京、湖广、陕西三省各一分为二外,其余12省基本未动。从12省变为18省的制度,从康熙年间直至光绪年间长达200年而无所更张,也为历史上所罕见。于是“内地十八省”的概念,一直深入人心。从清末至今在这18省范围内的变化也不大,除分置台湾、海南、宁夏3省区和京、津、沪三直辖市外,未有根本性变化。

上文已述,唐代分道边界原则上是依“山川形便”而定,宋代为了加强中央集权,背离了“山川形便”的原则,不少分路开始发展了“犬牙交错”的原则。元代则是将这种原则发展极端的时期,不论高层政区的行省,还是统州、县的路、府、州边界,都突出表现了犬牙交错的特点。元代统县的路、府、州不仅幅员大小悬殊可谓史无前例,同时边界的极端犬牙交错,出现许多不相联接的飞地。如内长城以南的山西省仅置冀宁、晋宁二路,中书省河间路几乎有今天河北省1/4大,而同为统县的恩、威、冠等州只领1县,河北南部的大名路却领有河北中部的清河县,广平路隔顺德、真定二路而领有河北西北部的井陉县地,河间路隔德州领有临邑县地,延安路几有今陕西省一半的土地,而同属陕西行省的庄浪、西和、成三州各只领1县,这种统县政区大小悬殊,隔有飞地的情况几乎各省都有,不能详列。最突出表现犬牙交错的是行省的边界,元代行省幅员广大,行省长官统有军、政、财、监大权,为了防止偌大地方政权出现割据的局面,在规划省区的边界上,采取与汉州、唐道、宋路完全相反的做法,无视大山大河如秦岭、太行、长江、黄河的存在,使每个行省都不成为完整的形胜之地。如陕西行省跨过秦岭而有汉中盆地,湖广行省以湖北、湖南为主而又越过五岭而有广西、海南,江西行省也越过五岭而有广东,河南江北行省则合淮河南北为一,中书省则跨太行山东西两侧,兼有山西高原、华北平原和山东丘陵三个不同的地貌区,江浙行省从江南平原逶迤到福建山地,唯四川稍有四塞之固,然北面失去了秦岭,也难形成割据。中国的主要山川都是东西走向的,故唐代的道大多东西长、南北狭,而元代为破山川之险,结果自然相反,形成南北长、东西窄的形势。原因固然是为了避免割据,出于政治上的需要,其具体划分则是由于蒙古征服金、南宋,其军事行动是从北而南进行的,初期即以兵至为行省范围,就必然要跨越黄河、秦岭、淮河、长江、五岭等天然分界线。元代这种幅员辽阔、犬牙交错的划分弊端是显而易见的,一是地域过大,不得不增加管理层次,施政必然不便;二是不同自然条件带合在一个政区,对农业生产管理也有影响。所以明朝建立后,即对元代的行政区划进行调整,将南方三省都一分为二,江西行省分为江西、广东二省,湖广行省分为湖广、广西二省，江浙行省分为浙江、福建二省，大体上沿袭宋代路的分界，两广沿袭宋代广南东、西路而有所调整，分元代的中书省为北平、山东和山西，将中部的河南江北行省分属南京、河南、湖广三省。以上划分基本上符合自然区划，惟陕西省仍然沿袭元代跨秦岭南北。但朱元璋又创造了新的犬牙交错，如在登位之初，即以首都金陵（今南京）和他的老家凤阳为中心，划出一个包括淮北、淮南、江南三大不同地域的大南京，这种划分是史无前例的。淮河、长江都是自然分界线，宋代以前只有跨淮或跨江政区，元代走得极端，也只是跨淮南北，从未见过有跨江越淮的政区。明代南京地位特殊，幅员特别广大，包括16府、4直隶州，这样显得旁邻只有9府之地的浙江省过于狭小，于是后来将嘉兴、湖州两府划给了浙江省，这样又违背了山川形便的原则，太湖流域自秦汉以来一直是属于一个高层政区，1 000多年来不变，这样的划分使太湖流域分属两个高层政区，不利太湖流域的农业开发和水利兴修。此外，另有违背山川形便原则的还有河南省占有黄河以北地区，这是因为朱元璋是从南向北征伐的，由河南的军队占有了河北地区，即据以划省，这种状况一直沿袭至今；明代分建广东、广西省时，将元代湖广行省的海北海南道宣慰司地划给广东，使广西完全没有海岸线，而使钦廉地区虽属广东，在地域上仅一线与广东相连，这种现象一直沿袭到解放后，几经改隶，钦廉地区最终才属广西。贵州省是永乐年间分湖广、四川、云南三省所置，其边界完全不顾自然山川，形成中间狭、两翼宽的蝴蝶状，直到清雍正年间才调整至今状。清代基本上沿袭了明代体制，稍有改动的有陕西省分置甘肃省，湖广分为湖南、湖北，都比较符合山川形便，还有即上述贵州省，只有江南省（清初改明南京为江南省）分为江苏、安徽时，不依历史上按自然条件南北分界，而是东西划分，使两省都跨有淮北、江南地，有将经济发达和相对贫困地区搭配的意思，至今尚是。

元代在行省以下有路、府、州、县等级行政单位，大致将宋、金时代重要的府均升为路，其统隶关系比较复杂。路设总管府，其长官为达鲁花赤、总管。不设总管的府称散府，长官为达鲁花赤、知府或府尹，府或隶属于路，称属府，或直属于行省。州有达鲁花赤、州尹或知州，大多数领州县，个别不领州县。州或隶于府、或隶于路、或直属行省，或领县或不领县。县有达鲁花赤、县尹等官，或直属于路，或隶于府，或隶于州。边远地区还有“军”的设置，品秩和设官同下州。路治所在都市，设一个或几个录事司（大都、上都设巡警院），管理城市居民。《元史·地理志》载，元代有路185，府33，州359，县1 127。其统隶关系大致如图3-6。

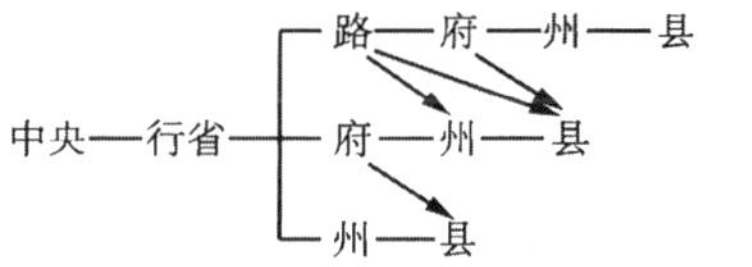

图 3-6

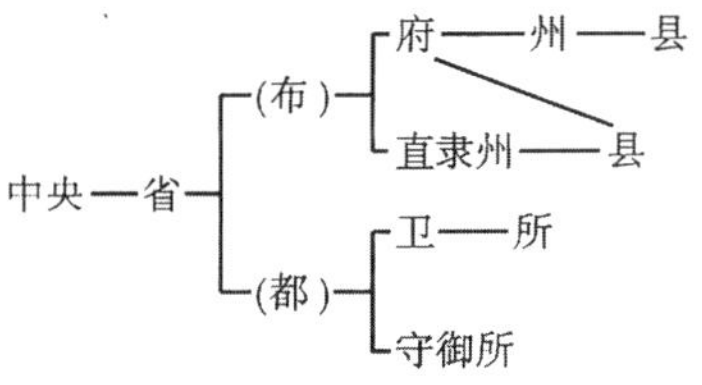

图 3-7

明代省以下行政单位有以下变化：一是改路为府，由省直辖府—州—县；二是州有属省的直隶州和属府的散州二种，直隶州视府，属州视县，均省去附郭县，本县事由知州管辖；三是省不仅包括布政使司所辖府州县，还包括都指挥使司所辖卫所。据《明史·地理志》记载，明代有府140，州193，县1 138，羁縻府19，州47，县6。据《明史·兵志二》记载，明代后期，有都司16，行都司5，留守司2，卫493，所359，其隶属关系如图3-7。

清代省以下行政建置基本沿袭明制，但也有改变：①废除以卫所管辖部分土地和军户的制度。②省以下增加厅一级。厅为府的分支机构，由知府委派同知或通判一员驻扎在本府境内较偏远或新开发地区，其辖区亦即称厅。厅有两种，属省的称直隶厅，绝大多数不领县，属府的称散厅。③明代不论直隶州、散州均领县，而清代直隶州领县，属府的散州不领县。由于直隶厅的长官同知、通判地位略高于知州，故清代省以下政区习惯上称为府、厅、州、县。据《光绪会典》卷4记载，全国共设府185，直隶厅34，直隶州73，散厅87，属州145，县1 314（台湾3府、1州、11县未载入）。其统隶关系如图3-8。

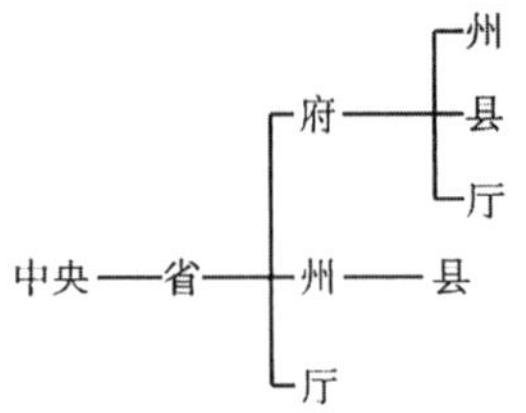

图 3-8

清代在边疆地区部分汉人和少数民族聚居的地方，如有从事农业生产的，也仿照内地置府州厅县。如奉天将军辖区内设奉天府、锦州府，吉林、黑龙江省内也有个别厅、州。在内蒙古东部置热河厅、张家口以北、察哈尔地区有口北三厅（张家口、独石口、多伦诺尔），今大黑河流域有归化（治呼和浩特）等7厅。在新疆有过镇西厅（治巴里坤）、迪化州（治今乌鲁木齐）、吐鲁番厅等。东北地区的府、厅、州、县，归当地驻防的奉天、吉林、黑龙江三将军管辖。而其他地方的府、厅、州、县，则分别属于相邻的省管辖，如热河厅（承德府）属直隶，归化7厅属山西，新疆州县属甘肃省等。此外，在内外蒙古、东北、青海、新疆等地建立盟旗制度。盟相当于府，旗相当于县。新疆地区除八旗制外，还有回庄制度，由各级“伯克”管理各回城。西藏地方则设城、营进行管理。光绪末年奉天、吉林、黑龙江、新疆建省后，设巡抚代替将军进行统治，副都统、参赞、办事大臣也为府厅州县所替代。

元明清时期还在西北、西南地区进行由少数民族首领充任世袭的土司制度，设置按等级分为宣慰司、宣抚司、安抚司、招讨司、长官司等和土府、土州、土县的各级土司进行统治，上属省管辖。土司只对中央政府负担规定的贡赋和征伐任务，在其辖区内保持原有的统治机构和权力。明清两代曾在部分地区进行过改土归流，但不彻底。国民政府时代部分地区仍有土司存在。新中国成立后，土司制度才彻底废除。

元明清时期除了上述各种行政区划外，还有介于省和府州县之间的“道”。元代的道有两种：一是宣慰司道，是中书省、行中书省的派出机构，协助中书省、行中书省分理一部分离省会较远的路、府、州、县。元初宣慰司道废置频繁，延祐以后至正前较稳定的有11道，分隶中书省和五个行中书省。如中书省境内有山东东西道（分辖今山东境内大部）、河东山西道（分辖今山西和内蒙古一部分），河南江北行省境内有淮东道（分辖今江苏长江以北大部和安徽江北一部分）。一是肃政谦访使道。主刑名监察的区划，属御史台和行御史台。元初也大有增减。大德年间定为22道。中书省、辽阳行省、河南江北行省三省共有8道，隶御史台，称内8道。江浙行省、江西行省、湖广行省三省共有10道，隶江南行御史台，称江南10道。陕西行省、四川行省、云南行省、甘肃行省4省共有4道，隶陕西行御史台，称陕西4道。明代道也有两种：一由布政使副手参政、参议分管一部的府州县的民政，称分守道。13布政使司共分60道；一由按察使副手副使、佥事分管一部分府州县的刑名按劾之事，称分巡道。13布政使司共69道。此外还有兵备道、水利道、盐法道等专有职司，不普遍设置，不视作行政区划。两京也有分守、分巡道，因不设布、按，守、巡诸员无所属，则寄衔于邻省布、按司官。如北直隶的道寄衔于山东、山西，南直隶的道寄衔于山东、浙江、江西、湖广。清代沿袭明制。1763年（乾隆十八年）罢参政参、议、副使、佥事等职，统称道员。但仍有分守、分巡之分。

辛亥革命以后撤废了府、厅、州制度，全改为县，由省直辖县的二级制。1914 年北洋政府期间，曾分一省为数道，取消分守、分巡等名称，设置道尹，实行省、道、县三级制。同时在此期间，改直隶省为河北省（1928 年）；将内蒙古部分盟、旗改置特别区，套西蒙古二旗划隶甘肃省，哲里木盟各旗分隶东北三省（1914 年）；乌里雅苏台清季通称外蒙古，此时正式改称外蒙古，废将军，设都护使（1913 年）；改奉天省为辽宁省（1929 年）；以原甘肃省宁夏府及内蒙古套西二旗地置宁夏省（1928 年）；划甘肃省西宁道置青海省（1928 年）。1914 年另设 6 特别区：①京兆地方，1914 年改清顺天府置，治北京内城，1928 年裁；②热河特别区，1914 年划直隶省 15 县、内蒙古 16 旗置，治承德县，1928 年改为省；③察哈尔特别区，1914 年划内蒙古 22 旗（牧厂）及直隶、绥远部分地置，治万全县，1928 年改为省；④绥远特别区，1913 年划内蒙古 19 旗、山西省 16 县置，治归化县（今呼和浩特市），1928 年改为省；⑤川边特别区，1914 年划原清雅安府西境、包括昌都地区置，治康定县，1925 年改为西康屯垦区，1939 年改为西康省；⑥东省特别区，1924 年收回中东铁路沿线 15 公里地区置，治哈尔滨，伪满时以该区中心区域及滨江县置哈尔滨市。

1928 年取消道制，恢复省县二级制。十年内战时期，国民党政府为了围剿苏区，曾设置行政督察专员制度，先在江西推行，即将江西划为几个区，置行政督察专员管理，辖区即称专区。以后推行至全国，大致相当于明清的道。另有设治局（性质近似清代的厅）管理少数民族地区。国民党政府时期又增设市一级政区，分院辖市（初称特别市，后改），如南京市、上海市、北平市、天津市、青岛市等；省辖市如杭州市、南昌市、福州市等。据 1947 年建置，其统隶关系如图 3-9。（中华民国内政部编《行政区划简表》，商务印书馆，1947 年）。

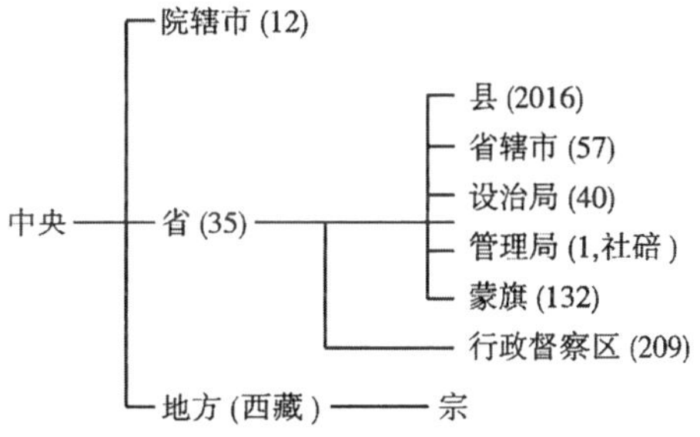

图 3-9

其省、省辖市、县政区表如表 3-12。

表 3-12

省　别	省　会	县	省辖市	设治局	管理局	蒙旗
江　苏	镇　江	61	2			
浙　江	杭州市	77	1			
安　徽	合　肥	63	1			
江　西	南昌市	81	1			
湖　北	武昌市	70	1			
湖　南	长沙市	77	2			
四　川	成都市	139	2	5	1	
西　康	康　定	48		4		
福　建	福州市	67	2			
台　湾	台北市	8	9(县辖市 2)			
广　东	广州市	98	2			
广　西	桂林市	99	4			

续表 3-12

省　别	省　会	县	省辖市	设治局	管理局	蒙旗
云　南	昆明市	112	1	16		
贵　州	贵阳市	78	1	1		
河　北	保　定	130	2	2		
山　东	济南市	107	3			
河　南	开　封	111				
山　西	太原市	105	1			
陕　西	西安市	92		1		
甘　肃	兰州市	69	1	1		
宁　夏	银川市	13	1	2		3
青　海	西宁市	19	1	1		29
绥　远	归　绥	20	2			17
察哈尔	张家口市	19	1			19
热　河	承　德	20				20
辽　宁	沈阳市	22	4			
安　东	通化市	18	2			
辽　北	辽　源	18	1			6
吉　林	吉林市	18	2			1
松　江	牡丹江市	15	2			
合　江	佳木斯市	17	1			
黑龙江	北安市	25	1			1
嫩　江	齐齐哈尔市	18	1			2
兴　安	海拉尔市	7	1			11
新　疆	迪化市	75	1	6		23
总　计		2 016	57	40	1	132

元代至元初定路分两等，10 万户以上者为上路，10 万户以下为下路，地当冲要不及 10 万户者，亦为上路；州定三等，1.5 万户以上者为上州，6 千户以上为中州，6 千户以下为下州；县分三等，6 千户以上为上县，2 千户以上、不及 2 千户者分别为中县、下县。平南宋后，定江南州为三等，5 万户以上为上州，3 万户以上、不及 3 万户分别为中州、下州；县为三等，3 万户以上为上县，1 万户以上、不及 1 万户者分别为中县、下县。南北等第相同的县，户口相差 5 倍之多，其时江南地区户口之殷实、经济之发达可见一斑。元代还有特殊政策，将州县划为同一升等依据，即县的户口增至州的标准，即可升为下州，但路、府治所所在的县户口再多也不能升州。1283 年(至元二十年)就有 44 县升为州，大多在南方地区。当时北方因户口减少而省县入州，南方则因户口增殖而升县为州，于是就出现大量不领县的州。汉代州为最高行政区划，下辖数郡、十数郡，县至少数十。唐宋时代州降为统县政区，至少领 1 县至数十县。至元代州地位更进一步下降至县同列。

明代改路为府，改以户口多少为以税粮多少为分等标准。粮 20 万石以上为上府，20 万以下、10 万石以下分别为中府、下府。县粮 10 万石为上县，6 万石以下、3 万石以下，分别为中县、下县。清代府、州、县分等办法又一大变，将地方政权的事务繁简、位置冲要、治理难易、税粮多寡简括为“冲、繁、疲、难”四字，府州县等第高低，视其四字多少。“冲繁疲难”四字俱全的县，称为“最要”或“要”缺(职位)，一字或无字的县称“简”缺，三字或二字的称“要”缺或“中”缺。地方政区的分等从单一标准到综合标准，说明管理水平的提高，和对地方控制的严密。民国时期按面积、人口分县为6等，但实际上有许多县未分等。

元、明、清三代是中央集权高度发展时期，虽同为行省时代，但在中央和地方分权、集权问题上经过多次反复，其表现为：

(1) 元代地方行政区划突出军事统治，初年全国仅置7个省、行省，幅员无限辽阔，以后分为中书省和10行中书省，地域还是很大，权力又集中，不能有效管理，于是分为多层次的复式政区，多的竟达5级，层次一多，施政肯定有许多不便，结果地方有事，应变就比较困难。所以末年各地起义，不得不临时分出许多行省、分省，造成地方行政制度上的混乱。明代接受了这个教训，改行省为承宣布政使司，并分置都指挥使司、提刑按察使司，学习宋朝，实行三权分立，避免地方权力过重，形成割据。地方上实行三级管理，比较正常。这种分权确实起过遏制地方权力过大作用，但结果也与宋代一样，如地方出现紧急事件，无专一的权力，于是又不得不推出总督、巡抚制度，虽在明代始终未成正式地方一级政权，然其性质已见端倪，清代总督、巡抚正式成为省一级最高长官。清代各级地方官均由中央吏部铨选，并有期限和回避等制度，十分严格，故总督、巡抚权力虽大，很难形成割据。布政使、按察使名义上虽为督抚的属员，实际上省内具体事务由布、按两司职掌，所以仍是三级制。但清代疆域十分辽阔，人口众多，其统治强度，远过于汉唐，所以三级制管理幅员还是过大，于是又产生了省与府州之间的道，作为省的派出机构分管一部分府州。辛亥革命以后，废府州，由省直接领县，中间置道以承上下，但道始终未成正式一级地方行政区划。国民政府时代为围剿苏区先曾在江西设置专区，后推行全国，形成省、专区、县虚三级。新中国成立后，这种制度被沿袭下来，称为地区或专区，也未曾作为正式一级政区。总之，自元代实行行省制度以来，始终在三四级之间徘徊，在中央和地方分权上始终在集权、分权、集权上循环。

(2) 元代为军事统治，划分行省边界时全不考虑山川形胜，于是出现了许多跨山越岭，逾河渡江的政区。这种边界虽可遏制地方割据，然对经济发展显然是不利的。明代虽有南京的不合理边界，但总的情况是经过了调整，渐趋合理。清承明制，略有调整，并对周边的游牧区、渔猎区的划分和建置，都比较符合自然山川形胜。明清时期虽有统制一方军政大权的总督、巡抚出现，然其下各级官员均由中央铨选，再则地方经济联系加强，很难形成唐末割据势力。辛亥革命以后，撤府为县，由省直接辖县，时值新旧政权交替，曾一度出现短期军阀混战局面，中央与地方集权与分权的矛盾仍然存在。总之，像中国这样一个地域广大，人口众多，民族复杂，地区差异突出的中央集权国家，在行政区划上如何处理好中央和地方的关系问题，是值得研究的重大课题。

第六节　地方行政区与自然区、经济区的关系

自然区是人们根据不同的气候、降水、地貌、土壤、生物等自然条件的综合作用所划分一定等级系统的地理区划，如现在比较一致的认为我国分为三大自然区域：东部季风区、西北干旱区和青藏高寒区。其下又根据不同自然特点分为若干自然地区和自然区。经济区则是根据在不同自然条件下形成不同土地利用、产业结构的地域分工所划分的区域，我国在近代化以前，主要分为农耕、畜牧和渔猎三大产业区，我国历史上主体区域在东部季

风区，是最适宜的农耕地方，所以以农立国是我国古代社会经济的基本特征，而农业又是对自然特别敏感的产业，因此我国历史上的经济区往往和自然区相契合。明清时期东南地区手工业、商业市镇大批兴起，商品经济空前发展，初步出现以商品流通为中心的城市群，然就全国范围而言，还很难找出其他以商品贸易为主要特征的经济区。地方行政区则是国家为了管理的需要，根据自然环境、经济状况、人口、民族和军事等综合条件，将领土划成不同层次的区域，就其本质而言是一种政治区划，但为了管理好土地、人口和生产，必然要考虑与自然区、经济区的关系。

我国古代以农立国，对自然界中的气候、降水、地貌、土壤、生物条件十分重视，并有相当认识，“橘过淮即为枳”，就是这种认识的反映。古人理想中的政治区划，认为应该与自然区相一致，这样有利于对土地、人民和农业生产的管理。《尚书·禹贡》里所记载的地理区划九州，就是古人理想中政治区划和自然区、经济区的统一。九州的划分是以大山大川为标志，将天下分为九个区域，并分别记述了这九个区域的山岭、河流、薮泽、土壤、物产、贡赋以及交通道路等，此外，还罗列了我国主要山脉、河流的流经和走向，中原地区以外五个不同层次区域与中央的关系等等。可见古代人们头脑里很早就有了自然区和各种人文区域的观念。

战国以来，我国各民族所建立的政权界线，与自然区、经济区界线非常契合。秦、赵、燕长城正是东部季风区和西北干旱区的分界，这条界限既是华夏政权与游牧民族匈奴的分界，又是农耕区与畜牧区的分界。汉唐时期，当汉王朝势力强大向北拓疆时，也往往将直辖领土限于阴山、大青山一线，也就是农耕区的最北界，其北领土则往往采取羁縻的统治制度。汉朝与匈奴对峙，汉文帝说：“长城以北，引弓之国，受命单于；长城以内，冠带之室，朕亦制之”①。就是政权界与民族界、经济区界的一致观。其他如长江、南岭都被视为一条自然和人文的天然分界线，汉人严助说：五岭“限以高山，人迹所绝，车道不通，天地所以隔内外也”②。魏文帝说：长江“固天所以隔南北也”③。秦汉以后，各民族政权扩展缩小变化很大，但阴山、河套、西拉木伦河、大兴安岭、黄河、淮河、长江、大雪山、邛崃山、南岭等等高山大川往往是不同民族政权重要分界，这都是有史可证的。

《汉书·地理志》：“凡民函五常之性，而其刚柔缓急，音声不同，系水土之风气，故谓之风；好恶取舍，动静亡常，随君上之情欲，故谓之俗。”意思说是地理环境和统治者的教化对地区民众的习俗风情具有重大影响，其中就有自然区、人文区和行政区统一的思想在内。历史上政区划分的具体原则是什么，尚无明确的记载。然而在《华阳国志》有一段十分珍贵的资料，反映了当时人们观念里划分政区的指导思想。东汉时巴郡地域辽阔，相当于重庆未建直辖市前半个四川省，当时巴郡太守但望提出将巴郡一分为二，理由是：一是巴郡地域过于辽远，人口众多，产业繁盛，难以悉理，其奏云：郡境“南北四千，东西五千，周万余里。属县十四，盐铁五官，各有丞史。有户四十六万四千七百八十，口百八十七万五千五百三十五。远县去郡千二百至千五百里，乡亭去县，或三四百，或及千里。土界遐远，令尉不能穷奸凶。时有贼发，督邮追案，十日乃到，贼已远逃，踪迹绝灭。”二是郡境辽阔，为吏民工作、生活带来不便。员吏休假、报到，往还千里；百姓上诉令尉，则往返诘辩，历及不能结案；

---

① 《汉书·文帝纪》。
② 《汉书·严助传》。
③ 《三国志·吴志·吴主传》裴注引《吴录》。

百姓受冤，赴诉郡官，每惮往还；公文往来，旷日持久，“或有弹劾，动便历年”，司法上多有弊端。上司巡视属县，因地域辽阔，“太守行桑农，不到四县；刺史行部，不到十县。”三是郡内风俗殊异，(郡治)“江州(今重庆市)以东，滨江山险，其人半楚，精敏轻疾；垫江(今合川)以西(据任乃强考应作“以北”)，土地平敞，姿态敦重，上下殊俗，性情不同。”应分为二郡，“一治临江(今忠县市)，一治安汉(今南充市)。各有桑麻丹漆，布帛鱼池，盐铁足相供给”①。虽然但望的建议最终没有实现，但这段记载十分有力地说明地域、人口、生产、司法等管理方面的因素，是郡县分置的重要条件。因此历史上在一个政权之内，政区的划分一般情况之下，不能不考虑与自然区、经济区、人文区的一致性，以利于农业的发展和地方的管理。

自秦代实行郡县制以来，自然区基本没有变化，经济区则随着产业分工而细化，但在我国整个封建社会里农业始终是主要产业，因而这种细化与自然区基本上保持一致。行政区是一种政治空间，其划分具有很大的主观性，我国自秦汉以来长期实行中央集权的政治体制，为了统治全国，政治区域的划分首先考虑是政治原则，但为了稳定统治，发展经济，在划分行政区划时，尽可能与自然区相吻合。因此历史上的行政区有时与自然区、经济区十分吻合，有时则与自然区、经济区背离，这与当时的政治形势有关。从整个历史长河来看，行政区和自然区、经济区相合和背离大致可分为几个阶段：

第一阶段，为秦汉魏晋州郡时期。秦始皇初以郡县制统治全国，当时分区主要是为了便于管理，故而秦郡的分界除了个别郡是边界与山川呈犬牙交错外，大部分与自然区相吻合，由一郡或数郡合成一个自然地理单元。如关中和山东地区自战国以来经济比较发达，人口众多，秦统一后，划分的郡的幅员较小，一般由数郡合为一个地理单元，也有一郡正合一地理单元。如首都所在的内史正好是今天关中盆地或称渭河平原，南阳郡正相当于南阳盆地，胶东郡即有胶东半岛地，而胶东、临淄、琅邪三郡合而为今山东省的泰山以东地区，陈郡、泗水两郡相当皖北平原，太原、雁门、代郡、上党、河东五郡组成山西高原，而此五郡又各自成为地理单元，九原、云中两郡相当河套——土默川平原，上郡、北地是陕西陇东黄土高原地带。淮河、秦岭以南地区，开发较晚，人口稀少，郡的幅员广大，一郡往往包括几个地理单元，如会稽郡相当太湖流域和钱塘江流域，闽中郡是闽浙丘陵，蜀郡是成都平原和川中丘陵，巴郡是川东山地和嘉陵江流域，九江郡是皖南丘陵和赣江流域等等，而汉中郡正好是汉中盆地。秦代每一郡都有一个自然条件较好的中心地区，以此为核心向四周扩展，保证了农业发展的需要。

汉兴以后，为了政治上需要，将秦郡一分为二为三，同时为削弱王国力量，王子侯国属别郡，结果郡国边界大大背离了山川形势，形成犬牙交错的格局。这在河北平原上的诸郡，因无高山大川为限，交错之势尤为突出。其他地区郡国仍有不少与山川原则相符。如战国秦汉以来，我国已形成了《史记·货殖列传》里所谓山西、山东、江南、龙门碣石以北四大人文区域，这四大人文区域以下又可分为若干人文区，而这种人文区又表现为一种经济区，如“山西”指晋陕间黄河和函谷关以西的关中盆地和泾渭北洛河上游地区，其中“自汧、雍以东至河、华”的关中盆地是“好稼穑，殖五谷”的农业区，也正是秦代的内史和汉武帝以后的三辅(京兆尹、左冯翊、右扶风)地，泾渭北洛河上游地区则盛产“材、竹、毂、纑、旄、玉、

① 《华阳国志》卷一《巴志》。

石”的林牧区，在秦代为上郡、北地、陇西、九原四郡而汉为并州、朔方之地。这是行政区与经济区统一的典型；“山东”指函谷关以东的黄河下游平原，其中三河（河东、河内、河南）在“天下之中”，“土地小狭，民人众，都会诸侯所聚合，故其俗纤俭习事”，是典型的农业区，西汉时在其地置河南、河内、河东三郡。战国齐地“膏壤千里，宜桑麻，人民多文采布帛鱼盐”，鲁地“颇有桑麻之业”，都是传统的农业区，秦时在此置临淄、济北、琅邪、胶东、薛五郡。豫东、鲁西南是黄河南岸冲积平原，司马迁所谓梁、宋之地，其地“好稼穑”，汉代为陈留、梁国、山阳、济阴四郡之地。“江南”在当时大体指今湖南、江西二省，汉时即为豫章、长沙郡地。龙门指今禹门口所在龙门山，碣石指今河北昌黎碣石山，“龙门、碣石以北”就是今陇东、陕北、晋西北，燕北，陇东、陕北地，汉时置有天水、陇西、北地、上郡，这四郡恰好是“西有羌中之利，北有戎翟之畜，畜牧为天下饶”的畜牧区。如豫章郡由鄱阳平原和赣江流域组成，正好是今江西省。见本章第二节所述。

汉武帝时所置的十三州刺史部是由《禹贡》、《尔雅》的九州衍化而来，所以大体上还能符合山川形胜。如并州相当山西高原，朔方为河套、鄂尔多斯高地和陕北高原，幽州由河北北部、张北高原、辽西丘陵、辽河平原和辽东丘陵组成，冀州为河北中、南、西部，益州为汉中、四川盆地和云贵高原，凉州为关中盆地、陇东高原和河西走廊，交趾由两广丘陵、珠江三角洲和越南中北部山地组成，荆州由南阳盆地、云梦江汉平原、鄂西山地和湘、资、沅、澧四水流域和洞庭平原构成，扬州由长江下游平原、江南丘陵和闽浙丘陵组成。以上九州大体上符合山川形胜，其他如兖、豫、青、徐四州境域很小，且形成犬牙交错，完全不能与山川对应。其原因是州域由郡域而定，郡界参差不齐，州界当然不能与山川相符了。以后划京兆七郡为司隶，这七郡原本分属凉、并、冀、豫，就更不符山川原则了。

东汉以后北方州郡改置并省纷繁，东汉州域是从西汉 14 刺史部衍化而来，随着政局的动荡，州界愈来愈与山川原则背离。魏晋以后州郡制度混乱，更顾不上与自然区相吻合。故行政区难以与自然区、经济区相合。而南方开发未久，政区设置多从管理考虑，其与自然区、经济区相合的情况较多，如东汉三国时分太湖流域、钱塘江流域为吴郡，浦阳江、曹娥江、甬江流域为会稽郡，茅山、天目山以西的青弋江、水阳江、秦淮水流域为丹阳郡，瓯江、灵江流域为临海郡，闽江流域为建安郡，都是与自然区、经济区相一致的典型。

第二阶段，为隋唐两宋道路时期。隋兴废郡，以州领县，全境有州 300 余个。炀帝大业年间改州为郡，又经过一番调整，全境有郡 190 个，隋郡幅员小于汉郡，其边界则大多与山川形势相合。我国的一些主要高山大川，如阴山、太行、秦岭、五岭、黄河、长江、淮河等等都是当时的郡分界的依据。每一个郡往往自成一小的地理单元，而数郡相合又成为一自然区域。唐代 300 余州，大多是从隋州分析出来的，基本上遵循了隋代分郡的原则，州界大多与以山川形势相合。所以唐初以州界为基础划分的 10 道，都以名山大川关隘要塞为界限，这 10 道各以函谷关、黄河、秦岭、淮河、长江、剑阁、南岭为名，自成一地理区划。见本章第二节所述。10 道是《禹贡》九州以后人们又一次划分的自然地理区域，前者是人们理想中的政治区划，后者虽为监察区划，但已含有政治性质。唐代后期的节度使区划，也都是合数州为一方镇，又称为道，在北方，因军事形势复杂，节度使废置分合繁复，再说河北平原少有高山大川可以凭藉，所以有许多不成一地理单元的州合成一节度使，但也有些较稳定的方镇，仍然与地理形势相合的，如河东节度使领有太原盆地和晋北高原，横海节度使据有河北濒海沧德地区等。南方诸州原先就符合山川形势，故南方的节度使辖区符合自然条件的比较多，如浙西节度使即有苏南宁镇山地、太湖流域和钱塘江两岸地，浙东节度使即有除钱塘江两岸以外的今浙江宁绍平原和浙南山地，福建观察使有闽江流域和漳、泉地区，即今福建省，江西观察使有鄱阳平原、赣江流域，即今江西省，湖南观察使为湘、资二水流域，岭南节度使除连县、阳山外，全有今广东、海南省地。总之，唐代前期的道（监察区）、州，其目的在于有利于监察和农业生产的管理，有利于水利的建设，后期的道（方镇）、州，目的已非在此，所以不少方镇已偏离山川原则，然南方数州基本格局已形成，据以所置方镇大多和自然区比较契合，并没有存心去破坏它。

宋代的府州分界，基本上在唐五代建制基础上省并析置，在河北、陕西地区主要考虑军事防御，省并析置多与自然山川向背，如河北沿白沟与辽接界处所置诸州军，仅领一二个县，辖地跨河涉水，了无章法。黄河以南以及江淮以南地区则多沿袭唐和十国的建置，即有所分，大体上还考虑到山川走向，自成一地理单元，各自有一农业中心经济，如潍州治北海（今山东潍坊市）位于潍水冲积平原，“桑麻冠东方，一熟天下贱”①；如怀州（治今河南沁阳）、卫州（治今汲县）地处太行山冲积扇，魏晋以来灌溉业发达，宋时有“小江南”之称②；颍、淮地区的颍州（治今安徽阜阳），“地濒淮、颍，厥土良沃，水泉渔稻之美，甲于近甸”③。南方诸州更与自然区、经济区相宜，成都平原上的“成都、彭、汉，平原沃壤，桑麻满野。昔人谓大旱不旱者，较之他郡，差易为功”④。太湖分置苏、秀、常、湖、杭五州，宁镇山地分置江宁、润州，浙江地区分为越、明、台、婺、处、温、睦、衢等州，还有今赣、鄂、湘、粤、桂诸省内所分的州，大部分自成一地理单元，同时这些州中的大部分沿袭为明清的府。唯分路的设置，为加强中央集权、防止地方割据，有意偏离山川走向，形成犬牙交错之势，在本章第三节中已述，在此不赘述。

第三阶段，元明清行省时期。元代自行省以下各级政区边界之犬牙交错已达极点，对自然界高山大川之隔限全然置之不顾，以致出现一个政区内跨几个气候带的事实，对区内农业生产、城市交通、基层社会之管理极为不便，其出发点全在于军事控制的目的，显然可知，已见本章第四节所述。明代虽对各省的地域有所缩小和调整，大部分省域自成一地理单元，如山西、福建、江西等；但仍有些省份跨河越岭，如河南、陕西即是。同时还制造出新的犬牙交错，如南京。清代在明代两京十三布政使司基础上分为18省，将南京分为江苏、安徽二省，然仍跨江淮，有淮北、淮南、江北三个不同自然地带，陕西省西部分置甘肃省，据有陇上高原和河西走廊，自成一地理单元，而陕西本身则仍有秦岭以南地。贵州经调整后较明代为合理，湖广分为湖南、湖北，江汉平原、洞庭平原分属两省也较适宜。这些划区大都沿袭至今。总之，元代分省以政治因素为主，明代定一省分为三司，无一大区长官集财政军大权之虞，故从管理生产、发展角度考虑，作了与自然区相合的调整。清沿明制，又作了一些调整，大部分省份界域与自然区相吻合，有的省区因沿袭时久，一时难以变革。

在领县政区的府州一级，大部沿袭宋代以来建置，长期稳定，对发展农业生产和其他手工业都有利，由于数百年在一行政区内，在地方政府统一调度和指挥下，经济生产渐趋协调，也逐渐自成一经济小区。特别是明清以来，南方商品经济的发展，城市之间经济联系

---

① 苏轼：《东坡全集》卷十《送孙勉》。
② 《癸辛杂识》别集上《汴梁杂事》。
③ 《苏魏公集》卷六二《少府监致仕王君墓志铭》。
④ 《鹤山大全文集》卷一〇〇《汉州劝农文》。

加强，几个经济密切的府州往往联合成一经济区，如明清时代杭嘉湖、苏松常已形成当时著名的经济区。王士性《广志绎》说："杭、嘉、湖平原水乡，是为泽国之民；金、衢、严、处丘陵险阻，是为山谷之民；宁、绍、台、温连山大海，是为海滨之民。"宋元以后，三吴、三蜀、三湘、八闽、上八府、下三府等等地区总称，都有行政区与人文区合称的意义。

以秦岭、淮河为界南北政区密度的差异，也反映地区经济实力的变化。秦汉时代，北方人口多于南方，农业生产水平超过南方，因此政区的密度也超过南方，汉代的州是南4北9，西晋的州是南7北12，郡级政区汉晋时期北方是南方的2或3倍。隋唐以后，南方经济逐渐兴起，人口的增加，农业的开发，还有南方少数民族居地偏远山区的开发也增加了南方政区的设置。唐初的道是南北各5，州级政区南北相当。这说明南方的经济逐渐上升。北宋23路，南14北9，加上辽、西夏，南方一级政区还是超过北方。元代省级政区地域跨度过大，兼及南北，难以作数。而明代2京13布政使司，大致是南5北10，清代基本相同。府

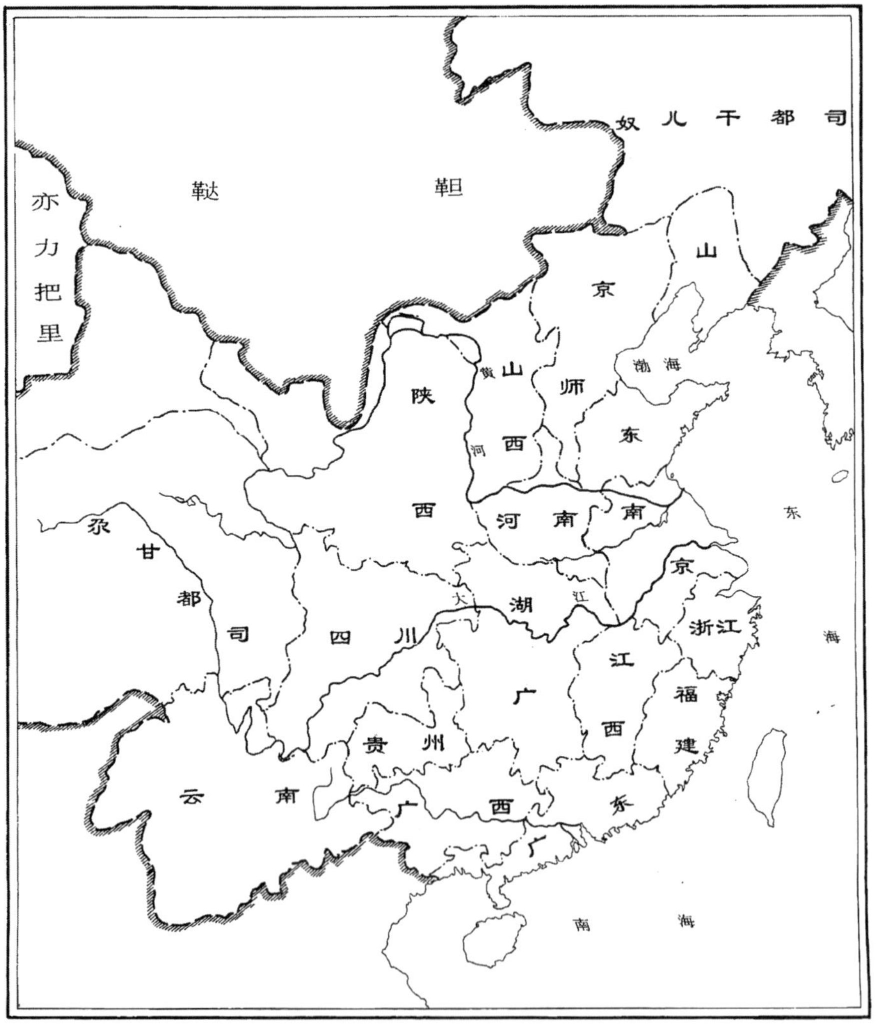

图3-10　明代两京十三布政使司图

（据谭其骧主编《中国历史地图集》第7册绘制）

州一级，明代南北是 3 与 1 之比，而清代是 2 与 1 之比。2 000 多年来，南北政区密度之变化与经济开发的同步，显然可见①。

从历史时期政区与自然区、经济区的关系变迁来看，大体上是秦汉时比较符合，魏晋以后背离，隋唐符合，宋元背离，明清又渐趋符合。而统县政区在宋以后一般比较与自然区相符合，南方较北方更明显。总之，当一个政权对地方的管理，面临的主要任务在于加强中央的控制，则对地方高级政区的分域往往不考虑自然山川界限，而有意犬牙交错，使其难以自成一独立区域与中央抗衡。当一政权认为地方高级政区权力分散，不构成割据的可能，便逐渐调整与自然区相吻合，以利于生产管理。隋唐以后的统县政区府州，一般不构成割据的威胁，故而大多符合山川形势，而县级政区更谈不上对中央分权，所以 2 000 多年来一直是比较稳定的。见图 3-10 与图 3-11。

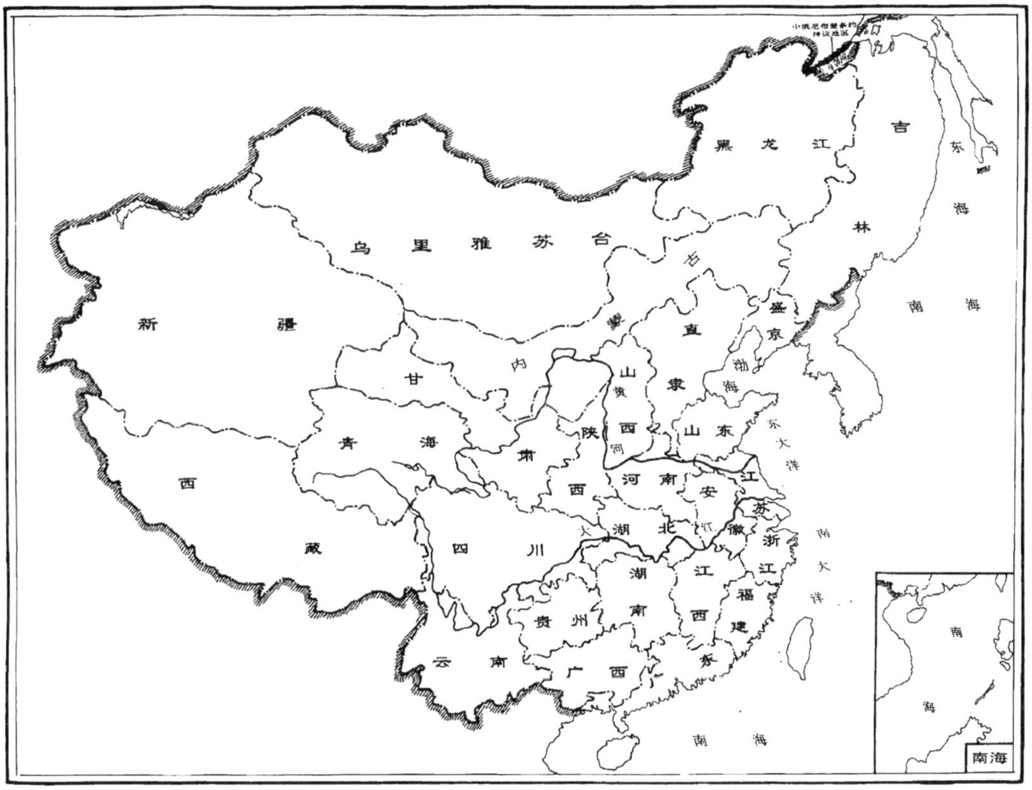

图 3-11　晚清政区图

（据谭其骧主编《简明中国历史地图集》67～68 幅绘制）

参　考　文　献

尤　中. 1990. 云南地方沿革史. 昆明：云南人民出版社

王仲荦. 1980. 北周地理志. 北京：中华书局

刘子扬. 1988. 清代地方官制考. 北京：紫金城出版社

刘君德主编. 1996. 中国行政区划的理论与实践. 上海：华东师范大学出版社

① 本节多参考周振鹤：《体国经野之道》（香港中华书局 1990 年）一书所论。

汤开健.1988.西夏监军司驻所辨析.历史地理,第6辑
孙进己等.1989.东北历史地理.哈尔滨:黑龙江人民出版社
李晓杰.1999.东汉政区地理.济南:山东教育出版社
吴天墀.1980.西夏史稿.成都:四川人民出版社
张在普.1987.中国近现代政区沿革表.福州:福建省地图出版社
周振鹤.1990.体国经野之道.香港:香港中华书局
周振鹤.1987.西汉政区地理.北京:人民出版社
谭其骧主编.1982～1987.中国历史地图集(八册).北京:地图出版社
谭其骧.1992.两汉州部.《中国大百科全书·中国历史卷》第2册.北京:中国大百科全书出版社

第四章　历代政治中心都城的分布、转移和都城内部布局的变化

都城是国家出现后的产物。都城首先是城市，但她不是一般意义上的城市，而是一个国家或政权的政治中心，是向全国发号施令的地方，被视为一个政权的象征。一般情况之下，一个国家或政权，只建一个都城，后人习称首都。在我国古代典籍中首都又称都、京师、京都。《左传》庄公二十八年："凡邑有宗庙先君之主曰都，无曰邑。"《太平御览》卷155引《释名》："都者，国君所居，人所都会也。"《春秋·公羊传》桓公九年："京师者何？天子之居也。京者何，大也；师者何，众也。天子之居，必以众大之辞言之。"《诗·大雅·公刘》："京师之野，于时处处。"郑注："是京乃大众所宜居之也。"《汉书·外戚孝成许皇后传》："著绝世於皇极，显祸败於京都。""天子所居宫曰都。"因此古代首都的特征：一是为帝王所居，有宫殿；二是有帝王家宗庙，三是有众多的人口。

此外，历史上由于某种需要，在首都以外另立的都城，称为陪都，又称陪京。张衡《南都赋》："陪京之南，居汉之阳。"李白《永王东巡歌》："王出三山按五湖，楼船跨海次陪都。"① 这陪都指江陵。

一个政权建立之初，选择首都是头等大事。在都城选址的原则中，中国传统思想中的中心地观念影响很大。《吕氏春秋·慎势》："古之王者，择天下之中而立国，择国之中而立宫，择宫之中而立庙。"《史记·货殖列传》："夫三河在天下之中，若鼎足，王者所更居也。"但事实上并非如此简单，因为国土疆域内的中心，并非一定是当时最理想的都城所在地，选择都城往往还有更复杂的历史和地理背景。每个统治者都很自觉地根据当时特定的政治、军事、经济和地理等形势，选择其都城的地理位置。在我国历史上有许多城市做过一统王朝或地方政权的都城，顾炎武《历代宅京记》里记载了从传说时代至元代历代的首都、陪都46处。但只限于从三皇五帝、夏、商、周、秦、汉以下至元代一系列正统王朝的都城，至于先秦列国、十六国、五代十国等分裂时期中原大小各国的都城以及边区少数民族如匈奴、鲜卑、突厥、渤海、后金、南诏、大理等政权的都城，都没有涉及。根据史念海先生研究，我国历史上不论政权大小、时间长短，曾经作过都城的有217处②。那么，这些大大小小的都城位置选择的原则究竟是什么，与当时的自然和人文环境有什么关系，这是本章论及的首要问题。

此外，在我国古代社会的早期，一个国家政权统治制度尚不周全，对疆域内部控制还不够严密和巩固，都城实际上是统治集团中心居地，有军事堡垒性质，因此都城内部的规制比较简单。随着古代社会的发展，特别是我国特有的封建主义中央集权的加强和统治力

---

① 《全唐诗》第三函第4册。
② 《中国古都概说》，《陕西师大学报》1990年第1期至1991年第2期。

量的巩固，以及社会经济的发展，都城的规模逐渐扩大，规制也越来越复杂，都城内部布局前后有很大变化。这种变化反映了都城在中央集权国家中地位的上升和全国政治、经济、文化中心的形成。这是本章论及的第二个问题。

第一节　从七大古都的更迭看历史上定都的原则和实施

历史上一个政权对首都位置的选择很大程度上可以反映当时的自然和人文环境，因此对不同历史时期都城位置选择和变迁的研究，是中国历史地理研究一个重要的课题。本节不可能对217处古都一一论及，所以选择了历史上具有一定代表性的七大古都，作为探讨的切入点。

关于我国历史上七大古都提法的形成有一个历史的过程。20世纪20年代学术界有些论著将西安、洛阳、北京、南京、开封并列为“五大古都”；30年代又将杭州列入，成为“六大古都”。此后六大古都成为学术界普遍流行的、大多数学者认可的提法，一直沿袭到80年代，如1983年中国青年出版社还出版了《中国六大古都》一书。1981年谭其骧教授提出安阳应列为七大古都之一。1988年在安阳召开的一次古都学会上获得通过，以后曾以七大古都为题拍摄了电视片，出版了画册、专集，得到了学术界大部分学者的认同。

我们所谓论述七大古都，是以今天存在的七个大中型城市为代表，阐述了历史上在这七个城市周围形成出现过的一系列都城兴起和变迁，从而窥探中国政治、经济、文化中心的迁移和变化。谭其骧教授对七大古都的变迁有详细的论述①，以下即据以作简单概述。

一、西　　安

谭文认为这七大古都中西安当属首位。西周的丰、镐，秦的咸阳，自西汉至北朝的长安和隋唐的长安，四者城址虽然不同（丰、镐又是相去20里的城址），以现今的行政区划而言，分属于陕西户县、长安县、西安市、咸阳市四个市县；但彼此相去远不过三五十里，都在一个地理单元之内，在建都史上应视为一个城址稍有移动的古都，可总名为西安。

西安作为古都可分为四个时期：

（1）丰镐期。公元前11世纪，周文王灭崇后自岐迁丰，故址在今陕西户县秦渡镇北沣河西岸。武王灭商后在距丰京约20里的沣河东岸建立镐京，故址在今长安县斗门镇附近。自公元前1127年武王伐纣灭商至前771年犬戎破镐京杀幽王，共257年，丰、镐是当时天下诸侯共主周天子的首都，也是全国性的政治、文化中心。

（2）咸阳期。公元前350年秦孝公自栎阳迁都咸阳。咸阳故址在今咸阳市东20余里，南去丰、镐不过50里。历130年而秦灭六国。前221年秦始皇统一后，在渭水南岸修建了阿房等宫室，咸阳成为跨渭水南北的大城市，至前206年秦亡，咸阳宫室被项羽焚毁，咸阳城从此堙废。前后共15年，咸阳是中国第一个一统帝国的首都。

（3）汉、晋、北朝长安期。公元前202年，汉高祖刘邦决定建都关中，因咸阳城已毁，暂居秦都栎阳，开始在渭河南岸营建长乐、未央两座宫殿。同年长乐宫建成，即迁都于此。以

① 谭其骧：《中国历史上的七大古都》，《长水集续集》，人民出版社，1994年。

当地乡村名长安作为新城市的名称。前198年未央宫建成。其时只有宫殿，还没有都城。前194至前190年汉惠帝时才建成长安城，遗址在今西安市西北10余里，周围约26公里。北去秦咸阳城10余里，西南去丰、镐30余里。公元9年，王莽篡政，改国号曰新，改长安为常安，仍作首都。公元23年王莽覆灭，更始帝刘玄、赤眉帝刘盆子又相继在此建都。直至25年光武帝刘秀定都洛阳。自汉高祖刘邦定都长安至此，历时225年。

两汉之际，长安受到战火的严重破坏。190年董卓挟献帝自洛阳迁都长安，未几长安城沦为战场。195年献帝出长安东走，长安城已破坏殆尽。196年献帝至洛阳，旋被曹操劫持，迁都于许。

西晋末年，首都洛阳被十六国之一汉刘聪部将刘曜攻占。313年愍帝在长安即位。至316年刘曜攻下长安，愍帝出降，西晋亡。

此后十六国中在长安建都的有前赵自319～329年，前秦自351～385年，后秦386～417年，北朝的西魏自534～557年，北周自557～587年以及隋文帝的最初二年(581～582年)，先后以长安为首都共127年。但这时政权存在的时间很短，控制的地域也很小，长安城始终未能恢复昔日的繁荣。

(4) 隋唐长安期。582年隋文帝在汉长安城东南龙首原南侧修建新城，583年迁都新城，称为大兴城，但习惯上仍称新都为长安。605年隋炀帝建洛阳为东京，此后长安与洛阳两都并建，而以居洛阳的时间为长。618年唐朝建立，仍以长安为首都。此后唐朝在隋大兴城基础上进行多次修缮。唐长安城周长约35公里，面积约西安旧城区的7倍，故址基本上即今西安市区。657年唐高宗移居洛阳，称为东都，恢复了隋炀帝时代东西两都建制，684年武则天定都洛阳，长安成了陪都。706年中宗李显返都长安。玄宗李隆基前期曾五次移居洛阳，738年后才定居长安，直至904年，朱温逼昭宗李晔迁都洛阳，拆毁长安宫室百司和居民房屋，驱民东迁。长安作为隋唐帝国的首都长达280年之久。从此长安没有恢复过首都的地位，仅在五代后唐时曾为陪都西京。

以上四个时期共计十三朝(新莽作一朝，更始、赤眉不计)900多年，其中西周、秦、西汉、隋、唐都是一统王朝，长达700有余年。

二、北　　京

北京在西周、春秋、战国时期地名蓟，是燕国的都城。自秦汉至隋唐，一直是河北北部的政治中心，为广阳、燕、涿、范阳等郡国和幽州的治所。故址在今北京城广安门附近。因地处中原王朝边区，所以未能成为一统政权的首都，仅十六国时前燕曾在此建都8年。唐安史之乱时史思明在此称大燕皇帝，以蓟城为燕京。燕京之名始此。

936年五代后晋石敬塘将幽云十六州割让给辽，938年辽改幽州为南京幽都府(后改析津府)，建为陪都，又称燕京。金初亦称燕京。1153年金海陵王自上京会宁府(今黑龙江阿城)迁都燕京，改称中都大兴府。中都城为北中国首都共61年，1214年金宣宗为避蒙古兵锋，迁都开封。次年蒙古军攻入中都，宫殿被焚，城市残破。

金元之际仍称燕京。1260年忽必烈称大汗于开平府(今内蒙古正兰旗东)，旋即分立政府机构于此。1264年复号中都。1267年始于中都旧城东北另建新城，自开平迁都于此。1272年改号大都。新城于1283年建成，城周57里余，南墙在今北京东西长安街南侧，北墙在今北京城北5里，东西墙同今城。1276年元灭南宋，大都从此成为全国的首都，历时92年。

1368年明军攻占大都，改为北平府。明初建都应天府(今南京)，称京师。1402年朱棣即位，次年改北平府为顺天府，建为北京。北京之名始此。其时首都仍在京师应天府，北京是陪都，皇帝驻跸时称行在。1421年才改京师为南京，降为陪都，升北京为京师，正式成为首都。1644年以后清朝也以此为首都，正式名称为京师顺天府。明清两代民间仍习惯称北京。1912年北洋政府也建都于此，北京成为正式名称。1928年北洋政府垮台，从此结束旧中国首都的历史，又改称北平。

从金朝开始历经元、明、清、民国皆建都于此，长达660年，自元以后600年都是统一王朝的首都，再加上新中国成立以来50年也定都于此，总计建都史为700年，作为首都有650年。在我国古都史上，北京与长安并列为我国为时最长的古都。

三、洛　阳

西周的雒邑、东周的成周和汉魏的洛阳、隋唐洛阳，城址稍有移动，相去不过20里，可总称为古都洛阳。

汉高祖即帝位时曾定都于雒阳三四个月。王莽曾以长安为西都，洛阳为东都，并准备迁都洛阳，但未实行。更始帝刘玄也曾建都于此。

公元25年东汉光武帝刘秀定都雒阳，此后165年，雒阳都是全国的首都。190年董卓逼献帝迁都长安，对雒阳进行毁灭性的破坏，并强迫迁走周围200里内的居民。雒阳荒芜了30年，至221年魏文帝曹丕才重新建都雒阳，并改雒为洛。西晋仍都洛阳。311年十六国前赵刘曜攻占洛阳，晋怀帝被俘，洛阳作为首都的历史再次中断。魏晋两代都洛阳共计为90年。

493年北魏孝文帝从平城迁都洛阳，洛阳再次成为北中国的首都，历时41年，至534年北魏分裂为东、西魏止。

605～606年，隋炀帝在汉魏洛阳城西18里处营建了新的洛阳城。此后东都洛阳和西京长安二都并建，洛阳是实际上的首都。唐初罢东都，高宗时复建。高宗、玄宗时经常驻跸东都共20余年。武则天在位时有21年，正式以洛阳为首都，号神都。904年朱全忠逼昭宗迁都洛阳，当时实际上政治中心在汴州(开封)，洛阳只做了三年名义上的首都。五代梁、唐、晋三代以洛阳为首都共19年。938年后晋定都开封，从此洛阳便结束了作为首都的地位。但北宋一代一直保持着陪都的地位，金末迁都开封，又曾以洛阳为陪都。

总计自东周至五代，定都洛阳的共有周、汉、魏、晋、北魏、隋、唐、武周、后梁、后唐、后晋十一朝，长达880年。但东周、曹魏、北魏、五代都不是一统政权，作为一统政权的汉晋隋唐的首都约250余年。

洛阳在历史上作为古都的时间和地位虽不如长安、北京，但自西周至隋唐，长安和洛阳往往二都并建，作为帝王的东西二宅，故有时虽非首都，实际上其重要性却不下于首都。因此其在古都史上地位，仅次于长安、北京。

四、南　　京

南京即六朝时建业、建康。东汉末孙权于 211 年自京口迁治秣陵，次年改名建业，从此除 221～229 年、265～267 年两次迁都武昌（今湖北鄂城）外，建业都是孙吴政权的都城，直至 280 年为西晋所代。西晋为避愍帝司马邺讳，改名建康。

316 年西晋覆灭，317 年镇守建康的琅邪王司马睿称晋王，次年称帝，史称东晋，建康成为东晋的首都。以后宋、齐、梁、陈四代，除梁元帝都江陵二年外，其他时间都以建康都城。自孙权起至 589 年隋灭陈，建业、建康为南中国首都共 330 年。

隋灭陈，建康宫室城池被毁，建康旧址只是有时是一个不重要的州治，有时只是一个县治。直至五代杨吴政权时，才在此设金陵府，936 年又以金陵府为西都（首都在扬州），次年改称江宁府。937 年徐知诰夺杨吴帝位，是为南唐，将首都从扬州迁至江宁府。南京再次作为长江下游地区政权的政治中心。直至 975 年宋灭南唐。

1356 年元末朱元璋攻下集庆路（治今南京），改称应天府，成为他所建吴国的首府。1368 年称帝后，应天府成为全国的首都。朱元璋曾欲定都开封，故称应天府为南京，开封府为北京。1378 年开封府罢称北京，南京遂改称京师，正式定为首都。1421 年永乐帝朱棣迁都北京，改北京为京师，原京师为南京。此后明一代均以南京为陪都，设与京师一样的中央机关。1644 年北京陷落，福王即位于南京，一年后即为清兵所灭。清改应天府为江宁府，废南京称号，但民间仍沿称南京不改。

1853 年太平军攻下江宁府，旋改称天京，定为首都。1864 年为清军攻陷，持续了 12 年。1912 年中华民国临时政府在此建都，三个月后迁都北京。1927～1949 年国民党政府定都于此。其间曾迁避日本侵略军迁都武汉、重庆 8 年。

南京建都的历史共 440 多年，但作为全国性政权首都仅明初 53 年和民国十余年。

五、开　　封

公元前 364 年魏惠王自安邑迁都大梁，公元前 225 年秦攻魏，决黄河灌大梁，城坏，魏降。大梁城故址在今开封城偏西北一带，其北城墙和西城墙大致在今北城墙和西城墙的外边。秦汉置浚仪县。北朝以后置汴州。907 年驻在汴州的宣武军节度使朱温篡唐称帝，建立五代第一个王朝后梁。同年改汴州为东都开封府，定为首都。909 年迁都洛阳，913 年还都开封。923 年后唐灭梁，旋即迁都洛阳。936 年后晋灭唐，次年移驻汴州，938 年后以汴州为东京开封府，定为首都。从此后晋、后汉、后周至北宋不改。五代、北宋因京都开封原为汴州，故或称汴京；又因古为大梁，故又称汴梁。但正式名称为东京开封府。1126 年金兵攻破开封城，北宋亡。金初以开封为陪都之一，称汴京，1153 年改称南京。1214 年为避蒙古兵锋，从中都（今北京）迁都南京。1233 年金哀宗出走归德（今商丘南），南京陷落，次年金亡。开封作为首都的历史从此结束。

开封建都时间如合计战国魏时期为 350 余年，如不计战国魏为 221 年。其中作为一统王朝北宋的首都有 167 年。不过北宋时北有辽，西有夏，西南有大理，皆据有一部分汉唐旧地，所以北宋首都的地位远不如汉唐的长安、洛阳以及元明清的北京。

六、安　　阳

安阳指今安阳市西北小屯村和今河北临漳县西南的古邺城。公元前世纪商王盘庚迁殷，即今安阳西北小屯村。自后至周武王伐纣灭商，殷作为商都共273年，是中国历史上最早一个长期稳定的都城，故周人称商为殷。

殷墟东北40里有六朝时的邺城遗址今属河北临漳县境。相传邺城建于公元前7世纪春秋齐桓公时，公元前5世纪战国初魏文侯曾建都于此。两汉时为魏郡治。到了东汉末年邺城为冀州治所，成为黄河中下游地区的政治中心。204年曹操统一了北方，自领冀州牧，继而自署丞相，封魏公，晋魏王。此后黄河流域名义上虽然还是汉朝，都城在许（今河南许昌），但实际上政治中心在丞相府、魏都所在的邺。220年曹丕篡汉，次年定都洛阳，邺降为陪都之一。

十六国时后赵、冉闵、前燕于335～370年，东魏、北齐于534～577年相继都邺，前后共78年。577年北周灭北齐，以邺为相州、魏郡治所。580年相州总管尉迟迥起兵讨杨坚失败，坚焚毁邺城，徙其民人及相州、魏郡、邺县于南40里的安阳城，改置灵芝县于故址。590年复名邺县。1072年（北宋熙宁五年）废为镇。以后受漳水泛滥影响，故址今已成为一片废墟，尚有遗迹可以辨认。

安阳境内殷和邺二个古城，前后建都共351年。但在此建都的王朝疆域都仅限于中原地区，故其影响和地位不如西安、北京、洛阳和南京。

七、杭　　州

907年五代十国吴越王钱镠建吴越国，都杭州。978年吴越归宋，共都71年。1129年宋高宗南逃杭州，以杭州为临安府，称行在所。1138年正式定都于此，直至1276年元军攻下临安，历时138年。吴越和南宋在杭州建都历时共209年。但吴越国仅有东南13州之地，南宋也只有半壁江山。所以杭州在七大古都影响最小，地位最低。

谭其骧教授指出：从以上七大古都兴替过程，可以看出我国建都史大致可分为前后两个时期。从殷周至北宋的2 400年为前期，其时一统政权和统治北半中国的大地区性政权的首都殷（邺）、长安、洛阳、开封都在中原地区，长江南岸的南京只做过统治半个中国的地区性政权的都城，华北平原北端的北京更够不上大政权都城的地位，所以这个时期可称之为中原期。自12世纪初赵宋政权南渡以后，一统政权和大地区政权的首都离开了中原地区向东移动，北京成为元明清三代一统政权的首都，直至今天仍为中国的首都。南京明初做过50年首都，以后又做了220年陪都，近代还是太平天国和国民政府的首都。杭州做了150年南中国的政治中心。北京、南京、杭州在前期四大都城之东，距海不远，所以可称之为东移近海期。为什么前期的都城要选在中原内地，而后期的都城多选在东部近海地区？前后期不同时代选择不同城市为首都，又是根据什么的原则呢？

历代统治者选择政治中心首都的位置主要根据四方面的条件。一是经济条件。就是要求都城附近是一片富饶的地区，较大程度上能够满足统治集团的物质需要，无需或只需少量仰给于远处。二是形胜条件。就是要求都城所在地区具有形胜之便，有利于制内和御外，进可以攻，退可以守。三是交通条件。就是都城所在处于王朝全境的位置适中，距离全国各地都不太远，或有便利的交通路线达于四方，利于中央与地方联系，包括政令传达、物资运输和人员往来等。四是统治集团的地域背景条件。这是指这个政权统治集团发轫或依靠的地域势力，当该集团取得政权以后，都城的位置尽可能不要离开这个地域太远。但历史上很少有完全符合这四个条件的都城，所以每个王朝只能根据当时的主要矛盾，选择比较最有利的城市作为都城。因此首都地点的选择反映了当时这一政权全境总的自然和人文形势。反过来，首都位置的确定，也会对这种形势产生一定的影响。

自殷商至隋唐，黄河中下游是全国的经济最发达的地区，又是接近王朝版图的地理中心。一个政权如果能够控制这一地区，就足以控制全国，所以在长达 2 400 年的时间里首都都离不开中原地区。具体而言，早期统治黄河中下游绝大部分地区的夏、商、周王朝，发轫于黄河中游或下游的上端，其理想的首都当在这个地区，正如《史记·货殖列传》所说："昔唐人都河东，殷人都河内，周人都河南，夫三河在天下之中，若鼎足，王者所更居也。"三河就是今天晋南、豫北和洛阳地区。这里农业起源很早，地位居中，是理想的建都所在。秦一统帝国出现以后，王朝疆域空前扩大，选择都城位置需要考虑的条件就复杂了。秦都咸阳所在关中地区原是秦国根据地，咸阳又是统一前都城，统一后，东方六国旧势力还很强大，秦祚短促，还来不及考虑对都城的迁移问题。汉高祖刘邦起于平民，建立汉朝以后都城的选择，无疑是件大事。刘邦即位之初欲都洛阳，以后听了娄敬、张良的意见才定都关中长安的。娄、张两人意见归纳起来为：一是经济条件。关中土地膏腴，沃野千里，为天府之国，万一山东有乱，关中的物资足以供应顺流而下的王师。二是形胜条件。关中被山带河，有四塞之固，左崤函，右陇蜀，三面可守，独一面东制诸侯。可进可退，可攻可守。三是交通条件。地居上游，犹高屋建瓴，南有巴蜀之饶，北有胡苑之利；诸侯安定，河渭漕挽天下，西给京师。历史证明，建都关中长安的决定是正确的。娄、张抓住了当时社会的主要矛盾，即帝国建立之初，中央与山东诸侯之间、统一与分裂势力之间的矛盾问题，主张建都关中，主要着眼于东制诸侯，以后平定山东异姓、同姓诸侯的叛乱，武帝时降服匈奴，控制西域地区，都是与建都长安便于经营西北和制服山东，既利于制内，又便于御外有关。

隋唐时期形势与西汉相似，关中平原仍是沃野之地，隋唐政权建立之初，都有对付山东割据势力和防御西北突厥入侵的任务，同时隋唐统治集团起于关陇地区，长安当然是理想的建都所在。

但是长安作为全国性首都，自中唐以后渐显露其不利的一面，首先是地理位置偏西，距离经济最发达的黄河下游平原稍远了些。关中平原虽说富饶，但"土地狭，所出不足以供京师，备水旱，故常转漕东南之粟"①。唐代在安史之乱以前，财政收入主要依靠黄河下游平原，安史之乱后，河北地区藩镇割据，赋税不入中央，京师所需物资大多仰给数千里外的东南地区，长安的地理位置显得更为偏西了。其次是晚唐开始江南经济开始兴起，同时中原王朝的外患已经不再来自西北，而是来自东北的契丹以及后来的女真、蒙古，河北地区军事地位日益上升，长安在制内御外方面的作用丧失。所以自五代朱全忠迁都洛阳后，长安从此再也没有恢复过首都的地位。

---

① 《新唐书·食货志三》。

洛阳在经济、军事两方面不如长安，洛阳盆地狭小，不如关中平原肥沃广袤，虽也有关河之固，然远不及关中险要。但其长处是地居古代中国“天下之中”，四方交通荟萃之地。西周周公经营洛邑，作为镇抚“东土”的大本营，就因为它“在于土中”，“诸侯四方纳贡职，道里均矣”。东汉光武帝刘秀定都洛阳，与他极力要控制河北有关。曹丕舍弃了其父曹操经营了多年的邺都，而改都洛阳，北魏孝文帝自平城南迁，一度也曾想都邺城，最终定都洛阳，显然都是着眼其地理位置，曹魏为了对付西南的蜀汉和东南的孙吴，北魏为了并吞南朝，洛阳的位置显然有优于长安。

隋唐时期建都长安，但隋炀帝、唐高宗都另建洛阳为东都，经常往来于两都间，而炀帝更居洛阳为常，成为实际上的首都。其原因则主要是当时开了南北大运河后，自洛阳东北取道永济渠可通达王朝东北边境上的涿郡即幽州（今北京），东南取道通济渠可到达富庶的江淮地区。洛阳城内的含嘉仓、城东洛水入河口的洛口仓，成为储藏天下粮食最丰富的国家粮库。如果西运长安，不仅还要走上千里路程，更主要的是要经过黄河的三门峡，常有覆舟之患。五代前期定都洛阳，后期定都开封，就是因为选择其水运交通枢纽的地位。

邺城背靠山西高原，面对经济发达的华北大平原，地处太行山东麓南北交通大道，又是从太行山滏口陉进入华北平原的要隘，是东西、南北陆路交通的枢纽，战略地位十分重要。所以商汤后七迁，最后盘庚定都安阳（邺的前身），273 年更不迁都。战国时期魏国在邺城附近开凿了引漳十二渠，邺地由此富饶。东汉以来河北地区在军事战略上日益重要，欲奄有黄河流域，必先控制河北，而邺是最理想的地方。所以东汉末年邺开始成为河北平原的政治中心，曹操都邺，并开凿了白沟、利漕渠，使邺城为河北平原水运枢纽。后赵、前燕、东魏、北齐占有黄河流域东部地区，邺当然是最理想的建都所在。曹丕舍邺而都洛阳，北魏自平城南迁一度也想定都邺城，理由是“邺城平原千里。漕运四通”，但最后还是定都洛阳，这是因为两个政权都想经营南方，而邺偏在河北，就不方便了。杨坚毁邺，从此一蹶不振，以后漳水泛滥，邺地被沙所淹，当然无可能再度兴起了。

北宋建都开封，是因为赵宋政权接受唐末以来藩镇割据的教训，推行强本弱枝政策，削弱地方兵权，在首都开封驻扎了数十万禁军以自卫，而当时江南经济发达已超过黄河流域，政府各部门和禁军所需各种给养全赖每年从江淮转运，故非都距江淮地区较近和水运发达的开封不可，故开封替代长安、洛阳和邺成为都城的首选，是历史自然和人文地理形势发展的必然。

金、元、明、清四代之所以均定都北京，有其特定的历史地理背景。第一，女真、蒙古、满族入主中原都有兼顾塞外根据地和新统治区任务，因此定都地点既不能离开塞外过远，又不能不进入中原地区，而北京的地理位置最为理想。明成祖朱棣原封燕王，北京为其藩邸，他个人势力的根据地。他即位后当然以北京为首都。永乐以后，明一代的外患主要来自蒙古高原上的鞑靼，无论从防御或制外角度而言，北京都是首选。第二，唐末五代以后，东南地区在全国的经济地位日益上升，建都黄河流域的政权，无不需要从江淮地区攫取物资供养。元代开凿京杭大运河后，解决了都城燕京的漕运问题，所以元明清三代均都北京不移。北洋政府的根据地即在北方，非北京莫属。

南京作为全国性政权的首都，与该政权统治集团所依靠的背景势力有关。朱元璋以江淮集团起家，民国政府蒋介石是代表了江浙财团的势力，因此都以南京为首都。据有南方半壁江山的政权，可供选择作为都城的地点只有两处，一是长江中游江陵（或武昌，今鄂城），一是下游的扬州和南京。江陵地处江北周围无险可恃，武昌虽处江南，然当地长江狭窄，防守不易，且两地离富庶的东南地区较远；下游的扬州凸出江北，江淮平旷无险可恃，非建都之地，而南京西北两面有宽阔的长江可依，又有“钟山龙盘、石关虎踞”之势，所以六朝都南京300余年。至于南宋建都杭州，除了贪图其在五代以来为东南最繁华的城市外，也反映南宋政权绝意恢复中原的心理。

总结历史上中国都城选址的变化，可以从中窥见一些有关人文地理变化的特点：①前期主要在西安，后期主要在北京，都是在北方的黄河流域。在全国统一时期，建都南方的时间很短，极大部分时间建都在黄河中下游地区。这是因为中国在整个封建社会时期，基本上是一个封闭式的大陆国家，唐宋以前对外关系主要通过西北陆路，唐宋以后域外海上交通有所发展，虽一度有过繁荣的海外贸易，但在整个国民经济中不占重要地位，近代以前海上也没有强大的劲敌。而长期以来，中国的外患主要来自北方。所以虽然宋代以后，南方经济已发展在全国据有重心地位，但作为政治中心仍离不开北方黄河流域。②在整个封建社会里，政治中心从西安、洛阳、开封到北京，这种从西向东的推移，反映了中国经济重心由西向东的变化。先秦秦汉时期，中国的政治格局和文化差异是东西对立，经过魏晋南北朝的分裂，形成了南北对立的局面。宋代以后东南地区经济上升为全国的重心地区，由于南北大运河的开凿，北京是最理想的首选。③封建时代帝王所居都城要在统治区的上游，能以高屋建瓴之势统治全国。所谓“古之帝者地方千里，必居上游”①。故前期以黄河中游西安为上游。西汉初年，有人提出都关中，以“地势便利，以其下兵于诸侯，譬犹居高屋之上建瓴水也”②。金元以后又以北京为上游。金代开始选都北京，是因“燕都地处雄要，北倚山险，南压区夏，若坐堂隍，俯视庭宇，本地所生，人马勇劲，亡辽虽小，止以得燕故能控制南北，坐致宋币。燕盖京都之选首也”③。明人也说“以燕京而视中原，居高负险，有建瓴之势。”从中国历史上都城选址大势的变化，也反映中国整个人文地理形势的变化。

第二节　区域性都城和陪都选择的历史地理背景

历史上除了上述一统王朝和据有半个中国分裂时期王朝的都城外，还有许多据有中国部分地区的王朝。如先秦时代的商周，其直接统治地区也只限于黄河流域的大部和部分江淮地区，她的早期都城只能算是区域性都城。春秋战国时代各国都城当然更应算是区域性都城，还有西晋末年后出现的十六国、唐末以后出现的五代十国，唐宋时代辽、西夏、渤海、南诏、大理、吐蕃等政权的都城，都是区域性的政治中心。这些都城地点的分布和变迁，也反映不同时期不同地区自然环境和人文环境的变迁。

陪都制度起源于商周，西汉以下历代奉行，直至明代。抗战时期国民政府也曾以重庆为陪都。陪都又称别都、下都，其出现有几种情况：一是为中央政府为了某种政治或军事的需要，在首都外别立一都，代表中央施行政令；一是游牧和渔猎民族统治集团的传统习性，在不同季节驻跸不同地点，各建为都；一是对帝王祖籍、出生地、潜邸的崇敬，建为陪都；一是开国皇帝所建首都，后来因某种原因迁都，为保持祖宗传统，原先的首都仍建为都，如明代南京；一是首都为敌人所陷，政府临时于别处建都，为表示有志恢复旧都之意，遂称陪

①②《史记·高祖本纪》。
③《金史·梁冀传》。

都，如抗战时国民政府陪都重庆。陪都虽是首都以外的另一都城，但其都址的选择，主要从首都外某一地区范围内考虑，因此也可算是区域性都城。本节主要分析历史上我国区域性政治中心的变迁。

一、先秦时代区域性都城

商周时代都城不止一个，有前后迁置的，也有同时存在的。当时选择都城的考虑也不外乎经济、形胜、交通和统治集团发轫的地域背景等条件，不过没有后代那样周全，主要是商周时期还不是强有力的大一统时代，对全境的控制强度还不很大，都城选择的余地有限。同时商周王朝的周围还存在许多部族和部族联盟，战争是当时政权的主要任务。选择都城主要着眼于保存自己(生存)和扩大军事影响(发展)。因此形胜和交通条件成为选择都城位置主要考虑。

商代曾多次迁都，据《古本竹书纪年》、《史记·殷本纪》载，“自契至汤八迁。汤始居亳”，关于八迁的具体地点，文献上没有明确记载。据王国维的考证有蕃、砥石、商、商丘、殷等地，不过当时商王朝尚未建立，不能算迁都，只是商民族的迁移，所迁不是一个城市，而是一个地区。成汤开始建立了商王朝，才算是迁都，自汤至盘庚凡五迁都。自盘庚迁都殷墟即今安阳小屯村后，273 年更不迁都。上述五迁的都城的名称有亳、嚣(隞)、相、庇(或作邢)、奄、殷等，成汤所居的亳是最重要的一个都城，现主要有二说：一说认为即偃师商城，一说认为是郑州商城，但无论何者，都处在黄河以南东西交通大道上。嚣，一说在今河南郑州西北古荥镇北敖山，一说在开封，也都是东西交通大道上；相在今河南内黄境看法比较一致；庇，丁山说在今山东定陶一带；邢，一说在今河南温县，一说在河北邢台；奄，传统说在今山东曲阜，今人认为在河南新乡市；殷在今河南安阳小屯村已无异说。还有一个商朝晚期别都沬，即今河南淇县。总之，以上各都位置有两个特点，一是靠近黄河，是为了生存需要，一是地处东西、南北交通大道上，有利于发展，同时都不出商朝的统治中心区在今河北省西南部和河南省北、中部。

西周自周文王自岐迁都于丰，周武王灭商后迁都镐，丰和镐都在渭河平原中部，水源丰沛，土地肥沃，对农业起家的周民族来说是最理想的建都地点，其自西向东迁移，明显是为了向东扩展的需要。周武王灭殷以后，对东方旧殷贵族势力，放心不下，于是决定在丰以东，另建一个政治中心，以控制东方。他考察了洛邑周围的地理环境，认为嵩山、黄河、伊、洛河的环绕，又是“天下之中，四方入贡道里均”，是为形胜之地，于是决定在此营建洛邑，并迁象征政权的九鼎于洛邑，但尚未正式建都。到了成王和周公时代，经过了勘察、规划和占卜，才正式对洛邑进行建设，建成后称为成周，取成王所都之意。自后镐京为首都，成周为陪都。西周末年幽王为犬戎所杀，平王东迁，史称东周，这时成周洛邑才成为首都。西周王朝的统治中心区就在黄河中游的关中渭河平原和伊洛河盆地，在此范围内选择都城，渭河平原中部的长安和伊洛河盆地的洛阳必然是首选。长安有四塞之固，洛阳为“天下之中”，有水陆交通之便，一守一攻，一进一退，相得益彰。所以后代凡是都长安的政权，多以洛阳为陪都，凡都洛阳的政权，常以长安为陪都，汉唐即是。

春秋战国时代，各国都建有都城，有时还不止一个，这种情况与后代的陪都有相似之处。但春秋、战国时代都城很多，本书无法一一备述，现择其代表性的都城变迁，以考察区域性政治中心的变迁。

西周时秦国起于西陲，从事畜牧业。早期的都城西垂（今甘肃天水市西南）、汧（今陕西陇县西南）、平阳（陕西宝鸡县东南），都在渭河上游黄土高原地带，适合于畜牧业。进入春秋时代，秦国已以农耕业为主。公元前 7 世纪中叶，秦人从平阳迁都于雍（今凤翔县南），史称地"居四山之中，五水之会"①，高爽平敞②，是理想建都之地，故都于此 254 年。当时农业比较发达，有余粮可赈晋国之灾。战国时代，秦灵公时（前 424 年）又迁都泾阳（今泾阳县），秦献公二年（前 383 年）迁都栎阳（今陕西临潼东北），秦孝公十三年（前 349 年）又迁都咸阳（今咸阳市东），用商鞅为相，大力发展农业，最终东灭六国。秦国都城迁移特点，一是逐步东移，目的是向东发展，争霸中原；二是从雍至咸阳，都址都在渭北，原因是渭北平原宽敞，有利于发展农业，战国末年郑国渠就修在渭北，促进了秦国农业的发展。

晋国初封于唐，都翼（今山西翼城西），据《史记·晋世家》记载，"唐在河、汾之东，方百里。"地处山西南部的汾、浍河流域。以后迁都于曲沃（今山西闻喜）、绛（今翼城）、新田（今侯马），都在晋西南地区。晋景公从绛迁都新田时，曾有人提出迁都于靠近盐池的郇（今临猗县西南），"沃饶而近盐，国利君乐"，当时有人指出郇邑一带，"土薄水浅"，容易生病，不如新田一带"土厚水深"，地势高燥，"有汾、浍以流其恶"，结果决定迁都新田③。晋国的主体部分在山西西南部，所以当时在晋西南范围内选择都城，生存环境为首要条件。

前 453 年三家分晋后，原晋国分为韩、赵、魏三国。韩国原封地在今山西东南部，早期都平阳（今山西临汾西南），后向河南中部扩展，前 416 年南渡黄河，迁都宜阳（今河南宜阳县西），韩景侯时（前 408～前 400 年）迁都阳翟（今禹县），前 375 年灭郑国，即迁都郑（今新郑）。韩国所处为"四战之地"，东有魏，西有秦，北有赵，南有楚，在各国包围之中，长期处于战备状态，新郑故址中发现大量兵器。所以韩国迁都与其军事扩展有关。魏国先都安邑（今山西夏县西北禹王村），魏文侯时曾一度迁都于邺（今河北临漳县西南）。以后渡河而南有河南中部地区后，前 361 年（魏惠王九年）从安邑迁都大梁（今开封市），不久即开凿了沟通河淮的鸿沟运河。魏国也可以说处于四战之地，西有秦韩，东有齐，南有楚，北有赵，其中秦国威胁最大，《史记·魏世家》说："安邑近秦，於是徙治大梁"，可见迁都主要为了避秦。赵国原都晋阳（今山西太原市西南），前 423 年迁都中牟（今河南鹤壁市西），前 386 年迁都邯郸。邯郸地处太行山东麓南北交通大道上，"北通燕、涿，南有郑、卫"，为"河漳间一都会"④。赵国处在原晋国北部，长期以来一直与北方草原民族有交往。进入战国以后，外患主要西面的强秦和北方戎狄，先有代国（今山西大同、代县、繁峙和河北蔚县、宣化一带），后有中山（今河北保定、石家庄一带）。赵国从晋阳迁都中山、邯郸，一为避秦，一为对付中山。最后完成赵武灵王"胡服骑射"建国方略，与建都邯郸有关。总之，韩、赵、魏三国在战国时期都从太行山区外迁都至华北大平原，其原因一是为了避强秦，二是为了求发展，地理形胜和交通条件成为迁都的首选。

燕国的疆域主要有今北京地区和辽宁西部的大凌河流域。早期的都城在北京市房山县琉璃河镇北 1.5 公里处，有古城遗址发现，本名作匽（或作郾），也称作燕。春秋时迁都于

---

① 《读史方舆纪要》卷六五。
② 《汉志》雍县应劭曰。
③ 《左传》成公六年。
④ 《史记·货殖列传》。

临易（今河北容城县境）。战国初期又迁都蓟（今北京城西南隅）。以后又营建下都武阳（今河北易县东南），其目的是为了军事防御和南下进攻。蓟地处华北平原北部的门户，是农业区和游牧区交会处，无论从军事还是经济角度考虑，是河北北部最理想的建都地点。上都蓟和下都武阳成犄角之势，互为唇齿。燕国最大的威胁是北方的山戎和南方的齐、秦，因此上都蓟和下都武阳都是根据这种形势建立的。

齐国自春秋以来，据有今山东省偏北大部和河北省东南部。都于临淄（今山东淄博市临淄）。临淄地处东西交通大道上，有淄水、时水与济水相通，而济水又是东西交通水运干线，故临淄有水陆交通之便，地处东偏，不受别国的威胁，故至战国末年未曾迁都。周武王灭商，封周公旦于曲阜，建为鲁国，至战国末年为楚所灭，历 34 君，延续 800 余年，一直以曲阜为首都。曲阜地处中原诸国通向鲁南、泗上诸国和淮夷地区的交通大道上，具有优越的交通条件。

楚起源于湖北南漳、保康一带，都于丹阳。丹阳诸说不一，或说秭归，或说枝江，总之在长江上游。春秋时都郢（今湖北荆州市北纪南城），前 504 年为畏吴，迁都于鄀（今湖北钟祥北丰乐镇），不久还都郢。另有别都鄢（今湖北宜城县东南）。战国时（前 278 年）曾一度迁都城阳（今河南信阳市北楚王城）。前 253 年迁巨阳（今安徽阜阳市北），前 241 年迁都寿春（今寿县）。楚国从长江流域不断向东迁都，最后迁至淮河中游，明显是因为国力逐渐强大，为了向中原发展需要。定都的主要考虑是军事上的向外扩展。

吴国的主要领域在太湖流域，都吴（今苏州市）。吴地位置适中，交通便利，吴国虽曾一度强大，欲争霸中原，但为时极短，即为越所灭，故数百年未迁都。越国初都越城，即今浙江绍兴市。灭吴后于前 472 年迁都琅邪（今山东胶南县南），与齐晋诸侯会盟，可见迁都目的完全是为了争中原霸主。进入战国，越国势力日衰。前 379 年迁还都于吴，不久为楚所灭。

二、分裂时期区域性都城

公元 3～6 世纪的魏晋南北朝和 10 世纪初至 70 年代的五代十国为我国历史上较长的分裂时期。其时南北出现不少割据政权，各建都城。这些都城的分布的变迁，反映了各地区政治、经济中心的承续与变迁。

1. 魏晋南北朝时期的都城

这个时期曾出现过许多疆土大小悬殊、运祚长短不一的割据政权，每个政权各建有作为政治中心的都城。由于政权纷立、更迭频繁，都城的地域分布很广，兴衰迁移的变化也很大。大体上可分为两类：

（1）定都时期较长，又比较稳定的都城有：

长安，西汉旧都。两汉之际因战乱遭受严重破坏。190 年董卓作乱，挟汉献帝自洛阳迁都长安，至 196 年献帝东还洛阳，为东汉都城 6 年，其后长安再度遭到严重破坏。西晋末，首都洛阳被汉刘曜所攻占，怀帝被俘。313 年西晋愍帝在长安即位，316 年刘曜又攻占长安，愍帝出降，西晋亡。此后十六国前赵、前秦、后秦及北朝的西魏、北周先后以长安为首都共 125 年。但有的政权为时很短，如前赵仅存 11 年，有的政权仅占关中部分地区，如前赵、后秦。因此长安虽为都城，其繁荣和地位，远不如两汉时期。

洛阳，东汉旧都。190年董卓逼汉献帝迁都长安时，“悉烧宫庙官府居家”，洛阳遭到毁灭性破坏。196年献帝东还时，洛阳“宫室烧尽，街陌荒芜。”同年曹操迎汉献帝都许（今河南许昌东）。221年魏文帝曹丕才重都于此，新建宫室。265年司马炎代魏建晋，仍都洛阳。直至311年刘曜攻洛阳，怀帝被俘止。魏晋两代共都洛阳90年。493年北魏孝文帝定计自平城迁都洛阳，495年六宫及文武百官尽迁洛阳，至534年分东西魏，北魏都洛阳40年。

邺，今河北临漳县西南。东汉末为河北平原政治中心。204年后曹操先后以丞相、魏公、魏王身份据邺经营河北。此后东汉都城名义上在许，实际政治中心在邺城。曹丕代汉建魏，定都洛阳，邺降为五陪都之一。十六国时，后赵、冉魏、前燕、东魏、北齐均都邺城。共73年。

建康，今南京。东汉末，211年孙权自京城（今江苏镇江市）迁都秣陵，次年改名建业。晋末因避愍帝司马邺讳，改名建康。以后南朝宋、齐、梁、陈四朝，均以建康为首都。自孙权至589年隋灭陈，建康（建业）为六朝首都，共330年。

成都，东汉末为益州治。三国时为蜀汉（221～263年）、十六国时为成汉（304～347年）的首都，共87年。

姑臧，今甘肃武威。十六国时前凉于301～376年、后凉于389～403年、南凉于406～410年、北凉于412～439年均都于此，共124年。

平城，今山西大同市东北。398年北魏拓跋珪自盛乐迁都平城，至494年孝文帝元宏迁都洛阳，都平城96年。

（2）政权疆域较小，定都时间较短的都城，分布地域甚广，黄河、长江流域各省均有。①今山西省境内：离石（今县）、左国城（今离石北）、黎亭（今长治南）、蒲子（今隰县）、平阳（今临汾西南）等，于304～319年间，先后曾为十六国汉、前赵的都城。长子（今长子东），西燕自385～394年都城。②今辽宁省境内：大棘城（今义县西北），鲜卑慕容氏于此建前燕。龙城（又名和龙，今朝阳），十六国时为前燕（341～350年）、后燕（397～407年）、北燕（407～436年）都城50年。③今北京市境内：蓟（今北京城西南隅），350～357年为前燕都城。④今河北省境内：襄国（今邢台市），319～335年、350～352年为十六国后赵都城18年。中山（今定州市），386～397年为后燕都城12年。⑤今山东省境内：广固城（今青州市西北），398～410年为南燕都城12年。⑥今江苏省境内：京口（今镇江市）209～211年三国孙吴都此。⑦今湖北省境内：武昌（今鄂城），三国孙吴于221～229年、265～267年都此，共12年。江陵（今荆州市），南朝梁元帝于552～554年都此。⑧今甘肃省境内：勇士城（今榆中东北）、金城（今兰州市西北）、苑川城（今榆中大营川地区）、度坚山（今靖远西）、谭郊（今临夏西北）、枹罕（今临夏）等，自385～430年，先后为十六国西秦的都城。张掖，北凉于399～412年都此。敦煌，400～405年西凉都此。酒泉，405～420年西凉都此。⑨今青海省境内：廉川堡（今乐都东），乐都（今县）、西平（今西宁）等，395～414年间曾为河西鲜卑所建南凉所都。⑩今内蒙古境内：统万城（今乌审旗南白城子），413～427年为赫连勃勃夏所都。盛乐，故址有三，均在今和林格尔附近。为310年拓跋鲜卑所建代国和386年后北魏的都城，398年迁都平城。三城先后为都88年。

从上述36个大小都城的地理位置及其迁移过程，可以看出当时各政权在都城的选址问题上所考虑的地理、政治、经济等因素，其中尚有规律可寻。

A. 凡控制了黄河流域大部分土地，又欲统一南北的政权，往往定都洛阳。因洛阳“居天下之中”，建都伊、洛河畔，可以通漕四方。不仅能控制黄河流域，而且便于征伐南方。魏文帝曹丕舍弃了其父曹操经营了多年的邺都，而迁都东汉末年以来荒芜了30年的洛阳。北魏孝文帝元宏自平城南迁，曾一度考虑都邺，但最终定都于晋末以来荒芜了180年之久的洛阳，均为便于南伐。

B. 凡统治黄河流域西部地区的政权，往往定都长安。长安自西汉以来即为全国政治中心，有四塞之固，利于制内御外。如十六国前赵、后秦、北朝的西魏、北周均都此。前秦虽有黄河流域大部分，但其根据地在西部，350年苻健攻入长安，即建为都。以后苻坚盛时其疆域南至邛僰，东抵淮泗，西极西域，然关中终为其心腹之地，故仍都长安。

C. 凡统治黄河流域东部地区的政权，往往定都于邺。因邺处于古代“山东”（一般指崤山或华山以东）地区的中心，背靠山西高原，东、南、北三面为经济发达的黄淮海平原，居高临下，有建瓴之势。再自战国魏国引漳灌溉和曹操开白沟、利漕渠后，使邺城周围地区农业生产和水运交通十分发达。故曹操定都于邺，而十六国时后赵、前燕和北朝的东魏、北齐均据有山东之地，都以邺为首都。

D. 凡经治西南地区的政权必都于成都。因自战国以来，成都为西南地区政治、经济、文化中心。三国蜀汉、十六国成汉皆是。凡统治长江中下游和珠江流域的政权都以建康为都城。因建康前临大江，南有重岭，所谓“钟山龙盘，石头虎踞”，形势险固，进可以规度中原，退可划江为守。同时长江为天然航道，西引荆楚，东连三吴，可以控制整个长江中下游地区。故孙吴自211年从京口迁都建业后，虽数度迁都中游武昌，都不久还都建业。以后东晋、宋、齐、梁、陈都沿袭不改。

E. 原为区域性政治、经济、军事中心，在魏晋南北朝时期即为控制这一地区政权的政治中心。如河西的姑臧原为凉州治，东汉以来，因“通货羌胡”，成为河西富邑。十六国时为割据河西地区诸凉的都城。酒泉、敦煌情况相同。江陵、武昌虽也是长江中游两大重镇，但江陵地处江北无险可恃，梁元帝都江陵不出三年即为西魏所灭。孙吴两次迁都武昌，但离东吴政权的根据地三吴地区太远，最后在江东世族地主的舆论“宁饮建业水，不食武昌鱼；宁还建业死，不止武昌居”的压力下，还都建业。可见都城的选址背景是十分复杂的。

F. 边区少数民族在其政权建立和势力逐渐进入中原地区的过程中，在都城选址问题上，往往表现为不断地从边区向内地迁移。如汉、前赵从离石迁左国城，又迁蒲子，再迁平阳，最后定都长安；前燕从大棘城迁龙城再迁蓟，最后定都邺；北魏从盛乐迁平城，又迁都洛阳。这种迁移过程也就是这个政权不断稳定和汉化的过程。

G. 有些少数民族在建立政权和征伐过程中，仍保留着浓厚的游牧民族习俗，故其政治中心也不断地迁移。如河西鲜卑秃发利鹿孤据有河西走廊东部和湟中一带，史称南凉。他认为“建立都邑，难以避患”，不如保持传统游牧习俗，“帅国人以习战射，邻国弱则乘之，强则避之”，故其都城屡迁。陇西鲜卑乞伏氏所建西秦亦同。匈奴族赫连勃勃于407年自称夏王，其部下劝其定都，他以为“专固一城，彼必并力于我”，不如以“云骑风驰，出其不意，救前则击后，救后则击前，使彼疲于奔命，我则游食自若”①。故初无定治，至413年才筑统万城而都之。

① 《晋书·赫连勃勃载记》。

2. 五代十国时期都城

本时期虽然同为分裂时期，但与魏晋南北朝时期不同，没有北方游牧民族加入黄河流域后出现的众多频繁更迭的政权和游牧民族迁移不定习性。因此在都城选址上有相对的继承性和稳定性。北方的五代（梁、唐、晋、汉、周）政权所控制的地域基本相同，都是黄河中下游地区，所以首都选址离不开洛阳、开封两地。盘居于山西中北部的北汉（951～979年），是十国惟一在黄河流域的政权，定都太原，是两汉以来晋中的政治中心。南方九国中吴、南唐先后都过扬州、江宁（今南京），吴越以杭州为首都，闽都福州，南平（荆南）都江陵，楚都长沙，前、后蜀均都成都，南汉都广州（兴王府）。

五代十国时期都城的选址和变迁，反映了唐末以来各地区政治、经济中心的兴衰和转移。以中原而言，长安、洛阳在周秦汉晋以至隋唐选为首都，但自中晚唐以来降及五代，全国经济重心逐渐由黄河下游转移到了江南地区，军事上由于边患不再是西北的匈奴、突厥，而变为东北的契丹，河北地位日显重要。统治黄河流域的政权，在选择都城时，必须考虑到便于与这两个地区的联系。所以五代择都已摈弃长安。五代共 54 年，洛阳为后梁、后唐、后晋三代首都共 19 年。开封为后梁、后晋、后汉、后周四代首都共 34 年。初期徘徊于洛阳、开封之间 30 年，后晋天福三年以后的 20 年，终于因开封北控燕、赵，南通江、淮，水陆都会，资源丰富，地理位置优于洛阳，而被定为首都，并为继起而完成统一的北宋所沿袭。就南方而言，有的地方政权的都城是继承原来该地区的传统政治中心，如前后蜀所都的成都府，南平的江陵府，南汉的兴王府等。有的则因该地区形势的变化，政治中心也随之变迁，如吴越之地唐时分隶浙东、浙西二道，浙东的政治中心在越州（今绍兴），浙西政治中心在润州（今镇江），唐末吴越控制浙东、浙西后，选择了地位适中的杭州为政治中心，以控制两浙。经吴越数十年的经营，至北宋雄称东南第一州，以后南宋即定都于此，嗣后一直是两浙地区政治中心。杨吴初都扬州，因扬州自唐代以来是长江下游地区水运枢纽和最繁荣的工商业城市。但南北分裂，划淮为界，扬州失去了南北水运枢纽的地位，又因地居江北，临近敌境，不利固守。当时掌握实权的徐温就刻意经营昇州（今南京），以后徐氏代吴，建立南唐，即以江宁府（昇州改名）为都城。楚都长沙是湖南地区传统的政治中心，闽都福州也是福建地区传统政治中心。杭州、南京、长沙、福州、成都、广州等城市，自五代十国作为南方小王朝都城以后，城市的政治地位和经济文化都有了明显的提高，对宋后南方经济的发展有着重要的促进作用。

三、边区政权都城的地域分布

秦汉以后，汉族王朝周边的少数民族在自身发展的过程中，与汉族有过频繁的交往，因此在政治生活中相互影响的痕迹十分明显。作为一个政权，中央政府常驻地的政治中心无疑是必须有的。但由于生产方式不同，政治中心的形式就不一样。例如游牧民族则不称京、都，而为牙帐。有的少数民族在与汉族长期交往过程中，农耕业渐据重要地位，或占有了原属汉王朝的大片土地，则其政治中心就往往采取与汉王朝相同的京、都制度。因此从都城制度也可以看到中华民族大家庭中各成员在政治生活中的交融关系。

1. 东北区

本区指大兴安岭以东，西辽河、辽河以北、以东的黑龙江、松花江流域。自周秦以来，这里就生活着肃慎、东胡各系族，但早期的政治中心的形式如何，由于资料缺乏，不得而知。目前比较开始清楚的是渤海国的都城制度。渤海国建于7世纪末，初都忽汗州，即今吉林敦化敖东城，地处牡丹江上游。8世纪末迁都上京龙泉府，今宁安县东京城，也在牡丹江上游。渤海国国势弱小，又是农耕为主，故其离不开牡丹江流域。辽代起源于西拉木伦河，故在西拉木伦河北岸建立皇都，定为上京临潢府(今内蒙古巴林左旗南)。以后灭渤海国，征服奚族，得后晋所献幽蓟十六州，疆域扩大，并辖有畜牧、农耕、渔猎三类产业区，于是分别建有中、东、南、西四京(见下)，以控制所占领地。辽圣宗统和二十五年(1007年)将首都移往中京大定府(今内蒙古宁城县西大明城)，原奚王牙帐所在①。这是因为契丹据有了渤海、汉族的领土，疆域有了扩大，但其本民族还保持了游牧民族的习俗，为了兼顾游牧区和农耕区，于是将首都迁往西拉木伦河南岸老哈河流域的中京，便于对两地的控制。以后女真建立的金朝，初期在其发祥地按出虎水(今哈尔滨市东南松花江南岸支流阿什河)、今黑龙江阿城南白城建都，称会宁府。1153年迁都燕京(今北京)，1161年定为中都。1214年为蒙古军所逼，迁都汴京(今河南开封)。金朝据有淮河以北大部分汉地，并有南吞南宋之志，所以从根据地迁往北京，认为"燕都地处雄要，北倚山险，南压区夏，若坐堂隍，俯视庭宇"，"止以得燕故能控制南北，坐致宋币。燕盖京都之选首也"②。后为蒙古所逼，迁至北宋旧都开封，是迫不得意的事，不久即亡。建州女真起源于黑龙江流域，以后逐渐南迁。16世纪后期统一女真各部。1616年努尔哈赤建都赫图阿拉(今辽宁新宾西老城)，国号大金(史称后金)。后尊为兴京。1621年迁都辽阳，建为东京城。1625年迁都沈阳，后尊为盛京。1644年定都北京。满族入关前经济上已以农业生产为主，但渔猎、采集仍有一定比重。为增加实力，就向自然条件优越，交通更为方便的沈辽地区迁移。综观东北地区少数民族都城选址的原则，视其政治抱负有关。如仅为巩固其疆土，其都城迁移往往仅限于其统治中心区域。如有吞噬中原之意，则往往向黄河流域靠拢。

2. 北方区

北方边区为游牧民族居地，故其政治中心，必选择水草丰腴之地。然因其"逐水草迁徙"的特性，其牙帐经常随季节变化而移动。早期游牧民族的牙帐，因记载缺乏，说法不一。如匈奴单于庭、龙城究竟在何处，难以确定。大体不出蒙古高原上水草最优的鄂尔浑河、土拉河一带。鲜卑统一蒙古高原后，建单于庭于弹汗山(今河北尚义县南大青山)歠仇水。显然有吞噬汉地之志。以后不断侵入黄河流域。4世纪时鲜卑各部在黄河流域建立过不少政权。以后拓跋鲜卑山西高原建立代国，最后终于统一了黄河流域。都城从大同城迁往洛阳。5～6世纪雄踞蒙古高原的柔然可汗庭在今杭爱山一带，即鄂尔浑河上游。6世纪下半叶雄踞漠北的突厥汗国建牙郁督军山，亦即杭爱山。著名的阙特勤碑即出土于鄂尔浑河上游右岸。583年突厥分裂为东西，东突厥仍建牙帐于此。以后的薛延陀亦建牙帐于郁督军山与独洛河(土拉河)之间。回纥是漠北的游牧民族，自5世纪兴起，长期游牧于鄂尔浑河、土拉

① 谭其骧:《辽后期迁都中京考实》,《长水集》下册。
② 《金史·梁冀传》。

河、色楞格河间，至7世纪开国于鄂尔浑河畔。蒙古起源于黑龙江支流额尔古纳河，13世纪初成吉思汗在斡难河畔称大汗，以后建都于哈剌和林，即今蒙古国后杭爱省厄尔得尼召北，也在鄂尔浑河上游。总之，统治蒙古高原的民族政权，如其不南进中原，大多建都于色楞格河、鄂尔浑河、土拉河上游、杭爱山麓一带。这里是蒙古高原上水草丰满之处，今天蒙古国首都乌兰巴托仍在土拉河畔。

3. 西北区

西北边区自秦汉至隋初的800年时间里，或为中原王朝羁縻统治之地，或为蒙古高原上统一政权的属地，或处于为城邦林立状态，没有出现过统一西北独立政权的首都。583年突厥分裂为东西两部，西突厥控有东起阿尔泰山、西至咸海的广大草原地带，其建汗庭于龟兹北之三弥山裕尔都斯谷，也是水草丰满之地，是为冬都，更在楚河之南千泉一带建立夏都。10世纪后西北地区西部为黑汗王朝辖地，建都楚河流域的八喇沙衮（今吉尔吉斯托克马克东），以后西辽首都虎思斡鲁朵也在此。东部为西州回鹘，建都高昌，今新疆吐鲁番东哈拉和卓。可见古代天山以西以楚河流域环境最为优越，水草资源最为丰富。西突厥的夏都千泉、唐代安西四镇之一并曾为安西都护府治所的碎叶城、黑汗王朝的八喇沙衮、西辽的虎思斡尔朵都在楚河流域。东部高昌则因地处东西交通要道而被选择为地区都城。元代以后察合台后裔在西北地区建立的亦力把里，因其统治区不及楚河，故选择伊犁河畔的伊宁。总之，西北游放民族因其逐水草而居的特性，其选择都城主要考虑有利于畜牧业发展因素，与中原农耕民族不同。

4. 西部区

西部地区在中国历史上具有代表性的民族政权只两个，一是4～7世纪据有今青海地区的吐谷浑，一是7～9世纪中叶据有今西藏地区的吐蕃。吐谷浑主要从事畜牧业，都于青海湖西45里的伏俟城。吐蕃从事高原畜牧业和农业，自7世纪松赞干布统一青藏高原，建立吐蕃政权，即定都拉萨河畔的逻西（今拉萨），长期为西藏地区政治、经济、文化中心。

5. 西南区

主要指云南地区，从西汉开始云南地区成为中原王朝的一部分，公元7世纪中至10世纪初，当地乌、白蛮联合建立了自己的国家——南诏，先定建都太和城，即今云南大理市南太和村，后迁都羊苴咩城，即今大理市南旧大理。继后11世纪初以白族为主建立的大理国，仍以此为都。13世纪中为蒙古所灭。可见云南地区少数民族建立的政权，洱海地区为其政治中心。

综观中国周边地区民族政权都城选址的演变，我们可以看出：如果该政权没有并吞中原的雄心，都址的选择主要着眼有利于经济发展和本民族的发祥地，如果有吞噬中原的野心，则往往多次迁都向中原地区靠拢。

四、历史上的陪都

历史上的陪都有多种形式，本节开始时已述。我国陪都制度出现很早。据杨宽先生研究，商朝开始已有别都制的建制。郑州商城称管，为商朝前期的别都。殷纣王末年所在的沬（即朝歌，今河南淇县），是商朝晚期都城殷以外的别都。西周成王时周公进营洛邑，作为丰镐的陪都，春秋战国时代齐、楚、燕都有别都①。汉唐以长安、洛阳东西两京、互为首陪的制度贯穿了整个时期，与此同时，在历史上还出现过同时存在几个以上陪都的情况，是我国封建社会前期政治中心多元的反映。唐代以后陪都制度的实际政治意义逐渐淡薄，表明封建社会后期首都在全国城市中权威地位更为巩固。所从历史上陪都制度和陪都的地理分布，一定程度上反映政治中心从多元向一元的转变。

（1）从东西两京到南北两京。在我国历史上东西两京制度持续时间最长，也是最富有代表性的首、陪制度。西周建洛邑作为陪都的目的很清楚，是为了经营东方，武王灭商后，东部商人残余势力很强，当时是东西两股政治势力的对峙。为了加强对东方的控制，建洛邑为陪都，作为首都以外另一个政治中心是十分必要的。但是秦朝是以西部关中地区为根据地东并六国，西汉初年出现了东部诸侯王国与西部中央政权的对立，为什么秦、西汉两代没有建立过陪都制度？这是因为关中地区经过秦国的经营，成为天下最富庶的地区。所谓“关中左崤函，右陇蜀，沃野千里，南有巴蜀之饶，北有胡苑之利，阻三面而守，独一面东制诸侯，诸侯安定，河渭漕挽天下，西给京师，诸侯有变，顺流而下，足以委输，此所谓金城千里，天府之国也”②。当时认为关中首都为天下最富庶的地区，足以控制全国，此外还没有其他经济上发展到能与关中平原匹敌的地区，无需再在首都之外另设陪都。同时也顾虑分置陪都会分散中央的权力。西汉末年长安遭到战乱的严重破坏，“宫室焚荡，民庶涂炭，百不一在”③。刘秀起兵南阳，是在平定河北基础上建立后汉政权的，同时自西汉后期以来，河北地区已发展成为全国经济最发达的地区，欲控制黄河流域，就必须控制河北地区，所以他不可能再以残破的长安为首都，而建都洛阳，以其“天下之中”的地理位置，以控制河北地区。但东汉一代西部羌人为患始终，同时刘秀为刘邦后裔，自认为承西汉国统，因此将西汉旧都长安尊为西京，建为陪都。以后“两京”又为“两汉”的代称。曹魏以洛阳为首都，也是以长安为西京。西晋定都洛阳，末年愍帝又都长安一年余。北周灭北齐，又建洛阳为东京。隋定都长安，名大兴城。炀帝时营建洛阳为东京，后改称东都，成为实际上的首都。唐代大部分时间长安、洛阳两京并存。武则天时代还以洛阳为首都。到了五代时期，前半期都洛阳，后半期才都开封。宋代以后中国政治重心东移，长安才失去陪都地位。宋建都开封，以洛阳为陪都，称西京。此后，长安、洛阳东西两京的地位从此消失。由此可见，在我国封建社会前期，黄河中游地区为全国政治、经济、文化中心。长安和洛阳又处在黄河中游的中心，居于东西交通大道干线上，以长安、洛阳为东西两京，可以兼顾整个黄河流域。宋代以后，江淮地区渐次开发，经济地位逐步上升，以至成为全国经济重心。整个中国政治、经济和文化中心东移。长安才失去陪都的地位。明朱元璋起自江淮，建国后以六朝南方以来传统的政治中心建康为首都，永乐后迁都北京，南京仍保持留都的地位，与北京一样设有六部和都察院等中央机构，史称两京。然而此时的南京在政治上地位已不能与汉唐时的长安、洛阳东西两京可比，仅有礼仪性质，并无实权。这说明我国封建社会后期中央集权加强，首都在政治上具有绝对权威，陪都只具有礼仪性质，并非首都以外另一政治中心。

---

① 《商代的别都制度》，《复旦学报》，1984年第1期。
② 《史记·留侯世家》。
③ 《后汉书·杨彪传》。

(2) 多都制度。这是我国历史上是某一政权除了首都以外，还有二、三、四个陪都的制度。最早见于春秋战国时代。春秋时楚灵王在陈（今河南淮阳）、蔡（今新蔡）、不羹（今舞阳北）三地筑城，说“吾城三国，赋皆千乘”，是对付晋国的边防城市。韦昭注“三国，楚别都也”①。战国齐国有五都制度。齐国除首都临淄（今山东淄博市临淄）外，还有高唐（今长清县东北）、博（今泰安市东南旧县镇）、平陆（今汶上县北）、邶殿（今昌邑县西）四个别都，都是地处交通要道，为边防军事重镇，有所谓“五都之兵”②。其中高唐还建有宗庙，是比较典型的别都。东汉时除东都洛阳、西都长安外，又以刘秀起兵的南阳郡治宛县为南都，合称三都。三国曹魏又建有五都制度，除洛阳首都外，另建谯（今安徽亳州市）因是曹操的本贯，许昌（今河南许昌）是原东汉献帝所居，长安是西汉旧都，邺（今河北临漳县西南）曹操魏王都为都，合称五都。唐朝有三都到五都制度的变迁。唐都长安，657 年建洛阳为东都，690 年又建高祖李渊起兵的晋阳（今山西太原市西南古城营）为北都。757 年建唐玄宗为避安史之乱而驻跸过的凤翔府为西京、成都府为南京，改西京京兆府（长安）为中京，与北京太原府、东京河南府（洛阳），合称五京。五代时后唐除首都洛阳外，还建兴唐府为邺都，太原府为北京，京兆府为西京，合为四京。后晋以汴州为东京，广晋府（即后唐兴唐府）为邺都，河南府为西京，合为三都。北宋建都开封为东京，洛阳为西京。1014 年建应天府为南京，1042 年建大名府为北京，合为四京。明初除首都京师应天府（今南京）外，另于朱元璋出生地临濠府建中都（今凤阳），设计时规模宏大，结果工程半途而废，当然谈不上政治地位。清军入关定都北京后，尊原盛京为留都，陆续设的五部，各部设侍郎，也没有实权。清末改为奉天省。总之，中唐以后，封建王朝中央集权逐步加强，将有些大城市定为陪都，主要是对首都起拱卫作用，或是对皇帝的出生地、所驻跸过的城市、或是对本民族发祥地的一种尊崇的表示，并没多大的政治意义。这是因为宋代以后，中央集权高度发展，首都在全国政治有绝对权威，不再出现如汉唐时代的陪都。

(3) 边区少数民族政权设置的多京制度。我国边区一些少数民族政权也设有多京制度，可能是受到汉族政权的影响，但也出于其本身政权统治的需要。东北的渤海国是以粟末靺鞨为统治民族建立的国家，境内有不少其他民族，其置有五京，主要是为了便于统治境内其他民族，如中京显德府是其根据地，上京龙泉府是肃慎故地，东京龙原府是濊貊故地，西京鸭绿府是高丽故地，南京南海府是沃沮故地。这种五京制度显然是为了加强对境内其他民族的统治。辽代设有五京，918 年于建皇都，938 年定为上京临潢府，是为首都。此外，928 年迁渤海居民于东平郡，置南京。938 年取得汉地幽蓟十六州地后，于幽州置南京，原南京改称东京辽阳府。1007 年于奚王牙帐建立新都，称中京大定府。1044 年于大同军建西京大同府，是为五京。辽代五京实为中央政府四个派出机构，管理渤海、奚、汉族三部分地。金朝也有五京。上京会宁府是其本土旧地，东京辽阳府是渤海、高丽故地，中京大定府沿袭辽制，后改为北京是辽朝后期首都和奚族原牙帐所在，前期上京沿袭辽制，是契丹故地，后一度改为北京临潢府路，后罢京号。西京大同府沿袭辽制，中都大兴府原辽南京，后期为金首都。此两处均为汉地。总之，边区民族政权的多京制度，形式上虽然与汉王朝相同，实际情况则不然。

从我国历史上几种陪都制度发展过程，可以有下列几点认识：

---

① 《国语·楚语上》。
② 《战国策·燕策一》。

(1) 陪都制度起源很早，在周、汉至唐时期，比较有代表性的是东西两京制度，其出现的背景是为了加强对东西部地区的统治。其他的陪都不过是一种礼仪性建置。

(2) 宋代以后，中央集权高度发展，首都是全国惟一政治中心。陪都不过是为了拱卫首都，加强京畿地区的权威，还有是对与皇帝有关的城市的尊崇，实际政治权威大为削弱。

(3) 边区政权的多京制度，形式上是受汉族政权的影响，而实际上是有其统治的客观需要，与汉族政权的多京制度不同。

第三节 古代都城内部建制和布局的变化

中国古代都城是政权的象征，因此新王朝建立之初，对都址的选择，内部规制的制定，施工过程的监理，都是经过精心的规划、设计和执行的。都城内部的规制，与当时社会政治、经济和文化情况相适应。三四千年来，随着封建社会经济、政治的变化，都城内部规制也有过较大的变化。这种变化反映古代都城在全国城市中的地位和职能的变化。

中国古代都城内部规制的变化大致可分为几个时期：

一、有城无郭、宫城即都城的布局

由早期商代都城为代表。已发掘的商代都城遗址有三处：郑州商城、湖北黄陂盘龙城(商代南方一方国都城)和安阳殷墟。郑州商城是商代中期的都城，位于郑州商城遗址中部，城平面呈长方形，城垣周长 6 960 米，其中南墙与东墙各长约 1 700 米，西墙长 1 870 米，北墙长 1 690 米。墙基最宽处达 32 米，地面残留最高约 5 米左右。城周共有缺口 11 个，可能是城门。城内东北部近 40 万平方米的较高地带，发现有大、中型夯土台基建筑遗址，应为商代大贵族居住的宫殿区。城外还有同时期的居民区和铸铜、制陶和制骨手工业作坊遗址和中、小型墓地①。盘龙城是商代方国都城遗址，位于湖北省黄陂县叶店。城址平面呈方形，南北约 290 米，东西约 260 米，城内东北部高地上有宫殿遗址，城外为居民区和手工业作坊区。安阳殷墟经过数十年发掘已知范围 24 平方公里，其布局：洹河南岸小屯村东北部一片东、北两面临洹河的高地是殷王朝的宫殿宗庙区，这片高地东西宽约 450 米，南北长约 600 米，总面积约 27 万平方米，是殷墟最重要的遗址。在小屯村西约 200 余米，在宫殿宗庙区西和南面有一条巨大呈半环形的灰沟，经钻探所知，灰沟南北总长约 1 100 米，东西长约 650 米，一般宽约 10 米，最宽处约 20 米，深约 5 米，是人工挖成的防御性设施。已发现的重要建筑群和大量甲骨文出土地点都在大沟以内，这里主要是王室的宫殿宗庙区贵族居地。大沟外，小屯村周围分布有铸铜、制陶、制骨手工作坊和居民地遗址，宫殿宗庙区四周，分布着大小不同的墓葬区②。

从以上三个商代古都城址的布局看来，可知我国商代都城的布局有下列特点：一是有城无郭。城内主要是宫殿区及有关官方手工业作坊。二是已筑有城墙作为防御，或者利用天然河流结合人工壕沟作为都城防御工程。三是都城的宫殿宗庙区都在都城东北部，全城以东北部为重心。四是居民区、农业、手工作坊区和墓葬区都在城外四周。这说明商代的

① 本节引用有关考古资料均据《中国大百科全书·考古卷》，不再一一注明。
② 《殷墟的发现与研究》，第 40～48，77 页，科学出版社，1994 年。

都城主要是政治中心，含有很强的军事性质。

二、城郭相连，城小郭大的布局

春秋战国时期，随着生产力的发展，主要是铁器工具的利用，社会政治、经济、文化方面出现了很大的变化。作为一国政治中心的都城在形制上产生了新的面貌。这种形制一直沿袭到西汉时期。今以春秋战国至西汉时期的几个主要都城为例，探讨当时都城规制的变化。

(1) 成周城。西周开始都城的规制有进一步的发展。但是西周都城的丰、镐的规制，因缺乏文献和考古资料，难以论述。现在只能从西周所建雒邑谈起。从《逸周书・作雒篇》记载，当时成周(东都的总称)有城有郭，“立城方千七百二十丈，郛方七十里，南系于雒水，北因于郏山，以为天下之大凑。”城即指东都周王所居的王城，郛即郭，七十里有误，一说应为十七里，一说应作二十七里。郏山即今洛阳市北北邙山。今考古发现王城遗址，位于今河南洛阳市西部洛、涧二水交会处，城址平面呈正方形，城墙用夯土筑成，除东南部因地势低洼未发现城墙遗迹外，其余部分基本完整。北墙在涧河东岸，全长 2 890 米，南部城墙在涧河西岸，南北两端相距 3 200 米，南墙与东墙各残留约 1 000 米。城址南部发现有宫殿建筑遗址，城址北部还有制陶、制骨、制石和铸铜作坊发现，城内还发现墓葬和居住地。据杨宽考证，成周还有大郭应在王城之东、瀍水两岸，北靠邙山一带①。

(2) 临淄城。齐国都城临淄城已经发掘，位于今山东淄博市临淄，古城址在淄河西岸，由大、小两城组成。小城是宫城，位于大城西南，部分嵌入大城西南角高地上。小城东西长 1.4 公里，南北长 2.2 公里左右，平面略呈长方形。有门五座，东、西、北面各一门，南面两门，其中东、北二门是通向大郭的门道，为正门，尤以东门为重要。北部有分布大片夯土基地，其中心建筑为一高 14 米，南北长 86 米的夯土台基，今称“桓公台”，当为宫殿区。大城是官吏和平民居住地，东西约 4 公里，南北约 4.5 公里，平面亦略呈长方形。东墙因淄水而筑，故曲折不齐。有八门，西墙一门，南、北墙各有二门，东墙有三门。大城东北部和中部及偏西处，有许多铁器、铜器、骨器作坊遗址，是手工业、商业活动区。还曾发现过春秋墓地。小城内部也有铁器铜器作坊遗址，应为官方手工业作坊。

(3) 郑韩新郑城址。东周时期郑国和韩国的都城遗址位于今河南新郑县城及其周围。古城东南依双洎河(古洧水)、西北靠黄水河而筑，故城墙曲折不齐。分东西两城，中有隔墙。西城是宫城，东西约长 2 400 米，南北最长处约 4 300 米，城中部和北部有密集的夯土基址，是主要宫殿区。曾探出东西约 500 米，南北约 370 米的宫墙。东城是郭城，北墙长约 1 800 米，东墙长约 5 100 米，南墙长约 2 900 米，西墙即隔墙。郭城内有许多铸铜、制铁、制骨、制兵器作坊。

(4) 晋都新田遗址。在今山西侯马市区西北部。有六个古城组成：白店、台神、牛村、平望、呈王、马庄。其中白店古城约属春秋早期，其他五座约属春秋中、晚期，牛村古城沿用至战国早期。白店、平望、如神、牛村四座古城连成一片，长宽都在 750～1 600 米间，呈长形。牛村、平望两古城内发现建筑台基推测为当时宫殿区。两城外东南郊发现不少制铜、制陶、

---

① 杨宽:《中国古代都城制度史研究》，第 51，74，80～81 页，上海古籍出版社，1993 年。

制骨作坊遗迹，浍河以南发现超过50万平方米的东周墓葬。杨宽推测古城东南2～3公里内是郭的区域，然至今尚未发现①。

（5）邯郸赵城。战国中晚期赵国都城，在今河北邯郸市区及其外围。据考古勘察，古城由宫城（王城）和郭城（大北城）两部分构成。王城由平面呈品字形的三个小城组成，总面积为505万平方米，习称赵王城。西城最为重要，城墙东西、南北均约1 300余米呈正方形。城中部偏南有宫殿建筑台基。东城较小，南北长度与西城同，东西仅925米，近西垣处亦有夯土台基。北城东西宽1 419米，南北第约1 520米其西垣内外有两大台基对峙，中部近南垣处亦有一较小台基附近出土大量瓦当，均为宫殿遗物。大城即郭城位于王城即宫城东北部，其西南城角与宫城东北角相距80米左右。全城东西约3 200米，南北约4 800米。中部偏东处发现大量战国至汉代的冶铁、制石、制骨、制陶作坊。

（6）曲阜鲁城。西周至战国的鲁国都城遗址，是目前已发掘的古城中惟一证明是建筑于西周时代的古城，位于今山东曲阜市区及其外围。古城平面呈长方形，东西最长处3.5公里，南北最宽处2.7公里，面积约10平方公里。四周有城壕，有城门11座，东、西、北三面各三座，南面二座。城中部为宫殿区（今周公庙高地），城内建筑物按中轴线排列的，符合《周礼·考工记·匠人》所述的都城规划。从发掘出遗址时代来看，早期整个城制是坐西朝东。城的北部和西部发现周代至汉代的冶铜、冶铁、制骨、烧陶作坊遗址。城内西部还发现100多座两周墓葬。

（7）秦都雍。东周时秦国都城，位于今陕西凤翔县城南、雍水以北。城址平面呈方形，东西长约3 300米，南北宽约3 200米，城中部偏西有宏大的建筑遗迹，为当时宫殿、宗庙所在，东北部为市区和居民区。

（8）燕下都。战国中晚期燕国都城，位于今河北省易县东南北易水和中易水之间。古城平面呈长方形，东西约8公里，南北约4公里。分为东西两部分，东城是主体部分，平面略呈方形，东西约4.5公里，南北约4公里。城内中部偏东北为宫殿区，南部为居民区，两区内均有铸铁、制陶等作坊。城西北为公墓区。西城亦略作方形，东西约3.5公里，南北约3.7公里，城内堆积较少，可能是军事需要的附郭城。

（9）楚都纪南城。东周时期楚郢都遗址，位于今湖北江陵城北5公里处。因在纪山之南，因习称纪南城。古城平面略呈长方形，东西4 450米，南北3 588米，城内中部偏东南处有夯土台基84座，为宫殿区。城西为居民区，城东为制陶作坊。城郊有许多大小墓地。

（10）秦都咸阳城。古城在今陕西咸阳市东北滩毛村、窑店一带，因长期受到渭河北移的冲决，地面荡然无存。但是战国秦惠王灭蜀后，派张仪修筑成都城，“与咸阳同制”②。因此从成都城的规制，可以了解咸阳城的规制。而蜀都成都城是西小城，东连大城。因此杨宽推测咸阳城也是西城连东郭，以后秦始皇扩建咸阳也是坐西朝东③。不过此说不少学者不同意。

（11）西汉都长安。故址在今陕西西安市西北约3公里，长安城是先筑宫后筑城的，因此南面城墙迁就已有的长乐、未央两宫的位置多有曲折，北面城墙因河道的关系也多曲折，后世有“斗城”之称。经实测，东面城墙约6 000米，南面7 600米，西面4 900米，北面7 200米，总面积为36平方公里。长乐宫在城东南部，面积约6平方公里，占全城1/6，未

①② 杨宽：《中国古代都城制度史研究》，第102～103，107页。
③ 《华阳国志·蜀志》。

央宫在城西南部，面积约 5 平方公里，占全城 1/7。另有武库在长乐、未央两宫之间。桂宫在未央宫北，北宫和明光宫各在未央、长乐之北。5 个宫殿区和武库共合面积约占全城2/3以上。其间还有宗庙、中央和三辅官署以及达官贵人府第。居民区和商市主要在城内北部。每墙有三门，城内共有南北、东西向大街 8 条。城内宫殿和整个城区都是坐西朝东的。西汉长安城明显是一个宫殿的集合体，是为保卫宫室、官署、仓库和贵族居地而建筑的，城内仅有很小的市区。在城外北面和东北面为居民区和商业区。因此长安城实为内城，而城外的商业区居民区是为郭区，大致以东面的漕渠和北面的渭河为限，此二河起着郭的城壕作用。当时商业区的市和居民区的里都有围墙和里、市门，这些门昼启夜闭。有严格的管理制度。总之西汉长安城也是坐西朝东的。

列举了以上 11 个都城的规制，从中可以看出这个时期城都形制的几个特点：一是从春秋至西汉都城，城制规模由小到大，春秋战国时期一般都在数平方公里至十数平方公里内（如临淄），至西汉长安城达 36 平方公里。这是社会经济发展、人口增多的结果。二是都城中宫殿区多在城内最高处，处于居高临下形势，表示王权绝对地位。三是有城有郭、城郭相连。城是政治中心，包括宫殿、宗庙、社稷区和中央府署，也有部分官营手工业作坊和官府管理的市；郭是居民区的里和私人手工业作坊。四是城郭布局有多种类型，有宫城在郭

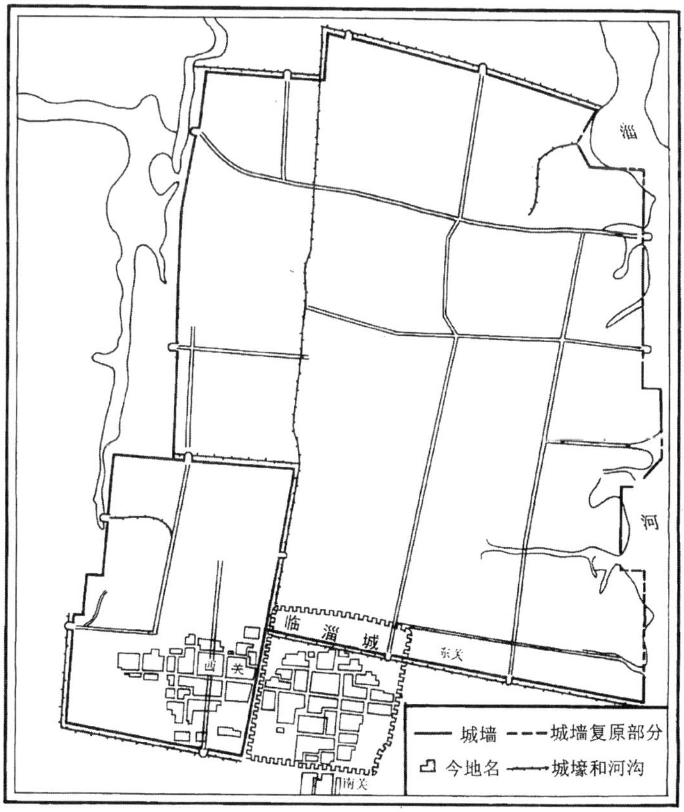

图 4-1　齐都临淄城遗址勘探图

（据《临淄齐国故城勘探纪要》，《文物》1972 年第 5 期）

城中部的，如曲阜；有城西郭东相连、坐西朝东的，如临淄、新田、新郑、邯郸、咸阳、长安；有宫城在郭城北部的，如燕下都；有宫城在郭城南部的，如纪南城。但中原诸国以西城东郭、坐西朝东为多。据杨宽考证，坐西朝东的布局是根据古代礼制以室中西南角为祖先神灵安坐之处，古代都城设计者把整个都城看成是一个室，因而将尊者所居的宫城造在西南隅，这是周人传统的礼制①。见图 4-1 与图 4-2。

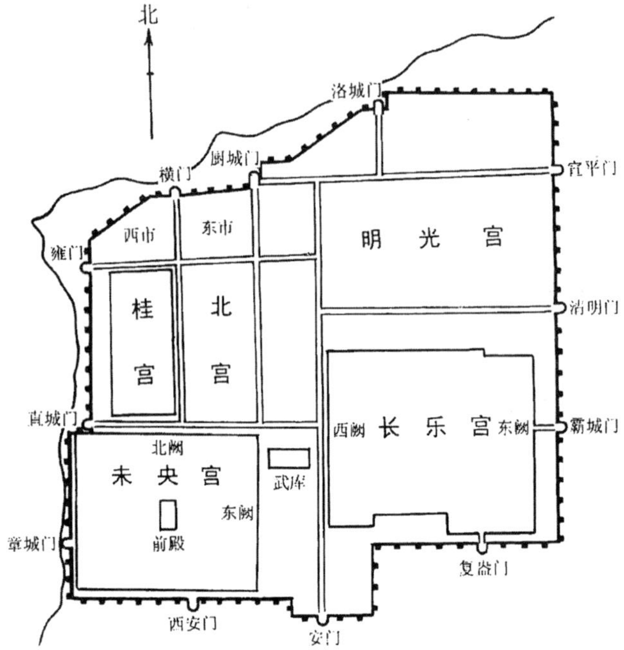

图 4-2　西汉长安城平面图

（采自《中国大百科全书・考古卷》第 159 页）

三、内城外郭，坐北朝南、东西对称的中轴线的布局

这时期可以下列都城为代表：

(1) 东汉魏晋北魏的洛阳城。古址在今河南洛阳市东约 15 公里。东汉洛阳城平面呈长方形，南北为汉里九里，东西约汉里六里，故有"九六"城之称。据实测，东城墙约 4 200 米，西墙约 3 700 米，南墙 2 460 米，北墙 2 700 米。全城 12 门，东西各 3 门，南墙 4 门，北墙 2 门。城中主体部分为南北两宫，北宫占北半城的大部分，北宫城墙靠近北城墙，南宫稍小，南宫墙也较近南城墙。其余仓库、官署布满城内。曹魏时重建洛阳城时，规模不超过东汉，不过城西北角上创建了金墉城，北依邙山，地势高亢，可俯瞰洛阳全城，是都城军事防御设施，这是魏晋时代特定的政治形势下的产物。全城是坐北朝南，以南门为正门。整个洛阳城仍是一个皇城。据杨宽考证，东汉洛阳城虽然没有郭城，但其东、西、南三面都有郭区，有郭门为标志。北魏洛阳城仍利用了汉魏洛阳城墙，但城内布局较以前有所改变。一是最主要的是改变了东汉以来南北两宫制度，省去了南宫，在北宫基础上兴建了统一的宫

① 杨宽：《中国古代都城制度史研究》，第 193～194 页。

城，在城北部中间略偏西。宫城墙东西墙各长 1 400 米，南北墙各长 660 米，呈长方形。城内布局分为南北两部分，北半城主要为皇家的宫殿和园囿，宫城又分南北，南半部为朝会之处，北半部为寝宫内院。南半城则分布着官署、寺院和贵族府邸。宫城南门（阊阖门）与南城南门（宣阳门）相对，两门对直的南北向大街铜驼街成为全城的中轴线城，宗庙、社稷和中央官署分布在铜驼街两侧。二是在洛阳兴建外郭城，“东西二十里，南北十五里”。在整个外城以内划分为 320 个方形的坊，每坊四边均筑墙，即当时一里。在郭区内四周分布着皇族、官吏、平民的宅第，还有寺院、工商和各种服务行业区。

（2）三国曹魏十六国北朝邺城。古城遗址在今河北临漳县西南 12.5 公里处，在今漳河北，北临故漳河。包括南北两城。邺北城为曹魏时建。平面呈长方形，东西 7 里，南北 5 里。城有七门，南三，北二，东西各一。一条东西大街将全城分为南北两区。北区中部建宫城，宫城以东为贵族成所戚里及官署，以西为禁苑铜雀园，苑内置武库、马厩、仓库，西城垣偏北，以城垣为基础筑金虎、铜雀、冰井三台。南区大部分为居民里坊，只有少量官署，在全城中轴线位置上辟南北干道，南通邺城正门正南门，北达宫城。整个布局区划分明，交通便利。南城为东魏时建，在今漳河南。平面呈长方形，南北 8 里 60 步，东西 6 里。其北城即南城南垣，共有城门 14，南北各三，东西各四，城内布局也与北城相似，北部中心为宫殿区，南部里坊区。两城都是坐北朝南的。

（3）三国东吴建业和南朝建康城。六朝古都实为一群古城的综合体。东吴初筑石头城（今清凉山西麓），周 7 里 100 步。后又筑建康新城于秦淮之北（今南京市区），周 20 里 19 步。宫殿建于城内中部偏西北处，有太初宫、昭明宫、苑城、南宫，从宫城南门至建业城南门（宣阳门）为 2 里，从宣阳门至城外至秦淮河北岸有大航门为 5 里，这 7 里是一条南北向的御道，为全城的中轴线。中央官署均连续分布在这 7 里中轴线的两侧。建业城实际上是内城，从宣阳门直至御道南端大航门，在大航门下的秦淮上桥梁朱雀航，都是建业城南面的重门户。建业城东西两面以至南端到朱雀航一带都是外郭性质。居民区和商业区都在御道以南的秦淮河流域。著名贵族所居的长干里即在今雨花台一带。东晋南朝的建康城基本上沿袭了东吴旧城，对宫殿进行改建，仍旧是内城性质，东南西三面，具有外郭性质。此外在周围的山丘上建有许多城堡，如今雨花台西北的越城、石头城，秦淮河北岸的东府城，长江边上西州城（扬州、丹阳郡治）等。形成以建康城为中心的军事防卫圈。东晋南朝时南方人口大为增加，因此建康城外四周数十里居民大增，贵族和平民的聚居区、商业的大小市、佛教寺院林立。

（4）隋文帝杨坚在汉长安城东南龙首原上营建新都，定名大兴城。唐建国后仍以大兴城为都城改名长安城。经多年考古发掘，知隋大兴城唐长安城由外郭、宫城、皇城和各坊、市等构成。外郭城，又名罗城，平面呈长方形，周长 36.7 公里，面积约 84 平方公里。每面 3 城门。宫城和皇城位于外郭城北部的中央。宫城南连皇城，北接禁苑。平面呈长方形，周 8.6 公里余。中部为太极宫，东为东宫，西为掖庭宫。皇城亦名子城，位于宫城之南，北与宫城相连，平面呈规则长方形，周长 9.2 公里。南面朱雀门为正门，北对宫城正门承天门，南为朱雀大街，直对外郭城正门明德门。据文献记载，皇城内有东西向街道 7 条，南北向 5 条，“皆广百步”，中央官署及各附属机构皆布其间。外郭城内有南北大街 11 条，东西大街 14 条纵横交错，将城内分为 110 个坊（隋时称里），各坊面积不一，东西、南北长大致在 500～1 200 米间。居民住宅、官衙、寺院分布其间。城内有东、西两市，西市位于城中部偏西，占两坊之地，经实测，南北长 1 031 米，东西 927 米，有围墙，四边各开二门，中间形成井字形街道，通向四边八门，内为商店和手工业作坊；东市位于城中部偏东，南北长 1 000 余米，东西 924 米，形制与西市同。据上可知隋大兴唐长安是以中轴对称原则设计的，结构谨严，区划整齐，显然是曹魏邺城、洛阳城布局的发展和完全。在宫城外另筑皇城则是隋朝的大兴城开始的，将宫城与其他部分隔离，从而加强了宫城的防卫。

（5）隋唐洛阳城。古址在今洛阳市城区及近郊。隋炀帝时建，唐代沿用，略有改作。也是由外郭城、宫城、皇城三个主要部分组成。外郭城南宽北窄，略呈正方形。跨洛水南北、瀍水东西，经实测，面积 47 平方公里。全城共 8 门，北面两门，东、南面各三门，西墙无门。宫城和皇城在郭城西北角，洛水之北。宫城东、西城墙长约 1 270 米，北墙约 1 400 米，南墙 1 710 米。皇城围绕宫城东、南、西三面，东西两侧与宫城间形成夹城，周围城墙仅西墙保留较好，长约 1 670 米。在宫城和皇城周围还有几座小城，如宫城北面有狭长形的曜仪城、园壁城，皇城东面长方形的东城，东北面的含嘉仓城。宫城东北角和西北角外，还有长方形小城各一座，暂称东西隔城。外郭城洛河以南有南北向街道 12 条，东西向街道 6 条；洛河以北南北向街道 4 条，东西向 3 条。这些纵横街道将城内分为 103 坊，坊平面均呈正方形或近方形，周围有坊墙，正中开门。居民商人均居于此。城内有 3 市，北市在洛北，南、西市在洛南。以南市为最大，市内有纵横街道各 3 条，四面各开 3 门。各式店铺、服务行业皆杂其间。

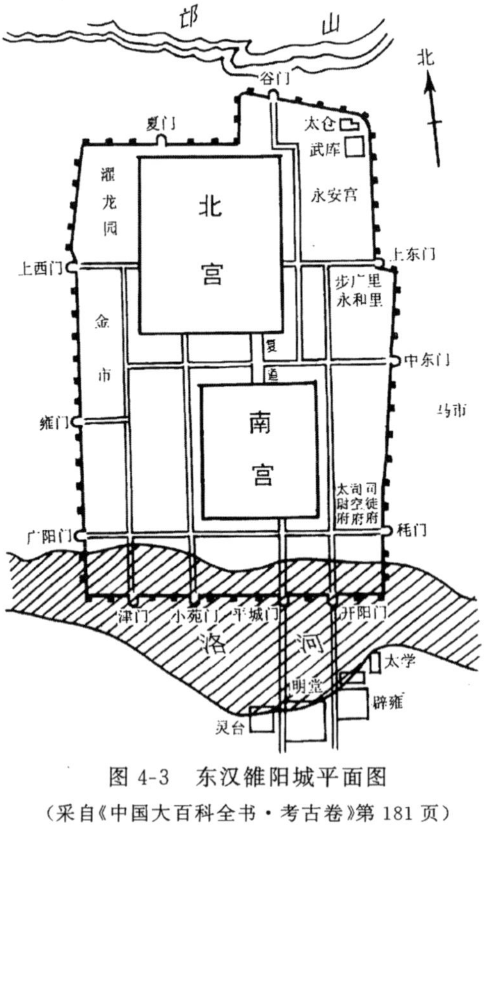

图 4-3 东汉雒阳城平面图

（采自《中国大百科全书·考古卷》第 181 页）

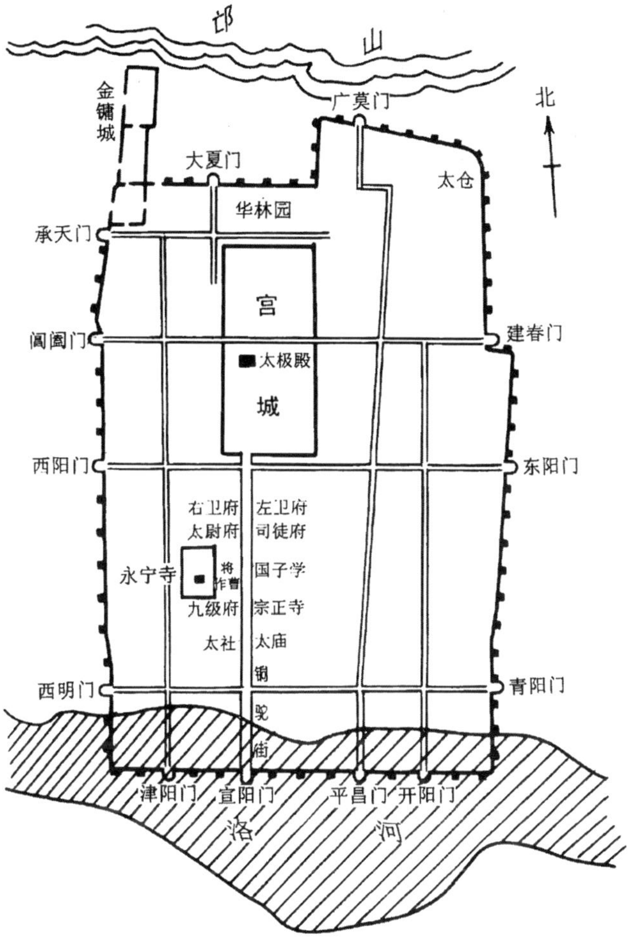

图 4-4　北魏洛阳城平面图

（采自《中国大百科全书·考古卷》第 182 页）

从以上各城布局，说明从东汉开始至唐朝，都城布局有新的变化：一是宫城也即内城在整个城内的中北部，外城也就是郭城包围东、西、南三面，为居民区、手工业和商业区，这无疑是都城内部人口增加，经济繁荣的结果；二是都城内部有一条南北贯通的中轴线，东西对称的布局。中央官署都在中轴线的两侧。三是由传统的坐西朝东，改为坐北朝南，据杨宽的考证，这两点转变是应承了东汉以后中央皇权的加强，为了推崇皇权的威仪，西汉末年以后，实行每年在南郊举行祭天仪式，同时每年元旦大朝会也都在宫城的南面举行，因此都城布局必须坐北朝南，宫城的南门外为集合的广场，中有中轴线左右对称，郭城内棋盘格式的划分，都是皇权高度集中的表示，为以后魏晋隋唐都城所继承。见图 4-3～图 4-7。

四、皇、里、郭三重城结构和开放性的里坊建置

唐宋之际，都城建制发生很大的变化其代表的下列几个都城：

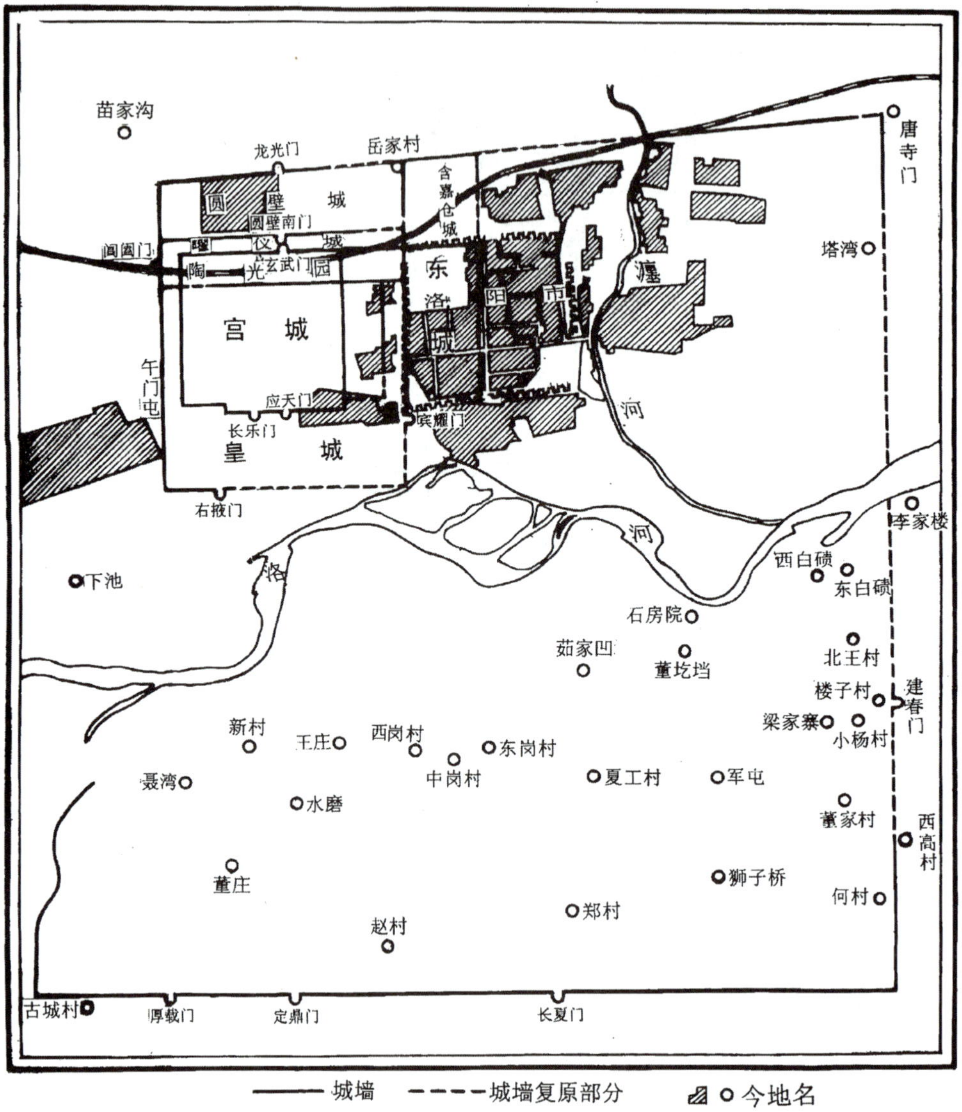

图 4-5　隋唐洛阳城平面图

（采自《中国大百科全书·考古卷》第 506 页）

(1) 宋代东京城。五代除后唐外，梁、汉、晋、周都建都大梁即东京开封府。后周世宗时东京城有三重：中心皇城原为唐宣武节度使治所，外围为里城，原为唐汴州的州城，周围 20 里 50 步。955 年周世宗在州城外别筑外城，周围 48 里 233 步，比州城扩大了 4 倍。北宋仍建都开封，即在此基础上进行多次的修建和扩展。北宋东京城中宫城亦称皇城，周围 5 里，位于里城的中央略偏北，四面各有一门。里城亦称旧城，即唐汴州城，位于外城的中央，周围 20 里 155 步，南北各三门，东西各二门。外城亦称罗城、新城，后周时所建，北宋时扩展周围至 50 里 165 步。四面共 16 门：南 3 门，东 4 门，西 5 门，北 4 门。有 4 条运河流经城内，外城南部为蔡河（又称惠民河），外城东北部为五丈河（又称广济河），西北部有金水河流入宫城内为苑园水源，汴河则由西向东横贯里、外城中，当时所谓漕运四渠。宫城内

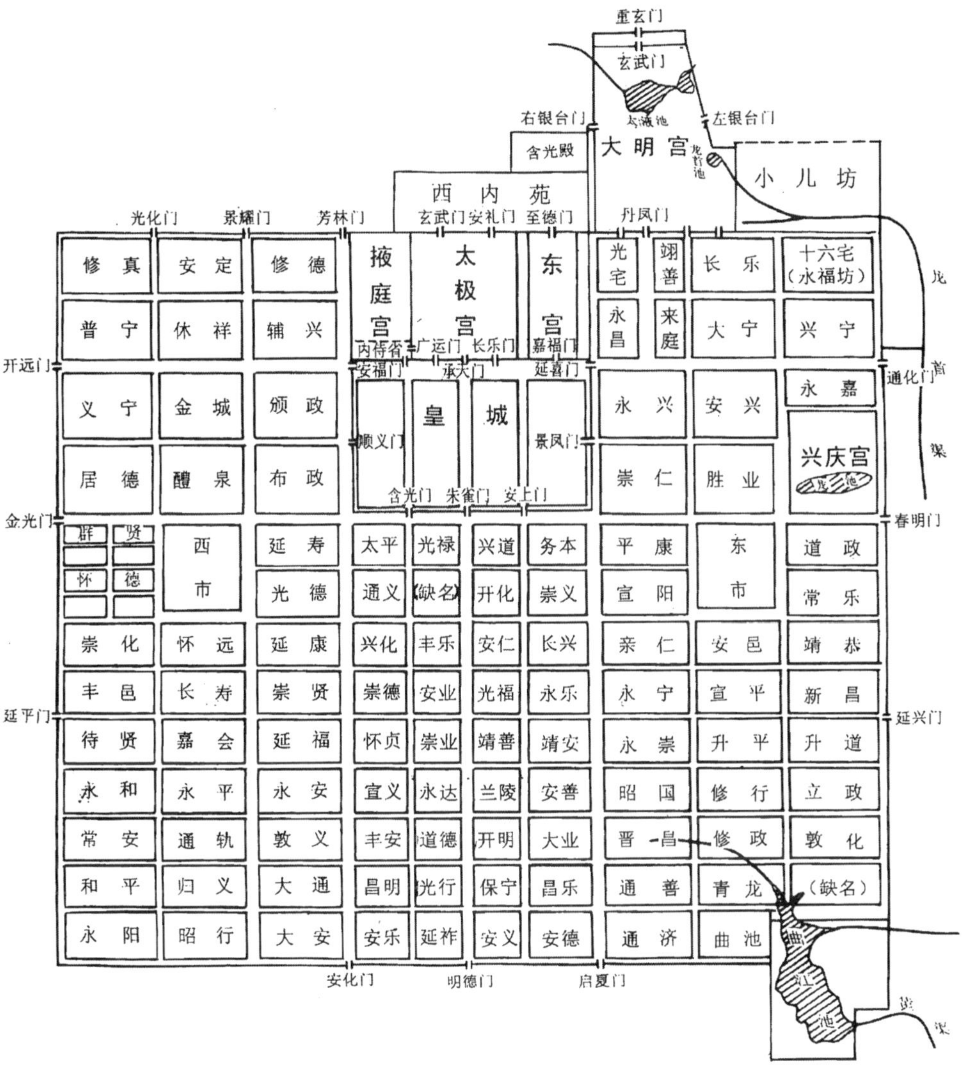

图 4-6 唐长安城平面复原图

(采自《中国大百科全书·考古卷》第 497 页)

为皇宫所在,国家重大政典均在此举行。中央官署的机要部门如枢密院、中书省、内侍省等都设在宫城内。从宫城南门宣德门,经州桥(汴河上),至里城南面正门朱雀门,直至外城南面正门南薰门,筑有御街,宽约 200 步,为全城中轴线。由宣德门至州桥一段御街两侧为中央行政部门如尚书省、秘书省、御史台等官署所在,此外一些较次要的中央机构如审计院、太学、国子监、殿前司、同文馆等则分布在里城、外城坊巷中。宋代在里、外城内开始设厢,每厢管若干坊,厢的长官都指挥使品秩高于或等于县令,于是县令的管辖范围缩小,城区有了独立的管理。城内以宫城为中心有四条成十字形御街,通向东南西北四门。此外还有几条东西、南北向的大街纵横其间,大街间有规则地分布着许多巷,成为坊间的通道,同时全城街巷间形成四通八达的交通道路,道路两旁和汴河沿岸布满了行市、酒楼、茶坊、食店、旅邸、妓院、瓦子(文化娱乐场所)以及各种日用品商店。汴京成为全国商业贸易中心。

总之，这时的商业区已经与居住区打成一片，且有夜市，而不是唐代以前商业区有固定地区，而居民区坊里是封闭式的。见图 4-8。

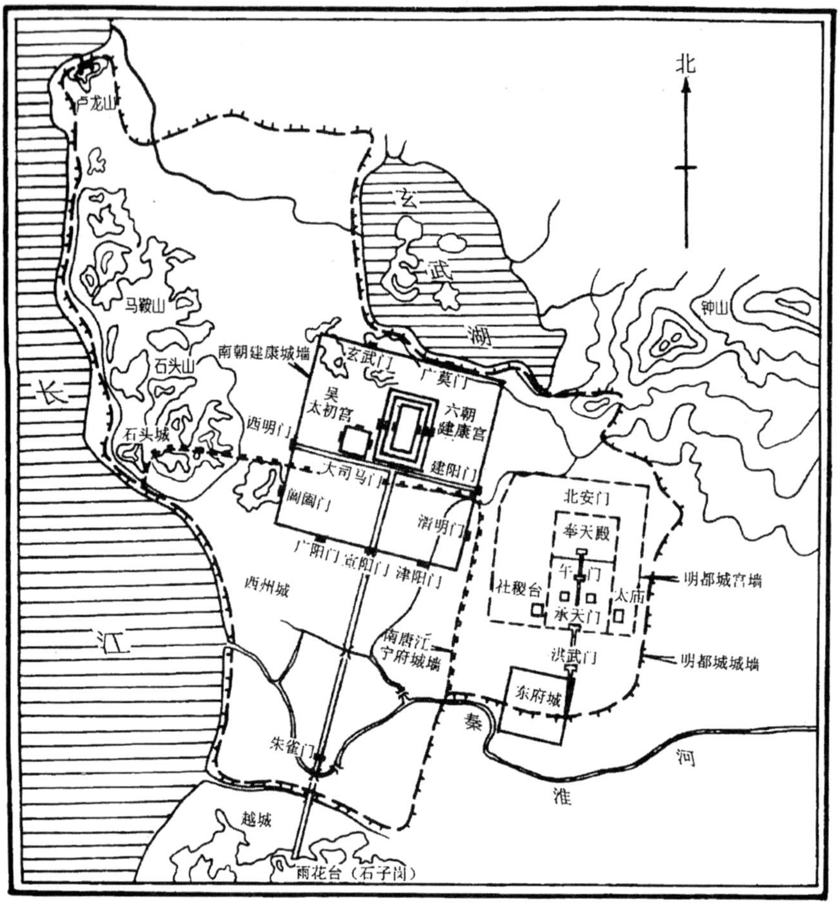

图 4-7　南京历代城址变迁图

（采自《中国城市建设史》第 32 页）

（2）元明清北京城。元大都城为忽必烈时代所筑，当时在废弃了金中都城东北郊外原金代筑有离宫的湖泊地带为中心，另筑新城，称大都城。城有三套：外城、萧墙和宫城。外城呈南北长的长方形，史称“城方六十里”，北面城墙和东、西两面的北段都还存在，即今北京城北郊的“土城”，南墙在今东西长安街南侧。共 12 门，北墙二门，东、西、南各三门。宫城周围 9 里 30 步，据实测，宫城南北长约 1 000 米，东西宽约 740 米，南面三门，东、西、北各一门。据勘查，宫城南门崇天门约在今故宫太和殿的位置，北门厚载门约在今景山公园少年宫前。东西两垣约在今故宫东西两垣附近。宫城之北为御苑，之西为太液池，太液池西，北为兴圣宫，南为隆福宫。在以上建筑的周围筑有东西较宽呈长方形围墙，称为萧墙。宫城时也称内城、皇城，萧墙为宫城的外围城墙，因此萧墙之内统称大内。萧墙的东墙在今南北河沿西侧，西墙在今西皇城根，北墙在今地安门南，南墙东西华门大街以南。元大都城规划中有一个创举，就是中心台的选定。据《析津志》记载，当时在全城东南西北四方之中，置中心台（当时鼓楼稍东），占地一亩，刻石碑曰中心之台。为全城中心点的标志，形成从外

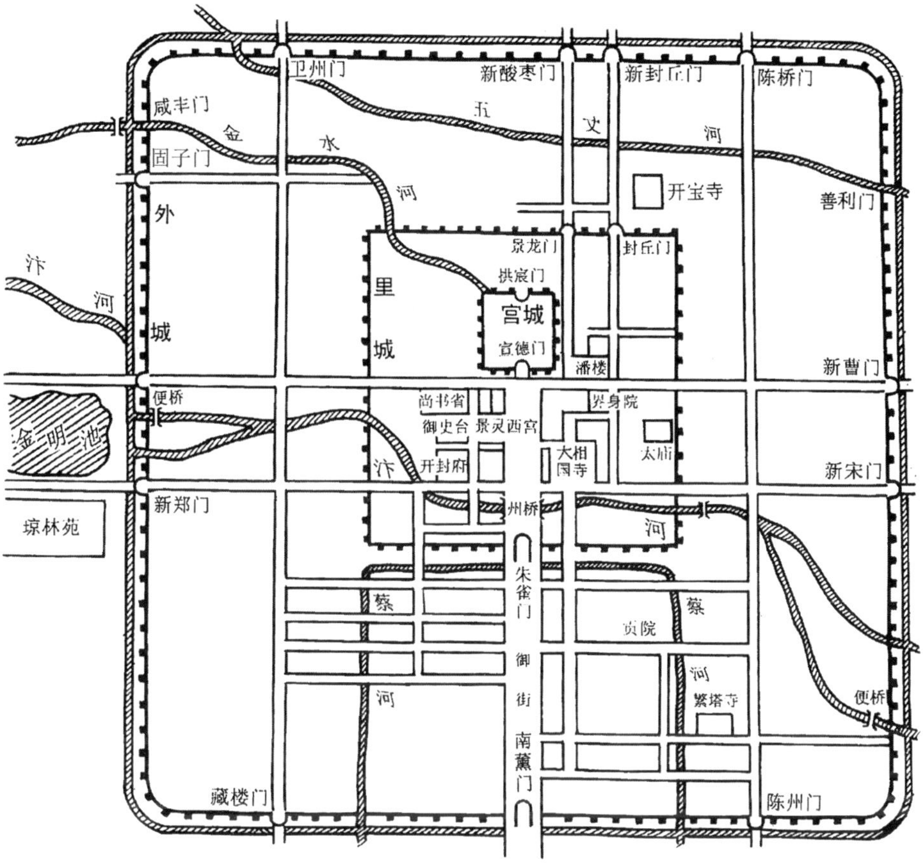

图 4-8　北宋东京城示意图

（采自周宝珠《宋代东京研究》）

城丽正门开始，北经萧墙南门灵星门、宫城南门崇天门，穿过宫城，出宫城北门厚载门、萧墙北门厚载红门，经万宁桥（即海子桥，在今地安门外大街桥亭）至中心台的南北中轴线。全城主要建筑即按中轴线左右排列。在中心台西偏置鼓楼，其北为钟楼。宫城、中心台的位置选择在积水潭（今什刹海）和太液池（今北、中、南海）一带，主要是因为各地可以通过通惠河、金水河为城内供应各种商品。其结果形成大都坐南朝北的格局。中央台省、枢密院等机构多设在外城的中部和东南部。太庙在萧墙之东外城东偏，社稷坛在萧墙之西外城西偏。全城在宫城和萧墙周围共有纵横交错的东西向和南北向的街道各 9 条，街道间排列整齐如棋盘的坊。初有 50 坊，后增至 60 余坊。坊各有名，有东西向门。坊门以内，即为东西向胡同。坊以中轴线为界，分别排列在萧墙东西。东面属大兴县，西属宛平县。由于漕船和商船可以通过通惠河直接进入城内积水潭，因此以积水潭、鼓楼、钟楼为中心形成了全城商业中心，积水潭北的斜街（今鼓楼西大街）是商业最繁华区。此外，城西有羊角市、西市，城东有枢密院角市、东市，都是商业市行区。外城四周门外，因处于四方进入大都的要道，都设各色行市，主要是木柴、炭、菜、鱼、猪、草等各色杂货，商业十分繁荣。见图 4-9。

明代对北京城的改建主要有：一是洪武初年废弃城内北部较空旷之地，北城墙内缩，使城圈缩小了 1/3，只保留了原元大都城中部和南部。从周围 60 里缩为 40 里，城门从 11

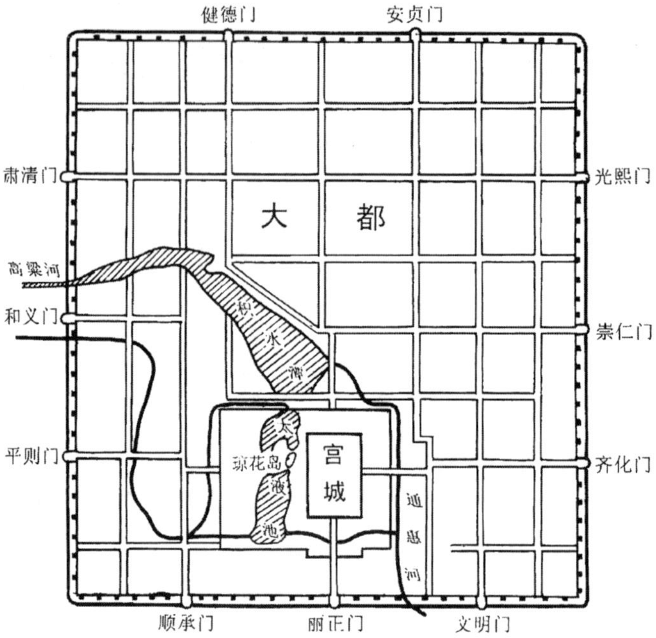

图 4-9　元大都城平面图

（采自侯仁之《历史地理学的理论与实践》第 168 页）

座，改为 9 座。城内原近 60 坊缩减为 33 坊。重建北城墙。并将钟鼓楼迁至元代中心台地，对准皇城和宫城的正北门，作为全城中轴线的终点。二是永乐时在元萧墙和宫城的旧址基础上改建皇城和宫城，即将新建的皇、宫城南移半里，并将南城墙南拓一里半，使皇城前面千步廊两侧有充分的空间可以安置许多中央官署。并在宫城正北玄武门外原堆渣土处建成土山，称万岁山，俗称煤山，即清代景山，成为“三大内之镇山”，作为中轴线的最高峰，也是全城的最高点，加强了朝廷坐北朝南的威势，改变了元代宫城坐南朝北的形势和中轴线由南向北的布局。三是嘉靖时又兴筑南面外城，即今正阳门至永定门的外城。就是将长期形成的南城外居民区和商业区圈入城内。于是京城内分为东、南、西、北、中五个城区，其中南城即新建外城以内，共有 8 坊，其余四城区属内城，共有 28 坊。四是改建太庙（今劳动人民文化宫）于皇城内宫城南中轴线东侧，社稷坛（今中山公园）于西侧。建天坛和山川坛于内城正门正阳门外中轴线两侧。五是明代初期中央官署分布基本按元之旧。正统以后大规模建中央官署于皇城外中轴线两侧。六是商业区南移。元代商业区在城内北部，这是由于通惠河进入积水潭的关系。明代东四和西四为商业繁荣区，有东市、西市之称。但外城区则商业更为发达，嘉靖以后会馆盛行，正阳门和崇武门外，大建各省会馆，形成大片商业和居民区，成为全城商业最繁华之地。清代定都北京，完全沿用了明代的建制，除了对宫殿有所改建和扩建外，城内如中央官署、太庙、社稷以及住宅、居民区的基本格局未变。清代北京商业区仍因袭明代内城在东四、西四一带，外城在正阳门至大栅栏一带，不过因金融业的兴起更为繁荣。见图 4-10。

从宋代以后都城内部格局的变化，反映出封建社会后期，都城在全国城市中地位的变化：一是都城的结构由内城外郭，演变为宫城、皇城、外城三重，加强了皇帝的权威性和神

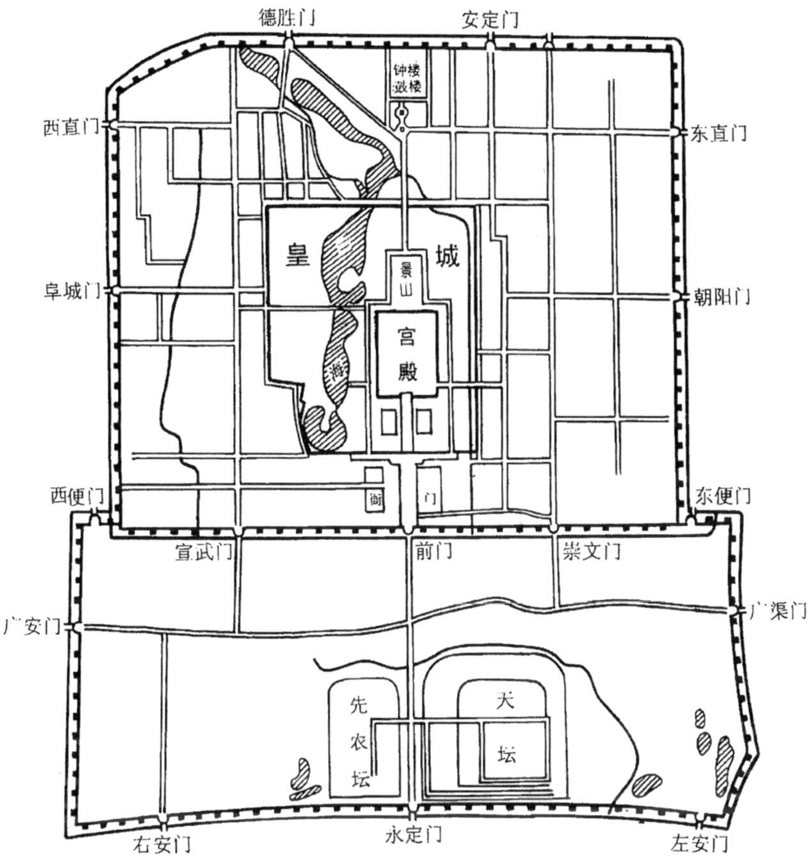

图 4-10　明清北京城示意图

（采自《中国城市建设史》第 101 页）

秘性，并且有利于保卫工作；二是都城除政治中心的职能外，经济、文化娱乐中心的职能明显加强，这是封建社会后期商品经济发展和商人地位抬高的反映；三是中央官署分布的逐步集中，有利于政令的通达和施行；四是随着都城内部人口的增长，商品需要量的增加，各业行市的兴起，会馆旅邸兴建，文化娱乐场所增多，居民区和商业区交错存在，大街小巷互相连接沟通，改汉唐时代封闭式的里坊结构为开放性的街坊结构，使整个都城制度由封闭式转为开放式；五是全国性市场的形成，都城成为全国水陆交通的中心。

参 考 文 献

《中国大百科全书》编委会．1986．中国大百科全书・考古卷．北京：中国大百科全书出版社

中国古都学会．1993．中国古都研究（第八辑）．北京：中国书店

曲英杰．1991．先秦都城复原研究．哈尔滨：黑龙江人民出版社

邹　衡．1980．夏商周考古学论文集．北京：文物出版社

杨　宽．1993．中国古代都城制度史研究．上海：上海古籍出版社

董鉴泓主编．1989．中国城市建设史．北京：中国建筑工业出版社（第二版）

第五章 人口的增长、分布和迁移

人是一切社会经济、政治、文化活动的创造者。历史时期地理环境的变迁，从某种意义上说，就是人类活动和自然界相互作用和相互制约的结果。在古代，自然环境的变化很大程度上决定人口的数量、分布和迁徙；反之，人口条件又积极影响着自然环境的变化。特别是在以农为本的中国，一定数量的劳动力是发展农业的必要条件，直接关系地区经济的发展。因此，在中国历史人文地理中，人口地理占有重要的地位。历史人口地理的内容十分丰富，本章仅选择其中有关人口数量、人口空间分布，人口迁移及其社会影响等问题作简要的论述。

第一节 历史时期人口总数的变迁

历史时期中国人口数量变化是研究人口地理的首要问题，但是要掌握历史上不同时期的确切人口总数是比较困难的。首先，虽然我国历史上很早就有人口统计，但统计的地域不全面，统计的方法不科学；其次，人口统计主要是为了便于政府向人民征派赋税和徭役，由于历代赋役制度有所不同，人口统计的角度也不一样；再次，由于制度上种种原因，造成申报人口上的隐匿、漏报等现象。因此，近代以前的人口数字只能是个约数，但这并不妨碍对历史上人口变化总趋势研究的科学性。

自东汉班固撰写的《汉书》开始，历代的十七部正史都设有《地理志》篇，大多载有全国和各地的户口数字。此外，历代还有不少有关典章制度的专著如《通典》、《通志》、《文献通考》等，也载有全国和部分地区的户口数字，宋代以后存留的数千种地方志也都有地方户口的记载。这些都给后人留下关于历史人口的丰富数据。但是，这些数据，只是有关政权设置郡县、直接统治地区的户口数（一般称之为著籍户口），并不等于全国范围的户口数，那些生活在边疆地区的少数民族人民一般不列入统计范围。甚至生活在中原地区的汉族人民，也往往未能得到全部统计。一些人为了逃避赋役负担，故意不登记户口。此外，有些统治阶级成员，因拥有不承担赋役的特权，也可以不登记户口。因此，官方登记的户口并不等于实际人口。但是，由于没有其他户口数据可资利用，要讨论全国人口数量的变化，仍只能以官方统计的户口数为基础，再考虑那些可能不报或虚报的成分，从而得出一个比较可靠的估计数。

另外，历代的统治范围有所不同，特定人口数的空间范围也必然有大小区别，讨论人口的变迁还要注意不同的空间范围的变化。本节所说的全国人口，就是指特定空间范围内的人口的估计数。

一、我国古代人口调查统计制度的起源

我国是世界文明发育较早的国家之一，早在 50 万年前即有北京猿人生活在华北北部一带。约在公元前 21 世纪，开始进入历史上的第一个奴隶制国家夏朝。继夏而起的商朝，已建成发达的奴隶制国家，拥有完整的国家机器。对于奴隶主阶级而言，管理国家，征发兵丁，俘掠、占有、分配和管理奴隶，都离不开人口的统计和登记。目前发现的甲骨文中的最大人口数字是 3 万，而卜辞中征兵一二万人的纪录也有多次，表明当时进行较大范围的人口调查已不存在着技术上的困难。因此，我国对一定范围的人口的调查和统计应该开始比较早，其源头或许可以追溯到商朝。

西周代商而立，在公元前 11 世纪的西周初年已经有了经常性的人口调查。公元前 788 年(周宣王四十年)，西周军队被敌对的姜氏之戎击溃。为了征集人力，重新组织军队，周宣王“乃料民于太原”①，“料民”就是人口调查。

到了战国时期，各国都建立了郡县制度，地方官需要每年将年度人口增减实数上报国君。在某些国家，例如秦国，还实行了严密的户籍制度。此外，井田制度废除后，国君除了收取田租，又根据人口多少收取口赋，人口调查统计对统治者的重要性显著提高。因此，各国人口统计的制度日趋完善。前 221 年(秦王政二十六年)，秦统一六国，我国内地的绝大部分地区首次置于同一个王朝的统治下。秦在全国普遍推行郡县制，建立有效的地方统治制度。在此基础上，完成了第一次全国性的人口调查。秦末刘邦进入关中，萧何首先收集秦朝的户籍地图，从而使刘邦“具知天下厄塞，户口多少”②。不过，秦代的户口统计数并没有留存下来，现存最早的全国性户口数据，是《汉书・地理志》记载的西汉平帝元始二年(公元 2 年)的户口数字。

二、战国至唐代的全国人口总数

虽然较早的人口数量，大约可以探讨到战国时期。但是，由于缺乏直接的记载，战国人口只能根据当时各国兵力或战争规模来推算。估计在北起陕北高原和辽河下游、辽东半岛，东至于海，南至南岭山脉，西至今陕西北部、甘肃洮河、四川盆地和湖南西部的范围内，生活着约 2 000 万以上的人口。秦帝国建立后的地域范围较战国扩大，北面增加了阴山以南的河套地区，南面到了云贵高原的东部和岭南地区。但是，由于统一时攻城掠地造成的人口减耗以及统一后滥用民力对人口增长的不利影响，人口较战国并无明显的增加，人口总数大致在 2 000 万或稍多些。

秦统一全国以后，北筑长城，南戍岭南，广建宫殿，导致百姓的死亡和流离失所，并激发大规模农民起义。此后，楚汉战争又持续一二十年，导致西汉初年的人口数量剧减。据载:“大城名都民人散亡，户口可得而数裁什二三”③。这一记载，尽管有一定的夸张成分，仍反映出当时人口减少的状况。估计西汉初期的全国人口数，大约在 1 500～1 800 万。此

① 《国语・周语》。
② 《史记・萧相国世家》。
③ 《汉书・高惠高后文功臣表》序。

后，人口开始较快地增长。汉代的疆域较秦代增加了今朝鲜北部、越南北部和中部、河西走廊、云贵高原的东部，公元2年(平帝元始二年)，这一空间范围内的人口总数增加到约6 000万，西汉成为我国历史上第一个人口总数超过五六千万的王朝。

平帝元始二年的数据，反映了西汉处于鼎盛时期的人口状况。不久，王莽篡汉，天下大乱，战争的烽火燃遍华北的主要地区，加之自然灾害的原因，人口数量再次锐减。东汉初，全国人口总数下降到3 500万左右，仅相当于西汉元始二年的58%，减少了42%(见表5-1，本节以下有关数据均据此表，不另说明)。这一数字，尽管没有像文献所载的“世祖中兴，海内人民可得而数，裁十二三”的程度①，所反映的人口耗减程度仍是相当惊人的。

此后，东汉人口开始增长。大约到2世纪初期(相当于和帝以后)，全国人口已接近西汉极盛年度，至157年(永寿三年)以后的若干年达到东汉人口的峰值阶段。在大致相当于西汉户口统计的范围内，人口总数已超过6 000多万。

自东汉末年开始，天下大乱，接着又经历数十年的三国分裂时期，人口减耗的程度远远超过秦汉时期。至三国末期，经历了数十年的恢复，在吴、蜀、魏三国的范围内大约有3 000万以上的人口，较东汉极盛时期的人口数约减少50%左右。此后再经十余年的缓慢增长，至西晋统一天下的太康元年(280年)达到3 500万左右。西晋户口的统计范围，除今陕、甘、宁相邻地区以外，和东汉大致相同。

西晋统一的局面没有维持多少时间，便爆发八王之乱，黄河流域成为流民起义和民族斗争的大战场所。此后，中原进入东晋十六国和南北朝的大分裂时期，乱哄哄的局面长达二三个世纪，直到隋朝再次完成统一。长期的分裂和战争，导致人口数量的剧减。由于战争主要发生在北方，这一地区的人口损失特别惨重，在十六国时期大约只有五六百万人，到北魏统一北方之后人口恢复的步伐开始加快，至6世纪20年代可能又达到3 000万以上。

南方的人口发展也相当曲折，估计在东晋、宋、齐、梁、陈各政权统治下的人口大致在1 500万左右，人口最多的梁武帝时期可达到1 800～2 100万。在6世纪20年代，北方的北魏和南方梁政权控制下的人口，大约可超过5 000万左右。

隋朝统一全国，重新迎来和平发展的时期。到隋朝人口峰值阶段的609年(大业五年)，全国人口大致有5 600～5 800万。隋代户口统计的范围，北起阴山山脉和辽河下游，西至河西走廊、四川盆地和今贵州东南部，南至广西、海南和今越南北方大部，东至海。这一范围，与西汉比较并无根本的改变。换言之，这一地域范围内的人口总数，经过3个多世纪的战争时的人口耗减与和平时的人口恢复这样一个错综复杂的过程，再次基本恢复到西汉元始二年的水平。

隋末战争和唐初各军事实力派争夺天下的战争，使黄河流域的人口再次遭到耗减。魏征在劝谏唐太宗要爱惜民力时，特意提到黄河下游人口剧减的惨景：“今自伊、洛(河名，均流经今河南洛阳市)以东，暨乎海、岱(指今山东泰山)，灌莽巨泽，苍茫千里，人烟断绝，鸡犬不闻，道路萧条，进退艰阻”②。隋唐之际人口谷底大约在2 500万左右，较隋代人口峰值减少55%～57%。

自贞观以后，唐代人口开始迅速增长，这一过程一直持续到安史之乱爆发。755年(天

① 《续汉书·郡国志五》应劭注引《汉官》。
② 《旧唐书》卷七一《魏征传》。

宝十四载)，唐代达到人口的峰值阶段，约有 8 000～9 000 万，较唐初人口增长 2 倍以上。唐朝户口统计的范围，大致北起阴山、燕山山脉，南到今两广、海南及越南北部，东至今辽河下游西岸及东部沿海(不含台湾等岛屿)，西至今新疆乌鲁木齐一带。与西汉相比，东不及而西过之，统计范围的略有变化不足以对人口数量产生重要影响。因此，可以说我国的历史人口发展到唐代，才开始明显超越西汉元始二年的 6 000 万的人口数量，这一过程大约用去 7 个世纪。

公元 755 年(天宝十四载)冬，雄镇北方的范阳、平卢、河东三镇节度使安禄山联合史思明起兵叛乱，一举终止了唐代和平发展的局面，北方地区再次陷入战乱之中。安史之乱结束以后，在河北、山东、河南等地又形成藩镇割据的局面。战争和动乱不利于人口的发展，到唐后期的开成、会昌年间(836～846 年)，全国实际人口大约在 6 000 万左右，较天宝十四载下降 25%～33%。不过，当时的户口统计范围也有所缩小，北界大致相同而略有收缩，西界则已退到黄河、今宁夏固原、甘肃天水、陕西略阳、甘肃文县、四川西昌和贵州六盘水、兴义一线。

公元 874 年(唐僖宗乾符元年)，黄巢农民战争爆发，此后朝廷与农民军之间的战争以及军阀之间的混战席卷内地的大部分地区。至五代十国时期，北方为梁、唐、晋、汉、周五代所统治，南方和今山西省的大部分地区则分隶于十个区域性政权，全国人口数量再次大幅度下降。958 年(后周显德五年，北宋建立前夕)为五代人口的谷底，该年在唐后期的疆域范围内大约有 3 000 万左右人口，人口总数大约减少一半。

三、宋辽金元时期的全国人口总数

公元 960 年，后周大将赵匡胤篡政建立北宋，至公元 10 世纪后期，北宋相继平定南北各割据政权。但是，北宋统一的区域基本上限于内地，建国于华北北部和东北的辽国和西北今宁夏、甘肃一带的西夏与北宋长期鼎峙，此外在西南边疆地区还有大理和今新疆地区的黑汗王朝等区域性政权。尽管宋辽之间、宋夏之间发生过一定规模的战争，但受战争影响的范围相对有限，而且自 1004 年宋辽之间、1044 年宋夏之间签订和约以后长期和平共处，并未对各国的人口发展造成较大的不利影响。因此，各国的人口都有了一定的增长。

12 世纪初期，北宋约有 12 600 万人，辽约有 900 万人，西夏约有 300 万人，共计 13 800 万人。三国的疆域，北至今蒙古国和俄罗斯境内的外兴安岭，东至萨哈林岛(库页岛)，西至今额尔齐斯河上游——甘肃省西部省境——祁连山——青藏高原东缘山地——云南贵州交界地区，南包两广和海南。其中，在与唐朝户口统计范围大致相当的区域内(约相当于北宋和西夏两国全境再加上辽朝的南京、西京两道)，生活着 13 400 万人，为唐朝鼎盛时期人口数的 1.5～1.7 倍。因此，自 12 世纪辽宋夏时期开始，我国人口开始迈入亿人大关。

12 世纪 20 年代，东北的女真族建立金国，并相继发动灭辽和灭北宋之役，战火烧遍整个黄河中下游地区，给北方人民带来惨重的战争灾难。一位行人描述其途中见闻："东及沂(治今山东临沂市)、密(治今诸城市)，西至曹(治今定陶县西)、濮(治今河南濮阳市)、兖(治今山东兖州市)、郓(治今东平县)，南至陈(治今河南淮阳县)、蔡(治今汝南县)、汝、颍(治今许昌市)，北至河朔(指宋代黄河以北地区)，皆被其害，杀人如刈麻，臭闻数百里，淮泗之间亦荡然矣”①。此外，金军渡过长江作战和北方流民武装在南方的活动，也导致南方人口的减耗。估计在金初和南宋初，南宋人口的谷底数为 5 650 万人，金朝人口的谷底数为 2 830 万人，西夏约有 300 万人，共计 8 780 万人，较 12 世纪初减少约 5 000 多万人。

1141 年（绍兴十一年），南宋和金签订和约，两国以秦岭——淮河为界南北对峙。此后，双方都发动过大规模的战争，但往往几年便告结束，且战场均限于长江以北和黄河以南，其他地区大体上保持着和平的局面。因此，除长江——黄河之间的区域人口恢复较为缓慢，其他广大地区的人口都有较大的增长。13 世纪初期，南宋和金均进入人口峰值阶段，分别有人口 8 060 万和 5 600 万上下，如果加上西夏的约 300 万人，共有约 14 000 万人。南宋、金和西夏三国的疆域范围，除在最北部的今俄罗斯贝加尔湖东、西有所不同外，并无太大的差别。可以说，经过七八十年的恢复发展，全国人口总数重新达到 12 世纪初的水平。

正当南宋和金处于人口峰值时，成吉思汗在漠北建立蒙古国，紧接着不断发动对外战争。1227 年（成吉思汗二十二年）灭西夏，1234 年灭金，1276 年（至元十三年）灭南宋，从而统一了中国。蒙古军在作战地区往往进行残酷的杀掠，甚至长期以来实行“凡敌人拒命，矢石一发，则杀无赦”的野蛮制度，直到 1233 年攻占汴京（今河南开封市）之前某些将领才改变了这一作法②。此外，蒙古军在中原的作战行动长达二三十年，攻打南宋四川的作战时间更长达半个世纪，长期的杀掠，与之相伴的瘟疫、饥饿，导致人口的严重损失，北方的损失极为惨重。1234 年蒙古灭金以后，北方地区的人口降至谷底。至 1236 年完成的乙未籍户，共得 110 万余户这一全国户口总数。这一数字，仅是金代鼎盛时期的泰和七年（1207 年）户数的 13%，下降幅度之大，在中国人口史上亦属罕见。南宋境内的人口损失主要发生在四川，四川在元统一以后的 1290 年（至元二十七年）的户数大约只及南宋嘉定十六年（1223 年）的 4%，即使加上可能未登记的户口，大约只占南宋同一地域的 15%～19%。至元二十七年全国大约有 1 500 万户、7 500 万人左右。此时离金亡已有 56 年，离南宋亡也有 14 年，而且元已将大理国纳入自己的版图，但人口数仍只有 13 世纪初宋、金、西夏三国合计数的一半稍多。

元朝的重新统一为新的人口增长创造了较好的和平环境，1330 年（至正初）的元末，全国约有 1 700 万户、8 500 万人以上，接近元代人口的峰值。此后不久发生大规模的农民起义，继而演变成各派军事力量争夺天下的长期战争，人口再次锐减，至 1370 年（明洪武三年）达到元明之际的人口谷底。该年全国约有 6 000 万人左右，比元至顺元年减少 2 500 万人，下降幅度为 29%。

四、明清民国时期的全国人口总数

明代是我国古代人口发展较快的朝代之一，社会生产力的提高，山区和内地少数民族地区开发的深入进行，为人口的大量增加提供了必要的物质基础。自 1371 年（洪武四年）以后，各地人口增长的速度开始加快。1391 年（洪武 24 年）明朝统治区内约有人口 7 100 万，到 17 世纪 30 年代的崇祯年间，全国人口已接近 2 亿。明代户口的统计范围，大致北起

---

① 李心传：《建炎以来系年要录》卷四，建炎四年庚申朔。
② 苏天爵：《元朝名臣事略》卷五《中书耶律文正王》，引《神道碑》。

明长城，西至河西走廊上的嘉峪关和青藏高原东缘，东至辽东湾沿岸、辽东半岛和辽河下游，西南云南略超出今国境，南方和东北大致和今国界相同，不含台湾。这一统计范围，和辽宋西夏、金南宋西夏与元朝的户口统计范围并无太大的出入。至此，我国人口开始进入2亿人大关。

明朝末年的农民战争和清军入关以后对各地抗清力量的作战，导致一些地区人口锐减，从而暂时中断了明朝人口迅速增长的过程。至处于明清间人口谷底的17世纪中期（清顺治至康熙初），人口下降至1.6亿左右，较17世纪上半叶大约减少了4 000万。但是，当和平局面来临，社会经济得到恢复以后，由于赋役制度的改革减轻了人头税的负担，由于玉米、番薯、高粱、棉花、烟草、花生等作物的普遍种植，以及农业、手工业生产技术提高，边疆和山区开发的扩大，提供了满足人口增长的物质条件，人口增长速度大大加快。至1850年（道光三十年），全国人口达到43 000余万这一空前的数字。这一数字，既是清代的人口峰值，也是中国封建社会的人口的最高纪录。不过，清代疆域广大，极盛时东北到今石勒喀河、外兴安岭、萨哈林岛，西北至帕米尔高原、巴尔喀什湖、唐努乌梁海，东南包括今台湾岛，即使不计西藏、内外蒙古、青海等地（在宣统年间大约有300万人左右），其户口统计的范围也远远超越以前各朝代。

1912年内务部统计全国人口为4.058亿，1936年内政部统计为4.791亿。这些都不是经过普查的数字，精确度不高。新中国成立后，1953年全国进行第一次人口普查，最后公布的数字为583 603 417人（不含台湾等岛），可以说是我国数千年第一次最精确的人口统计数字。

综上所述，我国古代的全国人口总数，大体是在经历和平时期增长——战乱时期耗减这样一个曲折的过程而逐步分阶段增长的。就历代王朝鼎盛时期的人口数量而言，自西汉末至隋代大致在6 000万人上下波动，唐代开始摆脱这一阶段，至宋代达到1亿多人，至明末开始达到2亿人口，清代更达到4.3亿人的历代人口峰值。而历史上导致人口严重耗减的主要原因，是大规模战争，特别是改朝换代之际的长期战争，及其带来的瘟疫等灾害。当和平局面来临时，人口开始恢复，在王朝因长期和平发展而处于鼎盛时期时，其全国人口总数往往也达到峰值阶段（表5-1及图5-1）。

表5-1　西汉以来全国人口总数的变化

年　　代	公　元	人口总数（万人）
西汉元始二年	2	6 000
东汉中元二年	57	3 500
东汉永寿三年以后	157年以后	6 000
三国末期	3世纪60年代	3 000
西晋太康元年	280	3 500
南北朝末年	6世纪20年代	5 000
隋大业五年	609	5 600～5 800
唐武德五年	622	2 500
唐天宝十四载	755	8 000～9 000

续表 5-1

年　　代	公　元	人口总数(万人)
唐开成、会昌年间	836～846	6 000
后周显德五年	958	3 000
北宋末、辽末和西夏中期	12 世纪初	13 800
南宋初、金初和西夏中期	12 世纪 30～40 年代	8 700
南宋嘉定、金泰和及西夏后期	13 世纪初	14 000
元至元二十七年	1290	7 500
元至顺元年	1330	8 500
明洪武三年	1370	6 000
明崇祯年间	17 世纪 30 年代	近 20 000
清顺治至康熙初	17 世纪中期	16 000
清道光三十年	1850	43 000

资料来源：除辽宋金元依据吴松弟：《中国人口史》第 3 卷，明清依据曹树基：《中国人口史》第 4 卷、第 5 卷外，其余均据葛剑雄：《中国人口发展史》有关各章。

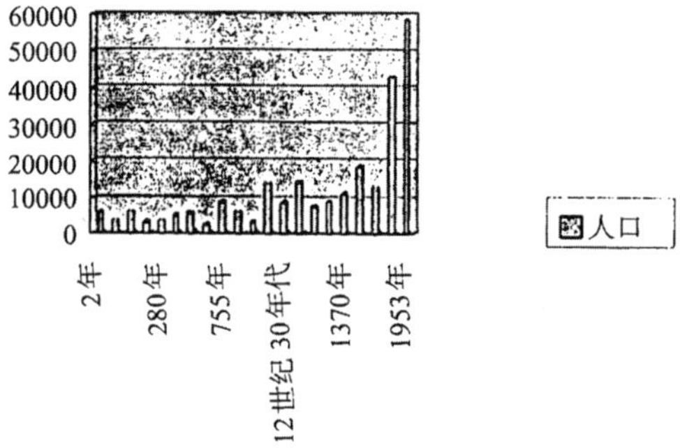

图 5-1

第二节　人口空间分布的变迁

人类社会早期总是首先选择那些适宜于生产和生活的地方，作为人类居住地。社会生产力的发展水平越低，人类对环境的依赖就越大。随着人口的增加，生产力的发展，人类分布的地域越来越广，原先不适宜人类生活的地区，经过人为的改造，成为新的家园。我国是世界上疆土辽阔的大国之一，面积几乎与欧洲相等，但自然环境复杂多样，地区差异显著，先人们为求生存和发展曾付出过很大的劳动和代价。

由于地理位置、大气环流、地势高低等影响，我国可分为青藏高寒、西北干旱半干旱和东部季风三大自然区。前两大自然区占国土面积的 55%，但由于气候寒冷干燥、降雨稀少、又多冻土和沙土，风力强劲，自然条件较差，只居住着全国 5%的人口。东部季风区占国土面积的45%，因雨量适中，气候温和，又有黄河下游、长江中下游等平原，所居人口占全国的95%。由于纬度、距海距离、海拔高度和地表形态等自然要素的差异，东部季风区内各地的地理条件存在很大的差别，经济文化发展程度和民族构成也不尽一致。受上述条件制约，历史时期人口的空间分布状况极其复杂，且往往随着经济、政治乃至地理条件的变化而变化。同时，人口空间分布的变化，势必又对各区域乃至全国的政治、经济、文化发展产生重要影响。

历史时期我国人口空间分布的差异，概括而言，主要体现在：

第一，汉族居住地区和少数民族居住地区的差异。我国地势自西向东呈明显的三级阶梯下降，汉族居住的东部地区地势比较低缓平坦，气候和降水条件较好、适宜农耕，而少数民族主要居住在西部山区和其他边疆地区，或比较干旱，或比较寒冷，或地表过于崎岖，不便于发展农业。因而，这些地区的农业，或保持比较原始的面貌，或在经济中不占有重要地位，当地的主要经济部门是畜牧业或狩猎业。由于农业产量比较稳定而且可以供养更多的人口，汉族居住地区人口的数量和密度一般要大于少数民族居住地区。汉族居住地区和少数民族居住地区的分界线，大致在今长城—祁连山—青藏高原东缘—云贵高原边缘，此线以内主要是汉族居住地区，以外主要是少数民族居住地区。这种汉族和少数民族居住区的人口分布上的差异，直到明清特别是清代以来，随着汉族移民的大批迁入边疆地区才始有改变。

第二，汉族居住地区内南方和北方的差异。秦岭—淮河一线是我国现代自然地理区分南方和北方的地理分界线：此线以南，属温度较高降水比较充足的亚热带、热带地区，多山，海岸线曲折漫长；此线以北，属温度稍低降水较少的暖温带半湿润半干旱地区，平原面积广大，多沙岸。因便于早期开发，北方的黄河中下游地区很早便成为我国人口密集经济文化比较发达的地区，古代的都城大多建立于此。但是，历次发生的大规模农民起义、统治集团的内部战争和民族战争，也大多以北方为主要战场，不仅造成人口的大量耗减，而且迫使一批又一批的北方人民朝南方迁移。此外，黄土高原生态环境改变和黄河的频繁决溢，导致当地自然环境朝着不利于人类生活生产的方向发展。由于这些原因，自唐宋以来南方逐渐在经济发展程度上超过北方，并成为主要的人口分布区。

我国古代人口空间分布的变迁，大体上就是人口密度较高的地区由北方向南方扩展，由汉族居住区向少数民族居住区扩展的过程，在这一过程中全国人口分布的重心由北方转移到南方。前一扩展主要发生唐宋以前，后一扩展主要发生在明代以后。

一、汉族聚居地区南、北人口分布的变迁

约在公元前2200年左右，我国进入第一个奴隶制国家夏朝。夏朝和其后的商朝、周朝均建立在北方，商朝的中心地域主要在黄河中下游地区，但西周的中心地域已向四周扩展，东面至山东半岛，南面则向淮河流域发展。夏商时今河南的黄河南北两侧地区、山西的汾河谷地和陕西的关中平原是北方主要的人口分布区，夏商二朝的都城和主要中心即在这一带。至西周和春秋时代，随着生产力的发展，地区开发的扩大，河流的下游和沿海地区也开始得到发展。

到战国时代，随着质地坚韧锋利的铁制农具开始较广泛的使用，水利事业得到发展，

交通日趋发达，地区开发进一步扩大。位于黄河下游的河北中部平原渐次得到垦辟，原来比较落后人口稀少的淮河流域以及某些更边远地区也有了一定的发展。例如，位今河北石家庄和保定两地区境内的中山国，虽然是狄人建立的国家，却有一定数量的人口，西汉人刘向在《战国策·叙录》中将其列为五个有千乘战车的国家之一。中原中心地区大体已获得比较充分的开发，有的已成为人多地少的人口密集区。齐国地过千里，人口众多，人称“鸡鸣狗吠相闻，而达乎四境，而齐有其民矣”①；魏国“田舍庐庑之数，曾无所刍牧”，即找不到可以放牧的地方②；韩国也和魏国一样，“彼土狭而民众”，人们认为“此其土不足以生其民也”③。

在浙江余姚市河姆渡和余杭市良渚等地出土的文化遗存表明，我国南方一些地方很早便得到发展，其文明的程度并不亚于北方。良渚文化遗存反映出，在距今四五千年前，当我国北方开始向阶级社会过渡时，东南地区也进入这一阶段。当北方进入夏商时代时，南方地区也可能出现若干区域性政权，文明发展达到一定的高度，四川广汉的三星堆商代遗址是至今发现的最著名的遗址之一，有人认为这是蜀国的早期都城。

但是，南方区域性政权长期囿于一隅之地，很少向外扩张，空间范围一般都比较狭小。直到公元前770年以后的春秋时期，南方才开始形成具有较大地域范围的区域性政权吴、楚、越三国。区域性政权地域范围的狭小，是南方各个文明地区未能通过地域扩张联缀成大范围的文明区域的集中体现，反映出当时许多地区未获得开发，仍是人烟稀少的丛林水泽地区。那些春秋战国时期获得初步开发、人口较为密集的地区，大多限于山麓地带和重要交通线两侧，并且往往是区域性政权的都城所在地。这种地区，主要有楚国都城所在的今湖北江陵一带，越国都城所在的今浙江绍兴一带，吴国都城所在的今江苏苏州一带，以及蜀国都城所在的今成都平原。

秦汉以来，随着全国性交通网络的开始形成，北方先进生产技术的南传以及一些人口的南迁，南方的地区开发速度加快，人口有了一定的增长。但是，地广人稀的总体格局并未得到改变。到西汉中期，南方仍然“地广人希(稀)”，生产技术落后，采用刀耕火种的耕种方式；但由于人口密度不高自然资源丰富，人民容易得到各种生活资料，因此当地既无“冻饿之人，亦无千金之家”④。在西汉元始二年的全国著籍户口中，北方地区占81%，广大的南方地区只占19%(见表5-2，本节有关数据均据此表，不另说明)。

自秦汉以来，北方地区屡屡发生大规模的战乱。每次的战乱，不仅导致北方人口数量的急剧下降，也迫使许多北方人民为避难而向比较安全的南方地区迁移并定居在那里。此外，每逢北方战乱之时，南方大多保持着相对和平的局面，颇有利于经济发展和人口的自然繁殖。因此，中国历史上的分裂割据和北方混战的时期，往往也是南方人口大发展的时期，在多数情况下每次大分裂结束后南方人口数量在全国所占的比重都比乱前有所提高。

表5-2主要依据历代正史地理志中的户口数据制作，用来反映南方和北方两大区域，在自西汉末年至清嘉庆二十五年这1 800余年中，在全国著籍户口总数中所占的比重的变化，以便于探讨全国人口主要分布地区自北向南转移的过程。资料表明，历代的政府著

① 《孟子·公孙丑上》。
② 《史记》卷六九《苏秦列传》。
③ 《商君书·徕民篇》。
④ 《史记·货殖列传》。

籍户口虽然与实际人口有一定的差距，在讨论实际人口时应尽可能结合其他方面的因素予以考虑，例如上述关于全国人口总数的讨论。但是，由于在同一时期影响全国人口统计质量的因素大体相同，依据同一资料得出的人口分布的百分比仍能大体上反映了全国人口分布的状况。

表 5-2　西汉至清代南、北方著籍户口及占全国百分比的变化

年　代	公　元	单 位	全国总数	南方总数	占百分比(%)	北方总数	占百分比(%)
西汉元始二年	2	万人	5 767.1	1 098.2	19.0	4 669.0	81.0
东汉永和五年	140	万人	4 789.2	1 609.8	33.6	3 179.4	66.4
西晋太康元年	280	万户	250.1	111.3	44.5	138.8	55.5
隋大业五年	609	万户	907.0	300.0	33.1	607.0	66.9
唐贞观十三年	639	万户	306.1	167.1	54.6	139.0	45.4
唐天宝元年	742	万户	897.4	399.0	44.5	498.4	55.5
北宋太平兴国五年	980	万户	641.8	387.4	60.4	254.4	39.6
北宋元丰元年	1078	万户	1 660.4	1 094.0	65.9	566.4	34.1
北宋崇宁元年	1102	万户	1 811.4	1 219.6	67.3	591.8	32.7
金泰和七年、南宋嘉定十六年	1207,1223	万户	2 280.0	1 550.0	69.0	730.0	31.0
元至元二十七年	1290	万户	1 319.6	1 184.8	89.8	134.8	10.2
明洪武二十六年	1393	万人	6 054.6	4 752.9	78.5	301.7	21.5
清嘉庆二十五年	1820	万人	35 337.8	25 221.0	71.4	10 116.8	28.6

资料来源：除有关宋、金 4 栏据吴松弟《中国人口史》第 3 卷表 4-2 和第 8 章第 3 节外，其余均据邹逸麟主编《黄淮海平原历史地理》第 7 章第 1 节。

据表 5-2，东汉以后南、北两大地域在全国户口总数中的百分比几经上下，屡有变化。由于西汉末年的战乱给北方地区带来的严重破坏和南方人口的较大增长，至东汉中期的永和五年（140 年），北方在全国人口中所占的比重，由西汉末的 81%下降至 66.4%，南方所占的比重则由 19%上升至 33.6%。在东汉末和三国期间，由于战争规模的扩大，南、北方的人口较之东汉都有较大的减少，但北方减少的幅度要大于南方。因此，在西晋统一不久的太康元年（280 年）的全国户口中，南方所占的比重再次上升至 44.5%，北方相应下降至 55.5%，南、北方的人口数量开始接近。

东晋十六国和南北朝期间的战乱与分裂割据时间之长，远远超过东汉末和三国时期，因而期间的全国人口发展极为曲折。北方在十六国时期人口损失严重，但在北魏统一北方以后开始得到较快恢复。由于北方避乱人民的大批迁入，东晋南朝时南方的地区开发和人口发展速度大大加快，但在发生于梁武帝时的侯景之乱中人口损失较大。由于这一原因，在隋统一后 20 年的大业五年（609 年）的全国户口中，北方仍占全国的 66.9%，南方下降至 33.1%。

隋唐之际的战争给黄河流域带来惨重的人口损失，南方则很少受到影响。反映在户口上，是 639 年(唐贞观十三年)的全国户口中，北方只占 45.4%，南方上升至 54.6%，南方的著籍人口数量在历史上第一次超过了北方。在贞观以后百余年的和平发展时期，北方的人口增长速度再次超过南方。因此，在 742 年(天宝元年)全国著籍户口中，北方所占的比重上升到 55.5%，南方下降至 44.5%。

唐后期的安史之乱、藩镇割据的战争主要发生在北方，黄巢农民战争和继之而来的军阀混战的作战范围虽然扩大到南方的许多地方，但主要战场仍在北方。与北方经济残破、人口锐减形成鲜明对照的是南方的迅速发展。经过秦汉以来的长期开发，南方的各个区域都已有一定数量的人口，有的区域，特别是今江苏、安徽两省南部和浙江、上海所在的江南地区，还在全国经济中占有重要地位，从而为进一步发展奠定了良好的基础。唐后期的相对和平，五代十国时南方各国统治者采取的保境安民的措施，以及唐后期五代时期的北方人口的大规模南迁，均有利于南方经济和人口的大发展。由于这一原因，在北宋统一不久的 980 年(太平兴国五年)的全国著籍户口中，南方所占的比重上升至 60.4%，北方则下降至 39.6%。

北宋时期，南北人口增长速度的差异，不仅没有因和平重建而得到改变，反而由于北方自然环境加速向不利于人类生产生活方面转化等原因而加剧。北方在 980～1078 年(太平兴国五年至元丰元年)的年平均人口增长率为 8.2‰，而南方高达 10.6‰。因此，南方在 1078 年(元丰元年)全国著籍户口中所占的比重上升至 65.9%，而北方则下降至 34.1%。北宋后期南北方人口增长的差距仍在扩大，在 1102 年(崇宁元年)的全国著籍户口中，南方占 67.3%，北方占 32.7%。

在此后的金和南宋时期，尽管金代人口保持着一定的增长率，但由于在金朝灭辽和灭北宋之役中北方人口锐减造成的影响，北方地区在全国著籍户口中所占的比重并无提高。如果将 1223 年(南宋嘉定十六年)的户口视为原北宋地域范围内的南方户口，将 1207 年(金泰和七年)的金朝全国户口扣除原辽国境内的户口后所获得的数字视作原北宋地域范围内的北方人口，则在 13 世纪初的南北著籍户口总数中，南方占 69%，北方占 31%，北方所占的比重较北宋后期还略有下降。

金元之际北方的人口耗减程度远远超过以前各代，例如黄河以北地区，“凡二十余年，数千里间，人民杀戮几尽，其存者以户口计，千百不一余”①。而元军向南宋发动全面进攻时，已改变了野蛮屠杀的作法，南宋全境的人口除四川在元军向南宋全面进攻前已经历长期战争极度减少外，其余地区均没有显著的下降。由于这一原因，在元统一南北不久的 1290 年(至元二十七年)的全国著籍户口中，南方所占比重上升至 89.8%，北方则下降至 10.2%，南、北方所占比重之悬殊达到历史上最高点。

元代北方的人口数量有了一定的恢复，因此，尽管在元明之际的战乱中人口有所减少，但在 1393 年(明洪武二十六年)的全国著籍户口中，北方所占比重上升至 21.5%，而南方相应下降至 78.5%。明后期全国人口增长迅速，北方地区也不例外。明清之际的战乱使得北方地区人口再度下降，自康熙以后(1662～1722 年)开始得到恢复和发展。由于具有一定的耐旱耐涝耐盐碱能力的作物玉米、高粱、甘薯、花生以及棉花的传播，成为北方人民与自然环境恶化作斗争的有力武器，以及工商业的发展，乾隆以后(1736～1795 年)北

① 刘因:《静修集》卷一七《孙君墓铭》。

方人口的增长速度进一步加快。因此，在1820年（清嘉庆二十五年）的全国著籍户口中，北方所占的比重再次上升至28.6%，南方下降至71.4%。

综上所述，西汉以来南北人口在全国著籍户口中所占的比重的变化，大致可分成三个阶段。

第一个阶段是西汉至唐天宝年间。总的说来，西汉以后北方人口在全国的比重呈现下降的趋势，但并不是直线下降，中间也有过上升，特别是在隋代和唐前期。因此，南方虽然在其中的一些时期曾占全国户口半数以上，却都未能确保这一地位，一旦北方人口得到恢复和发展便降到半数以下。

第二个阶段是唐安史之乱以后至元代。经过唐后期五代的发展，在北宋初的著籍户口中南方已占60%以上，此后仍在不断上升，而北方则持续下降，到元代终于出现全国户口分布南北比的最高点。

第三个阶段是明清时期，北方在全国著籍户口中所占的比重不断上升。尽管这样，在1820年（清嘉庆二十五年）仍只占全国户口的3/10不到。

需要指出，南、北方区域的大小，历史上中原王朝统治范围的伸缩，某些户口统计制度的差异，都可能会对南北方所占比重造成影响。但同一个朝代各区域户口统计制度的差异相对不大，而中原王朝历史上统治范围有伸缩的地区主要在北方，即在今天的明长城和阴山之间的漠南地区，有时还包括河西走廊和辽东半岛，这些区域历史上并不是汉族人口数量很多的地区。考虑到这一点，南、北方所占百分比即使有出入，最多也只是一二个百分点，不会根本改变在全国著籍户口中所占的比重。

唐代安史之乱无疑是我国南北人口分布的一个分水岭。安史之乱以前，尽管北方在全国著籍户口中的比重有所下降，仍能保持过半数的优势；南方所占比重多在半数以下，而且即使曾达到半数以上随着北方人口的恢复也要重新跌至半数以下。然而，自安史之乱以后，南方占全国著籍户口的比重便达到50%以上，并始终保持优势。而且，北方所占的比重，不仅没有在和平时期有所上升，反而随着每一次战乱的来临而不断下降，明清时期虽然有所上升仍未能改变南多北少的局面。

南、北方在全国著籍户口所占比重的变化过程，也是全国人口密度较高的地区由北方向南方转移的过程。西汉后期，全国人口密度最高的地区主要集中在黄河中下游，即北自渤海湾，沿燕山山脉而西，西以太行山、中条山为界，南自河南西部山区循淮河至海滨之间的区域。此外，还有关中平原、南阳盆地、成都平原等人口密度次高的地区，这些区域除成都平原外均位于北方。但到北宋时期，人口密度较高的路（宋代一级行政区域）已基本集中在东南和四川。神宗时的宰相王安石曾将北方河北东、西两路的人口密度和南方进行对比，他说："中国受命，至今百余年，无大兵革，生齿之众，盖自秦汉以来莫及。臣所见东南州县，大抵患在户口众而官少，不足以治之。臣尝奉使河北，疑其所置州县太多，如雄、莫二州相去才二十里。闻如此者甚众。其民徭役固多，财力凋弊，恐亦因此。"①河北路是北方人口密度稍高的地区，北方其他路的人口稀密状况当可想而知。在明代文人的笔下，即使在明中后期北方人口较为密集的东部平原也是一派人烟寥落的景象。他们描述道："卫河（流经今山东西北、河北东部和天津）皆平川旷野，行之终日，罕见人烟"；"齐鲁之间（今山东）

① 《临川集》卷六二《看详杂议》。

地广人稀，一望萧条”；“又尝往来淮凤间（在今安徽淮河以北），一望皆红蓼白茅，大抵多不耕之地……地广人稀”①。甚至都城北京附近地区的人口密度也不高，“根本重地，不异穷边”②。此同时，南方却“地狭人众，至不能容”③；“故身不有技则口不糊，足不出外而技不售”④，与北方的人烟寥落形成鲜明的对照。

导致南北方在全国人口中所占比重变化的原因是多方面的。自汉代以来，随着区域开发的扩大，南方人口不断增长，势必要提高其在全国人口中所占的比重。而每隔一二百年便发生一次的大规模战争导致的人口减耗和生产力破坏，以及生态环境恶化对人口增长的不利影响，也势必要使北方在全国人口中所占比重下降。唐中叶以前，我国的经济重心在北方，北方的自然环境虽然已朝着不利的方向发展但其速度相对较慢。因此，尽管每次大战都要导致北方人口数量剧减使之占全国人口的比重下降，但一旦进入和平发展时期仍能恢复到占半数的地位。唐中叶以后，南方已得到比较充分的开发，全国经济重心移到南方，南方经济在原有基础上继续向广度和深度发展；与之形成鲜明对照的，是北方自然环境的进一步恶化及因之导致的经济发展的相对缓慢。加之导致人口减少的战争因素仍然存在，北方占人口的比重不断下降，南方占比重持续上升，直到明清时期南方在全国人口中仍保持着绝对的优势。据表5-2可以看出，尽管我国人口自宋代以来已超过1亿多，明代接近2亿，清代达到4亿多，而北方地区的著籍户口却将公元初年的西汉元始二年的记录整整保持了1 800余年，直到清中叶才得改变。这一现象，充分反映了北方的人口增长自汉代以来长期裹足不前。

二、内地、边区人口分布的变迁

中国历史上的所谓内地和边区的概念，因不同时期统治王朝疆土的变化而不同。例如，在汉晋时代，黄河、长江流域才算内地，在南方五岭以南已算边区了，明清时代两广则在内地十八省之列；在北方，辽东地区已算是边区了，而在辽金时期，吉林、黑龙江才算边区。本文论述内地和边区不同人口密度的变化，旨在反映我国历史上人口分布的地域的不平衡性。

由于历史上边区或未纳入中原王朝的直接统治，或者统治不够严密，历代的正史《地理志》很少登载其户口数量，或虽有记载但户口数多有疏漏。而传世的有关边疆区域的文献资料极不齐备，也极少提到户口数量。以西域而论，《汉书·地理志》记载了西域诸国的户口和军队的人数，然而此后直到清中期这1 800年间，却再也没有比较全面的数字。以西南而论，南诏和大理曾立国云南数百年，都没有户口传世，只有元人关于平定云南几十年以后当地户口的一项数据，让人回想割据时期的人口数。蒙古高原游牧民族是古代中原政权的主要敌对力量，但这一地区的户口数据的保存状况还不如其他区域，没有任何关于这一个区域的民族人口和军队人数的资料传世，文献中只有“控弦之士二三十万”类似含糊而夸张的数字。由于这一原因，对边疆的人口状况，只能依据某些极不完备的资料进行估测。

---

① 张瀚：《松窗梦语》卷一、卷四、卷八。
②③ 于慎行：《谷山笔麈》卷十二《形势》。
④ 王士性：《广志绎》卷四。

西汉元始二年(公元2年),全国的人口分布极不均衡,人口密集地区主要集中在北方黄河中下游,例如以长安为中心的渭河中游地区每平方公里达95.52人,以洛阳为中心的伊洛河盆地每平方公里达135人,河北的真定地区和河南颍川平原每平方公里都近200人,最密集的今山东定陶所在的济阴郡和淄博市东的淄川国人口密度分别达每平方公里261.95人和247.85人。而长江以南大多数地区人口稀少,如长沙郡只有3.56人(每平方公里,下同),会稽郡北部相当今太湖流域和宁绍平原只有14.28人,相当今江西省的豫章郡只有2.12人,成都平原的蜀郡可说是南方人口最密集的地区了,也只有18.52人。当时作为边区的南海(0.96人)、郁林(0.56人)、苍梧(2.60人)、交趾(1.02人),更是人口极为稀少的地区。同样是边区,河套平原的五原郡、晋北的云中、定襄、雁门等郡的人口密度每平方公里达20余人,河西走廊的四郡每平方公里却仅2~3人。可见当时人口集中在黄河中下游地区。其余地区,包括东北大部、青藏高原、新疆、内蒙古一部、台湾岛还缺乏起码的推算基础。东汉以后,随着边疆地区的开发,汉族王朝统治的深入,开始有明确的户口记载,如西南的永昌郡有人口189万,但永昌郡地域广大,相当今云南省的大部分,因此人口密度还是很稀的,估计每平方公里不到1人。黄河中下游地区无显著变化,而长江流域人口密度明显增高,如太湖流域的吴郡增至每平方公里18.90人,豫章郡增至10.06人,南海郡增至2.54人。北边的云中、定襄、朔方等郡则仅2~3人,这无疑是东汉时期北边汉人内撤的结果。

到了唐代,虽然黄河流域仍然是人口密度最高的地区,但内地与边区差别已没有汉晋时这么大。例如,按742年(天宝元年)的人口数,大体相当今河南、山东两省的河南道每平方公里35.46人,今北京、天津和河北省的河北道为36.18人,今山西省的河东道每平方公里21.20人,而今两广地区岭南道也有2.72人,今甘肃省的陇右道为0.62人。宋明以后,各地人口密度当然有很多变化,但内地和边区分布的格局基本未变。明代云贵高原已纳入王朝的地方行政系统,并有了一定数量的汉族移民,但云南、贵州的人口密度仍然很低,如云南省每平方公里不过1~3人,贵州省不到5人。而京师为35~40人,南京达37~47人。这表明边区虽然经经济开发和汉人大批迁入,但地广人稀的状况尚无改观。

综观历史时期,由于边疆地区自然条件差,生存环境恶劣,加上汉族统治者的压迫,少数民族的死亡率很高,而汉人除了政府迫迁戍边和流放外,一般不愿意迁往边区,一有机会就返回原籍,凡此种种,使边区人口长期没有明显的增加。

到了内地汉族大量迁入边疆的清代,情况开始有了较大的变化。在乾隆后期到太平天国起义爆发的咸丰元年(1851年),地处边疆的奉天、云南都属于全国人口密度提高较快的省份,尽管和其他的边疆地区一样仍是全国人口密度较低的省份。如1851年人口数,云南省每平方公里达16.21人,贵州省31.50人,奉天省达20.65人。太平天国战争以后,东北、新疆、云南、贵州等地的人口数量都有较大的增加,与内地人口密集省份的差距因此得以缩小。清朝末年,人口密度最低的边疆省份云南,与内地密度最高的江苏省之间相差不到28倍。1953年,地处东北的辽宁省已进入全国人口稠密的省份行列。

1935年,胡焕庸先生提出瑷珲(今爱珲)——腾冲一线,是划分中国东南人口稠密区和西北人口稀疏区的界线①。爱珲在今黑龙江省东北部,腾冲在今云南省西部。换言之,我

① 《论中国人口之分布》,《地理学报》,1935年第2期。

国人口稠密区域，不仅已包括内地各省，地处边疆的东北三省以及云南、贵州、台湾也属于这一区域。就中国历史时期的人口分布来看，这一格局是经过明清以来的长期移民，到本世纪初才形成的。见图 5-2。

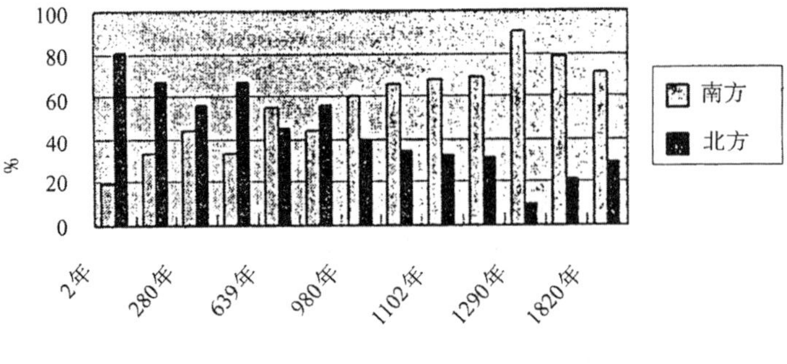

图 5-2

第三节 北方人口南迁与南方的开发

人口迁移，即一定数量的人口以改变自己的居住地为目的的一定距离的迁移，是导致各地的人口密度改变的主要因素之一。较大规模的人口迁移，往往在比较短的时间内，使一个地区的人口数量显著下降，另一个地区的人口数量有较大的提高。人是文化的载体，人口迁移的过程，也是区域人文现象扩散的过程。随着人口的迁移，特定地区的人文现象，包括生产工具、生产技术、农作物种类和手工产品等物质文化，学习风气、语言、文学艺术、风俗习惯、思想文化、宗教信仰、服饰、饮食等在内的精神文化，都随移民的迁移传播到外地，从而对迁入地的经济文化产生多方面的重要影响。

我国历史上的移民运动极其复杂。就移民的迁移方向而言，主要有自北方向南方，自边疆向中原，自中原向边疆，边疆各区域之间，自平原和河谷向山区，自农村向城市，以及自中国向海外等数类。在自秦汉以来至元代以前的漫长阶段中，以自北方向南方迁移最为重要，对南方的开发产生极其重要的影响。本节即以此为内容，作一概述。

一、汉代以前的南方开发

我国地域广大，因地理条件与经济生活的差异，边疆和内地、汉族地区和非汉族地区的经济文化有着一定的差异。由于历史的原因，汉族主要居住在长城以南、青藏高原和云贵高原以东的广大内地。其中，以秦岭——淮河一线为自然地理分界线，又可分成南方和北方两大各具特色的部分。北方平原面积广大，南方多丘陵山地，有限的平原主要分布在河谷地带和河口三角洲。南方大部分属亚热带气候，小部分属热带气候，全年温暖，冬季河流不结冰，降水丰沛，降水变率（河流在一年之中和各年之间的变化）不大，生长期（可供农作物生长的时间）较长。北方属暖温带，夏季温度较高，冬季寒冷，河流结冰，降水相对较少，且变率较大，生长期比南方短。

但是，远古时期的气候条件却迥异于今天。自商、周至秦、汉，北方地区年平均气温比现在高 2～3℃，雨量充沛，适宜人类的生活生产。而南方则气温偏高，降水量太多，疾病易于流行，并且不便排除积水。此外，北方多是黄土高原和黄土冲积平原，土质疏松，原始植被亦不太茂密；而南方植被茂密，土壤多为粘土。在金属工具没有普遍利用的情况下，开发北方比开发南方要容易得多。因此，尽管南方很早就出现以浙江的河姆渡文化、良渚文化和四川的广汉三星堆文化等为代表的具有很高水平的文明，表明南方也是我国古代文明兴起很早的地区，然而南方文明的空间扩展过程比较缓慢，总体的开发水平和规模要落后于北方。

公元前 2000 年以前，黄河流域已出现了比较成熟的、具有统一规模的商、周政权，而南方直到公元前 700 年的春秋时期始形成区域性政权吴、楚、越三国。在春秋时代甚至更早以前，北方各地区的经济文化往来已比较频繁，通过各部族间的通婚和经济文化交融，在秦以前居住在中原地区的人民已形成一种自称为华夏的共同体，他们视周围经济、文化发展程度较低的部族为蛮夷戎狄，南方各国也在蛮夷戎狄之列。

秦、西汉时期南方经济有所发展，但总的说来，除成都平原自战国修都江堰后，成为农业发达、人口较多的地区，经济水平可和北方相比较外，其余地区的经济仍然落后，地广人稀，有限的开发主要限于山麓地带和重要交通线两侧。就全国的人口而言，北方占全国人口的 80%，南方还不到 20%。南方不仅人口密度很低，而且很多地方人口极少，如现在的浙江南部、福建、广西和广东大部、贵州等地的人口密度都不足每平方公里 1 人。

一定数量的人口是完成区域土地开发的必要前提。与北方的人口密度较大、生产水平较高成鲜明对比的，是南方的低水平的粗放经营。司马迁于《史记·货殖列传》中总结全国的经济地理状况，指出：黄河中游的“三河”地区，“土地狭小，民人众，都国诸侯所聚会”，下游齐鲁之地“地小人众”，而江南“楚越之地，地广人稀，饭稻羹鱼，或水耕而火耨，果隋蠃蛤，不待贾而足，地艺饶食，无饥馑之患，以故呰窳偷生，无积聚而多贫。是故江、淮以南，无冻饿之人，亦无千金之家。”可见，当时南方农业大体上仍停留在低水平的粗放经营阶段，一般人也只以果腹为满足，这在人口密度不高自然资源比较丰富的状况下，不是很难做到的，但工商业当然是谈不上了。南方各地区的经济发展程度，一般与该地区距北方的距离成正比，越近越发达，最远的岭南已在楚越之地以外了。

我国古代的政治中心，一向都在北方。元代以前的统一王朝中，秦代都城咸阳，西汉和隋唐都城长安，东汉和西晋都城洛阳，北宋都城开封，都在黄河中游及其支流渭河南岸一线。由于都城的重要性，历次农民战争和统治阶级内部争夺政治权力的战争，无不以夺取都城作为自己军事行动的最后目标。此外，主要来自草原地区的强悍的游牧民族，往往越过长城一线，南下中原，与中原王朝的军队发生大规模的武装冲突。上述背景下的大规模战争，往往都以北方为主要战场，因此，北方是我国历史上多战争的地区。当北方陷入大规模战争时，南方却因远离都城和草原民族居住区域，并有秦岭、长江等天然屏障的阻拦，往往处于相对和平的局面。

大规模的战争，必然要造成人民生命财产的巨大损失。当战乱发生时，北方人民为保全自己的生命，不得不向比较安全的地区迁移。相对安宁，并且地广人稀可以容纳一定数量人口的南方，自然成为避乱移民的首选之区。此外，当建都中原的王朝被倾覆时，往往会有部分皇族成员向南方迁移，在南方建立自己的政治中心。政治中心的南移，不仅带动大量的北方人口南迁，而且使移民中增加了不少上层人士以及文人学士、艺人工匠等具有一定的文化和技术的人员。因此，北方人口的大量南迁，不仅导致南方人口密度的上升，也促进南方生产技术和文化水平的提高，从而有利于地区开发规模的扩大。

秦汉以来最早的北方人口南迁，始于西汉末王莽之乱以后。从王莽政权的后期到东汉初，黄河流域陷入大规模的战乱之中，北部边疆又受到游牧民族匈奴的威胁，北方人民纷纷南下避难。长江沿线及其以南地区，由于北方移民的迁入，至公元140年（东汉永和五年）时这些地区的人口数量都有不同程度的增长。例如长江下游及其以南地区的扬州人口与西汉末年相比，增加了1/4，中游的荆州和上游的益州都增加了一倍。最明显的有南阳郡（南阳盆地）人口从194万余增至244万，零陵郡（湘、资水中下游）从14万增至100万，长沙郡从23万增至105万，豫章郡（今江西省）从35万增至166万，巴郡（今重庆市）从70万增至108万。这种增长显然不仅是自然生殖，而是北方移民的结果。

东汉末年开始的大规模战乱，如果从184年（光和七年）黄巾起义爆发开始，到219年（建安二十四年）三国鼎立的局面形成为止，长达35年。由于战争的规模大，持续时间长，波及地域广，北方人民向南方迁移的规模远远超过西汉末年，先后形成五次大迁移。位于今湖北的荆州北部，今江苏南部的吴郡，今四川的益州，都是移民的主要迁入地区。还有一些移民，继续向南迁移，深入今福建、江西、湖南等省境，导致这些地区县的数目的剧增。三国政权中，蜀汉立国四川即主要依靠北方移民，而东吴政权中也有不少北方人。

西晋的重新统一，虽然使一部分官僚和上层人士迁回北方，但绝大多数下层移民仍定居在当地。不过，尽管东汉末的北方移民南迁对南方的初步开发产生了重要影响，其规模无法和以后的三次南迁高潮相比，只能算是北方移民南下的序幕。

二、西晋永嘉之乱以后的北方人口南迁

我国历史上的第一次北方人口南迁高潮，发生在西晋永嘉之乱以后。

公元291年（西晋元康元年），中原西晋王朝统治阶级内部爆发了争夺皇位的战争，史称“八王之乱”，不久导致民族之间的冲突。297年（元康七年），秦州、雍州（二州位于今陕西和甘肃省境）境内的战乱以及严重的自然灾害进一步加剧，迫使大批百姓越过秦岭，进入巴蜀地区（在今四川省和重庆市境）以及南阳（今河南南阳盆地一带）。首都洛阳和中原一些地方的人民预感到大乱即将来临，纷纷选择南方作为自己的迁居地。308年（永嘉二年），由匈奴人刘渊建立割据今山西的汉政权向晋朝发动大规模进攻，各地又发生空前严重的自然灾害，北方大乱，东汉末年以来入居黄河流域的各游牧民族纷纷建立政权，引起了一场民族大混战，迫使大批北方人民南逃避难。317年（建兴五年），西晋为匈奴政权前赵灭亡。不久，南逃的皇族司马睿在建康（今江苏南京市）建立东晋政权。西晋的灭亡和东晋的建国，使北方人口的南迁达到新的高潮。

此后，在东晋十六国以及南北朝对峙期间，凡北方发生战乱，或南北方作战时，都有一定数量的北方人口迁入南方。北方人口南迁的高潮，历时100多年，到469年（刘宋泰始五年）才告结束。估计到464年（刘宋大明八年），至少有200万左右的北方移民及其后裔定居在南方。但是，以后仍有一定数量的北方人口南迁，其余波长达300年之久。

由于受地理条件的限制，我国古代北方人口南迁，主要经由东、中、西三条路线。东线

以今河南和山东为起点，尔后主要顺着淮河北岸各支流如颍、涡、汴、泗等构成的水路，南下今安徽、江苏，渡长江以后再进入今上海、浙江、江西、福建，并南入广东。中线分别由今陕西关中和河南为起点，由南阳盆地进入湖北，再南下湖南和广东、广西。西线则由关中越过秦岭进入陕西南部的汉水流域，再翻过大巴山脉进入四川。永嘉之乱以后的北方人口南迁就是走这样的路线的，不过，这是历史上三次北方人口南迁高潮的第一次，规模不如以后两次，移民也没有走得那么远。

移民的迁入地分为东西两区：东区包括淮河流域和长江下游，以接受黄河流域下游及今山东、河北及河南东部的移民为主。西区包括汉水流域和长江中上游，以接受今甘肃、陕西、山西及河南西部移民为主。还有一些移民深入今湖南、广东等更南的地区，但其人数都比较少。考虑到北方移民的迁徙和定居新地基本上保持着乡族集团的形式，为便于安置移民，并表示收复失地的决心，东晋南朝普遍采用了设立侨州郡县的办法，即在移民的定居地设置和移民迁出地同名的州郡。只有在三吴和会稽（在今江苏太湖以东地区和浙江北部），因土著势力太大，并且无大片空地可供移民使用，没有设立侨州郡县。

移民及其后裔大约占南方总人口的1/6以上，但由于他们的社会地位和经济实力、文化水平，其在南方所起的作用远远大于他们所占的人口的比例。永嘉之乱以后，以汉族文化为主体的中国传统文化，无论是物质文明还是精神文明，都受到巨大的冲击，而那些在北方先后建立政权的非汉族，其总体文化水准都远远低于汉族。在这种背景下，北方移民把中国传统文化的各个方面都带到南方，并在与当地文化的结合过程中得到了发展。而传统文化在南方的存在和发展，又反过来促使北方的非汉族统治者学习和接受汉族文化。例如，被北魏孝文帝指定主持“改革朝仪”的刘昶和蒋少游，或来自南朝，或对南朝文化有着直接的认识。隋代被视为“华夏正声”的清乐，也来自南朝的乐工。

此次移民对南方的开发，具有重要的意义。经过北方人口的南迁，南方的人口数量大大增加，与此形成对比的是北方因长期战乱人口锐减，南方在全国人口中所占的比率因之大大上升。在南朝最为鼎盛的中期，我国南北方人口之比可能已为4∶6。由于移民具有较高的生产技术和文化水平，经过他们的传播南方的生产技术和文化水平都有了长足的进步。移民比较密集的长江中下游和太湖周围，已开发为我国经济发展水平较高的地区。当时人称赞会稽郡（治今浙江绍兴市）：“带海傍湖，良畴亦数十万顷，膏腴上地，亩值一金，鄠杜之间不能比也。”又说：“荆城（荆州城，即今湖北荆州市）跨南楚之富，扬部（指扬州，相当今江苏长江以南部分）有全吴之沃，鱼盐杞梓之利，充仞八方，丝绵布帛之饶，覆衣天下。”①

除了上述位于或接近中心区域的州郡，其他地区的人口密度也有了一定的提高，经济有了长足的发展。政区的细分，往往是一个地区人口密度提高地区开发得到较大发展的结果。南朝陈时，南方共有514个县（其中4县设置年代无考），其中的251个县（占总县数的48.8%）设于东晋南朝，这272年的设县数几乎与秦至西晋537年间的设县数相等。在最为边远的岭南地区，陈朝存在的232个县中，东晋至南朝设县数达181个，占了该地区总县数的78%②。

秦始皇统一南方以后，尽管在长江中下游普遍设立正式行政区，但汉人的居住区和政

---

① 《宋书》卷五四《传论》。
② 吴刚：《秦汉至南朝时期南方农业经济的发展》，载《上海社会科学院学术季刊》，1991年第1期。

权的统治区往往局限于平原、河谷和交通线一带。当地以越人为主的少数民族人口依然很多,控制着山区和边远地带。孙吴期间重点开发今安徽南部山区和福建沿海平原和交通线附近,南方的很大部分土地和人口仍然游离于汉族政权以外。经过东晋南朝的开发,汉族政权控制的地区已大大拓宽。陈朝设县的情况表明,长江以南、南岭以北的县已基本稳定,表明汉人成为该地区主体民族的格局已经形成;而岭南大量设置新县,表明这一区域汉人深入非汉族地区的过程正在进行,越来越多的非汉族被纳入汉族政权的统治之下。

对于非汉族人民而言,纳入汉族政权的统治,并与越来越多的汉族人民杂居,便于他们认识汉文化,接受汉文化。因此,永嘉之乱以后南方地区非汉族汉化的过程进一步加快,汉族力量的壮大无疑与此有关。不过,文化的交流是双向的,在非汉族人民接受汉文化的同时,北方移民往往也在一定程度上接受了当地的非汉族文化。可以说,经过东晋南北朝以后的南方人是蛮化了的汉人与汉化了的蛮人的结合。

东晋南朝时期南方文化也有了长足的进步,不仅较好地保存了源自北方的传统文化,而且有了创新和发展。例如,东晋南朝著名的诗人和书法家多数是北方移民或其后裔,但他们在南方秀美环境的陶冶下和土著文化的影响下,逐渐形成了新的风格和体裁。以陶渊明为代表的田园诗,以谢灵运为代表的山水诗,以王羲之、王献之父子为代表的书法,都在中国的文学艺术史上占有重要的地位。隋朝重新统一以后,随着北方文化的复兴,南方文化在总体上仍居于次要地位,但南北方在文化上的差距已经相当小了。到了南北朝后期和隋朝,随着南北文化交流的扩大,北方居民了解到南方秀丽的山川、丰富的物产和灿烂的文化,南北间的文化上的鸿沟已经基本填平。

三、唐后期五代的北方人口南迁

我国历史上的第二次北方人口南迁高潮,发生于唐后期和五代。

唐天宝十四载(公元755年)十一月,身兼范阳、卢龙、河东三节度使的安禄山协同平卢兵马使史思明,发所部兵马及内迁的周边民族部众15万人,反于范阳(今北京市区西南),安史之乱爆发。时海内承平已久,百姓几代不识兵革,州县望风瓦解,叛军节节胜利,次年六月进逼都城长安。唐玄宗率臣下匆匆西逃成都,太子李亨在灵武(在今宁夏灵武西南)即位,是为肃宗,开始依靠西北唐军和周边民族武装,反击叛军。战火燃遍黄河中下游的主要地区,北方人民为躲避战争灾难纷纷向比较安宁的南方迁徙。李白诗"三川北虏乱如麻,四海南奔似永嘉"①,展示了北方人民往南方大迁徙的广阔画面。763年(广德元年),持续八年的安史之乱结束,大约有250万北方移民定居在南方。

唐朝平定安史之乱,是以军事进攻和招纳叛军将领的方法实行的,易帜后的叛军将领仍在今河北、山东、河南等境内担任节度使的要职,北方进入藩镇割据的局面。自780年(德宗建中元年)起,藩镇之间和朝廷与藩镇之间的战争时有发生,有时还发生唐军叛变事件。战乱地区的人民在生命财产受到威胁的情况下,有时也会迁入南方。此外,唐后期因躲避过重的赋役而发生的北方民户的大量外逃,也以南方为主要迁入地。不少官僚士大夫在南方任满之后,于任官之地或其他州占田置产,从而成为当地的新移民。

---

① 《永王冬巡歌十一首》,载《全唐诗》卷一六七。

875年(唐僖宗乾符二年),王仙芝和黄巢分别在今山东西部和河南东部发动起义,尔后二支队伍汇合在一起,中原大震。不久,黄巢率军进入南方作战,渡江,入闽,最后攻占广州。征讨黄巢的大批唐军随之进入南方各地。884年(中和四年),历时9年余的农民战争结束,在镇压黄巢过程中成长起来的各派军阀间的战争,随后在黄河流域和淮河流域漫延开来。唐末战争时间之长,战乱范围之广,破坏之酷烈,远远超过安史之乱和藩镇割据时期。不过,最主要的战区仍在北方。为了避乱,黄河流域的人民不得不又一次向南方迁徙。除了一家一户为单位的零散迁移,还有很多是在州官和州将带领下的集体迁徙,也有不少人是随黄巢军或唐军进入南方而流落不归的。大约有400万北方移民定居在南方。五代十国时期,北方人民南迁的高潮已经结束,但仍有一定数量的北方人民因避战乱等原因南迁,从而成为唐后期五代移民的余波。

唐后期五代的北方移民遍布南方各地。其中,今江苏、安徽、上海、浙江、江西、四川等省市吸收了最大量的移民,是移民的主要迁入区域,福建则是唐末移民的重要迁入区。在秦岭——淮河以南,大巴山和直至入海口的长江干流一线以北的广大区域的大部分的府州,移民都成了人口的主体部分。五代十国时期,割据南方的九国中,只有吴越和吴两国的统治者是南方人,南汉是早期移民的后裔,其他六国的统治者都是唐末五代迁入的北方移民,六国赖以建国的武装力量和政治基础也多来自北方。

经过东晋南朝和隋唐前期的大开发,南方的经济文化已具有相当的水平。此次北方人口的大规模南迁,对南方意味着增添几百万具有较高生产技术和文化水平的劳动力,加之相对和平的环境,有益于地区开发在更大范围内的发展并向生产的深度进军;对北方意味着大量的人口流失,使已经残破的经济雪上加霜,而连年战争也不利于经济恢复。南北经济发展速度的差异,导致实力对比的颠倒。唐后期南方的总体经济发展水平已经超过了北方,到五代时期文化发展水平也超过了北方。体现在人口上,安史之乱前北方一向为我国人口分布的重心所在。在南朝鼎盛时期南方人口在全国人口总数的比重上升至40%左右,但南朝末因南方动乱和北方的恢复南方所占比重下降为30%左右,经过唐前期的开发安史之乱前南方所占比重上升到45%。经历唐后期五代,到北宋初太平兴国年间南方人口数量已经超过北方,在全国人口总数中所占的比重此后仍稳步上升,到元代达到极点,明清时期有所下降,但仍占全国的3/4上下。因此,安史之乱是我国历史人口分布的一个分水岭,在此以前北方人口占全国的半数以上,此后南方占半数以上,并且稳步上升。南北人口数量的变迁,必然要影响到各区域的人口密度。隋朝和唐前期,全国人口密度较高的道和府州,大多数在北方。但是到了唐后期,全国人口密度较高的道和府州已大多数在南方。

唐后期五代南方某些地区的制墨、丝织、陶瓷、雕版印刷等手工业生产技术的提高,都和移民传入北方先进的技术有关。由于喜食面食、善种小麦的北方移民的南迁,南方地区的小麦种植面积扩大,在粮食中所占的比重有所上升,并促进了稻麦混合种植制度的形成,导致了唐代粮食作物生产重心的南移。上述方面,都反映了移民对提高南方农业和手工业生产水平的贡献,促使我国古代的经济重心加速南移。

安史之乱前,我国经济重心在北方,南方经济虽然有长足的进步,但与北方之间仍有一定的差距。粮食和丝织品是唐代最重要的农业和手工业产品,在安史之乱前最主要的产地在北方,丝织品质量也以北方所产为上,朝廷的贡赋主要取自北方。但到唐后期,经济重心南移，朝廷的财赋收入和粮食供应不得不全力依靠南方，甚至每年和回鹘换取几万匹马的大量丝缣，也来自南方的江淮。诗人杜牧对此总结道："今天下以江淮为国命。"[①]朝廷经济上依赖南方的这种状况，入北宋以后不仅没有改变，反而因北方自然环境朝着不利于生产方面加速转化而加重了。

如果说，东晋南朝时期的开发重点在移民较多的长江中下游的话，唐后期五代经济的大发展和移民的广泛分布，则促使南方开发在更大的空间范围展开。今江苏和安徽两省的长江以南部分以及上海市、浙江省所在区域，历史上称之为江南，自六朝以来便是南方经济发展程度较高的区域，唐后期五代更成为全国人口最为密集、经济水平最高的地区。今四川省以成都市为中心的西部平原，向来为南方富庶地区，唐后期更加富丽繁荣，东部和南部山区的开发速度也大大加快。特别是原来人口较少的今江西、福建两省，已有了相当数量的人口和一定的经济实力，为在宋代的大发展打下了良好的基础。其他地区也有了不同程度的进步。

安史之乱前，全国文化重心在北方，各类人才多集中在北方。唐前期的诗人、散文作者和进士，以及列入两《唐书》的《儒学传》和《文苑传(或文艺传)》的人物中，南方人只占百分之二三十。安史之乱后，相当多的北方人才加入移民的行列，迁移到南方，原主要流传在都城以及北方其他地区的某些音乐和舞蹈形式、绘画技术、宗教思想以及天文知识，随之传到南方。南北文化在新的环境中，互相吸收，互相融合，形成更加瑰丽的艺术特色。北方文化人的尚学之风，也促进了迁入地读书风气的形成和提高。当南方文化获得较大发展时，北方文化却因战争破坏、人才外流等原因日趋衰落。因此，唐后期南方在上举各类人才中所占的比重，大多上升到占百分之四五十的比重。到五代时期，南方文化继续得到较快的发展，水平已超过北方。

四、宋靖康之乱以后的北方人口南迁

我国历史上的第三次北方人口南迁高潮，发生在北宋末年靖康之乱以后。

北宋宣和七年(1125年)十月，金乘灭辽的余威，大举攻宋。金军进军迅速，宋军望风披靡。靖康元年(1126年)闰十一月，金军攻陷宋朝都城开封，宋钦宗和退位不久的徽宗沦为俘虏，被迫北迁今黑龙江省境，史称"靖康之乱"。次年五月，宋徽宗第九子赵构即位于南京(今河南商丘县南)，是为高宗，开始建立南宋政权。不久，高宗率部分皇族和官僚向南方迁移。战争给北方人民带来惨重的灾难，为了生存，北方人民开始向比较安全的南方迁移。南宋政权的南迁，更对北方人民的南下起了推波助澜的作用。建炎三年(1129年)，金军渡过淮河和长江，进入江淮和江南、江西、湖南等地作战，次年退回淮河以北。金军在江淮和长江以南的作战，以及平原地区的混乱局面，迫使北方人民向更南和更加偏远的地区迁移。绍兴十一年(1141年)，宋金双方达成和约，北方人口的大规模南迁始告一段落。

在此后的宋金、宋蒙(元)对峙时期，南北双方曾发生过多次大规模的战争。尽管战争时间不长，一般几年便告结束，但由于宋朝的招纳，以及北方的自然灾害和战乱，往往都激起持续几年的北方人口南迁的浪潮。因此，靖康之乱后的北方人口南迁，断断续续达一个

---

① 《上宰相求杭州启》，载《全唐文》卷七五三。

半世纪。

本次移民的南迁规模，远远超过前面的两次。迁入的移民数量极多，仅在绍兴和议签订以前的10余年中，便有约500万左右的北方人口迁入并定居在南方，大约占北方人口的1/3。移民广泛分布于南方各地，连最边远的少数民族地区也有。其中，今白龙江、秦岭、淮河一线以南，大巴山和长江一线以北地区及其东南的江南平原，属于移民的密集分布区。在这一区域，北方移民及其后裔已在大部分府州中成了人口的主体部分。这一区域以南南岭以北，则属于移民的点状分布区，有些府州移民不少，在少数地方移民已在当地人口中占了相当的比重。南岭以南属于移民的稀疏分布区，虽然大多数府州都有移民，但因移民人数不多一般未对当地人口构成产生影响。

靖康之乱以后的北方人口南迁是我国历史上三次北方人口南迁的最后一次，此后除了明代北方人民迁入荆襄山区和太平天国事件以后淮南人民迁入长江三角洲等局部地区外，再也没有发生过大规模的北方人口南迁。因此，我国当代人口群体的分布与此次人口南迁有着直接的关系。近年来，我国不同民族和地域的免疫球蛋白同种异型分布的调查，表明居住在北纬30度线以北的南方北部区域的人群，与秦岭—淮河以北的北方人群同属于一个集群，而北纬30度线以南的人群则和南方的少数民族在同一个集群①。除去皖南北部和四川北部等少数因后来的再次移民迁入而改变了的地区，北纬30度线以北的南方北部区域大致相当于靖康之乱以后北方移民的密集分布区。显然，正是此次移民运动奠定了南方人群分布的基础，而此线以南区域由于北方移民相对较少，未能改变原先的人口结构，而人群分布的差别必然要对区域文化面貌产生影响。

北宋时期，在经济发展程度和速度方面南方胜于北方的格局已经形成，南宋时南方经济在原有基础上进一步向前发展，北方移民的大规模南迁是有益于经济发展的重要因素。它不仅及时补充了江淮地区在两宋之际和历次战争中的人口的损失，有利于这些地区经济的恢复和发展，并给南方的其他地区增添了大量的劳动力。在人口密集的江南、江西、福建和四川西部，平原、河谷和丘陵开垦已尽，人口压力加剧，不得不向湖南、湖北、广东、四川东部以及江淮等落后或战后重建地区输出人口，或加快开发深山区与发展工商业的速度。而分布在上述落后地区的移民，也在一定程度上促使这些地区由落后向先进转化。北方某些仍然先进的手工业技术，例如船舷两侧使用轮子的车船、丝织技术缂丝、某些毛笔和砚台的制造、内库酒（可能是一种葡萄酒）酿造、官窑瓷器等方面的制造技术，均随着移民南迁传入南方。由于移民南迁引起的麦、粟等作物种植面积的扩大以及畜牧业的新进展，也有利于南方农业的发展。自唐宋开始，北方地区的生态平衡开始朝着不利于生产的方面发展，且有逐步加强的趋势，而宋金之际、金蒙（元）之际的残酷战争对北方的生产力造成的严重破坏更使南北的经济差距越拉越大。因此，自南宋以后，无论在人口数量方面，还是在经济发展程度方面，南方都远远超过北方。

虽然自五代开始，南方文化的水平已超过北方，但北宋文化发达地区始终在北方的开封—洛阳一线，就出人才而言在北宋的前期和中期北方超过南方，到后期南方始超过北方。南宋经济的发展必然要促进文化的进步，而北方文化人特别是集中开封—洛阳一带的各类文化精英的南迁，对南方文化水平的提高又起了一定的促进作用。另一方面，文化人

---

① 赵桐茂，陈琦等：《中国人免疫球蛋白同种异形的研究：中华民族起源的一种假设》，《遗传学报》18卷第2期，1991年。

南迁以及长期战争的负面影响，又导致了北方文化的衰落，促使我国文化先进地区南移。元明清时期成为官方正统思想的理学中心的转移是一个典型的例子。北宋时理学的代表人物主要集中于北方的洛阳和关中，南方思想界几种学派并立，理学影响有限。靖康之乱以后许多著名的理学家南迁，理学在南方的影响扩大，为很多的士大夫和文人所接受，而北方则因思想家南迁和战争的原因走向衰落，因此南宋时南方成为我国理学的中心。总的说来，南宋以后南方文化的发展水平已远远超过北方，从而形成了南重北轻的局面。此后南北差距越来越大，明清时代历科状元、榜眼、探花和会元绝大多数出在南方，即是一个证明。

我国地域广大，受自然地理和经济条件状况的影响，南北文化向有一定的差异。南北两大区域之间的文化交流和人口迁移，是改变这种差异的主要途径。靖康之乱以后，北方文化通过移民南迁又一次大规模注入南方，和南方固有的文化相融合，形成新的南方区域文化。南宋文学艺术的许多方面，例如诗词和绘画的内容与风格，沿海各地的南戏，临安（今杭州）等地的说唱艺术，表演于各地的大型乐舞大曲，江南古琴的曲调和带有东北民族特色的胡化音乐舞蹈，都受到北方文化的影响或主要来自于北方。北方人喜吃面食和羊肉、牛奶、羊奶以及乳制品，有冬季藏冰夏天取冰消夏的生活习惯，服饰和节日风俗也有自己的特点。随着移民的迁入，这些饮食和风俗习惯都传入南方。人口的迁移往往导致方言区的变化，北方移民密集的秦岭—淮河以南、大巴山—长江以北区域，以及长江以南的临安（今杭州市）、平江（今苏州市）、建康（今南京市）等城市，均演变为北方方言区。上述地区或主要讲北方方言，或北方方言与南方语言相颉颃。可以说，经历了靖康之乱北方人口南迁以后的南方文化，又不同程度地染上了北方文化的色彩。

第四节　周边民族内迁与中原地区的民族融合

历史时期除了北方人民曾多次大规模南迁外，周边民族向汉族居住的中原（泛指北方黄河流域以及它的邻近地区）迁移，也是我国古代人口迁移和布局变化的另一个重要方面，同时对中原的民族融合乃至经济文化发展都产生了重要的影响。

一、内迁的原因

汉族的前身华夏族起源于中原。至迟到春秋时期，出自夏、商、周的一些部落已经具有共同的民族心理，结成了一个民族共同体的雏形，并以“诸夏”自称，以区别于其他部落或部落集团。诸夏的分布范围，主要在今陕西东部、山西南部、河南北部、山东中西部、河北南部，在此范围之外也有零星的分布。除了华夏族，戎、狄、蛮、夷等非华夏族在中原也有广泛的分布，人口很多。甚至在华夏族势力最大的中原腹心地区，例如郑国和卫国一带，鲁国的周围，都有不少戎人。郑国受到黄河北太行山中“北戎”的侵扰。卫国因戎人的侵扰而不得不多次迁都，最后迁至濮阳，但城外就有戎人居住地。

随着华夏势力的扩张，到了战国结束秦始皇统一六国时，中原已基本成为华夏族的居住区。原留在中原的非华夏族，或为华夏族所融合而成为其一部分，或迁移到中原以外的周边地区。他们在周边地区的居住区，大约可分为蒙古高原、东北地区、青藏高原、天山南北、云贵高原等几大区域，人民或过着游牧生活，或从事原始农业（有的还兼事狩猎）。

就历史上看，内迁中原的周边民族以游牧民族特别是蒙古高原的游牧民族为多，这与他们特殊的生产生活方式有关。他们在无边无际的草原上，过着逐水草而居的游牧生活，一片草场的草吃光了，就转移到新的牧场。主要的游牧方式有三种。一是在几个水草较丰的据点上进行循环式的游牧。一是在高山地区，夏季居高山营地，冬季居山麓，作上下式的迁移。另一种是蒙古高原的牧民冬夏二季在漠北（大致相当今蒙古国）和漠南（大致相当今我国内蒙古自治区）作长途迁徙。冬季漠北严寒，牧草缺乏，牲畜容易死亡，而漠南相对温暖一些，牧民往往自漠北游牧至漠南。夏季漠北气候凉爽，水草丰美，较少蚊蚋叮咬，牧民又自漠南迁到漠北。由于游牧的原因，牧民总是全家随同牲畜一起在大草原上游动，视几百里、上千里的迁徙为平常。这种生产生活方式，以及所处地区地广人稀的地理状况，使得游牧民族没有农业民族那种此疆彼界的观念，有时在南下游牧时便进入中原王朝的北部边界。史书载匈奴、柔然等民族袭击北部边境的时间，大多在秋冬两季，即是证明。此外，当草原地区干旱特别厉害时，牧民需要南下寻找水草丰美的牧场，有时便深入到汉族地区。

周边民族内迁中原，既是双方经济文化联系的结果，也是中原巨大的经济文化吸引力的产物。各大边区的经济文化发展水平，一般说来要落后于中原。由于我国偏居世界的东方，周围多是高峻而不易逾越的高山或寒冷的无人区，各周边地区对中国以外区域的往来不甚方便。相反，汉族居住的中原不仅气候温暖，经济文化发展水平较高，而且因地势低平也便于周边民族的往来。因此，古代周边民族经济来往，主要倾向于汉族居住的中原地区，并受到中原经济文化的强大影响。

受自然条件限制，周边民族，特别是游牧民族，经济生活比较单一，产品较少，有着与农业为主的民族进行商品交换的迫切需要。贵族的生活奢侈品和平民百姓日常生活用品，如铁、铜、铁器、丝绸及其他手工业用品，主要来自农业民族。自匈奴以来，蒙古高原的游牧民族一直以自己的牲畜和畜产品与农耕社会交换各种农业手工业产品，便是这方面的典型例子。此外，畜牧业较农业受制于自然的程度更深，生产极不稳定，持续干旱甚至一次严重的风雪灾害往往会使牲畜大量死亡，使游牧民族陷入困境。在这种情况下，也需要农业社会的粮食接济。

周边民族主要是通过三个途径，获得农耕社会的物品。一是通过互市贸易方式合法获得；二是来自中原王朝的馈赠，历史上的中原王朝在国力不够强大时，为避免周边民族的侵袭，多采取和亲的作法，将公主嫁给他们的首领，同时赠送大量的物品；第三便是用武力去夺取。

古代大规模侵入中原的周边民族的社会发展程度一般都比较低，根据史学界比较流行的说法，大多处在奴隶制阶段。对他们而言，战争是获得奴隶和财物的主要手段。事实上，和亲时的馈赠和互市都不能保证他们稳定地获得中原的物品。首先，和亲时的馈赠总是有限的，不能常常有和亲，年年有馈赠。其次，互市也未必总是保持正常的状态。中原王朝地大物博，社会生产完全可以满足统治阶级的需要。在中原王朝的统治者看来，互市主要目的不是双方的商业往来，而是控制周边民族，争取边地安宁的手段。他们为了政治的需要，有时会人为停止互市贸易，从而促使周边民族通过战争来获得物品。

历史上中原与周边民族的战争，常要导致一定数量的周边民族成员的内迁。当中原王朝国力强盛时，多能够在沿边击败周边民族武装的进犯，并将大批俘虏迁入内地。当中原王朝国力衰弱时，周边民族的武装往往长驱直入，进入中原作战，甚至推翻中原政权，实行割据，有的还进而统一全中国。在这种情况下，周边民族成员往往随着军队的前进步伐，内迁中原，甚至以胜利者和统治者的姿态，分布到中国各地。

周边地区各民族之间，或同一民族的不同部族之间，有时会产生激烈的矛盾，导致武装冲突。在周边地区民族斗争激化时，失败的一方无法在当地立足，只好外迁。在这种背景下，中原多会成为首选之地。

当然，并非所有的周边民族成员，都是在战争的背景下迁入中原的，也有一些人是在和平环境下，由于经商、出使、传教、学习等原因而留居中原不返的，尤其是在汉唐等国力强盛的朝代。唐代君主对待非汉族文化表现出与众不同的“容纳百川”的气魄，中原对周边地区的吸引力较前增强，唐天子被周边各族称为皇帝天可汗，一批又一批的周边民族成员前来中原朝贡、经商或求学，因而定居中原。

二、两汉魏晋南北朝时期周边民族的内迁

秦统一以后周边民族的大规模内迁，始于两汉时期，到魏晋南北朝时期达到高潮。卷入迁徙浪潮的民族较多，以匈奴、乌桓、羌、氐、鲜卑等民族的规模最大。

匈奴是蒙古高原的古老民族，秦末汉初乘中原大乱在北部沿边掳掠人口和畜产。汉武帝时西汉国力强盛，对匈奴大规模用兵，屡次击败之。前121年(汉元狩二年)秋，匈奴昆邪王率4万余人降汉南迁，此前南迁的还有大约二三万人的降人、俘虏。西汉在今甘肃、宁夏、陕西和内蒙古北部的黄河以南设立陇西、北地、上、五原、西河等五郡，称为五属国，用来安置匈奴降人。在此后的半个多世纪中，又有多批匈奴俘虏和降人迁入北部沿边，每批都有几万人之众。至西汉末，内迁的匈奴人差不多达20多万人。

公元48年(东汉建武二十四年)，匈奴分裂为南北二部，南部的呼韩邪单于率部向汉朝投降，迁入今内蒙古河套一带，所属部众广泛分布在中原的北部沿边。此后，因汉朝、南匈奴和鲜卑人的联合进攻，北匈奴不断有人南下降汉，最多的一批达20多万人。在至黄巾起义爆发以前的184年(光和七年)，估计汉朝疆域内的匈奴移民和他们的后裔至少有50万人，匈奴分布地已向南推进到今内蒙古河套至今陕晋交界的壶口以西。到东汉末年，今山西的大部分地区，甚至南部的临汾，都有匈奴移民，总数超过十几万人。还有一些匈奴人因被卖等原因，迁到今河北南部、山东等地。匈奴人的南迁过程，同时是他们接受汉文化的过程。西晋末十六国时期，随着中原政治局势的变迁，匈奴人分散到汉族的汪洋大海中，最终完成了与汉族融合的过程。

乌桓原居住在今内蒙古阿鲁科尔沁旗附近，西汉武帝以来迁至今内蒙古东南部和河北北部及辽宁北部一带。东汉初居住范围扩大，207年(东汉末建安十二年)为曹操战败，10余万乌桓人或分散于中原各地，或被编入军队。

羌人原居住在今黄河、洮河以西，河西走廊以南的甘肃和青海省境内，西汉以后与汉朝军队不断发生冲突，居住区域屡有变化。东汉初，羌人居住范围扩大到河西走廊和关中地区，并不断击败前来镇压的汉朝军队，迫使朝廷将金城、陇西、安定、北地、上等郡迁至关中，东汉末年西北各地几乎都聚集了大量的羌人。氐人原居住在今陕、甘二省与四川接界

处，西汉武帝以后开始迁移至今河西走廊和陇东。东汉末氐人部落参加马超、韩遂起兵失败，一部分人被迫迁至关中盆地，一部分人被迁到今甘肃天水一带。

296 年(西晋元康六年)前后，关中大饥，居住在今天水一带的氐人首领李特兄弟，率氐人和其他民族的 10 余万流民进入四川盆地，此后定居在此。居住在关中的氐、羌等族移民人数大增，有一部分迁到山西和河北中部。329 年(东晋咸和五年)，十六国之一后赵控制华北的主要地区，迫使氐、羌 15 万落约五六十万人迁到河北中部，此后又有一部分迁至今山东和山西境内，关中的氐羌人数大减。351 年(东晋永和五年)，中原乱局加剧，氐、羌移民大多返回关中和西北。380 年(东晋太元五年)，前秦为减弱氐羌地方势力对政权的威胁，将关中和陇东的氐羌至少 60 万人四散迁移到北方各地。淝水之战时各镇的氐人都在从军之列，战败时这些氐人大多死亡或逃散，只有极少数回到关中。7 世纪以后的唐代，关中的羌人已不再作为非汉族人口存在了，关中以外的氐羌也已被其他民族所融合。

鲜卑原住在今内蒙古大兴安岭一带，后逐步南迁，东汉以后分布在自今甘肃西部到辽宁的北部缘边地区，并控制了漠北匈奴旧地。东汉后期，鲜卑分成东、中、西三部。东部鲜卑主要居住在今内蒙古东南部和辽宁西部，分为宇文部、段部和慕容部。十六国时期段部被迁至今河北中部以及山东中部。慕容部建立前燕国，并将都城自龙城(今辽宁朝阳市)迁到邺(在今河北临漳县西南)，疆域扩大到华北东部，直至淮河北岸，慕容部随之扩散到各地。370 年(东晋太和五年)，前秦灭前燕，将慕容部上层近 20 万人又迁到关中。西部鲜卑主要居住在河西走廊，以及青海东部和甘肃的陇西一带。西晋时拓拔鲜卑活动在今河北、山西二省的北部和内蒙古中部，十六国时建立北魏，后统一北方，鲜卑人除了集中在首都平城，还广泛分布在北方各地。493 年(太和十七年)，北魏迁都洛阳，平城的鲜卑大多随之南迁，此后完成与汉族的融合。

除了北方的周边民族迁入中原，南方的一些非汉族人民也被迁到汉族人口为主的江淮地区。

西汉初，居住在今浙江南部和福建的越人，相继建立东瓯和闽越两个区域政权。前 138 年(建元三年)，在汉朝的武力胁迫下，东瓯国举国北迁。前 110 年(元封元年)，汉灭闽越，当地百姓也多被北迁。估计两国约有 20 余万人北迁，移民主要居住在江淮之间。

“蛮”是汉代以来对南方非汉族人民的一种称呼。从东汉开始，南方的蛮族已常见于记载，“蛮乱”也常有发生。到东汉末、三国、两晋、南北朝，由于长期战乱和人口迁移的原因，在与蛮族居住的山区相近的平原、河谷地区汉族人口大减，甚至出现不少人口空白区，为蛮族人口从山区迁到平原河谷提供了方便。当时的汉族政权忙于对付侵入中原或企图南下的北方民族，而北方民族在入主中原之初致力于巩固政权，都无暇顾及对蛮族的镇压。因此，蛮族人口乘机从山区外迁，广泛分布于淮河流域、长江流域和南方的山区。其中在江淮一带，东至今安徽寿县，西至今陕西商州，北到河南中部的汝州和许昌，往往都有蛮族移民。各政权对蛮族人口的俘掠和强制性迁移，则使一些蛮族人口分布在更广泛的地域。

僚也是一种古老的民族，由于分布在更加闭塞的山区，与汉人的接触更少，到三国时才见于记载，此时已分布在自秦岭南麓直到云贵高原的山区。到十六国的成汉政权时期，僚人开始大规模地迁入四川盆地汉人聚居区。到南北朝后期，僚人几乎遍布今陕南和四川。随着生活空间的扩大，人口数量也有了较大的增加。

除了上述这些民族较大规模的迁移，还有一些规模较小的迁移，例如高句丽(高丽)、夫余、高车、蠕蠕(柔然)、铁弗、匈奴等族以及西域人民的内迁,这些迁移发生在不同的地域,都对当时的民族融合和文化发展产生了程度不同的影响。

三、隋唐时期周边民族的内迁

魏晋南北朝数百年的南北分裂、政治动荡的局面,因为隋朝的统一而得以结束,二三十年以后便进入了唐代。唐代不仅是我国封建经济文化高度发展的朝代,也是继西汉以后疆域面积最为广大的朝代。而且,承南北朝胡化流风,君臣的思想认识中并无鲜明的华夷之分,被视为明主的唐太宗尤其具有各民族平等的博大胸怀,这种背景无疑有利于周边民族的内迁。

隋唐时期周边民族的内迁,大致可以分为前后二个阶段。隋初至唐天宝十四载(755年)安史之乱爆发为第一阶段,主要是周边民族自边区向中原沿边地区迁移。最早大举内迁的民族,是东突厥、铁勒、吐谷浑、党项。

东突厥主要活动在大漠南北。唐初,东突厥趁中原混乱,不断侵入唐朝的北部沿边。唐太宗时,随着国力的逐渐恢复开始对其作战,630年(贞观四年)一举平定东突厥,俘获部众近20万人,将其安置在东起今辽宁朝阳市,西至宁夏灵武附近的广阔的北部沿边地区,上层人物则多迁入首都长安。649年(贞观二十三年),唐军又平定不肯附唐的突厥车鼻可汗,再次在大漠以南设立羁縻府州,用以安置南迁的车鼻部众。679年(调露元年),部分已定居漠南的突厥人逃回漠北,建立后东突厥政权,744年(天宝三载)亡于回纥。在这种背景下,漠北的突厥人不得不再次南迁附唐。

铁勒是古代北方的重要民族,主要分布在大漠以北,有回鹘(回纥)、薛延陀、同罗等为数很多的部落。突厥兴起后,铁勒各部受其控制和奴役,630年唐灭东突厥,大批铁勒人随突厥一同南迁。东突厥亡后,铁勒族的薛延陀一度称雄漠北,641年(贞观十五年)为唐军击败,5万余人被俘南迁。646年(贞观二十年),薛延陀国亡,唐朝重新控制漠北,铁勒诸部纷纷请求内属,唐在漠北设立羁縻府州以控制之。此后,在679年(高宗调露元年)、685年(武则天垂拱元年)、713年(玄宗开元初),因漠北连年干旱,后东突厥进逼,以及内部矛盾激化等原因,铁勒人口曾几次南迁,约有数万余帐,分布在今内蒙古、陕西、甘肃的沿边地带。744年(天宝三载)以后,回鹘部尽有突厥故地,称雄漠北。

唐初,今青藏高原的北部主要是吐谷浑、党项两族的居住地,而南部则是吐蕃的居住地。自唐初开始,吐蕃不断向北扩张。638年(贞观十二年),吐蕃进攻吐谷浑,迫使其遁于青海湖以北,663年(龙朔三年),灭吐谷浑,可汗诺曷钵率数千帐走投甘肃凉州。667年(乾封二年),击破12个以党项族置的羁縻府州,党项被迫开始向内地迁徙。672年(咸亨三年),受唐军保护的吐谷浑部落也不得不内迁灵州(治今宁夏灵武县南)。经过七八十年的扩张,到玄宗时期,整个青藏高原,除边缘地区外,均为吐蕃所控制。党项与吐谷浑的大批人口不得不内迁,分布在今陕西和山西的北部、以及甘肃、宁夏的大部分地方。以后建立了夏国。

隋唐之际,今朝鲜半岛并立着高丽、百济和新罗三国。其中,百济和新罗在半岛的南部,高丽在半岛的北部并兼有中国的辽东半岛之地。645年(贞观十九年),唐太宗亲率大军攻入辽东半岛,将当地人口7万余人迁入今北京、河北等地。660年(显庆五年),唐军攻入百济，百济降，百济国王、贵族及部分百姓被迁入今河南、山东和江苏淮河以北等地。668年(总章元年)，唐攻下高丽国都平壤城，高丽国王及百姓3.8万余户被迁到今江淮以南以及河南、湖北北部地区。数年后，内迁中原的高丽和百济移民被迁到辽东。不久，一部分高丽民众又被重新迁到今河南、陇右地区，留在辽东的人口以后或分别投附突厥和靺鞨，或与汉族相融合，有一部被掠卖至山东地区。

隋和唐前期，因经商、传教、入华侍卫、进献、避难、沦为战俘等原因迁入中原的西域移民，也达到空前的规模。例如设置在今宁夏、陕北的六胡州，就是安置西域昭武九姓的移民。此外，还有一部分西域移民因在草原经商，随同南迁的突厥、铁勒等草原民族迁入中原。他们广泛分布在东起今辽宁朝阳，西至河西走廊的沿边地区，如天宝初在今北京地区置凛州，即安置胡人2 167人。当时的一些大城市如长安、洛阳、广州、扬州等，也散居着大批西域商人。

第二阶段始于755年(天宝十四载)，一方面，蕃将安禄山、史思明率领属下的周边民族成员为主的军队发动安史之乱，而参加镇压安史之乱的唐军的将领和军人也主要来自周边民族移民及其后裔。于是，原先迁居中原沿边地区的周边民族成员，由于参加安史叛军或唐军在中原作战，而深入到黄河中下游等中原腹心地区。例如，河北道的幽州、营州境内，原有17个由东北降胡组成的羁縻州，“安禄山之乱，一切驱之为寇，遂扰中原。至德之后，入据河朔，其部落之名无存者”①。回鹘助唐平乱最有功，平乱后回鹘商人出没于中原重要城市。其留京师者常千人，他们“殖赀产，开第舍，市肆美利皆归之”②。另一方面，西北的吐蕃、东北的契丹等族趁唐朝边备空虚，自边疆进入中原沿边，吐蕃甚至深入关中盆地。经过此两方面的迁移，北方地区，无论是中原沿边，还是河南、河北南部等腹心区域，都有了一定数量的周边民族移民。刘商诗“一朝虏骑入中国，苍黄处处逢胡人”③，即反映了这种现象。周边民族移民深入中原，大大加速了汉化的步伐，到五代时期他们已基本上与北方的汉族相融合。

除了内迁民族深入中原，还有一些民族自边疆大举向沿边地区迁移。839年(开成四年)，在黠戛斯的进攻下，回鹘各部被迫撤离漠北，北京市、河北、河东的沿边地区和河西走廊都是其主要迁入地之一，约有3万余人。五代中期，契丹太宗率军南下支持后唐天平节度使石敬瑭并册立其为后晋皇帝，石敬瑭则割让今北京市、天津市和山西、河北二省北部地区(统称幽云十六州)以为回报，相当多的契丹、渤海等东北民族的成员迁入这一区域。

四、金代东北民族的内迁

我国周边民族的第三次大规模内迁，发生在金代。女真、渤海、契丹、奚等原来居住在东北的民族大批迁入中原，形成唐代以来又一次周边民族的内迁运动，其间发生过五次移民高潮。

1122年(金天辅六年)，金军开始灭辽攻宋战役，几年间便灭了辽朝和北宋，形成与南宋政权南北对峙的局面。大批女真和其他东北民族成员进入中原作战，战后便留在中原驻

① 《旧唐书·地理志》。
② 《资治通鉴》卷二五五，唐代宗大历十四年七月庚辰。
③ 刘商:《胡笳十八拍·第一拍》，《全唐诗》卷二三。

守。1133 年(天会十一年)秋,为了便于统治北方,金王朝有组织地将东北人民迁入中原,形成第二次对中原的移民高潮,被迁移地区往往整村整屯地迁往中原。1138～1141 年(天眷年间到皇统初年),金朝第三次掀起移民潮,将东北民族人口大批迁入中原,计口分田,使自耕种。这些移民被称为屯田军,分布在北自燕山以南,南到淮河——秦岭以北的广阔地区。

金朝的都城,最初在上京(今黑龙江省阿城市南),离中原较远。金海陵王为便于统治中原和接受汉文化并进一步南侵,1153 年(贞元元年)将都城迁到燕京(今北京城西南),并将女真人特别是上京路的女真人大批迁入中原,形成第四次内迁潮。为表示迁都和移民的决心,海陵王派人毁掉上京的宫殿、宗庙、社稷和大族的住宅,并彻底犁平,化为农田。

金朝末年,蒙古军大举攻金,东北旧境难以留守。在此背景下,仍留在东北的女真人不得不大批向中原迁移,形成第五次内迁潮。由于这些迁移是以府州为单位进行的,因此在华北出现一些侨置府州。

金朝中期,分布在中原的女真、契丹、奚等族移民及其后裔约有 300 余万人,约占金朝人口的 7%～8%。东北移民广泛分布在北方各地,以京畿所在的今北京、天津、河北及河南北部人数最多。大量的移民分布在农村而非城市,采用军事行政组织猛安谋克的形式,聚族而居,与汉人村庄杂处。金中后期,东北民族与汉族相融合的步伐开始加速,到元代已与汉族相融合。

五、元代周边民族的内迁

我国周边民族的第四次大规模内迁,发生在蒙古国成立至元代灭亡(1206～1368 年)的百余年间。参加内迁的民族,不仅有来自蒙古高原的蒙古人,来自东北的契丹人、女真人,来自朝鲜半岛的高丽人,来自西北的西夏人,还有来自新疆和西域的畏兀儿人、哈剌鲁人、康里人、阿儿浑人、阿速人,甚至还有远在西亚和欧洲的斡罗思人、犹太人。分布的地域,不仅包括北方的广大地区,也包括南方的许多地方。因此,参加内迁的民族数量之多,迁出地和迁入地范围之广,都远远超过历史上的任何一个时期。

蒙古族是我国古代北方民族之一,长期在漠北游牧,部落众多。1206 年(南宋宁宗开禧二年,金章宗泰和六年),铁木真统一各部,建立蒙古国,被尊称为成吉思汗。为了掠夺更多的奴隶和财富,蒙古军队在成吉思汗及以后各汗的统率下不断发动对外战争,诛灭诸国。1227 年(成吉思汗二十二年)灭西夏,1234 年(窝阔台汗六年)灭金,1276 年(至元十三年)灭南宋,统一中国。从 1218～1223 年(成吉思汗十三年到十八年),蒙古军发动第一次西征,攻灭西辽和花剌子模,占领中亚细亚。从 1235～1241 年(窝阔台汗七年到十三年),第二次西征,攻占斡罗思国,兵锋直指东欧。从 1253～1258 年(宪宗三年至八年),第三次西征,势力发展到亚洲西部。随着军队的前进步伐,蒙古移民作为征服者和统治者开始分布到上述地区。其中,中原是蒙古移民最重要的分布地区,分布在北自长城内外,南至五岭以南,东到东北地区,西到天山南北的广阔地区。元时各地方政府皆设达鲁花赤,以蒙古人充任,中原各地镇戍、屯垦的也以蒙古人为多。据《元史》记载,今河南、安徽、四川、辽宁、陕西等省境均有蒙古人屯田。

蒙古在攻占西北各地时,往往强迫当地人民,无论是主动投降的,还是被征服的,迁入中原，充当兵员和劳动力。此外，也有少数人是因经商、传教、任官以及入侍等原因而留居中原。这些来自西北各族、西域以至欧洲的移民，往往被称为色目人，意为“各色名目”，种类繁多，至少有二三十种。其中，人数比较多的是：

回回人。蒙元时期称信奉伊斯兰教的诸国人民为回回。13世纪来临之前，西域的西辽、花剌子模等国和西南亚的人民已多信奉伊斯兰教，里海和黑海一带也有部分人民信仰伊斯兰教。蒙古军在三次西征时攻入上述地区，他们除了大肆屠杀人民，便是将人民大量俘掠为奴。他们不是被送到东方的蒙古本土，就是随同蒙古军在西域作战，以后又随东迁的蒙古军进入中原地区或从漠北南下中原。此外，还有一些回回人在蒙古军第三次西征以后因经商或其他原因自发迁入中原。迁入后，回回人作为色目人中人数较多的一支，在各地驻守、任官，回回商人则在各重要城镇经商，从而分散到中原各地。华北地区分布很多，刻于1348年（元至正八年）的定州（今河北定州市）的《重建礼拜寺记》碑云：“回回之人遍天下，而此地尤多。”周密《癸辛杂志》：“今回回人皆以中原为家，江南尤多”。今东南一带如镇江、宁波、扬州、松江等地均有回回人的居点，而以福建泉州为集中。再南直至云南，蒙古平大理，大批回回人随军入滇，分居昆明、昆阳、大理、丽江、鹤庆、保山、腾冲等地。《马可波罗行记》说：押赤（昆明）“城大而名贵，商工甚众。人有数种，有回教徒、偶像教徒，及若干聂思脱里派之基督教徒”。

西夏人。西夏是我国辽宋金时期割据西北的区域性政权，人民主要属党项族和汉族。自1209年（西夏应天四年）起，西夏臣服于蒙古，曾派一支5万人的军队在中原作战，这些人以后都未能返回西夏。蒙古灭西夏，绝大多数的西夏人民都沦为俘虏，被迫东迁到今山西北部等地区。此外，元代都城大都城一带以及河南、河北的某些地方也是西夏移民的主要分布地区。

畏兀儿人。畏兀儿为“回鹘”的蒙古语读音的音译。自9世纪西迁以后，畏兀儿人逐渐成为新疆地区的主要居民，他们建立的政权称高昌回鹘，领袖称亦都护，据有以今新疆北部为中心的地区。成吉思汗三年，高昌亦都护降蒙，并率军或派军随蒙古军作战，一些畏兀儿人因而留居中原。1275年（至元十二年），因叛元的西北诸王的进攻，高昌亦都护被迫率境内人民迁入内地，早期居住在今甘、宁、陕三省区交界地区，后又迁居今河南南阳、湖北襄樊等地区。

犹太人。元代称之为术忽或主鹘，1329年（天历二年）朝廷曾下令术忽商人与其他商人一样纳税，1354年（至正十四年）又下令术忽商人与回回商人均需赴京师从军。犹太人既然能与回回并提，人数不会很少。

除了色目人，许多居住在东北和长城以外的契丹人、女真人也随蒙古军迁入中原各地。蒙元军队曾数次攻入今朝鲜半岛的高丽王国，至少有二三十万高丽人由于被俘掠，被迫迁居中国的辽东地区及首都大都城等地区。

这些周边民族成员内迁以后，开始在经济和文化上与中原的汉族相融合。元朝灭亡以后，除了回回族继续存在并发展，有一部分蒙古和高丽移民退出中原，而留下生活在中原的周边民族成员大多与汉族或回回等族和睦相处，成为中华大家庭中的一员。

六、清代周边民族的内迁

清初满族人口的内迁，是我国古代周边民族的最后一次较大规模的内迁。

满族是我国东北的古老民族之一，与金代的女真人同出自肃慎—靺鞨系统，主要生活在今吉林和辽宁两省交界的长白山一带。进入关内作战以前，满族人口所属的满洲八旗辖有人丁 9.8 万，如以一丁带 4 口计，大约有 40 万人。

1644 年（清顺治元年），满族八旗壮丁大约有 6.6 万，也就是说有 2/3 的成员开始越过山海关，进入中原作战。此后，留居中原的满族八旗合其家属人口大约有 26～27 万，保持在本族人口的 2/3 左右。由于清政府对满族人口采取种种优抚的办法，鼓励其生育，到清代中期满族人口已增长数倍。

入关满族移民的绝大部分居住在首都北京，入关初期壮丁约有 6.3 万人，合家属约有 25 万人。到康熙后期（1692～1722 年），丁壮已增长到约 12 万左右，以一丁带 4 口计，约有 48 万人。除北京外，其次是京都所在畿辅之地，大致相当今河北省、天津市，有满洲八旗约 2 万人，此外，各省都有驻防八旗，以西安、杭州、江宁（今南京市）、荆州（今湖北江陵市）、广州、成都、绥远、庄浪（今甘肃永登县）、福州等地最为集中，都有相当数量的满族移民。清朝平定准噶尔部的叛乱以后，新疆也成为满族八旗的屯驻地之一，乾隆年间（1736～1795 年）约有 2 万满族丁壮驻在新疆。

清朝统治者采取种种措施，以避免满族移民的汉化。他们将满人集中聚居在各地的满人居住区，并禁止满汉通婚。尽管这样，仍无法阻挡满族移民接受汉化的趋势。清朝灭亡以后，关内满族人口的大部分都融合于汉族。

七、周边民族内迁与中原的民族融合

据上所述，自汉代以来周边民族内迁的浪潮，大致有两汉、魏晋、南北朝、隋唐五代、金代、元代和清初等几次。就内迁的人数而言，无疑以前面三次为多，而这三次的周边民族内迁浪潮，恰好和北方汉族的南迁浪潮相呼应。换言之，发生在西晋永嘉之乱以后、唐后期五代和宋代靖康之乱以后的我国历史上的三次北方人口南迁高潮，也是期间的周边民族移民大规模武装内迁导致的结果。就像南迁的北方人口，曾对南方汉族的形成和壮大起过重要作用一样，周边民族的内迁也对北方汉族的发展产生不可低估的影响。

北方是我国古代多战争的地区，每次长时间的大规模战争都要导致原居民人口的锐减。他们不是死于战争中的残酷杀戮和相伴随的严重饥荒和瘟疫，就是被迫逃往南方以及其他相对安全的地区。这时候迁入中原的周边民族移民，往往成为北方居民的重要部分，在一些地区甚至是主体部分。因此，北方地区每发生一次大规模战争和周边民族的内迁，就要导致北方人群面貌的一定程度的改变。

西晋初期，由于经历了东汉三国的民族迁徙，在关中等一些地区非汉族人口已占有相当大的比例。著名的文学家江统在其《徙戎论》中指出，在汉族人口长期占主体地位的关中，西晋初人口结构已经改变，“且关中之人百万口，率其少多，戎狄居半”，即非汉族已占当地人口的半数左右。所以他主张“徙冯翊、北地、新平、安定界内诸羌，著先零、罕开、析支之地；徙扶风、始平、京兆之氐，出还陇右，著阴平武都界”，使“戎晋不杂，各得其所”①。当时黄河下游地区也分布不少鲜卑人。永嘉之乱以后周边民族内迁的规模空前扩大，同时

① 《晋书》卷五六《江统传》。

又发生北方人口的大规模南迁，周边民族移民所占的比重大大提高。隋唐王朝的帝王将相、贵族大臣多具有胡人即周边民族的血统，盛行胡化之风，显然就是此前和隋唐时期周边民族内迁的直接结果。

隋唐之际的战乱，曾导致北方地区人口数量的剧减，至太宗贞观年间仍然如此。在这种背景下，大规模迁入的周边民族移民遂成为促进人口恢复的重要因素。639 年（贞观十三年），全国约有 1 235 万人，内迁的近 120 万周边民族移民约占全国总人口的 6%～7%。这些移民基本分布在北方，时北方五道约有人口 570 万，移民约占人口的 1/7～1/8。由于以后周边民族的内迁仍然在进行且达到一定的规模，估计在 755 年（天宝十四载）安史之乱爆发前，周边民族移民及其后裔可能要占到北方人口的五六分或六七分之一。

金朝初期的情况和唐初相类似。由于受金宋战争影响，金初人口数量较少，此时迁人的东北民族成员也是促进人口恢复的重要因素。1161～1189 年（金大定后期）的全国人口中，北方猛安的人口约 300 余万人，约占全国人口的 7%～8%左右。考虑到全国人口的近二成左右，居住在北方以外的地区，东北移民及其后裔在北方人口中所占的比重还应提高。

蒙元时期周边民族移民的数量可能不及其前的时代，估计蒙古族移民有 40 万，色目移民有 100 多万，加上内迁的高丽、契丹、女真等族的部分移民，约有 200 万口、50 余万户的非汉民族移民迁入中原。但是，如果考虑到蒙元初期北方人口的锐减程度，我们就不能低估移民对迁入地人口的影响程度。蒙元初期，中原地区人口数量的锐减程度远远超过以前的各个朝代。至世祖中统二年（1261 年），蒙古统治全华北已有 18 年，北方仍只有近 142 万户。如果认为这一户数可能有较多的隐漏，假设隐漏 50 余万户，则内迁的周边民族移民大约占了全部人口的 1/4。

我国历史上的民族融合，并不是某一个被融合民族的肉体消灭，而是该民族成员汇入另一个民族（主要是汉族）。周边民族成员的一次次内迁和被融合，显然也是汉族发展壮大的一个主要原因。正是周边民族以及其他非汉族人口的不断注入，才使汉族的人口以超过其他民族的速度增加，身体素质也得到提高，经历了无数次的天灾人祸而越来越强大。在融合各族人口的过程中，汉族也有充分的机会吸收各族文化的精华，充实和发展本民族的精神文化和物质文化。

由于内迁的周边民族移民主要分布在北方，其影响主要体现在北方。如果说，影响我国南方地区的汉族及其文化发展的外部因素，主要来自历史上一次次南下的北方汉族移民，那么，影响北方汉族及其文化发展的外部因素，主要是来自内迁的周边民族。

有关我国不同民族和地域的免疫球蛋白同种异型分布的调查表明，中华民族起源于古代两个不同的群体，北纬 30 度线以北属于北方型，以南属于南方型；而且，居住在北方的汉族和北方的少数民族在同一个集群，居住在南方的汉族和南方的少数民族在同一个集群，南方和北方汉族的差异远远大过汉族和当地少数民族的差异①。移民史的研究表明，除了双方可能来自同一个种族（蒙古利亚人种）的这一可能性，周边民族成员一次又一次的内迁并与之相融合，无疑也是导致北方汉族与北方的少数民族在同一个集群的另一个可能性。尽管每次内迁，不可能在全北方（不排除少数地区）都完全取代原先的汉族居民

---

① 赵桐茂，陈琦等：《中国人免疫球蛋白同种异形的研究：中华民族起源的一个假说》。

而成为人口的主体部分，但随着每次内迁的进行，北方汉族中来自少数民族的成分逐步加大，势必也要导致双方血统上的接近。而且，即使存在北方汉族和北方少数民族都来源于同一人种集团这一可能性，历次的周边民族成员内迁也会使北方汉族不断吸收北方少数民族的成分，因而得以冲淡与南方汉族通婚产生的影响。

周边民族内迁对北方文化的影响，往往更容易为人们所注意。在我国史书上，每一次周边民族内迁以后，都有人惊呼北方的一些地区在社会经济、文化乃至风俗习惯方面出现胡化（即受周边民族文化的较大影响）的现象。例如，唐代周边民族移民主要分布在东起今辽宁朝阳市，西到今甘肃河西走廊的北部沿边，在这些地区的居民中周边民族移民是人口的重要部分甚至是主要部分。由于移民内迁以前主要在草原上过着席天幕地的游牧生活，内迁以后仍在很长的时间中维持原先的生产生活方式，进而对与之杂居或邻近的汉族人民产生影响。隋代，今京、津、冀、晋四省市境内诸州均以农业为主，牧业经济并不重要。但到了唐代，因周边民族迁入，今山西和陕西二省的北部地区都演变为以牧为主，而宁夏和河西走廊也经历过数次农牧变迁。随着移民的迁入，周边民族的文化现象也传入所在地区，并在广阔的范围内产生多方面的影响。安史之乱前，胡化之风已影响到中原地区的音乐、舞蹈、服饰、食物、社会风尚诸方面。安史之乱后，周边民族移民深入中原腹地，产生了更深刻而广泛的文化影响。“自从胡骑起烟尘，毛毳腥膻满咸洛。女为胡妇学胡妆，伎进胡音务胡乐。火凤声沈多咽绝，春莺转罢长萧瑟。胡音胡骑与胡妆，五十年来竞纷泊”[①]。这一首诗，便是著名诗人元稹对唐后期长安和洛阳变化的描述。其实，每一次周边民族的内迁，又何曾不如此呢?就此而言，随着每一次周边民族的内迁的进行，我国古代的北方文化面貌发生了一次又一次的变化，而这种变化难免又要随着人口流动和文化交流的进行，影响到其他地方。

第五节　边疆地区的人口迁移与民族分布

我国边疆地区范围广大，民族众多，是非汉族人口的主要聚居区，历史上的人口迁移的状况极其复杂。上节所说的内迁中原的周边民族，除了少数来自国外的区域，绝大部分来自我国的边疆。除了周边民族的内迁，边疆地区的人口迁移活动，还包括中原汉族的迁入和非汉民族在边疆地区的迁移等等，都对边疆的民族和人口分布产生重要的影响。边疆的人口迁移是个极其复杂的过程，涉及的地域广，卷入的民族成分复杂，本节只能作概括的阐述。

自从战国秦、赵、燕筑长城，将中原汉族农耕区与周边民族的游牧区分隔开来，北部长城以外的区域以及西部、西南部非汉族居住区域，往往被汉族视为塞外或边外，是在地理条件、民族分布、经济生活和文化方面都与汉族地区很不相同的区域。对于安土重迁的汉族人民而言，很少有人愿意离开自己的故乡，迁到遥远而景物迥异的边疆。明以前，汉族居住地区的人口密度总的说来并不大，虽然有不少人口密集人均土地面积较少的地区，同时也有很多地广人稀有待移民开发的地区。因此，人口密集地区的外迁人口，主要迁往内地那些地广人稀的地区，很少主动迁到边疆。汉族人民向边疆地区的迁移，大多是在某种情

---

① 《法曲》，《全唐诗》卷四一九。

况下，被迫进行的。主要有以下几种类型：

被周边民族掳掠。周边民族的社会发展程度与内地相比，一般比较低，有的尚处于奴隶制阶段，有的虽已进入封建社会早期，但仍使用一定的奴隶劳动。为了补充奴隶来源，在他们攻入中原时，往往要掳掠一定数量的汉族人口，带到边疆，进行奴役。

被俘。中原政权的军队在与边疆民族政权的军队作战时，往往互有胜败。如果中原政权的军人沦为俘虏，在大多数的情况下只能留居边疆，充当奴隶。

参加屯田。为了阻止周边民族军队的侵入，历代中原政权都在沿边屯驻大军。边疆距中原道路遥远，交通不便，不便运送军队需要的大批粮食。为了就地解决军队的粮食供应，中原政权往往派出大批军人和服徭役的农民，以及流放的犯人，前往边疆屯垦。

此外，还有一些中原的农民，为了逃避沉重的赋税徭役的负担，主动迁往政府鞭长莫及的边疆地区。在中原发生战乱时，也会有一些汉族人民逃入边疆避乱。

自秦代开始，便有一定数量的中原汉人迁入边疆地区。参加屯田的汉人，主要分布在今长城以北的河套地区、河西走廊、辽宁西部以及青海的河湟地区，逃户和被掳掠、被俘的汉人则分布在更加广阔的地域。在辽、金、蒙元时期，对中原汉人的掳掠达到新的规模，被迫北迁的中原汉人广泛分布在今东北三省、内蒙古地区以及蒙古国，而吐蕃时期被掳掠的汉人甚至迁入向来少有汉人的西藏南部。

由于汉族移民的生产技术和文化水平一般高于边疆民族，他们的迁入有助于促进边疆地区经济文化的发展，并对中原和边疆的经济文化交流做出重要贡献。不过，除少数逃户或许愿意在边疆定居下来，其他中原汉人因都是被迫迁入，一般不愿在此定居，他们往往在强迫迁徙的条件消失时返回了中原。因此，尽管汉族对边疆的迁徙曾达到一定的规模，但真正数代定居边疆的汉人为数不多。少数定居边疆的汉人，往往主动接受非汉族的文化和风俗习惯，最终成为当地少数民族的一分子。

本书受篇幅限制，只能选择对今天的民族分布产生过重要影响的民族迁徙，作粗线条式的论述。

一、元明以前中原汉族对边疆的迁移

内地汉人迁往边疆，有明确记载的，大致从秦代开始。公元前 214 年(秦始皇三十三年)北逐匈奴，“自榆中并河以东，属之阴山，以为四十四县，城河上为塞。又使蒙恬渡河取高阙、阳山、北假中，筑亭障以逐戎人。徙谪，实之郡县”①。这一地区时称“新秦中”，即今内蒙古和宁夏的河套地区。这次对边疆的移民究竟有多少，史无记载。今人研究估计约 10 来万人②。三十六年又从内地徙民 3 万家于北河榆中地区③。这二次向北边移民的总数估计有 30 万人左右。但秦末汉初，匈奴内侵，移民大多逃离，留在原地的也为匈奴所掠，塞下空虚。西汉武帝时又掀起一次向边区移民高潮。前 127 年(元朔二年)收复河南地(即河套以南地区)，是年移民 10 万于今黄河和乌加河间的河套平原及其以南地区，前 119 年(元狩四年)又移民 72.5 万于西北边区，约今内蒙古南部、晋西北、陕北、宁夏南部和甘肃地区。前 111 年(元鼎六年)又移民湟水流域，后在西北上郡、朔方、西河、河西等地斥塞卒 60 万

①③《史记》卷六《秦始皇本纪》。
② 葛剑雄等:《中国移民史》，第 71 页。

屯田，其中必有一定数量的人口定居在边区。自武帝开始至汉末迁往西北边疆的总人口约在 100 万左右。

第二次内地人民移向边区的高潮，大约开始于东汉末年黄巾起义爆发后，中原战乱，青、徐士庶避黄巾之乱，迁往幽州地区的有百余万口①，其中有一部分以后又归回中原，但肯定有数十万留下与当地乌桓、鲜卑融为一体了。

第三次内地向边区移民高潮开始于西晋末年永嘉之乱以后，当时黄河流域先后出现过由北方游牧民族建立的 16 个国家，各自为扩展兵力、增加劳力，想方设法招徕户口，而中原战火连年，人民被迫向相对安定的地方迁移，于是出现黄河流域人口、民族大迁徙的局面。其中大部分南迁江淮，一部分流向北方各边地。如 311 年洛阳陷于刘氏前赵，中州士庶投奔河西地区前凉政权的有二三万人。前秦和五凉时期，前后从中州迁往河西走廊的累计有 10 余万人。今辽河地区在五燕统治时，河北、河南、山东、山西、甘肃、浙江、江苏等地有大批人口迁往辽河东西，仅有明确记载的就有 3.7 万余户。

隋唐时期，为防卫边疆，屯田戍守，政府召募为数不少的内地汉人迁往河套、河西走廊、新疆、青藏高原等地。同时也有一些汉人在战争中沦为战俘，被掳掠去边疆地区，如唐与南诏战争过程中，就有二三十万人口被俘掠至洱海地区。10 世纪初开始，被契丹从中原掳掠至西拉木伦河流域进行农耕的汉人总数约有三四十万。女真统治北中国后，将大批居于河北、山西的契丹人、奚人和居于中原地区的汉人迁往其根据地黑龙江、松花江流域。如金灭北宋后，在中原地区大肆掠夺人口，“华人男女，驱而北者，无虑十余万”②。攻占开封城后，金军又将宋徽、钦二帝和宗室、百官、宫女、宦官、工匠、娼妓数千人掠至东北。

秦汉以来至宋金时期，内地汉人不断迁往边地，对边疆地区的经济开发、民族融合、文化交流起了十分重要的作用。

二、边疆地区的民族分布和元明清时期内地人口向边区的迁移

我国当代边疆地区的民族分布状况，是历史时期民族人口发展和迁徙的结果。历史上，各边疆民族都在一定的空间范围进行了频繁的迁徙，元明清时期内地汉人对边疆的大规模迁移，也在很大程度上改变了边疆民族的分布状况。

（一）东北地区

东北地域辽阔，依气候和水系状况大致可分成南、北二大部分。

北部的黑龙江、吉林二省以及辽宁东北部山区基本属黑龙江——松花江水系，气候寒冷，山地丘陵面积广大，森林密布，中间为辽阔的东北平原。古代平原的居民以农耕为主，森林居民以狩猎为重。

濊貊民族是古代东北北部地区的两大系民族之一，以农业为主要经济部门，秦汉时期先后建立夫余、高句丽等政权。夫余活动中心主要在东北平原中部，为当时我国北部边疆社会发展程度较高的地区。高句丽中心地区在今吉林东南部、长白山中，人民英勇善战，西

① 《后汉书》卷七三《刘虞传》。
② 李心传:《建炎以来系年要录》卷四，建炎元年四月辛酉。

晋末年曾攻占辽河以东、朝鲜汉江以北地区。由于原都城丸都城(在今吉林集安县附近)所在地区过于狭促,公元427年将都城迁到地势开阔的今朝鲜平壤一带,从此濊貊系民族退出我国的历史舞台。

肃慎系是古代东北北部的另一民族系统,主要活动在长白山至黑龙江南北的广大地区,生活和森林有较大的关系。历史悠久,商周时已见诸记载。唐代社会发展加速,中心地区在今黑龙江省牡丹江流域的粟末部首先进入阶级社会,698年建立渤海国,经济文化有较大的发展。公元926年灭于辽,渤海人被迫南迁东北南部以及今内蒙古的东南部。渤海灭后不到200年,肃慎系民族再次得到大发展,女真族建立的金朝灭了辽朝和北宋,席卷淮河以北的北部中国,此后女真族以及契丹、渤海等民族的相当一部分成员内迁中原。17世纪肃慎系民族再次崛起,满族建立的清政权入主关内,统一中国。

历史上东北北部的汉族居民人数不多,主要在辽代、金代自中原掳掠而至。当王朝灭亡或将统治中心转移到中原以后,这一地区的汉族移民也相继消失。

东北南部位于今辽宁西部、中部和南部,历史上称之为辽东地区。主要属辽河水系,属暖温带气候,适宜农耕。地居中原进入东北的必经之地,并是中原王朝和朝鲜半岛间惟一的陆上通道。战国后期燕国进入辽东,在此建立郡县,修长城。此后直到公元4世纪(东晋末),中原王朝都在此设郡县,一切同于内地,并出现汉族建立的割据政权。后为高句丽所占。隋唐二代曾花了极大的精力,东征高句丽,以夺回对辽东的控制。辽、金、元时期辽东都是汉族和其他民族的杂居区域,而以汉族在人口中所占的比重为大。1371年(明洪武四年),辽东归明,明设辽东都司以辖之,并广设军卫,土著居民皆转为军卫士卒或为军卫管辖。洪武年间,约有军士13万人,合家属共40万人左右,其中的5万名军士及其家属15万人为自中原迁入的军籍移民。随着时间的推移,有相当一部分从山东半岛泛海而来的移民,前来依附于各卫,被称为寄籍人户。明中后期,辽东的汉族人口仍在继续增长,到1620年辽东汉人大约有300万。然而,在明朝和后金的战争中,大批汉人逃入关内,估计有200多万。所以估计到清初,辽东地区人口稀少,大致不足100万,往往数百里无人烟。1644～1661年(顺治年间)在辽河流域和今吉林部分地区修建柳条边,禁止民人越过柳条边进行打猎、放牧和采人参。以后清廷曾发布招垦令,鼓励民人出关垦地,但以柳边为限。1668年(康熙七年)又下令将关外之地列为封禁。1677年(康熙十六年),又将长白山周围的广大地区划为禁区。不过,如遇中原灾害年景,北方人民蜂拥出关以避饥荒,在此背景下朝廷也会变通放民出关。此外,平时也有私自违禁出关的偷渡者。因此,清代前期边内的人口持续增长。还有一些移民越过柳条边,进入边外禁区。他们最初在山区从事采集人参、淘金、伐木等活动,后转向平原的农业垦殖。此外,自中原谪发而来的各种各样的流人也被送到边外,从事垦殖。不过,边外的移民速度无法与辽东相比,移民数量有限。到清代中期东北地区移民约有130余万。

1840年以后,西方列强用洋枪巨舰敲开我国大门,沙俄也加速在远东的扩张。朝野开禁放垦、移民实边的呼声日益高涨,促使清政府于1860年开始渐次开放原来封禁的各个地区,大规模的垦殖由此展开,中原移民涌向东北。到民国时期,移民潮达到了新的高峰。

移民的大量涌入,导致人口的迅速增加。清后期于东北设奉天(后改称辽宁)、吉林、黑龙江三省。同治元年至光绪二十三年间(1862～1897年),奉天人口由284万增加到496万,年平均增长率为16‰,1908年达到1 100万人。1930年,辽宁人口已达1 494万。而在嘉庆二十五年至宣统三年(1820～1911年)间,吉林人口由56万余增长到554万,黑龙江人口也由16.8万人增长至322万人。

到清末民国时期,辽宁、吉林两省的人口密度已有了较大的提高,已没有大面积的地区可供移民开垦。只有北部的黑龙江因移民进入稍晚,且地域辽阔,人口密度不高,大部分地区仍有待于移民开发。1908年(光绪三十四年),黑龙江分别在汉口、上海、天津、烟台、长春等地设立机构,以比较优惠的办法吸引关内移民。民国以来,移民速度进一步加快。在1923～1930年的7年中,平均每年都有27万人迁入。直到1931年"九·一八"事变以后,移民数量才开始减少。

经过清后期民国的大移民,东北的人口和民族分布彻底改观。汉族在人口数量上占了绝大的优势,并广泛分布在各个地区,东北成为全国工农业发达的重要经济区域。

(二)蒙古高原

地跨蒙古国和我国内蒙古自治区的蒙古高原,是我国古代游牧民族的主要活动区域。早在公元前的几百年,匈奴人就游牧在蒙古高原上。公元1世纪,南匈奴内附南迁,北匈奴被汉朝军队战败后西迁,鲜卑人乘虚入居大草原。4世纪末,柔然代之而起,6世纪中叶突厥统一草原,7世纪薛延陀勃兴,8世纪回鹘称雄草原,9世纪中叶黠戛斯一度称霸,10世纪初契丹统一蒙古草原。12世纪蒙古族统一草原,建立帝国。除了匈奴和蒙古族,这些民族在草原称雄的时间,大多只有一二百年或二三百年,短的如薛延陀只有10余年。除了这些民族,还有许多民族发源或活动于蒙古高原。不过,只有蒙古族幸运地存在到现在,其他民族都已早从历史舞台上消失。他们不是因内迁而被中原汉族所融合,就是留在草原而汇入后来兴起的民族,还有个别民族则西迁中亚。尽管这些民族活动在蒙古草原的时间不算很长,但他们却曾是古代中原王朝的劲敌,在中国历史上留下了不可磨灭的影响。

除了游牧民族,在蒙古高原还生活着以狩猎为主的森林民族和以农业为主的农耕民族。以狩猎为主的民族主要居住在蒙古高原北部和西北部、东北部的森林地带,他们历史上往往被称作"林中的百姓"。以农业为主的民族基本上是迁自中原的汉族移民,主要居住在今内蒙古中部的河套平原和东南部的辽河中上游地区。

河套平原是蒙古高原较大的一块可耕可牧的区域。这里是漠北游牧民族的冬季牧场,南下中原的前进基地,也是中原王朝移民垦边、屏蔽中原的必争之地。历代中原王朝在其强盛的时期,都要对此移民实边,设置郡县。而周边民族一旦势力强盛,便要进入这一区域,迫使来自中原的移民退出这一区域。因此,这一区域自秦汉以来经历过多次的农牧变迁过程。蒙元时期成吉思汗攻入中原初期,大批汉人被掳掠北去。河北永清县富户史秉直降蒙后,受命领蒙古军所掠10余万家降人迁往漠北①,即为一例。蒙古军掳掠的汉人中不少是有技艺的工匠,此外,儒生、僧人、道士、医生、阴阳人(算卜、堪舆)往往是被掳掠的对象。其中大部被迫迁往漠北。蒙古统治者移民漠北的目的,主要是要汉人从事耕垦、放牧、筑城、家务和手工业生产,为其战争和生活需要服务。《黑鞑事略》记当时漠北草原上,"牧者谓之兀剌赤,回回居其三,汉人居其七。"蒙古人在漠北草原上适合农耕的地方种植粮

① 《元史》卷一四七《史天倪传》。

食，如在叶尼塞河、克鲁伦河、和林格尔、杭爱山麓一带进行屯田，都是利用汉人耕作，单在和林屯田的汉人就有1万人，是漠北汉人最集中的地方①。到宪宗时蒙古灭金，控制北中国，大规模向漠北移民的举动才渐停止。

朱元璋将蒙古人逐出中原后，在蒙古高原南缘设置数十卫所以备边。在今内蒙古赤峰市宁城县为大宁都司（后改为北平都司），总兵力约15万，加上家属共有30万～40万人口。在今山西北部和河北张家口地区、内蒙古部分地区的山西行都司和万全都司的兵力合家属大约也有30万～40万。不过为时甚短，永乐元年北边卫所内撤，卫所士兵和家属基本上都迁回口内。

大约在16世纪中期即明嘉靖年间，来自大同边卫的大批汉人边民逃往河套，在此从事农耕，兴建城镇。但是，明末清初的战乱使这一地区的农业经济陷于毁灭。清初在内蒙古也采取类似东北的封禁政策，禁止人民出塞耕种。

不过，自康熙年间开始，清政府已实际承认人民可以出塞耕种。当康熙皇帝出巡边外时，他看见“各处皆有山东人，或行商，或力田，至数十万之多”；而且“今河南、山东、直隶之民往边外开垦者多”②。到乾隆初年，因山西、陕西、甘肃移民的涌入，河套平原的垦殖范围已西达包头黄河边，北至大青山下，包括土默特、察哈尔、热河地区，至乾隆中期约有汉人28万。其所产作物，除供应军需外，还有余粮可供应京师或北方其他省份。同时内地农民已流入哲里木盟的科尔沁草原开垦种植，而到了乾隆末年邻近的昭乌达盟的开垦也达到一定的规模。道光年间（1821～1850年），河套境内的黄河改道南行，在北道沿岸淤出大片土地，河套兴起了兴修水渠、移民垦荒的新热潮。民国时期，河套的移民耕垦虽有挫折，但仍在继续。除了河套平原，内蒙古东部适宜发展农业的区域也有一定数量的移民。经过清代、民国的大移民，汉族上升为漠南的主要民族，农耕是最重要的经济部门，河套等地的农牧变迁至此已成为历史。20世纪30年代绥远省人口已达203.3万，察哈尔省人口265.4万③，大部分从事农业。至于外蒙古，历史上称之为漠北地区，清代因中原人口激增而导致的移民潮，使一定数量的汉族移民自发迁入漠北。康熙、雍正年间清政府一度在外蒙古的一些河谷实行了屯田，乾隆以后开始移民开垦。到了民国初年，迁入外蒙古的汉人已有10万之众，而同期的蒙古人不过54万人。

（三）西北地区

由今甘肃、宁夏和新疆构成的西北地区，按自然地理和古代的民族与经济状况，大体可分为天山以北、天山以南和河陇三个区域。

天山以北区域位于新疆天山山脉以北，阿尔泰山以南，主要属准噶尔盆地。盆地中部是沙漠，外围有优良牧场，为蒙古大草原的向西延伸部分。清代以前，经济以畜牧业为主，与蒙古草原在民族、经济、文化诸方面都有密切的联系。立国蒙古草原的民族，在势力强盛时往往要越过阿尔泰山与天山间宽广的河谷地带，统治准噶尔盆地及天山山脉，并与中亚国家发生联系。有的民族在势力衰弱时，也要退入盆地，或沿此向西方草原退却。

① 《元史》卷二二《武宗纪》。
② 王先谦：《东华录》康熙四十六年七月戊寅、四十八年七月庚寅。
③ 胡焕庸：《论中国之人口分布》。

天山以南区域位于新疆天山以南，由我国最大的盆地塔里木盆地所构成。盆地主体部分是塔克拉玛干沙漠，塔里木河及其支流环流于盆地北半部，汇注于沙漠中的湖泊。此外，还有一些大小不一的河流，它们以高山雪水为水源，消失在山脚之下的沙漠中。河流两侧的平原因有河水灌溉，宜于发展农业，成为沙漠中弥足珍贵的绿洲。由于这一原因，天山以南区域历史上是农业民族的家园，与天山以北的游牧社会适成对比。因居古代东亚和南亚、中亚陆上交通要冲，民族迁徙比较频繁，有时甚至导致主体民族的改变。大体上说，公元前后至中唐(8～9世纪)主要是伊兰人，属雅利安种族，晚唐以后回鹘族迁入，成为今日维吾尔族的祖先。

公元前2世纪，西汉王朝的政治势力进入天山南北，在一些战略和交通要地驻兵屯田。此后，中原王朝在其国力强盛，能够控制西域时，都要采取类似的作法。不过，它们设置郡县的地区主要在靠近河西走廊的天山东段，其余地区概行羁縻，不干预当地政治。古代汉族人民往这里的迁徙，总的说来数量有限，除天山东段外，均未在当地人口中占有一定的比重。

所谓的河陇，乃沿用唐代的说法，指今甘肃和宁夏。全区地貌复杂，其中，今甘肃乌鞘岭以西，直达新疆东部边境，称为河西走廊，南北山峰夹峙，中间荒漠广布，绿洲串连其中，为古代连接西域和中原的交通要道。乌鞘岭以东相当于今甘肃东半部和宁夏南部的区域，属黄土高原，黄土高原以北的宁夏平原则属鄂尔多斯高原的一部分。商周时期，河陇的大部分地区都是游牧民族的生活区域。至春秋战国，河西走廊是月氏、乌孙的游牧地区，其他地区则以羌、氐和戎狄为主。战国中后期，秦国开始向西发展。秦统一六国，派兵戍边，修筑自临洮(今岷县)北上经贺兰山、阴山、燕山的长城，长城以内基本上是华夏族的生活地区。西汉武帝时击败匈奴，控制河西走廊，大批迁入中原的贫民。此后，黄土高原皆以农为主，而河西走廊和宁夏平原则因民族迁徙经历了一次又一次的农牧变迁。

蒙元时期，随着蒙古军的西征，蒙古族和一些来自中原的汉族人民迁入西北。刘郁《西使记》载，13世纪中叶，今新疆乌伦古河西北“多汉民，有二麦黍谷”，今霍城县西的阿里麻里城汉人尤多，“回纥与汉民杂居”，城北有铁木尔忏察关，“守关者皆汉民，”城南赤木儿城，“居民多并、汾州人”。当时西域各城如别失八里(今新疆吉木萨尔县北)、哈喇火州(今吐鲁番市东南)、撒马尔干(今撒马尔罕)、塔拉思城(今江布尔城)都有汉人充当工匠和伎乐。此外蒙元在征伐金宋时，曾将俘掠来的汉人安置于今陕、甘、宁一带，或为家奴，或为屯农。平南宋后，大批编入新附军队的南宋军人又被迁往陕甘宁边区屯田。其总数尚不可知，据文献所载，估计军人连同家属约有6万～7万人①。明代强盛时期的疆域到达河西走廊的西端，为防御来自蒙古高原和西域的周边民族力量的东侵，明在河陇设立了大量的卫所。其中，设于今宁夏境内的5个卫所，在明中期约有军士2.3万人，与家属合计约近7万人。在甘肃境内的卫所估计约有军人3.5万人，连家属共10万人左右。这些人，大部分都来自新迁入的移民。

明末清初，游牧在天山北路的蒙古准噶尔部强盛，控制了西北和蒙古高原的大部分地区。1690年(康熙二十九年)，清军对准噶尔部的进攻展开反击，至1759年(乾隆二十四年)清军平定西北。为保证在西北作战的军需供应，清政府招徕甘肃的无业贫民，在河西走

---

① 吴松弟著:《中国移民史》第4卷，第652～662页。

廊西部进行屯田。由于战后天山北麓已无多少人口，自乾隆年间开始在此军屯，允许屯丁家口迁入，又招募外省移民来新疆屯垦，成千上万的移民从甘肃、陕西、四川等省奔赴天山北麓。清朝罪犯原来都流放东北，自乾隆年间开始将一部分人流放乌鲁木齐等地。到1777年（乾隆四十二年），新疆共有汉族移民35万人左右，汉人占了全疆人口的一半。

但是，从同治三年（1864年）开始，新疆为阿古柏势力及沙俄占领达10余年，人亡地荒，此后清军出兵收复新疆的战争又导致新的人口损失，清前期移民垦田的成果大部丧失。1878年（光绪四年）清朝收复新疆以后，积极兴办军屯民垦。民国年间新疆省政府坚持鼓励移民垦殖，但内地人民流入不多。直到1935年自西安到新疆的公路修成，移民人数才有所增加。

清前期进入宁夏、甘肃的移民人口较多，至1820年（嘉庆二十五年），今甘肃省境有800万人口，宁夏有220万。回族是境内的主要民族之一，主要居住在甘肃东部和宁夏以及陕西。1862年（同治元年），西北回族与当地汉民大规模械斗，进而演变成大规模的回民起义，后被左宗棠率领的清军残酷镇压下去，此后当地人口数量剧减。乱后，政府重新安置参与起义的回民，导致回民居地的大变动，许多回民被迫迁到宁夏南部和甘肃东部条件较差的干旱山区。由于境内地广人稀，清末民国时期甘肃和宁夏的地方政府都组织移民垦荒。但是，1949年宁夏仍只有120万人，尚不及乱前水平；甘肃人口稍超过乱前，但也只有968万人。

（四）青藏高原

青藏高原地跨西藏、青海两省区，四川西部以及甘肃、新疆、云南的相邻地区，以拥有世界上最高大的山脉、稀薄的空气、数不清的雪岭冰峰而著称于世。属独特的高寒气候，气温偏低，降水量少，无霜期短，藏北高原甚至没有无霜期。这种气候条件限制了农业发展，但却利于牧草生长。因此，高原人民主要从事畜牧业，过着游牧生活。

青海东北部和川西北部的主要地区，是我国古老民族羌族的故乡。东汉时期羌人与中原王朝发生激烈而频繁的战争，一部分羌人内迁中原，渐与汉族相融合。留居原地的羌人部落大部于唐代内迁，10～13世纪建立西夏政权，蒙古灭夏后将其大部分人内迁中原，亦与汉族相融合。此后，生活在青藏高原的羌人人数并不多。此外，公元4世纪初，原居辽东的鲜卑吐谷浑部落迁入青海，建立汗国，唐代亦大部内迁中原。明朝中叶，蒙古亦不剌部自内蒙古进入青海湖一带，以后成为今日青海地区的主要的少数民族。

唐初，以雅鲁藏布江流域南部为本土的吐蕃开始强盛起来，不断向北扩张。到唐中叶安史之乱前，整个青藏高原，除了东北部边缘山地，均置于吐蕃的统治下。安史之乱后，吐蕃又乘机将其统治区扩大到整个青藏高原。因此，今青藏高原的藏族分布区基本上是在唐代形成的。

古代汉族人民很少向青藏高原迁移。只有高原东北部边缘山地以及青海东北部，由于扼青藏高原进入中原的孔道，历代中原王朝都要派兵把守，并派一定数量的中原人民前往屯垦。除此之外，还有一些汉族人民为边疆民族所掳掠而进入高原内部。由于人数不多，这些汉族移民早已为当地民族所融合。直到民国时期，迁人青海境内的汉族移民始达到一定的规模，西藏境内的汉族移民则始终极少。

（五）云贵高原

云贵高原在我国西南部，包括云南省的大部、贵州全省、广西西北部，以及川、湘、鄂边境。地形多破碎崎岖，横亘着许多深谷高山。这种地理条件，有利于保存区域人群的特性，因而也是我国民族最多的地区，除汉族外，还有壮、彝、苗、傣、侗等四五十个民族，另外还有二三十个民族共同体的近百万人口有待识别，少数民族人口的绝对数也居全国之首。

汉族及其先民很早就和云贵高原的周边民族有密切的联系，对此地的人口迁移开始相当早。据《史记·西南夷列传》，楚国将军庄蹻率兵进入今云南滇池地区，因秦国军队中断归路，于是便留居当地称王，“变服从其俗以长之”。此后，历代都有汉人往这里迁移。但总的说来，在元明以前，汉族往云贵高原人口迁徙的规模不大，那些已迁入的汉人由于人数太少，各自聚居，互不联络，为了在新环境下立足，大多像庄蹻那样改变服装，依从当地风俗，实际已周边民族化了。

元代于云南设立行省，并自内地派遣各族军人来此屯守，其中也有一些汉人。不过，总的说来汉族移民的数量有限，远未改变当地的人口结构。自明朝初年开始，朝廷开始有计划地对云贵地区实施大规模的军事移民。1381 年（洪武十四年），傅友德、蓝玉、沐英等率军远征云南。次年平定，广设军卫，留江西、浙江、湖南、河南四都司辖下的军人留守，并将军人的家属自内地送至云南。1393 年（洪武二十六年），云南境内共设千户所 106 个，约有近 12 万兵力，连家属约有 36 万人口。今贵州境内共设 127 个千户所，约有 14 万余兵力，连家属共有 42 万人。这些卫所战士及其家属，都是外来的汉族移民。他们组成的卫所一般都筑城开屯，因而构成一种军事性质的地理单位，不仅管理一般状态下的卫地和人口，还直接管辖部分州县。此外，在未设卫所的一些地区，包括大量的堡和驿，也有军籍移民的分布。

除了军籍移民，在云、贵两省还有一些数量的民籍移民迁入。当时，为了有效供应边地的粮食，政府招募商人在指定地区用粮食换取盐引，再凭盐引到产盐地取盐。为节省昂贵的运费，商人往往出资招募内地农民，到政府指定的由他们供应粮食的地区垦田种粮，因而形成特殊形式的屯垦移民。1382 年、1387 年（洪武十五、二十年）先后两次在云南发展商屯，1436 年（正统元年）再次大力招募商屯。于是商屯大盛，明中期某些地区竟造成商屯产米过多的现象。在贵州的普安、普定、毕节、赤水、层台、乌撒、平越、兴隆、都匀、镇远、清浪、铜鼓等地，都有应盐商的招募而迁入承种的汉族农民，估计达 10 万人左右。这种因商屯而移入的人口，大多数定居而成为当地居民。

自明代中期开始，来自江西等省，特别是江西抚州的人民，大量流入云南。抚州人在云南主要从事工商业，他们甚至深入到境外的缅甸。贵州境内自由流入的移民同样很多，正德、嘉靖年间仅思南地区的流民便不下数万人。

清代为了进一步控制边疆，在云贵高原大规模实行改土归流，即由中央从外地派遣行政官员，从而剥夺各土司对地方的控制，由此触发了与各土司的激烈冲突。朝廷在镇压了各地土司的反抗之后，在内地广泛招募汉人，移民云贵。官府借给移民路费和耕牛、种子，并分给土地，让他们定居在军事据点的周围。这些移民又招引外省客民前来耕种自己分得的土地，军事据点周围的移民人数大增。此外，还有大量自由流入的移民，汉人垦殖的区域开始自山间盆地向四周山地推进。

由于汉族移民的大量迁人，云贵高原的人口和民族分布的状况得到极大的改变。就云南而言，在明代汉族移民主要分布在北部和中部，而到了清代移民已向东北、西北和南部的山区推进。在昭通、东川、元江、镇沅、景东、普洱、临安、开化、广南诸府、州、厅，移民的数量都已与土著人口相当。就连最为偏僻的永昌府保山以西以及西南，也有了一定数量的汉族移民。除了从事农业垦种的移民，还有相当数量的移民从事开矿、冶金及其相关行业。贵州各地都有汉族移民分布，而以兴义府（治今安龙县）、大定府（治今大方县）、都匀府（治今都匀市）、黎平府（治今黎平县）和贵阳府（治今贵阳市）为多，汉人已在当地人口中占相当的比率。在某些州县，例如兴义府兴义县，汉人已占了当地人口的72%。因此，自清代以来汉族已成为云贵高原人口最多的民族，社会经济面貌也有了巨大的变化。

（六）台湾地区

台湾因孤处东海，南方人多地少地区对其移民开始较晚，长期以来都是当地民族高山族的生活区域。南宋时期，在澎湖列岛已有一些来自福建晋江的汉族移民，但因高山族强悍，汉人并未进一步向台湾岛迁移。明洪武年间，朱元璋实行海禁政策，澎湖居民大多被迁到大陆。至1621年（天启元年），活动在东南沿海的武装海商颜思齐、郑芝龙率部众到达台湾，福建沿海人民多来投奔，前后达数千人，开创了大规模移民台湾的先河。到明末清初，居住在澎湖和台湾的汉人达到二三万人。

1624年（天启四年），荷兰人侵入台湾。1661年（清顺治十八年），郑芝龙之子郑成功率部数万人自大陆退到台湾，继续进行反清活动。郑氏部众以赤嵌城（今台南市）一带为中心，首先垦殖南部的嘉义、盐水港、凤山等地，尔后逐渐向北部的台北盆地、鸡笼（今基隆）等地拓展。

除了随郑氏入台的数万人，郑氏还招徕大陆的流民入台垦殖。1662年（康熙元年），清廷为了断绝大陆民众与郑氏的联系，下令沿海居民皆内迁30里，不少人因之流离失所，不得不渡海求生，大批移民因之入台。到郑氏统治的末期，全岛人口达25万，其中15万是来自大陆的汉族移民及其后裔。

1683年（康熙二十二年），郑氏降清，汉族人口的半数被迫离开台湾，朝廷并限制渡台的条例。不过，尽管禁令森严，仍有福建沿海，特别是漳州、泉州等地的闽南人，偷渡台湾，台湾西部沿海的各港口都布满潜渡者的足迹。1732年（雍正十年），朝廷部分开放渡台之禁，此后时开时禁，但人民渡台已成不可阻挡之势。1764年（乾隆二十九年）以后，渡台之禁不复存在，移民台湾的人数更多。1875年（光绪元年），在日本亟谋入侵台湾的刺激下，福建厦门、广东汕头、香港等地设招商局，予以种种优惠，广招人民前往台湾耕垦。移民的不断迁入，使台湾人口一再增加。1811年（嘉庆十六年），台湾有户23.2万、口190万余（一说户24.5万，口178万余），1905年（光绪三十一年）已有312万人。

综上所述，元、明、清以前，广大的边疆地区主要是非汉民族的生活区域，迁入的汉族移民人数比较有限。尽管在某些地区，汉族移民及其后裔曾在当地人口中占有重要的比重，但随着边疆政治军事形势的改变，汉族人口数量显著下降，移民的影响也随之消失。明代以来，汉族移民开始大批迁入西南的云贵高原。入清以来，随着内地人口与土地矛盾的加剧，以及中央王朝对边疆控制的不断加强，自发迁入边疆的汉族移民人数大增。到清后期乃至民国时期，形成空前的移民边疆的浪潮，从而彻底改变了边疆地区的民族和人口分布。此后，在广大的边疆，除了西藏、天山南路等少数地区，汉族都成了当地人口的主要部分，边疆的人口密度得到相应的提高，促进了当地经济的发展，并对巩固中华民族大家庭起着重要的作用。

参 考 文 献

吴松弟. 1989. 无所不在的伟力——地理环境与中国政治. 长春：吉林教育出版社

吴松弟著. 2000. 中国人口史·第3卷(辽宋金元时期). 上海：复旦大学出版社

曹树基著. 2000. 中国人口史·第4卷(明时期). 上海：复旦大学出版社

葛剑雄. 1991. 中国人口发展史. 福州：福建人民出版社

葛剑雄，吴松弟，曹树基著. 1997. 中国移民史(六卷本). 福州：福建人民出版社

第六章　中国古代农业的地区开发与地域特征

中国是一个历史悠久的农业大国，至今最少已经有了8 000年的农耕历史。在这漫长的历史长河中，中国农耕业经历了原始农业、传统农业与近代农业三个发展阶段。

距今约七八千年前的新石器时期，原始农业首先在亚洲西部肥沃的新月形地带（即今伊拉克、叙利亚一带）、中国的黄河流域以及其他一些被誉为古代文明起源地区开始形成。这一时期人类对自然的干预能力是极其微弱的，人们凭借的只是石刀、石铲、木棒等最简单的工具，依靠集体力量砍倒植物，焚烧后，在草木灰中破土点种。土地地力耗尽了，就易地而作，再开垦一片新的土地。在这种刀耕火种的原始生产方式下，起决定作用的仍是各种自然因素。进入传统农业阶段后，人们对自然条件，如季节变化、土壤肥瘠等与农业生产的关系有了进一步认识，并随着铁制农具和畜力的使用，提高和改善了动植物生存环境条件，首先在中原地区形成了以耕、锄、选种、施肥、浇水、轮作、复种等措施紧密配合的精耕细作农业技术体系。近代农业阶段最突出的特点，是以科技进步为背景而实现的农业生产工具、农业技术的革新，以及对动植物生存环境的改造。

在中国农业的三个发展阶段中，传统农业阶段最为重要。这一阶段中不但形成了中国传统农业的耕作形式、生产环节，而且奠定了农业地理的基本格局。传统农业阶段既集中了中国古代农业的全部精华，也对社会与文化产生着深远的影响。因此对于这一阶段的研究，既是认识中国古代农业发展特点的前提，也是揭示历史农业地理变化规律的关键。

传统农业阶段的时段界限，基本与中国古代史的研究时段相符，即上限起于夏、商、周三代，下限止于鸦片战争前后。需要指出的是，各农业发展阶段时限的划分，只是指出这一时限内农业生产具有的主流特点与发展趋势，并不排除时限以外的其他历史时期内，也存在同样的生产方式。传统农业作为一种农业耕作方式，集中体现了中国历史、中国文化的全部内涵，是与中国古代社会完全吻合的一种生产方式。因此它一旦形成之后，就具有巨大的惯性，虽然鸦片战争以后，随着西方文化与科技的大量涌入，农业生产中出现了现代科技的萌芽，但传统农业的影响仍然具有根深蒂固的基础。

传统农业阶段前后延续了三四千年，伴随中国历史的发展，显示出独特的生产方式与时空变化特征，本章主要以传统农业发展阶段为基本时段，探讨中国古代农业与农业地理的发展变化。

农业一词有狭义与广义两种内涵，狭义农业主要指种植业，这也是中国自古以来就有的传统观念，班固在《汉书》中就用“辟土植谷曰农”来表述它的含义。本章除了在专门表述农业所涵盖范围这样的场合外，所讲的“农业”一般都是指狭义农业，即与畜牧业等生产部门相对应的概念。广义农业除种植业外，还包括畜牧业、养殖业、林业、渔业等生产部门，由于本章篇幅有限，论述内容主要集中在以狭义农业为核心的地理问题，广义农业所含生产部门的空间问题将不作为论述重点。

第一节 历史时期农耕区的地域拓展

在中国农业发展进程中，传统农业阶段对于奠定农业发展基础，确立基本耕作方式与农耕区范围，有着十分重要的意义，是认识当今中国农业地理与区域经济面貌的基础。

传统农业阶段农业生产的发展着重表现在单产提高与耕地面积扩展两个方面。单产提高主要决定于耕作方式与农业技术，在中国数千年的农业发展进程中，农耕技艺虽然代有更易，但这些新出现的技术多表现在精耕细作的精细程度上，仅靠这一点并不会引起农作物产量大幅度提高。以黄河中下游地区粮食单产为例，汉代这里的旱地作物粟的亩产量约为 3 石，合今制为 120 斤①（1 斤＝0.5 公斤）。隋唐时期粮食亩产一般为 2 石左右②，唐代容器量制比汉代大，这一产量合今制约为 140 斤。北宋时期这里的亩产为 1～2 石，宋代的容量又比唐代略大，每亩产量合今制约为 117～155 斤③。明清时期粟类粮食亩产又略有增加，据研究认为中上田可在 150～200 斤④。数千年间，以粟为代表的旱地作物增产幅度并不大，玉米大量推广后，亩产才有了较明显的提高，一般可达 280～300 斤⑤。至于南方的稻米，以农业集约程度最高的江南地区为例，根据文献记载折合成统一亩制与统一量制，那么南宋时期每亩产量为 1.3 石，元代为 1.8 石，明代为 2.1 石⑥。江南以外的南方其他地区，稻米亩产的基本水平与提高幅度均达不到这一水平。总的来看，粮食亩产的变化相对于千年历史，相对于几千年之内人口数额的不断增长，显得滞缓而微弱。

面对粮食产量的缓慢变化，人口却以大比率不断增加。葛剑雄先生认为，秦始皇统一六国之前，即公元前三世纪时，全国约有人口 2 000 万，至西汉后期汉平帝元始二年，即公元二年，全国人口已增至 6 000 万。西汉以后至隋唐之前的数百年内，由于灾疫、战乱，人口的发展处于低值期，唐代随着社会的安定，人口逐渐恢复，至天宝年间文献记载户口为 5 200 万，考虑各种隐漏及未载籍的少数民族，这时全国人口至少在 8 000 万上下。明清两代是中国人口大幅度增值时期，明代中后期全国人口已近 2 亿，清代人口增殖尤其显著，清朝末年全国已超过 4 亿人口⑦。

除了战乱、灾疫，中国历史上所实行的赋税制度对人口增殖有很大的束缚力。从汉代开始，实行地税、口税并行制度，地税取之于田，口税系之于人，人一生从七八岁到 60 岁左右，均有向国家交纳口税的义务。口税重于地税，沉重的口税不但造成户口登记中的大量隐漏，而且大大限制了人口的增殖量。清雍正年间实行“摊丁入亩”制度，中国赋税史上这一重大改革，使相沿实行了 1 000 多年的“人头税”，至此被正式取消。口税的取消对人口发展起了很大的促生作用，清初见于簿册的人口数额尚不足 1 亿，排除各种隐漏也不过 1 亿多人口，200 多年后，即清代末年全国人口已超过 4 亿。民以食为天，人口不断增殖，要求农业生产有着与之同步的发展进程。在中国农业与现代科技接轨之前，靠传统生产方式所带来的单位土地面积上的增产、增值，远不能满足人口与社会发展的需求，为了生存，人

---

① 周国林：《关于汉代亩产的估计》，《中国农史》1987 年第 3 期。
② 王双怀：《试论开元时期农业的发展》，《中国历史地理论丛》1995 年第 4 期。
③ 此处各量制的换算可参见吴承洛：《中国度量衡史》，商务印书馆，1937 年。
④ 李令福：《清代山东省粮食亩产研究》，《中国历史地理论丛》，1993 年第 2 期。
⑤ 吴慧：《中国历代粮食亩产研究》，农业出版社，1985 年。
⑥ 李伯重：《宋末到明初江南农民经营方式的变化》，《中国农史》1998 年第 3 期。
⑦ 葛剑雄：《中国人口发展史》，福建人民出版社，1991 年。

们将眼光一次次投向山林边荒，耕地的扩展成为中国农业发展进程中的主流。

耕地的扩展是受社会经济与地理环境双方条件控制而进行的，人口增殖是推动耕地扩展的动力，而新开垦的土地选在什么地方，则深受自然条件与生产力发展水平的制约。中国虽是一个幅员辽阔的大国，但适宜发展农耕生产的只是其中的一部分。依中国科学院地理研究所所作《中国综合自然区划》，在三大自然区之中，青藏高原与内蒙古新疆内陆区所表现的高寒、干旱，是进行农业生产的极大障碍。只有东部季风区水热适宜，十分利于发展农耕业。自然条件的差异，决定了农耕区的扩展只能在东部季风区为主的范围内进行。

东部季风区内农耕区的扩展是以地域为中心，分阶段进行的。这一开发利用特点与东部季风区内部自然环境差异及人们的开发能力有很大关系。东部季风区约占我国总面积的46%，达400多万平方公里，区内不但汇集了黄河、长江、珠江、黑龙江等大江巨川，而且还有平原、盆地、丘陵、高原等多种地貌形态分布其间，既增加了开发利用的困难，也直接影响了地域间农业开发进程。从中国农耕区扩展情况来看，黄河中下游的开垦历史最久，早在数千年前这里就成为稳定的农耕区，并以此为中心从北至南，从平原至山区，从中原腹地到周边地区，将农耕区扩展到长江流域、珠江流域乃至塞外草原。

一、黄河流域农耕区的扩展及兴衰

黄河流域的农耕业，最初主要分布在沿河两岸的冲积沃土上，这里地势平坦，气候温和，加之疏松易耕的黄土冲积层，自然条件适宜经营农业，故从仰韶文化、龙山文化等史前社会开始，这里就出现了原始农业。但这时人口稀少，生产工具原始落后，农业仅作为渔猎、采集的附属部分而存在，被开垦出来的土地只是聚落周围狭小的一块。从黄河流域的景观面貌来看，这时的农田只是散布在莽原中的小片点状区域。

夏、商、周是中国历史上最早的三个朝代，这时的农业虽然摆脱了原始阶段，但土地开发能力仍很弱，农耕区主要分布在汾河、伊、洛河、沁河下游一带。中国古书中将黄河支流汇入干流的三角地带称为“汭”，“洛汭”就是伊、洛河与黄河相汇的地带，汾河、渭河与黄河相汇之处也同样会形成“汭”。这些三角地带既有肥腴的冲积沃土，便利的交通，又可依凭地形之势，形成相对封闭的独立小区域，无论发展生产，还是人居安全，这里自然成为早期农业的首选之地。司马迁在《史记》中论及天下经济称：“昔唐人都河东，殷人都河内，周人都河南，夫三河在天下之中。”这里所说的唐人指唐尧统领的部落，唐人、殷人、周人所都的三河地带，就是大河干支流相汇的诸“汭”，这里既是中国历史上开发最早的农耕区，也是当时全国经济最发达的地区。

三河地带引起司马迁称道的，表面上是这里先进的农业，更多的则是这片莽原中的绿洲。三河的范围并不大，尽管这样也没有完全为农耕民族占有。由于人口稀少，劳动力不足，农田主要分布在这一地带的城邑附近，远离城邑的地方或为游牧民族活动区域，或保持自然界的原始面貌。《左传》中有这样一个故事，春秋时期晋献公的儿子重耳和夷吾的封地分别在蒲与屈，蒲在今山西隰县西北，屈在今山西吉县东北。由于权位之争，这两位公子为父所迫，都打算离开封地逃到白狄那里，后来重耳还是去了。那些以游牧生产方式为主的狄人就活动在蒲与屈附近，城邑以外空间更多的是他们的活动区域。这种农牧混杂，华夷混居的状况，不仅山西如此，河洛一带城邑控制圈以外的地方，也同样是大片荒野。正因为这时农耕区或人们的农业活动区域还没有连成片，以致常出现敌国军队深入境土很远，还没有被国人发现的事情。郑国商人弦高以劳军之名，挡住了入侵的秦国军队，这是人人都知道的一段出自《左传》的故事。秦国位在关中，郑国地处河南，敌国大军远道入境，若不是巧遇弦高，竟无人所知，可见这时远离都邑的地方还是草莽原荒。这一时期地旷人稀，无论为人称著的三河地带，还是其他支流环抱的河“汭”，农耕区都呈岛状分布。

岛状农耕区的消失与黄河中下游地区被成片开发是在春秋末、战国时期。这一时期在以大并小，以强凌弱的兼并战争中，春秋时期齐、鲁、宋、郑、秦、晋等国及战国七雄中的魏、齐、秦相继强大起来，这些国家大多在奖励军功的同时，积极鼓励人口增殖，发展农业生产，这一切大大促进了黄河中下游地区经济发展。随着人口的增殖，岛状农耕区逐渐消失，许多未被人类活动扰动的地区及游牧民族出没的区域，相继被开发成农田。整个黄河流域经济发达区也不再限于三河一带，各诸侯国国都周围都形成了区域性的经济中心。秦都咸阳为中心的关中地区，齐都临淄为中心的山东中部，魏都大梁为中心的豫中平原，都以发达的经济而著称于史。这里特别应该提的是关中地区的经济发展，战国初年商鞅在秦变法，富国强兵，崇本抑末，把一切非农业人口尽数转入农业。秦在诸侯国中本是一个偏居戎狄之中的弱国，经商鞅变法之后，国力逐渐增强。如果说关中的农业开发可追溯至周人先祖，那么真正的发展与强大却是在秦时。司马迁称此时的秦地“膏壤沃野千里”，此时的秦人“好稼穑，殖五谷”，无论秦地，还是秦人，都括入了“农”的进程之中。战国末期，秦就是依靠关中平原的农业发展，不但统一了比自己国土面积大得多的山东六国，而且为称雄于东方的秦汉大帝国奠定了基础。

公元前 221 年，秦始皇统一了六国。汉继秦祚，在完成国内事业的同时，继续开疆拓土，奠定了中国疆域的基本轮廓。幅员辽阔，疆域广大的帝国对经济发展起了很大的推动作用，黄河流域在昔日繁盛的基础上继续发展，不但成为全国的政治中心，而且也是经济最发达的地区。司马迁在《史记·货殖列传》中曾将天下分为山西、山东、江南及龙门、碣石以北四个经济区，在这四个经济区中龙门、碣石以北基本为畜牧业生产区；江南一带虽维持着农业生产方式，但尚处于开发的初期阶段，人口与经济实力都不能与位于黄河流域的山西、山东抗衡；山西、山东开发历史悠久，人口众多，物产丰富，是天下财富的生产地与聚集地，黄河两岸的沃土上，不但哺育了华夏的芸芸众生，也造就了人类文化的赫赫精英。

在古代社会中，决定一个地区经济发展，农业是至关重要的前提。山东、山西在全国领先的经济地位，与这里发达的农业生产有直接关系，而黄河两岸的沃土则是发展农业的基础。成文于战国初期的《尚书·禹贡》记载了古人对土地形状的辨识。《禹贡》将天下分为九州，其中土壤被列为上上的为雍州，即今关中平原一带；列为上中、上下的是青州、徐州，此两州的范围相当于今山东省中部、南部及江苏省北部；九州中属于中上的是豫州，其范围为今河南省中部；再下则为冀、兖、梁、荆、扬诸州。土壤是农作物赖以生存的基础，也是一个复杂的自然综合体。因此各地土壤类型的高下，不仅表达了人们对土壤性状的认识，也反映了在当时生产条件下各类环境的可利用程度。《禹贡》中被列为上三等的三州，均位于黄河中下游地区，这里不但有适宜发展农业生产的自然条件，同时也是全国开发程度最高的核心农业区。

利用便利的自然条件，秦汉时期黄河流域的农业生产又有了新的进步，首先随着冶铁业的发展，铁制农具逐渐排斥木石农具和青铜农具，在生产中居于主导地位。对于铁制农具与农业生产的关系,《盐铁论·水旱》是这样讲的:“农,天下之大业也。铁器,民之大用也。器用便利,则用力少而得作多,农夫乐事劝功;用不具,则田畴荒,谷不殖。”汉代的铁制工具除耕犁外,还有各种辅助工具。这些铁制工具应用于生产之中,对农业生产的发展起了很大推动作用。其次,促进汉代农业生产发展的另一个因素,是耕作技术的提高。以代田法与区田法为代表,关中一些地方的农业耕作已经脱离了原来的“漫田法”,进入精耕农业阶段。漫田法不作垄沟,采取漫撒式播种,是一种落后的耕作方式。而代田法则在垄作的基础上圳垄年年互易,土地自然进行轮换,每年都得到一次休耕机会,地力因此得到恢复。区田法是在小块土地上采取密植、深耕、集中利用水肥等精耕细作手段的一种耕作方法。无论区田法还是代田法,这些精耕细作的耕作方式,对提高农作物产量起到一定作用,在不太长的时间内得到推广。据文献记载,除帝都所在的关中平原,黄河中下游地区相当今天的山西、河南、陕西及甘肃的一部分都先后采取了代田法,农业生产水平获得了较大的提高。

论及农业生产的发展,值得提出的是水利事业的兴修。从传说中的大禹治水,到战国诸雄通沟渠以兴水利,以水利佐农业虽然在我国有久远的历史,然而秦汉时期的水利事业,无论工程数量,还是收益面积都是前所未有的。由于当时的农业核心地带在黄河中下游地区,因此大型水利工程多分布在这里。冀朝鼎先生曾利用地方志统计了各地兴修水利工程次数,在他的统计中汉代兴修水利最多的是河南、陕西两省,而论工程规模大,收益范围广,又以关中地区著称。从秦时著名的郑国渠,到汉武帝时的白渠、六辅渠等,灌溉面积可达数万亩,并从汉至宋,连续使用千余年,成为这一阶段农业发展的一个重大特色。

人口与社会财富是衡量一个地区经济发展水平的一个重要标志,限于历史文献的局限,虽然缺乏秦汉时期赋税、耕地等方面的量化数据,但从古人描述性的记载中仍能看出大概。司马迁在《史记》中讲道:“关中之地,于天下十之一,而人众不过十三,然量其富,十居其六。”关中之外的其他地区,虽然未获关中这样的盛誉,但也显示了各自的地域优势。如“三河在天下之中,王者所更居也”,“齐带山海,膏壤千里,宜桑麻”。沿黄河一线,仅关中一地的物产即可当天下的6/10,加上河洛、齐鲁等富庶地区,在天下财富的总量中,占据的比重更大。

人稠地富是这一时期黄河中下游地区显著的特征,据《汉书·地理志》记载,汉平帝元始二年(公元2年)全国有人口5 700万,实际人口可能比这一记载还要多,依据当时的人口分布,以秦岭、淮河为南北界线,北方人口约占全国总人口的4/5,南方占1/5。在传统的生产方式下,人口数量往往决定着农业生产规模,《汉书·地理志》记载公元2年全国垦田已达800多万顷,若人口数额与垦田成正比的话,那么此时以黄河中下游为中心的北方地区垦田可达640多万顷,是全国生产水平最高,分布最集中的农耕区。社会财富、人口、耕地所显示出的优势,使黄河中下游地区成为当之无愧的全国经济重心。

秦汉以来黄河中下游一带不仅是经济最发达的地区,而且也是全国的政治与军事中心。国家政权力量对政治中心所在地区经济发展有积极的推动作用,同时也会带来巨大的破坏。这是因为,国都既是政治集团权利之争的核心地带,也是外族入侵的主要攻击目标。当政治冲突发展到军事行动时,无论是小的武力讨伐,还是全国性的战乱,这里都是受害最重的地方。在中国历史进程中,黄河流域的农业生产在火炼与血屠中经历了大起大落,大沉大浮。

从东汉末年黄巾军起义到公元四世纪北魏统一北方为止，中国历史进入了分裂、动荡时期，其间从汉末军阀混战到三国争雄、西晋永嘉之乱、十六国政权更迭，民族仇杀，战祸相寻，几无中辍。频繁的战乱几乎都发生在黄河流域，农业生产是生物连续性生产过程，适宜的自然条件是其发展的基础，而稳定的社会条件则是必要保证。在干戈相攘，锋镝战火之中，人民生命尚难保证，更谈不上维持农业生产。董卓于后汉中平六年(189年)拥兵入洛阳，翌年胁迫汉献帝西迁长安，洛阳付之一炬。据《后汉书》所载，人口死难，"二百里内无复孑遗"①。此后不久，从洛阳至彭城的黄淮海平原，经曹操与陶谦之间的争战，"凡杀男女数十万，鸡犬无余，泗水为之不流"②。自汉灵帝时爆发的黄巾军起义(184年)至曹丕称帝(220年)，30余年间"人众之损，万有一存"③。此辞虽言之过甚，但惨烈程度无疑是空前的。西晋永嘉之乱后，原居于中原王朝周边的羌、氐、羯、匈奴、鲜卑等民族纷纷入主中原，在黄河流域相继建立了16个政权。频繁的政权更迭与民族仇杀，使黄河流域又陷入了更惨痛的境地中。据《晋书》载永嘉之际，关中百姓在战乱中被杀，"流尸满河，白骨蔽野"，百无一存④。在长达三个世纪内，政局动荡与人民流移，对农业生产造成空前破坏，土地荒芜，生产凋敝，黄河流域经济受到致命打击。

经历了战争劫难，黄河流域的重新振兴是在隋唐时期，隋文帝于公元589年重新统一了全国。隋祚虽短，却为唐朝的发展奠定了基础。撇开实际户口数额不说，仅以文献见载数额而论，唐天宝年间全国有人口5 200万，秦岭、淮河以北占3/5，此间河北、河南两道，即相当于今冀、鲁、豫三省之地，又占北方人口的2/3，形成全国人口最稠密的地区。虽然在过去几个世纪内，黄河流域饱经战乱，但一经恢复，悠久的农耕文明与雄厚的历史基础，使这里再度兴盛起来，重新成为全国的政治与军事中心。

必须指出的是，汉唐两代均定都长安，以关中为全国的政治中心。西汉时全国经济发达区只限于黄河流域，支持以长安为中心的国家机器运转，主要靠函谷关以东地区的漕粟。隋唐时期经济发达区已不限于黄河流域，经东汉末年以来，数百年内几次大规模移民，江南一带早已摆脱了落后面貌，成为又一处重要经济区。这时关中政治中心所仰仗的不仅有关东漕粟，而且远及东南，正如《新唐书·食货志》所云："唐都长安，而关中号称沃野，然其土地狭，所出不足以给京师，备水旱，故常漕东南之粟"⑤。唐代天下的经济形势已发生了与西汉时期明显不同的变化，这一切都成为"安史之乱"爆发之后，全国经济中心南移的基础。

公元755年"安史之乱"爆发，安史叛军以幽州为中心，南下经洛阳入关中，战争的核心地带又在黄河中下游地区，继东汉末至南北朝时期之后，中原地区经济受到又一次重大打击，土地荒芜，人口大量南迁。对于这次人口南迁，著名诗人李白是这样描述的："天下衣冠士庶，避地东吴，永嘉南迁，未盛于此"⑥。大规模人口南迁，不仅为江南增加了劳动力，而且也推动了南方农业生产的发展，这一切使本来已经具有相当实力的江南地区更加发达，黄河流域渐渐失去往日的地位，经济中心逐渐向江南移动。

---

① 《后汉书》卷七二《董卓传》。
② 《后汉书》卷七三《陶谦传》。
③ 《后汉书》卷一九《郡国志》，刘昭注引《帝王世记》。
④ 《晋书》卷二六《食货志》。
⑤ 《新唐书》卷五三《食货志》三。
⑥ 《全唐文》卷三四八，李白《为宋中丞请都金陵表》。

中国古代经济重心，从黄河流域向江南地区转移，在北宋末年最后完成。北宋末年由于女真人的南下，使黄河流域出现了第三次人口南迁的浪潮，这次南下人口无论数量还是规模都胜于以往两次，不但有一般百姓，还几乎囊括了朝野全部精英。在人口南迁的同时，赵宋王朝的政权机构，亦从黄河流域移向江南，这一切都促使全国经济中心最终移向江南成为定局。

二、长江流域的农业开发与经济重心南移

长江流域的开发在时间进程上远远落后于黄河流域，当黄河流域早已成为秦汉大帝国经济中心的时候，南方还处于“筚路蓝缕，以启山林”的开发初期阶段，大部分地区还保持着自然界的原始面貌。这时位于长江中游的江汉平原还布满了湖泊、沼泽，为古云梦泽的一部分；长江下游太湖平原一带亦因地势低洼，河湖密布，而饱受水患之扰。暖湿的气候，茂密的亚热带植被，密布的河湖水系，这些在今天看来十分优越的自然条件，都成为当时人们开发利用的障碍。故《禹贡》论及天下土壤性状时，将荆州即长江中游地区列为下中，而处于长江下游的扬州则为下下。司马迁在《史记》中载道：“江南卑湿，丈夫早夭。”“楚越之地，地广人稀”。这里不但人口稀少，而且开发落后，有“卑湿贫国”之称。故汉景帝之子刘发因其母位卑无宠，没有资格跻身于中原诸王之列，才被封为长沙王①。从《汉书·地理志》所载元始二年全国人口统计来看，这时秦岭、淮河一线以南人口仅占全国总人口的1/5，具有明显的地广人稀特点。

开发长江流域，解决劳动力不足是一个关键问题，从西汉末，伴随北方社会的动荡与战乱，南方人口逐渐增加。西汉末年王莽之乱以及随之而至的农民起义，迫使中原人士开始向南方迁徙。虽然这次人口南迁的规模比后来几次人口迁移小得多，但对南方劳动力的补充及农业开发，已经起了一定作用。从《续汉书·郡国志》所载永和五年(公元140年)的户口来看，当时全国有人口4 700万，秦岭、淮河以北人口占3/5，以南占2/5，南北之间人口分布不协调现象，已经有所缓解。东汉末年开始，中国陷入了长期分裂与战乱，黄河流域累经兵燹，迫使人民纷纷南下。当时南下移民路线基本为三路：关中一带的人民多翻越秦巴山地，进入成都平原；豫中、南阳一带的人民往往南下进入荆襄；河淮之间的人民大多渡江而东。三条南下路线中，以东路最为便捷，因此经由此路南下的人口也最多。南下人口中有一般百姓，也有朝中精英。后来在东吴政权中任职的许多重要官员，如鲁肃、诸葛瑾、吕蒙、张昭、周瑜、程普等都是北方南迁的士族。人口大量南迁，使江南开发在劳动力上得到补充与改善，逐渐摆脱了原来的生产方式，开始从以森林为主兼有粗耕农业的经济类型，向精耕农业转变。

公元四世纪初西晋永嘉之乱，中原人民又一次大规模南迁。据有关学者研究，到刘宋为止，即公元420年前后南渡人口共约90万。当时刘宋全境人口共500多万，南下的北方移民占1/6。中原人民南下大大加快了南方的开发步伐，故沈约在《宋书》中有感而论：江南地区“自晋氏迁流，迄于太元之世，百许年中，无风尘之警。”于是“地广野丰，民勤本业”，太湖平原一带良田数十万顷，其中“膏腴之地，亩值一金”，地价之高，连当年富夸一世的汉

---

① 《汉书》卷五三《景十三王传》。

代关中鄠、杜一带也无法相比①。

北方的战乱给了南方一次又一次发展机会，继永嘉之后，又出现过两次北方人口大规模南迁。一次在唐中期“安史之乱”后，另一次在北宋末期。这两次移民活动都为南方经济发展提供了新的契机，最终促成了中国古代经济中心全面南移。

南北两大经济区地位的倒置，与北方政治中心对南方经济的依赖是逐渐形成的。汉唐两代均定都关中，为了维持国家政治机构的运转，除了关中的财富外，每年还需从关东地区调运大量粮食。见于《汉书·食货志》记载，西汉初年漕粮数额为几十万石，至汉武帝时期由于对外用兵的需要，漕粮数额增至四百万石。这一数额巨大的漕粮主要来自黄河下游地区，其范围约西起今河南荥阳，东至海滨，北起今山东北部，南边几近淮河之滨。这里与国家政治中心所在地关中连为一体，是全国经济最发达的地区。经过数百年的分裂割据，隋唐时期再次实现了全国统一，国都再次定在关中，关中地狭，漕粮仍需由其他地方转运。有唐一代，各朝漕粮数额不定。据《新唐书·食货志》记载，唐中期最高额也达400万石，数额虽与西汉相仿，粮食取给地却发生了变化。隋至唐初今河南东部和中部、山东西南隅、安徽西北部及江苏北部为长江以北主要产粮区，这一产粮区与西汉相比略向南扩展。“安史之乱”后，江南一带成为北方漕粮的主要供给地。

唐人李吉甫所撰《元和郡县图志》记载了唐中期开元年间与唐后期元和年间两个人口数据，两相比较，北方各州人口锐减，以长安所在京兆府来说，开元时共有户36万余，元和时已降至24万，减少了1/3；洛阳所在的河南府，开元时有12万余户，元和时仅有1.8万余户，减少了6/7。受战乱影响，长江流域各州固然也有人口减少的现象，但人口增长的州府也不在少数。如襄州增加120%，鄂州增加100%，苏州增加30%。从黄河、长江两大流域人口总的变化来看，自东汉末年以后，黄河流域的人口额及人口在全国所占比例都呈递减趋势，而长江流域却呈明显的上升状。在封建社会中，农业是主要生产部门，劳动力多少是生产力大小的直接标志，因此人口增长直接促进了农业的发展。“安史之乱”后，原已颇具规模的江南经济走上了新的发展阶段，不但是北方政治中心赖以撑持的支点，而且成为全国的经济重心。对此当时朝野给予了充分肯定，如韩愈指出：“当今赋出天下而江南居十九”②。杜牧则进一步肯定了这一事实，他说：“今天下以江淮为国命”③。唐后期中原地区藩镇林立，不再听命于朝廷，国家更是依赖江南漕粮得以存在，正因为东南漕粮对国家有重要意义，所以无论付出多大努力，朝廷也力图保持漕运的畅通。

北宋末年由“靖康之乱”而造成的第三次北方人口大量南迁，促使江南成为全国经济中心的地位日益巩固。这里有发达的经济，丰富的物产以及众多的人口，仅在有限的平原地区之内就养活了近全国总人口22%的人民，同时还负担了国家大量粮赋。据《宋史·食货志》所载，太平兴国六年（981年）朝廷规定由江淮运往京师的粮食为400万石。以后随着东南经济的不断发展，至道元年（995年）增为580万石。大中祥符初年（1008年）朝廷又将江淮漕粮增至700万石。这一数字是输往京师总漕粮的82%。包拯说：“东南上游，财富攸出，乃国家仰足之源，而调度之所也”④。在运往京师的巨额漕粮中，“江南所出过半”⑤，

① 《宋书》卷五四《孔季恭、羊玄保、沈昙庆传》史臣论。
② 《全唐文》卷五五五，韩愈《送陆歙州诗序》。
③ 《全唐文》卷七五三，杜牧《上宰相求杭州启》。
④ 《包拯集》卷四《请令江淮发运使满任》。
⑤ 《宋史》卷二八八《任中正传》。

而来自太湖平原一带的漕粮，又“素甲于江浙”①，故宋人说：“苏常湖秀膏腴千里，国之仓廪也”②。除了输往京师的漕粮，太湖平原还是东南地区的主要粮食供给地，其中杭州城、宁绍平原、温台沿海平原、福建、淮南都需要从太湖平原输运粮食，此外太湖平原还有一部分粮食运往海外，可称为名符其实的“苏湖熟，天下足”③。

长江流域各地段开发进程并不一致，如前述长江下游的太湖平原自东晋南朝后逐渐上升为全国的经济中心；位于长江上游的成都平原则早在战国时期已进入与中原地区同样步伐的开发进程；长江各段中，惟江汉平原开发时期要晚于其他地区。江汉平原与荆襄一带相连，正当北方人南下的交通冲要。早期这里一直处于湖沼状态，在先秦文献中被人们称为“云梦泽”。这种湖沼水体的自然环境特征，在很长的历史时期内，成为人们开发利用的障碍。江汉平原的全面开发大约从南宋后期开始，经元代至明清时期达到鼎盛。在江汉平原的开发历程中，来自江西、湖南以及北方的移民作出重大贡献，在二三百年内，这里由俗称的“百里荒”，变成了重要的粮食产地。

宋代因太湖平原盛产粮食，得以供给天下，故民间有“苏湖熟，天下足”的说法。至明清时期太湖平原一带的农业生产结构发生了转变，这里以具有资本主义萌芽性质的工商业为依托，大力发展经济作物棉花和蚕桑，粮食作物反而退居到次要地位。由于粮食种植面积减少，太湖平原所需粮食当地往往不能自给，这时太湖平原已由原来的粮食输出地变为粮食输入地。随着太湖平原农业生产结构的转变，代之而起的是江汉平原。明清时期江汉平原已经成为全国重要的粮食输出地，接受这里粮食的包括南北十余省，民间俗称“湖广熟，天下足”。当时为了调剂沿江各地的粮食运输，设立了多处米市，其中汉口、芜湖、安庆、苏州为著名的四大米市。汉口在四大米市中规模最大，主要接纳江汉平原及湖南境内所产粮食，并将其运至下游各地。而苏州米市则是太湖平原上的粮食集散中心，来自大江中游的米谷汇集到这里后，再由商贩转运到其他地方。明清时期长江中游农业区的繁盛，与下游平原地带大面积专业化经济作物种植区的出现，使长江流域的开发进入了一个新阶段。

三、珠江流域的农业开发

在东部季风区内农耕区的扩展过程中，除东北地区外，珠江流域的开发期最晚。宋以前这里除广州、桂林等少数城市人口较多外，流域的大部分地区还保持着原始的自然状态，林木郁闭，气候湿热，被岭北人称为烟瘴之地，唐宋时期一直是贬官与触犯朝廷的文人流放之所。在历史上数次人口南迁过程中，虽然每次都有人翻越南岭进入珠江流域，但人数有限，对于改变整个地区落后面貌没有起到明显作用，直到南宋后期珠江流域才真正进入开发阶段。据史所载唐天宝年间，广东一带仅有人口100多万，北宋中期增至300余万。“靖康之乱”后，随着中原人的大量南渡，又有相当一部分人口辗转进入岭南。他们筑堤围垦，大力经营，迅速将这里开辟成为一处重要的农业区。但珠江流域成为全国范围内一个重要的农耕区，则始于明代，随着人口的大量增加，人们通过围垦河滩、沼泽、海涂、沙田，开辟梯田等多种途径从事地区开发，加上岭南优越的水、热、光等自然条件，繁多的农作物

---

① 宋 崔敦礼：《宫教集》卷一二《平江劝农文》。
② 宋 范仲淹：《范文正公全集》卷九《上吕相并至中丞咨目》。
③ 宋 高斯得：《耻堂存稿》卷五《宁国府劝农文》。

种类，地区经济地位迅速提高。到了清代已成为全国令人瞩目的农业区。

四、丘陵山区的农业开发

中国是一个多山的国家，粗略估计，山地约占全国总面积2/3以上。大兴安岭—太行山—巫山—雪峰山一线构成了西部山区、高原与东部平原、丘陵的地形分布大势。这种西高东低的地形差异，不但决定了中国东西部自然环境的基本面貌，而且影响了东西部经济发展进程及政治、文化特点。

中国丘陵山区也同样有悠久的开发史。早在史前时期这里就出现了人类活动的足迹，并以山区特有的风貌创造着远古的文明。随着历史的推移，山区环境障碍的作用越来越突出，严重限制了经济发展与社会进步。环境障碍不但加大了山区与平原之间的距离，使这里长期处于原始、落后的生产方式下，游离于全国经济增长轨道之外，而且几乎与位于平原的政治、经济中心完全隔离，具有明显的封闭性与落后性。这一切不但加剧了开发难度，而且使山区开发往往取决于外部力量的渗入。

作为外部力量之一，大量外来人口的流入，成为推动山区开发的重要因素。由于自然条件的影响，山区开发没有与平原同步进行，但平原地区社会状况安定与否，却相应地影响着山区。中国历史时期农耕区的扩展与土地开发是以黄河流域为中心，循着由北到南，由黄河流域到长江流域，由长江流域到珠江流域。在相当长的历史时期内，虽然个别地区出现人口过密现象，有所谓狭乡之称，但人口规模相对全国已开垦的土地来看基本平衡，因此人们的开发利用重点多限于平原范围内。和平时期土地开发按照正常程序和人们的实际需要进行，战乱爆发后，突发性的灾难降临则打破了一切常规。特别是随着战乱中心地的残破，导致人口大量流移。与此同时人口迁入区在短时期内承受着超负荷的压力，加之政治上的种种因素，人口与土地之间出现失调现象，无地可种的农民在平原地区失去了立足的可能之后，其出路只能投向尚未开发的丘陵山区。

以人口的迁移为划分标志，丘陵山区开发史可分为三个阶段。这三个阶段分别为东晋南朝时期、隋唐两宋时期、明清时期。每一个开发阶段虽然都以大量移民涌入山区、促使人口增殖、生产方式转变为共同特征，但由于各个开发阶段所处时代不同，重点开发区域与开发深度亦有差异。

（一）东晋南朝时期

东晋南朝时期，北方的战乱为江南带来了大量的人口。这些南迁的人口在获取耕地的过程中，首先遇到和土著人口的用地之争，其次有豪强与庶族、皇族与平民、新迁移民与几代侨民的用地之争。一部分人在复杂的政治背景与经济利益的争斗中获得了土地，也有一部分人，特别是平民百姓在竞争中失败，必须重新选择生存之地。这时丘陵、山区自然成为人们寻觅土地的去处。于是封山略湖、开启山林成为东晋南朝时期文献中屡见记载的现象，谢灵运在《山居赋》中描述自己的别业说："田连冈而盈畴，岭枕水而通阡……北山二园，南山三苑，百果备列，乍近乍远，罗行布株，迎早候晚"①。别业内山泽俱全，地连阡陌。

① 《宋书》卷六七《谢灵运传》。

南齐时封占山林最突出的是竟陵王萧子良，“时司徒竟陵王于宣城、临成、定陵三县界立屯，封山泽数百里”①。在东晋南朝封山固泽的浪潮中，东南丘陵山区进入了开发的初期阶段。

需要指出的是，尽管这一时期江南人口增加了许多，但土地开发远没有达到饱和状态。造成平原地区用地不足的最大原因来自于政治，由此进入山区的人口数额有限，皇室、贵族虽然到处封山固泽，但他们关注更多的在于占有，而非开发，因此在这一阶段造成的山区开发强度并不大。

（二）隋唐两宋时期

隋唐两宋时期山区开发重点仍然在东南丘陵山区，这时中国古代经济中心已经逐渐由北方移向南方，这一切进一步促进了南方经济的发展与东南丘陵的开发。

隋唐两宋时期是东南丘陵的重要开发时期。虽然自两晋以来，东南地区就进入了全面开发阶段，但那时人口与后代相比还不算多，人们的经济活动主要集中在平原地区，丘陵山区人口还很有限。唐至两宋时期东南人口激增，人们虽然采取了围水造田和深化精耕细作等方式来提高平原地区的土地承载力，仍然无法缓解平原地区的人口压力。在这种情况下，人们自然要走向丘陵山区，去开拓新的土地。下面以严州、歙州以及台州为例，来说明两晋至宋代东南丘陵山区人口增长情况。

严州位于浙闽丘陵北部，即今浙江省淳安、建德、桐庐一带。据《严州图经》及《景定严州续志》记载，晋武帝时严州有 5 560 户，刘宋孝武帝时增至 10 253 户，隋文帝时由于战争影响降到 7 343 户，唐高祖时又回升到 12 064 户，唐玄宗时激增到 54 961 户，唐穆宗时稍减为 54 710 户，北宋元丰年间有 76 301 户，南宋绍兴九年(1139 年)有 72 256 户，淳熙十三年(1186 年)为 88 867 户，至景定四年(1263 年)达到 119 267 户。在这前后 1 000 年内严州实际增加了 11.8 万多户，并出现了两次人口增长高峰。一次为唐玄宗时期，户额较唐初高祖时期增加了 4 万多。这一次人口大幅度增加与“安史之乱”以后，北方人口大量流入南方有密切关系。第二次人口增长的高峰从北宋中期一直持续到南宋，这一时期正是南方经济发展的兴盛时期，在 100 多年内，人口的自然增殖与“靖康之乱”后涌入南方的中原人口近 5 万户，相当于晋武帝至唐中期近 500 年内户口的增长量。

歙州地处皖南丘陵南部，即今安徽省黟县、歙县、休宁、绩溪一带。歙州的人口变化情况与严州十分相似，据《新安志》记载，晋置新安郡时只有 5 000 户，刘宋时增为 12 058 户，隋代为 6 154 户，唐天宝年间增为 38 320 户，北宋元丰年间达 106 584 户，南宋乾道年间又较北宋增加了近 2 万户，户额为 120 083 户，900 多年内增加了 11.5 万多户。

台州位于浙闽丘陵的东部，东面濒海，即今浙江省天台、临海、仙居、黄岩一带。《嘉定赤城志》载台州“晋时不满两万户，至唐武德始及八万三千八百六十”，“宋兴天下平……户口津衍”，自大观三年(1109 年)讫嘉定十五年(1222 年)户额由 24.3 万增至 26.6 万，而从东晋至宋代 900 多年内人口增加了 24 万多。

这三个州在两晋至宋代这段历史时期内，都有两次人口增长高峰期，即唐中期以及北

① 《梁书》卷五二《顾宪之传》。

宋中期至南宋时期，后一时期人口增长幅度又大大超过前一时期。宋代东南丘陵山区人口增长率不仅超过了以往任何时期，而且也远远超过同时期邻近的平原州郡。斯波义信先生曾对唐中期至北宋中期这段时间内，中国各地的人口变化情况进行了统计。根据他的统计东南地区人口增长率达到1 000%的有泉、漳、汀、建四州；400%～999%的有吉、袁、福三州；300%～399%的有洪、江、衢、信、饶、婺、黄、蕲、苏九州和南康军；200%～299%的有虔、庐、楚、濠、泗、滁六州；100%～199%的有歙、温、处、光、明、台六州。这些人口增长率超过100%的州军中，80%以上处于丘陵山区。与此形成鲜明对比的是在太湖平原上除了苏州外，其他州的人口增长率都低于100%。可见相对于平原地区，丘陵山区呈现出人口高值增长的趋势。在当时的社会生产方式下，农业经济的发展与人口数值基本上是呈正比的，因此唐宋时期，特别宋代是东南丘陵山区农业的全面开发时期。

在丘陵山区的开发史上，梯田的出现具有十分重要的意义。梯田始于何时，史无明文。现在一般认为不会早于宋代，大约北宋中后期是梯田的肇始时期，至南宋则已在南方各地推行。但那时在一家一户为生产单位的自然经济状态下，还无力修建水平面积较大的梯田，田面一般都较小。甚至元代梯田仍然“指十数级不能为一亩”，以致耕作的农民“不可展足，播殖之际，人则伛偻蚁沿而上，耨土而种，蹑坎而耘”。由于田面狭小，“快牛剡耜不得旋其间”[①]，耕作主要还要靠人力。尽管宋代的梯田处于初创阶段，还有一些不足，但这种新的土地利用方式，比原来的坡耕向前迈了一大步。它不仅可以保持地力，蓄截水分，缓解原来坡地上严重的水土流失，而且可以在原来因水土流失严重而无法开垦的坡地上修建梯田，使山地农田向更高的水平发展。因此，梯田的出现使山区开发进入了一个划时代的新阶段。

讲到唐宋时期丘陵山区的开发，还有必要提一下北方黄土丘陵地区。黄土丘陵地带历来都是农耕民族与游牧民族进行武力争雄与文化交融的地带，从总的情况来看，隋唐以前游牧民族的活动在这里占主导地位，农耕民族的势力较弱，农业垦殖范围也有限。隋唐以后，活动在这里的游牧民族不断接受农耕文明的影响，一部分人甚至放弃原来的生产方式，弃牧从农。

北宋时期，黄土丘陵地带进入较大规模的农业垦殖阶段。历史上中原王朝的西北军事防线大多设在阴山一线，北宋王朝与前代不同，朝廷推行的“重内轻外”政策虽然避免了武夫擅权的弊端，却导致了对外战争的连连失利。西北防线一反旧例，从阴山一线南移至陇山—横山—无定河一线，黄土丘陵地区的河谷成为党项铁骑南下的通道，大量北宋军队屯驻在这里，时至今日仍然能在黄土丘陵上见到当年屯兵堡寨的遗迹。根据文献记载初步统计宋代屯驻在陕北、陇东一带的军队数额达30万，而堡寨数额则有200多个。大量军队屯驻在边地，粮食供给成了一件大事。宋初守边部队的粮食主要由内地输送，宋中期随着宋夏战争的不断升级，军队数额不断增加，但靠内地挽运明显感到供不应求，于是屯田自给就成了军队获得给养的主要途径。边地军士为了能够获得粮食，纷纷在堡寨附近进行屯垦，使黄土丘陵地区的农业垦殖空前活跃。

---

① 元 王祯：《农书·农器图谱集之一》。

（三）明清时期

明清时期全国人口普遍增长，平原地区大部分开发完毕，失去土地的农民为谋求生计往往奔向人口相对稀少，尚待开发的地区，山区就是这样的地区之一。

明清时期由平原向山区的移民是多方向，多路径的。其中人口数额较大，对于山区开发造成较大影响的主要有这样几支：①自宣德至成化年间，从北直隶、山东、河南、山西、陕西各省逃亡的农民，迁徙至豫、鄂交界的荆襄地区，约有一二百万人，以后又向秦岭、大巴山迁徙。②东南地区的无田农民多向闽、浙、皖南山区进发，在这些地区构成以棚户为主要劳动力的农业开发。③“江西填湖广，湖广填四川”是这一时期长江中游地区的主要移民方向，来自江西、湖南农民一部分进入湘西山区，另一部分经由江汉平原辗转入川。④闽粤流民大多迁往荒岭僻壤的赣南山区，形成棚户。在各路移民的作用下，这一时期大部分山区得到开发。

五、边疆的农业开发

中国是一个幅员辽阔的国家，历史时期国家疆域范围虽然有过多次变动，但边疆的自然特征与文化、政治属性却基本相同。这一切决定了在不同的历史阶段内，边疆的开发内容与开发形式具有类同性。

中国三大自然区中，东部季风区优越的自然条件不但使这里成为主要的农耕区，而且也是中国历代疆土中的核心部分。东部季风区与周边地区在自然条件上的差异，导致了农业民族与游牧民族在生产方式、生活习俗、文明进程上具有完全不同的特征。以定居生活为主的农业民族与以行国相称的游牧民族最大的不同是定居与流动的区别，农业民族安土重迁，并以定居生活为前提，成为物质财富和精神财富的创造者和积累者；游牧民族逐水草而居的马背生活，既限制了自身的文明进程，同时也对农业文明构成威慑。无论秦汉以至隋唐时期崛起于西北的匈奴、突厥、回纥，还是宋金以后称雄于东北的契丹、女真、蒙古，都对中原农耕民族造成强大的威胁。因此，历史时期农牧分界线地带既是持农牧两种不同生产方式的民族进行武力争战与文化交融的场所，同时也是国家境土的增长线。

农牧分界地带的形成虽然取决于自然条件，但人文因素的影响也起了相当大的作用。中国历史上曾有过多次疆域变动。国力强盛时期，开疆拓土，国家境土远远伸向大漠草原；国势衰微时，境土回缩，农牧分界地带就成为国家守边布防的前线。见于《史记》记载，战国汉初时期农耕区的北界基本保持在龙门—碣石一线，以后随着汉王朝势力的扩展，开疆拓土，农耕区不断向北移动，最远曾达贺兰山、阴山山脉，东至乌兰察布盟的乌拉山迄大兴安岭南端一线。以后随着游牧民族势力的南进，或是汉族王朝在边区发展畜牧业，农耕区北界大致内缩至今长城一线。这一界线的西侧基本与东部季风区吻合，偏东地带则在东部季风区内，即农业垦殖区还没有达到今日的范围。这两条界线之间往往表现为半农半牧或农牧交错区。见图 6-1。

农牧分界地带虽然不是国家的边疆，却是疆域伸缩的起点。因此历史时期，边疆的开发，土地的拓展，主要集中在农牧分界地带。从这一意义看，中国边疆开发主要有如下内容和方式。

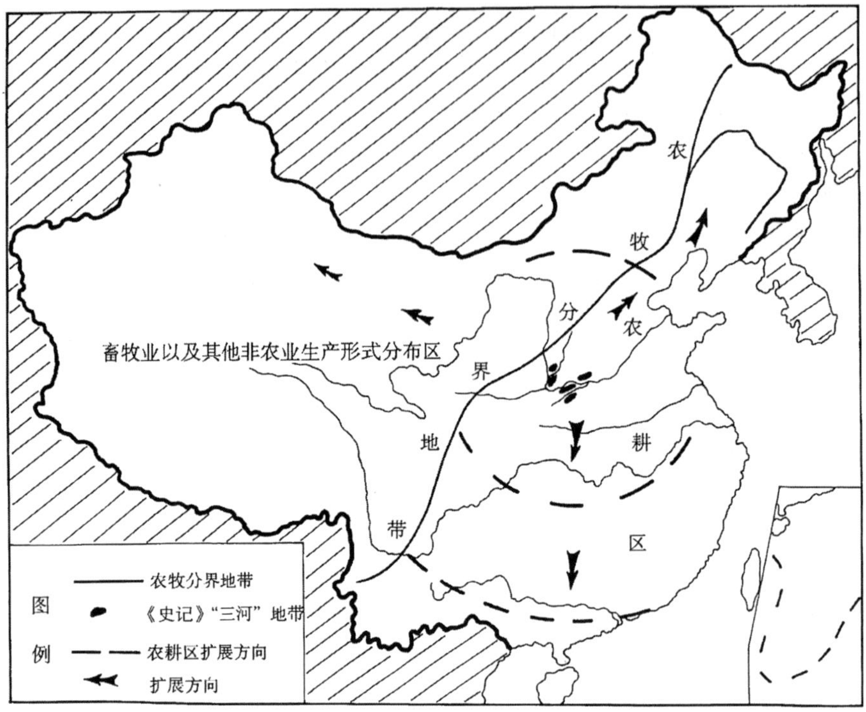

图 6-1　中国古代农耕区扩展示意图

（一）移民实边

公元前 3 世纪秦始皇统一六国后，为了防止匈奴人的侵扰，于公元前 215 年使蒙恬发兵 30 万，北击匈奴，开辟了阴山以南土地。次年又将大批罪人徙居这里，并以此为基础设置了 34 个县。此后又于公元前 211 年向这一带迁民户 3 万。秦代的这一切移民实边措施，既巩固了北部边疆的安全，又促进了这一地区的农业开发。汉代继承了秦的作法，把移民实边当作开发边地的重要手段。汉武帝时再次对匈奴进行了反击，并以河套为根据地，在军事占领后，继之以大规模垦荒。随着几次移民北地、上郡、陇西，垦荒范围不断向北、向西扩展。在军事占领河西走廊后，垦荒区也推向了那里。从此以后，河套与河西农业区便正式与中原地区连为一体。移民实边对于边疆开发的重要意义，不在军事占领之下，因此成为秦汉以后历代王朝奉行不替的政策。

（二）屯田戍边

屯田对于边疆开发的作用与移民实边有相似性，而不同之处在于移民实边的开垦者多为列入政府编户的普通百姓，参与屯田的或为军队的士兵，或为具有一定编制的田卒。以屯田的形式开发边疆，可以追溯到汉武帝时期。这一时期在实行移民政策的同时，与之并行的就是屯田，主要屯田区仍为河套、河西一带。汉以后各代基本都采取屯田戍边的政策，唐代的主要屯田地点仍在河西、陇右等地，宋代则主要在陇东、陕北一带。北宋时期是中国历史上边衅不断的年代，宋夏之间长期相峙在陇山—无定河一线，双方长期鏖战，在这里屯驻了大量军队，仅宋王朝一方就有30万之多。这些军队的粮食供给除少量靠内地运送，大多需要就地屯垦，于是沿边各州都相继开辟了屯田区。

元朝灭亡后，蒙古残部退向蒙古草原。为了防止蒙古骑兵的骚扰，明朝政府在长城沿线设置了辽东、宣府、蓟州、大同、山西、延绥、宁夏、固原、甘肃九个边防重镇。每边均有数以万计的兵马驻守，九边共驻扎约80万边军，形成一个庞大的军事消费区。为了保证军粮的供给，规定兵士"七分屯种，三分城操"，与此同时还在边地推行了商屯、民屯。

凭借历朝、历代边地屯田政策的实施，有力地推进了边疆地区的农业开发进程。

在边疆开发过程中，固守农牧分界地带，虽然是大多朝代实行的措施，但在少数国力强盛的王朝统治时期，与开疆拓土相伴而行的，也存在真正意义的边疆开发。如汉武帝时在移民至河套、河西进行屯垦的同时，也在西域进行了大规模屯田。西域屯田地点或选在土地肥沃，灌溉便利的地方，或选在具有战略意义的冲要之地。轮台、渠犁（今新疆库尔勒一带）、车师（今新疆吐鲁番）、伊吾（今新疆哈密）都是当时主要的屯田区。汉王朝在西域的屯田，起了武力征讨达不到的作用，加深了中原王朝与西域各族在经济、文化、心理上的联系，为西域各族融入中华民族大家庭作了准备。继汉之后，唐王朝也曾将屯田垦殖活动扩展到西域乃至辽东一带，但在历代王朝之中，对边疆开发贡献最大的是清代。

清代是中国历史上人口最多的一个朝代，在人口、灾疫各方面因素的影响下，内地人口出关垦荒成为一种普遍现象。以河北、山东人为主的"闯关东"，大批进入东北地区；以山西、陕西人为主的"走西口"，目的地是内蒙古草原；以甘肃、陕西人移民新疆，是当时几股大的移民浪潮，这些移民对边地农耕区的扩展起了直接的推动作用。

第二节　中国古代农作物种植制度及其地域差异

农作物种植制度指一个地区或生产单位的作物构成、熟制和种植方式等。中国农业耕作历史悠久，国土幅员辽阔，不同的历史时期与地域存在着不同的农业种植制度。

农业是人类社会最基本的物质生产部门，农业生产的对象是植物、动物和微生物，它们都是生命的有机体，都依赖一定自然条件生长繁殖。人类通过社会劳动，对它们的生长繁育过程及其所处的环境条件进行干预，从而获得生活必需的食物和物质资料。单纯的自然再生产过程构成自然界的生态循环，但这并不是农业生产。作为农业生产还要有人类生产劳动对自然再生产过程的干预，这种干预必须符合生物生长发育的自然规律，又符合社会经济发展的客观规律。这种干预的有效性，一方面取决于人类对自然界生命运动规律的认识程度和干预手段的先进程度；另一方面又必然受社会经济条件的制约，这样就构成了农业生产的二重性。受农业生产二重性影响，农业再生产规模随社会经济的发展而不断扩大，人类对农业自然再生产过程的干预能力，是随科学技术的进步而不断提高。农业种植制度发展与变化，集中体现了农业生产二重性的特点，在农业发展的初级阶段，种植制度明显表现出对自然环境的适应性特征，随着人们生产技术的进步，农业种植制度更多的体现在利用自然，改造自然能力的提高。

一、短期和定期的轮荒耕作制

土地是农作物生长的立足之本，不同的种植方式必然造成不一样的土地利用方式，于是土地利用方式与作物种植制度自然地连在一起。

夏、商、周时期，人们在述及农田时，用了“菑、新、畬”这样三个专用名词。古人对于这三个专有名词的解释是多样的，其中《尔雅·释地》解释这三个名词为：“田，一岁曰菑，二岁曰新田，三岁曰畬。”对于这一解释许慎认为“菑”是生满杂草的“不耕地”。“新”是已经撂荒二年，正在复壮的土地。“畬”是已耕地经过撂荒、复壮，准备耕垦的土地。石声汉先生将“菑、新、畬”称为轮流撂荒和垦荒制①。纵观古今学者对“菑、新、畬”的解释，可以认为这一时期农人从事耕作的土地面积较大，当年种植的仅是其中的一部分，这一部分也许占全部耕地的1/3，也许更低。由于这时还没有实行人工施肥等措施，土地种植一年后地力大减，必须撂荒休耕，下一年的耕作则选择在那些已经撂荒二年或三年的土地上进行。

西周至春秋时期，随着农业生产力的发展，种植制度发生了由“菑、新、畬”向“田莱制”和“易田制”的演变。

《周礼·地官》对于“田莱制”是这样记载的：“上地，夫一廛，田百亩，莱五十亩，余夫亦如之；中地，夫一廛，田百亩，莱百亩，余夫亦如之；下地，夫一廛，田百亩，莱二百亩，余夫亦如之”。西汉刘熙认为：“已耕者曰田。田，填也，五稼填满其中也”②。郑玄则认为：莱的意思是“休不耕者”③。

“易田制”有着与“田莱制”基本相同的内容，《周礼·地官》中有这样的记载：“不易之地，家百亩；一易之地，家二百亩；再易之地，家三百亩”，对于这段记载郑玄是这样解释的：“不易之地，岁种之，地美，故家百亩；一易之地，休一岁乃复种，地薄，故家二百亩；再易之地，休二岁乃复种，故家三百亩”。

“易田制”与“田莱制”实际仍是一种撂荒休耕制度，这种休耕与三代时期实行的“菑、新、畬”制最大的不同，在于人们辨识土壤肥瘠程度的能力有所提高。人们通过对土壤肥力的辨识，把土壤划分为上、中、下或不易、一易、再易三等，各类土壤不再实行一致的休耕时间，而是根据土壤肥瘠不同确定土地休耕与否以及休耕时间的长短。一般来看，肥力状况较好的土壤不需休耕，或休耕时间较短；肥力较差的土壤则需要较长的休耕时间，最长以3年为限。

撂荒休耕制的出现，与农业开发的早期地广人稀的人地关系，以及人们对于自然环境的强烈依存有关。这时有限的人口与广大未垦土地之间存在悬殊的数量关系，为人们实行撂荒休耕制度提供了土地空间，而早期农业中的粗放经营，以及由此而造成的土地肥力降低，在无任何人工措施追加肥力的情况下，只有通过休耕才有可能实现土地肥力自然恢复。因此“易田制”等轮荒性质的土地耕作形式，是与当时生产技术以及人地关系相吻合的一种耕作制度。

二、土地连作制的确立

春秋战国时期，是我国历史上重大的变革时期，西周初年建立的统治秩序与周天子的神圣地位逐渐动摇。由往日“礼乐征伐自天子出”的天下共主局面，进入了“礼乐征伐自诸

① 马宗申：《略论“菑、新、畬”和它所代表的农作制》，《中国农史》1981年创刊号。
② 西汉 刘熙：《释名·释地》。
③ 《周礼·地官》郑玄注。

侯出"，以致"陪臣执国命"的天下纷争阶段。在诸侯国的兼并战争中，各诸侯国国君共同认识到粟多，兵强，国盛的道理，于是以强国为目的的变法改革在各诸侯国纷纷实行起来。而变法的重要内容之一就是鼓励人口，发展农业。黄河流域各诸侯国的变法措施不说，连远在南方的越国也为提高人口数额制定了严厉的政策，当时规定："女子十七不嫁，其父母有罪；丈夫二十不娶，其父母有罪"①。这样的政策大大加快了人口的增长速度，经过数百年的生育繁衍，人口成倍增长，用韩非子之话："今人有五子不为多，子又有五子，大父未死而有二十五孙"②。随着人口的增长，逐渐改变了原来的人地关系，原来地广人稀的黄河流域变成了"土地小狭，民人众"③，人地之间的矛盾越来越尖锐。在这样的政治背景之下，过去实行的撂荒休耕制已经不再适应社会的发展，于是春秋战国时期，我国农业种植制度又发生了新的变化，原来普遍实行的撂荒休耕制逐渐被土地连作制度取代，伴随土地连作的实行，农业生产也从原来的粗放经营向精耕农业转变。

土地连作制下基本不存在休耕土地，为了保证地力的恢复，人们在对土地进行施肥的同时，也开始考虑农耕技术上的改进与合理轮作。

西汉中期盛行起来的代田法与区田法就是适应土地连作制而产生的耕作形式。为了便于地力的恢复，代田制一改原来的漫撒制，在农田中起垄作圳，庄稼种在垄下的沟即圳中，第二年垄圳互易，地力得到局部的休整。

在改变耕作法，力图使土地肥力得到自然恢复的同时，人们还想到了施肥与轮作。轮作是指在同一块田地上，有顺序地在季节间或年度间轮换种植不同的作物。轮作因采用的方式不同，分为定区轮作与非定区轮作。定区轮作通常规定轮作田区的数目与轮作周期，有较严格的作物轮作顺序，定时循环，同时进行时间与空间上的轮换。中国多采用不定期的换茬式轮作，即轮作中的作物组成、比例、轮换顺序、轮作周期、轮作土地面积都有一定灵活性。施肥的功效是后人都知道的，而轮作对保持土地地力的作用却不是人人都注意到的。合理轮作有很高的生态效益与经济效益，主要表现在这样几方面：①有利于防治病、虫、草害。②有利于均衡地利用土壤养分。③有利于改善土壤理化性状，调节土壤肥力。《齐民要术》中总结前人经验说："谷田必须岁易"，如果不实行轮作易地，就会"莠多而收薄"。"麻欲得良田，不用故墟"。"稻无所缘，惟岁易为良"。无论是谷田、麻田，还是稻田，轮作易地，都会获得减少杂草，提高产量的结果。

土地连作制的确立对后世农业种植制度的影响很大，其中最重要的一个方面就是复种制的产生。

三、黄河流域两年三熟制的产生

复种为一年内，同一田地上连续种植两季或两季以上作物的种植方式，通常用复种指数表示。复种主要应用于生长季节较长、降水较多的暖温带、亚热带、热带，特别是其中的人多地少的地区。主要作用是提高土地和光热的利用率，以便在有限的土地上，延长光热的利用时间，使绿色植物合成更多的有机物，提高作物单位面积的年总产量。

① 《国语》卷二〇《越语》上。
② 《韩非子集释》卷一九《五蠹》。
③ 《史记》卷一二九《货殖列传》。

黄河流域自然条件的特征决定了这里的优势农作物为各类旱地作物，在旱地作物中又以粟类作物种植地区最广。因此从汉代开始至明代中后期，在玉米等作物未引进之前，粟类作物始终是轮作复种的核心。而冬小麦秋生夏收的生育期，成为两年三熟复种制的前提。

关于黄河流域何时出现两年三熟复种制的问题，可以追溯很早。《管子·治国》中有这样的记载："常山之东，河汝之间，蚤生而晚杀，五谷之所蕃熟，四种而五获。"《荀子·富国》中也有类似的记载："今是土之生五谷也，人善治之，则亩益数盆，一岁而再获之。"这些记载都肯定了一个事实，只要善于管理，这时黄河流域土地上的收获，不仅一年一次。《左传》中有这样一段记载：晋景公晚年病重，梦到一个披发大鬼，巫人说他病得很重，恐怕吃不到新麦了。六月六日晋侯把煮好的新麦给巫人看，告诉他自己是能吃上新麦的……。晋景公时晋国都于绛，在今山西省南部，这里六月初新麦上场，从成熟期来看很有可能是冬麦。由于冬麦的生长期从头年八九月到次年五六月，作为独立占用土地的作物，显然在土地利用上是很不合理的，因此冬麦往往与其他作物轮作，共同构成两年三熟复种制度。

《左传》这一记载为了解两年三熟制的出现时间提供了更确切的依据，即大约公元前六世纪时黄河中下游地区就出现了两年三熟复种制的端倪。

需要指出的是，土地复种指数提高，在给人们带来增产的同时，也需要更多劳动力投入，春秋战国时期的人口数额与后代相比，还是很低的，因此在整个黄河流域大范围实行两年三熟复种制还不具备劳动力条件。

秦汉以后许多文献中都提到了种植冬麦的问题，其中成书于汉代的《氾胜之书》与成书与北魏时期的《齐民要术》等重要的农书中都有相关的记载。尽管如此冬麦以及两年三熟复种区都还有限，正因如此，日本学者西岛定生提出，唐代随着碾硙经营的发展，华北地区的两年三熟制才出现 。

对于碾硙《唐律疏义》是这样解释的："碾，磨上转石也。硙，磨下定石也。"碾硙是石碾，是加工粮食的工具，主要用于将谷物加工成面粉。唐代皇室、贵族在自己的庄邸广置碾硙，这些碾硙的大量出现，对于需要磨面成粉的小麦，应该是一个推动作用，于是随着冬麦种植面积的扩大，技术成熟，两年三熟复种制也相应出现了①。应该说西岛先生的观点是很独到的，但也留下一些问题需要进一步探讨。

宋金时期华北地区实行两年三熟复种制的地方已经比较多了，关于冬麦的记载可以见于各类文献。苏轼在奏文中写道："今又不雨，自秋至冬，方数千里，麦不入土。"②自秋至冬正是冬小麦的播种季节，宋代河北、京东一带是北方重要的冬小麦种植区。金代北方各地冬麦的种植地仍然很多，如陕西澄城一带就有这样的记载："今岁冬旱，宿麦半死"③。这里提到的宿麦就是冬麦。此外《金史·五行志》还以各类祥瑞的形式记述了各地进嘉禾，产瑞麦的情况。其中皇统三年五月京兆府供瑞麦，兴定元年月陈州商水县进瑞麦、开封进瑞麦。《五行志》中所载瑞麦，无论在古人看有何种祥瑞之兆，也应是成熟后的小麦，四五月小麦成熟，只能是冬麦了。

宋金时期北方冬麦主要种植在今河南、河北、陕西以及山西南部，冬小麦与春小麦之

---

① 〔日〕西岛定生：《中国经济史研究》，第174～180页，农业出版社，1984年。
② 宋 苏轼：《苏东坡集·奏议》卷五《论河北京东盗贼状》。
③ 《金文最》卷六九《澄城县主簿赵公德政碑》。

间的分界线，也就是两年三熟制与一年一熟制的分界线大致从甘肃临洮向北，经无定河一线至今山西忻州一带，越过太行山进入河北，基本沿燕山山脉东行，此线以南为农作物两年三熟种植区，此线以北为农作物一年一熟种植区①。需要指出的是，与其他区域界线一样，界线的划定并不意味区域内要素的绝对单一与排它。农业生产的实际是非常复杂的，界线的划定只能说明两年三熟种植制最远可达范围，而此范围内未必都统一实行这种种植制度，在劳动力不足，自然条件较差的地区，一年一熟制还占据很重要的地位，甚至一直到明清时期仍在山西、陕西北部显示着优势。

实行复种轮作制的目的，就是要提高土地利用率，合理利用土壤肥力，进而提高产量。各类农作物对土壤养分的索取是不同的，威胁生长发育的病虫害类型也是不同的。针对这些问题，黄河流域的农民大约从公元四世纪前后就确立了基本的轮作复种形式，对此《齐民要术》作了全面总结。长期的生产经验告诉人们，豆类作物是谷类作物的良好前作，即谷、稷、黍以及麻、麦都以豆类作物为前作最好。豆类作物的前作又以谷类作物为好。这样就确立了豆类、谷类作物合理轮作的原则②。这样的轮作复种形式延续时间很长，一直到清末，仍然能够在人们的著述中见到这样的记载③。

四、长江流域以及南方其他地区种植制度的历史发展与一年两熟制的出现

一个地区复种指数的提高是农业生产技术、劳动力数额、粮食需求量等多方面因素综合影响的结果。长江流域的水热条件虽然远远优于黄河流域，但在开发的初期阶段，由于人口稀少，劳动力不足，一年一熟成为当时通行的种植制度。在北方人口大规模迁向江南之前，南方一直保持着地广人稀的人地关系，一季粮食产量完全可以满足人们的生活需求，根本没有必要在原来的劳动基础上再增加新的投入，因此在相当长的一段时期内，农作物种植制度保持为一年一熟制。

长江流域的传统粮食作物为水稻，因此这里的农作物复种制度，也是以水稻为核心展开的。纵观长江流域复种制度的发展，大致可以分为两种类型，一类为稻麦一午两熟制，另一类就是双季稻的出现。

（一）稻麦一年两熟制

今天在我国南方，小麦是仅次于水稻的重要粮食作物，但在历史上由于小麦生长习性与生理机制的限制，长久以来一直是北方盛行的农作物，南方虽有少量的种植，如《越绝书》中就提到了“麦”，但直到西晋时期江南才出现较具规模的麦作④。此后东晋南朝时期随着中原人民的南渡，有面食习俗的人口逐渐增加，小麦得到了进一步的推广。但这一时期仅是小麦在江南推广种植的肇始时期，不仅种植范围有限，而且多数分布在水源不足的

---

① 韩茂莉：《辽金农业地理》，社会科学文献出版社，1999 年。
② 郭文韬：《中国耕作制度史研究》，第 69～71 页，河海大学出版社，1994 年。
③ 清 祁寯藻：《马首农言》。
④ 张学峰：《试论六朝江南之麦作业》，《中国农史》，1990 年第 3 期。

丘陵冈阜。

人们大范围向江南地区推广种植小麦是在宋代，特别是南宋时期。这一时期江南大多地区已经广泛采取了水稻秧播技术。这就为实现稻麦两熟制，扩大小麦种植范围，在时间与空间上创造了条件。

从表面看，秧播技术仅是水稻的种植方式问题。实际水稻播种方式不一样，在大田的占地时间也不同，秧播缩短了水稻大田占地时间，进而使水稻收获后，复种小麦成为可能。在水稻秧播技术没有出现前，采用直播种植方式。据《齐民要术》记载，水稻直播“三月种者为上时，四月上旬为中时，中旬为下时”，而收获期则在霜降，即阴历九月下旬①。从贾思勰的记载看，水稻直播最迟在四月中旬播种，而收获期则在九月下旬。小麦的播种期正好在水稻收获期之前，收获期也在其播种期之后，因此不可能设想在水稻收获后种植小麦。

水稻改为秧播就不同了，水稻的育秧在二月初，这时虽是小麦的生长期，而育秧是在苗圃进行，稻麦不存在用地之争。四月末、五月初是农家最忙的时候，小麦上场，水稻插秧都在这时进行。五月水稻插秧，八月就可以收获了，小麦的播种正好在水稻收获之后。水稻改为秧播后，在大田的生长期为5～8月，小麦为8～5月，稻麦两种作物在时间与空间上，正好填补了彼此的空白。故水稻秧播技术是促使小麦种植区从原来的坡地、旱地移向平原的重要因素。

一般认为水稻育秧移栽技术最早出现在唐代，最早的起源与应用失于记载，至唐中期各种记载开始多起来，唐人诗文中关于插秧的描述尤其多。张籍在诗中写道：“江南热旱天气毒，雨中移秧颜色鲜”②。杜甫诗中则有：“六月青稻多，千畦碧泉乱，插秧适云已，引溜加溉灌”③。从这些描述来看，唐中期南方各地已经普遍采取了秧播技术。

秧播技术的出现，并不意味已经实行了稻麦两熟制。单纯的水田耕作与稻麦复种，在农耕技艺、土壤保养方式上都有许多不同之处，这仍需一定时期的摸索。从唐代文献记载来看，明确记载稻麦复种的只有《蛮书》一处，书中写道：“从曲靖以南，滇池以西，土俗惟业水田……水田每年一熟，从八月获稻至十一月十二月之交，便于稻田种大麦，三四月即熟，收大麦后，还种粳稻。”唐代云南实行了稻麦两熟制，并不能由此而推断江南也实行同样的耕作方式。提出这一观点主要考虑到云南与江南之间的气候差异，此两地有着完全不同的雨量季节变化规律。从11月～4月，云南全区均为干季，这时云量稀少，日照丰富，气温较高，降水不多，从而构成明显的干季气候特征。干季的出现解决了许多由水田改旱地带来的耕作技艺上的麻烦，因此云南人民是有可能率先采用稻麦两熟制的。江南与云南不同的是四季都有雨水的浇淋，从现代气候资料来看，上海秋冬两季降水占全年总量的34.9%，九江占30.5%，南昌占25.1%，南京占30.5%④。在这种降水季节分配规律下，由水田转旱地的耕作技艺就要复杂得多，江南人民要经过一定时间的摸索，才能在生产中实施水旱轮作的耕作制度，由此看来江南实行稻麦两熟耕作方式可能要比云南滞后一些。从文献看北宋时期江南有些地区已经实行了稻麦两熟轮作制，如朱长文在《吴郡图经续记》中就记述了“刈麦种禾，一岁再熟”的现象，只是这时稻麦轮作尚未成为普遍推广的种植制度，因

---

① 北魏 贾思勰：《齐民要术》卷二《水稻》。
② 《全唐诗》卷三八二，张籍：《江村行》。
③ 《全唐诗》卷二二一，杜甫：《行官张望补稻畦水归》。
④ 中国科学院地理所等《中国自然地理》，科学出版社，1985年。

而小麦的种植范围很有限。

小麦在南方大规模种植与稻麦两熟制的全面推广是在南宋时期，稻麦两熟制推行后，大大提高了江南一带的土地生产力，使这里的经济实力稳步上升，为全国经济重心南移奠定了经济基础。

稻麦两熟制的实现，既需要与之相适应的耕作技艺，也需要一定的气候条件。现代地理学认为秦岭、淮河一线是我国农作物一年两熟种植制度的北界。宋代的情况与之基本吻合，稻麦一年两熟制的区域一直延伸到淮南。北宋人陆佃谪守海州时，在文中就清楚地记载了当地“麦禾之再熟”的现象①。绍兴年间官府在淮南设立官庄，募人垦荒，官文中明确规定：“虽收谷麦两熟，欲只理一熟，如稻田又种麦，仍只理稻，其麦佃户得收椿”②。只有稻麦一年两熟在淮南一带比较盛行的前提下，为了鼓励农民的积极性，官府才会制定两季作物中，种麦收成归农民自己这样的规定。渡淮而北热量条件逐渐降低，农作物基本保持两年三熟制或一年一熟制，淮河一线成为一年两熟与两年三熟种植制度的分界线。

（二）双季稻的种类与种植区域的扩展

双季稻这一名词在中国古代文献中出现比较晚，双季稻出现之前，对于一年两次成熟的稻类作物，多称“再熟稻”。再熟稻的类别比较复杂，古代文献记载中与之相关名目也很多。各类名目的再熟稻，不但称呼有别，而且生长习性也不同。根据文献记载再熟稻大致有以下生长类型：

1. 再生稻

再生稻也称“再熟稻”，古人指“已刈而根复发苗再实者”，即在已经收割的水稻残存茎秆上，从休眠到芽萌发出再生分蘖，长成植株，抽穗结实的水稻。古代南方各地均有这类水稻的种植，其中浙、赣等地将其称为“再撩”，苏、皖等地称“二穗稻”，两湖等地称“艺禾”，四川等地称“抱孙谷”。

再生稻的出现时间比较早，战国时期荀子文中就提到稻再熟，大约西晋时期成书的《广志》明确记载了再生稻的生长情况：“（稻）获讫，其茎根复生，九月熟。”此后，各类文献中关于再生稻的记载越来越多，如唐开元十九年（731 年）扬州“再熟稻一千八百顷，其粒与常稻无异”③。宋至道二年（996 年）“处州稻再熟”④，庆历八年（1048 年）“庐州合肥县稻再熟”⑤，景祐元年（1034 年）“孝感、应城二县稻再熟。元丰六年（1083 年）洪州七县稻已获，再生皆实”⑥。绍圣五年（1098 年）“淮西路民田既刈，复生实”⑦。

再生稻虽然从农作物的收获次数上看应为两熟，但与一块土地上一年之内种植两次，收获两次的一年两熟复种制度，是完全不同的。再生稻属于自然萌生，在性质上属于一年生作物，由于这样的原因古人也将再生稻称为“稻孙”，宋人叶直在《坦斋笔衡》就有这样的

---

① 宋 陆佃：《陶山集》卷一三《海州到任谢二府启》。
② 《宋会要辑稿·食货》三之三。
③ 《太平御览》卷八三九。
④ 《宋史》卷五《太宗纪》二。
⑤ 《宋史》卷一一《仁宗纪》三。
⑥ 《宋史》卷六四《五行志》二下。
⑦ 《文献通考》卷二九九《物异考》。

记载:“秋已晚矣,刈获告功而田中复青,何也?亟呼老农问之,农曰‘稻孙也’。稻已获,得雨复抽余穗。”由于再生稻自然萌生后,农户不再进行施肥、锄草等田间管理,因此产量很低,若连年再生再获,地力逐渐降低,往往两次收获,还不及一次产量。即如宋人所言:“田或两收,号再有秋,其实甚薄,不如一获”①。

古代南方各地均有再生稻,浙闽一带稍显突出。宋代以来的文献中关于这一地区保存再生稻的记载很多,如“濒海一带稻岁两获”②,“闽田两收”③,“滨海水田,一岁稻再熟”④。这些记载中述及的稻再熟、再获均为再生稻。

2. 间作稻

间作稻指早稻插秧时,留宽行距,待旬月之后,再将晚稻栽插其间,早稻收获后,晚稻继续生长,在形式上也具有一年两获的特点。间作稻出现的时代不详,从文献记述来看,明清时期南方各地,尤其是江浙、闽赣一带颇为盛行。

明人长谷真逸在《农田馀话》中对于间作稻是这样记载的:“闽广之地,稻收再熟。人以为获而栽种,非也……询之,言其乡以清明前下种,芒种莳苗。一垄之间,稀行密莳,先种其早者,旬日后,复莳晚苗于行间,俟立秋成熟后,刈去早禾,乃锄理培壅其晚者,盛茂秀实,然后收其再熟也。”清人李彦章在《江南催耕课稻编》中也有类似的记载:“吾闽早稻,莳于谷雨之前,小暑而获,大暑而毕。芒种时早稻犹未刈,而晚稻之秧已茁,即植于早稻之隙,若寄生然,而不相害。及早稻刈,则晚稻随而长,田不必再耕,且早稻之根即以粪其田,而土愈肥。”在李彦章的记述中,除福建、广西盛行间作稻,“浙东温州、台州等府及江西袁州、临江等府,早稻既种,旋以晚稻参插其间,能先后成两熟,其种法与福建同”。浙赣一带也是间作稻的种植区。

间作稻虽然在形式上为一年两种两获,但土地利用率却与一年一熟完全相同,因此还不能算作真正的连作稻。尽管如此,间作稻仍具备高于再生稻的产量优势。间作稻中早晚稻同时生长的时间并不长,特别早稻收获后,人们往往还要对晚稻进行施肥等田间管理,地力的耗减及时得到补充,稻产量也相应提高。正由于这样的原因,间作稻的产量一般高于普通一季稻,也高于再生稻。

间作稻虽然不具备真正意义上的双季稻,但在劳动力与地力分配上却较其他水稻种植形式具备优势。在水稻的种植过程中,插秧与收割是劳动力需求最大的时节,实行间作稻后,早晚稻的插秧与收获期都不一致,每一个时节劳动量正好减少了一半,大大缓解了农忙季节的劳动强度与劳动力不足。此外间作稻、早晚稻不完全一致的生长期,也使地力得到适当补充。间作稻在劳动力与地力分配上的这些优势,使这种水稻种植形式在南方各地均有推广,特别浙闽、两广一带尤其突出。明清时期珠江三角洲盛行“挣稿制”,它的特点是把晚稻挣插于早稻行间,早稻收割后,晚稻继续生长。“挣稿制”是一种典型的间作稻种植形式⑤。

---

① 宋 刘弇:《云庄集》卷七《福州劝农》。
② 宋 卫泾:《后乐集》卷一九《福州劝农文》。
③ 明 谢肇淛:《五杂俎》。
④ 清 王澐:《闽游纪略》。
⑤ 彭世奖:《略论珠江三角洲挣稿制的兴衰》,《中国农史》1994 年第 2 期。

3. 连作稻

连作稻即双季稻，这是早稻收获后，经过耕翻整地，重新插秧，成熟收获的水稻。连作稻是真正意义上的双季稻，因此比其他种植方式下的水稻产量高的多，同时需要的劳动投入与技术要求也比其他种植方式大的多。

连作稻对劳动力与生产技术的要求使这种水稻种植方式推广很晚，古代文献中最早记载双季稻是成书于东汉时期的《异物志》："稻，交趾冬又熟，农者一岁再种。"此后《水经注》中又记载了岭南地区："名白田，种白谷，七月火作，十月登熟；名赤田种赤谷，十二月作，四月登熟，所谓两熟之稻也"①。对于这样的记载如何理解，是认识双季稻普遍推广种植的重要问题。

岭南地处南亚热带，一年中水热条件均能满足农作物生长的需要，一些区域如《异物志》中所及交趾，实行两季作物也是完全可能的，但是农作物两熟制的实行程度并不完全取决于自然条件，尤其在古代的生产方式下，相当大程度上决定于社会经济发展进程，具体地说，就是劳动力状况、技术与物质投入等。水稻连作需要大量劳动力，是地狭人稠，人地矛盾极度紧张条件下的产物。《水经注》成书于北魏时期，这时岭南地区具有明显的地广人稀特点，直到宋代这一地区还因人口稀少，林木郁闭，瘴气逼人，被人称为"大法场"、"小法场"，正常的农业开发进行得都很缓慢，大片土地仍然荒置，更谈不上两种两获的土地复种，因此可以认为《水经注》记载的并不是当时岭南普遍盛行的一种双种双收的种植制度，而是指这里南亚热带的水热条件，四季均可以播种，四季均可以收获的现象，生活在这里的农户完全不必考虑随季节而变化的水热分配，农业生产可以根据个人的情况，安排在任何季节，进而在一年的各个季节中均可以看到农作物的种植或收获。类似《水经注》这样的记载，在后代的文献中也可以看到，如宋人周去非在《岭外代答》中指出："(岭南)地暖，故无月不种，无月不收。"水稻中，早禾正月种，四五月收；晚早禾三四月种，六七月收；晚禾五六月种，八九月收。有的地方则七八月种早禾，九十月种晚禾，十一二月种月禾，或早或晚，随时播种。

南方其他地方与岭南相比，四季之间的温度差异逐渐明显，适宜水稻生长的季节也由全年缩至几个月，在这种自然条件下，实现水稻连作制必须解决水稻品种问题。生长在早晚不同季节的水稻品种是实现水稻连作的前提，唐代南方已经出现了早稻，这一点在唐代诗文中是有所反映的，可能由于这些早稻的生理习性等原因，这时早稻的推广并不普遍，早稻的大量推广是在北宋时期占城稻引进中国后。占城稻是一种耐旱、适应性较强的水稻品种，传入中国后各地相继培育出许多品种，其中适宜早晚季节的早占、晚占占有重要地位。随着占城稻的推广，各地均出现了早、晚稻的种植。宋人诗文屡屡存有这样的记载，如："早稻栽已成，晚田耕未遍。"②"早禾已秀半且实，晚禾已作早禾长。"③"早禾饱熟收山场，晚禾硕茂青吐艺。"④

水稻品种中早晚稻的出现，为水稻连作制创造了前提，但真正将连作制应用在生产

---

① 《水经注》卷三六《温水》。
② 宋 赵蕃:《淳熙稿》卷二《插田行》。
③ 宋 赵蕃:《章泉稿》卷一《抚州城外作》。
④ 宋 张守:《毗陵集》卷一四《丰岁行》。

中，不但需要大量的劳动力，而且耕作的技术措施与物质投入也与一季作物完全不同，这在以小农经济占主导地位的中国古代并不是能够轻易解决的问题。从目前学术界对双季稻的研究来看，比较一致的观点认为明清时期南方一些地区出现了具有实质性意义的水稻连作区。

明清时期水稻连作制由广东、福建等水热条件较好的地区逐渐向长江流域推广，明人黄省曾在《理生玉镜》中提到“乌口稻”属于“再莳而晚熟者”，正德《姑苏志》中也提到乌口稻的再熟特性。乌口稻外南方再种的双季稻还有其他品种，故宋应星在《天工开物》中称：“南方平原，田多一岁两栽、两获者。”从这些记载虽然可以肯定明代南方各地已经开始推广连作稻的种植，但这时连作稻的种植范围仍然有限。较大规模推广种植连作稻在清初，据称康熙皇帝在丰泽园稻田中见到一株稻苗异常茁壮，令人加意培植，育成六月即能成熟的早稻品种，称为“御稻”，在各地广为推广①。约康熙五十二年(1686 年)，康熙皇帝派在江南地区有种植双季稻经验的李英贵带着“御稻”稻种，前往江南试种双季稻。李英贵在实践中将“御稻”不仅用于前稻，而且也用于后稻，并形成了一套栽培方式，被称为李英贵种稻之法。此后水稻连作制在江南各地得到了推广，一直到雍正朝仍然保持着发展势头②。尽管这样，水稻连作制在江南的推广也不断出现反复，嘉庆年间由于苏北一带发生水患，双季稻的发展受到了很大的影响，不但没有继续发展，而且在很多地区不断衰落。道光年间林则徐在江南为官，致力发展苏州一带的双季稻生产，使原本衰落的双季稻种植又重新振兴起来。

清代江南一带双季稻的种植推广虽然直接来自于朝廷的旨意，但由于在生产技术、劳动投入、劳动力安排等原因，实行的地区仅限于苏南等经济发达地区，其他地区仍然以传统的稻作制为主。

康熙皇帝亲自关注江南地区双季稻的推广，也带动了南方其他地区推广双季稻的热情，其中湖南等地就是积极响应者。《湖南省例成案》中记载了推广双季稻的过程，乾隆十一年开始，湖南巡抚杨锡绂多次告谕各地“劝种两熟稻谷”，对此各地反映各不相同。道州知州改汝霖在道州分别试种了连作、间作以及稻孙几种水稻两获方式，认为湖南适宜种植双季稻。而零陵、新田等县却认为湖南不适宜发展双季稻，其理由除自然条件不适宜、时节难以安排外，还提出稻麦两熟与稻稻两熟获利不相上下的问题③。道州以及零陵、新田二县均位于湖南南部，推广双季稻尚有很大争议，其他地方恐怕更难实行，因此可以想见当时湖南各地双季稻的种植量很有限，尤其连作稻的种植量更小。

华南地区地处亚热带南部，水热条件适于农作物连作连收。宋人周去非在《岭外代答》中就记述过，这里一年之内任何一个季节都可以种植农作物的事实。但明清以前，岭南人口稀少，正常的一季作物尚不能维持，大量土地空旷荒弃，实行一年两熟制的地区很少。明清以后随着人口的逐渐增多，土地与人口之间的矛盾开始突出，农作物的连作逐渐推行起来。这时实行的复种制度以一年两熟制为主，少数地区出现一年三熟制的肇端。

双季稻作为提高土地复种率的一种种植制度，在我国南方的推广经过了一段漫长的阶段，由于劳动力、技术措施等原因，各地真正的发展是在 1949 年以后，此前主要集中在

① 清 李彦章:《江南催耕课稻编》。
② 陈志一:《江苏双季稻历史初探》,《中国农史》,1983 年第 1 期。
③ 谭天星:《乾隆时期湖南关于推广双季稻的一场大论战》,《中国农史》,1986 年第 4 期。

岭南、福建以及江南地区。

第三节　农作物种类及其农业地理意义

农作物种类与品种是农业地理研究的重要内容，繁多的作物种类与品种不仅丰富了人们的物质生活，而且反映了各个历史阶段农业科技的进程以及对外交流的发展。农作物作为栽培植物中的一大类，它的出现本身就是人类社会发展的一大进步。人们在采集中学会了选择和栽培植物，并使它们的性状得到改造，形成不同的品种。栽培植物的出现奠定了农业的基础，人们借栽培植物以自存，并逐渐从渔猎、采集生活中脱离出来，导致了人类社会的第一次分工。

随着社会的发展，栽培植物的种类越来越多，其中与人类衣食直接相关的部分就属于农作物，它们可以包括各种类属，如粮食类、油料类、蔬菜类、辛香类、瓜菜类、豆菜类、糖料类、兴奋类、果树类、纤维类等，这些种类繁多的农作物有不同的生长习性，并表现出各自对环境的适应特征。其中有的农作物生理适应能力较强，分布地域也较广泛，通过人们的栽培后，几乎成为各地通行的农作物，这类作物中比较有代表性的就是粟、粱、稷、黍、菽、荞麦等。还有一类农作物生理适应能力较弱，对于环境条件要求也较高，有的仅能生长在特定的自然条件下，如各类热带作物，具有强烈的地域性；有的虽然对于生存环境有一定的要求，但当人们采取一定措施后，改进了环境条件，也能够在新的环境中生存下来，如水稻本为适宜南方自然条件的农作物，但历史上北方许多地方通过改进灌溉条件，也可以引种水稻。由于农作物与环境之间的这种关系，农作物每一次对于新环境的选择与适应过程都体现了农业科技的一次进步。

世界各大陆之间野生植物种类并不相同，由此而培育的栽培植物也有区别，各大陆之间，各地之间的文化交往，为新的农作物种类引进创造了条件，在我国数千年农耕发展史中，各个时期都有从域外传播入境的农作物品种，基本可以包括上述各类农作物。这些作物的传入对于推动农业生产发展以及农业地理布局起过很大作用。在各种传入作物中，汉代传播入境的苜蓿、葡萄，宋代传入的占城稻，元代传入的棉花，明代传入的玉米、甘薯、马铃薯、烟草、花生、甜菜、辣椒等，在农业发展与社会进步中所起的作用尤其重大，这些作物传播入境不但丰富了我国栽培作物的种类，而且直接推动了社会发展。

男耕女织是人们对于中国古代社会分工的一种概括，耕织包括了农业生产的基本内容，与耕织直接相关的栽培植物也在农作物中占有重要地位。随着农业科技的不断进步与对外文化交流的进行，农作物种类不断丰富，并在各个历史时期表现出各自的特征。

一、史前时期的主要农作物

历史时期的农作物是在史前农业的基础上继承与发展起来的，通过考古发现的大量谷物中，粟、黍、稻最具代表性。它们的地理分布大致以秦岭、淮河为界，秦岭、淮河以北为粟、黍主要分布区；秦岭、淮河以南主要种植水稻。

一般认为粟是由狗尾草驯化而来的[①]，适于黄土地带生长，是史前时期黄河流域分布

---

① 黄其煦：《黄河流域新石器时代农耕文化中的作物》，《农业考古》，1983年第3期。

最广的农作物，裴李岗文化、磁山文化、仰韶文化、大汶口文化、龙山文化、马家窑文化、齐家文化遗址都发现过粟，黄河流域之外，东北、西藏、台湾一带的较干燥的高地上也发现有粟，这表明粟是一种种植范围非常广的作物。至少六七千年前华北地区已大量种植。

黍的地理分布与粟相当，是华北地区与粟共存的一种农作物，这种作物的发展可能导源于野生黍①。

稻在秦岭淮河以南种植范围很广，史前水稻主要分为粳稻、籼稻两种。我国的野生稻分布很广，长江中下游又较早出现了农耕文化，因此这一地区很可能是栽培稻起源的中心。黄河流域发现的稻作遗存尚未得到肯定的证实，安志敏先生认为由于自然条件的原因，这里水稻的种植量是十分有限的②。

新石器时代的遗址中绝少发现小麦，西周以后的遗址中才开始有了碳化小麦。学术界一般认为小麦原产西亚，商周时传入中国。

粟、黍、稻等农作物构成了历史时期农业发展的基础，见于甲骨文记载，至商周时期除了麦类作物的地位明显提高，其他主要作物构成基本与史前时期相类。

二、春秋战国时期的主要农作物

现存的农书具体讲到粮食作物，最早为《吕氏春秋》，书中列举了：禾、黍、稻、麻、菽、麦以及大麦，这七种作物代表战国时期的主要粮食作物。对于这些作物的辨析，历来是有不同观点的，王毓瑚先生总结前人成就，认为：禾就是现在北方的谷子，其粒实去稃后统称“小米”。黍：古今名称未改，是酿酒的原料，古代种植较广。稻：是上层享用的细粮，种植量不大。麻：有雌、雄株之分，雄株曰“枲”，雌株曰“苴”，雌麻籽可以食用。菽：就是大豆。麦：大、小麦那时种的都不多，大麦可以制糖，曰“饴”，没有甘蔗前，甜食主要靠大麦。小麦也是细粮，但作为食物的重要性不如水稻，那时还没有质量较好的磨，不能磨出细粉，只好粒食，适口性远不如水稻③。

对于上述粮食作物，早期的文献中还有不同的名称及品种。如《诗经》中有“来”、“牟”，汉儒将“来”解释为小麦，“牟”为大麦；《诗经·周颂》里有“丰年，多黍多稌”，“稌”字据后来人解释就是糯稻；《诗经·鲁颂》中有一句是：“黍稷重穋稙稺菽麦”，毛亨将其解释为“后熟曰重，先熟曰穋，先种曰稙，后种曰稺”。在上述七种主要作物中，禾的地位最高，与禾并列的还有古代文献中经常提到的“稷”，古代关于“稷”的不同解释最多，集中的有三种说法，一种认为是北方的谷子；另一种认为是穄，现在北方统称糜子；至明清时又有人提出高粱说。三派中前两派的支持者比较多，讲训诂的经学家们一般持北方谷子说；著本草的医师们多数以稷为糜子。王毓瑚先生认为经学家注重师承，医师偏于实践，两者相比，医师的看法更近于事实；缪启愉先生则持经学家的观点，认为“谷就是稷，也就是粟”④。

三、秦汉时期的主要农作物及其分布地区

秦汉时期黄河中下游仍然是农业最发达的地区，粮食作物中的主要种类虽与战国时

① 李璠：《中国栽培植物发展史》，第69页，科学出版社，1984年。
② 安志敏：《中国的史前农业》，《考古学报》，1988年第4期。
③ 王毓瑚：《我国自古以来重要的农作物》，《农业考古》，1981年第1期。
④ 缪启愉：《齐民要术校释》卷一《种谷》，中国农业出版社，1998年。

期无大异，但每一种类作物的品种显然有所增加，北魏时期贾思勰总结这一时期的农业生产，写在《齐民要术》中的北方谷子品种达 80 多个，其中朱谷、高居黄、续命黄、百日粮、奴子黄、焦金黄、麦争场等为早熟品种；下马看、百群羊、雀民泰、刘猪赤、李浴黄、东海黄等穗皆有毛，耐风；竹叶青、水黑谷、忽泥青、青子规等晚熟①，这些大多都是秦汉时期培育出来的品种。这里必须提到的是汉代经学家又进一步将“稷”训为“粟”，许慎在《说文解字》中称：“粟，嘉谷实也。”贾思勰更明确地指出：“谷，稷也，名粟。”在后来的文献中多以“粟”为名记载这种北方种植量最大的粮食作物。

秦汉时期北方旱地作物中，除粟类作物品种不断增加，豆类作物也出现了大豆、小豆的记载，东汉时期的《四民月令》中还提到豌豆、胡豆等。

麦类作物是五谷中的重要成员，战国时期地位在水稻之下，是因为加工工具问题，汉代关中地区出现一种叫作“硙”的磨，麦粒可以加工成细粉了，食品价值立即提高，汉武帝时曾下诏，提倡种植宿麦，所谓宿麦就是冬小麦，与冬麦对应的是春麦，《氾胜之书》中将其称为“旋麦”，即“春冻解，耕和土，种旋麦”。这时在北方，特别关中一带冬麦和春麦都有了一定的种植规模，小麦中除冬麦、春麦两大类别，也形成许多品种，西晋人著述的《广志》中就提到了赤小麦、山提小麦、半夏小麦等品种。

秦汉时期北方特别关中一带水稻仍有一定的种植规模，《氾胜之书》中单设篇目介绍水稻的种植方法，说明当时关中地区很重视水稻生产。南方是水稻的主要产区，但这时大多地区还处于“火耕水耨”的粗放经营阶段，植稻区主要限于太湖平原与成都平原等地。秦汉时期在文献中记载的水稻种类有增加，《氾胜之书》中明确提到了秔稻和秫稻，也就是粳稻和糯稻，三国时的《广雅》中首次提到了籼稻，这一时期水稻的主要种类粳、籼、糯都相继在文献中出现了。

粮食作物之外，麻类作物的变化也应该提一下。《氾胜之书》与《四民月令》中都提到了麻的种植方式，麻通称大麻，属于纤维植物，古代利用这些植物的茎皮作为重要的织布原料。大麻雌雄异株，雌麻籽可以榨油，兼有油料作物的作用。古代食用油很缺，西汉时期胡麻，或称“脂麻”、“芝麻”传入中国，大大丰富了植物油的来源。

四、魏晋南北朝至宋元时期的主要农作物

《齐民要术》记述的是黄河流域的农业，那时农作物主要有粟、黍、大麦、小麦、豆类，水稻的种植地很有限，此外书中还提到了青稞麦与瞿麦，青稞麦就是我国西部少数民族地区一直种植的春大麦；瞿麦即燕麦②，后来也被人们称为“莜麦”，或“油麦”。与北方不同，南方仍以水稻为主。

魏晋、南北朝至宋元时期传播入境的农作物比较多，其中粮食作物中有高粱、荞麦以及占城稻、绿豆等作物品种，经济作物中棉花等都是这一时期传入的，此外苎麻原产地虽是我国，但作为栽培作物大规模在各地种植也是从这一时期开始的。

（1）高粱的另一名为“蜀黍”，在现存文献中，最早见于西晋张华所撰《博物志》：“地三年种蜀黍。”一般认为高粱不属于我国原产作物，约在汉代传入我国，最初传入地可能在川

---

① 北魏 贾思勰：《齐民要术》卷一《种谷》。
② 缪启愉：《齐民要术校释》卷二《大小麦》。

蜀一带，故有“蜀黍”之称。高粱传入我国后，由南向北传播较慢，至北魏时期贾思勰仍没有在《齐民要术》中提到，可见这时还没有传入黄河流域。唐代高粱逐渐进入北方各地，至辽金时期各地都有种植，在辽上京的文化堆积层和一些墓葬中都发现了这种作物[①]，成为北方重要的粮食作物。

(2) 荞麦也是一种域外引进的农作物，传入中国的时间还不清楚，《齐民要术》中虽有荞麦的记载，但这些记载很可能是后人伪托。唐代有关荞麦的记载开始多起来，如孙思邈在《备急千斤要方》中称：“荞麦味酸微寒无毒，食之难消。”除此，唐人的诗句中也留下许多关于荞麦的记载，宋代荞麦已在南北各地广泛种植。在宋人方志中，都将荞麦放在麦类作物中，与小麦、大麦视作同类。事实上它们在植物分类学中属于完全不同科属，小麦、大麦均属于禾本科植物，荞麦则属于蓼科。现代我国种植的荞麦主要有两种，一种属于甜荞麦，红茎，花色淡红，坚果无翅，各地都有栽培。另一种是苦荞麦，白茎，花青白，小坚果有翅，多在高寒地带栽培。宋代各地种植的荞麦属于甜荞麦，即普通荞麦。这种荞麦喜温暖，但又能抗秋寒低温，适应各种土壤和粗放栽培，生长期很短，一般两个月即可成熟，是一种很好的救荒植物。凶年民饥，早熟作物失于农时，官府往往督劝农家“及早耕犁，布种荞麦、二麦之属”[②]。有时人们为了救急，甚至于“麦垄间杂下荞子，麦苗未长，而荞已刈”[③]。正由于荞麦有上述适应性强，发育快的特点，种植范围非常广。

(3) 占城稻是北宋时期从海外引进的水稻品种，这一品种的引进对于粮食作物以及农业生产的发展都起了很大的推动作用。

占城稻“相传其种自占城国来”[④]，大概在北宋初已传入福建，大中祥符五年(1012年)真宗皇帝遣使至福建取三万斛，分给江、淮、两浙路为种[⑤]。占城稻是籼类旱稻的一种，最大的优点是不择地而生。占城稻引进之前，旱稻虽在各地已有种植，但占城稻不择地而生的特点，却为大范围推广与普及种植提供了条件。占城稻的出现，使许多往日不种稻，或少种稻的地区，都扩展为植稻区。

占城稻本为早熟稻，引入中国后，在人们的培育改良下，又发展了晚占城、红占城、寒占城等品种。正是由于这些长处，占城稻在江淮、两浙以及福建各地广为传播，有的地区甚至代替了原有的稻种，而成为当地盛行的品种。如江西洪州管下“十分内七分并是早占米，只有三二分布种大禾”[⑥]，江州也以“郡产占谷”著称[⑦]。

(4) 苎麻是重要的纤维类作物，原产地在中国，先秦文献中存有有关的记载。三国陆机虽在《毛诗草木鸟兽虫鱼疏》中提到苎麻的种植，但那时一般并不将它种植在农田中，大约魏晋以后苎麻才逐渐成为大田作物，在各地栽培。

苎麻主要分布在长江以南地区，唐宋时期的许多文献都反映了这一分布特点。如《新唐书·地理志》、《宋史·地理志》中分别记载了剑南道以及扬州、和州等地的物产中有白苎布，另外《太平寰宇记》、《岭外代答》也记载了今湖南、两广一带种植苎麻的情况。苎麻是

---

① 《辽上京遗址勘查报告》，《内蒙古文物考古文集》，第516页，中国大百科出版社，1994年。《内蒙古商都县前海子村墓》，《北方文物》，1990年第12期。
② 宋 朱熹：《晦庵集》卷一七《奏巡历沿路灾伤事理状》。
③ 《嘉泰会稽志》卷一七。
④ 《淳熙三山志》卷四一。
⑤ 《续资治通鉴长编》卷七七，大中祥符五年五月。
⑥ 宋 李纲：《梁溪集》卷一〇六《申省乞施行籴纳晚米状》。
⑦ 宋 真德秀：《西山文集》卷四四《谯殿撰墓志铭》。

与大麻并列的重要纤维类作物，苎麻在南方各地广泛种植后，大麻在这一地区的地位相应受到影响，元代随着苎麻地位的提高，大麻已经很少有人种植了，两种麻类作物南北各领半壁河山，形成王桢在《农书》中所讲的："南人不解刈麻，北人不知治苎"的局面①。

(5) 棉分为一年生型草棉与多年生型树棉，均为棉属植物，原产地在印度或非洲；中国南方还有一种称为"攀枝花"的乔木，属于木棉属的植物，由于对于它们的生性不熟悉，在古人的记载中常出现混淆。

宋以前中原人没有见到草棉、木棉的原物，以为棉就是南方攀枝花树的纤维，对草棉、树棉、木棉不能区别，统称为木棉树。古文献中还有梧桐树、桐木、娑罗木、古终藤等名称，或指树棉，或指草棉。文献中还将栽培棉或棉布称为吉贝、古贝、织贝、劫贝、白叠等，据说都是梵文栽培棉或棉布的译音。中国古代没有棉，也没有"棉"字，只有"绵"、"緜"字，宋代以后棉种传入内地，人们对草棉与攀枝花的区别开始有所认识，才出现有木旁的"棉"字。

棉传入中国的历史比较久，对于棉的传播路径，清人云："木棉一物，近秦、陇者谓其产自西域；介江、淮者谓其来从闽、广"②。如清人所言，棉传入中国基本取上述两条路径。见于《后汉书·西南夷传》，东汉时云南西部永昌郡"有梧桐木华，绩以为布，幅广五尺"。晋张勃《吴录》载永昌郡的木棉树"高过屋，有十余年不换者"。《史记·西南夷传》载张骞至大夏(今阿富汗北部)看到蜀布，蜀布可能就是云南西部所产的桐华布。这种梧桐树应是树棉，由《史记》的记载可知，大约汉武帝时树棉已传入中国。树棉传入中国后，向内地的传播速度却非常慢，从汉代至魏晋时期其分布范围基本限于滇、川、两广、福建一带。

与树棉传入中国的时间相近，今新疆民丰、吐鲁番等地发现东汉前后的棉织品，此后《梁书·西北诸戎传》也记载了今吐鲁番地区"多草木，草实如茧，茧中丝如细纑，名曰白叠子，国人多取织以为布，布甚软白"。传入新疆的属于草棉，当时在吐鲁番一带已有了一定的种植规模，唐代的文献与文书中都提到或作为贡品的叠布，或作为农户副业而存在的棉田。与树棉传入中国后的情景相同，草棉传入后，基本停留在今新疆地区，迟迟没有向其他地区扩散。

宋代树棉的种植基本还保持在前述地区，宋元之际植棉区逐渐向长江流域以及北方各地扩散，这时传入内地的多为一年生草棉，树棉逐渐被淘汰。成书于至元十年(1273年)的《农桑辑要》称："木棉种于陕右，滋茂繁盛。"这时陕西一带的植棉业规模还有限，故至元二十六年(1289年)国家仅在南方的浙东、江东、江西、湖广、福建设置木棉提举司，责民岁输木棉布10万匹。元代分布于各地的植棉区中，太湖流域的松江府最发达，松江人黄道婆对这里纺织技术的提高作了很大贡献。《南村辍耕录》载："有一妪名黄道婆者，自崖州来，乃教以做造捍纺织之具，至于错纱配色，综线挈花，各有其法。以故织成被褥带帨，其上折枝团凤棋局字样，粲然若写。人既受教，竞相作为，转货他郡。"黄道婆从海南带来先进的纺织技术，并改进了生产工具，大大提高了生产效率，促进了棉织业的发展。

中国的传统纤维类作物为桑、麻，自棉传入中国后，迅速与桑、麻并列，成为朝野仰赖的重要纤维作物，因此明人称"自古中国布缕之征，惟丝、枲二者而已，今世则又加以木棉焉"③。棉能够在全国广泛传播，与棉无采养之劳，有必收之效直接相关。明代中后期棉在

---

① 元 王祯：《农书·农器图谱集之二〇》。
② 清 沈维钟：《服物考》，《国粹学报》光绪三十三年第八、九号。
③ 明 丘浚：《大学衍义补》。

各地的传播中不但形成不同的种植区域，而且也形成了与当地环境相宜的棉产品。徐光启在《农政全书》中指出："中国所传木棉，亦多种，江花出楚中，棉不甚重，二十而得五，性强紧。北花出畿辅、山东，柔细中纺织，棉稍轻，二十而得四，或得五。浙花出馀姚，中纺织，棉稍重，二十而得七。"明清时期棉织业产地主要分布在北直隶、南直隶、山东、山西、河南、陕西、浙江、江西、湖广、四川等省区，其中太湖流域的苏、松、常三府是全国棉织业中心，其产品不但行销国内，而且远销海外。

魏晋、南北朝至宋元时期随着农业科技的进步以及作物种类的增加，原有的作物种植比例也发生了变化，仅将这一时期有关文献记载进行对比，就可以看出其中的变化特点。《齐民要术》的篇序为黍穄、粱秫、大豆、小豆、麻、大麦、小麦、水稻等，说明魏晋时期黍穄等旱地作物仍然占有重要的地位；《宋史·食货志》记载："岁赋之物……谷之品七，一曰粟，二曰稻，三曰麦，四曰黍，五曰穄，六曰菽，七曰杂子。"除粟在北方仍然是主食，稻、麦的地位逐渐提高，不但超过了黍、菽等作物，而且不断与粟发生用地之争。

各类农作物地位的转换以"安史之乱"前后比较明显，"安史之乱"后，北方粟产量明显下降，小麦的产量不断上升，如唐初雍州粟占地面积约占 86.6%，开成元年(836 年)约下降到 80%；大历三年(768 年)京兆麦田占地为 8.3%，开成元年上升至 20%①。水稻虽是南方的优势作物，唐以后在北方各地也形成一定分布区，如关中平原、伊洛河流域、汴、陈、许地区以及相、卫、怀等太行山前诸州，都有水稻种植，稻田虽然零星，其分布北界却一直延伸至幽州、并州一线，西界达到陇州、兰州②。宋元时期水稻的种植范围，基本保持唐代的规模，宋代沿运河一线略有发展③。在水田向北方扩展的同时，旱地作物如粟、小麦在南方的丘陵、岗阜地带也扩大了种植范围。

稻、麦种植比例的变化，直接影响到农作物的组合形式。原来北方粟占主导地位，随着小麦种植范围的扩展，以冬小麦为中心的两年三熟制逐渐盛行。南方则随着水稻秧播的出现，带动了小麦种植范围的扩展，进而出现稻麦两熟制。

五、明清时期的主要农作物及其农业地理特征

明清时期我国农业地理面貌发生了较大的变化，其主要特征主要表现两个方面，其一是以玉米、甘薯为代表农作物的引进，全面改变了原来的农作物种植结构与组合形式；其二则是江南地区以经济作物为主的专业化种植区的出现，打破了传统的以单一粮食作物为主的现象，这一问题将在下一节重点论述，本节以第一方面的特征为主，主要论述农作物及其组合特征。

明清时期引进的农作物种类很多，其中对于社会经济与人民生活影响最大的有如下作物：

(1) 玉米原产南美洲，明朝中叶辗转传入中国，至清代晚期已普遍推广到全国大部分地区，成为我国民间的重要主食。

玉米传入我国的过程很复杂，学术界一般认为有三条传播路径。其中一条由阿拉伯商

---

① 华林辅：《唐代粟、麦生产的地域布局初探》，《中国农史》，1990 年第 3 期。
② 华林辅：《唐代水稻生产的地理布局及其变迁初探》，《中国农史》，1992 年第 2 期。
③ 韩茂莉：《宋代农业地理》，山西古籍出版社，1993 年。

人经西亚至中亚，然后进入我国西北，再传入内地；另一条则由欧洲经西亚、中亚、印度、缅甸至我国西南；第三条为西亚商人经菲律宾至我国东南沿海，也有的学者认为玉米的传播实际只有前述第一条路径。玉米传入我国后，很快在各地推广起来，明代许多文献如李时珍《本草纲目》、徐光启《农政全书》、王象晋《二如亭群芳谱》、王世懋《学圃杂疏》以及万历《云南通志》、嘉靖《大理府志》、万历《泉州府志》等都有关于玉米的记载，清代各类文献以及地方志中关于玉米的记载就更多了，至清中后期几乎在全国各地的方志中都可以找到有关玉米的记载，玉米很快取代传统粮食作物，成为种植范围最广的农作物。

由于玉米的传播路径很复杂，在传播的过程中各地都形成了自己的名称，如玉蜀黍、玉高粱、西番麦、玉米、玉蜀秫、戎菽、御米、包谷、陆谷、西天麦、玉麦、印度粟、珍珠米、苞米、棒子等，这些不同的名称既反映了玉米的形状特征，也表达了它的使用价值。

明中期玉米初从西亚传入，种植者很少，17 世纪后期即清初，各地零星种植玉米的农户逐渐增多，至 19 世纪中后期，南起海南岛①，北至辽宁、吉林②，几乎全国各地都有种植。从明中期玉米传入我国，至清中期在全国范围普遍推广，不过 300 多年的时间。玉米能够迅速取代传统粮食作物在全国推广，与这种作物的生长习性直接相关。与传统粮食作物相比，玉米具有高产、耐瘠、耐旱涝的特点，对环境的适应性较强，凡是不适宜种植稻、麦等作物的山区、沙地，却可以种植玉米。玉米推广以后不但迅速推动了山区的开发进程，丘陵冈阜以及沿海、沿江的边滩沙地也相继得到开发。

明清时期的文献留下许多有关玉米生长习性的记载，玉米"最宜新垦之地"③，"生地瓦砾山皆可植"④，由于适应性较强，加之"山内秋收以粟谷为大庄，粟利不及包谷"⑤，"民食皆以包谷杂粮为正庄稼"⑥，"深山老林，尽行开垦，栽种包谷"⑦。明清时期全国人口大幅度增加，平原地区的土地已被开垦殆尽，丘陵山区自然成为人们寻觅土地的去处，玉米的传入为山区开发创造了条件，大量人口以各种形式相继涌向福建、江西、两广、云贵以及陕南等地的山区，恃玉米为生，将山区的开发推向一个又一个高潮。

山区的开发带动了玉米在各地的全面传播，继山区之后，各地平原地带也相继种植起玉米，原来以粟等旱地作物为主的地区，逐渐被玉米取代，至 20 世纪初期，玉米在各类旱地作物中占有绝对优势，广泛种植在各地。玉米的广泛传播不但解决了急剧增加的人口饥饱问题，而且改变了传统农作物的组合形式与农业地理布局，玉米取代传统粮食作物成为粮食生产中的大宗。

(2) 甘薯在我国农业发展史上具有与玉米同等的地位，特别在南方山区意义尤其重大。

甘薯传入我国时间与玉米相近，约在明朝中期。甘薯传入之前，我国即存野生山薯，与外来的甘薯比较，"番薯为甘，山薯为劣"，土生甘薯品质上的不足，为外来品种的传入创造了条件。

对于甘薯的传播过程学术界也存有不同观点，明人何乔远在《闽书》中记道："番薯，万

---

① 光绪《临高县志》卷四《物产》。
② 乾隆《盛京通志》卷二十七《物产》，光绪《吉林通志》卷三三《食货志》。
③ 清 黄皖子：《致富纪实》。
④ 清 包世臣：《齐民四术》卷一。
⑤ 清 严如熤：《三省边防备览》卷一一《策略》。
⑥ 清 严如熤：《三省边防备览》卷八《民食》。
⑦ 清 林则徐：《林文忠公政书》乙集《湖广奏稿》卷二《筹防襄河堤工折》。

历中闽人得之于外国，瘠土砂砾之地，皆可以种。”何乔远文中所记即指建福长乐人陈振龙引进甘薯之事，此时为万历二十一年。陈振龙并不是最早将甘薯引进中国之人，实际在此之前，甘薯已经传入广东，《东莞风岗陈氏族谱》与道光《电白县志》分别记载东莞人陈益、医生林怀兰将甘薯引进中国的过程，据研究陈益引进甘薯应在万历十年①，在时间上早于陈振龙十余年。总的来看广东与福建都应是甘薯在我国的最早登陆地，并以此为基地循东南沿海一线向内地传播；除东南沿海一路外，甘薯传播路径还由缅甸、云南一线形成西南陆路，据研究通过这条路径传入甘薯也在万历年间②。

甘薯的传播进程与玉米相似，自明中后期传入中国，首先在东南沿海等地种植，然后逐渐进入内地，清朝初年康乾时期，各地种植量开始增大，成为重要的粮食作物。甘薯在传播中也形成了不同的名称，甘薯之外还有番薯、朱薯、红山药、红苕、地瓜、红芋、红蓣等，这些名称可见于各地的有关记载中。

甘薯与玉米并行，取代传统粮食作物的原因，仍与它的高产特征以及对环境的适应性有直接关系。甘薯对环境的适应性较强，“不与五谷争地，凡瘠卤沙冈皆可以长”③，“地之不宜耕稼者惟种甘薯”④，田间管理也比较简单，“按时播种、收获”，就能“供一岁之需”⑤。与其他粮食作物相比，甘薯的食用范围更广，可生可熟，可蒸可煮，可粉可丝，老幼皆可以食，饥焉得充，多焉而不伤，茎叶还能充作鸡犬之食。由于这样的原因甘薯迅速在全国各地传播，明代甘薯主要在闽粤种植，17 世纪后期向长江流域与东南沿海发展，18 世纪向黄河流域发展，19 世纪初已遍及全国，特别在山区种植量尤其大，与玉米并列成为山区开发的主要动力。

(3) 马铃薯原产地在美洲，是明清时期传入我国的又一种重要农作物。马铃薯最初传入中国的时间和地点都没有确切记载，据万国鼎先生研究，马铃薯最早见于康熙三十九年刊行的福建《松溪县志》，但也有学者提出康熙二十年《畿辅通志·物产志》中就有“土芋，一名土豆，蒸食之味如番薯”的记载，若此，则河北也应是马铃薯最早种植的地方之一⑥。

马铃薯也称土豆、山药、山药蛋、阳芋、洋芋等，一般认为传播中也形成两条路线，南路从南亚一带传入两广，再进入贵州、云南，循此路向北发展，又至闽浙地区，江浙一带将马铃薯通称洋山芋，以别于被称为山芋的甘薯，两种作物虽然都是海外传入，只因先后不同，先传入的已成为“土著”，后传入的自然冠之于“洋”。北路从欧洲循陆路传入晋陕一带，由于马铃薯适于在高纬寒冷地区生长，由北路向北方各地传播速度较快，在陕西、山西、河北以及口外逐渐成为通行的农作物⑦。

马铃薯食用范围比玉米、甘薯都广，可以作为主食，也可以当作蔬菜，由于这种特点山西境内一般在河川平谷地带种植，当作蔬菜；山区则作为主食，因其耐瘠抗寒，在苦寒的边地亩产也可达 2 000 斤上下，以致晋北人“赖此为养命之源”⑧。

(4) 花生属于油料作物，也称为落花生、地豆、万寿果、长生果、蕃豆等，大约明代传入

---

① 杨宝霖：《我国引进番薯的最早之人和引种番薯的最早之地》，《农业考古》，1982 年第 2 期。
② 陈树平：《玉米和番薯在中国传播情况研究》，《中国社会科学》，1980 年第 3 期。
③ 明 何乔远：《闽书》卷一五〇《南产志》。
④ 光绪《玉环厅志》卷一《舆地志》。
⑤ 同治《长乐县志》卷一九《艺文录》引戴永朴：《三溪天龙井祷雨记》。
⑥ 李辅斌：《清代河北山西农业地理研究》，油印本。
⑦ 唐启宇：《中国作物栽培史稿》，第 277～278 页，农业出版社，1986 年。
⑧ 民国《马邑县志》卷一《舆地》。

中国。

黄省曾《种芋法》、王世懋《学圃杂疏》等明代文献都提到花生，约16世纪初，商人将花生种带到苏、浙、闽、粤沿海地区，以后陆续向各地传播，《续通志》、《滇海虞衡志》等清代文献记载了花生向福建、广东、云南等地传播的情况；清前期北方开始种植花生，北方各省中，山东的种植量最大，乾隆十四年所修《临清州志》记有落花生，说明此前这里已经引种花生了，临清为大运河上的重要码头，南北经济、文化交往频繁，成为山东最早种植花生的地方并不足怪，此后花生沿鲁西运河平原向各地渐次传播，至清后期山东各地已经普遍种植花生，如肥城“番薯、长生果每界冬春以车推、肩挑贩运于济南、东昌等处”①，峄县“花生每年出产约一万两千斤”②，清末山东各地花生种植发展很快，全省产量约450万担，以亩产250斤计，播种面积在180万亩左右，约占全省耕地的1.5%，花生及制成品在全国占有举足轻重的地位③。北方其他省份花生种植量虽然不能与山东相比，但也都有一定范围的种植。

花生的传入对于我国食用植物油有重要意义，历史上我国食用植物油一直不足，传统的大麻以及芝麻等油料作物的产油量都不大，花生传入后大大缓解了这一问题。

明清时期农作物种植结构与农业地理面貌都发生了新的变化，稻麦的地位继续提高，明代人宋应星在《天工开物》中指出：“今天下育民人者，稻居什七，而来、牟、黍、稷居什三。”文中的“来”为小麦，“牟”指大麦。宋应星为南方人，熟知南方的农情，对北方的了解却不是太多，在他的这一个估测中，水稻种植比重虽然有些偏大，但也并非完全没有道理。水稻是南方农作物的第一大宗，只要灌溉条件允许几乎首种的作物就是水稻；北方水稻的种植面积虽比南方要少的多，但也星星点点的到处均有分布，南北一起考虑自然成为全国粮食作物中种植量偏大的作物。北方各地仍然以小麦等旱地作物为主，《天工开物》中说北方燕、秦、晋、豫、齐、鲁等地：“小麦居半，而黍、稷、稻、粱仅居半。”南方各地仍以种植水稻为主，依宋应星所言，若水稻在南方种植比例占60%～70%，那么各类旱地作物约占30%，其中“西极川、云，东至闽、浙、吴、楚腹焉，方长六千里中，种小麦者，二十分而一，……种余麦者，五十分而一”。所谓余麦指大麦、燕麦、荞麦。若宋应星的记载不误的话，小麦应是北方种植量最大的作物。小麦之外，各类旱地作物在北方各地也保持着不同的种植比例，对此清人吴其濬在《植物名实图考》中也有一个估计：“大凡北地之谷，种粱者什七，种黍者什二，种穄者什或不得一子”。

以上仅是玉米等外来作物尚未普及时，传统农作物的种植大势，玉米等作物传入后，农业地理面貌又发生了新的变化。玉米的广泛种植，逐渐取代了粟、黍等旱地作物的地位；甘薯在各地尤其山区显现出越来越多的优势；棉花与麻、桑并列成为重要的纤维类作物，并有逐步取代麻类作物的趋势，这一切都导致传统农业地理面貌发生全新的改变。

第四节　各农业区的发展进程与农作物组合特征

我国领土辽阔，自然条件多样，农耕历史悠久，各地农业发展进程与农业地理面貌都

① 光绪《肥城县乡土志》卷九《商务》。
② 光绪《峄县乡土志·商业状况》。
③ 李令福：《明清山东农业地理》，油印本。

不同，具有明显的区域特征。

由于农业生产具有明显的区域特征，因此历史文献中虽然没有直接提到区划问题，却留下了能够反映区域特征的记载与区域思想。追溯这类记载，最早可以溯及《尚书·禹贡》。《禹贡》成文于战国初期，作者走出诸侯纷争的现实，用大一统的观点，以山川、河流为界，依理想的建构，将全国划为雍、冀、兖、青、徐、扬、荆、豫、梁九州，九州内又记述了土壤、植被、物产、田赋。继《禹贡》之后，司马迁则在《史记·货殖列传》中根据当时社会经济，尤其是农业生产的状况将全国划为四大区，即关东、关西、陇右、江南，这四大区的农业生产表现出不同的特征，其中关东、关西是当时主要农业区，陇右基本以畜牧业等非农业生产方式为主，这时江南还处于农业开发进程的初期阶段。东汉以后江南经济逐渐发展起来，虽然南北之间经济地位发生倒置，但是各地传统作物种类仍显示出区域优势，如《宋史·食货志》中指出，"江北诸民杂植诸谷，江南专种粳稻"。元人王祯认为："以江淮南北论之，江淮以北，高田平旷，所种宜黍稷等稼；江淮以南，下土涂泥，所种宜稻秫"[①]。古人这些记述正是农作物区域特征的反映。《辽史·营卫志》称："长城以南，多雨多暑，其人耕稼以食，桑麻以衣，宫室以居，城郭以治。大漠之间，多寒多风，畜牧畋渔以食，皮毛以衣，转徙随时，车马为家。"文中划出了长城这条农牧之间的基本分界线。明代以区域的观点记述各类农业地理现象的文献更多，如王士性《广志绎》、章潢《图书编》等都反映了有关内容。

农业区是由农业生产的本质决定的，而农业生产又直接与自然环境，人类的农业科技水平有关，因此农业区是农业生产综合空间的反映，其中既包含农业对土地的依赖性和自然再生产的特点，又必须考虑人类对农作物的经营方式与空间利用特征。由于这样的原因，研究历史农业地理，农业区的划分既要体现一般地理区划区内相似性与区际差异性这一基本原则，又要考虑历史开发进程的继承性。考虑到这些因素，此处将全国划分为东北区、西北区、黄河中下游地区、东南区、荆湖区、西南区、岭南区、青藏区、台湾区九个区分别论述。

一、东北区的开发与区域特征

东北区与黄河中下游区以燕山为界，燕山以北为东北区，燕山以南为黄河中下游区，包括今黑龙江、吉林、辽宁三省的全部以及内蒙古的东三盟、河北省的承德地区。

农业生产是与自然环境相互依赖性最强的生产部门，东北区在现代自然区划中，除南部地区外，大部分属于温带以及寒温带，冬季气温以及≥10℃积温都较低；大、小兴安岭等山地组成的马蹄形地形，又造成了降水分布在空间上的不均衡，总的来看东部降水较西部多，大兴安岭东西两侧形成完全不同的景观与环境特征。

在这样的水热条件下，东北区的植被以森林与森林草原为主，历史上生活在这里的民族大部分为非农业民族，与所处环境吻合，自西向东大致形成三大系统，这就是游牧在西部大兴安岭两侧的乌桓、鲜卑、室韦、蒙古等部族，他们主要经营畜牧业，在自然条件适宜的地方也从事狩猎和少量的种植业；居住在中部松嫩平原以及东南部地区的濊貊、夫余、高句丽、沃沮等部族，这些民族的经济成分中除狩猎等非农业生产部门外，种植业占有一

① 元 王祯：《农书·农桑通诀集之一》。

定的比重；活动在东北部的肃慎、挹娄、勿吉、靺鞨、女真、满等部族，他们主要从事渔猎，兼营少量的种植业。持不同生产形式的部族，其分布基本与景观环境特征吻合，活动在森林地区的部族主要以狩猎为主；草原地带的部族以畜牧业为生；生活在江边的部族则擅长捕捞、渔猎。历史上活动在某一地区的部族虽然名称与族属不断变动，但所从事的生产形式却没有根本的改变，通过研究有一点可以肯定，这就是非农业民族所具有的生产形式与他们所处环境有很强的对应性和极大的吻合性，在环境条件（包括自然环境与人文环境）没有发生根本变化时，生产形式保持相对稳定。

在肯定非农业民族生活环境不发生根本改变的情况下，其生产形式保持相对稳定这一基本观点后，对于东北区农业地理的研究即转向探讨促使这一地区生产结构发生重大转变的时期与环境背景，这里所指的环境仍包括自然环境与人文环境。历史上东北区所及范围虽有过冷暖干湿的气候变化，但其变化幅度均不大，还不能完全改变地面景观与自然环境基础，并导致一个民族放弃传统的生产手段，而转向另一种生产形式。与自然环境不同，随着社会政治、军事的千变万化，东北区的人文环境却不断出现新的变化，而导致人文环境变化的最大动力是人口流动。人是农业生产活动的参与者，也是农业生产技术的载体，因此人口的流动与分布形式直接影响或决定农耕区的形成与范围。考察东北区的历史，以东北区为迁入地的大规模农业人口的移民活动，在辽金以及清代这两个时期最突出，辽金时期迁入东北区的农业人口以中原地区的俘户为主，而清代则形成了以“闯关东”为主的人口自然迁移浪潮。伴随农业人口大量迁移，东北区原来的人文环境不断受到冲击，传统的非农业生产结构逐渐衰退、解体，辽金时期从事农耕活动的主要是中原俘户，清代除闯关东的农民垦荒种地，非农业民族的人口也渐渐被同化到农耕的行列中。

（一）辽金时期

农耕与游牧是植根于不同文化背景和自然条件下的两种生产形式，两者之间虽然在生产地域上没有截然分明的界线，但双方的相互渗透与扩散却往往需要借助外来因素推动，作为强有力的外来因素，民族间的争战与人口流移，在农牧生产形式转移的过程中，始终起着重要作用。

中国历史上各民族的地域分布，一般都形成中原地区以汉民族为主，周边地区为各游牧民族的分布特征。由于自然条件的限制，分布在周边地区的游牧民族，基本形成与环境特征吻合的生产方式与生活习俗，游牧、狩猎是这些民族通行的生产方式。辽建国前东北区基本以非农业生产方式为主，辽王朝的主体民族契丹人主要活动在西拉木伦河流域，这里的干草原环境，为契丹人发展畜牧业提供了条件。辽建国后，随着国力的增强，辽与中原王朝、渤海国之间的军事冲突逐渐升级，大量中原人口、渤海人口被迁至西拉木伦河流域。这些被迫迁移的人口在民族构成上均属于农业民族，他们的迁入自然成为辽境内农业开发的主力，使这里的农业垦殖活动形成前所未有的规模。由于辽境内的农业生产是在战俘性质的农业移民基础上发展起来的，因此在发展时段、开垦规模、地区开发中心等方面都表现出与中原地区不同的特征。

（1）辽代的农业生产是建立在农业移民的基础上，因此移民的阶段性直接影响到农田开发的阶段性。辽代无论中原人口，还是渤海人口，他们的迁移基本都是通过两个阶段完成的。从唐末至燕云十六州归入辽土为第一阶段，在这一阶段，中原人口的迁入地以西拉木伦河流域为主；渤海人在迁入辽东的同时，也有相当一部分被安置在西拉木伦河流域。燕云十六州并入辽土以后至“澶渊之盟”，即939～1004年为第二阶段。在这一阶段渤海人口已不再大规模迁移，中原人口的迁入地则以燕云十六州为主，直接进入燕山以北东北区的仅是其中的一部分。

“澶渊之盟”以后，中原农业人口和其他农业民族的大规模迁移基本停止。由于这两个阶段移民的主要迁入地明显不同，农业开发的重点地区也随之产生差异。属于第一阶段的移民构成了西拉木伦河流域农业人口的基础，燕云十六州并入辽土以后，基本不再有大规模的农业人口迁入这里，此间这里的农业人口以自然增长为主，以农业人口为基础的农业开发，也在基本固定的规模上稳步前进。“澶渊之盟”以后，外来的农业移民基本停止，整个辽国境内的农业不再因为人口的大幅度剧增而出现新的发展。

（2）插花地是辽代西拉木伦河流域农田分布的基本形式，在各类插花地中州县城附近面积最大，其比例约在15%～80%左右①。农田主要分布在州县附近，既是燕山以北辽本土内农田分布的基本形式，也是有别于中原地区的一个重要农业地理特征。造成这一现象的原因与这里的自然条件以及农业人口的来源有直接关系，辽本土的农业人口基本不是土著居民，他们分别来自中原与渤海等地，是在一次或几次战争中，以战俘的形式集体进入草原的。为了便于统治与管理，这些人进入草原后，被集中安置在官府所在地——州城附近，集中居住，集中生产，必然形成以州、县城为核心的农田集中开垦区。

（3）辽本土的农业人口出现过明显的二次移民现象，进而导致农业开发中心从西拉木伦河流域移向老哈河一带。辽初建都于上京临潢府，隶属于上京的大多州府都设置在沿西拉木伦河流域周围的环状地带，围绕着州县形成最初开发的基本农田。辽代实行五京制，在老哈河流域设置的是中京大定府，中京的建置年代比上京晚的多，大约在统和二十五年（1007年）最终完成。中京的建置既结束了奚人对老哈河流域的拥有权，又促使辽本土内的农业开发核心区转移。老哈河流域的自然条件比西拉木伦河流域更适宜发展农业生产，辽圣宗精心制定了经营老哈河流域的计划，并一步一步得到实施，除有政治上的原因外，这里的农业生产条件，也是重点考虑的方面。中京建置以后，辽王朝首先进行的就是向这里移民，移民对象主要是西拉木伦河流域的农业人口，于是在辽代明显出现了农业人口的二次移民现象。

西拉木伦河流域地处北方生态环境敏感带，从表面看，农业人口的二次移民与辽王朝的政治方针有关，但实际上环境变化是否也构成了农业人口迁移的因素，还需进行深入的研究。

金是女真人建立的王朝，女真人主要活动在长白山、松花江流域，金建国后立都于松花江支流阿什河附近，伴随政治中心的转移，农业开发的中心也发生了相应的变化。从农业地理角度看，金代东北区农业生产表现出如下特点：

（1）金代东北区的农业开发中心具有从西部向东部转移的趋势，即从西拉木伦河、老哈河流域转向松花江流域。造成农业开发中心转移的原因可以归为两点，其一是金国政治中心的东移；第二是傍海道的通行，所谓傍海道指通过辽西走廊，连通中原地区与东北的

① 韩茂莉：《辽金农业地理》，社会科学文献出版社，1999年。

重要道路，金以前由于沼泽，这条道路难以通行，尤其对于大队人马更为不易，大约金初沼泽逐渐消退，才成为人们来往通行的大道。傍海道的通行不仅对于东北区与中原地区的经济、文化往来具有重要意义，而且也为道路沿线的经济开发创造了契机。金代沿傍海道的辽东、辽西一带就是因为交通的区位优势，经济水平尤其是农业生产得到了长足的发展。在东部地区，由金上京沿第二松花江至辽东一线，构成农业开发进程最高的地区，特别在一些城邑附近，农业生产已经显现出精耕的环节。

在农业开发中心向东移动的过程中，原辽上京与中京所在地则表现出农业生产的衰落。影响这里的因素很多，其中除国家的政治背景之外，人口减少，劳役繁重等都造成了一定影响。

（2）金代东北区的农业随着人口的变动，在发展进程上经历了发展、滞缓的变化过程，这样的变化过程尤其在上京至辽东一线最明显。金初为了发展农业生产，曾将一定人口迁至上京会宁府一带，这些迁入人口数额虽然与辽代相比要少的多，但对这些地区农业生产的起步还是起了一定的推动作用，特别是代表当时最高生产技艺的宫廷技师的成批迁入，对当地生产的贡献尤其重要。金上京等地农业生产经历了短暂的兴盛之后，至太宗天会十一年（1133年）前后，出现了中断。导致农业生产由盛至衰的直接因素是天会十一年前后的大规模移民活动，这次移民的方向与以往不同，移民迁入地为中原地区，移民对象则是以女真为主的猛安、谋克户。移民活动前后历时近20年，迁移人口约200多万。大量猛安、谋克迁入中原地区使东北区的农业生产丧失了许多劳动力，直接滞缓了农业生产的发展与土地开垦速度。

（二）清　代

清代东北地区一直被视为满族的根本重地，有清一代大部分时间处于封禁状态，人口稀少，农业垦殖区极为有限。直到同治、光绪年间，东北边疆出现危机，清政府才颁布了放垦政策。来自河北、山东的农民纷纷涌出山海关、古北口等长城关塞，进入东北地区进行垦荒活动。从光绪二十三年（1897年）至宣统三年（1911年）的14年中，奉天增加600万人口，吉林增加了470万人口。这些“闯关东”的农民不但在很短时间内，改变了原来东北地区农业落后的状态，而且也为这里的全面经济开发作出了重大贡献。

清代东北区的农业开发进程与政府对于这里的禁弛政策直接相关，一般认为清代东北区经历了四个开发阶段，从清初顺治至康熙年间，朝廷基本实行放垦政策，关内流民在朝廷的鼓励下，不断出关开垦塞外荒地。康熙至道光年间为封禁时期，这一时期朝廷为了保证旗人的生计，采取禁止关内农民出关垦荒的政策，虽然封禁政策在执行中并不十分严格，但还是在很大程度上限制了关内农民出关的数额。道光至咸丰年间，由于不断增长的人口以及频繁的水旱灾害，关内各地都形成大量流民，朝廷面对流民不断出关寻觅土地的事实，以及来自于沙俄的边境危机，逐渐松弛了关禁政策。同治、光绪年间朝廷正式颁布了放垦条例，在短短几十年内，数百万关内农民出关垦荒，从此东北区进入了全面开发时期。

清代东北区既是满人的始兴之地，又是国家的东北疆，因此无论封禁时期，还是放垦时期，农业开发都体现出这一区域性特点。

（1）清代东北区的开发进程中，存在土地隶属关系由国有向私有的转变过程。清初东北区的土地大多为国有土地，其中一部分属于严禁开垦的参场、猎场、牧场。猎场主要分布在吉林、黑龙江，牧场集中在大凌河等地；另一部分划为官庄和旗地，主要分布在辽河流域。随着大量关内流民的出关，关外土地原有的隶属关系不断受到冲击，国有土地逐渐转向私有，民垦在东北区的农业开发中所占地位越来越重要。

在清代东北区的开发进程中，随着朝廷政策的变化，处于不同隶属关系下的土地类型发挥的作用不同。在朝廷励行封禁政策时，塞外的农业垦殖主要在官庄和旗地进行。所谓官庄就是清朝旗地中皇帝的私产，亦称皇庄，又名内务府官庄。关内主要分布在直隶，关外主要分布在奉天；官庄中还有一种为八旗王公贵族的庄园。旗地指八旗成员所占的田地，广义的旗地也可将官庄包括其中，这里的旗地指兵丁份地与官员庄田，即一般旗地。顺治、康熙、雍正三朝八旗驻兵数额不断增加，驻防地也不断扩大，旗地的数额随之增加。虽然从形式上看，官庄与旗地都隶属于国家，但在实际生产中从事农业垦殖这一点，却与民田相同，因此在朝廷对东北实行封禁时期，官庄和旗地上的农业生产就成为关外的主要农业活动区了，设有官庄、旗地的地方就是一个农业开垦地。

东北民田大量出现在清代中后期，关内农民出关后，最初往往在官庄或旗地上从事劳动，或自己开垦荒地，后来出现了典卖旗地的现象。清初规定旗地不许典卖，但八旗贵族不善经营，大片土地荒芜，善于务农的汉人又无田可种，乾隆时期这样的人地矛盾就已显示出来，典卖旗地成为不可制止的事实。典卖旗地就是国有土地转为民田的过程，清中后期旗地典卖为民田的现象越来越多，大量旗地转为民田，民垦在地区开发中所起的作用越来越大。

（2）清代东北区基本上遵循从南向北，从军事重镇向一般地区的农业开发进程。顺治十年清廷正式颁布了“辽东招民开垦条例”，成为东北放垦的起点。“辽东招民开垦条例”颁行后，朝廷经营的重点虽是辽东，但实际顾及的还是辽西走廊这一交通要道。早在“辽东招民开垦条例”颁布之前，朝廷就开始向锦州、开原一带移民，据民国《辽阳县志》载，顺治四年，清廷派刘承义任锦州、宁远、广宁等处的招民佐领，招民垦荒，这是关外最早的招民记载。锦州位于辽西走廊的北端，是控扼这条通道的重要军事重镇，以这里为起点，清廷在辽东一带相继设置了辽阳府、辽阳县、海城县，进行了一系列农业开发。

如前所述，封禁令颁布后，朝廷将关外的农业开发主要转向对官庄、旗地的经营，清初官庄、旗地主要集中在奉天附近，康熙三十九年，盛京内务府皇庄已达 91 个，此外还有盛京户部、礼部、工部官庄。盛京既是清朝关外的政治中心，也是通向吉林、黑龙江等地的军事重镇。此后清廷又相继在宁古塔（今黑龙江宁安县）、伯都讷（今吉林省扶余县）、墨尔根（今黑龙江省嫩江）、黑龙江（今黑龙江省瑷珲）等地设置了官庄，与官庄并存的还有旗地，这些地方均是控扼吉林、黑龙江重要通道的军事重镇。朝廷在增置官庄的同时，又在东北各地修建了驿道，沿驿道有卜魁（今黑龙江省齐齐哈尔）、吉林乌拉（今吉林市）等重要城镇。从辽西走廊北端的锦州开始，驿道连接一系列军事重镇沿松花江、第二松花江、牡丹江、嫩江形成“T”字型的布局形式，每一个军镇不但派兵镇守，而且也由朝廷将内地犯人遣送至此，尤其康熙、雍正、乾隆时期由于科场案、文字狱、平三藩、年羹尧、隆科多等案充配东北的人犯一起又一起，都成为塞外农业开垦的劳动力。在军事重镇基础上形成的官庄、旗地，形式上均具有点状开发的特点，以各个军镇为中心，人口集中在军镇附近，农田也集中分布在周围，距离军镇较远的地方大多仍属荒闲之地。

清代东北区的农业走出点状开发形式，向面状开发过渡，在封禁时期即已显见端倪。在朝廷实行封禁政策之前，辽东以及盛京一带的人口聚集量已形成一定规模。封禁令颁布后，并没有真正挡住关内人口的流动，出关的流民一部分就近留居在辽东一带；另一部分沿主要驿路，来到吉林、伯都讷、长春等地。嘉庆年间朝廷一度实行过京旗移垦，所谓京旗移垦是指朝廷为了减轻京城的经济负担，令居住在京城附近的旗人迁居塞外，垦荒谋生。朝廷规定的京旗移垦地点也在伯都讷等地，随着民户的增加，原来零星开垦的农田，不断扩展规模，成为继辽东之后又一处连接成片的农耕区。在以吉林为中心的农耕区不断扩展规模的。同时，位于牡丹江流域的宁古塔却很少有流民前往，与吉林等地相比这里与关内的交通要不方便的多，清初这里的开发主要依靠朝廷派往官庄、旗地的犯人与八旗兵丁，当由关外流民自己选择留居地点时，这里就失去了区位优势。

清代同治、光绪年间东北区全面实现了由南向北，由军事重镇向一般地区扩展的面状开发。清后期的边疆危机使“移民实边”成为朝野的共识，关禁彻底打开了，大量关内人口进入东北各地，除交通便利之处外，未开垦的土地成为人们更理想的去处。以属于本区的围场县为例，据调查资料统计，全县 347 个自然村中，同光以前形成的村落仅占 13%，开禁放垦后形成的村落占 87%，前来垦荒的有 59%是山东、河北、北京、天津等地的农民，另外的 41%则来自于承德地区内部，属于二次移民①。与围场县一样，东北区其他未垦之地，也都在同治、光绪以后，汇集了大量垦荒农民，东北区进入了全面开发时期。

（3）清前期围绕军镇进行的农业开发，还是取得了一定成绩，《龙沙纪略》记载：“卜魁、艾浑（瑷珲）官庄各二十、墨尔根官庄十一……卜魁积（谷）十二万石，墨尔根、艾浑各三万石。”“三城之地，艾浑为腴，产粟、黍、大小麦，墨尔根产縻、穬麦……卜魁最瘠，惟产縻”。《柳边纪略》说：宁古塔“谷凡十种，曰稗子、曰小麦、曰大麦、曰粟、曰秫、曰稷、曰高粱、曰荞麦、曰穬麦。”当时关外的农业基本属于粗放农业。

清中后期随着移民的增加，各地农业都有一定发展，农作物种类也不断增加，各种农作物中，值得一提的是水稻的种植。以往东北区特别是北部，“所播谷种，无稻，余皆有之”②。水稻的传入与移民的进入，特别是朝鲜移民的进入有直接的关系，其传播路线基本由鸭绿江至辉发河一带，或由图们江至牡丹江一线，由南向北将水稻推广到黑龙江境内。

从东北区的农业开发历史看，虽然存有两个重要的农业垦殖时期，但辽金时期的农业生产，无论垦殖强度、垦殖规模、农业开发区范围还是劳动力数额等都不能与清代相比，清代对东北区的农业开发作出重大贡献，同时也引发了一系列环境问题。

二、西北区的农业开发进程与区域特征

西北区包括今新疆、甘肃、宁夏三省区的全部以及内蒙古的西部地区，在我国三大自然区中全部都位于西北干旱、半干旱区范围内，发展农业最大的障碍是水缺乏的问题，因此这一地区农业生产的发展及其布局，都与水资源的利用紧密相关。

西北区的范围虽广，但在历史农业地理上却表现出许多共同特征：

（1）由于气候干旱，降雨稀少，发展农业生产必须依靠灌溉，西北区内各地灌溉水源

---

① 韩茂莉：《近三百年来承德地区的经济开发过程及其区域特征》，《地理研究》，1996 年第 1 期。
② 《黑龙江述略》卷四。

是不同的，今新疆、甘肃一带主要依靠冰雪融水发展绿洲农业；滨临黄河的宁夏银川平原与内蒙古的河套平原，均采取引黄灌溉的方式发展农业。无论依靠哪种水源，离开了灌溉就无法进行正常生产。由于这样的原因，西北区的农田依灌溉水源地点不同，而形成岛状农业分布。

(2) 西北区大部分位于农牧分界线畜牧业区内，农业生产结构中种植业所占比重都较低，畜牧业却占有重要地位。

(3) 历史上西北区基本都属于边地，因此边地的政治、军事形势对农业开发形式与开发进程的影响很大，表现出与内地不同的开发特点。中国是一个幅员辽阔的国家，历史时期国家疆域范围虽然发生过多次变动，但边疆的自然特征与文化、政治属性却基本相同。这一切决定了在不同的历史阶段内，西北边疆的开发内容与开发形式具有类同性。

中国三大自然区中，东部季风区优越的自然条件不但使这里成为主要的农耕区，而且也是历代中国疆土中的核心部分。东部季风区与周边地区在自然条件上的差异，导致了农业民族与游牧民族在生产方式、生活习俗、文明进程上的对立。以定居生活为主的农业民族与以行国相称的游牧民族最大的不同是定居与流动的区别，农业民族安土重迁，并以定居生活为前提，成为物质财富与精神财富的创造者和积累者；游牧民族逐水草而居的马背生活，既限制了自身的文明进程，同时也对农业文明构成威胁。因此历史时期，农牧分界地带既是持农牧两种不同生产方式的民族进行武力争雄与文化交融的场所，同时也导致了农牧两种生产方式的进退更迭。

融上述特征，西北区内依农业生产条件与历史背景的差异，在今新疆、甘肃一带以及宁夏与内蒙古表现出不同的农业发展进程，总的来看，新疆、甘肃在农业开发的进程中，互为关联，具有共同的发展特点，宁夏、内蒙古则有相对独立的发展历程。

（一）新疆、甘肃

甘肃是中原与新疆进行交往的通道，因此甘肃农业的发展与新疆有极大的关联性，几乎在所有重要的历史时期，都处于与新疆的同步发展进程中。甘肃不但为新疆的发展，提供了大量的劳动力来源，而且还成为中原王朝经营新疆的基地。

新疆、甘肃一带有很久的农业发展史，早在汉武帝经营西域之前，这里就在绿洲上发展了农业，并在农业生产的基础上建立起城邦国家。汉代张骞通西域后，汉武帝派兵北击匈奴的同时，首先在河西走廊设置了武威、酒泉、敦煌、张掖所谓河西四郡，同时实行大规模的移民屯田，并以此为基础，向西域发展政治与军事力量。经过数十年的努力，公元前60年，汉朝将匈奴的势力赶出西域，并设置了西域都护府，从此新疆正式纳入汉王朝版图，成为中华大家庭中的一员。为了巩固对西域的胜利，汉王朝在这里主要采取屯田开垦，从事屯田的有戍边的兵士，也有刑徒以及平民。汉代屯田的地点主要在轮台、渠犁、伊吾以及车师等地，基本都位于天山以南的南疆地区，汉以后各朝，沿袭汉代的政策，相继在这里实行屯田制度。从屯田地点来看，汉代在南疆发展的绿洲农业成为历代开发的重点，北疆大部分地区则以畜牧业经济占主导地位，有限的农业也经常处于不稳定状态。

天山南北两路的全面开发是从清代开始的，清初康熙年间新疆处于蒙古准噶尔部统治之下，这一时期农业区仍主要集中在南疆各地，主要农业区有喀什噶尔、叶尔羌、和阗、乌什、阿克苏、拜城、库车、库尔勒、吐鲁番、哈密等。南疆各地从事农业生产的主要是当地的维吾尔族农民，耕作比较粗放，农作物结构中除粮食作物外，瓜果也占重要的地位。清初在南疆农业发展的同时，北疆伊犁河流域以及额尔齐斯河流域也出现了一定规模的农田。

清初自准噶尔部叛乱后，清廷与新疆地方割据势力有过多次政治、军事较量，巩固新疆的安定，究竟采取哪种方针更好，成为朝野关注的大事，经济上的屯垦与军事上的驻兵设防同时被提到议程，针对各种争论，大约乾隆二十五年(1760年)朝廷正式确定了“屯垦开发，以边养边”的方针。乾隆年间在新疆进行的统一战争主要在北疆进行，长期的战乱使这里经济受到沉重的打击，因此“屯垦开发，以边养边”的方针确定后，朝廷就将恢复、发展北疆经济作为经营新疆的重点。最初在北疆进行屯垦的主要是兵屯与遣屯两种形式，后来又将甘肃一带的农民募集出关到新疆垦荒。来自于甘肃的移民最初迁出地主要在河西一带，后来向东发展到甘肃中部、东部，对于这些移民官府实行官费资送，派官料理，从优安置等一系列措施，极大地鼓励了甘肃农民出关开垦的热情。在组织内地农民出关屯垦的同时，由当地维吾尔族农民构成的回屯和旗屯也在农业生产中发挥了一定作用。农业人口的不断迁入，加速了农田开垦，屯点自东向西不断增加，至乾隆二十五年北疆农业人口已达11万，各类屯垦区域基本定型①。

清代北疆农业开垦的初期，兵屯在各种屯田形式中所占比重很大，这是由于兵屯是有严格的军事编制，由国家统一调拨、统一管理，在农业开发的初期显示出明显的优势。但随着屯垦的深入进行，许多不适之处也暴露出来，而这时出关垦荒的农民数量不断增加，民屯在各屯点上所占的比重越来越大，朝廷逐渐将视点转向民屯，从乾隆后期至嘉庆年间，民屯的作用不断加重。在各类屯垦力量的努力下，嘉庆年间北疆的农业区已经形成。

在清廷大力开发北疆的同时，南疆的农业基本维持在“抚绥恢复”，“随宜经营”的政策下，一直到道光年间清廷才改变原来“重北轻南”的政策，将农业政策调整为南北兼顾，从这时起，新疆南北两路进入了全面开发时期。

(二) 宁　夏

宁夏在自然地理上可以分为银川平原、宁南山区、河东沙区三部分，宁南山区与河东沙区都属于干旱缺水地区，由于降水量少，为农耕业造成极大的困难，历史上这里人口稀少，除州县城附近有少量的农田，大多数地区以非农业生产形式为主。

银川平原地势平坦，灌溉便利，是发展农业生产的理想之地。银川平原的农业开发历史悠久，从秦汉时期朝廷就不断派遣内地人口到这里开垦土地，由此开始了这一地区大规模农业开发的先声。以后历代无论是统一时期，还是分裂时期；无论是汉民族执政，还是非农业民族理朝，在银川平原地区发展农业的政策一直相沿不替。总结起来，各代在银川平原发展农业采取的措施有基本共同的特征，其中利用黄河水源，开渠引水，灌溉农田，是各代政策中最重要的一点。

一般认为秦汉时期朝廷在向银川平原移民开垦的同时，就开始组织人力开渠引水，但文献中没有留下这时渠道的详细记载。文献中明确记载银川平原渠道是在《魏书·刁雍传》中，从记载来看当时的渠道主要利用青铜峡与银川平原之间的高差，直接从峡口引水

① 华立:《清代新疆农业开发史》，第79页，黑龙江教育出版社，1995年。

灌溉平原上的农田。古代银川平原上的渠道主要是无坝引水，虽然渠口随着黄河河道的摆动而不断更移，但整个渠干的基本走向，却沿袭下来。因此自北魏之后，银川平原上主要渠道的走向大势有许多共同之处。

宁夏农业发展的历程中，西夏与明代是占有突出地位的两个朝代。

（1）西夏是由党项人建立的王朝，其政治中心就设在银川平原上。党项人虽然属于非农业民族，但立国之后，一如既往在银川平原上发展农业，元朝初年著名水利工程专家郭守敬曾奉忽必烈之命，“行视西夏河渠”，经过察勘探明“西夏滨河五州，皆有古渠，其在中兴州者，一名唐来，长袤四百里；一名汉延，长袤二百五十里。其余四州，又有正渠十，长袤各二百里，支渠大小共六十八”①。大小渠道都比前朝有了增加，灌渠是农业发展的保证。平原南部的鸣沙是西夏的粮仓，北宋元丰四年，宋军五路攻夏，大军至鸣沙一带“得窖藏米百万”，可见储粮之多，西夏时期银川平原的农业达到汉唐以来的最盛阶段。

西夏境内除银川平原外，发展在宋夏交界处的六盘山与横山两处农耕区，也是值得一提的地方，这两处农耕区的开辟，在宋夏交战中对于西夏军队的补给发挥了很大作用②。

（2）明代银川平原的农业生产与当时国家的军事形势有直接关系。元朝灭亡后，蒙古残部退向蒙古草原。为了防止蒙古骑兵的骚扰，明朝政府在长城沿线设置了辽东、宣府、蓟州、大同、山西、延绥、宁夏、固原、甘肃九个边防重镇。每边均有数万计的兵马驻守，九边共驻军约 80 万，形成一个很大的军事消费区。为了保证军粮的供给，明代也实行军屯制度，规定兵士“七分屯种，三分城操”，与此同时还实行商屯、民屯。“九边”设在宁夏境内的有宁夏、固原二镇，其中宁夏镇就位于银川平原。按照朝廷的规定，隶于各镇的士兵，以卫所为基本编制，亦屯亦守。在军屯的带动下，九边周围也形成一定规模的民屯、商屯等形式。据《春明梦余录》记载，明代中、后期宁夏镇仅军屯垦地就有 5 528 顷，产粮达 30 多万石，若考虑民屯的力量，规模更大。

（三）内　蒙　古

本区范围内的内蒙古西部各盟，在自然条件上可分为以黄河河套平原为主的农耕区，与以畜牧业为主的鄂尔多斯高原、锡林郭勒草原等地。

内蒙古河套地区的自然条件虽然适宜农业生产，但真正实行农业垦殖的时间并不长，以农为主的朝代只有秦汉两代以及清中后期。在西北区各地，内蒙古河套平原是农业开发最早的地区，公元前三世纪秦始皇统一六国后，为了防止匈奴侵扰，于公元前 215 年使蒙恬发兵 30 万，北击匈奴，开辟阴山以南土地。次年又将大批罪人徙居这里，并以此为基础设置了 34 个县。此后又于公元前 211 年向这里移民户 3 万。秦代这一系列移民措施，既巩固了北部边疆的安全，又促进了这一地区的农业开发。汉代继承秦代的作法，把移民实边当作开发边疆的重要手段。汉武帝时再次对匈奴进行了反击，并以河套为根据地，在军事占领后，继之以大规模垦荒。随着几次向北地、上郡、陇西的移民活动，垦荒范围不断向北、向西扩展。在军事占领了河西走廊以后，垦荒区也推向那里。从此以后，河套与河西农业区便正式与中原连为一体。

---

① 《元史》卷五《世祖纪》二。
② 韩茂莉：《西夏农业区域的形成及其发展》，《历史地理》第十辑，上海人民出版社。

东汉以后各代河套地区或属于游牧民族的活动区，或直接在游牧民族的控制之下，生产方式基本以非农业形式为主。在后来的历史发展进程中，特别是辽、金、元、明以来，这里基本为持游牧生产方式的非农业民族控制区，农业生产的地位显得并不重要。明嘉靖、万历年间，蒙古俺答汗统治时期，虽然也有内地农民“春耕秋回”的“跑青”现象，但农业开发的规模还十分有限。明中期开始有少数汉人出塞进入河套地区，从事农业活动，但因人数有限，并未形成垦殖高潮。

清代河套地区隶属于蒙古王公之下，清初政府对这里同样采取封禁政策，禁止内地农民前往垦荒。雍正年间，清廷结束了平定准噶尔叛乱的战争，大军回撤，其中一部分就驻扎在绥远城一带。这一政治、军事形势的变化，使朝廷改变了原来的政策，准备发展农业，使“大宁、开平、东胜诸地屹然并为重镇”①。朝廷实施鼓励农业政策的第一步，首先承认汉民在蒙地私垦的土地，起科纳税；然后开放设在蒙地的马场、牧场。至光绪年间，在东北放垦的同时，清政府也派官员到绥远及察哈尔督办垦务，借此契机以晋、陕两省为主的农民纷纷来到归化城附近以及后套平原垦荒种地，形成“走西口”的移民高潮。

从当地的调查资料来看，归化城周围的土默特地区80%以上村落是在乾隆年间形成的，前来这里垦荒的农民多数来自山西，他们或从偏关渡黄河北上至今托克托县一带；或经左云、右玉等县从杀虎口出关。最初他们租种蒙地，有的春来秋去；有的习蒙语、行蒙俗，娶妻生子，就地落户，后来拥有土地的汉民越来越多，一个个村落逐渐建立起来。清代内蒙古大青山山前的农业开发表现出自东向西逐渐推进的趋势，土默特川开发进程较快，以五原为中心的后套平原由于灌溉工程还未兴修，开发较慢，伊克昭盟蒙地开发最慢，到这里种地的多为陕西以及甘肃农民。经过清代几朝的不断开垦，大青山山前地带逐渐由原来的草原景观向农田转变，土默特川与后套平原农田所占的地位越来越重要，即使伊克昭盟草原地区，农田的开垦也远远越过长城，不断向北延伸，塞外的草原逐渐变成人情欣欣然的农耕社会。

历史上西北区在未进行大规模农业开发前，基本以畜牧业等非农业生产方式为主，农业民族迁入之后，不断扩大农田的开垦范围，逐渐改变了原来的生产结构，使整个地区向半农半牧方向转化。

三、黄河中下游区的农业生产与区域特征

黄河中下游区包括今河南、山东、山西省的全部以及陕西、河北的一部分，与东南区以及西南区基本以秦岭——淮河为界。这里是我国北方最重要的农耕区，孕育在这里的农耕文化不但影响着整个中国历史的文明进程，而且建构了中华文明的精髓。

黄河中下游区以自身特有的自然条件与历史背景，形成了与其他区不同的农业开发特点：

(1) 黄河中下游区是我国开发历史最久的农耕区，这里大部分位于暖温带半湿润地区，气候温和，雨量适度，加上黄河以及大小支流的冲积沃土，十分利于发展农耕生产，特别在农业开发的早期，更有助于人们的开垦。从“三河”地区的农业开发开始，人们摆脱原

① 《小方壶舆地丛钞》第二帙，陈黄中：《蒙古边防议》。

始农业，进入传统农业阶段，已有数千年的历史了。

（2）黄河中下游区的农民在几千年内，积累了丰富的农业生产经验，形成以精耕细作为代表的耕作方式。

精耕细作是中国古代传统农业中的精华，土壤辨识，农田水利，育秧选种，田间管理等都可以包括其中。在精耕细作的诸多内容中，田间管理是重要的一环，耕、锄、施肥、浇水则是田间管理的主要方面。围绕着精耕细作南北方形成不同的土壤耕作制度，北方以旱地农业为中心形成旱地土壤耕作制度，这一耕作制度的核心是垄作制。汉代出现的“代田法”、“区田法”就是代表当时先进生产方式的耕作制度。魏晋时期北方旱地，又出现翻耕和免耕结合的轮耕制。

精耕细作是传统农业阶段代表性的生产方式，但由于各地自然条件与社会发展进程的差异，应用程度是不同的。以精耕程度而论可以划分为精耕细作区与粗放农业区，这两大区域界限因时间与空间而不断变化。以时间而论，在各个历史时期，农业开发的核心地带就是精耕细作生产方式的主要实施地带。以空间而论，平原地区自然条件优越，总是精耕细作生产方式占主导地位的地方。冀朝鼎先生曾针对中国古代农耕区，提出基本农耕区的概念。冀氏提出的这一概念，实际就是以精耕占主导地位的农业区域，这些区域早期以黄河中下游为主，唐以后逐渐向长江下游转移。基本农耕区内，农田水利设施的修建是其中的重要标志，有了这一保证，农业生产的其他环节才得以实现。精耕细作区以外，就属于粗放农业区，大多处于丘陵山区，以及自然条件欠佳、交通不便利的地区。人口稀少，劳动力短缺，是这些地区农业开发中遇到的一大障碍，因此开发深度与生产发展进程与精耕农业区形成完全不同的特点。黄河中下游区属于精耕农业的地区基本都位于平原地带或山前冲积扇上，如关中平原、汾河、涑河谷平原、豫中平原、太行山前冲积扇等处；属于粗耕农业的地区主要分布在丘陵山区，如黄土丘陵山区是最典型的粗耕农业区，范围从陕西北部经山西一直延伸到河南西部。

（3）黄河中下游区作为农耕历史悠久的农业区，虽然有许多优越的人文基础，但也存在由于非自然因素的干扰，而导致农业生产周期性中断的现象。所谓非自然因素的干扰主要指由于朝代的更迭、政治集团的纷争而造成的战乱。在中国历史发展进程中，古代政治中心主要位于黄河流域，与政治相伴随的战争也主要发生在黄河流域，每一次大的战乱都会影响农业生产的正常发展，范围大的会造成整个北方生产停滞，如东汉末年至三国、西晋“永嘉之乱”都属于这样的时期；范围小的也会影响一个地区的正常农业生产，如宋辽两国交界地带、宋夏两国交界地带都因随时出现的战争威胁，除军屯外而几乎无民户愿意前来垦殖。由于战乱造成的农业生产周期性中断，几乎每一个朝代建国之初，都要实行招抚流亡、鼓励垦殖的恢复政策，这一切都在黄河中下游区造成恢复—发展—破坏，循环式的农业发展过程。

（4）黄河中下游区中今河南、河北、山东均处下游地带，历史上黄河的频繁改道，直接影响了这些地区，间接地影响了毗邻地区的农业生产。黄河下游的改道泛滥对农业生产的影响与黄河本身的泛滥改道次数以及下游地区农业生产的发展程度成正比，黄河泛滥改道的次数越多，下游生产发展水平越高，受到的危害越大。北宋庆历年间发生的黄河第三次大改道以后，黄河下游面临的情况就是这样，在100多年内，每两三年黄河即发生一次决口，每三四十年就有一次重大改道。宋初黄河基本循京东故道而行，庆历八年商胡决口，水流冲泻向北，形成黄河北流，北流存在不到 30 年，即于熙宁十年再一次冲开大堤，南下夺淮。自此黄河水流大致以澶州、濮州一带为顶点，在北起太行，南到淮河，方圆千里内往返摆动，频频而至的水灾给河北、河南、山东等地的农业生产造成严重损失，仅熙宁十年一次决口，就冲毁农田 30 万顷①。金初黄河又发生了第四次大改道，河道纷乱，时而一条，时而多条，均夺淮入海。元至明清时期的河道基本以夺淮为主，河患影响的地区主要在山东、河南以及苏北等地。黄河泛滥改道除水患本身，还在沿河地带引起盐碱、沙化现象，这一切更加重了对农业生产的危害。

（5）进入明清时期黄河中下游区在传统种植方式、作物结构、开垦区域的基础上，又出现了新的变化，其中主要表现在这样几个方面：

1）黄河中下游区的种植制度比较复杂，虽然这里很早就出现了两年三熟制，但由于平原内自然条件的差异，这种种植制度仅在部分地区实行，丘陵山区几乎都以一年一熟制为主。河谷平原与丘陵山区不但形成不同的种植制度，而且作物组合形式也不同。日本学者足立启二根据《西石梁农圃便览》、《农言著实》、《马首农言》等清代农书，将华北地区分为三类地区，第一类为《西石梁农圃便览》所代表的山东、河南等地，实行以粟→高粱→麦→大豆→休耕为主的两年三熟制；第二类为以《农言著实》为代表的陕西关中地区，小麦作为主粮，在部分地区实行麦→粟两年三熟制；第三类为以《马首农言》为代表的山西北部，实行粟、黍与黑豆相互交替为主的一年一熟制，这里小麦的种植比例一般都较低，在 10% 左右②。各类作物的组合基本显示出自南向北、自东向西由两年三熟向一年一熟的变化趋势。

2）商品性粮食作物与经济作物的种植，为一些地区商品经济发展提供了条件。一般认为具有商品性特征的粮食作物有小麦、大豆、高粱，前文已述明清以来北方各地小麦的种植比例越来越大，这种现象在山东一带尤其突出，一般种植比例在 50%～80%之间③，在小麦种植比例提高的同时，大豆、高粱也提高了种植比例。小麦在北方旱地作物中品质和口感最好，市场需求量与价格都高于杂粮，是商人的主要经销对象。大豆主要用作榨油和生产豆饼，高粱则是重要的酿酒原料，都具有很高的商品性。小麦、大豆、高粱取代粟成为山东的主要粮食作物，提高了粮食的商品率。明清时期山东的经济作物以棉花、烟草、花生以及各类水果、蔬菜为主，它们作为商品，成为流通的一大部分④。这些现象在其他几省也都存在，如据乾隆《韩城县志》载："大集之在县者，米粮杂货。"粮食也是买卖的重要对象，粮食之外，其他经济作物在商品性经销中的地位更重要。陕西泾阳一带是重要的产棉地，"自光绪二十三年始，县境出棉五十三万三千斤有奇，三十二年增至三倍"⑤。这一切都为商品经济的发展提供一定条件。

总的来看，农业商品化程度的地域差异基本与种植制度一致，两年三熟区不仅作物产量高，而且商品价值高的小麦、大豆等粮食作物以及棉花、烟草等经济作物的生产量也较大，一年一熟制地区农业商品化程度就低多了，《马首农言》所载山西北部仅能出售一些黑豆。黄河中下游区从东到西，从南到北商品农业的梯度发展，也影响了商品流通的趋势与

---

① 《宋史》卷六一《五行志》。
② 〔日〕足立启二：《清代华北的农业经营与社会构造》，《中国农史》，1989 年第 1 期。
③ 李令福：《明清山东粮食作物结构的时空特征》，《中国历史地理论丛》，1994 年第 1 期。
④ 许檀：《明清时期山东商品经济的发展》，第 30～82 页，中国社会科学出版社，1998 年。
⑤ 宣统《重修泾阳县志》卷八《实业志》。

商品类别。

3）明清时期黄河中下游区内以黄土高原为代表的丘陵山区得到较大规模的开发。历史上人们在黄土高原地区大规模从事农业活动的时期并不多，除宋夏交战时期，在两国沿边地带有过较大规模的兵屯外，其他时期农耕活动都有限。明清时期，特别是清代前往黄土高原地区垦荒的人口逐渐增多，据《秦疆治略》记载陕西韩城、同官、耀州、泾阳、陇州、靖边、安定等地都有移民前来垦荒。山西阳城县雍正末年额田为 4 025 顷，乾隆二十年增加到 4 167 顷①，山地的开垦使一些地方出现"崇岭峻阪无不耕种"②，"所耕之田在天上"的景象③。黄土高原之外，河南南部的丘陵山区以及山东半岛上的丘陵地带，也相继被开垦。

四、东南区的农业发展与区域特征

东南区包括今江苏、浙江、江西、福建、安徽五省的全部，这里既是农业人口密度最大的地区，也是农业生产最发达的地区，自唐宋之际全国经济中心移向这里后，始终在国家经济中占有举足轻重的地位。

唐宋两代是东南区农业发展进程中的重要转折时期，从这一时期开始古代经济中心逐渐转移到江南地区。在经济中心由北向南的移动过程中，东南区以农业生产为核心的区域经济实力不断提高，最后终于具有超越北方黄河流域的优势，成为全国的经济中心。中国古代经济中心南移的问题，既是古代区域经济研究的热点，也是历史农业地理关注的重要问题，在有关这一问题的研究中，以往大多数学者都将经济中心的南移，归结到北方人口的南下，携带了先进的生产技术，进而提高了南方的农业生产水平。针对这一传统观点，笔者提出不同看法。

南方的自然环境以潮湿多雨为显著特征，在这样的环境下，发展以水稻为核心的水田，是南方农民利用环境形成的主要种植方式。水稻是南方的优势作物，南方农业的基础是水稻，构成南方经济中心的核心也是水稻，这一点通过北宋时期各地漕运至京师的粮食种类就可以反映出来，据《宋史·食货志》记载通过汴河运至京师的南方漕粮以米相称，通过黄河、惠民河、广济河运至京师的漕粮则为粟、豆之属。南北方之间的自然环境有很大的差异，其中与南方潮湿多雨相对应的是北方的干旱缺雨，适应这一气候特征，北方农民掌握了以旱地作物为主的生产技术。仅就旱地作物来讲，北方农民掌握着高于南方农民的先进技术，北方人口的南下，携带的只是北方旱地的先进生产技术，而由于自然环境的缘故，大多数北方农民对水田知之甚少，或全然不知，他们南渡后，一部分来到高岗阜地继续从事旱地作物的种植，另一部分则成为水田耕作这一新事物的接受者，对于这一部分人口来说，不存在携带先进生产技术的问题。

既然北方人南下携带先进生产技术问题，对于经济中心南移具有一定的局限性，那么如何解释北方人口南下与古代经济中心南移的同步性问题呢，笔者认为北方人南下之初，首先加强了岗阜地带的开发力度，主要作物仍为旱地种类，历史上几次人口南迁高潮期都伴随小麦等旱地作物的推广，如六朝时期北方人的南下，使麦作在江南开始兴起④，唐宋

① 同治《阳城县志》卷五《赋役》。
② 光绪《山西通志》卷四六《风俗·兴县》。
③ 光绪《续修隰州志·田赋》。
④ 张学峰：《试论六朝江南之麦作业》，《中国农史》，1990 年第 3 期。

时期特别是宋代，北方人的南下又一次造成小麦种植范围的推广扩大①，当北方人操持自己熟悉的生产技术，在南方站稳脚，实现了北人南化，成为南方人后，才开始转向水田的经营。这里指的北人南化不仅包括南下北方人对南方习俗、文化的认同，也包括对南方生产技术的感知、接受。当北方人转为南方农民后，南方水田面临着充裕的劳动力资源与不断紧张的人地矛盾，这一切都促使原来的粗放经营必须向以提高单位面积产量为前提的精耕细作转化，于是在人口压力的促动下，每一次人口增加都推动了南方生产技术更加精良。

宋代东南区是全国农业耕作水平最高的地区，以精耕细作为基础的经营方式与相邻地区形成较大的反差。南宋名儒陆九渊在荆州为官时就指出这一点，他说："江东西无旷土，此间旷土甚多。"土地利用程度的高低，反映了社会经济发展水平，一般来讲，土地利用率与人口、社会经济发展水平成正比关系，在经济高度发展的地区，寸土寸金，无旷土可言。陆九渊还指出："江东西田分早晚，早田种早禾，晚田种晚大禾。"两湖地区则"田不分早晚，但分水陆。陆田只种麦、豆、麻、粟或莳蔬栽菜，不复种禾，水田乃种禾"。荆湖地区与江东西热量条件无大差异，土地利用状况却不同，这其中的原因主要归于社会经济发展的不平衡。水利是发展农业的命脉，农田水利设施完善的地区，往往也是农业生产程度较高的地区，江、湖两地相比，仅陂塘水堰一项，荆湖地区在数量与技术程度上都不如两江，陆九渊说："江东西陂水多及高平处，"两湖地区只有近山水田能得到山泉的灌溉，被称为"浴田"，那些地势较高地段的田地，就没有灌溉条件了②。陆九渊所讲的仅是东南区精耕农业的部分内容，而其中的核心部分更多的体现在具体的耕作环节中。

南方水田的耕作制度主要由这样几个环节组成：①水田的耕、耙、耖、耘。南方水田的耕、耙、耖、耘耕作体系，大约是在西晋时期创始的，唐以后逐渐形成水田常规作业形式。在这一体系中"耖"是关键一环，水田耕作与旱地比较，有不同的质量要求，它不仅要求耙碎土块，而且要求把泥浆混匀，沉积成平缓的泥层，耖田的目的正是这一结果。②旱地的开垄作沟。稻麦轮作制出现之后，水田与旱地的转换中，开垄作沟，整地排水的技术就显得十分重要。

明清时期东南区的农业生产又表现出新的区域特征，其中在平原与山区的表现方式是不一样的，平原地区以太湖平原为代表，伴随商品经济的发展精耕农业又有了新的提高；山区则以闽、浙、赣的棚民为主，形成又一次垦殖高潮。

（一）以太湖平原为核心的精耕农业与农作物种植结构的变更

明清时期以太湖平原为核心的江南地区，精耕农业又向一个新的阶段发展，具体表现在这样几个方面：

1. 水稻种植面积逐渐减少，桑、棉等经济作物的种植范围不断扩展

明清时期江南地区普遍出现桑与稻争地、棉与稻争地的现象。仅棉花一项，明末在上海县就占耕地50%，太仓占70%，嘉定占90%，清代棉田占地面积更大，一般在60%～

---

① 韩茂莉：《论宋代小麦种植范围在江南地区的扩展》，《自然科学史研究》，1992年第4期。
② 宋 陆九渊：《象山集》卷一六《与章德茂书》。

70%以上①。棉田之外，若将植桑用地也考虑在内，经济作物的总占地面积更大。江南地区一般称种植粮食作物的土地为田，称种植经济作物的为地，明清以来人们注重的是地的经营，而不是田的经营，据统计自明末至康熙二十年前后，杭州府田减少了 30 顷，地升了 184 顷；湖州府田减少了 79 顷，地升了 28 顷；嘉兴府田减少了1 354顷，地升了 1 560 顷，改田为地成为当时大多数农户的取向②。

造成经济作物与粮食作物争地的现象与农户的经济收益有直接关系，清人张履祥在《补农书》中是这样记载的，他说："田壅多，工亦多，地工省，壅亦省；田工俱忙，地工俱闲，田赴时急，地赴时缓；田忧水旱，地不忧水旱。"田与地相比，田费工、费时，故当时俗话说："千日田头，一日地头。"农户用于田中的劳动量比地大得多，而农户的收益却有限，与田相比，地的收益就大多了，"地得叶，盛者一亩可养蚕十数筐，少亦四五筐，最下二三筐。米贱丝贵时，则蚕一筐，即可当一亩之息矣。米甚贵，丝甚贱，尚足与田相准"。这样的投入产出比例，必然导致农户的经营重点转移，出现经济作物与粮食作物争地的现象。

图 6-2　太湖平原粮食外销区域示意图

随着粮食作物种植量减少，江南地区缺粮的现象越来越突出。宋代这一地区是全国著名的粮食生产地，这里出产的粮食不但成为运往北方漕粮中的重要部分，而且还销往浙江、福建以及海外，故当时流传一句俗语为"苏湖熟，天下足"。元明时期江南地区的粮食产量一直在全国占据着重要地位，清代随着经济作物种植面积的增大，粮食作物种植量逐渐减少，从最初仅能满足当地需要，到不能自给，依靠其他地区粮食供应，粮食供给关系由输出型转为输入型。在明末清初长江沿岸的四大米市中，设在太湖平原的苏州米市就以接纳来自中上游的稻米为主，成为这一地区的粮食供给中心，故康熙皇帝明确指出："江浙百姓，全赖湖广米粟"③。见图 6-2。

2. 农业生产的精耕细作向提高集约程度方向发展

明清时期以太湖平原为中心的江南地区，普遍实行一年两熟制种植制度。两熟制中有双季稻，也有水稻与其他旱地作物轮作的种植形式。两熟制中水稻的后作作物称为春花或春熟，一般包括油菜、小麦等。普遍实行两熟制后，最重要解决的问题是土地连续使用后，地力的补充，为此明清以来江南农户不断增加在肥料投入方面的资本强度，其肥料种类包括各种农家肥以及豆饼等。农业生产中的投入与产出并不是总成正比的，自明末以来在每亩稻田肥料增加的同时，肥料的边际产量递减趋势开始出现，继续提高集约程度，必须改

① 程厚思：《清代江浙地区米粮不足原因探析》，《中国农史》，1990 年第 3 期。
② 范金民：《明清杭嘉湖农村经济结构的变化》，《中国农史》，1988 年第 2 期。
③ 《清圣祖实录》卷一九三，康熙三十八年六月戊戌，上谕。

变生产技术①。由于这样的原因，明清时期江南地区的农业生产技术更趋于精良，由以扩大耕地为目的的开发，逐渐向改善农田品质，提高耕地利用率方向发展。

在改善农田品质，提高耕地利用率基础上的资本与劳动力投入量，对于以一家一户为生产单位的小农，其耕种土地的范围虽因雇工、耕牛等因素的差异而有所不同，但从总体来看，表现出一夫十亩的基本经营规模②。

3. 农业生产向多样化发展

明清时期江南地区农作物结构打破了传统的单一粮食作物局面，形成种类多样的种植业生产。太湖以东、以北以水稻种植为主，同时兼营小麦、油菜等作物；沿海濒江的岗身沙土地带，主要种植棉花、水稻，兼营小麦、豆类；太湖以南以桑、稻为主，兼种麦豆；苏南、浙西山地丘陵以旱地粮食作物与竹、木、茶为主。

（二）移民与丘陵山区的开垦

明清时期东南丘陵山区经历了自六朝、两宋以后又一次开垦高潮，在这一次开垦高潮中充当主角的大致可以分为三类，一类是当地的土著，他们在明以前就已进入山区，占有山区最好的土地，从事以粮为主的自给自足的农业生产；另一类是畲族，他们多持原始生产手段，游耕于深山中；第三类是棚民，他们主要来自江西、福建、浙江、广东、湖北等地，他们所经营的农业多属以经济作物为主的商品性生产。这三类开发力量中，棚民是其中的主力。明清时期整个东南丘陵都有不同程度的开发，其中开发程度最深的可算赣南、赣北丘陵山区。在赣南、赣北的开发进程中，棚民起了至关重要的作用。明成化年间就有赣中以及闽、粤流民进入赣南山区从事开垦，最初他们充作当地土著的佃户，以种植水稻为主，嘉靖年间善于种植蓝靛的闽汀一带流民将种植技术带到赣南，这项技术很快在赣南传播开来。清代闽、粤一带流民继续进入赣南山区，大约在雍乾时期形成人口迁移的高峰，赣南的一些地方流民已大大超过了土著人口，构成了当地人口的主体。这些流民纷纷将自己家乡盛产的蓝靛、烟草、甘蔗、花生等经济作物带到山区，广泛种植。还有一些流民主要经营赣南当地的经济林木，如油茶、油桐、漆树等，形成大片经济林木区③。

明清时期赣北山区的开发与赣南有着密切的联系，作为同一次流民运动，来自于闽、粤等地的流民，一部分流向赣南，一部分流向赣北，闽、粤以及楚人共同构成了赣北的基本开发力量，他们从事的农业活动也以蓝靛、苎麻等经济作物的种植为主④。赣南、赣北流民以经济作物为主的经营内容，具有明显的商品生产特征，故有的学者提出我国农业资本主义萌芽，从山区发展到平原，从经济作物发展到稻田生产⑤；还有的学者提出明清时期东南山区的农业资本主义因素，高于全国其他山区，有些地方甚至高于平原⑥。

---

① 李伯重：《明清时期江南水稻生产集约程度的提高》，《中国农史》，1984 年第 1 期。
② 李伯重：《明清江南种稻农户生产能力初探》，《中国农史》，1986 年第 3 期。
③ 曹树基：《明清时期的流民和赣南山区的开发》，《中国农史》，1985 年第 4 期。
④ 曹树基：《明清时期的流民和赣北山区的开发》，《中国农史》，1986 年第 2 期。
⑤ 傅衣凌：《明清社会经济史论文集》，第 154～157 页，人民出版社，1982 年。
⑥ 朱自振：《明清东南山区农业的商品性发展与特点》，《中国农史》，1993 年第 4 期。

五、荆湖区的开发与粮食生产

荆湖区包括今湖南、湖北两省的全部，是明清以来我国重要的粮食生产基地。

荆湖区的地貌形态主要可以分为两大类型，一类为以江汉平原、洞庭湖平原为代表的平原地区，另一类为分布在湘西、鄂西等处的丘陵山区，这两类地区性质不同的自然地理特征与社会人文基础，直接影响了农业发展进程，总的来看山区开发晚于平原，生产落后于平原。

江汉平原与洞庭湖平原是荆湖区重要的粮食生产基地，这两大平原的开发进程直接影响到整个地区的农业生产。宋以前荆湖区的粮食生产主要依靠洞庭湖平原南缘以及衡阳、永州所在的山间盆地，这时江汉平原大部分还处于湖泊、沼泽状态，由于劳动力缺乏，失于整治开发。直到南宋淳熙年间范成大由四川顺江东下，经江汉平原时，仍见这里"皆湖泺茭芦，不复人迹"，俗称"百里荒"①。平原边缘地势稍高的地方虽已开垦，也因"耕种灭裂"而收成微薄，即使丰年也"仅足赡其境内"而已②，余粮很少。宋代朝廷为各路规定的和籴粮米数额中，以江汉平原为主的荆湖北路仅 35 万石，在两江、两浙、两湖六路中最低。所谓和籴就是将各路"所产之多者"聚在一起，由官府出面调剂各地粮食盈缺的一种手段③，因此和籴粮食数额可以反映各地粮食生产水平。为了提高土地利用率，改变荆湖北路旷土弥望的局面，从北宋时期，朝廷就实行鼓励狭乡之民到荆湖垦荒的政策，在官府的鼓励下，由吴越、巴蜀等地流入荆楚的人户，成为当时人口移动的主要方向之一。进入荆楚的人户主要从事农业垦殖，苏辙在《襄阳乐》诗中生动地描写了由两浙移至江汉平原北端襄阳一带的越人，为当地人耕种水田的情景，"里人种麦满高原，长使越人耕大泽，泽中多水原上干，越人为种楚人食"。

江汉平原的开发与垸田的兴起是同步进行的，据考证垸田的兴起大约在南宋端平、嘉熙年间，即 13 世纪 30 年代前后④。这时已属南宋后期，从这一时期经元代，垸田缓慢地发展着，直至明清才进入一个全新的发展阶段。

明至清前期是垸田全面发展的时期，江汉平原、洞庭湖平原都得到开发，在垸田基础上发展起来的粮食生产自明中后期开始显示其作用。大约万历初年由汉口出发，输送到各地的粮食多了起来，湖广成为全国重要的粮食输出省。清康熙、乾隆年间汉口成为长江沿岸四大米市中最大的一个，湖南、湖北以及位于长江上游四川的余粮都汇集到这里，再从这里顺江而下，输送到各地，张国雄在《明清时期的两湖移民》一书中指出，接受两湖余粮的有江苏、安徽、福建、广东、广西、贵州、甘肃、山西、直隶等省，范围遍及南北，真是名副其实的"湖广熟，天下足"。

"湖广熟，天下足"是古代经济史中的一个研究热点，许多学者都对有关问题进行了探讨。一般认为两湖地区每年粮食输出主要由这样几部分组成：①漕粮本色：清代湖广以本色征纳的有"北漕"、"南粮"等，朝廷定额约 31 万石。②仓廪积贮：属于这部分主要有常平

---

① 宋 范成大：《吴船录》。
② 宋 彭龟年：《止堂集》卷六《乞权住湖北和籴疏》。
③ 《宋史》卷一七五《食货志》上三。
④ 石泉、张国雄：《江汉平原的垸田兴起于何时》，《中国历史地理论丛》，1988 年第 1 期。

仓、社谷仓，这些仓储粮食也经常拨运外省，每年约5万石进入省际商品流通。③外省采买：这是一种非经常的官粜活动，从平均状况看，每年约有10～20万石余粮通过官方流入外省。④客商贩运：康熙到乾隆初年，每年商贩出境的稻米约300～1 000万石。上述各项外，军粮供应也应算作其中①。这些数额巨大的余粮，构成了明中后期至清前期湖广一带在全国粮食供应中的重要地位。

民谣中虽称“湖广熟，天下足”，但在外运米谷中，湖南、湖北的地位还有所不同。乾隆年间就有人说：“湖北一省，宜昌、施南、勋阳多处万山之中；荆州尚须由武汉结济兵米；德安、襄阳、安陆其地多种豆、麦，稻田亦少；武昌所属，半在山中；惟汉黄两郡，尚属产米”②。从文献记载看，湖北产米的地方并不多，有时还需湖南接济，故清人云“自湖北以至江南一带，俱仰赖湖南之米”③。与湖北不同，在湖广外运的巨额稻谷中，湖南起决定作用，面对这种情况，乾隆皇帝干脆将“湖广熟，天下足”的民谣改为“湖南熟，天下足”④。论及两湖之间稻米供应差异，有的学者指出入清以来，两湖地区人口与耕地的变化趋势直接影响了稻米的输出，从乾隆二十六年至道光三十年，90多年中湖北人口增长了3.2倍，而湖南仅增1.3倍；从康熙二十四年至乾隆三十一年，湖北耕地面积只增长了8.3%，湖南却增长了147.6%，这样的人地增长比例，必然影响到余粮数额，造成稻米输出量的差异⑤。见图6-3。

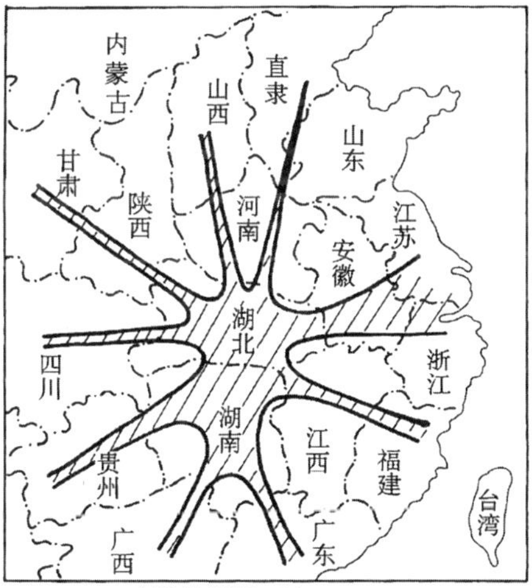

（本图引自张国雄《明清两湖移民》）

图6-3　两湖粮食外运区域示意图

构成“湖南熟，天下足”的物质基础是湖南输出的巨额稻米，湖南是一个盛产稻米的地方，湖北的水稻种植量却相形见绌。湖南、湖北粮食作物种植结构有些不同，若以水田和旱地的比例来看，湖南水田约占全省耕地的93%，湖北仅占56%，造成这样比例特征的原因可以归结出许多方面，其中洞庭湖区水田相对比例低却是一个极具地方特点的原因。湖

① 龚胜生：《论“湖广熟，天下足”》，《农业考古》，1995年第1期。
② 《清经世文编》卷三九，朱伦瀚：《截留漕粮以充积贮札子》。
③ 《朱批谕旨》，雍正元年十一月二十五日，魏廷珍奏稿。
④ 《乾隆东华续录》卷二乾隆二年十一月癸未。
⑤ 蒋建平：《清代前期米谷贸易研究》，第56页，北京大学出版社，1992年。

区地势低洼，易受水涝，夏秋间水涨，对水稻生产危害极大，但冬小麦的生长期却避过了夏秋，因此这里因水不能种稻的地方，却能种麦，自然增加了以小麦为主的旱地粮食作物的比例①。两湖地区输出的粮食以稻米为主，湖北相对较低的稻田种植比例自然也会影响到稻米的生产量与余粮数额。

荆湖区内以江汉平原、洞庭湖平原以及湘江流域的河谷盆地为主的稻米输出，至康熙、乾隆年间达到高峰，乾隆年间以后随着堤垸管理不善、人口不断增加、水灾加剧等因素的影响，以垸田为基础的粮食生产受到了很大的制约，输出稻米数额开始减少，人们逐渐淡于提及“湖广熟，天下足”的民谣。

明清时期荆湖区在平原地区大兴垸田的同时，丘陵山区也得到一定程度的开发，大约自乾隆初年开始，土地开垦转向丘陵山地。

六、西南区的农业生产与区域发展

西南区包括今四川、云南、贵州三省、重庆市的全部以及陕西省汉中地区，由于区内自然条件与人文背景差异较大，农业生产的区域不平衡现象十分突出。

西南区在自然地理上分别属于四川盆地、云贵高原以及汉中盆地三大地理单元，四川盆地的大部分以及云贵高原均以丘陵山区为主，农业生产的发展主要依靠位于四川盆地西部的成都平原与汉中盆地。成都平原与汉中盆地农业开发的历史都很悠久，秦惠王时置巴郡，昭襄王时置蜀郡，早在战国时期这里的农业生产就与中原地区联为一体。战国时期蜀郡太守李冰主持修建了都江堰，平原上的沃土，加上便利的灌溉系统，从此以后成都平原不但成为西南区农业生产最发达的地方，而且在全国也一直处于领先地位。

(1) 西南区的北部，即四川盆地与汉中盆地的农业生产深受中原地区社会政治影响，其起落盛衰都与中原地区的政治有密切关系，特别在南北政治大变动的十六国时期、唐中后期以及北宋末年，由中原地区进入川蜀的移民对这里的农业生产起了重要的推动作用，宋代文献中的有关记载可以反映这一时期南下移民与当地土著在农业开发中的共同成果。南下入川的移民集中在成都平原、汉中盆地以及川西的其他河谷盆地，成为当地农业生产的重要力量。据《文献通考》所载嘉定十六年户额计算，成都平原上成都府、蜀州、彭州人口密度都在 300 人/平方公里以上，高于同时期太湖平原的人口密度，人口增加首先影响的是人均耕地占有量，北宋时期成都平原人均耕地 5.7 亩，南宋时期下降到 4.3 亩②，整个平原上除去城镇、江河、渠塘、道路、民宅、墓地等非农业用地，几乎达到无尺寸旷土的程度，故宋人说这里“地膏腴，亩千斤”，以致“无闲田以葬”③。按照古代的生活消费水准，人均 4 亩地已是最低的土地占有标准，因此，人们在这块面积不大的耕地上，不断提高精耕细作的水平。宋人高斯得在《宁国府劝农文》中详细介绍了蜀人从春耕、布种、耘草、耕耨等一系列耕作过程，并将蜀人治田之精与浙人并称，江浙与川蜀成为全国最具特色的精耕农业区。

宋代川蜀一带的农业生产可以形成四个发展阶段不同的地区，宋人汪应辰曾根据川

① 龚胜生：《清代两湖农业地理》，第 60～69 页，华中师范大学出版社，1996 年。
② 韩茂莉：《宋代川峡地区农业生产述论》，《中国史研究》，1992 年第 4 期。
③ 《宋史》卷三四四《王觌传》。

蜀自然、经济的基本状况，将四川盆地划为三类地区，第一类为成都平原及周围“水田多，山田少”，且有渠堰灌溉之利；第二类包括川中沱江下游以及涪江流域，这里“多是山田，又无灌溉之利”；第三类地区范围以川东平行岭谷区为主，这里“最为荒瘠，号为刀耕火种之地”，此三类地区之外再加上汉中盆地，总共分为四个地区。这四个地区由于自然条件的差异，分别处于不同的农业发展阶段，在古代的生产方式下，人口数额往往直接影响农业生产的发展进程，宋代成都平原以及周围地区平均人口密度为 90 人/平方公里，川中一带为 34 人/平方公里，汉中盆地为 23 人/平方公里，川东为 13 人/平方公里，这一人口空间分布状况，基本反映了各地的农业生产发展阶段。宋代川蜀一带的农业开发主要集中在以成都平原为核心的川西地区，川中与川东开发程度都较弱，汉中平原的农业也主要分布在盆地中部的平原地带，整个川蜀平原与山区丘陵的农业发展进程存在很大的差异，开发的核心仍然在平原地区。

宋以后对川蜀地区农业开发起决定性影响作用的不再是中原移民了，而是来自湖南、湖北、江西、广东、福建等地的移民。由于元末明初、明末清初的农民战争造成川蜀一带人口大量流失，唐宋以来著名的狭乡变成了人口空缺地带，长江以南各省的移民、流民相竞入川，汇成“湖广填四川”的人口迁移浪潮。

明清以来进入川蜀地区的移民，将农业开发的重点由平原逐渐转向山区。特别随着玉米、甘薯等作物的推广，为丘陵山区的深入开发创造了条件，各地山区都进入了大规模开发阶段。至清中后期已形成“民间田土，凡山颠水涯田塍土埂，无不栽种麦菽”的局面①。善于山耕的川蜀农民迁移到其他地方，也将山耕的垦田技术传播出去，清中后期陕南山区就留有“楚民善开水田”，“蜀民善开山地”的记载②。显然这时的蜀人，其中相当一部分应是湖广移民的后裔，这些人已不仅仅停留在对当地的开垦了，新的人口压力使他们又向其他未垦土地上移动。汉中盆地四周的丘陵山地是在湖广、川蜀等地移民的共同努力下进入大规模开发阶段的，康熙至道光年间汉中盆地人口增加约 3 倍，山区人口增加数十至上百倍，在人口的压力下，移民最初开垦低山丘陵，以后逐渐转向海拔更高的山地，至道光年间，已将农田延伸到海拔 1 400～2 000 米左右的山地③，人们拓垦的脚步一声声打破山林的寂静。

(2) 西南区的南部受交通阻隔，与中原地区的直接来往少多了，居住在这一地区的大多数是被中原地区称为蛮、僚、徭的民族，生产方式一般都很落后，许多地区甚至一直到本世纪中期仍维持原始农业生产方式。

西南区南部农业生产发展程度最高的在今云南境内，这里不但有悠久的农业开发史，而且从战国时期就在文献中留下了与江淮一带来往的记载，其中楚人庄蹻的入滇对传播江淮地区的文化与生产技术，起了很大作用。云南的农业基本遵循自东向西的空间开发进程，西汉时期主要发展在滇东北以及滇池一带，东汉开始向滇西北特别是洱海地区移动，经三国、魏晋、南北朝特别蜀汉时期云南与外界的来往逐渐增多，进入这里的内地人口也开始增加，至南诏时期云南的农业生产已经形成了一定规模，据唐人樊绰在《蛮书》中记载，不仅“曲靖以南，滇池以西，土俗惟业水田，种麻、豆、黍、稷”，有着与中原地区相差无几

① 《皇朝道咸同光奏议》卷五〇《兵政类》。
② 道光《宁陕厅志》卷一《风俗》。
③ 萧正洪：《清代陕南种植业的盛衰及其原因》，《中国农史》，1988 年第 4 期。

的作物种类，而且“蛮治山田，殊为精好”，山地开发也获得了进展。南诏时期取得的农业生产成就中，最引人关注的是稻麦一年两熟制的出现。《蛮书》记载：“滇池以西……水田每年一熟，从八月获稻，至十一、十二月之交，便于稻田种大麦，三月、四月即熟，收大麦后，还种粳稻。”南诏政权与唐王朝处于同一时期，唐以后直至清代很少在文献中再见到关于云南一年两熟制的记载，因此学术界对《蛮书》此段记载的理解，存有不同意见。一种意见认为《蛮书》的记载可以作为唐代长江流域出现稻麦两熟制的文献依据①；另一种意见则认为这仅是适应西南季风气候区特殊的种植方式，对于唐代江南地区以及唐以后云南本土都不具普遍意义②。

云贵高原的农业生产一方面受战乱的影响较小，周期性的中断、恢复现象不太明显，另一方面强有力的外界推动也不多，因此长期以来一直处于一种缓慢的发展中。云贵高原农业生产的缓慢发展既反映在随时间而表现的进程上，同时在地域空间特征上也保持稳定状态，高原上平地坝子与山地之间自然条件的差异很大，居住在坝子上的民族生产方式都较先进，山上的民族则相对落后，随着居住位置增高，生活在那里的民族生产方式越原始，山上山下表现在生产方式、社会进步方面的时空差距可相差几个时代。

七、岭南区的农业开发与区域特征

岭南区包括今广东、广西、海南三省，区内大部分地处亚热带南部，少数地区已进入热带，高温多雨的气候条件以及相应的繁茂植被，这些在今天看来独具特色的地域优势，放在古代的生产方式下，却成为农业开发的巨大障碍，对此几乎各个朝代南下岭表的文人，都留下了林木郁闭，烟瘴伤人的记载，与此相伴的则是劳动力缺乏，土地旷置，大部分地区农业生产原始落后。

岭南区的农业开发历史很久，从秦开始朝廷就已在这里设郡置守，并由内地迁数十万戍卒从事屯垦，从出土的各类器物以及模型来看，至汉代珠江三角洲地带的农业生产已经逐渐摆脱原始落后的局面，一步步迈向传统农业阶段。内地移民对于推动珠江三角洲的农业发展起了重大作用，对于整个岭南区的农业生产同样起决定性作用。在岭南区的农业发展历程中，虽然各个时期都有移民越岭南下，但对于这一地区真正有开发意义的移民在北宋末、南宋初年，自此之后岭南区的农业开发进入了一个新阶段，大部分地区逐渐摆脱了原始农业状态，由粗耕农业向精耕农业转化；明清时期岭南区特别是珠江三角洲地带，人口增长速度更快，原来土旷人稀的人地关系逐渐向人多地少方向转化，与人地关系相应农业生产又进入了一个新的发展阶段。

明清时期随着人口增加，珠江流域在全国的经济地位越来越重要。这一时期珠江流域特别是珠江三角洲地带，除表现出耕地增加，技术提高等各地农业开发中的共同标志外，还因这里独特的自然条件以及与东南亚各国便利往来的区位优势，显示出鲜明的地域特征。具体来看，主要有这些方面：

（1）清前期岭南许多地方开始出现人多地少，土地开垦进入极限的现象，乾隆年间属

---

① 李伯重：《我国稻麦复种制产生于唐代长江流域考》，《农业考古》，1982年第2期。

② 张泽咸：《汉唐间云贵高原地区农业生产述略》，待刊稿。韩茂莉：《论宋代小麦种植范围在江南地区的扩展》，《自然科学史研究》，1992年第2期。

于广东的“广、南、韶、肇、连、罗六府州已无不耕之土，惠、潮、嘉三属微有官荒”①；广西境内土地开垦速率同样很快，河谷地带不说，甚至“蛮溪山峒”也“皆为楚、粤、黔、闽人垦耕”②，随着农业垦殖的加强，形成与以往完全不同的景观面貌，“昔时荒芜不治者，今无旷土；昔之草莱夹道，树木荫翳，遍地蔽天，今则翦伐殆尽”③，原来繁茂的植被，被市井村落取而代之。

清代岭南人地之间的矛盾在珠江三角洲地区表现的最明显，为了提高土地利用率，这里普遍采取了基塘制度。基塘本是江南一带的土地利用形式，这在宋人陈旉《农书》中已经有了清楚的记载。随着人口的南迁，这种土地利用形式开始被岭南人接受，明清逐渐推广成为区域性的农业生产特征。珠江三角洲的基塘农业，最初以果基为主，后来被桑基取代，桑基鱼塘能把植桑、养蚕、养鱼三者有机结合起来，充分利用它们之间的物质与能量循环，这是三角洲水网条件下，土地利用的最佳方式。

(2) 清代岭南的农作物种植制度很复杂，实行一熟、两熟、三熟的地区都有，其中一熟制的稻田主要属于丘陵地区的干冷田、江河沿岸的渍水田以及沿海地区的咸水田，清中期双季稻逐渐在各地推广，实行两熟制的地区不断扩大，单季稻与双季稻为主的区域界线大致可以划在今惠州—韶关—连县—贺县—武宣—南宁一线，此线以北以西是以单季稻为主的耕作区，以南以东则是双季稻为主的耕作区。岭南的耕作制度比较复杂，除实行单季或双季稻种植之外，个别地区还出现一年三熟，三熟制的作物种植结构主要是稻→稻→麦，稻→稻→薯，稻→稻→油以及三季稻连作④。

(3) 商品性农业高度发展。广州素来是我国对内、对外进行海上交通的重要口岸，明清以来随着沿海地区资本主义萌芽的出现，各类贸易往来更加频繁，这一切都推动了农业商品化过程。珠江三角洲地区农业商品化过程中最先显现地位的是以稻米为主的粮食，明代广东是珠江流域重要的商品粮输出地，接纳这里粮食的有福建、广西等省份。清代广东虽然不再是粮食输出省，但农产品中取代粮食，具有商品性物产意义的甘蔗等南亚热带水果以及花卉、塘鱼、蔬菜等的经济地位正在逐渐提高，推动整个地区农业商品化进程不断发展。

(4) 明清时期随着广东人口增加以及经济作物种植面积的扩大，两广之间粮食供求关系出现了变化。明代嘉靖年间广东为粮食输出省，广西、福建等为粮食输入省，最迟至万历年间这一粮食供需方向就发生了变化，王士性《广志绎》中：“广东民间资广西之米东下，”讲的就是粮食东运问题。清代粮食东运现象更加突出，康熙年间由广西输往广东的粮食大约六十多万石⑤，雍正年间增至一二百万石⑥。广西本不是一个富产粮食的地区，清中后期这里的缺粮状况更加严重，广西的粮食已不能满足需求，鸦片战争以后对洋米的依赖程度逐渐增加，从前广东粮食“仰给全在粤西，今年西省设卡抽厘，米商本重利轻，裹足不前，于是安南、暹罗、小吕宋之米接踵而至，每岁约数百万石”⑦，光绪年间后广东的外来粮食几乎全部都依靠洋米了。

---

① 《清高宗实录》卷二五一，乾隆十年十月。
② 道光《庆远府志》卷三《风俗》。
③ 光绪《归顺直隶州志》卷二《气候》。
④ 周宏伟:《清代两广农业地理》，第137～144页，湖南教育出版社，1998年。
⑤ 《朱批奏折》康熙五十五年正月十二日，广西巡抚陈元龙奏。
⑥ 《朱批奏折》雍正八年四月二十日，云广总督鄂尔泰奏。
⑦ 《茶阳三家文钞》卷三，何如璋《复粤都张振轩制军书》。

从全国范围来看，岭南区发展农业生产有许多优越的自然条件，因此许多学者在论及岭南农业发展进程时，总会以一种偏高的视角认识问题，或将农业生产进程提前了几个世纪；或将本属于个别地方的现象视为整个地区的普遍特征。属于这类的问题集中体现在这样几个方面：农作物的熟制、农业耕作方式等，下面针对这些问题提出几点笔者的看法。

(1) 东汉杨孚在《异物志》中有这样的记载："夏冬又熟，农者一岁再种，"有的学者依据这一记载提出汉代广东已出现了双季稻。笔者认为如何看待"一岁再种"是认识问题的关键，岭南南亚热带的气候特征之一是四季温差变化不大，在这样的气候条件下农作物的生长不受季节约束，一年四季都可以播种收获。这里应该指出的是，四季内都可以播种收获与土地连作是有本质不同的，一年两熟或三熟这样的连作制度，指的是在同一块土地上连续耕作的过程，如果不是同一地块的连续耕作，仅按照农家自己的意愿与时间安排，将种子撒在不同的地块，虽然在形式上也会出现各个季节都有收获或播种的现象，但这种现象不属于土地连种制，仅是在岭南气候条件下一熟制的特殊表现。也有的学者提出佛山出土的陶水田可以作为支持这一论点的进一步根据①，实际认真观察陶水田模型，就会发现模型展现的恰恰不是土地连作、农作物两造制，而是清清楚楚的几个田块处于不同生产阶段的场面。

土地连作与农作物的复种制是在劳动力充足，耕地面积狭小的前提下产生的，长期以来岭南地广人稀，北宋元丰初年广东土地垦殖率为 2.3%，广西仅 0.02%②，大片的荒置土地尚无人开垦，更不会有多余的劳动力投入到土地连作的繁重劳动中。直至宋代实行真正的复种连作制的地区仍然有限，由于人口稀少，土地空旷，"富者寡求，贫者富足"③。明代双季稻在岭南仍然不能普及，有的地区即使实行双季连作，耕作也很粗放，亩产一般较低，两作不如江浙地区一作的产量④。明末至清代随着人口的增加，人地矛盾推动人们向提高土地利用率、加大复种指数方向发展，真正的一年两熟连作制才在各地普遍推行。

(2) 有的学者指出唐宋时期岭南特别广东一带，农业生产已有了较成熟的精耕技术，农业经营也不属于广种薄收，山地开垦还出现了梯田⑤⑥。有关广东农业生产的这些观点最突出的特点，是将珠江三角洲地带的生产方式看作整个地区的普遍行为。

唐宋两代岭南未发生过使农业生产中断的大规模战乱，因此农业生产基本始终处于连续过程中，在这种背景下，若唐代形成的生产技术或依人力营造的农业生产环境，宋代也应有所继承，但笔者在爬梳宋代文献的过程中，却发现许多与前一观点不同的记载，大致可以归为这样几个方面：①由于人口稀少，土地利用率很低，"为农者择沃土以耕，而于硗地不复用力"⑦。②水利设施严重匮乏，被垦之田"必水泉冬夏常注之地"，"苟肤寸高仰，共弃而不顾"⑧。"水在田上结级溉注之，是为良田"，若"水在田下，虽咫尺不能辘轳使其逆上"⑨。③耕作技术落后，一般"不待破块即下种"，水稻则以直播式播种为多，"就田点种，

---

① 许恒彬：《汉代广东农业生产初探》，《农业考古》，1981 年第 2 期。
② 韩茂莉：《宋代岭南地区农业地理初探》，《历史地理》，第 11 辑。
③ 宋 苏过：《斜川集》卷六《志隐》。
④ 吴建新：《明清广东粮食生产水平试探》，《中国农史》，1990 年第 4 期。
⑤ 李庆新：《唐代广东的农业》，《农业考古》，1995 年第 1 期。
⑥ 陈伟明：《关于宋代岭南农业生产的若干问题》，《中国农史》，1987 年第 4 期。
⑦ 《舆地纪胜》卷九五《英德府》。
⑧ 宋 周去非：《岭外代答》卷三《外国门》。
⑨ 宋 陈傅良：《止斋文集》卷四一《跋灵润庙赐敕额》。

更不换秧”[①]，以刀耕火种为特点的畲田在岭南地区普遍盛行，如连州一带的畲田“上山烧卧木，下种暖灰中”[②]，广州“五月畲田收大米”[③]。④播种之后，疏惰于田间管理，往往“既种之后，旱不求雨，涝不疏决，既无粪壤，又不籽耘”[④]，属于典型的粗耕农业。这些文献记载虽然不能反映岭南农业生产的全貌，但从中已能看出大多地区实行粗耕农业这一事实。

在古代的生产方式下，人口的多少是衡量农业生产水平的一个重要标准，因此有的学者提到唐代新州人口密度为 27 人/平方公里，在全国三百多州中居第 11 位[⑤]，这应该是一个说明唐代广东农业生产具有较高水平的有力论据，此处对于这一数据的可靠程度不予论说，仍将其放在时间序列中去考察。按照前面已经阐述过的道理，假定唐代已经在新州营造了一个可人的农业生产环境，那么宋代应在原有的基础上继承发展，但事实上宋代的情况正好相反。据宋人周去非所云，当时广西的昭州、广东的新州因瘴气郁盛，竟有“大法场”之称，这里不但不适于居住，而且外来者会有夺命之险。宋人所谓“大法场”虽然只有昭、新二州，但瘴气之害几乎遍布岭南各地，处处都可伤人毙命，如英州被周去非称为“小法场”，“春州瘴毒可畏，凡窜逐黥配者必死”[⑥]，由于各地普遍有瘴气威胁，故范成大说两广无瘴之地惟有桂林，“自是以南，皆瘴乡矣”[⑦]。瘴气使人们望而生畏，严重阻碍了人口的迁入，唐宋两代都将这里作为流放犯人或安置贬官的地方。百姓的迁移各随人意，官员的任地却由朝廷派遣，由于环境险恶，宋代岭南各州的令佐、监押“并用广南人充”，只留得一名知州由朝廷派遣[⑧]。由于环境险恶朝廷还特将知州的任期由三年一任的定例，改为两年一任，即使这样也没有人愿意万里投荒，来这里赴任的官员，不是开罪了朝廷，就是冒犯了权贵，大多都是受贬而至。宋代新州乃至整个岭南的环境尚且如此，唐代竟有在全国排名为前 11 位的人口密度，这样的对比，不能不让人怀疑这一数值的可靠性，以及以此为依据而形成结论的可信性。

唐宋时期岭南人口普遍稀少，人口的大量增殖是在明清时期，从这时起，这里的农业生产环境才有了与以往不同的变化。

有的学者还提到唐代广东已出现了梯田[⑨]，实际上这里弄混了梯田与坡耕的概念。丘陵山区农业开垦有两种类型，一种为坡耕，这种山地开发形式起源很早，从古代一直使用到今天。其特点是顺应山体的坡度耕翻土地，不加任何改造。坡耕是一种原始粗放的山区开发形式，由于坡面没有改造，土地翻松后，每逢雨季，暴雨即将表层土壤顺坡冲刷而下，造成严重的水土流失。梯田则是另一种山区开发形式，在坡地上沿等高线修筑台阶式农田，这样可以改变地形坡度，经人工改造，每块农田都形成水平面，因而具有拦滞径流，稳定土壤，保水、保土、保肥的作用。梯田的出现是我国农业发展史与山区开发史上一个划时代的革命，产生的时间大约在宋代。虽然北宋时期的文献还很难找到有关内容的明确记载，但可以肯定南宋时期南方个别地区已经出现了梯田。但这时梯田每层台阶面积都很小，甚至直到元代梯田规模也不过数十级不足一亩。梯田也是人多地狭背景下的产物，南

① 宋 周去非：《岭外代答》卷三《外国门》。
② 《舆地纪胜》卷九二《连州》。
③ 《舆地纪胜》卷八九《广州》。
④ 宋 周去非：《岭外代答》卷三《外国门》。
⑤ 李庆新：《唐代广东的农业》，《农业考古》，1995 年第 1 期。
⑥ 宋 周密：《癸辛杂识》前集《改春州为县》。
⑦ 宋 范成大：《桂海虞衡志》。
⑧ 《续资治通鉴长编》卷九五，天禧四年六月。
⑨ 李庆新：《唐代广东的农业》，《农业考古》，1995 年第 1 期。

宋时期梯田仅在两浙、两江以及福建等人口密度大、土地不足的地方出现，唐代广东境内出现的是坡耕而不是梯田，两者在山地开发上完全是两个概念。

八、青藏区与台湾区的农业生产与主要农作物

（一）青 藏 区

青藏区包括今青海、西藏两省区，这里地势高寒，长期以来适应环境，仅在雅鲁藏布江以及湟水谷地等河川谷地发展了有限的农业，大部分地区以畜牧业为主。

青藏区的农耕业规模虽然无法与内地相比，但发展历史却很悠久，大约公元2世纪前后藏文文献中就记载了农业耕作的情景，人们开垦土地，引水灌溉，种植庄稼。由于自然条件的限制，青藏区农业生产的规模一般都较小，发展速度也较慢。《后汉书·西羌传》中记载居住在今青海一带的羌人："所居无常，依随水草，地少五谷，以产牧为业。"唐代青藏区农业有了较大的进展，太宗贞观年间与中宗景龙年间文成公主、金城公主入藏，携带的种籽、农具以及熟于农活的农民，都为这里农业生产发展起了推动作用。《旧唐书·吐番传》记载雅鲁藏布江谷地附近气候大寒，不生粳稻，有青稞麦、小麦、荞麦等作物，"其人或随畜牧而不常厥居"。这时在青藏区的经济成分中农耕业虽然不占突出地位，但在雅鲁藏布江中游地带，已经形成稳定的规模。元以后至明清时期，青藏区与内地的来往不断加强，原来分散的垦区逐渐扩大，至19世纪这里农业生产的地理格局基本形成。

（二）台 湾 区

台湾区基本就是台湾省的范围，明以前这里的农耕业基本以高山人的经营为主，明以后闽、浙、粤等地的移民不断来到岛上耕种，岛上农业开垦范围不断扩大。

台湾海洋性的气候条件与山地多、平原少的环境特征，使这里的粮食作物基本以水稻与粟为多，种植小麦的历史并不长，此外甘蔗等经济作物也保持了一定优势。

台湾水稻种植可以追溯至高山族时期，这时水稻的种植方式还较原始，17世纪初内地人口开始迁移入台，改进了种植技术。荷兰人占领台湾期间以及郑成功时期，对当地种植业都给予了一定的重视，特别是郑成功时期推行内地的屯田法，开垦荒地，水稻种植进入了一个新的阶段。进入清代，上岛垦荒的大陆农民越来越多，水稻的生产规模也越来越大，至19世纪后期，本区生产的稻米不但可以自给，而且有相当一部分运往日本。

粟是台湾另一种传统粮食作物，高山族时期这种作物就普遍种植，明以后随着内地垦荒人口的增加，水田逐渐取代了旱地，清代其分布基本与高山族的分布区域一致，并随着高山族传统区域的缩小，而不断缩小种植面积。

小麦、玉米等旱地作物大规模种植都较晚，18世纪小麦的种植量仍然有限，耕作方式也很粗放，这种现象一直延续到民国初年。玉米种植范围的扩展也在民国初年。

第五节 历史时期农业开发进程中的环境问题

环境问题是目前全球关注的热点问题，而环境问题的早期积累，多数来自农业开发的

不当举措。中国是个农耕历史悠久的大国，数千年的农业垦殖既创造了灿烂的文明，同时也积累了许多环境问题，成为农业开发中的负面影响。总的来看，随着农业开发进程的深化，随之而至的负面影响也越来越大，这些负面影响不但影响了当时的农业生产，而且遗患于后代。

对于环境问题，特别是人类的生产活动与环境之间的关系，古代先哲早已留下了许多发人深省的见解，如荀子所言："草木荣华滋硕之时，则斧斤不入山林，不夭其生，不绝其长。"孟子云："不违农时，谷物不可胜食也；数罟不入污池，鱼鳖不可胜食也；斧斤以时入山林，林木不可胜用也。"先秦诸子"不夭其生，不绝其长"的思想肯定了生态环境以及生物资源与人类生存的互依互利关系，这种思想不但构成人们早期环境意识的核心部分，而且一直影响着后代的有关政令，如宋代就发布过这样诏令："方春阳和之时，鸟兽孳育，民或捕取以食，甚伤生理而逆时令，自宜禁民二月至九月无得捕猎，及持竿夹弹探巢摘卵，州县吏严饬里胥伺察，擒捕重置其罪"①。辽代也有"方夏，长养、鸟兽孳育之时，不得纵火于郊"的规定②。可以说古人的这些环境思想，在官方号令所及的地方，对于保护生物资源还是起了一定作用。

谈到这里必须要说明的一点是，古人的环境思想以及由此而引发的环境观，与农业生产的现实是有一定距离的，这些思想的存在在无饥馑之忧的地方会对人们的行为起到一些抑制，但面对为求生存而寻觅土地的人们来说，就显得十分无力。特别是随着人口的增加，与土地开垦的扩展，人们面临的环境已不仅仅是"不夭其生，不绝其长"的问题，而是生物生存空间受到毁灭性扰动的问题，这样的问题直接影响到农业可持续发展与环境对农业开发的承载能力。总结我国数千年的农业历史，大致可将由于农业开发造成的遗患后代问题归为以下几点：

（一）围湖造田引起的湖泊面积萎缩

圩田既是江浙水乡采取的重要土地利用方式，也是围湖造田的主要形式。宋人称"堤河两岸，而田其中，谓之圩"③，这种田制创始于宋代以前，宋代随着人口的增加不但圩田面积和数量不断发展，而且名目与形制也有所更新。当时围水造田主要有下面几种形式：①圩田：又称围田，就其形制而言围田与圩田没有本质的不同，杨万里云："农家云圩者围也，内以围田，外以围水"④，可见二者本为一事。在宋人的习惯上，则往往把濒江者多称之为圩，围湖者称之为围。②涂田：所谓涂田，根据元代王祯《农书》中的解释，就是开垦大陆或海岛的滨海滩涂地，实际就是海边的"围田"。③沙田："沙田乃江滨地，田随沙涨而出没不常"⑤，实际上就是未垦江河的冲积沙滩。这些由圩田而派生的各种新的土地利用形式，是江南农户在长期实践中的伟大创举，王祯在《农书》中一一总结了这些垦殖形式的优越性和重要性。圩田"凡一熟之余不惟本境足食，又可赡及邻郡"，是各类围水造田形式中最重要的一种；在涂田上布种，"其稼收比常田，利可十倍"；种植在沙田上的庄稼更"以无水

① 《宋大诏令集》太宗太平兴国三年四月。
② 《辽史》卷二一《道宗纪》一。
③④ 宋 杨万里：《诚斋集》卷三二《圩丁词十解》。
⑤ 《宋史》卷三八四《叶颙》。

旱之忧”而胜于它田。尽管王祯的话有夸大其辞之嫌，不能尽视之为信语，但从中还可以看出圩田等各种围水造田形式取得了巨大成功。也正是由于圩田存在的诸多优越性，才会在江南各地推广起来。

围水造田虽然对于解决江南人多地少的矛盾，促进农业生产的发展起了巨大作用，但是也因过度围垦而造成生态环境恶化、湖面缩小等环境问题。宋代就有人就围水造田对环境的影响提出看法：围田之前，“东南地濒江海，水易泄而多旱。历代以来，皆有陂湖蓄水以备旱岁，盖湖高于田，田又高于江海，水少则泄田中，水多则放入海，故无水旱之岁，荒芜之田也。”北宋中期以后，围水造田活动兴盛，至政和年间两浙地区的湖泊已大有“尽废为田”的态势，于是出现了“涝则水增溢不已，旱则无灌溉之利”的景象，农民岁被水旱之患①。许多著名的湖泊如鉴湖、夏盖湖等都是在这一时期被围垦成田的。

鉴湖本为越州境内蓄水、灌溉能力最强的湖泊，被围垦前可灌溉山阴、会稽两县境内地形条件允许的全部 9 千顷农田，水量仍沛然有余。北宋前期就有人盗湖围田，以后有增无减。大中祥符年间有 27 户，治平年间 80 余户，围田 700 余顷②；熙宁年间增至 900 余顷③。鉴湖水面日益减少，严重影响了当地的农业生产，朝廷不得不派官前来调理。熙宁年间朝廷派至浙东的官员，面对大片湖水已被围垦成田的现状也无可奈何，只好采取一个妥协之计，“立碑为界，内者为田，外者为湖”④，使现有湖田两存，即一方面承认既有围田的合法性，另一方面又企图阻止围田的进一步扩展。这样软弱无力的作法自然丝毫不能阻止围垦湖田的强盛势头，至宣和二年湖田面积已达 2 200 多顷，时人惊呼整个鉴湖已经“湮废尽矣”⑤。

与鉴湖的情况相似，位于越州上虞县境内的夏盖湖、余姚县境内的汝仇湖、明州鄞县境内的广德湖等也都是在这一时期被大规模围垦的。鉴湖等湖泊如此迅速地被围垦罄尽，宋人曾忧心忡忡地感叹道：“鉴湖千顷山四连，昔为大泽今为田，庸夫况可与虑始，万年之利一朝毁”⑥。沈遘所说的“万年之利”主要指湖泊调蓄水量的作用，大规模围垦湖水，甚至竭泽而耕必然要加剧水旱灾害。如夏盖湖曾是四周六乡数十万亩田地所仰赖的灌溉水源，湖面被围垦后，周围田地“若雨不时降，则拱手以视禾稼之焦枯”；若“一遇旱暵，非唯赤子饥饿，僵踣道路，而计司常赋亏失尤多，虽尽得湖田租课，十不补其三四 ”⑦。

两宋之际的“靖康之乱”迫使中原士庶纷纷南下，南方人口激增。由于人口增加，原来已经感到十分狭迫的土地，这时显得更为紧张。在这种情况下，人们必然要努力扩大耕地范围，开禧二年朝廷“以淮农流移，无田可耕”的原因，不得不开放曾一度下达的对围田的禁令，“诏两浙州县已开围田，许原主复围，专召淮农租种”⑧。

围田初行之时，其意义本在“围田”，即将濒临湖陂的土地用堤坝圈围起来，使之淤填成田，这也就是所谓的盗湖为田。南宋时期势家大户盗湖围田之风愈演愈烈，以致成为当时朝政上的一件大事，史云：“自壬子岁入朝者，首论明越间废湖为田之害”⑨。这时除了鉴

① 宋 李光：《庄简集》卷一一《乞废东南湖田札子》。
② 宋 曾巩：《元丰类稿》卷一三《序越州鉴湖图》。
③ 《宋会要辑稿·食货》八之一九。
④ 《宋会要辑稿·食货》八之一九。
⑤ 宋 庄绰：《鸡肋编》卷中。
⑥ 宋 沈遘：《西溪集》卷三《鉴湖》。
⑦ 《嘉泰会稽志》卷一〇。
⑧ 《宋史》卷一七三《食货志》上一。
⑨ 《宋会要辑稿·食货》七之四三。

湖、广德湖等面积较大的湖泊，像白马湖、落星湖这些溉田不过百余顷的小湖，也相继被盗为田。经过这样一番围垦，“三十年间，昔之曰江、曰湖、曰草荡者，今皆田也”，围水造田的最初“只及陂塘……已而侵到江湖”①，范围逐渐扩大。由于湖面减少造成的水旱灾害十分严重，往往使农田“旱无所灌溉，水无所通泄”，当时人们就意识到所有这一切应统统归为“弊在于围田”②。

宋代是历史上围湖造田的第一个高潮期，这一时期以江浙一带围田量最大，此后，特别明清两代南方各地围水造田的事例越来越多，大片湖泊消失，随着湖泊水面的减少，不但影响到农业生产的灌溉问题，而且造成生态环境恶化以及对江河水量调蓄能力降低的严重后果，这一切又间接影响到农业生产的正常发展。

（二）山区的开发与水土流失

我国是一个多山的国家，山区开发历史悠久。早期的山区开发主要参与者是被中原人称为蛮、僚、徭的少数民族，他们的生产手段一般都很落后，以刀耕火种为主，加之人口数量较少，开垦的规模小而分散，对于环境的破坏也较小。这些民族主要分布在西南一带，这些地区均以热量充足，降雨充沛构成气候的基本特点，近年有些学者针对这种气候条件下实行的刀耕火种进行了研究，他们认为在一定开垦规模下，这些地区实行以刀耕火种为基本内容的游耕，并不意味着山区植被的毁坏，这些地区的水热条件会使弃耕土地上的植被迅速恢复起来，因此弃耕后并不会因为山体裸露而造成水土流失现象。真正对于山区环境有威胁的开发，从宋朝开始，延续至明清。

山区农业开发对于环境的影响与开垦规模、开垦方式以及当地的气候、土质等因素都有直接关系，宋代由于东南地区人口的增加，开发强度较大的山区主要都集中在东南地区，由于山区植被破坏引起的环境问题也主要集中在这一地区。早在汉代就有人注意到山区植被与环境的关系，提出“斩伐林木亡有时禁，水旱之灾未必不由此也”的观点③。宋代指陈毁坏植被威胁环境的议论越来越多，其中比较有代表性的是宋人魏岘，他指出：四明一带山区“昔时巨木高森，沿溪平地竹木蔚然茂密，虽遇暴雨湍激，沙土为木根盘固，留下不多，所淤亦少。近年以来，木植价穹，斧斤相寻，靡山不童，而平地竹木亦为之一空。大水之时，既无林木少抑奔湍之势，又无包揽以固沙土，致使浮沙随流而下，淤塞溪流，至高四五丈绵亘二三里……由是舟楫不通，田畴失溉”④。

明清时期山区开发又进入了一个新阶段，人口多、土地开垦范围大是这一时期山区开发中的突出特点，由此而引起的水土流失量也更甚于前代。玉米、甘薯的引进对于解决快速增加人口的粮食问题，起了很大的作用，但是这种作物“根入土深，使土不固，土松遇雨则泥沙随雨而下”。前往山区垦荒的棚民往往以三年为期，“种包谷三年，则石骨尽露，山头无复有土矣，山地无土，则不能蓄水，泥随而下，沟渠皆满，水去泥留，港底填高，五月间梅雨大至，山头则一泄靡遗”。三年之后，由于水土流失，一处已不能开垦，“棚民又赁垦别山，

① 宋 卫泾：《后乐集》卷一三《论围田札子》。
② 宋 龚明之：《中吴纪闻》卷一《赵林水利》。
③ 《汉书》卷七二《贡禹传》。
④ 宋 魏岘：《四明它山水利备览》卷上。

而故所忌处，皆石山不毛矣”①。同样种植在山地的甘薯也会引起严重的水土流失，浙东山区“自温州棚民租山垦掘种艺番芋，厥土松缺，一遇淫霖积潦，山上砂砾随水奔集于溪，溪路遂处处淤塞。甚为阖邑田庐之害”②。山区植被减少，拦蓄水源的能力也相应降低，“溪涧之水，发源山谷，从前山中树木稠密，落叶积地，滋润存水渐渍入溪，故溪流不涸。今山木日稀，无积叶可以存水，雨霁数日，溪流易涸，至堰田无水可注”③。山区植被的破坏不但造成自身生态环境的恶化，而且也影响到依靠山间水源灌溉的平地农业。在生态环境脆弱、植被恢复能力差的地区，由于植被缺失而造成的水土流失直接影响到今天的环境。

（三）沿农牧交错带的垦殖与土壤沙化

农牧交错带既是农、牧两种生产形式的基本分布界线，也是干湿状况不同的两类自然地理区域，历史上农牧交错带的位置虽曾有过南北摆动，但随着农耕区的逐渐拓展，自汉以后基本保持在燕山—阴山—陇山—青藏高原边缘一线；清代同治、光绪放垦后，关外土地大片开垦，农牧交错带东段经辽河中上游、大兴安岭东麓向北转向，这一界线基本是我国湿润、半湿润气候的北界，这里的自然条件对农业生产最大的障碍性因素是降雨量不足。由于气候干旱，植被稀疏，土壤层一般较薄，一经开垦极易沙化。

农牧交错带沿线的大规模农业开垦，以清中后期最为集中，由此而引起的环境问题也从这一时期开始显现出来，至民国年间土壤沙化问题已成为人们共同关注的问题。满铁调查报告《哀哉热河》中就提到，天山、鲁北、林东等地放垦后，人们斩伐林木，开垦土地，由于耕作粗放，一块土地种植几年，即被抛荒。土地“抛弃以后，树木不能立刻生长，曾经由草木多少防治一点的黄尘，现在自由飞散，砂在移动”。这种现象在放垦以后的农牧交错带沿线到处都存在，严重影响了这一地区当时与后代的生态环境。

参 考 文 献

中国科学院地理研究所. 1980. 中国农业地理总论. 北京：科学出版社

王毓铨等. 1991. 中国屯垦史(下). 北京：农业出版社

史念海. 1960. 河山集. 北京：生活·读书·新知三联书店

华　立. 1995. 清代新疆农业开发史. 哈尔滨：黑龙江教育出版社

〔日〕西岛定生. 1984. 中国经济史研究. 北京：农业出版社

沈宗瀚等. 1977. 中国农业史. 台湾商务印书馆

许　檀. 1998. 明清时期山东商品经济的发展. 北京：中国社会科学出版社

张国雄. 1995. 明清时期的两湖移民. 西安：陕西人民教育出版社

李　璠. 1984. 中国栽培作物发展史. 北京：科学出版社

李令福. 明清山东农业地理. 油印稿

李辅斌. 清代河北山西农业地理. 油印稿

周宏伟. 1996. 清代两广农业地理. 长沙：湖南教育出版社

郭文韬. 1995. 中国耕作制度史研究. 开封：河南大学出版社

郭声波. 1993. 四川历史农业地理. 成都：四川人民出版社

---

① 光绪《乌程县志》卷三五《杂识》引沈尧《落帆楼杂著》。
② 道光《武康县志》卷四《地域志》。
③ 道光《永州府志》卷上。

唐启宇. 1986. 中国作物栽培史稿. 北京:农业出版社
葛剑雄. 1991. 中国人口发展史. 福州:福建人民出版社
龚胜生. 1996. 清代两湖农业地理. 武汉:华中师范大学出版社
韩茂莉. 1993. 宋代农业地理. 太原:山西古籍出版社
韩茂莉. 1990. 辽金农业地理. 北京:社会科学文献出版社
傅筑夫. 1960. 中国经济史论丛. 北京:生活·读书·新知三联书店

第七章　历代工矿业的分布、兴衰及其社会经济意义

我国早在新石器时代开始有了原始的手工业和矿冶业，不过这时仅为个人或家庭生活所需。商周以后，精细的冶炼业和手工业产品主要为王室服务，少量作为商品流通，大多比较粗糙的手工业品还是服务于家庭和个人。春秋战国以后，商品经济有了较大发展，矿炼和手工业的部门、质量、品种增多，专业化渐趋明显，促进了整个封建社会经济的发展。秦汉以后成为国民经济的重要部门，至明清矿炼和手工业在某些地区已成为主要经济部门，对促进当地经济起过重要的作用。在漫长的中国传统社会里，冶炼业和手工业的发展，推动了整个社会的生产力，改变了我国社会经济结构，增加了商业的流通，改变城市和交通的布局，促进区域之间的联系；同时对人们的政治、经济、文化观念的改变都有过重大影响。我国传统社会里的矿冶业、手工业部门繁多，不能备述。本章仅就对国民经济生产和人们生活以及对人文地理布局有比较重大影响的矿冶和手工业部门作一概括的论述。

第一节　丝棉织业的地理分布及其变迁

我国在原始社会阶段已经出现了纺织业，本节主要论述与国计民生关系最大的丝、棉织业的变迁。

一、丝　织　业

中国是世界上最早发明蚕桑和丝织业的国家。据考古资料，我国人民在新石器时代已经开始种桑育蚕，抽丝织衣了。黄河流域丝织事业起源于何时，目前尚无强有力证据，不过在齐家文化甘肃永靖大河庄遗址出土了加捻、牵伸的陶纺轮和为数较多的薄片条形骨匕，被认为是大河庄已有育蚕织绸的佐证①。此外，辽宁锦西地区红山文化遗址中发现了玉蚕，说明东北红山文化时期也有了育蚕业。南方的丝织业起源比较明确。浙江钱山漾新石器时代遗址中出土的绢片和丝带，经鉴定，原料用的是家蚕丝，绢片是平纹组织，经纬密度每平方厘米48根，是我国至今发现年代最早的丝织品实物②。由此可见，早在新石器时代我国南北各地普遍开始了育蚕丝织事业。

殷墟安阳武官村所发现戈援上残留着绢纹和绢帛。甲骨文里已有了蚕、桑、丝、帛等文字的记录，说明商代黄河流域已经有了一定规模的丝织业。从殷商遗址出土的丝织实物的研究，那时已有了简单提花装置的织机③。夏商春秋时期，据《诗经》、《左传》、《史记》等文

---

① 唐元明：《我国育蚕织绸起源时代初探》，《农业考古》1982年第2期。
② 《吴兴钱山漾遗址第一二次发掘报告》，《考古学报》1960年第2期。
③ 胡厚宣：《殷代的蚕桑和丝织业》，《文物》1972年第11期。

献，在今天黄河流域的陕西、山西、河北、河南、山东等地都已经有了相当发达的丝织业，当时的丝织品有丝带，丝质的纽扣，丝绸衣服，彩色的织锦，丝织的马缰绳以至丝作的钓鱼绳等等，用途十分广泛，工艺也十分考究，丝织技术已很成熟。长江流域丝织业水平整体而言不及黄河流域，但蜀国、楚国和吴、越的丝织业，也开始兴起。据《禹贡》记载，黄河下游和长江中下游的兖、青、徐、扬、荆、豫六州都有丝和丝织品作为贡品，可见在春秋战国时代蚕桑和丝织业在中国东部地区已十分普遍。

战国秦汉时代，黄河中下游和长江流域各地的丝织业已发展到一定规模，其中有几个主要产地：

(1) 西汉首都长安所在关中地区，自西周以来丝织业就比较发达。京师长安城内设有东、西织室，俱属少府，即皇室私库，专织高档丝织品。《三辅黄图》："织室，在未央宫。又有东西织室，织作文锈郊庙之服，有令史。"东汉迁都洛阳，仍有织室。《后汉书·和熹邓皇后传》："织室锦绣、冰纨、绮縠。"是专门为皇室服务的丝织工场。

(2) 齐鲁产地。齐鲁原有发达的蚕桑业，《禹贡》青州贡蚕丝。春秋时太公"乃劝以女工之业"，《史记·货殖列传》："齐带山海，膏腴千里，宜桑麻，人民多文采布帛鱼盐。""邹、鲁滨洙、泗，……颇有桑麻之利。"秦汉时齐地丝织品举世闻名，"织作冰纨绮绣纯丽之物，号为冠带衣履天下"①。《史记·李斯列传》载李斯《谏逐客书》中提到各地输入秦国的贵重物品中有"阿缟之衣，锦绣之饰。"集解引徐广曰："齐之东阿县，缯帛所出。"所谓"齐(济)阴之缣"②、"亢父之缣"③ 均为名产。《汉书·地理志》记载西汉在全国设服官的地点仅二处，一处即齐国都城临淄，名齐三服(春冬夏)官，"作工各数千人，一岁费巨万"④。产品以刺绣为主。后汉时仍为宫廷织造"冰纨、方孔縠、吹纶絮"⑤。王充《论衡·程材》："齐郡世刺绣，恒女无不能"

(3) 兖豫产地。大致为古代河济之域。《禹贡》兖州"厥贡漆丝，厥篚织文"；豫州"厥贡漆枲絺紵，厥篚纩纤。"当时丝织品产地中心在襄邑(今杞县)至睢阳(今商丘)一带。襄邑即西汉另一处服官，以织锦为主，所谓"襄邑俗织锦，纯妇无不巧"⑥。襄邑东南"睢(水)涣(水)之间出文章，天子郊庙御服出焉"⑦。东汉明帝率公卿大臣祭天地，所服各色绣衣，均为襄邑所贡。可知其产品专供宫廷皇室享用。另一产地为今濮阳县一带的卫国旧地。《诗·卫风·氓》"抱布贸丝"，《禹贡》兖州"厥贡漆丝，厥篚织文"，说明位于河济之间的兖州，也正是卫国旧地，较早开始丝织品的贸易。《左传》哀公二十五年载，春秋时卫国曾爆发三匠起义，有人认为即织、染、缝三匠。战国时称"富比陶、卫"⑧。卫(濮阳)、陶(定陶)为中原地区重要商业都会，可能与丝织品贸易有关。

(4) 楚国旧地。《管子·小匡》载，楚国"贡丝於周室。"20世纪50年代以来，在河南信阳、湖北江陵、湖南长沙楚墓中出土了不少质地良好的丝织品。1952年在长沙五里牌406号战国墓出土绸、绢等残片。1957年在长沙左家塘战国楚墓中发现一批丝织品中有各种

---

① 《汉书·地理志》。
② 《盐铁论·本论》。
③ 《流沙坠简考释》卷二器物类。
④ 《汉书·贡禹传》。
⑤ 《后汉书·章帝纪》。
⑥ 《论衡·程材》。
⑦ 《水经·淮水注》引《陈留风俗记》。
⑧ 《战国策·齐策六》。

颜色的绢和纹样繁缛的纹锦。1972年在长沙马王堆汉墓中出土一件素纱禅衣，薄如蝉翼，衣长128厘米，袖长190厘米，总重49克，以今日工艺水平衡量之，也堪称奇迹。同时出土的还有绣袍和彩帛。1982年江陵马山砖瓦厂一号楚墓出土的一大批丝织品，有衣物35件，按其织造方法和织组结构，可分为绢、绨、纱、罗、绮、锦、刺绣、组八类，其品种之繁多，工艺之精湛，保存之完整，均前所未见①。由此可见战国以来，楚国旧地的丝织工艺水平已经达到惊人的程度。

(5) 成都平原产地。著名的产品是蜀锦。扬雄《蜀都赋》云"尔乃其人，自造奇锦。"《西京杂记》载汉成帝曾下令益州留下三年税输，为宫廷织造七成锦帐，以沉水香饰之。东汉时成都城内有锦官城以贮锦。城外锦江即以濯锦得名。

魏晋南北朝时期，全国按户抽调，所谓户调，即以绢、绵为对象。《三国志·魏志·武帝纪》建安九年下令，"其收田租亩四升，户出绢二匹，绵二斤而已。"《晋书·食货志》载西晋户调"丁男之户，岁输绢三匹，绵三斤。"北魏太和年间规定户调各随其土所出，黄河中下游十九州贡绵绢及丝，其他州皆以麻布充税②。太和十一年(487年)，"出宫人不执机杼者"，"诏罢尚方锦锈绫罗之工，四民欲造，任之无禁"③。可见北魏时公私丝织业颇为发达。其时黄河流域丝织业最发达的是河北地区。西汉时期河北已有私营丝织业作坊，《西京杂记》载，河北巨鹿陈宝光家出产的绫产高质精。魏晋时清河的(今河北清河)的缣、总(绢的一种)、房子(今高邑)的绵、纩(丝绵)、朝歌(今淇县)的罗绮均为上品④。其他如巨鹿、赵郡、中山、常山等郡出产的缣都为人们所称道。十六国后赵都城邺(今河南临漳县西南)丝织业十分发达，设有织锦署，巧工织锦，织工数百人，所产邺锦与蜀锦齐名，花色名目极多"工巧百数，不可尽名"⑤。北魏统一北中国后，太和年间规定黄河流域十九个州贡绵、绢和丝，说明当时黄河流域丝织业十分普遍。《颜氏家训·治家篇》："河北妇人织纴组紃之事，黼黻锦绣之工，大优于江东。"总的说来，当时长江流域的丝织技术不及黄河流域，但蜀锦却负有盛名，为黄河流域所不及。山谦之《山阳记》说：当时江东尚未有锦，河北所产又不及蜀锦，故魏、吴两国都从蜀输入蜀锦。魏文帝诏群臣云："前后每得蜀锦，殊不相似。"环氏《吴记》："蜀遣使吴，赍重锦千端。"诸葛亮说：蜀汉"民贫国虚，决敌之资，唯仰锦耳"⑥。刘禅降魏时国库中尚有锦绮采绢20万匹。左思《蜀都赋》说：成都城中，"阛阓之里，伎巧之家，百室离房，机杼相和，贝锦斐成，濯色江波。"可见无论在产量或质量上蜀锦在全国丝织堪称首屈一指。

唐代官、私营丝织业已相当发达，官府丝织业主要是少府监下属织染署分悉，下有十作，其中八作(绢、絁、纱、绫、罗、锦、绮、绸)都是丝织品。民间主要产区在黄河下游、长江上游和长江下游三大产区，即当时河北、河南、江南、剑南四道。以今地言之，一是河北、河南、山东三省及江苏、安徽二省淮河以北地区；二是今四川省和鄂、湘、陕三省部分地区，三是今长江三角洲、钱塘江流域和皖南部分地区。当时国家征收的赋税主要为绢、绵，天宝年间，岁收绢74万匹，绵18万5千屯(唐制绵六两为屯)，都来自民间家庭妇女所织，所谓

---

① 陈跃钧等：《江陵马砖一号墓出土的战国丝织品》，《文物》1982年第10期。
② 《魏书·食货志》。
③ 《魏书》卷七下《高祖纪》。
④ 左思：《魏都赋》。
⑤ 《邺中记》。
⑥ 《初学记》、《艺文类聚》、《太平御览》等引。

“丝枲纺织，妇人之务”①。孟郊《织妇辞》：“妾是田中女……不息窗下机，如何织纨素，自著兰缕衣。”唐诗中此类反映家庭织妇的诗句极多，不必多举，故绢、绵的生产在农村家庭中较为普遍。绢、绵、纩等初级丝织品，主要产地在黄河下游地区和四川盆地，长江三角洲基本不产绢或在丝织中占很小比例，主要产品为丝织品中较高档的为绫、锦、罗，有广陵的锦，京口的绫衫，晋陵的绫绣，会稽的罗、吴绫、绛纱等②。吴绫为极高档的丝织品，专为供宫廷之用。白居易《缭绫》诗：“缭绫缭绫何所似？不似罗绡与纨绮；应似天台山上明月前，四十五尺瀑布泉。中有文章又奇绝，地铺白烟花簇雪。”即此。据《元和郡县志》、《新唐书·地理志》记载，绫的最著名产地有：定州（今河北正定）、蔡州（今河南汝南）、兖州（今山东兖州）、江陵（湖北荆州市）、扬州（今江苏扬州）、润州（今江苏镇江）、杭州（今浙江杭州）、越州（今绍兴）八处，其中三处分别在河南、河北、山东，一处在长江中游湖北，四处均在长江三角洲及钱塘江流域。产锦地极少，著名的有扬州产锦袍、锦被，主要作为贡品，还有成都和蜀州（今四川崇庆）的蜀锦。产罗的地方较多，较著名的有恒州（今河北正定）、成都府、蜀州、润州、越州等地。越州尤以产绫、纱等织丽之物著称。成都的蜀锦仍闻名于世。其染色技术已超过了吴罗、湖绫。但南北相较，当时的丝织技术仍以北方为强。《唐国史补》载，大历年间，江东节度使薛兼训因越人不善机杼，乃访求军中未婚者，厚给资财，令其去北方娶织妇为妻以归，岁得数百人，由是越俗大化，“竞添花样，绫纱妙称江左。”唐朝后期南方丝织业迅速兴起，这与安史之乱后，北方人口大量南移将北方丝织技术南传有关。而关中地区的丝织业在唐后开始衰落。《元和志》越州：“自贞元以后，凡贡之外，别进异文吴绫及花鼓歇单丝吴绫、吴朱纱等纤丽之物，凡数十品。”宣州（今安徽宣城）：“自贞元以后，常贡之外，别进五色线毯及绫绮等珍物，与淮南两浙相比。”可以认为自大历以后，北方丝织技术传入南方后，经过当地人的改进和提高，大约在贞元以后，南方丝织水平已高于北方，时为8世纪中叶。唐时云南的南诏也是丝织业发达的地区，据《蛮书》记载，所产精者为纺丝绫，亦织为锦和绢，俗不解织绫罗。太和三年（829年）南诏侵入西川，掳掠去不少女工，于是开始能织绫罗。

两宋以后长江流域丝织业有明显发展，北方河北、山东仍保持一定发展势头。但整个黄河流域的丝织业盛况已远不如前。其原因大致有：一是契丹、女真的南进，对桑园的破坏，影响了蚕桑业的发展；二是宋元以后棉织业的兴起，丝织品为棉织品所替代；三是西北丝绸之路的阻隔和东南海上丝绸之路的兴起，刺激了南方丝绸事业的发展；四是北方人口的南移，加强了南方的丝织业技术力量，促进了南方丝织业向商品化和专业化的发展③。据《宋会要辑稿》食货六四之1～9记载，宋代各路缴纳租税的丝织品有罗、绫、绢、紬（绸）、絁（粗绸）、丝绵六种，从地域分布情况而言，与唐代并无二致，仍然是河北、河南、山东的黄河下游平原和四川盆地、太湖流域、钱塘江流域。但从缴纳的数量上，可以看出与唐代有变化。

（1）所缴纳绢数在10万匹以上的有京东东路、京东西路、京西北路、河北西路、两浙路、江南东路、江南西路、荆湖北路、梓州路、利州路十路。20万匹以上有京东东路、京东西路、河北西路、两浙路、江南东路、梓州路六路其中两浙路、江南东路最多，前者67万匹，后

---

① 《隋书·列女郑善果母传》。
② 《旧唐书·韦坚传》。
③ 邹逸麟：《有关我国历史上蚕桑业的几个历史地理问题》，刊《选堂文史论苑》。上海古籍出版社，1994年。

者 38 万匹。

(2) 紬一项也是两浙路、江南东路二路缴纳最多。前者 10 万余匹，后者 6 万余匹，其余均在 5 万匹以下。

(3) 丝绵一项以两计，两浙路 200 万两，江南东路 110 万两，其余均在 100 万两以下，较多为河北西路 95 万两，成都府路 83 万两。此外各路上供丝织品数量情况与租税相同，两浙路、江南东路均占首次两位。

(4) 黄河下游河北、河南、山东蚕桑丝织业生产仍然有相当规模。宋庄季裕《鸡肋篇》卷上："河朔山东养蚕之利，逾於稼穑。"河北东路因"民富蚕桑，契丹谓之'绫绢州'"①。秦观《蚕书》序言中说："今余所书有与吴中蚕不同者，皆得于兖人。"又云："九州蚕事，兖为最乎！"河北、山东的丝织品也有较著名的，苏籀《双溪集》卷九《务农扎子》说：河北"缣绮之美，不下齐鲁。"其中较著名的仍是定州。但整个说来已不及南方。当时南方的建康(今南京)织造的云锦，苏州织造的宋锦(或称织锦)，杭州织造的绒背锦，越州的赵罗，成都的蜀锦，都是闻名全国的织品，由此也都成为南方丝织业中心。南宋时长江三角洲和钱塘江流域，丝织业又有高度发展，南宋临安城中出售南方各地的绮、绫、缎、罗、锦，名目繁多，花色齐全。此时，长江流域的丝织业无疑超过了黄河流域。

元灭南宋以前，赋税中科差丝料大都以丝计量，少见丝织品。灭南宋以后，对江南地区仍旧制夏税折输绵、绢等织物。可见黄河流域缫丝业和织造业已分化，农家以育蚕、缫丝为限。从《农桑辑要》、《农书》记载来看，元代南方育蚕、栽桑的饲养、培植技术和工具都比北方先进，所产丝的质量也高。明洪武年间规定黄河流域数省的夏税绢数共 7.4 万余匹，比长江流域及其以南地区的 21.4 万余匹少了 2/3，正是反映了元末南北丝织业的情况。

明清时期长江三角洲地区丝织业有了空前的发展。以往研究成果甚多，不必详述。此处概括言之。

(1) 明清长江三角洲地区蚕桑缫丝业极为普遍，成为常见的家庭手工业。育蚕缫丝业与丝织业已基本分离。蚕桑缫丝业以湖州最为著名。明王士性《广志绎》："浙十一郡，惟湖最富。盖嘉湖泽国，商贾舟航易通各省，而湖多一蚕，是每年有两秋也。""故丝绵之多之精甲天下。"徐献忠《吴兴掌故集》卷二"蚕桑之利，莫盛于湖"。朱国桢《涌幢小品》卷二："湖地宜丝，新丝妙天下，……湖丝惟七里者尤佳，较常价每两必多一分，苏人着手即织，用织帽缎，紫光可鉴。"宋应星《天工开物·乃服》："屯、漳等绢，豫、蜀等紬，皆易朽烂，若嘉、湖产丝成衣，即入水浣濯百余度，其质尚存。"湖丝既闻名天下，其境内南浔、双林、菱湖、练市以及相邻交界的乌青等镇均成为湖丝的集散地，商业繁盛超过一般县治。

(2) 明清丝织业以南京应天府和苏、杭、嘉、湖为最。南京应天府织造主要为皇室、内府织造各种高档丝织品服饰，为皇室服用和朝廷赏赐所用，民间织造业也很发达。东南三吴地区的丝织业，则为当地的商品经济的发展起了重大作用。明张瀚《松窗梦语》卷四："大都东南之利，莫大于罗、绮、绢、紵，而三吴为最。即余先世亦以机杼起，而今三吴以机杼致富者尤众。"三吴地区由此而产生一批以丝织业为主的市镇，如吴江震泽镇，乾隆《震泽县志》卷 25 风俗生业："绫紬之业，宋元以前，惟郡人为之室。明(洪)熙、宣(德)年间，邑民始渐事机丝，犹往往雇郡人织挽；成(化)、弘(治)以后，土人亦有精其业者，相沿成俗。於是震

① 《宋史》卷二九九《张洞传》。

泽镇及近镇各村居民，乃尽逐绫紬之利，有力者雇人织挽，贫者皆自织。”又如吴江县盛泽镇“居民以绸绫为业，……迄今日民齿日繁，绸绫之聚百倍于昔，四方大贾，辇金至者无虚日”[①]。其时“吴人织作为业，即士大夫家，多以纺织求利”[②]。这些城镇乡村居民均以蚕桑、丝织业为主要生计，俱“不产米，仰食四方，夏麦方熟，秋禾既登，商人载米而来者，舳舻相衔也”[③]。清代东南市镇都各有专业，而丝织业为其大宗。嘉兴之濮院所产之濮绸名驰海内，“濮绸光滑胜吴锦，花似嘉绫巧并传”[④]。吴江盛泽镇为丝织品集散中心，“凡邑中所产，皆聚于盛泽镇，天下衣被多赖之。富商大贾数千里辇万金来买者，摩肩连袂，如一都会矣”[⑤]。其他如嘉兴新塍镇、王江泾、青镇、王店镇等都是以丝绸业而繁盛。湖州府之双林、菱湖、南浔、乌青、新市、塘栖等镇，苏州府领诸县如吴江震泽、盛泽、光福等镇所产锦、罗、绫、绢、绸，都是锦团繁花、巧夺天工之作。除上供朝廷外，还远销海外。于是苏、杭、嘉、湖农村产业以蚕桑丝织为主，稻作成为副业，粮食由两湖、安徽输入。对繁荣当地商品经济，增加地方财富方面，起了重大作用。

(3) 长江上游的蜀锦的地位已为三吴所替代。明末兵燹，成都的“锦坊尽毁，花样无存”，趋于衰落。四川唯保宁府（治今阆中）所产丝“精细光润，不减湖丝”，世称“阆茧”。其丝织品则有“丝绫文锦之饶”[⑥]。福建沿海漳、泉所织倭缎，丝质来自川北保宁[⑦]。广东的粤缎色彩鲜华，光辉滑泽，“粤纱，金陵、苏、杭皆不及”，“故广纱甲于天下，缎次之”[⑧]。

(4) 黄河流域丝织业总体而言已不如三吴地区，但尚有一些著名的产地。如山西潞安府（治今长治）所产潞绸，名闻宇内。《农政全书》卷三十一蚕桑：“西北之机，潞最工，取给予阆茧。”明代潞安府城内“其登机鸣杼者奚啻数千家”，“其机则九千余张。”万历年间长治、高平、潞州卫三处有机一万三千余张[⑨]，乃有“潞绸遍宇内”之说。河北饶阳的饶绸，山东的鲁绸，关中的秦缎、秦绫、秦缣，河南汴绸、汴绫，也都曾名噪一时。见图 7-1。

二、棉　织　业

宋代以前我国黄河、长江流域地区无棉植业，故无“棉”字。但棉布汉魏时已传入内地，为了区别于蚕丝的绵，遂加“木”称“木绵”。宋以前中原人没有见过草棉和树棉的原物，以为就是南方的乔木攀枝花纤维织成，所以对草植、树棉不能区别，统名之曰“木绵树”。古文献中还有梧桐木、桐木、橦花、古终藤、娑罗木等名称，或指草棉或指树棉不一。另外有吉贝、织贝、劫贝、白叠等名称，都是梵语栽培棉或棉布的音译。宋代以后，棉种传入内地，人们开始对草棉、树棉和攀枝花的区别有所认识，“棉”字才正式出现[⑩]。

棉种大约在公元前由印度分南北两道传入中国，起先停留在西北新疆和西南滇、桂、川、广、闽、海南等边远地带。《后汉书・南蛮传、西南夷传》载，汉武帝末年，“珠崖太守会稽

① 沈云：《盛湖杂录》，引自谢国桢：《明代社会经济史料选编》，第 69 页，福建人民出版社，1980 年。
② 明 于慎行：《谷山笔麈》卷四。
③ 《天下郡国利病书》卷二〇。
④ 《濮川所闻记》卷三。
⑤ 乾隆《吴江县志》卷五《物产》。
⑥ 张瀚：《松窗梦语》卷四。
⑦ 《天工开物・乃服》。
⑧ 乾隆《广州府志》引《嘉靖府志》。
⑨ 乾隆《潞安府志》卷二五。
⑩ 宋 袁文：《瓮牖闲评》。

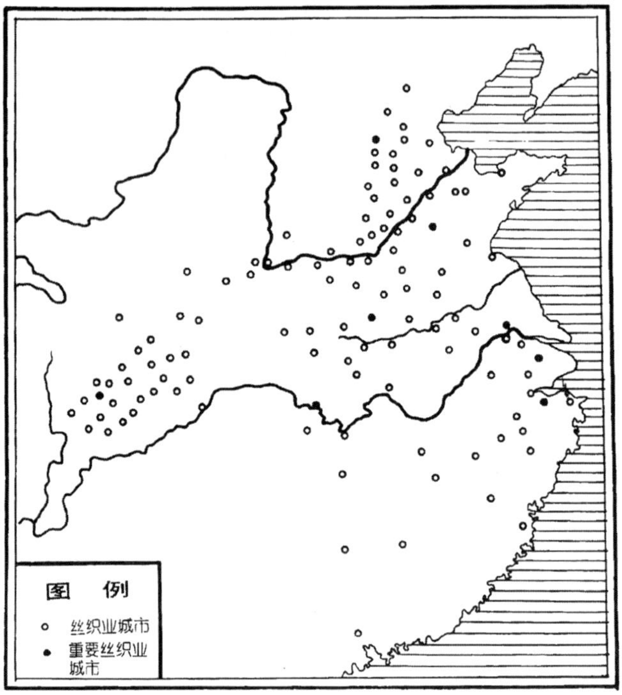

图 7-1 唐代丝织业中心分布图

孙幸调广幅布献之。蛮不堪役。”东汉云南哀牢夷内附，“有梧桐木华，绩经为布，幅广五尺，絜白不受污垢。”据《初学记》卷二七《绢第九》云：“旧制，人间所织绢布皆幅广二尺二寸，长四十尺为一端。”此广五尺或广幅布当即棉布而非丝布。《太平御览》卷八二〇引魏文帝诏曰：“夫珍玩所出，皆中国与西域，他方物比不如也。代郡黄布为细，乐浪练为精，江东太末布为白，故皆不如白叠故鲜皮也。”又云：“《南史》曰高昌国有草如茧，茧中有丝如细纑，名为白叠子，国人取织以为布，布甚软白，交市用焉。”卷九五六引《广志》：“梧桐有白者，剽国有白桐木，其叶有白毳，取其毳淹渍，缉绩织以为布。”由此可见，汉魏时期西北、西南边区已有植棉业和棉织业。1960 年在吐鲁番阿斯塔那 309 号高昌时期墓葬中出土纯棉纤维织成的白布，还发现了和平元年(西魏大统十七年，551 年)借贷棉布(叠)和锦的契约，一次借贷叠布多达 60 匹①，显然这些布是当地生产的。其他在于田也出土过棉织品。《新唐书·地理志》西州(治高昌)贡物中有叠布，吐鲁番出土唐代西州残存文书，得知西州农户种植小块棉田作为副业，市场上也有棉布作为商品流通。据《蛮书》载，唐时云南西部南诏境内，“唯收娑罗树子破其壳，其中白如柳絮。纫为丝，织为方幅，裁之为笼段。男子妇女通服之。”此当是棉布无疑。

南北朝时，西北、西南的棉织品不断地传入黄河和长江流域。《梁书·武帝纪》说是梁武帝很节俭，“帝身布衣(麻衣)，木绵皂帐。”《陈书·姚察传》说：“察自居显要，甚励清洁”，其门生送“南布一端”，“察谓之曰：吾所衣著，止是麻布蒲練，此物於吾无用。”陈在南朝，此既曰“南布”，则必来自海南诸国之地。又据姚察言，南布决非麻布，当为棉布。隋唐时棉布

① 吴震：《介绍八件高昌契约》，《文物》，1962 年 7，8 合期。

继续在中原流传，但棉种传播仍十分缓慢，直至唐时迟迟还未进入黄河、长江流域。两宋人文集、笔记大多只记闽、广有木棉。南宋诗人谢枋得（1226～1289年）有《谢刘纯文惠赠木棉布》诗云："嘉树种木绵，天何厚八闽"，"江东易此种，可以致富殷"，"所以木绵利，不畀江东人"。方勺《泊宅编》也说："闽广多种木棉，……纺织为布，名曰吉贝。"清赵翼《陔余丛考》也说："宋末棉花之利，尚在闽中，江东无此种也"。

宋元之际是中国植棉业和棉织业发展史上一个转折期，无论在地域的推广、发展和应用普及方面都有显著的变化。元至元二十六年（1289年）置浙东、江东、江西、湖广、福建木棉提举司，责民岁输木棉布10万匹，反映了13世纪中叶南方植棉业和棉织业已经向北传到了长江中下游地区。新疆的植棉和棉织业已传到了陕西，修于至元十年（1273年）的《农桑辑要》："苎麻本南方之物，木棉亦西域所产。近岁以来，苎麻艺于河南，木棉种于陕右，滋茂繁盛，与本土无异。二方之民，深荷其利。"王祯《农书》（作于1313年）也指出："夫木绵产自海南，诸种艺制作之法，骎骎北来，江淮川蜀，既获其利；至南北统一之后，商贩于北，服被渐广。名曰吉布，又曰绵布。"又木绵条云："其种本南海诸国所产，后福建诸县皆有，近江东、陕右亦多种，滋茂繁盛，与本土无异。"并强调比之蚕桑，"无采养之劳，有必收之效。"书中对木棉加工工序和工具都有详细的记述，反映了14世纪中国棉纺织业的技术已达到了相当的水平。

元代以后传入内地的棉种，由于气候和栽培条件的不同而引起品种的变异，多年生树棉逐渐被淘汰，而一年生的草棉的种植地域逐渐扩大。明以后所谓木棉大多专指草棉。元时棉织品产地除传统的闽、广外，还有太湖流域、江西、两淮、陕西、河南、山东、四川等地。不过其时植棉和棉花加工、织布还处于初级阶段，两者还未分离，织布业还未成为专门手工业。元朝后期，松江乌泥镇（今上海华泾镇）有位黄道婆，年轻时曾流落海南岛，从当地黎族人民那里学到纺织技术，大约在元贞年间（1295～1297年）遇顺道海船返回故乡，将崖州的制棉工具和织花技术带到了松江，向当地人民传授"造捍、弹、纺、织之具"，以及织造各种彩色鲜艳、花纹斑斓的棉织品技术，"人既受教，竞相作为，转货他郡"①。不久乌泥泾镇的产品名闻天下，以后太湖流域的松江府成为长江下游地区棉纺织业中心。估计自14世纪开始，棉织业才形成为独立手工业部门。元代植棉和棉织业发展迅速的原因可能有：

（1）我国最早植棉地新疆气候干燥、光照充足，日夜温差大，又有冰山雪水灌溉，是理想的产棉区。但唐中叶以后，长期不与中原王朝属于同一政权，无疑是影响传入内地的一个重要因素。元统一后，植棉和棉织技术从新疆传入黄河流域，而黄河流域的降水、光热条件十分有利于棉植业，故很快被推广。

（2）南方闽、粤、川、滇等地虽然很早就有了植棉和棉织业，但这里雨量过多，光照不足，土壤酸性大，病虫杂草危害严重，故产量一直不高，影响了人们传入内地的积极性。南宋以后，南方人口骤增，特别是富有阶级人口的增加，而蚕丝生产有限，不能满足日益增长的需要。社会上正需要一种新的衣着原料，由此使闽、粤、川、滇的植棉业很快向北传播。

（3）种植棉花虽较育蚕为易，所谓"无采养之劳，有必收之效。"但棉花加工工序和织造技术却比较复杂。14世纪以前工具比较落后，生产效率低，故难推广。元初黄道婆从海南传入先进纺织技术，改进了捍（搅车）、弹（弹弓）、纺（纺车）、织（织机）等工具，主要是弹

① 陶宗仪：《辍耕录》卷二四。

弓的改良，大大提高了生产率，也促进了棉织业的推广。

(4) 棉织品优点是质地柔和，穿着舒服，价格又比丝织品低廉，“人无贫富皆赖之”①。所以当技术问题解决后，很快地发展起来。

明清时期棉织业有了空前规模的发展，洪武初年下令推广棉花种植，凡民田五亩至十亩者，桑木棉（即草棉）各半亩，十亩以上加倍，并规定棉花为农业税征收对象。于是在洪武、永乐年间，棉花种植“遂遍于天下，其利殆百倍于丝、枲（麻）。自此而天下务蚕者，日渐以少”②。棉花在广大农村普遍成为主要经济作物。丘浚说：“（棉花）至我国朝，其种乃遍布于天下，地无南北皆宜之，人无贫富皆服之，其利视丝、枲盖百倍矣。”《天工开物·乃服》亦云：“凡棉布御寒，贵贱同之。”清乾隆时李拔《种棉说》：“予尝北至幽、燕，南抵楚、粤，东游江、淮，西极秦、陇，足迹所经，无不衣棉之人，无不宜棉之土”③。随着植棉业的普及，纺纱织布成为农村普遍的家庭手工业。

明清植棉业主要分布在三大区域：

(1) 长城以南、淮河以北的北方区。包括北直隶、山东、河南、山西、陕西五省。明代山东、河南二省产棉量最高，冠于全国。北直隶次之，山西、陕西再次之。清代北直隶有较大发展，“冀、赵、深、定诸州属，农之艺棉者十八九”，其产“富于东南”④。

(2) 秦岭、淮河以南、长江中下地区。包括南直隶、浙江、湖广、江西数省，其中以南直隶松江府产棉最富。湖广、浙江稍次，江西又次之。长江三角洲南岸的松、苏、常三府和北岸的泰州、海门、如皋都是重产棉地，如松江、太仓、通州、嘉定、上海等县种稻不过十二三，种棉者达十七八，“人民生计，全赖植棉”⑤。

(3) 华南、西南包括两广、闽、川、滇等最早的植棉区，但在明清时棉田面积不多，产量不高。如广东棉花多仰给于外地。

明清时期棉织业的分布地域十分广大，包括十个省区：北直隶、南直隶、山东、山西、河南、陕西、浙江、江西、湖广、四川（以明制为准）。其中太湖流域的苏、松、常三府为全国棉织业中心。尤其是松江府所产最为精良，不仅行销全国，还远销日本，号称“衣被天下”。上海棉织业特盛，“所出布匹，日以万计”⑥。青浦县农村家庭副业以棉织为主，“织日率一成端，入市易钱佐薪水”⑦。苏州府七县均产棉布，嘉定、常熟最盛。嘉定布远销蓟、辽、山、陕，常熟所产售于齐鲁地区。常州府五县以无锡所产为他邑所不及。境内机杼之声，遍及村落。所产“贸于淮扬、高邮等处。”故清时无锡有“布码头”之称⑧。浙江湖州、嘉兴的棉织业也相当可观。北方诸省中河北的保定、正定、冀、赵、深、定诸府州的棉织业，产品精良，远销晋、鲁以至内、外蒙古等地。徐光启说：明代肃宁（今属河北）之布在产量上相当松江的1/10，质量上“几与吾松之中品埒矣；其价值仅当十之六七”⑨。清代河北棉织品之精美已能与全国棉织中心松江匹敌，“产既富于东南，而其织纴之精亦遂与松、娄匹”⑩。陕西中部的葭

---

① 丘浚：《大学衍义补》。
② 乾隆《湖州府志》卷四一。
③ 《皇朝经世文编》卷三七。
④ 清 方观承：《棉花图》跋。
⑤ 林则徐：《江苏奏稿》二，见《林文忠公政书》。
⑥ 乾隆《上海县志》卷一。
⑦ 光绪《青浦县志》卷二。
⑧ 清 黄卬：《锡金识小录》。
⑨ 《农政全书》卷三五。
⑩ 方观承：《棉花图》跋。

川、宜君、鄜州、耀州等地农村棉织业也很可观，然产量质量都不高，无竞争能力，只能在附近地区销售。其他如福建建宁府、广东的广、惠、琼、廉、雷等府州虽也产棉布，但不发达。

明清时黄河流域植棉业比较发达，这是与当地雨量适中，光照充足有关，然而棉织业不如长江流域。明王象晋《郡芳谱》说："北方广树艺而昧于织。"徐光启《农政全书》说："今北土之吉贝贱而布贵，南方反是。吉贝则泛舟而鬻诸南，布则泛舟而鬻诸北。"这是因为北方气候适宜于棉花的成长，同时因为气候干燥，湿度不够，给纺纱织布带来一定的困难，故而所织棉布质量上无法与江南所产竞争。此外，早期棉织品产地川、闽、粤一带，在明清已趋衰落。广东的棉布多来自吴、楚，主要为松江的梭布，咸宁之大布①。明嘉靖《泉州府志》说，泉州的丝缕棉絮，皆仰吴、楚。四川人民甚至不谙纺织，由江楚成布运川销售②。总之，由于东南地区棉织品质量深受各地的欢迎，其他产地包括有悠久历史的棉织业区因无力竞争，纷纷衰落。

江南地区由于棉织大盛，形成一批以棉织业发达著称的县份，如无锡、嘉兴、苏州、常熟、上海、松江、青浦、嘉定等等，同时出现了一批以棉织业为专业的市镇，如嘉兴的新丰塘镇，青浦的朱家角，松江的枫泾、朱泾镇等等，对江南地区经济的发展起过很大作用。

宋元以后丝、棉纺织业的发展，在全国出现了一批以丝、棉织业为主市镇。特别是明清时期，在江南地区这类市镇星罗棋布，改变了过去传统的城市布局。在这些市镇里有许多专门的手工业工场，大批的雇用工人，形成新兴的生产关系。又由于原料产地与成品产地的分离，加强了两者之间的商品流通，促进了内地的水陆交通，出现了一批商品经济十分发达的商业城镇。这些商业城镇的经济地位甚至超过了所属的府州县城，以手工业、商业为主要产业的士绅阶层也应运而生。与此同时，江南农村的种植业也由粮食为主转为经济作物为主，从粮食输出地变为输入地，促进了长江下游地区与中上游地区粮食的流通。总之，宋元以后，丝、棉织业的发展，大大改变了江南地区的人文景观。

第二节　刻书印刷业的地理分布及其变迁③

雕板印刷术是我国古代重要发明之一，已为世界所公认。但我国雕版印刷术起源于何时，诸说不一。归纳起来有汉朝说、东晋说、六朝说、隋朝说、唐朝说、五代说、北宋说七种。汉朝至隋朝说都失之过早，且无实物为佐证。目前比较权威的著作，一部是张秀民《中国印刷史》，一部是曾之《中国印刷术的起源》（武汉大学出版社，1994 年）。两书均认为我国印刷术起源初唐（前者说贞观，后者说武则天时）。现存最早的印刷品是武则天长安四年（704 年）至唐玄宗天宝十载（751 年）间刻印的《无垢净光大陀罗尼经咒》和吐鲁番出土的《妙法莲华经》两件。我们即采用初唐说。

唐代是我国中古时期经济、文化最繁荣时期，国力强盛，农业、手工业、商业都达到空前繁荣。刻书印刷业的产生，正符合当时社会政治、经济、文化发展的需要。唐代刻书业有地点可考者有：长安、洛阳、越州、扬州、江东、江西以及益州成都等地。长安是首都，全国文化中心，玄奘法师从印度取经回国，印施普贤像，当是在长安印刷的。洛阳也雕过佛经。越

---

① 清 屈大均：《广东新语》卷十五。
② 《清高宗实录》乾隆三十年十月二十五日。
③ 本节主要参考张秀民：《中国印刷史》（上海人民出版社 1989 年）一书撰写。

州则可能刻过白居易的诗。扬州是唐代第一商业都会,市面上有当地所刻的日历出售。江东指苏州一带,也印过历本。江西即今南昌一带,唐时曾刻过道家炼丹的书《刘宏传》数千本。益州成都是西南一大都会,唐时“扬一益二”,经济繁荣仅次于扬州,刻过佛经、术数、字书、小学之类的书籍。总之,初唐开始我国几个主要城市已经出现了印刷品,但当时所印主要还是些佛经、历书之类,对整个社会的文化推进作用不大。

五代十国虽然是南北分裂时期,但相对安定的南方各国经济、文化比较繁荣,政府支持出版事业,无论在数量和质量上都较唐代有明显发展,因此在印刷史上五代占有重要地位。当时重要的刻书地点,在北方主要在开封,梁、汉、晋、周四朝的都城。京城设有国子监,后唐时由宰相冯道主持刻印《九经》,从后唐历经后晋、后汉、后周四朝二十二年始成。是我国第一部大部头的经书,也是监本的滥觞。后晋时宰相和凝“有集百卷,自篆于板,模印数百帙,分惠于人”①。这是我国历史上第一部文人自刻的文集。当时河西的瓜、沙州也刻过《金刚经》。南方各国刻书业则更发达,如南唐江宁府刻过刘知几的《史通》、徐陵的《玉台新咏》和《韩昌黎集》。福建的闽国也刻印过书籍。前、后蜀政权十分重视文化,在成都先后刻过杜光庭的《道德经文圣义》三十卷、《唐本草》、《文选》、《初学记》、《白氏六帖》、《九经》,于是蜀中文学大兴。吴越国钱氏信佛,本世纪以来在杭州、湖州、绍兴等地发现了一些吴越时所刻经卷。总之,五代时南方诸国重视文化,尤其是成都和杭州,刻书业最为发达,在我国雕板印刷史上有承前启后的地位。宋代蜀、杭本最上,就是继承五代而来的。

宋代是我国历史上文化十分发达的时代,也是刻书印刷的黄金时代,宋朝统治者重视教育,从中央到地方有各级学校,需要大量的教本和参考书,同时也十分热心国家图书的收藏和儒家经典、史子医书以及佛、道经典的刻颁,并在政策上鼓励私家刻书,故私家刻书大盛。南渡以后,政治中心南移,衣冠文物南迁,地方官都是文化人,刻书成一时风气。如陆游、范成大、杨万里、朱熹、张栻等百余人在各处做官,无不刻书。或刊行自己著作,或刊行先人著作,或刊行乡贤名宦著述,或刻师友著述,或将家中藏本、善本付梓以便流通,不胜枚举。《建炎以来朝野杂记》载,淳熙十三年秘书郎莫叔光上言:“今承平滋久,四方之人益以典籍为重,凡搢绅家世所藏善本,处之监司郡守访得之,往往锓板,以为官书,所在各自板行。”于是宋代地方各监司、府县学官、书院等都以刻书为任。同时由于刻书印卖可以获利,各大城市都有书坊,更刺激了私坊刻书,世家、私塾、寺院莫不刻板印书。因此宋代官私刻书最盛,为雕板印刷史上黄金时代。

张秀民先生指出,北宋初年刻书不多,真宗中叶以后雕印渐多,神宗熙宁以后解除擅刻书籍之禁,出版自由,各种印本增多。至南宋高宗末、孝宗、光宗、宁宗、理宗而最盛。魏了翁《鹤山先生大全集》(卷四):“自唐末五季以来始为印书,极于近世,而闽、浙、庸蜀之锓梓遍天下。”宋代刻书印刷业的普及,大大推动了学术、文化和科技的发展②。北宋刻书印刷地点可考者,除汴京(今开封)、杭州、成都、福州等出版中心外,还有应天府(今河南商丘)、河北东路沧州、京西南路的信阳州、河东路的太原府、解州、绛州、两浙路的越州、明州、章安、钱塘、余杭、秀州、盐官、苏州、吴江、江阴,江南东路的江宁府歙县,江南西路洪州吉州、临川、虔州赣县,淮南东路高邮军,淮南西路龙舒,荆湖南路、四川利州路、永兴军路、广南东路、广南西路等地,都有所刻的书流传下来。其中最有影响的当然是几个印刷中心。

① 《旧五代史》卷一二七《和凝传》。
② 《中国印刷史》,第58页,上海人民出版社,1989年。

(1) 开封府。自五代以来都是北中国的都城，政治、经济和文化中心。中央政府机构国子监、崇文院、秘书省、国史院等都刻印经、史群书，以备朝廷宣索赐予之用。最重要是国子监，以国家财力主刻大量儒家经典，如孔颖达的《五经正义》一八〇卷，淳化五年(1005年)全部板成。国子监所刻称监本，北宋监本约有百十余种，南宋人称为“旧京本”、“京师旧本”、“京都旧印本”、“汴京本”，南渡后已极难得了。崇文院刻过《吴志》三〇卷、《广韵》、《隋书》、《律文》、《齐民要术》、《算经十书》等。内府刻过《陆宣公文集》。国史院刻过《景祐乾象新书》。此外，刑部、大理院、进奏院等都刊行过不少法律书。太史局设有印历所，掌雕印历书。开宝年间在成都雕成的《大藏经》13 万板，后运至汴京印造。各地寺院自备纸墨之值，也可借板印造。所以这部《开宝藏》，虽称益州板，实在汴京印造。后蜀在成都雕印成《文选》、《初学记》、《白氏六帖》、《九经》等书，后蜀降宋后，雕板被运至汴京，加以利用再印，成为最早的宋本。总之，北宋时首都开封在刻书印刷业，无论其种类还是数量方面，都是全国雕板印刷的中心。然经女真、蒙古的入侵，图书文物化为灰烬，而开封的刻书印刷业也全遭破坏。

(2) 杭州。自吴越以来，杭州的经济文化已很发达。北宋时杭州的雕板印刷技术已受政府的青睐。如《史记》、《前、后汉书》淳化五年(994 年)校毕，即命杭州镂板，以后又有《七经 正义》、《新唐书》、《宋书》、《齐书》、《梁书》、《陈书》、《后魏书》、《北齐书》、《北周书》、《资治通鉴》等都曾送杭州雕板印刷，所以北宋监本除汴京开雕外，有很多是在杭州开雕的。杭州钱塘、仁和地方政府都有雕印，如景祐本《白氏文集》七二卷等。私人刊印也不少，如临安陈氏万卷堂的《史记》(淳化)，钱塘刊板《后汉书》(大中祥符九年)，临安进士印《唐文粹》(宝元二年)，将作监主薄李用章刊《韩诗外传》(庆历)，钱塘颜氏刊《战国策》(治平前)等，还有私人文集，寺院刻印《华严经》、《大般涅槃经》、《佛说观世音经》等。靖康之乱，宋廷南渡，杭州建为临安府，定为都城。四方之民云集二浙，百倍常时。“平江、常、润、湖、杭、明、越，号为士大夫渊薮，天下贤俊多避地于此”①。书籍需要量大为增加，雕板印刷业大为兴旺。南宋绍兴年间国子监将北宋监本有残缺者重新镂板，未刊者镂板补全，传统的经典复全。同时南宋又刊行了不少医药、本草类图书。南宋监本四部均备，与北宋监本数几同。临安城内各寺院也多刊佛教经典。北宋杭州城内有许多书坊，南渡后私人书铺更多，称经铺、经坊、经籍铺，又名书籍铺、文字铺等。有的从汴京迁来，至今可考者有 21 家②。杭州刊本精良，名闻国内外。北宋时高丽国委托商人在杭州代刻佛经板。宋藏书家叶梦得《石林燕语》卷八云：“今天下印书，以杭州为上，蜀本次之，福建最下。京师比岁印板，殆不减杭州，但纸不佳”。

(3) 绍兴府。北宋时绍兴文化已十分繁荣，南渡后绍兴更是文物荟萃之地。刻过《毛诗正义》、《通鉴外纪》、《旧唐书》、《前、后汉书》等大部头史书，以及《尚书》、《周礼》、《礼记》等经典，所属嵊县刻过《战国策》三三卷，余姚县刻过《资治通鉴》。所刻称“越本”、“越州本”，颇为著名。

(4) 庆元府(今宁波)。原为明州，宋时为对高丽、日本的贸易港口。北宋时已为刻书重地，南渡后，刻书更多，称“四明本”、“明州本”，较著名的有明州本《文选》。据宝庆《四明志》卷二载，州学书板有 28 种，每种注明板数，共 3 000 余板。

---

① 《建炎以来系年要录》卷二十。
② 《中国印刷史》，第 70 页。

(5) 婺州(今金华)。南宋时婺州官私刻书甚盛,尤善各种翻板,经史子集均有。婺本经书与监本、建本、蜀本齐名。婺本朱熹《论语集注》10卷,传至日本,为日本人所翻刻。

(6) 衢州。南宋时也是著名刻书之地,州学刻过《三国志》、朱熹《四书集注等》等,称为衢本。

(7) 严州。南宋陆游父子均任严州,故刻书甚多,《剑南诗前集》、《剑南续稿》、《老学庵笔记》等都是他们在任时所刻。严州本还有《六经正义》、《语、孟正义》、《仪礼注》、《通鉴纪事本末》等,严州几部地方志均刻于此。

(8) 湖州。宋代湖州经济繁荣,地方富余。绍兴年间湖州归安县王永从兄弟捐家财刻《大藏经》板,550函,印造流通。有余板又刊《唐书》、《五代史》。熹熙三年(1239年)安吉州思溪法宝资福禅寺刊佛经5 740卷。一地刻两部佛经,亦属罕见。

(9) 平江府(苏州)。南宋时亦为繁富之地。经济发达,刻书较多。所刻称"姑苏本"、"苏州本"、"吴本"。有《杜工部集》,"每部值千钱,士人争卖之。"地志方面有《吴郡图经》、《吴郡图经续记》、《吴郡志》等。苏州一带善男信女很多,平江府碛砂延圣院设立经坊,刻《大藏经》,自南宋末至元中叶,历时九十年(1231~1322年),称"碛砂藏",共591函,1 532种,6 362卷。可见刻书规模之大。

(10) 建康府(今南京)。南唐时建康已经刊书,北宋时开刊《建康实录》、《花间集》等。南宋时叶梦得曾捐军赋使刊《六经》,其他有关建康的乾道、庆元、景定数志和《六朝事迹》等均在此雕印。

(11) 成都府。成都在唐末书铺出卖各种印本。五代后蜀又大力刻书,与杭州一样,有较好的基础。北宋初开宝时开始雕《大藏经》板,费时20年,板成,共13万块,5 048卷。这是我国第一次刻成的佛教大型丛书,是出版史上空前的大事。北宋曾将这部印本《大藏经》赠送高丽、日本、安南、西夏、东女真、龟兹等国,对亚洲的印刷事业发生过极大影响。因始刻于开宝年,通称"开宝板",又刻在成都,故又称"益州板"、"蜀板"。同时成都民间私刻书坊很多,经史子集种类繁多,且字精纸洁,刻印俱佳。成都附近之广都(今双流)以产楮皮纸、竹纸著称,蜀中经史子集都用广都纸传印。广都费氏进修堂刊大字本《资治通鉴》,俗称龙爪本。成都府路属眉山为苏轼家乡,刻书特多,有眉山本《册府元龟》,最重要的为《七史》(宋、齐、梁 、陈、魏、北齐、北周书),称蜀大字本。因字、刻均精良,经历代刷印,印板模糊,后人称为"邋遢本"。其板至清嘉庆时,始被焚毁于南京。四川刻通称"川本"、"蜀本",又分"成都本"、"广都本"、"眉山本"等,可与杭州本媲美。

(12) 福州。宋代福州佛教盛行,北宋元丰至崇宁(1080~1103年)在福州城外白马山东禅等觉院开雕《大藏经》板一副,计500余函,约6 434卷。俗称"崇宁藏"。福州开元寺又于政和至绍兴(1112~1151年)雕造《毗卢大藏经》板一副,500余函。简称"毗卢藏"。所属闽县报恩光孝观开雕《政和万寿道》。成都雕刻全部《大藏经》13万板,已属我国雕板印刷史上创举。而福州一地在宋代竟开雕两部《佛藏》、一部《道藏》,其板片约近30万块,为我国宗教出版物史上一大盛举,亦见福州雕板印刷业人力物力之盛。

(13) 建宁府。附郭建安县和所属建阳县都是南宋雕板印刷业的中心。建阳县西70里的麻沙、水南、崇化及长平等地,书坊林立。尤其是麻沙、崇化两坊,产书,号称"图书之府"。所刻之书,远销高丽、日本。《方舆胜览》建宁府土产"书籍行四方",朱熹《嘉禾县学藏书记》:"建阳板本……无远不至。"现有可考的书坊就有自37家。自宋至明,建宁书坊之盛,为全国之冠。福建所刻称"闽本"、"建本"或"建安本"，建阳麻沙镇所出称"麻沙本"。麻沙本因木质柔软，纸质脆薄，色泽黄黑，且为速售，粗制滥造，错误较多，当时被视为劣本。叶梦得《石林燕语》卷八云："蜀与福建多以柔木刻之，取其易成而速售，故不能工；福建本几遍天下，正以其易成故也。"然因其品种繁多，成本低廉，流传至今的宋板，以建本为较多。故建本颇为著名，其中当然也不乏刻工精良、内容上乘的佳作。

除上述雕板印刷的重点地区外，刊印较多的还有浙东路的台州、福建路的泉州、广南东路的潮州，为岭南地区刻书之冠，还有淮南东路高邮军，江南东路的饶州、鄱阳、池州、当涂，江南西路的江州、吉州、抚州，广南西路的桂州，荆湖南路长沙，福建路漳州等地，都有一定规模的雕印业，并有书坊出售所印书籍。张秀民先生《中国印刷史》(93～94 页)列一南宋刻书地域表，表中反映共 183 处，以两浙路为最多，共 48 处，次为江南东西路 37 处，荆湖南北路 28 处，福建路 22 处，淮南东西路 19 处，四川路 17 处，广南东西路 12 处。由此可见，南宋时雕板印刷业几遍全境，对当时文化的发展作出过重大贡献，同时对活跃南方经济也起过重要作用。

张秀民先生指出：宋代刻书的特点有三：一为政府的重视和地方官的提倡；二是刻书地点的普及，南宋十五路几乎没有一路不刻书，而浙、闽、蜀三地所刻尤多；三是刻本内容丰富，经史子集和类书、丛书、佛道藏俱全，品类繁多，印造精美，为后世所不及；更有贡献者为毕昇活字板的发明，周必大还用活字刊印过自著的《玉堂杂记》。张秀民估计宋代刻本当有数万部，如明权相严嵩抄家时，就有宋板书 6 853 部①。

辽代初年是从北宋输入书籍，以后也发展自己的刻书印刷业。辽代出版业中心在南京析津府(今北京市)，刻过著名的《辽藏》(《契丹藏》)，还有些其他佛经。此外如中京大定府也有雕板印刷业。辽代所刻书籍经史子集均有，但最大的工程则为两部《大藏经》刊印，一部为大字卷轴本，一部为细字雕刻的小字本。全为汉文。1974 年在今山西应县木塔内发现大字本《契丹藏》12 卷，全部为卷轴装，让我们看到了《契丹藏》的真面目。1991 年在宁夏贺兰县发现一部约 10 万字的西夏文佛经《吉祥遍至口和本续》，是现知我国也是世界上早的木活字印刷品，说明西夏已有相当发达的雕板印刷事业②。金代从熙宗(1135～1148 年在位)开始即重视儒学，大定、明昌间儒风大盛，刻书业亦随而兴起。北中国境内各地，包括今北京市、河北、山东、河南、山西各省的九路三十处，都有雕板印刷事业。其中比较中心的地点：一是中都大兴府(今北京市)。由国子监印行书籍，将汴京宋国子监镂板运至燕京刷印，成为金朝的监本，有儒家经典和十七史等。二是南京开封府。金末女真为蒙古军所逼，迁都南京，将大量雕板图书迁至南京，曾镂板《贞观政要》等。三是平阳府(今山西临汾市)。金代平阳府出纸，书坊很多，出版业发达。书籍成为平阳特产。平水(临汾的别称，因临汾城西南汾水支流平水而得名)板书籍，天下著名。四是河北宁晋。有荆氏私家刻书，有《五经》、《泰和律义篇》、《广韵》等。金代雕板印刷业虽不如宋代发达，但超过辽代，有书名可考者约 100 余种，经、子、集、宗教典籍、科技医药著作都有，其中最大工程则为《释藏》、《道藏》的刊印，《道藏》且有数部。

元代学术科技都比较发达，人才辈出，戏曲更是黄金时代。但是元代中央政府对文化控制很严。明陆容《菽园杂记》卷十云："尝爱元人刻书，必经中书省看过，下所司，用许刻

① 《中国印刷史》，第 58 页。
② 《西夏文佛经"吉祥遍至口和本续"的学术价值》，《文物》1994 年第 9 期。

印。”私人著作要经过官方审阅方可刊行，因此阻碍了元代雕板印刷业的发展。元代内地刻书业远不及宋代之盛，数量和质量上都稍逊。当时可考的刻板约三四百种，其刻书的重要地点：一为大都(今北京)，全国政治文化中心。至元年间创立兴文署，掌雕印文书，召集良工刻经史子板本，流传天下，以《资治通鉴》为起端，共 294 卷。其他也有文集和经卷。二是平阳(时为晋宁路治临汾县)，继承金代平阳刻书业，平水私家出版业很发达，有的是金元两代百余年的老铺。三是杭州。两宋以来为全国雕板印刷业之冠。元朝往往将官司送往杭州刻印，因杭州刻工技术高，好纸佳墨易得。元代将亡宋的国子监改建为西湖书院，刻书规模最大，刊行了许多残缺不全的宋监本以及元人文集、戏曲等，又曾两次刊印《文献通考》348 卷。四是建宁。建宁路建安、建阳两县南宋以来即为出版印刷中心，建本以数量取胜，质量较差。建宁在宋代私家书坊很多，元代更有所发展，可考者有 42 家。五为吐鲁番。该处为内地与中亚交通孔道，东西方各种宗教在此会合佛教、摩尼教、基督教教堂并立相处，出土过汉文、回纥文、蒙文、藏文、西夏文、梵文等六种文字的雕板印刷的佛经，都是当地雕板印刷的经典。此外，浙江、江西、江东、湖广、福建、山东、广东各儒学、书院、郡庠、寺庙都刻有儒家经典和佛经。元人著述约有 3 000 种，其板本可考者仅三四百种，远不及宋代之盛。种类是四部齐全，还有医药和科技书籍，工程最大的则为宗教经典，有汉文、蒙文、藏文和西夏文的《大藏经》，又重刊了《道藏》。

明代刻书印刷很盛，政府对出版业十分重视。内府、经厂、南北两京国子监和各部院都刻书，十三布政使司、按察使司和各府无不刻书，各级官吏也出俸钱刊书。袁栋《书隐丛说》：“官书之风至明极盛，内而南北两京，外而道学两署，无不盛行雕造。官司至任，数卷新书与土仪，并充馈品，称为书帕本。”此外明代各藩王府刻书约 430 种，比南北国子监还多，宦官中也有好名而出资刻书者，还有寺庙、书院、书坊、天主堂都刻书，江南地主、富商私家宅塾都刻过不少精品。由于明代书可以私刻，无元代层层审批制度，且刻资低廉，纸墨易得，所以嘉靖、万历以后，凡做过官的无不照例刻集子，成为一时风气。

明代刻书地点实际普及全国，不过比较重要刻书地点为：一是南京国子监，所刻称南监本。补刻宋元以来国子监残缺本，从各地收集宋元旧刊，修补、重刻了《二十一史》、《通鉴》、《三通》等，为保存我国传世史籍作出了重要贡献。另外，南京各部院、应天府都刻书。南京城内还有很多书坊，今可考者 93 家，这类书坊刻印了大量戏曲、小说，适应了当时社会的需要。二是北京。永乐后政府出版事业由司礼监掌握，所刻称“经厂本”，主要刻官方文书。国子监本主要刻经、史，如集经学大成的《十三经注疏》和《二十一史》。部院、顺天府和各私家书坊都刻书。三是杭州。明洪武初将杭州宋元旧板均运往南京国子监，于是宋元以来一直居刻书印刷事业领导地位的杭州为南京所代。但明代杭州官私刻书印刷仍十分繁荣。杭州官方刻书有布政司、按察司、都察院、两浙运司及杭州府五处，共镂板 141 种，多为国防、经济方面的条例和律令。杭州私家刻书业十分发达，最有名的是胡文焕《文会堂》编刻过不少丛书，杭州天主堂也刻印过书籍。四是苏州。苏州宋代以来即为文人荟萃之地，文化发达。明代苏州刻书在万历以前已多达 177 种，为全国之冠。所刻称“苏板”，与内府板、福建板并称，所刻经、史、医、刑以及舆地、文诗之类均有。私家刻书中值得一提的是苏州府所属常熟县藏书家、出版家毛晋的《汲古阁》本，种类极多，有著名的《十三经》、《十七史》、《津逮秘书》、《宋名词六十一种》、《六十种曲》等，流行于大江南北，还远至流求，为保存和流通我国传统古籍起了重要的作用。五是徽州。徽州自宋以来，纸、墨、砚生产已很著名。明代徽商以盐业财雄一时，也投资于出版印刷事业。徽板书雕镂板画，穷工极巧，为时所珍。明代徽板与杭板、苏板、闽板齐名。六是建宁。自宋至明福建建宁府一直是全国出版印刷业的中心之一。宋、元时书坊集中在建宁府附郭县建安，建阳则麻沙、崇化两处刻书最著名。明时建安书坊衰落，而建阳独盛。麻沙、崇化两处街上都是书铺，天下贩书客商如织。明代建阳提供的书籍数量占全国之最。在技术方面已采用木活字、铜活字印书。胡应麟《少室山房笔丛》卷四："余所见当今刻本，苏常为上，金陵次之，杭又次之。近湖刻、歙刻骤精，遂与苏常争价。蜀本行世甚寡，闽本最下。"除上述重点印书地点外，南直隶、浙江、福建、江西、湖广、四川、广东、广西、云南、贵州、北直隶、河南、山东、山西、陕西等两京十三布政使司地方官署、藩府都有刻书。明代出版刻印书籍总数约有数万种之多，除了传统的经史子集和宗教典籍外，还有不少科技医药书籍，包括西方翻译著作，对中国文化影响极大。

清代入关后也重视印刷出版事业。全国刻书印刷极为普遍。就其对出版印刷业最有影响而言，首先当然是首都北京，全国政治、经济、文化中心，元朝以来也是印书中心。清代中央政府印书事属内务府，所刊本均称"内府本"。康熙、乾隆时代我国文化事业发展到封建时代的顶峰，两帝均大力致力于文化事业。康熙十九年(1680年)于武英殿设修书处，掌管刊印装潢书籍。所刊书称"武英殿本"，简称"殿本"。殿本书甚多，如今流传的重要古籍，《十三经》、《二十四史》、《九通》、《大清一统志》、《全唐诗》、《水经注》、《佩文韵府》、《皇舆西域图志》、《盛京通志》、《日下旧闻考》等等大部头著作都有殿本。殿本校刊、写刻、纸墨均精，为木板书中上品。清代北京城内除了内府官刻外，还有许多书坊刻书，集中在内城隆福寺和宣武门外琉璃厂两处为最盛。所刻除一般经史和八股文试卷外，还刻小说、民歌、俗曲、鼓词、字典、法律、医书及初级满文课本等。其次是苏州，自明代以来即为出版印刷业中心之一。地方经济发达，故文化事业特别兴旺。苏板书籍多为书坊所刻，康熙、乾隆年间还成立了同业行会，为他处所无。书坊所刻除经、史、医等书外，还刻了不少小说、戏曲，曾为官方所禁。后起的有广州，刻书印刷业是清中叶以后才兴起的，当地从事海外贸易富商注重文化事业，开设书坊刻书。当时广州刻工价廉，许多书商喜在广州刻板，运回印刷。佛山镇印书业是清末才兴起的，开始用木板印刷，后多用石印和铅字机印。佛山板多为通俗小说是近代市民社会的需要。杭州、徽州书坊衰落，南京亦不及明代之盛。其他各省都有书坊刻书印刷，因均以营利为目的，质量不如殿本，但对普及文化和教育应有一定贡献。清末各地方政府都设局刻书，首创为曾国藩在同治二年(1863年)于江宁所设金陵书局，光绪年间各省相效仿。所刻称为局本。各局中刻书最精最多为浙江官书局，因有著名学者如俞樾主持其事，故所刻精审，错误极少，超过殿本。估计十余官书局所印书当在1 000种左右，四部均备，尤其因适应社会需要大量印刷《四书》、《五经》，价格低廉，对当时普及文化起过一定作用。

近代以来上海成为全国印刷业中心，其时西方石印、铅印传入中国，比木板大为方便，木雕印刷遂被淘汰。其他城市也纷纷成立新法石印、铅印书坊，不能备举。

雕板印刷术的发明，是我国书籍史上一项革命，对人类文化发展的贡献，怎么估计也不算高。我国印刷业的发展地域变化，实际上也是经济、文化地域变化的反映。印刷术发轫于唐五代，大兴于宋代。宋代以来，至明清刻书印刷业遍及全国。书籍普及，不仅方便了学子，普通百姓的文化知识亦有所提高，对整个封建社会文化发展起了推动作用。我们从历史上刻书印刷的中心地点来看，除了开封、北京作为首都的特定条件成为刻书印刷业的中心外，其他大都在南方，长期不衰的有杭州、苏州、成都、建宁等。这充分说明，宋代以后南方经济文化无疑胜于北方。宋代以后文人学士南方籍多于北方籍，印刷业的兴旺无疑是个条件。同时印刷业带动了造纸、制墨、雕刻工业的发展，由此兴起一批以印书为专业的市镇，促进了地方经济的繁荣，同时也带动了地方文化的发展。因此印刷业的兴起和发展，对我国人文景观的变迁有很大的影响。

第三节　造纸业的地理分布和变迁①

我国古代书写文字有甲骨、青铜、玉、石等，但这些材料不易取得，且过于笨重，携带不便，不利于普及和大量使用。于是以后出现了用简（长方形竹片）、牍（木片）作为书写材料，用韦（皮条）或丝编在一起，称为“策”或“册”。简、牍材料易得，书写方便，又便于携带，所以我国古代许多典籍都是书写在简牍上的。同时在春秋战国以后，随着蚕桑丝织业的发展，又有用缣帛作为书写材料。所以春秋战国时期简、牍、帛同时作为书写的材料。然而随着文化的发展，长篇文字的出现，简牍体积过大、缣帛太贵的缺点就暴露出来了。纸就是作为帛、简及其他书写材料的代用品而出现的。

造纸术起源于何时，过去一直没有定论。传统说是东汉蔡伦所发明，现在出土实物证明西汉时已有纸的产生。不过蔡伦在纸的原料改进和应用推广方面所起过重要的作用是不容抹杀的。先秦文献中无“纸”字，“纸”字是汉代才出现的。据潘吉星研究，纸字虽从糸旁，但纸从未有以丝质纤维做过原料，都是麻类木竹类（桑、藤、楮、檀皮、稻草、麦秆等）植物纤维为原料的②。目前为止发现的西汉纸有：1957 年在西安市郊灞桥出土的西汉早期纸，经检验为麻类植物纤维纸。1933 年在新疆罗布泊出土的西汉黄龙元年（前 49 年）古纸也是麻纸。1973～1974 年在甘肃额济纳河边居延汉代遗址出土公元前 1 世纪有西汉纸，经化验也是麻类纤维纸。1974 年在敦煌马圈湾汉代烽燧遗址中发现麻纸 8 片。1978 年在陕西扶风县中颜村西汉窖藏中发现三片纸，也是麻料纤维纸。不过西汉纸虽已发明，但尚在萌芽阶段，用途不广，尚未普遍用于书写，目前尚未发现西汉的字纸。

西汉时造纸业的地点已无可考，然而从目前发现的灞桥纸、居延纸、中颜村纸、敦煌纸和罗布泊纸的情况推测，关中地区大概是当时造纸的一个中心。东汉时造纸技术在西汉基础上有了明显进步，除了用麻类纤维外，还用树皮纤维造纸。同时已有广泛用于书写的记载，史不绝书，在新疆、内蒙古、甘肃发现的东汉纸实物也都是带字的。造纸业产地，洛阳无疑也是一个中心，《后汉书・蔡伦传》载：东汉和帝时，京城洛阳城中任尚方令的宦官蔡伦，“乃造意用树肤、麻头及蔽布、鱼网以为纸，元兴元年（105 年）奏上之。帝善其能，自是莫不从用焉，故天下咸称‘蔡侯纸’”。首都是政府机关和文人学士集中的地方，对纸的需要量最大，故洛阳必为当时纸的主要产地。其次，齐鲁地区也可能是两汉时期产纸地。据记载，东汉献帝（196～219 年）时期，左伯在“蔡侯纸”的基础上改进造出一种“妍妙辉光”的“左伯纸”。唐张怀瓘《书断》说：“左伯字子邑，东莱人，……擅名汉末，甚能造纸。”到了魏晋时期，纸的用途更为扩大，逐渐替代简帛等书写材料，东晋时简牍缣帛作为书写材料全被淘汰。《太平御览》卷六〇五引桓玄曰：“古无纸，故用简，非主於敬也。今诸用简者，皆以黄纸代

① 本节主要参考潘吉星：《中国造纸技术史稿》（文物出版社）一书撰写。
② 《中国造纸技术史稿》，第 6 页。

之。”出土文物也表明，东晋以后不再出现简牍文书，文书档案都书写在纸上了。纸的普遍应用，大大推动了文化的发展。一方面是公私著述和藏书的大为增加，另一方面是抄书之风盛行和书法艺术空前变化，没有纸的出现，书法的楷、草是难以出现的。

两晋时期南北各地都建立了公私纸坊。长安、洛阳是在两汉基础上发展成为造纸中心。洛阳是西晋首都，用纸量很大，左思《三都赋》出，一时传抄者众，洛阳纸贵。《初学记》卷二一《晋虞预请秘府纸表》：“秘府中有布纸三万余枚，不任写御书，而无所给。愚欲请四百枚，付著作吏，书写起居注。”可见京城内府藏纸很多。河北、胶东也盛产纸，徐陵《玉台新咏序》：“五色花笺，河北、胶东之纸。”东莱人左伯曹魏时即造出著名的“左伯纸”①。东晋时南方造纸也有很大发展，浙江会稽、安徽南部、建康和扬州六合、广州都是南方产纸中心。南方纸业的发展主要表现为造纸原料的扩大。除传统的麻类外，桑皮纸、楮纸和藤纸都已出现。浙江嵊县剡溪沿岸的藤纸，已引人注目。张华《博物志》：“剡溪古藤甚多可造纸，故即名纸为剡藤。”《太平御览》卷六〇五引东晋人范宁曰：“土纸不可以作文书，皆令用藤角纸。”（古时一纸称一角）范宁所谓土纸，可能就是一般麻纸、桑皮纸。而藤纸在当时被视为纸的上品。当时南方产量很大，《太平御览》卷六〇五纸记载：王羲之一次将会稽郡库中九万张纸全送给了谢安。

唐代为我国封建社会经济、文化发展的顶峰时期，纸制品不仅用于书写还广泛普及民间日常生活，如纸衣、纸帽、纸被、纸帐、纸甲、纸伞、纸扇以及纸质冥器等。纸的需要量大为增加，促进了造纸的技术提高，成本降低。造纸业遍及南北各地以至少数民族地区，据《新唐书·地理志》、《元和郡县志》、《通典·食货典》记载，陕西的长安、凤翔、洋县，四川的成都、广都，安徽的宣州、池州、歙州，浙江的杭州、衢州、婺州、越州、睦州，广东的广州、韶州、罗州，江西的江州、信州、临川，江苏的常州、扬州，湖南的衡州，山西的蒲州，河南的洛州，河北的巨鹿，湖北的均州，甘肃的武威、敦煌，新疆的吐鲁番等地均产纸品。中国的造纸技术也远传于日本、阿拉伯和南亚、东亚、东南亚、西亚各地。见图 7-2。

唐代印刷品用纸中，以陕西长安、凤翔、洋县所产麻纸为上品，关中为汉唐都城所在，造纸历史悠久，且用量亦大，促进了当地的造纸业。其他质量高的纸大多在南方。据《唐六典》记载，四方进献的有：益州的大小黄白麻纸，杭、越、婺、衢等州上细黄白状纸，宣、衢等州案纸，均州大模纸，蒲州细薄白的纸。其外，扬州六合笺，韶之竹笺，江州九江的云兰纸，临川之滑蒲纸、广东罗州（今廉江县北）的用栈香树皮制的香皮纸，还有著名的用木芙蓉皮所制“薛涛笺”，都是闻名当时的。余杭由拳村贡藤纸，歙、常、池、江、衢诸州亦贡纸。藤纸在唐代最为盛行。唐李肇《国史补》：“纸则有越之剡藤苔笺，蜀之麻面、屑末、滑石、金花、长麻、鱼子、十色笺，扬之六合笺，韶之竹笺，蒲之白薄、重抄，临川之滑薄。又宋、亳间有织成界道素绢，谓之乌丝栏、朱丝栏，又有茧纸。”其中鱼子笺，据潘吉星考证，就是历史上著名的研光水纹纸，证明水纹纸是我国首先发明的，这种纸至北宋时仍在四川制造②。唐代文人最重剡溪藤纸，两京士大夫皆能用剡纸相夸。《全唐文》卷七二七舒元舆《悲剡溪古藤文》：“剡溪上緜四五百里多古藤，……遂问溪上之有道者，言溪中多纸工，持刀斩伐无时，劈剥此肤以给其业，异日过数十百郡，洎东洛西雍，历见言书文者，皆以剡纸相夸。”由于藤的生长期长、资源有限，故唐后藤纸开始走下坡路了。蜀郡麻纸特好，《唐六典》卷九：“集贤

① 李为：《历史时期中国造纸业的分布与变迁》，《地理研究》1983 年第 4 期。
② 《中国造纸技术史稿》，第 85 页。

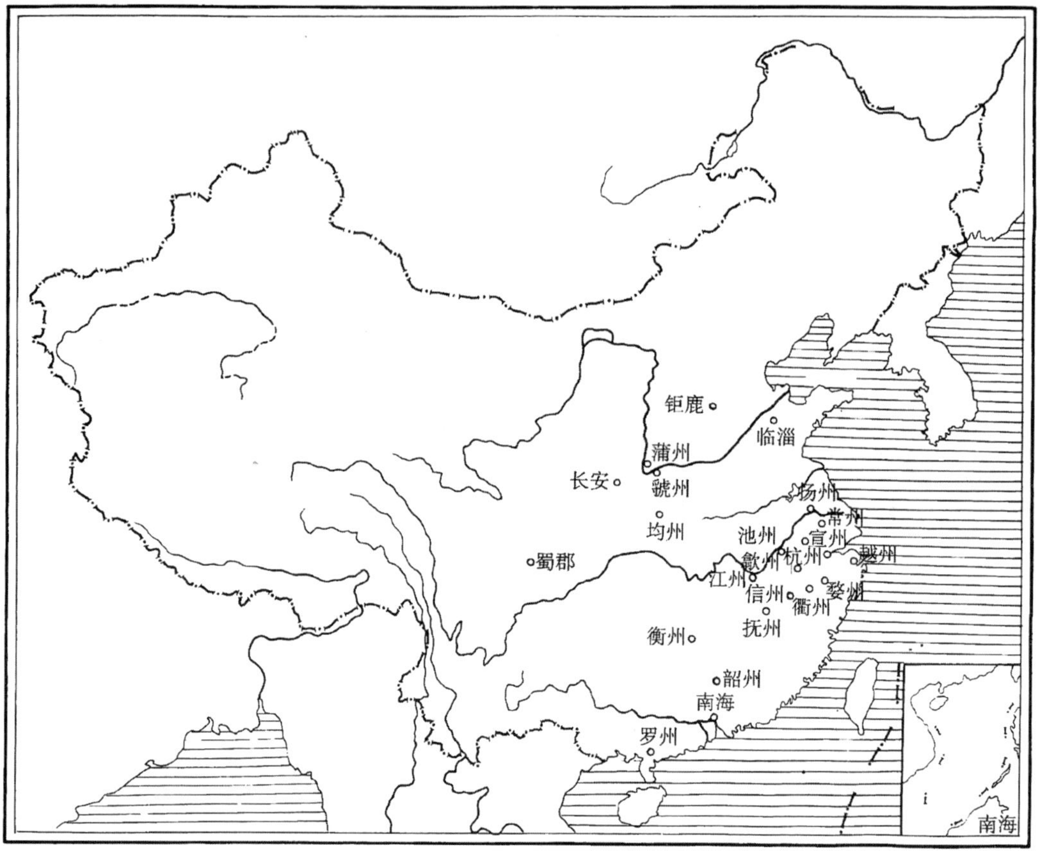

图 7-2　唐代造纸业分布示意图

殿所写，皆御本也。书有四部，……四库之书，两京各二本，共二万五千委百六十一卷，皆以益州麻纸写。”唐末益州印本，就地取材，提高了蜀本的地位。南唐置纸务官，“求纸工于蜀”，南唐有名的为澄心堂纸原料出于皖南的贵池、歙县一带，制作出于蜀工之手。澄心堂纸在宋代特别为人所珍，名画家多用此纸作画。蔡襄说“纸，澄心堂有存者，殊绝品也。……纸，李王澄心堂为第一。其物出江南池、歙二郡，今世不复作精品”[①]。歙州、池州、信州、宣州所产纸亦闻名。《新唐书·地理志》宣州贡纸，可知至今闻名于世的宣纸，唐代已开始生产。宣纸实产于泾县，因泾县属宣州，故称宣纸。吴越出版的书籍多用余杭由拳村藤纸。所以杭本和蜀本在五代开始名誉全国，除了木质、刻工、用墨良好之外，用纸质地好是个重要原因。

宋元时代雕板印刷大为发展，造纸业也随之大为兴旺。宋代产纸的几个中心：宋板用纸，以川纸为第一。苏轼《东坡志林》云：“川纸取布头机余经不受纬者治作之，故名布头笺，此纸名冠天下。”越州剡藤纸和嵊县竹纸也名闻天下。藤纸用古藤捣治，坚滑光白，又得力于清澈的剡溪水。故剡县古藤被砍伐殆尽。竹纸自宋开始出现，苏轼云：“今人以竹为纸，

① 《蔡襄集》卷三十三《文房四说》，上海古籍出版社，1996 年。

亦古所无有也”①。我国长江流域及其以南地区到处有竹，用竹作为制纸原料，大大丰富了纸的纤维来源，确为一大发明。嵊县产竹，竹纸价低，又不生蛀，南宋竹纸驰誉全国。歙县的贡纸品质俱佳。南宋时江东徽州绩溪纸、池州纸，江西饶州、吉州、抚州所产纸，福建福州的藤纸，建宁的竹纸，均为印家所喜。因为南方产藤、竹，是造纸的上等原料，所以好纸都产于南方。宋人蔡襄说：“今世纸多出南方，如乌田、古田、油拳、温州、惠州皆知名，拟之绩溪，曾不得其门墙耳。……循州藤纸微精细而差黄，……蜀笺惟白色而厚者为佳”②。宋元时期竹纸不仅用于书写，也用于印书，其中建本大多用竹纸。除竹纸外，北宋时还用楮皮和草料纤维如稻草、麦杆等混合材料造纸。宋元时造纸原料丰富，纸质上好，竹纸和混合材料纸逐渐取代了以前的麻纸和藤纸。金代造纸业也比较发达，原汉族所居各府州多有造纸坊，然无名品。元代名纸仅限于南方浙、赣。明董其昌说：“元有黄麻纸、铅山纸、常山纸、英山纸、上虞纸，皆可传至百世。”宋元时期由于印刷业的发展，纸的用途广泛，除了书籍外，各种印刷品繁多，另一种重要用途，即纸币的发行。中国是世界上最早发行纸币的国家。

明代造纸业比宋、元更为发达。南北均产纸。北方主要在河北、陕西、山西等省，多产麻纸，其质量、数量均不及南方。张秀民先生指出：明代纸的主要产地，“为江西、浙江、福建，次为蜀、滇，长江以北已衰落。造纸原料不外两大类：曰竹料，以竹丝、竹穰为之，有太史、老莲、玉板、白鹿等名。曰棉料，除竹以外，各种草木之皮如楮皮、桑皮、苎麻、葛藤、芙蓉皮等浸烂，纯取细筋为棉料，通称棉纸或皮纸，利用破衣尤为方便。明代藤纸已不多见，常用者为楮树皮，或作谷树皮，又作构皮，而有的皮纸除大部分用楮皮外，也搀入一小部分嫩竹麻，甚至少量稻草”③。此外皖南的宣纸、温州蠲纸、四川薛涛笺均为名产，这些都是唐五代沿袭下来的名产地。据明人屠龙《纸笺》、文震亨《长物志》、方以智《物理小识》等书记载，江西铅山、广信出连七、奏本纸，临川出小笺纸，浙江常山、南直隶庐州出榜纸，上虞出大笺纸，吴中松江出潭笺，福建邵、建出竹纸。这些纸大都作为贡品，为上层统治者享用。据张秀民先生估计，明代产纸可达 100 种，其以产地命名者有：吴纸、衢红纸、常山柬纸、安庆纸、新安土笺、池州毛头纸、广信青纸、永丰纸、南丰纸、九江纸、清江纸、龙虎山纸、顺昌纸、将乐纸、光泽纸、湖广呈文纸、宁州纸、宾州纸、杭连纸、川连纸、贡川纸等。其中吴纸，明人以为天下第一。胡应麟评论说：“凡印书，永丰绵纸为上，常山柬纸次之，顺昌书纸又次之，福建竹纸为下。绵贵其白且坚，柬贵其润且厚，顺昌坚不如绵，厚不如柬，直以价廉取称。闽中纸短窄黧脆，刻又舛讹，品最下而值最廉。”又云：“大率闽、越、燕、吴所用印书，不出此数者”④。明谢肇淛《五杂俎》卷十二说：“印书纸有太史、老莲之目，薄而不蛀，然皆竹料也。若印好板书，须用棉料白纸无灰者，闽、浙皆有之，而楚、蜀、滇中棉纸莹薄，尤宜於收藏也。”张秀民说：明清时川滇一带棉纸虽坚韧，而质地单薄，多灰黑点，实不及浙、赣产品⑤。明代著名出版家毛晋汲古阁所印书全用竹纸。明代南方造纸已从家庭作坊发展为手工业作坊，规模很大，出现了新的劳资雇佣关系。

清代纸生产亦多出于南方。北方也有，如河北迁安产高丽纸，山东“毛头纸”，以桑树、楮树等皮为之，山西平阳府棉纸，陕西镇巴白河有皮纸，均销路不广。南方因造纸原料丰

① 《东坡志林》卷九。
② 《蔡襄集》卷三十三《文房四说》，上海古籍出版社，1996 年。
③ 《中国印刷史》，第 538 页。
④ 《少室山房笔丛》卷四。
⑤ 《中国印刷史》，第 540 页。

富，造纸业颇为发达。据严如煜《三省边防备览》记载，道光年间，陕南汉中地区西乡纸厂二十余座，定远纸厂逾百，洋县华阳也有小纸厂二十余。大厂百数十人，小厂也有四五十人，山中竹木为其原料，所产销甘肃、湖北各地。当时南方各种纸中以泾县宣纸为最有名，原料用一种名为青檀树的乔木，经加工漂白，洁白柔韧，吸水性强，长期保存不变色，不虫蛀，有纸寿千年之誉，闻名于世。惟产量低，只能满足部分书画家的需要，只有极少量用来印书，且价极贵。清代印书最美的为产于浙江开化的开化纸，纸质细腻，洁白无疵，柔薄而韧性强，殿本多用之。此外，较有名有江西连史纸，福建长汀带杭连纸，泰和毛边纸，湖南浏阳皮纸，湖北宜都纸。四川绵竹纸也很有名，以当地所产竹为原料。清代因造纸技术提高，不仅能仿造澄心堂纸、薛涛笺，还制作许多各种色彩、图案、洒金银的蜡笺，成本贵于绸缎，今故宫博物院有藏。

清代新疆、西藏也产纸，新疆纸用桑皮、棉布、茧屑混合造成，粗厚强韧。西藏造纸中心在江孜，原料当地有毒的小灌木浸碎而制纸质粗劣，但能防蛀。

18世纪中叶以后，随着"洋纸"的传入和倾销，传统的中国造纸业急剧衰落。中国造纸业的地理分布发生很大变化。主要表现为向东南沿海和东北地区转移。首先是上海成为中国造纸业一大中心。清末光绪十七年(1891年)李鸿章在上海杨树浦创办纶章造纸厂，是我国机器造纸之始。这是因为19世纪中叶以来，近代文化迅速发展，各种书报刊物用纸量大为增加，原先手工业式造纸已不适应，于是引进机器，用现代化的设备造纸。同时除了本国自造纸外，还大量进口国外月光纸和白报纸。其次，东北黑、吉、辽三省自1931年日帝国主义侵占东北后，利用当地的丰富资源，进行大规模造纸业建设，先后建成造纸工厂30余家，年产机制纸7～11万吨。再次，"马关条约"日帝侵占台湾后，利用当地资源，先后在台东、台中、台北等地建造纸厂6家，年产机制纸4万吨。其他沿海城市如天津、杭州、广州和山东的济南造纸工业都有一定的发展。其他内地省份造纸业寥寥无几①。

纸的发明对世界人类文化的贡献，自不待言。我国历史上造纸业的地域分布和变迁，也反映造纸原料的变迁。唐代以前造纸原料以麻为大宗，北方尚居重要地位。唐宋以后，长江流域经济大为发展，又有丰富的藤、竹成为重要造纸原料，质量又高于麻纸。于是造纸中心逐渐向南方转移。再加上印刷业和书法艺术的需要，南方所产的纸品受到官府、文人和印刷商青睐，身价大增，从而促进南方经济、文化的发展。

第四节　陶瓷业的地理分布及其变迁②

陶瓷的发明是人类社会发展史上划时代的标志，也是人类文明史上重要成果之一。

我国是世界陶瓷古国。早在八九千年前，我们的祖先已经知道利用制陶的粘土，用水湿润后，塑造成一定形状的器物，干燥后，用火加热到一定温度，使之烧结成坚固的陶器。陶器的出现，便于谷物的贮存和饮水的携运，对稳定人类的定居生活，提高生活的质量，促进社会生产力方面，都起了十分重要的作用。

陶器的产生与农业经济的发展有着密切的联系。一般是先有了农业，然后才出现陶器。我国东部季风区最早进入农业社会，所以我国新石器时代遗址中都有陶器出现。黄河

① 李为:《历史时期中国造纸业的分布和变迁》,《地理研究》1983年第4期。
② 本节主要参考中国硅酸盐学会编:《中国陶瓷史》(文物出版社1982年)一书撰写。

流域的仰韶文化、马家窑文化、大汶口文化、龙山文化、齐家文化都以经营农业为主，故在这些遗址出土的遗物中以陶器为最多。仰韶文化的制陶业已相当发达，虽然基本上还是手制，但这时已有了初级的陶轮。目前为止已发现窑址15处，陶窑45座。从各地发现的窑址来看，窑场都分布在村落附近。龙山文化的窑址，据不完全统计，已发现10处，共有陶窑21座。窑场的布局已与仰韶不同，不是几座陶窑集中在一起，而是出现零星分布。如邯郸涧沟发现的几座陶窑就是单个分布在居址中，客省庄一座陶窑就修建在屋内墙角上。这些反映制陶业开始由集体生产转为家庭生产。长江流域的中下游大溪文化、屈家岭文化、河姆渡文化、马家浜文化、良渚文化基本上都以种植水稻为主，兼营渔业，并从事制陶等原始手工业。其他如南方江西、福建、广东、广西等省，广泛分布着大量新石器时代遗址，西南地区四川、云南、贵州和西藏地区也广泛分布着新石器时代遗址，因调查不多，出土的陶器较少。东北、内蒙古、宁夏、甘肃和新疆一带草原地带，广泛分布着以细古器为代表的文化遗存，称之为“细古器文化。”但所伴存的陶器，因时代和地区而有显著的差别，说明分属不同的文化系统。其明显表现为，以农业为主的定居聚落，陶器丰富，形制也多样；以渔猎畜牧为主的聚落，则陶器相对稀少，器形和纹饰也相当粗糙，说明陶器的发展与当时经济生活有密切关系。

先秦两汉时期统治阶级日常生活用器主要是铜器和漆器，很少用陶器。陶器则是一般人民所用的日常用器。所以陶器大多为私人经营制造的手工业，产地比较普遍。陶器的另外一种用途，即是建筑材料，如砖瓦，则大多为官府经营的制陶作坊。在汉代遗址中出土的陶片，不少带有县、亭、里、市、人名的铭文，反映了各地官营、私营制陶手工业工场的产品。

随着烧陶工艺的发展，逐渐产生了瓷器。瓷器的产生主要有三个条件：一是瓷土，是由长石或长石质岩风化而成，含有石英、莫来石等成分的高岭土；二是高温窑，瓷器胎体要经受1 200～1 300℃的高温才能烧结，陶器烧成温度较低，一般600～700℃，最高达1 000℃，再高则烧溶变形；三是施釉的发明，釉是石灰釉经过高温烧成具有半透明的玻璃质，施在素胎上，经过烧制，瓷器表面就呈光亮，可以拭抹。因此，瓷器坚硬结实，组织细密，具有不吸水性，叩之有清脆的金属声；而陶器则胎体疏松，质地脆弱，吸水性强，叩之音浊无金属声。

中国原始瓷的出现可以追溯到青铜时代。原始瓷指商周时代以瓷土作胎，经1 200℃高温烧制，胎质烧结，器表有釉，但胎呈灰色，釉呈青或青绿色，釉层厚薄不均，容易剥落，制作工艺比较原始，是一种薄层不透光的陶瓷器，称为原始瓷，是成熟瓷器出现前的产物，属于瓷器生产的早期和低级阶段。最早的原始瓷属商代中期。我国原始瓷在黄河、长江下游地区均有发现，遍及河南、河北、山东、陕西、甘肃、湖北、江西、江苏、安徽和北京等地，以江苏、浙江、江西、河南和皖南出土最多。在浙江省绍兴、萧山、诸暨、德清、吴兴等县市还发现了商末至周代生产原始瓷和几何纹硬陶的窑址。这些窑址范围都很大，堆积层厚，产量估计很大。西周原始瓷分布的地域已广及陕西、河南、山西、河北、湖北、湖南、江西、安徽、江苏、上海、浙江和福建等省市，秦汉原始器瓷主要发现于江苏、浙江、安徽3省的墓葬和遗址中，山东、河南、陕西、湖北、湖南、江西、福建等地也有发现。江苏的宜兴，浙江的上虞、绍兴、诸暨、慈溪、宁波、鄞县、龙游、武义、永嘉等市县发现大量汉代原始瓷窑址，其中尤以上虞县为最多，是汉代原始瓷的重要产地。

两汉时代陶瓷生产取得了划时代的成就。尤其是东汉青瓷烧制成功，是我国陶瓷发展史上的重要突破。青瓷器的产生，始于东汉时代，已成共识。据有关研究，认为青瓷是浙江开始的。但这时瓷器都属青瓷系瓷器，浙江上虞县石浦发现东汉窑址，出土多为青瓷，少量黑瓷。以前都以为黑瓷是东晋德清窑开始的，此次发现将黑瓷生产提早了一二百年①。到了北朝末年白瓷的烧制才有了突破，为隋代白瓷烧制工艺奠定了基础。

魏晋南北朝时期，北方长期遭受战火，瓷器业生产处于停顿状态，而南方则处于发展时期，制瓷水平大有提高。当时的瓷窑主要集中在江浙一带，江苏宜兴的均山窑，浙江上虞、余姚、绍兴一带的越窑，温州的瓯窑和金华的婺窑，所产青瓷各有特色。烧窑遗址的发现以在浙江最为集中，上虞、绍兴、宁波、鄞县、萧山、德清、余杭、永嘉等均有发现。仅上虞就发现窑址数十处，比东汉时期的窑址猛增四五倍，为当时瓷器业中心。时间包括三国、西晋一直延续到南朝。因上虞、绍兴一带，秦汉为会稽郡地，唐属越州，故这里所产的瓷器，统称“越窑”。东晋时期是青瓷生产大发展时期，浙江德清窑兴起，瓯窑、婺州窑有较大发展，产品远销福建、广东、江苏等地，有与越窑竞争的局面，上虞、绍兴一带的越窑，地位也不如以前独占鳌头。宜兴的均山窑产品质量较越窑稍逊。温州的瓯窑早在汉代已开始烧原始瓷，东汉末年烧成瓷器。三国西晋时瓯窑的胎质不如越窑细密。金华婺窑的瓷器，在《茶经》中地位次于越州窑和鼎州窑，三国西晋时制瓷工艺不断提高，产品销售至江苏、福建等地。德清窑始于东晋，结束于南朝初年，以生产黑瓷为主，兼烧青瓷。其黑釉瓷颇受人们欢迎。南朝时湖北、湖南、福建、四川等地也开始烧青瓷，青瓷生产的规模较前大为扩展。北方的瓷器不发达，北魏迁都洛阳后，开始出现白釉瓷器，墓葬中者多有出现，主要在河北南部，东魏北齐时中原制瓷业有所发展，河南安阳北齐范粹墓中出土的白瓷，釉呈乳浊淡青色，说明是从青瓷发展起来的。从青瓷到白瓷是烧瓷技术上一大进步，反映出能够控制了胎釉中的含铁量，克服了铁的呈色干扰，从而产生了白瓷，是瓷业工艺上的里程碑。北朝也生产青瓷，窑址产地尚不清楚，山东淄博寨里窑是目前知道的惟一已知北方青瓷产地之一。其产品釉面厚薄不均，胎与釉结合不紧密，容易剥落，质量不如南方青瓷。南北青瓷在造型、胎釉、纹饰方面均有所不同。南方烧窑燃料用松柴，北方用煤，松火力软绵，火焰长，烧制中窑内充满火焰，空气无进入余地，釉在熔融色时，受到还原作用。与此相反，煤火力强，火焰短，空气容易进入窑内，使其受到不同程度的自然氧化。所以南方青瓷呈色比较好，北方青瓷呈色就略逊一筹了。黑瓷在北齐时期已经出现，产地尚不明确。潼关以西尚未有制瓷业。

1974 年在安阳北郊洹河南岸发现了隋代青瓷窑，连同近年在河南巩县铁匠炉村、河北磁县贾壁村发现隋代窑址，大体上反映了北方青瓷窑址的地点分布，估计它与北齐在冀南瓷业发展有一定的联系。

唐代瓷器出现了以越窑为代表的青瓷和以邢窑为代表的白瓷两大系统，所谓“南青北白”。青瓷以南方瓷窑为代表，在《茶经》提到南方有越州窑、鼎州窑、婺州窑、岳州窑、寿州窑和洪州窑六大青瓷窑。其中除鼎州窑没有发现外，其余五窑均已发现。越窑仍集中在浙江上虞、余姚、宁波等地，所产青瓷胎质细腻，釉色光亮，代表当时的最高水平。越窑所产又称秘色瓷，相传吴越王烧进为供奉之物，不得臣庶用之，故称秘色。赵彦卫《云麓漫钞》认为起自李唐，可信。当时的明州(今宁波)是对外贸易的重要港口，瓷器是主要出口商品之一，这就刺激了越瓷的发展。1980 年在绍兴上灶官山发现了又一处越窑，这是继余姚上林湖、

---

① 《浙江上虞县发现的东汉瓷窑址》,《文物》1981 年第 10 期。

上虞窑寺前、鄞县郭家寺、小白市等越窑后又一处越窑，出土的瓷片为釉色青绿、青黄的青瓷①。瓯窑和婺窑是越窑外的两个瓷业中心。瓯窑仍在浙南温州、永嘉、端安等地，最集中在瓯江北岸永嘉灶岩头到大坦坟山一带和温州的西山，地距温州对外港口很近。瓯瓷与越瓷的最大区别是瓷胎呈灰白或淡灰色，釉层均净，滋润如玉，胎釉紧密结合，制作技术很高。瓯窑虽不见唐宋记载，但就其所产瓷器而言，远远超过婺窑和洪窑，在瓷业史上具有重要地位。婺州窑在今浙江金华地区，金华、兰溪、义乌、东阳、永康、武义、衢县、江山等县都有唐代窑的发现。婺窑瓷器产品与越窑、瓯窑相似。中晚唐后产品渐趋粗糙。制作不如越、瓯。70年代在江西丰城市曲港镇罗湖村发现了唐代瓷窑遗址，确定了洪州窑罗湖村为洪州窑的所在地。据资料表明，洪州窑最迟在东汉晚期就开始烧制比较成熟的瓷器，东晋南朝进入兴盛时期，大约延续到中唐，主要生产杯、碗、盅、盏、罐等日常器皿，釉色为黄褐色或酱色瓷，晚唐开始衰落，在江西瓷业中逐渐被南面的吉州窑，北面的景德镇所替代。前后生产期长达800年②。陆羽《茶经》认为六窑中洪州瓷窑地位不如越窑、鼎州窑、婺州窑、岳州窑、寿州窑，并且烧褐釉瓷器，不宜用茶。岳州窑在位于湖南湘阴县城堤境一带，从南朝至隋唐都烧过青瓷。此外湖南长沙长坡垅也发现过窑址，从出土的瓷器看，此窑始于唐代终于五代，但不见文献记载。寿州窑在淮南市田家庵区的上窑镇，始于六朝末年，初烧青瓷，后烧黄瓷。唐时以生产黄釉瓷器为主，陆羽《茶经》中提到的寿州窑产品排在越、鼎、婺、岳州窑之后，洪州窑之前。其云："寿州瓷黄，茶色紫。"此外，四川有成都青羊宫窑、邛崃固驿窑、什方堂窑等，主要烧制青瓷，还烧彩瓷，其中以邛崃窑彩瓷最著名。

北方主要烧白瓷。唐代白瓷以邢窑瓷为最著名。《茶经》中提到的邢窑瓷器以质白坚硬为特点。陆羽说："邢磁类银，越磁类玉。"邢窑的地点，因为《国史补》载："内丘白瓷瓶，端溪紫砚石，天下无贵贱通用之。"于是人们一直以为邢窑在内丘。近年来内丘未发现过任何窑遗址，而在与内丘交界的临城境内发现多处窑址，出土大量白瓷，被认为是邢窑所在③。邢窑白瓷与越瓷都广负盛名。皮日休《茶瓯诗》称"邢人与越人，皆能造瓷器。"但唐末五代邢窑白瓷逐渐衰落了。晚唐开始代之而起的是邢窑北面的定州窑。定州窑在今河北曲阳县涧磁村，所产白瓷胎质细腻，胎色洁白，釉面光莹，是白瓷中上品。其他如巩县窑、密县窑也生产白瓷。

黑瓷在北方大约北齐时始有，其窑址有：今安徽萧县的白土镇窑，历史称为"萧窑"，生产白、黄、黑瓷；陕西铜川县黄堡镇铜川窑，在唐代开始烧瓷器，以黑瓷和白瓷为主，兼烧少量青瓷，到宋代为青瓷耀州窑所在地，主烧青瓷；巩县窑也以青瓷为主，兼烧黑瓷。山东淄博市淄川区磁村窑始于唐代，以烧黑瓷为主。

著名的唐三彩是唐代陶瓷工艺中陶器的代表作。三彩陶是一种低温釉陶器，对烧成的陶坯上彩，再上釉后加温，使铅釉中铜、铁、钴等元素经过烧制呈现绿、黄褐、蓝三色，釉面光亮，色彩鲜艳，成为陶器中的精品。唐三彩主要作为冥器，唐代盛行厚葬，规定只有达官贵族才可使用，故在长安、洛阳、扬州出土最多。50年代在河南巩县发现过三彩陶的窑址，近年来又在陕西铜川县黄堡镇发现过三彩窑炉。长安、洛阳的三彩陶大约即产于这两处。

唐五代为我国瓷器业大发展时期，这与当时饮茶之风盛行有关。制瓷工场数量和分布

---

① 《绍兴上灶官山越窑调查》，《文物》1981年10月。
② 权奎山：《陆羽〈茶经〉与洪州窑瓷器》，《文物》1995年第2期。
③ 李辉柄：《唐代邢窑窑址考察与初步探讨》，《文物》1981年第9期。

有很大的扩展，为宋代瓷业的繁荣打下了基础。隋代窑址考古发现只限于河北、河南、安徽、江西、浙江、湖南、四川7省10个县内，到唐代扩到12省50个县，把后世的产瓷中的名窑都包括在内了。唐代瓷器已经出口远销日本、东南亚和南亚一带。

宋代是我国瓷业发展史上一个繁荣时期，新中国成立以来发现有宋窑的窑址有19省130个县。我们现在看到的宋瓷釉的色彩、图案花纹极美，为我国瓷器中的瑰宝。

宋代瓷窑有“官窑”和“民窑”之分。宋代宣和、政和年间汴京自置窑烧造，名曰官窑①。其产品专为宫廷烧制瓷器，不能流通，还有两处为宫廷所垄断的有浙江余姚越窑和杭州修内司官窑；有的原为民窑，后在官督下专为宫廷烧制，所产也可称官窑。

官、哥、汝、定、钧是宋代五大名窑。哥窑相传是处州龙泉县琉田的章生一、章生二兄弟两人所造青瓷，粹美冠绝当世，兄曰哥窑，弟曰生二窑。建国以来在龙泉县西南琉田(今大窑)进行发掘，在大窑与溪口发现黑胎青瓷窑址五处与文献记载的瓷器特征相吻合，较可靠地解决了文献上“哥窑”的产地问题②。钧窑在河南禹州市神垕镇西南部发现钧窑址，已为考古证明。窑址遍及县内各地，属北方青瓷系统。钧窑烧出的瓷器釉色青中带红，是创用铜的氧化物作为着色剂，烧成铜红釉，灿如晚霞，为陶瓷工艺上一大创造。1977年在河南宝丰清凉寺窑址，为宋代五大名窑之一汝窑所在③。汝窑所产青瓷，莹润如脂，为当时名产。钧、汝、官、哥窑同属“官窑”性质。

定州窑址在今河北曲阳县漳磁村，是宋代名窑之一。以烧白瓷为主，还兼烧黑釉、酱釉和绿釉器。定窑的瓷器工整素雅，北宋中期以后始有印花装饰，对南北瓷窑有较大影响，为器中的珍品。其他山西境内的平定窑、阳城窑、介休窑和四川的彭县窑，也烧制定窑风格的白瓷。

河北磁县观台镇、彭城镇为宋代磁州窑址所在，是宋代北方最大民窑，以烧白瓷为主，兼烧青瓷、黑瓷、花瓷和低温三彩铅釉陶。属于磁州窑系的还有河南修武当阳峪窑、鹤壁集窑、禹县扒村窑、登封典河窑、山西介休窑、江西吉安吉州窑等都是烧白瓷为主的瓷窑。

宋代北方还有名的为耀州窑，在今陕西铜川县(原同官县)黄堡镇。因原同官县属耀州而名，所产青瓷器，受到越窑的影响。陆游《老学庵笔记》谓：“耀州青瓷器谓之越器，以其类余姚秘色也。”河南临汝窑、宜阳窑、新安城关窑、禹县钧台窑、内乡大窑店窑、广州西村窑、广西永福窑等都主烧青瓷，属耀州窑系。

江西景德镇窑是宋代具有独特风格的瓷窑，所产的瓷器釉色介于青白之间，青中有白，白中带青，因此称为青白瓷。景德镇已发现的湖田、湘湖、胜梅亭、南市街、黄泥头、柳家湾等窑址，生产大量青白瓷，在景德镇形成风气，形成一大瓷器系统。属于青白瓷窑系的还有吉安永和镇窑、广东潮安窑、福建德安窑、泉州碗窑乡窑、同安窑、南安窑等。

宋代南方海上贸易发展，遂使沿海地区瓷业大兴。哥窑即后来的浙江龙泉青瓷，在南宋时继越窑之后大大发展起来，有过一段光辉时期，在瓷业史上有重要地位。窑址仍集中在大窑、溪口一带。元代青瓷生产较南宋更为发达。据调查元龙泉窑址达150余处，分布在整个瓯港流域的松溪上游一带的浙江地区。由于我国宋元青瓷在国外声誉日隆，龙泉一处已不能满足需要，因而在广州、泉州、明州三大港口附近设立瓷窑，尤以泉州最为集中，

① 南宋 顾文荐：《负暄杂录》。
② 《略谈我国青瓷的出现及其发展》，《文物》1981年第10期。
③ 李辉柄：《汝窑遗址的发现与探讨》，《文物》1991年第12期。

从福建北部的浦城、松溪、政和，直到围绕泉州港的福清、仙游、南安、同安、莆田等地都设了瓷窑。福建德化窑始于宋代，也以烧独特风格的白瓷驰名于世。广东的广州、南雄、潮安、惠阳、南海、佛山、三水、高鹤、新会、番禺、中山、阳江、东兴、澄迈等地都设有窑址，除了烧青白瓷外，大多烧青瓷，所产瓷器大批出口至泰国、菲律宾、印度尼西亚、马来西亚和朝鲜、日本等地①。据《诸番志》记载，南宋时与我国有瓷器贸易的在亚洲有十五个地区和国家，由此大大促进了南方瓷器业的发展。

元代制瓷工艺在我国陶瓷史上具有重要的地位。宋代以来传统的耀州窑、钧窑、磁州窑、龙泉窑仍继续生产传统的产品。而景德镇的瓷品却有突破性进展，就是青花瓷器的烧制成功。

元代青花瓷的“青花”是对白地蓝花瓷器的一种专称。“青花”是指应用钴料在瓷胎上绘画，然后上透明釉，在高温下一次烧成，呈现蓝色花纹的釉下彩瓷器。青花瓷以景德镇窑的制品为代表。在景德镇所产瓷器中青花瓷历时最久，产量最大。其制作瓷品工艺精美，色彩鲜艳，具有明净素雅之感，与中国传统水墨画有异典同工之妙。其优点是其他瓷窑的瓷品无法比拟的，它一经出现便以盛旺的生命力发展起来，使景德镇迎来了空前的繁荣，最后赢得了“瓷都”的誉称。其产品远销海内外，成为我国最具有民族特色的瓷器而闻名于世。青花瓷的两大特点，即运用钴料和釉下彩绘，这两种工艺大致在唐代已经有了，唐三彩即用钴作为呈色剂，1975 年在扬州唐城出现一件枕的残片，是为唐代青花瓷。北宋时浙江已开始烧青花瓷，这从龙泉北宋金沙塔塔基出土的青花瓷碎片和绍兴县翠环塔出土的青花瓷碎片可证②。1975 年在江西吉州窑也发现宋、元青花瓷，1960 年在云南玉溪县也出土元时青花瓷③。说明在元代景德镇时浙江、江西、云南也有青花瓷的烧制。

除青花瓷外，景德镇还烧制一种釉里红。釉里红是指以铜红料在胎上绘制纹饰后，罩以透明釉，在高温下烧制而成，使釉下呈红色花纹的瓷器。这也是景德镇瓷工的一大创造。

钧窑在元代已发展一窑系，窑场主要在北方，河南的鹤壁、安阳、浚县、淇县、新安、临汝、禹县、郏县、宝丰、鲁山、内乡，河北的磁县，山西的浑源、介休等。磁州窑窑场除了河北磁县外，还有河南的汤阴、鹤壁、禹县、郏县，山西霍县、介休等地，以烧白釉黑花器为主。山西霍县陈村发现霍窑也是元代北方主要瓷窑，以产白釉瓷器为主。

元代龙泉窑生产规模扩大、烧制技术提高，产品精美，超过了宋代的龙泉窑。由于元代海外交通贸易十分发达，瓷器出口量大大超过宋代，从而刺激了南方瓷器的生产。窑址也由交通不便的大窑和溪口向瓯江和松溪两岸扩展，瓷器顺流而下，从温州、泉州出口，远销海外，元汪大渊《岛夷志略》提到出口的瓷器中有“处州瓷”、“处瓷”和“青处瓷”，这些瓷器主要是东南沿海窑场烧制的，除浙江的龙泉窑青瓷、江西景德镇的青白瓷外，浙江、福建地区各瓷窑仿制的龙泉瓷和青白瓷也占很大比重。元代晚期景德青花瓷也销往海外，据《岛夷志略》记载，输出地区为日本、菲律宾、印度、越南、马来西亚、印度尼西亚、泰国、孟加拉、伊朗等国家。

明代也是瓷业发展的一个辉煌时期。瓷业产地遍及全国大部省区，山西、河南、甘肃、江西、浙江、广东、广西、福建都有瓷器生产。其中山西的法华器，德化的白瓷，江苏宜举的

---

① 《略谈我国青瓷的出现及其发展》，《文物》1981 年第 10 期。
② 《浙江两处塔基出土宋青花瓷》，《文物》1980 年第 4 期。
③ 《有关青花瓷器起源的几个问题》，《文物》1980 年第 4 期。

紫砂器更是这一时期的特殊成就。但代表整个明代瓷业水平的是全国瓷业中心——江西景德镇。明代的景德镇所产瓷器数量大、品种多、质量高、销路广。宋应星《天工开物》云："(瓷器)中国出惟五六处,北则真定州、平凉华亭、太原平定、开封禹州,南则泉郡德化、徽郡婺源,祁门。德化窑惟以烧瓷仙、精巧人物、玩器,不适实用。真、开等郡瓷窑所出,色或黄滞无宝光。合并数郡,不敌江西饶郡产。……若夫中华四裔驰名猎取者,皆饶郡浮梁景德镇之产也。"这时的景德镇已处于全国瓷业的中心地位,它不仅要满足国内市场的需要,而且还要负担宫廷御器和明政府对内、外赐赏和交换的全部官窑器的制作。明代后期商品经济发展,景德镇民营窑场激增,嘉靖、万历以后,在景德镇从事瓷业的工场主和工匠约有十余万人。景德镇瓷业成为全国中心的原因:一是宋元以来传统瓷窑的衰落。钧窑已全部停产。磁州窑系、龙泉窑产品虽仍为民间所爱,但其质量难与青花瓷相比,无论在胎、釉制作工艺上都远逊于景德镇,其产品无法与景德镇竞争,先后衰落,各种具有特殊技能的工匠纷纷集中于景德镇,造成景德镇"工匠来八方,器成天下走"的局面。二是景德镇所在浮梁县境内麻仓山、湖田及其附近的余干、婺源等地都蕴藏着十分丰富的瓷土原料。浮梁附近山区多松柴,为烧瓷提供了丰富的燃料。由于自然和社会条件的成熟,景德镇在国内外市场刺激下,在元代基础上发展成为全国瓷业中心。

景德镇瓷窑有民办和官营两种。民营窑场比较集中在湖田和观音阁地区,景德镇市东南4公里的湖田村发现历经五代到明代的湖田窑,是青花瓷的主要产地。其所产瓷器的产量和质量都优于官窑,除了供应国内外市场的一般日用器皿外,还生产极高级的细瓷器,凡宫廷需要的"钦限"瓷器都由民窑生产。这些高级瓷器销售很广,"自燕云而北,南交趾,东际海,西被蜀,无所不至,皆取于景德镇"①。

明代洪武年间开始在景德镇设置的官办御器厂任务是烧造官窑器供宫廷使用,对景德镇民营瓷业有很大的破坏性,主要表现为三个方面:占用了最熟练的制瓷工人,独占了优质的瓷土和青料,并且限制民窑的产品品种,用"官搭民烧"的办法对民窑进行盘剥。

景德镇青花瓷有一部分是官窑所烧。永乐、宣德年间所烧的青花瓷胎釉精细,青色浓艳、造型多样和纹饰优美而负盛名,被认为是我国青花瓷的黄金时代。宣德官窑以其产品量多与质优而被誉为历代官窑之冠。明代官窑在瓷器上的重大创造是彩瓷的兴起,是中国陶瓷史上的一个里程碑。所谓彩瓷,从广义上说,就该包括点彩、釉下彩、釉上彩和斗彩,但习惯上所谓的明代彩瓷,是指釉上彩和斗彩而言。釉上彩的技术在宋代磁州窑已经开始,即在已烧成瓷器的釉面上用彩色描绘各种纹饰,再加温烧制,使彩料烧结在釉面上。明代在此技术基础上提高,产生了绚丽多彩的彩瓷。以后又将釉上彩和已经比较成熟的釉下彩结合起来,创造了别具一格的斗(拼合)彩。成化年间烧制的斗彩,基本上都是官窑的产品,其工艺开创了釉下青花和釉上多种色彩相结合的新工艺,成为世上珍品。嘉靖、万历时期的五彩瓷器又是一个新的高度。

除了景德镇外,明代浙江龙泉窑的青花瓷仍然在全国占有一定地位,明代福建德化生产的白瓷,因瓷胎细密、釉色纯白、透光极好而负盛名,以生产瓷雕为主。江苏宜兴窑所烧紫砂器也是明代开始盛行。其他烧青花瓷的还有云南玉溪窑、江西乐平、吉安窑、广东博罗、揭阳和澄迈窑等。

① 《江西大志陶书》。

明代有大量瓷器输往海外，主要通过对各国的赠予，来使的回赏，官方的远航贸易（如郑和）和民间私人贸易等途径运往海外。出口以青花瓷为大宗，也有釉上彩的彩瓷，远销亚、非、欧、美各地。

清代景德镇瓷业仍在全国居首位，其盛时工匠达数十万人。瓷窑仍分御厂和民窑两种，御厂主要生产宫廷用器，而民窑又多为官窑烧制，所谓“官搭民烧”制度。在清代青花瓷还是景德镇的大宗产品。康熙、雍正、乾隆三朝的青花瓷达到了我国制瓷工艺的历史高峰。在色彩、工艺、品种方面，在明代基础上有很大突破。如康熙时期景德镇的青花瓷色泽鲜艳，层次分明，故有“青花五彩”之誉。釉里红是以铜红料作为着色剂，在瓷坯上进行彩绘，然后上透明釉，加高温一次烧成，这种工艺在景德镇始于元末，明宣德时已有很高声誉。但明中期后一度衰退，直至康熙时又得到恢复，并比明代有更高水平。康熙时代的五彩瓷器比明代的彩瓷彩色更鲜艳，光泽透澈明亮，工艺比较明代更进一步。此外，还有极名贵的珐琅彩瓷器，即在铜胎上以蓝色为底色，掐以铜丝，填上红、黄、蓝、绿、白等色釉而烧成的精制工艺品，由于其蓝色在景泰年间最好，故称“景泰蓝”。在铜、玻璃、瓷料等胎上用进口的各种珐琅彩料描绘烧成的各种珐琅彩器，也是康熙年间创始的名贵瓷器。雍正年间的斗彩改变明代单纯的釉下青花和釉上五彩相结合的工艺，成为釉上青花和釉上粉彩相结合，使图案更艳丽清逸了。总之清代景德镇瓷业发展到历史上的顶峰，产品在全国占首屈一指的地位，在国际上也有很高的声誉。

除景德镇外，可述的还有江苏宜兴窑的紫砂器，乾隆时已为全国制陶中心，紫砂器已闻名全国。还有广东佛山石湾窑的陶器产品，也受到民间的欢迎。福建德化白瓷也有一定地位。

清代瓷器输出至世界各地，数量之大也是空前的。特别在欧洲不仅作为日用品受到广大顾客欢迎，同时优质的瓷器，还作为富有家庭夸耀财富的装饰品。19 世纪上半叶以后，随着日本瓷器和欧洲瓷器业的发展，我国瓷器在国际市场上渐趋衰落。

我国的陶瓷业从原始社会算起已有 7 000 多年的历史，东汉以后瓷器的兴起，使我国陶瓷业进入了一个新的阶段。在以后 1 000 多年的时间里，总的趋势是不断地向上发展和繁荣。南北瓷业的地理分布有过变迁，唐代瓷业分布是南北相当，产品特色是“南青北白”。宋元时期是我国瓷器业的第一个高峰，产地以南方为盛，产品北方仍以白瓷为主，而南方则先有青白瓷、后有青花瓷的出现，成为当时瓷器的主要产品。明清时期是我国瓷业发展的顶峰时期，景德镇成为全国瓷业的中心，其生产的各色精美的彩瓷、青花瓷工艺精湛绝伦，产品誉满世界，成为传播中华文明的载体。宋代以后南方经济文化的高度发展与瓷器业的发展无疑有着密切的关系。

第五节　历代五金生产的地理分布及其变迁①

地质史上频繁的构造运动为我们中国留下了极其丰富的矿产资源。一般而言，金属矿产可分为黑色金属矿产（主要是铁，还有锰、铬、钛、钒）、有色金属矿产（指铜、钨、锑、镍、锡、铅、铝、锌、钼、汞、铋、镁、钴）、贵金属矿产（金、银、铂）和稀有稀土金属矿产四类。这一

---

① 本节主要参考夏湘蓉等著：《中国古代矿业开发史》（地质出版社，1980 年）、钮仲勋：《魏晋南北朝矿业分布与发展》（刊《历史地理》第二辑）、黄盛璋：《唐代矿冶的发展》（刊《历史地理》第七辑）等论著编撰而成。

节涉及的主要是与人类历史活动、日常生活密切相关的五金生产，即金、银、铜、锡、铁五种金属矿业的地理分布及其变迁情况。

一、金

黄金自古以来一直被人们视作财宝，是财富的绝对化身。

我国开采和使用黄金有着悠久的历史。迄今已知最早的黄金饰品是1976年在甘肃玉门火烧沟遗址中发现的金耳环和金鼻环，经^{14}C测定年代约当公元前1900～前1700年。时代最早的金片，1977年发现于河南郑州商城遗址祭祀坑中，此金片极薄，出土时揉成一团。时代最早的金器皿，为1987年出土于湖北随县擂鼓墩曾侯乙墓中的金盏、金勺、金杯、金器盖、金弹簧圈，其中的金盏制作最精，重2.15公斤，金弹簧圈直径不到半厘米，金丝直径仅半毫米，至今仍金光闪闪、富有弹性。

先秦时，楚国是有名的黄金产地。《管子·地数篇》载："金起于汝、汉之右洿"；《轻重》甲篇说："楚国有汝、汉之黄金"。汝是指今河南之汝水，汉是指今陕西、湖北之汉水。又，《韩非子·内储说上》："荆南之地、丽水之中生金，人多窃采金"。荆南系泛指，约为今湖北、湖南一带；丽水指今金沙江。可见金沙江的砂金，战国时已有人淘采。著名的楚币"郢爰"，就是用黄金制成的。

汉代的黄金产地，见于文献的约有四处：①豫章郡之鄱阳。《史记·货殖列传》："豫章出黄金"，裴駰《集解》："鄱阳有之"。《汉书·地理志》豫章郡："鄱阳武阳乡右十里有黄金采"。其故址在今江西波阳县西南。②汝、汉流域。《盐铁论·力耕篇》："汝、汉之金，……所以诱外国而钓羌胡之宝也"。③陵阳。《盐铁论·通有篇》："左陵阳之金、右蜀汉之材"。陵阳故址在今安徽黄山市太平区西。④永昌郡之博南。《论衡·验符篇》："永昌郡中亦有金焉，纤靡大如禾粟，在水涯沙中"。《续汉书·郡国志》永昌郡：博南"永平中置，南界出金"。永昌郡治今云南保山市东北，博南县治今云南永平县西南，其水涯沙中产金盖指今澜沧江中之砂金。

考古发现的汉代铸金文物颇多。1968年，在河北满城县西汉中山靖王刘胜及其妻窦绾墓中，各出土一套保存完整的金缕玉衣，均由2 000多块玉片用金丝缀成，金丝直径仅0.14毫米，两件玉衣分别使用了金丝1 100克和700克余，金丝的含金量最高达96%！出土的汉代金印有：1955年在陕西阳平关发现的"朔宁王太后玺"，1959年在云南晋宁发现的"滇王之印"，1962年在山东发现的"石洛侯印"，1981年在江苏邗江县发现的"广陵王玺"，以及保存于日本的东汉"倭奴国王"金印等。其他还有1974～1975年在西安上林苑故址出土的马蹄金（四枚）、麟趾金（二枚），1971年在郑州古荥出土的圆形金饼（四块）等。

至于文献记载的汉代"黄金"数额，大得惊人，如《史记·梁孝王世家》"藏府金黄金尚四十万斤"、《史记·平准书》载卫青"受赐黄金二十万余斤"等，汉初赐诸侯王、功臣、公主动辄数百千斤，均见《汉书》各本纪、列传。新莽时实行黄金国有政策，民间黄金均得收归国库。《汉书·王莽传》记载，王莽死时，"省中黄金万斤者为一匮，尚有六十匮，黄门、钩盾、臧府、中尚方处处各有数匮。"如果此记载可信，则汉末国家黄金储备折合今天约有18万公斤，反映西汉时采金业的盛况。后人对此是否是真金表示怀疑。赵翼《廿二史劄记·汉多黄金》条认为："后世黄金日少，金价亦日贵。盖由中土产金之地，已发掘净尽。而自佛教入中国后，塑像涂金，大而通都大邑，小而穷乡僻壤，无不有佛寺，即无不用金涂。以天下计之，无虑几千万万，此最为耗金之蠹。加以风俗侈靡，泥金写经，贴金作榜，积少成多，日消月耗。故老言黄金作器，虽变坏而金自在，一至泥金涂金，则不复还，此所以日少一日也。”此说似有一定根据，然而汉世黄金产量如此之高，恐还待进一步研究。

三国、两晋时期，见于史籍的今四川、福建产之金地比前代多了起来。如诸葛亮说：“汉嘉金、朱提银，取之不足以自食”①。汉嘉故治在今四川名山县北。《华阳国志》卷二：“广汉郡涪县……孱水出孱山，其源有金银矿，洗取火融，合之为金”。涪县故治在今四川绵阳市东。《华阳国志》又云：葭明“有水通于汉川，有金银矿，民洗取之”②。葭明故址在今四川广元市西南。陶弘景尝云：“金之所生，处处皆有，梁、益、宁三州多有出于沙中，……建平、晋安亦有金沙出石中”③。梁、益、宁三州治所分别在今陕西汉中市、四川成都市和云南晋宁县东，建平在今福建建阳县，晋安在今福建南安县东。

南北朝时，见于记载的产金地仍是汉水流域、四川和福建。如《魏书·食货志》：“汉中旧有金户千余家，常于汉水沙淘金，年终总输，后临淮王彧为梁州刺史奏罢之”。又如南朝李膺《益州记》：“金山长七、八里，每夏淹雨有崩处，即金粟散出”。此山据考在今四川广元市北三里。《建安记》：“金泉山南枕溪有细泉出沙，彼人以夏中水小，披沙淘之得金”④。金泉山在今福建建瓯县境内。

唐刘禹锡《浪淘沙》云：

日照澄洲江雾开，淘金女伴满江隈；美人首饰黄金印，尽是沙中浪底来。

唐代史籍记载的产金之地颇多。开元时的《大唐六典》卷三户部记贡金之州凡十九，其中剑南道有龙、雅、眉、嘉、资、姚六州，江南道有饶、衡、巫、台四州，岭南道有融、象、蒙、融四州，山南道有金、利、万三州，陇右道有廓、岩二州。绝大部分都在南方。《元和郡县志》记贡金之州凡二十一，比《大唐六典》多出陵、泸(属剑南道)、钦、演、长(属岭南道)、涪(属山南道)、河(属陇右道)七州，少去姚、象、金、万、巫五州。但记载可能不确，如《元和志》绵州龙安县：“金山在县东五十步。每夏雨奔注，崩颓之所侧金粟散出，大者如棋子。”《新唐志》绵州土贡缕金银器、麸金。可见《元和志》有所脱漏，但总体格局未变。《新唐书·地理志》载贡金之州凡六十四，其中岭南道有二十七州(占42.2%)，剑南道十八州、山南道七州、江南西道三州、江南东道二州、黔中道三州、陇右道四州。

从地区分布来说，唐代产金之地以岭南为最，岭南又以邕州(治所在今广西南宁市南)为第一。《岭外代答》卷七“生金”条载：“邕州溪峒及安南境皆有金坑，其所产多于诸郡”。邕州金坑系民营，故代宗大历十四年(779年)七月《放邕府金坑敕》云：“邕州所奏金坑，诚为润国，语人以利，非朕素怀，其坑任人开采，官不得禁”⑤。此地直到北宋晚期才设官冶⑥。其他如《岭表录异》卷上：“五岭内富州(广西昭平)、宾州(今宾阳)、澄州(今上林)江溪间皆产金。侧近居人，以木箕淘金为业，自暮至旦，有不获一星者。……广州含洭县有金池。彼中居人，忽有养鹅鸭，常于屎中见麸金片。遂多养，收屎淘之，日得一两或半两，因而致富

① 刘昭注：《续汉书·郡国志》汉嘉条引诸葛亮书，又见《全三国文》卷五九。
② 刘昭注：《续汉书·郡国志》广汉郡下引。
③ 《重修政和证类本草》卷四引。
④ 《太平御览》卷四七引。
⑤ 《唐大诏令集》卷一一二。
⑥ 《续资治通鉴长编》卷二四九，崇宁七年正月己丑条。

矣。”岭南之外，云南南诏地区也是产金中心。《蛮书》卷七：“生金出金山及长傍诸山，藤充(腾冲)北金宝山。土人取法，春冬间先于山上掘坑，深丈余，阔数十步。夏月水潦降时，添其泥土入坑，即于添土之所沙石中披拣。有得片块，大者重一斤，或至二斤，小者三两五两，价贵于麸金数倍。……麸金出丽水，盛沙淘汰取之。河赕法，男女犯罪，多送丽水淘金。长傍川界三面山并出金，部落百姓悉纳金，无别税役征徭。”四川盆地的长江、嘉陵江沿岸次之，汉水上游又次之(唐置金州，即以产金而名，故治在今陕西安康市)，而黄河流域极少，直到晚期也仅兰、廓二州有贡金的记录。

到了宋代，金矿分布的最大特点是胶东金矿的崛起。北宋元丰年间，全国有 25 州产金，年产黄金 10 710 两，其中仅登、莱二州(治所分别在今山东蓬莱县和莱州市)元丰元年的黄金产量已有 9 573 两①，相当于全国黄金总产量的 89.4%。据朱彧《萍洲可谈》卷二载：“登、莱金坑户止用大木，锯剖之，留刃痕，投沙其上，泛以水，沙去，金著锯纹中，甚易得”。因而《宋史·食货志》说：“天圣中，登、莱采金，岁益数千两。”可见北宋时胶东金矿已属高产。

宋代南方其他地区，采金亦颇为兴盛。《宋史·食货志》：“熙宁七年，广西经略司言：邕州右江填乃洞产金，后五年凡得金为钱二十五万缗，……元丰四年始以产薄，罢贡”；“政和元年，张商英言：湖北产金，非止辰、沅、靖溪洞，其峡州夷陵、宜都县、荆南府枝江、江陵赤湖城至鼎州，皆商人淘采之地”。

元代在今辽宁、两湖、云南等地都有不少淘金处所，和宋代比较起来是一个很大的发展。据柯绍忞《新元史·食货志》，元代主要产金地有七处：①登州栖霞县。今山东栖霞县。②淄、莱等路。治所分别在今山东淄博市临淄、莱州市。③大宁路龙山县。今辽宁凌源县南。④江浙行省地区，指信、饶、徽、池四州，治所分别在今江西上饶、波阳、安徽歙县、贵池市。⑤抚州路乐安县。今江西乐安县。⑥湖广地区，指岳、澧、沅、靖、辰、武冈、宝庆等地，多在今湘西。⑦云南地区，包括丽江、大理、楚雄、金齿(今保山)、临安(今通海)、曲靖、元江、会川(今会理)、东川、乌蒙(今昭通)等地。此外，和州(今新疆吐鲁番)、嘉定(今四川乐山市)、檀州(今北京市密云县)等地也都曾开采过黄金。

明代淘金最盛之地，集中在云、贵地区。宋应星《天工开物》下卷“五金”：“水金多者，出云南金沙江(原注：古名丽水)，此水源出吐蕃，流丽江府，至于北胜州，回环五百里，出金者有数截”。丽江府治今云南丽江县，北胜州治今云南永胜县。又，永乐年间，贵州设太平溪金场局②，这应是黄金产量大的结果。贵州产金地区主要有省溪(今万山特区)、提溪(今江口县西北)等地。

成化十年(1474 年)，“辽东巡抚彭谊奏：永乐中，太监王彦等开是山(指黑山金场)，督夫六千人，三阅月，止得金八两，请罢之”③，又，“成化中开湖广金场，武陵等十二县凡二十一场，岁役民夫五十五万，死者无算，得金仅三十五两，于是复闭”④。反映出明时辽东、湘西金矿资源已近枯竭。

嘉靖三十五年(1556 年)六月，“户部主事张芹进山东宝山(今临沂市)诸矿金二百十

---

① 《宋会要辑稿》食货三十三“金”。
② 《明史·食货志》。
③ 《明会要·食货五》引《彭谊传》。
④ 《明宪宗实录》卷一三六、《明史稿·食货志》、《明史·食货志》。

七两、银二百两有奇”[①]。说明胶东金矿的淘采还向南发展了。

清代开采黄金的极盛时期是在光绪年间(1875～1908年),最重要的金矿集中在云南和黑龙江。云南有金沙江、麻康、麻姑、锡板、黄草坝、上潞江六大金厂,地点分别在今永胜、中甸、文山、腾冲、保山等地。黑龙江金矿主要分布在漠河、呼玛等地,产量最高时曾占全国黄金产量的60%;为此,还在大兴安岭原始森林中开辟了一条从墨尔根(今嫩江县)到漠河的“黄金之路”,此路地名以“数字”加“站”字为名,如十九站、二十三站等,沿袭至今。

清代其他产金地尚有新疆伊犁皮里沁山、呼图壁、玛纳斯、库尔勒喀喇乌苏条金沟等金矿,甘肃敦煌沙州南北山金矿、贵州镇远府之中峰岭金矿,以及湖南沅陵金矿等。

今天,中国是世界上的黄金生产大国之一,1980年产金30吨,1988年增至87吨,仅次于南非、前苏联、美国、加拿大、澳大利亚而位居全球第六位。现有的五大金矿中,胶东、黑龙江两大金矿产量最高,前者开采始于北宋,后者始于清代;小秦岭金矿在明景泰三年(1452年)也有过开采,夹皮沟金矿已开采160多年,只有金厂峪金矿是新中国建立后才发现、开采的。由此可见,大部分金矿都是历史的延续。

二、银

“三年清知府,十万雪花银”。白银在人们心目中是仅次于黄金的贵重金属。

先秦、秦汉时期,白银被用作制造贵重器皿和饰物。迄今为止发现时代最早的银制器皿有安徽寿县楚王墓出土的银匜和河南洛阳金村周墓中出土的银盒、银卮、银杯等,时代均为战国晚期。

由于银矿往往与其他矿处于伴生、共生状态,在当时有限的技术条件下,提炼困难,所以产量很小、产地也不多。据《汉书·地理志》载,仅犍为郡朱提(今云南昭通一带)出银。诸葛亮所说“汉嘉金、朱提银,采之不足以自食”,所指即此。

三国、两晋时期,见于记载的银产地集中在西南地区。蜀汉的云南郡(治今云南祥云县东南云南驿)“有银窟数十”,刘禅在位时“岁常纳贡”[②]。据《华阳国志》记载,东晋时出产银的地方有:梓潼郡涪县孱山(在今四川罗江县北)、葭明(今四川广元市西南)、阴平郡刚氐县(今四川平武县东)、朱提郡堂螂县(今云南会泽县北)、梁水郡贲古县(今云南建水县东南)等处。

南朝的银矿主要分布在岭南地区。刘宋文帝初年,始兴郡(治今广东韶关市)领有银民三百多户,专事开采银矿[③]。《始兴记》:“泠君西北有小首山,宋元嘉元年夏,霖雨山崩,自巅及麓,崩处有光耀,若星辰焉。居人往观,皆是银铄,铸得银也”[④]。岭南除始兴郡外,产银之地尚有临贺县(今广西贺县东南)和遂成县(广西苍梧县西南)的任山。《桂阳记》:“临贺,山有黑银”[⑤]。《南越志》:“遂成县任山,银沙自出”[⑥]。此外,桂阳郡的阳安(今湖南资兴南)也出产银[⑦]。

北朝产银之地,仅长安骊山、恒州白登山二处。《魏书·食货志》载:“世宗延昌三年

---

① 《明会要·食货五》引《明实录》。
② 《太平御览》卷八一三引《南中八郡志》。
③ 《宋书·徐豁传》。
④⑤⑥《太平御览》卷八一二引。
⑦ 《太平御览》卷八一二引《后魏书》。

(514年)，有司奏长安骊山有银矿，二石得银七两；其年秋，恒州又上言：白登山（在今山西大同市东北）有银矿，八石得银七两……诏并置银官，常令采铸”。据计算，骊山、白登山银矿石的含银品位分别只有0.185％和0.045％[1]，可见当时冶炼技术之精。

据《新唐书·食货志》记载，天下有银冶五十八，元和初，天下银冶废者四十，开成元年增银冶二。其时认为“天下有银之山必有铜。唯银无益於人，五岭以北，采银一两者流他州，官吏论罪。”元和四年(809年)“复诏采五岭银坑，禁钱出岭。”《旧唐书·宪宗纪》载，元和三年诏“天下银坑，不得私采”。是知唐时银矿的开采都受到政府的控制。《新唐书·食货志》：“有银”地点共35处，分布于28个州府中，以南方居多。《大唐六典》卷三：岭南道“桂、邕、昭、柳等五十余州贡银。”另据《元和郡县志》、《新唐书·地理志》记载，土贡银的有五十余州，岭南道差不多每州都有贡银，无银贡的只是少数例外，所以唐代银矿生产实以岭南为主要中心；其次，睦、衢、宣、歙、池、饶、信、福、建、汀、邵、道、郴、鄂等江南东、西道诸州亦皆产银，郴州平阳县（今湖南桂阳）南三十里银坑还产“至精好”之偈子银，“别处莫及”[2]；而在北方，贡银的仅河南府（治今洛阳）、渭（治今甘肃陇西）、凤（治今陕西凤县东北）、代（治今山西代县）四府州而已。《元和志》陕州安邑（今山西夏县）的中条山“其山有银谷，隋及武德初并置银冶监。”大约在唐武德以后，银矿衰落，故不见贡纳。诗人白居易《赠友诗》五首之二，有“银生楚山曲，金生鄱溪滨；南人弃农业，求之多苦辛”的诗句，正是当时银矿分布状况的真实写照。

其中，饶州的银山（唐时地属饶州乐平县）大概是唐代最大的银矿。银山在德兴县东三里，又名银峰山，隋大业时有人在银峰下“得双银笋”[3]。唐贞观初，侍御史权万纪上言：“宣、饶二州银大发，采之岁可得数万缗”[4]。即此。总章二年(669年)，“（乐平）邑人邓远上列取银之利，上元二年(675年)因置场监，任百姓任意采取，官司什二税之，其场即以邓公为名”[5]。此地银的产量颇为可观，每年产银10万余两，收税山银7 000两[6]，可能是唐代惟一的大银矿。王谟《江西考古录》云：“饶州邓公场，采银之所。天祐中(904～907年)，募银夫十余人，凿地道，入数步，空辟做明朗，有穴如天窗，柱石皆白银也。采者持斧入，将斫之，俄而山颓，尽压死，自是无敢下者”。五代南唐时于此置德兴县，《名胜志》：“取其地产银，惟德乃兴之”。

考古发现的唐代银铤，其中有些刻有产地和年代，可与文献相印证。1956年在西安唐大明宫遗址出土了四块天宝年间银铤，其中三块上刻的字表明都是宣城郡和市银铤[7]。1963年从长安秦渡镇北收集的银铤中，刻有“天宝十年信安郡税山银”的字样[8]。“文化大革命”期间，在西安南郊出土一银铤上刻“河南府伊阳县天宝十二载窟课银壹铤伍拾两”[9]。这与文献记载的宣州（即宣城郡，治今安徽宣州市）、衢州（即信安郡，治今浙江衢州市）、河南府伊阳县（治今河南嵩县西南）产银均相吻合。

就宋代产银之地而言，初期有26个州(军)，元丰年间增加到68个州（府、军)。也均主

---

① 夏湘蓉等编著：《中国古代矿业开发史》，第289页，地质出版社，1980年。
② 《元和郡县志》郴州平阳县。
③ 《德兴县志》卷十。
④ 《文献通考》卷一八。
⑤ 《太平寰宇记》卷一〇七。
⑥ 《元和郡县志》卷二八。
⑦ 《文物参考资料》1957年第4期第11页。
⑧ 《文物》1964年第6期第59页。
⑨ 《文物》1972年第7期。

要分布在南方。最大的银矿大概要数桂阳监(治今湖南桂阳县)了。据载该监有一场、七坑产银,“桂阳监在桂阳洞之南,历代以来,或为监,出银之务也”,“古来贡铜、铅,今出银,管烹银冶处”①。距监最远的银矿达 130 里。然据《宋会要辑稿·食货二三》:桂阳监银产祖额应为 20 732 两,元丰元年实收 875 两,仅及 4.2%,可见其时矿源已近枯竭。江西德兴银矿在宋代也开始衰落了,著名的邓公场“至宋天圣间,山穴倾催而银课未除,范仲淹守郡,奏罢之”②。范仲淹有诗云:“三出专城鬓已霜,一封奏罢邓公场”。所指即此。

元丰元年(1087 年)时,银产量较多的四个州依次为:南剑州(治今福建南平市)51 227 两,信州(治今江西上饶市)35 957 两,潭州(治今湖南长沙市)28 757 两,虢州(治今河南灵宝县)25 642 两。此四州合计 141 583 两,占当年全国白银总产量 215 385 两的 65.7%。

元代银矿产地较多,既有继承前代的,也有新开辟的,引人注目的是云南银矿的开发。至元二十七年(1290 年)五月,“尚书省遣人行视云南银洞,获银 4 048 两,奏立银场官”③。武宗至大元年(1308 年)六月,“尚书省臣言别都鲁思谓云南朝河等处产银,令往试之,得银 650 两,诏立提举司”④。据记载,天历元年(1328 年)云南行省银课为 735 锭 34 两 3 钱,占该年全国银课总数 1 551 锭 11 两的 47.4%。

元代产银之地,尚有瑞州上高县蒙山场、韶州曲江县银场、宁国路银冶、霍丘豹子崖银洞、惠州银洞等,散布在今江西、广东、安徽诸省。

明宋应星《天工开物》下卷“五金”,对明代银矿分布有一个概括性的描述:“凡银,中国所出,浙江、福建旧有坑场,国初或采或闭;江西饶、信、瑞三郡,有坑从未开;湖广则出辰州;贵州则出铜仁;河南则宜阳赵宝山、永宁秋树坡、卢氏高嘴儿、嵩县马槽山,与四川会川密勒山、甘肃大黄山等,皆称美矿,其他难以枚举……然合八省所生,不敌云南之半……凡云南银矿,楚雄、永昌、大理为最盛,曲靖、姚安次之,镇沅又次之”。除宋氏所举之外,秦州(今甘肃天水市)也盛产银矿。

天顺四年(1460 年),银矿“课额浙、闽大略如旧,云南十万两有奇,四川万三千(两)有奇,总十八万三千(两)有奇”⑤。则知云南一省占全国总数的 54.6%。

不过,从洪武到嘉靖初的 100 多年当中,浙、闽、川、陕诸省的银场由盛转衰,矿源趋于枯竭;只有云南银矿仍保持着旺盛的产量,从而成为清代最主要的产银区。

清代云南开采的银厂有 30 余处。仅就有额课(当时的额课,为一两银抽银课一钱五分至二钱,即税率为 15%~20%)可考的即有 11 厂,它们是:

(1) 个旧银厂,属临安府建水县,额课银 33 613 两有奇。在今个旧市。

(2) 石羊银厂,属楚雄府南安州,额课银 22 390 两有奇。在今双柏县西南。

(3) 永盛银厂,属楚雄府楚雄县,额课银 3 375 两有奇。在今楚雄县。

(4) 兴隆银厂,属云南府,额课银 3 132 两。在今昆明市附近。

(5) 沙涧银厂,属邓川州,额课银 1 302 两。在今大理市东北。

(6) 马腊底银厂,属开化府,额课银 706.8 两。在今文山县。

---

① 《太平寰宇记》卷一一七。杨守敬《古逸丛书》本。
② 顾祖禹:《读史方舆纪要》卷八五。
③ 《新元史·食货志》。
④ 《续文献通考》:“片榷·坑冶”。
⑤ 《明史·食货志》。

(7) 黄泥坡银厂，属临安府，额课银 661 两。在今建水县。

(8) 古学银厂，属丽江府中甸厅，额课银 568 两。在今中甸县。

(9) 蒲羊塘银厂，属鹤庆府，额课银 421 两。在今鹤庆县。

(10) 募乃银厂，属永昌府，额课银 300 两。在今保山市。

(11) 方丈银厂，属元江州新平县，额课银 68 两。在今新平彝族傣族自治县。

其余 20 多处无额课可考的银厂，分布在东川府(今会泽县)、镇雄州(今镇雄县)、永善县(今大关县西北)、顺宁府(今凤庆县)、永北厅(今永胜县)、南安州(今楚雄县南)、中甸厅(今中甸县)等。

当然，清时山东临朐、山西应州、陕西临潼、贵州威宁府、广东英德、广西贺县等地也或多或少产过白银，持续时间或长或短，但产量一般均不高。

纵观历代银矿产区的地理分布，汉、魏时代集中在西南地区，南朝、唐代以岭南为生产中心，宋代以今湖南、江西居多，元、明、清三代则以云南为主，而今已探明的白银储量又以河南省最为丰富。由于银矿、银场(厂)开采的时间一般很难维持在 100 年以上，所以是经常有开有闭、互为消长的。

三、铜　和　锡

铜是国民经济建设中不可缺少的重要资源，广泛应用于电子、机械、建筑、国防等有关行业。锡具有延展性强、防锈、耐腐蚀等特性，主要用来制造锡管、马口铁和各种合金。我国是发现、冶炼和利用铜矿、锡矿最早的国家之一。根据考古材料，迄今我国发现最早的铜器是 1977 年在甘肃东乡族自治县林家马家窑文化遗址中发现的一件铜刀和几片碎铜块，年代约为公元前 3000 年。红铜系指天然铜，青铜为铜、锡、铅的合金，最早的红铜器、青铜器均见于甘肃武威娘娘台、永靖何庄齐家文化墓中，大多是刀、锥等小件器物，年代约为公元前 2000～前 1700 年之间。

在中国历史上，先秦时期主要用铜来铸造青铜器，而秦汉以来则主要用铜来铸钱和铜镜。无论是青铜器还是铜钱的铸造，都需要锡作为辅料①。

我国的青铜器时代，至少从商代早期开始(有人推测始于夏代晚期)，一直延续到春秋末叶，持续时间长达 1 000 多年。所以，殷商、西周是我国青铜器的鼎盛时代。1976 年在河南安阳小屯村“妇好墓”、1983 年在四川广汉三星堆、1989 年在江西新干大洋洲，以及近年来在陕西周原遗址中相继出土了数量可观、制作精美绝伦的商周青铜器。妇好墓出土的青铜器多达 468 件、重 1.6 吨。著名的司母戊大方鼎，重 875 公斤，通耳高 133 厘米，横长 110 厘米，宽 8 厘米，是 1939 年在安阳武官村出土以来迄今为止我国出土的最大的青铜器，在世界上也是罕见的，被称为“青铜器之王”。经分析，它是铜、锡、铅的合金，其成分分别为 84.77%，11.64%，2.79%，代表了殷商晚期青铜器制作的最高水平②。

1929 年，在殷墟炼铜遗址里发掘得一块孔雀石，重 18.8 公斤，其中混杂着许多赤铁

① 杜佑：《通典》言：每一炉岁铸钱三千三百缗，费锡四万九千五百斤。唐代铜钱的成分为：铜 83.5%、镴(锌合金)14.5%、锡 2.0%。

② 现代青铜冶金试验表明：纯铜的布氏硬度为 35，若加 10%的锡则铸造后的布氏硬度为 88，再经锻锤硬度可上升到 228。

矿。以后在殷墟曾多次发现这种矿石。由此可以证明殷商时人们是用来炼铜的，主要原料应是孔雀石。在商代，锡除用来配制青铜合金外，还单独用来制造器具，曾在安阳小屯村有过成块的金属锡出土，又在大司空村出土锡戈 6 件。

在西周的各类手工业中，青铜铸造业无疑与殷商一样也是主要部门。现有的西周青铜器中，当以道光年间出土于陕西郿县的大盂鼎为代表。该鼎高约 1 米，重 153.5 公斤，内壁有铭文 291 字，记载了周康王赏赐贵族“盂”1 709 个奴隶的史实。

春秋时期的青铜器中，以 1955 年在安徽寿县蔡侯墓出土的 400 多件青铜器为代表，青铜器上出现了镶嵌红铜花纹的技术。

如上所述，商周时代出土了如此大量的青铜器，说明当时铜和锡的产量非常丰富，由此很自然地使人们联想到青铜器原料的产地、来源问题。一般认为中原地区铸造青铜的原料，多数可能来自南方。《诗经·鲁颂》：“憬彼淮夷，来献其琛，元龟象齿，大赂南金”。这说的是淮夷贡献的珍宝中，有一大批南方所产的铜①。在曾伯霥簠铭文中，也提到淮夷，还有“金道锡行”之言。“金道锡行”就是铜、锡交易入贡的道路②。春秋时的曾国，在今湖北随州市之南，位于南、北交通要道，所以“青铜原料之来源，未必不可取自南岭一带”③。锡的产地，古今均在南方，《周礼·职方》：“东南曰扬州……其利金、锡、竹、箭”。《尚书·禹贡》：“扬州……锡贡”。郑玄注：“此州有锡则贡之，或时乏则不贡。锡，所以柔金也。”《考工记》：“吴、粤之金锡，此材之美者也”，即是说南方的吴、粤，金（指铜）、锡两种原材料质量俱佳，故而能铸出精美而锋利的青铜宝剑。

为了探讨青铜时代的锡来自何处，闻广先生从先秦史料入手，经缜密研究后认为：“青铜时代关于锡矿的记载，由于年代久远，许多产地已不能确定其具体位置。由于当时一般锡、铅不分，其中可能包括少数铅矿在内。但是，重要的是，另一方面，这些古籍中都没有任何关于自疆域外输入锡矿的记载。由此我们可以认为，我国青铜时代冶炼青铜所需的锡矿资源，主要是立足于国内的。在黄河两岸、大江南北，应当有着锡矿产地的分布”④。闻广先生的观点，应该是站得住脚的。

战国时代，由于铁器的出现和逐渐普及，青铜工业已走向衰落，中国文明步入了铁器时代。从此以后，大量的铜不再被用来锻铸青铜器了，而是铸造了数不胜数的铜钱和铜镜，以及其他许多精美的铜器。

西汉时，铜的产地有丹阳、越嶲、益州诸郡。据《汉书·地理志》载，丹阳郡设有铜官，为西汉时惟一设铜官的郡。丹阳铜的产地，历来认为在今安徽当涂县境内，此地位于长江中下游铜矿区的东北端。当时人们称丹阳铜为“善铜”、“嘉铜”，如铜镜铭文有云：“汉有善铜出丹阳，炼冶银锡清而明”，“杜氏作镜大毋伤，新有嘉铜出丹阳”⑤，等等。这说明西汉以丹阳铜的质量最好。吴王刘濞谋反时，所据有“章山之铜”。章山也在今安徽南部。又据《汉书·地理志》越嶲郡：“邛都，南山出铜”。邛都治今四川西昌市。该书还提到益州郡的俞元县怀山、来唯县从陆山均出铜。俞元县在今云南澄江县，来唯县在今云南蒙自县（或说在今

① 先秦、秦汉时许多场合所说的“金”是指现今的铜。
② 郭沫若主编：《中国史稿》第一册第 257 页。
③ 赵宗溥：《青铜文化来源考疑》，载《矿测近讯》1948 年第 89 期。转引自夏湘蓉等著：《中国古代矿业开发史》，第 207 页。
④ 闻广：《青铜与锡矿》，1963 年油印本，转引自夏湘蓉等著：《中国古代矿业开发史》，第 208 页。
⑤ 清 陈介祺：《簠斋藏镜》。

越南莱州省）。可见北起西昌、南迄蒙自的铜矿带，西汉时即已发现。锡产于南方，《史记·货殖列传》："江南出连、锡"。"连"，或说即为锡，或说为铅、锡合金。

东汉的铜矿产地，据《续汉书·郡国志》载有四处：俞元、邛都、朱提（今云南昭通）、贲古（今云南蒙自县东南）。前两处是继承前代的，后两处是在川滇铜矿带新开的矿。实际上的铜矿产地，应不止四处。例如从东汉后期铜镜铭文演化情况来看，继"善铜出丹阳"之后，出现了"铜出徐州、师出洛阳"，或"铜以徐州为好、工以洛阳著名"等铭文铜镜，说明徐州是继丹阳之后的另一个著名的铜矿产地。此地就是现在江苏省北部的铜山县。1955 年在辽阳三道壕清理两座西晋壁画墓，出土了一面鸟纹规矩镜，铭文为："吾作大竟（镜）真是好，同（铜）出余（徐）州清且明兮"，亦是明证。又如山西运城洞沟的古铜矿遗址，崖壁上刻有东汉光和二年（179 年）、中平二年（185 年）的题记，考古工作者在 1960～1961 年间发现有古矿洞七处，矿石是黄铜矿，也有少量孔雀石，并发现铁锤、铁钎等开矿工具和一块铜锭①。可见著名的中条山铜矿，至迟在东汉末业已开采。

《续汉书·郡国志》记载锡的产地有三处。益州郡"律高，石室山，出锡"，贲古"采山，出锡"。律高在今云南开远市北，采山则在今个旧市。可见"锡都"个旧，东汉时即已产锡。另一处为汉中锡（故地在今湖北郧西县），"有锡，春秋时曰锡穴"，有人怀疑此非锡矿，而可能是铅矿。

魏晋南北朝时，铜、锡矿的记载也很少。吴黄武五年（226 年），孙权"采武昌山铜铁，作千口剑、万口刀"②。常璩《华阳国志》提到产铜之地有汶山郡之邛都县、梁水县（今云南开远市），产锡之地有兴古郡之律高县。南朝的铜矿，产于南广郡蒙山（今四川名山县西）③、武昌郡白雉山（今湖北大冶东）④、鄱阳郡玉山（今江西玉山县东）⑤、宣城郡的梅根冶（今安徽铜陵县），据《太平寰宇记》载，"自齐、梁之代为梅根冶以烹铜、铁，……铜山出铜，以供梅根监。"北朝的铜矿，产于恒农郡铜青谷、苇池谷、鸾帐山（均在今河南三门峡市南）、河内郡王屋山（在今河南济源市西北）、南青州苑烛山（今山东沂水县境）、齐州商山（今山东淄博市东）⑥ 等地。

唐代产铜之地甚多，南北各地皆有。《旧唐书·食货志》：元和三年（808 年）诏云："天下有银之山必有铜，铜者可资于鼓铸。"但主要集中在中条山区、太行山区、秦岭山区、剑南山地、南岭山区和长江下游丘陵地带。据《新唐书·地理志》载，陕州平陆"有铜穴四十八"，河中府解县"有铜穴十二"，绛州闻喜"有铜冶"，翼城"有浍高山、有铜"，曲沃"南十三里有铜"。这些地方均属中条山地区。《新唐书·食货志》载，天宝时，天下铸钱之炉九十九，而绛州三十，扬、润、宣、鄂、蔚皆十，益、郴皆五，洋州三，定州一。其中绛（治今山西新绛）、蔚（治今山西灵丘）二州合之占全国 2/5，则其地必为产铜最多之地。《旧唐书·食货志》载，大历四年（769 年）户部侍郎第五琦上言，请于绛州汾阳、铜原二监，增置五炉铸钱。从之。《元和志》载，蔚州飞狐县（今河北涞源）三河冶旧置炉铸钱，至德后废。元和时复置五炉铸钱。太行山区的铜矿，产于潞州黎城、阳城、代州五台、太原府盂县、定州唐县，可见此山东、

① 安志敏等：《山西运城洞沟的东汉铜矿和题记》，载《考古》1962 年第 10 期。
② 《太平御览》卷三四三引陶弘景《刀剑录》。
③ 《南齐书·刘悛传》。
④ 《太平御览》卷四八引《江夏图经》。
⑤ 《太平御览》卷一七〇引《鄱阳记》。
⑥ 《魏书·食货志》及《崔鉴传》。

西两麓均有出产。秦岭铜矿主要产于商州(今陕西商州市),商州的红崖冶出铜益多,洛河上游的洛源监,岁铸钱七万二千贯。剑南山地的铜矿,出产于邛州临邛县(今四川邛崃县)的铜官山、雅州荥经县(今四川荥经县)的铜山、梓州铜山县(今四川射洪县西)的可象山。南岭山区的产铜之地有郴、连、贺、桂四州(治所分别在今湖南郴州市、广东连县、广西贺县东南和桂林市)。郴州桂阳监,每年铸钱五万贯。长江下游丘陵地带的铜矿,出产于扬、润、宣、饶、信诸州(治所分别在今江苏扬州市、镇江市、安徽宣州市、江西波阳县和上饶市),扬州铜镜在唐代最为有名①,宣州当涂县“赤金山在县北一十里,出好铜与金类,《淮南子》、《食货志》所谓丹阳铜也”②,其地为南朝以来,为梅根冶所在。除上述六大铜矿集中产区之外,兖州莱芜县(今山东莱芜市)等地也产铜,渤海国的铜州(今吉林镜泊湖之南)当因产铜而得名。

隋唐时代的锡矿,见于《隋书·地理志》、《新唐书·地理志》记载的分布在16个县,其中秦岭、淮河以南地区的有11县:光州乐安、梁州西县、越州会稽、湖州安吉、虔州虔化、南康、大庾,道州江华,贺州冯乘、富川,潭州长沙;以北仅5县:洛州长水、伊阳,相州武安、泽州阳城、兖州莱芜。

宋代铜矿的分布情况,和唐代比较起来有显著的变化。宋时铜矿集中分布在今江西、湖南、广东3省境内,而绛州铜矿到宋代已不见记载。

北宋元丰年间,有22个州(军)出产铜矿,其中以韶州岑水场、巾子场、潭州永兴场等地产量最高。南宋乾道元年(1165年),李大正言:“自昔坑冶铜课,最盛之处曰韶州岑水场、曰潭州永兴场、曰信州铅山场,号三大场”③。岑水场在曲江县(今广东韶关市)境内,是一个开发较晚的大型铜矿,据《宋会要辑稿·食货》三十四:“至和二年(1055年)诏三司:韶州岑水场铜大发,其令转运司益募工铸钱”。元丰元年(1078年)岑水场产铜12 808 430斤,竟占当年全国铜总产量的87.7%!后来产量虽急剧下降,南宋初产量为近400万斤,乾道二年(1166年)约10万斤,仍很可观。可见此时可供开采的富矿体还没采完。永兴场在浏阳县(今湖南浏阳县)境内,也是一个开发较晚的铜矿,在北宋早期根本就不见于记载,元丰元年产量为1 708 250斤,占全国的11.7%。经过80多年开采,南宋绍兴三十二年(1162年)年产量仍有1 796 000斤,比元丰时略有增加,可见这个铜矿的蕴藏量是很丰富的。铅山场在铅山县(今江西铅山县南)境内,唐时已有开采,北宋初停罢,绍圣三年(1096年)恢复生产,只产胆铜,乾道二年的产量为96 336斤。

宋代锡矿,据《宋会要辑稿·食货》三三载:元丰时有26个州(军)产锡。这些州、军集中分布于今广东、广西、湖南、江西4省(区)交界的南岭山区。其中,贺州元丰元年锡产量为878 950斤,占当年全国总产量的37.9%,可见贺州(今广西贺县东南)是宋代的主要产锡之地。

到了元代,宋时铜矿产地多不见记载,可能是这些铜矿区内易采的富矿体已衰竭。不过,元代在益都路临朐县(今山东临朐县)七宝山、锦州瑞州的鸡山与巴山(在今辽宁省西部)、澂江(今云南澄江县)萨矣山均新辟了铜冶。澂江铜矿的开辟,为明清两代开发云南铜矿的先声。

---

① 《旧唐书·韦坚传》。
② 《元和郡县志》卷二七。
③ 《宋会要辑稿·食货》三四。

元代铸币很少，产铜不多，锡的产量也不大，产地仅限于沅、辰、靖诸路（今湖南西部芷江、沅陵、靖县）①；而宋代产锡最多的贺州，元代也不见记载。

明代铜矿的分布情况，宋应星有简明的记载，《天工开物》下卷“五金”：“凡铜坑所在有之……今中国供用者，西自四川、贵州为最盛，东南间自海舶来，湖广武昌、江西广信皆饶铜穴，其衡、瑞等郡出最下品”。广信在今上饶市，衡州为今湖南衡阳市，瑞州为今江西高安县。可见铜产地全在长江流域。

明初，铜场仅江西德兴、铅山二处。正德九年（1514 年），军士周达请开云南诸银矿，因及铜、锡，此后遂屡开云南诸铜场。有人建议：“两京铸钱以铜价太高，得不偿费；可采云南铜，自四川运至岳州府城陵矶开铸”②。反映了当时云南产铜颇盛。

《天工开物》也记载了明代锡矿产地的分布情况，云：“凡锡，中国偏出西南郡邑，东北寡生。古书名锡为贺者，以临贺郡产锡最盛而得名也。今衣被天下者，独广西南丹、河池二州，居其什八，衡、永则次之；大理、楚雄即产锡甚盛，道远难致也”。临贺郡指今广西贺县，南丹、河池今为广西二县，衡、永为今湖南衡阳、永州二市，大理、楚雄则属云南。

清代的铜矿，主要分布在云南省境内，其次为四川西部，湖南、贵州、广西三省也有一定的产量。

云南铜矿的极盛时代，大约是在雍正初到嘉庆中期，铜厂从起初的 17 厂发展到乾隆三十七年（1772 年）的 46 厂，即使年产量最低的乾隆十五年也有 9 155 974 斤，最高的乾隆三十年可达 14 674 481 斤。该省铜矿的分布，大致可以分为三个集中的区域：①滇北区，包括东川、鲁甸、巧家、昭通、大关、永善、宣威、镇雄各州县，其中以原东川府所属各厂为最盛，特别是东川府城西南 160 里处的汤丹厂、会泽县境内的碌碌厂，两厂产量占全省产量的 70%以上。当时运往北京宝泉、宝源两局铸钱用的滇铜，主要靠此二厂供应。②滇西区，包括永北、丽江、云龙、永平、保山、顺宁各州县，其中以顺宁（今凤庆）的出产为最盛。③滇中区，包括滇池和抚仙湖周围各州县，并南延至开远、蒙自等地，本区均属小厂，以寻甸、易门、云龙各处产量较丰。

嘉庆中叶以后，滇铜产量逐年下降，于是从嘉庆二十二年（1817 年）开始采四川铜矿以济不足。“四川铜厂办铜，向无定额，该省乌坡厂产铜素旺，以前每年报获一百八九十万斤”③。四川的铜矿主要集中于西部的宁远、叙州二府，在地理上与滇北铜矿区同属于一个整体，产量较大的有会理州（今会理县）迤北厂、金狮厂、西昌县（今西昌市）金马厂、盐源县甲子夸豹子沟厂、冕宁县金牛厂、屏山县龙门溪厂、马边厅（今马边县）铜大厂、雷波厅（今雷波县）分水岭厂等。

清代的锡矿，以云南、湖南二省开采最盛，云南主要是蒙自县的个旧锡矿，湖南锡矿产于郴州、宜章等地。

纵观历代锡矿的地理分布，以南方占压倒优势，无论是青铜时代，还是汉唐盛世，抑或宋、元、明、清，直至今天均产在南方、尤其以西南地区为盛。

历代铜矿生产的地理分布，则应以南方为主。唐代以前，北方虽然出现过像徐州、中条山这样的大型铜矿，但南方的大型铜矿更多。宋代以后，随着南方铜矿的进一步开发和随

---

① 《新元史·食货志》。
② 嵇黄等：《续文献通考·征榷·坑冶》。
③ 《清宣宗实录》卷三二五。

之而来矿业经济的崛起，北方铜矿在经济中所占比重越来越小，以至于今天全国六大铜矿中，北方仅有山西中条山、甘肃白银厂两处，年产铜均为1万多吨，仅占全国年产量30万多吨的6.7%而已；其余安徽铜陵、江西德兴、湖北大冶、云南东川四大铜矿全部位于长江流域，年产铜分别为12万多吨、10万多吨、5万多吨和1万多吨，占全国总产量的93.3%。中国古代经济重心的南移，恐怕也应该包括铜矿矿业经济的变迁内容在内。

四、铁

铁矿是钢铁工业的基础原料。钢铁广泛应用于国民经济的各个部门，人们日常生活时刻也离不开它。铁矿石在自然界中虽分布极为广泛，却因铁的熔点高，冶炼技术复杂，人类发现和使用铁较晚；但由于铁器硬度强、韧性高，它的出现最终排斥了石器和青铜器，促进了生产力的较快发展，因而它标志着文化发展史上一个崭新时代的降临。时至今日，钢铁产量的多寡还是综合国力大小的主要指标之一。

在目前已发掘的殷商、西周以至春秋早期的墓葬中，至今尚未发现有冶铁遗址或铁器实物。迄今可以确定为春秋末期的出土铁器仅有十余件，器类简单，形体薄小，当属铁器刚出现不久之物。我国目前发现最早的铸铁件是1964年在江苏六合程桥春秋晚期1号墓出土的铁丸，经金相分析系白口铁铸成。最早的铁容器是1977年在湖南长沙窑岭15号楚墓出土的铁鼎，重3 250克，年代为春秋、战国之交。所以，考古学界多认为楚国是我国最早冶炼和使用铁器的地方。

战国中叶以后，铁器逐渐推广、普及开来，因而发现和开采的铁矿也愈来愈多。《管子·地数篇》记载“出铁之山三千六百九”，《山海经》所载产铁之山三十七。《尚书·禹贡》：“华阳黑水惟梁州……贡鏐、铁、银”，此梁州系指秦岭以南广大的西南地区。迄今为止发现的上千件先秦铁器中，绝大部分是战国中晚期的铁制品，种类有斧、锛、凿、刀、锤、钻、犁、锸、耙、锄、戟、矛、鼎、盆、盘、甲胄、匕首、带钩等生产工具、生活用具、装饰品和武器等。在齐都临淄、韩都新郑都发现过冶铁手工业作坊遗址。

秦统一中国后，执行冶铁官营的经济政策，但全国设置了多少铁冶，史无明文。我们所知今四川邛崃山区，当时肯定是一处大铁冶，《史记·货殖列传》载：“蜀卓氏之先，赵人也，用铁冶富。秦破赵，迁卓氏……致之临邛，大喜，即铁山鼓铸，运筹策，倾滇蜀之民，富至僮千人”。又，“程郑，山东迁虏也，亦冶铸，贾椎髻之民，富埒卓氏。俱居临邛”。

西汉武帝于元狩四年（前119年）宣布盐铁官营政策，在全国置铁官49处①。这些铁官的分布，以今日政区而言：山东12处，江苏7处，河南、北京、辽宁、甘肃、安徽、湖南各1处。其中江苏7处、安徽1处全在长江以北。可见当时全国铁官的地理分布，以北方占绝对优势；广大的长江中下游以南地区，仅有桂阳郡（今湖南郴州市）一处，显然是南方开发较晚、进入广泛使用铁器的时代较中原亦为晚之故。

迄今为止已发现的20多处西汉铁冶遗址，也全部在长江以北；其中在今河南省者即有10处，著名的有巩县铁生沟、郑州古荥镇等。在铁生沟已发掘的2 000平方米范围以内，共发现炼炉18座、熔炉1座、锻炉1座、藏铁坑7个、矿石坑1个、配料池1个，遗物有

① 《汉书·地理志》。

铁器 166 件，还有耐火材料和铸范等，共 1 000 余件。考古证明铁生沟冶铁遗址中所采用的铁矿石，采之于遗址附近的南、北两山上。

在已发现的西汉冶铁遗址中，有些与文献记载的铁官不相吻合。如新疆民丰、库车、乐浦发现的三处冶铁遗址，均不见于《汉书·地理志》。当时为了抗击匈奴、出兵大宛，几十万大军需用铁制兵器来装备，这三处可能是战时临时设置的铁冶作坊。像北京市清河镇、内蒙古和林格尔两处西汉铁冶遗址，亦可作如是观。另外在四川西昌市南 40 公里黄联关区东坪村一带发现冶铸遗址，炼渣厚积，炉群列布，应属治代郡国铸钱工场①。由此可以推断西汉时期的铁矿和铁官数，必然超过文献记载的数量。

东汉的铁官分布，据《续汉书·郡国志》载有 34 处，以今日政区而言，计有：山东 5 处，山西、江苏各 4 处，河南、河北、陕西各 3 处，北京、四川、辽宁、安徽、湖南各 1 处，以上 27 处与西汉同；另有新增铁官 7 处，计四川 3 处、云南 2 处、甘肃与河北各 1 处。与西汉相比，山东的铁官数由 12 处减到 5 处，江苏、河南、河北、陕西四省的铁官也裁撤了一半，变动较大；而四川新设铁官 3 处，云南新设 2 处，反映了东汉时期西南地区的冶铁生产具有很大的发展。

汉末大乱，铁的生产遭受很大的破坏，曹操曾改铁制刑具为木制②。曹操统一北方后，始在河北开冶，设“司金都尉”、“监冶谒者”等职，专门管理冶铁事业；其中韩暨大力发展水冶，“在职七年，器用充实”③。曹魏立国后，又在白超垒（今河南新安县铁门镇东）、京兆（今陕西西安市西北）、天水（今甘肃甘谷县东南）、南安（今甘肃陇西渭水东岸）等地发展铁冶。刘备据有益州，以张裔为司金中郎将，“典作农战之器”④；越巂郡的定笮、台登、卑水三县（治所分别在今四川盐源县南、冕宁县东、会理县东北）产铁，蜀汉设官管理后“器用周赡”⑤。孙吴立国东南，铁冶以武昌（今湖北鄂城）较为发达，“采武昌山铜铁，作千口剑、万口刀”⑥。

西晋统一全国后，设“卫尉”一职，专管江北“冶令三十九、户五千三百五十”⑦，而江南只有梅根冶（今安徽贵池市东北）和冶塘（今湖北武汉市武昌东南），不属卫尉管辖。永嘉之乱以后，江北诸冶大都遭到破坏而废弃，而江南的梅根、冶塘两冶乃显得日益重要。东晋的冶铁业还以长江流域向珠江流域发展，据《晋书·庾翼传》：“时东土多赋役，百姓乃从海道入广州，刺史邓岳大开鼓铸，诸夷因此知造兵器”。反映了当时冶铁业不仅在汉族地区，同时也向少数民族地区传播的事实。不过，迨至东晋末年，江南诸铁冶因“收入甚微”而只保留了铜官大冶（即梅根冶）和都邑小冶各一处，“余者罢之”⑧。

十六国时，战争频繁，矿业生产几乎无可称述，惟因军事需要而尚有一定的冶铸业。如后赵石虎曾在渑池建立铁冶，徙刑徒于此处冶铁⑨。南燕慕容德也在商山（今山东桓台县东南）建立铁冶⑩。此时的西域，社会相对安定，“屈茨北二百里有山，夜则火光，昼日但烟，

① 《四川西昌东坪汉代冶铸遗址的发掘》，《文物》1994 年第 9 期。
② 《文献通考·刑考三》。
③ 《三国志·魏志·韩暨传》。
④⑤《三国志·蜀志·张裔传》。
⑥ 《太平御览》卷三四三引陶弘景《刀剑录》。
⑦ 《宋书·百官志》。
⑧ 《宋书·王弘传》。
⑨ 《晋书·石季龙载记》。
⑩ 《晋书·慕容德载记》。

人取此山石炭冶此山铁，恒充三十六国用”①，反映了当时屈茨（今新疆库车）冶铁业的发达。

北朝以北魏时相州的冶铁作坊“牵口冶”最为有名（故地今河南浚县北十八里之牵城），“常锻炼为刀，送于武库”②。南朝梁时浮山堰（在今安徽嘉山县北），梁武帝下令“引（建康）东、西二冶铁器，大则釜鬲、小则鋘锄，数千万斤，沉于堰所”③，足见东、西二冶铁器的产量相当可观。

据《新唐书·食货志》载，唐代官营铁冶最初只有铁山5处，到宣宗时增加到71处。唐代产铁分布零散，但相对集中于下列六个地区：①胶东半岛。此地最大的冶铁中心为兖州莱芜县（今山东莱芜市），《新唐书·地理志》载有铁冶十三。《元和郡县志》兖州莱芜县：“韶山在县西北二十里，其山出铁，汉置铁官，至今鼓铸不绝。”《新唐书·王涯传》：“自李师道平，三道十二州皆有铜铁官，岁取冶赋百万”。此十二州是：郓、曹、濮为一道，淄、青、齐、登、莱为一道，兖、海、沂、密为一道，这些地方差不多涵盖了今山东大部分地区。《太平寰宇记》载青州有铁冶十八，当为唐末五代时事。②太行山东西两翼。据《新唐书·地理志》，太行山西侧的河东道，有12府州、13县产铁；东侧的河北道有5州7县产铁。大抵太行山区、吕梁山区、五台山区是唐代产铁中心之一，其中并州（太原府）的铁器很有名，杜甫云：“焉得并州快剪刀，剪取吴淞半江水”④；任华作诗曰：“锋芒利如欧冶剑，劲直浑是并州铁”⑤。③剑南山地。据《新唐书·地理志》及《元和郡县志》载，剑南山区有15州、24县产铁；邛州还有官营的铁矿，《元和郡县志》于邛州临溪县下载：“孤石山在县东十九里，有铁矿大如蒜子，烧合之成流支铁，甚刚，因置铁官”。④秦岭山区。据载秦岭山区有5府州、7县产铁，西起秦州成纪、东至兴元府西县。⑤江南丘陵地区。据载长江中下游地区丘陵地区产铁处，有15州、25县，分布在今湘、鄂、赣、浙、闽诸省及苏、皖二省南部。其中舒州（今安徽潜山）、宣州（今安徽宣州市）是全国贡铁最著名的两州。《全唐文》卷七五一杜牧《上盐铁裴侍郎书》：“盐铁重务，根本在于江淮”。⑥南岭山区。据载：广、连、昌、贺、永、道、虔七州11县产铁。

此外，渤海国的位城也产铁。《新唐书·渤海传》：“俗所贵者曰……位城之铁”。位城系铁州治所（故址在今吉林敦化市东南），铁州当因以产铁著称而取名。

北宋铁矿分布于36个州（军、府）内，以北方居多。元丰元年（1078年）铁的产量为5 501 097斤，其中邢州（治今河北邢台市）綦村冶2 173 201斤，占39.5%；磁州（治今河北磁县）固镇冶1 971 001斤，占35.8%；徐州（今江苏徐州市）利国监308 000斤，占5.6%；兖州（今山东兖州市）242 000斤，占4.4%；威胜军（今山西沁县）228 286斤，占4.1%。此五处铁产地，全部在北方，产量占全国的89.4%。沈括所说的“百炼钢”，即产于磁州⑥。

南宋时，邢、磁、徐、兖、威胜军的大型铁矿已划入金朝板图；南宋境内的铁矿，主要分布在今江西境内的信州铅山场、抚州东山场和弋阳、上饶两县。

---

① 《水经·河水注》引《释氏西域记》。
② 《魏书·食货志》。
③ 《梁书·康绚传》。
④ 杜甫：《戏题王宰画山水歌图》（《全唐诗》卷二一九）。
⑤ 任华：《怀素上人草书歌》（《全唐诗》卷二六一）。
⑥ 《梦溪笔谈》卷三。

关于辽、金的铁矿生产，文献记载不详，仅知辽尝改原渤海国之铁州为铁利州。不过，考古工作者于1961～1962年期间在黑龙江阿城县五道岭地方，发现了金代中期的铁矿井十余处，炼铁遗址五十余处，并查明金代铁器在黑龙江省有大量广泛的分布。

元代将铁分成生黄铁、生青铁、青瓜铁和简铁四等①，产地以腹里②为主。从元太宗八年(1263年)到仁宗延祐六年(1319年)的80多年间，腹里境内先后共设铁冶26所，其中在今山西境内的有大通、兴国、惠民、利国、益国、闰富、丰宁八所(丰宁之冶有二)，在今河北东部的有双峰、暗峪、银筐、大峪、五峪、利贞、锥山七所，在今河南北部、河北南部太行山麓地区有神德、左村、丰阳、临水、沙窝、固镇六所，在今山东境内的有宝成、通和、昆吾、元国、富国五所。这些铁矿产地，有的是继承宋代的，有的是新发现的。虽然这些铁冶的年产量不详，但各地冶户多至760～6 000户，可以想见其规模是相当庞大的。

元河南江北行省的铁，主要产于颍州(今安徽阜阳市)、光化(今湖北老河口市)。除腹里、河南外，铁课“独江浙、江西、湖广之课为最多”③。

明洪武六年(1273年)，全国置铁冶13所，其中南方6所、北方7所，但各冶的产量差别很大，兹将洪武七年的铁冶产量列于表7-1：

表 7-1

布政司＼项目	冶名	产量(斤)
山西	大通冶(太原府)	120 000
	富国冶(平阳府)	221 000
	丰国冶(平阳府)	221 000
	润国冶(潞州)	100 000
	益国冶(泽州)	100 000
陕西	巩昌冶(巩昌府)	178 210
山东	莱芜冶(济南府)	720 000
江西	进贤冶(南昌府)	1 630 000
	新喻冶(临江府)	815 000
	分宜冶(袁州府)	815 000
湖广	兴国冶(武昌府)	1 148 785
	黄梅冶(黄州府)	1 283 992
广东	阳山冶(广州府)	700 000

说明：本表采自夏湘蓉等著《中国古代矿业开发史》，第146页，略有变动。

由上表可知，进贤、兴国、黄梅三冶的年产量，均超过了100万斤；而山西虽有五冶，加起来却只有762 000斤，尚不及进贤一冶产量的一半！总计南方六冶铁的产量为6 392 777斤，占当年全国总产量9 052 987斤的70.6%；北方七冶产量仅为1 660 210斤，占总产量的18.3%；其他不设铁冶地区(含北平、河南、浙江、四川等布政司)铁的产量

① 《元史·食货志·岁课》。
② 《元史·地理志》：“中书省统山东、西、河北之地，谓之腹里，犹云内地”。
③ 《新元史·食货志》。

占全国总产量的11.1%。可见,明初全国铁冶业的重点已明显地南移。

明初铁的生产,相对来说产量很大,达到了当时为止历史的最高纪录,因而铁已过剩。于是洪武十八年(1385年)"罢各布政司铁冶"①,八年后再开官冶。到洪武二十八年,内库库存铁多达3 743万斤,因此太祖"诏罢各处铁冶,令民得自采炼"②。

明朝中、后期,铁冶生产的地理格局稍有改变。在北直隶,出现了著名的"遵化铁冶"。遵化即今河北遵化市。遵化铁冶的工人最多时达2 500多人,最少时也有1 500多人,是明代中后期最大的铁矿生产基地,所以正统初上谕工部曰:"军器之铁止取足于遵化收买"③。在山西,仅阳城一县在天顺、成化年间(1457～1487年)的产量,就相当于明初山西全省每年铁产量的七、八倍④!

清代的铁矿产地,有135处,内地十八省中除河南、安徽、江苏3省之外,均有出产⑤。著名的铁厂,北有汉中(陕西)、南有佛山(广东)。张之洞在湖北创办汉阳炼铁厂,铁矿石来源于大冶铁矿。

民国年间,少数地质工作者曾对辽宁鞍山、湖北大冶、海南岛石碌、四川攀枝花、内蒙古白云鄂博等地的铁矿作过一些调查研究,初步估算全国的铁矿储量约有1亿多吨。

新中国成立后,对已知的铁矿作了系统的勘探,储量增长上百倍,并且新发现470多处大、中型矿床。现在,我国铁矿资源的分布广泛而又相对集中。"广泛"是指东北、华北、西北、西南、中南、华东六大区的27个省、市、自治区均有铁矿分布;"相对集中"是指以辽宁、河北、四川3省最为丰富,鞍山—本溪、冀东、攀枝花—西昌三个地区的铁矿储量超过了全国总储量的一半!

纵观历代冶铁生产的地域分布,基本上可以说是以北方黄河流域为生产重心,因为从秦汉到清代(明初除外),黄河流域铁冶点占全国总数的百分比一直在80%以上,即使最低的现代也占76%。历代黄河流域铁冶点的地理布局,从具体位置上看大多数位于山地或丘陵的边缘、沟谷地带,而在总体上又集中于五大区域,即:燕山—太行山—崤山山脉、山西山地、豫西山地、鲁中山地和关中盆地。这五大区域总面积不及整个黄河流域的1/4,而长期保持了约占总数4/5的铁冶点;其中又以燕山—太行山—崤山地区为铁冶生产最为集中的区域,这一区域一直保持了约占总数30%的铁冶点⑥。只是近代以来铁矿勘探技术的进步,才逐渐改变了这一区域独占鳌头的局面。

第六节　中国近代工业地理分布、变化及其影响⑦

1840年鸦片战争后,中国社会经济发生剧烈变动。外国资本主义的入侵,给以耕织结

---

① 《明史·食货志五》。
② 《明太祖实录》卷一七六及卷二四二。
③ 《明会要·食货五》引孙承泽《春明梦余录》。
④ 白寿彝:《明代矿业的发展》,载《北京师大学报》创刊号(1956年第1期)。
⑤ 由于学术界缺乏对清代铁矿产业的系统研究,此处对于这一内容无法展开详细的叙述。
⑥ 以上观点,均系郭声波:《历代黄河流域铁冶点的地理布局及其演变》一文的结论,文载《陕西师范大学学报》1984年第3期。
⑦ 本节内容,主要参考了夏湘蓉等著:《中国古代矿业开发史》(地质出版社1980年出版)、钮仲勋:《魏晋南北朝矿业的分布与发展》(《历史地理》第二辑)、黄盛璋:《唐代矿业的分布与发展》(《历史地理》第七辑)、张滥模:《从中国古代矿业看金属矿产的分布》(《科学通报》1955年9月号)、杨远:《西汉盐铁工官的地理分布》(香港《中国文化研究学报》九上,1978年)、郭声波:《历代黄河流域铁冶点的地理布局及其演变》(《陕西师范大学学报》1984年第3期)等论著编撰而成。

合为主要特征的自给自足的自然经济带来猛烈冲击，封建的社会经济结构开始解体。自然经济的分解和商品经济的发展，为中国资本主义的发生、发展提供了必要的前提，即不断扩大的商品市场、劳动力市场以及货币资本。国门被强行打开后，随着与资本主义世界联系的加深，人们对西方近代文明和科学技术的了解日渐增多，开始改变投资的方向。国外先进技术、装备的传入，也推动了中国社会经济部门的新组合。近代工矿业的兴起，城乡手工业的变动，农村经济的演变，轮船与铁路的运行，市场交易的扩大与商业资本的发展，新式金融业的崛起以及近代城市的出现，使中国社会的经济生活出现了引人注目的变化，工业(包括手工业)的地理分布及其变化，则是其中的一个重要方面。它的变化大致经历了四个历史阶段。

一、第一阶段(1840～1894年)

中国的近代工业包括三个部分，即外资在华企业、中国官办企业和民间资本企业。它们都发端于1840～1894年这一历史时期。

鸦片战争后，外国资本主义列强，通过中英《南京条约》及以后陆续签订的一系列不平等条约，在中国攫取了各种特权。中国由一个独立的国家，逐步沦为半殖民地，在中外经济交往方面，丧失了主权地位。甲午战争以前，外国资本主义的对华经济活动，虽然以商品输出为主，但是资本输出也已经开始。围绕着商品输出和原料掠夺，列强相继在中国开办加工厂和轻工业，诸如砖茶厂、缫丝厂、制糖厂、轧花厂、打包厂、火柴厂、造纸厂和卷烟厂等。据估计，截止1894年，外国在华的投资总额为2～3亿美元①。这是列强对中国所进行的初期的资本输出。

19世纪60年代初，在镇压太平天国的过程中，以曾国藩、李鸿章等人为代表的一批官僚，开始引进西方的科学技术，发展军事工业和民用工业，以便支撑日趋衰弱的封建王朝，史称“洋务运动”。首批创办的近代企业是军事工业。1861年，曾国藩在安徽安庆创办军械所。次年，李鸿章在江苏苏州设立制炮局。太平天国被镇压后，清朝政府继续举办军事工业。1865年，李鸿章在上海设立江南制造局，制造轮船、枪炮、水雷、火药等，这是清朝政府所办的规模最大的军事工业。同年，李鸿章将苏州制炮局移至南京，设立金陵制造局。次年，左宗棠在福州开办福州船政局。以后，在天津、西安、兰州、昆明、广州、济南、成都、吉林、北京、杭州、汉阳等地，陆续有十几家军事工业创办，制造枪炮军械。据统计，1862～1894年间，清朝政府在各地共举办了19家军事工业，雇佣工人10 000余名②。

自19世纪70年代起，洋务派官僚在经营军事工业的同时，陆续举办了轮船、煤矿、冶铁、纺织等民用工业。这些企业的开办，一方面是为了适应军事工业对燃料和原材料的需求，一方面是为了获取利润，即所谓“求富”，以补充军事工业的经费不足。因为，洋务派官僚在举办军事工业后，逐渐面临一系列新的问题。首先是军事工业的开办需要大量的燃料和原材料供应，长期依赖进口终非长久之计，也不是清朝政府的财力所能维持的。其次是这些企业的生产和经营，需要有近代运输工具相配合，传统的牛、马、车、船已不能适应。再次是经费问题，举办和维持军事工业，需要大量的经费，财政已十分困难的清朝政府日感

① 吴承明:《帝国主义在旧中国的投资》，人民出版社，1955年，第35页。
② 许涤新等:《中国资本主义发展史》第2卷，人民出版社，1990年，第340页。

捉襟见肘，短绌不支。因此，洋务派官僚逐渐感到，要想继续举办和维持军事工业，实现所谓的“求强”，必须同时发展民用工业以“求富”，“必先富而后能强”[①]。当时外商在华企业的高额利润和买办的暴富，又给他们以很大刺激，“分洋商之利”也是他们举办民用工业的动机之一。于是他们便着手行动。据统计，1872～1894 年，洋务派官僚共举办民用工业 27 家，雇佣工人近 30 000 名[②]。其中有中国人创办的最早一批轮船公司、近代煤矿和机器棉纺织厂，如轮船招商局、开平矿务局和上海机器织布局等。

在洋务派官僚举办民用工业的前后，另有一些民间资本独立创办了一批近代企业。据现有的资料，1869 年起开始使用车床的上海发昌机器厂，是中国第一家民族资本主义企业。该厂原是以打铁为业的方举赞和孙英德在 1866 年合伙设立的一家打铁作坊，资本约 200 元，专为进出上海港的外国商船打制、修配船用零件。1869 年后，开始使用车床加工船用零配件，从一家手工工场发展为机器工厂[③]。机器缫丝是民间资本较早涉足的工业部门，它的出现，是受生丝大量出口的推动。太平天国期间，江浙一带战事频繁，生丝出口趋向广州，机器缫丝工业也自广东开始，最早的创办人是原籍广东南海县的侨商陈启源。1872 年，他在家乡创设继昌隆缫丝厂，雇佣工人 600～700 名。该厂开办后，出丝质优，行销欧美，获利丰厚，以致效仿者纷起。至 19 世纪 90 年代，广东顺德县有蒸汽缫丝厂 200 余家[④]。机器棉纺织业，是民间资本较集中的近代工业，出现于 19 世纪 90 年代。1894 年，一名有道台头衔的商人朱鸿度在上海投资建成裕源纱厂，同年投产，拥有英国制纺纱机 25 000 锭。后由其次子朱幼鸿接办，并另外创办了裕通纱厂，与裕源并称[⑤]。据统计，截止 1894 年，民间资本创办的近代工业先后约有 100 余家，其中有的企业开办不久就停办歇业，所以到 1894 年时，民间资本近代工业约有 70～80 家[⑥]。它们主要分布在缫丝、棉纺织、面粉、火柴、造纸、印刷、榨油等业。在采矿业方面，这一时期民间资本也投资经营了一些企业，如 1880 年创办的山东峄县煤矿、1885 年设立的山东平度金矿等。这些企业规模都比较小，基本上仍是土法开采，只是在个别生产环节使用了机器，大多经营困难，境况不佳。

中国近代工业受半殖民地半封建社会条件的制约，地域分布特征鲜明。它们绝大部分建立在通商口岸或靠近通商口岸的地方，其中以上海为最多，广州次之。就外资企业而言，这一时期的在华投资主要服务于其商品输出，侧重于船舶修造业、出口加工业等工业部门，上海是当时中国最大的外贸口岸，也是外资企业的首选地。如 1845～1858 年间，外商在中国开设的船舶修造厂共有 7 家，其中除柯拜船坞和厦门船厂分别开设于广州、厦门外，其余 5 家都设在上海[⑦]。1843～1894 年，外国资本先后在上海设有 27 家船舶修造厂，后经兼并改组，至 1894 年继续开工的有 8 家，资本总额达 323 万余元，占同期外国在沪资本总额的 1/3，企业数目也在各工业部门中名列第一[⑧]。而中国本国资本的近代企业，则主要不是在中国社会原有的手工业工场的基础上产生，而是直接从外国输入机器和技术开

① 李鸿章：《李文忠公全书·奏稿》卷四三。
② 许涤新等：《中国资本主义发展史》第 2 卷，第 379 页。
③ 上海市工商行政管理局等：《上海民族机器工业》上册，中华书局，1966 年，第 76～86 页。
④ 许涤新等：《中国资本主义发展史》第 2 卷，第 456 页。
⑤ 许涤新等：《中国资本主义发展史》第 2 卷，第 468 页。
⑥ 李新等：《中华民国史》第一编上册，中华书局，1981 年，第 50 页。
⑦ 孙毓棠：《抗戈集》，中华书局，1981 年，第 125～126 页。
⑧ 张仲礼等：《近代上海城市研究》，上海人民出版社，1990 年，第 333 页。

办的，绝大部分也都集中在通商口岸地区。这一时期民间资本先后开办的100余家工厂，就主要设在上海和广州两地；其他零星各厂也都是建立在通商口岸或邻近通商口岸的地方。除了便于机器和技术的输入，还在于这些企业的很大部分，如缫丝、制茶和轧棉等工厂实际上都是为了原料出口加工而创设；又有些企业，如船舶修造和机器修理厂，则是附属于各口岸的航运业需求而存在。此外，很多企业所以设立在通商口岸或是托庇于"租界"，是为了减轻封建守旧势力的阻挠和敲诈，谋求企业的发展。

二、第二阶段(1895～1913年)

1895年的中日《马关条约》，规定列强有权在中国设厂制造，外国对华资本输出的门户洞开。随即便出现列强在华投资设厂办矿的高潮。以资本在10万元以上的外资厂矿为例，1840～1894年的50余年间，总计设立23家，按各家设立时的资本额计算，共763万余元；而在1895～1913年的19年间，就有136家设立，资本额共10 315万余元。就资本额而言，后者是前者的13倍①。

甲午战后列强竞相向中国输出资本，加速了中国自然经济的分解，扩大了中国的商品市场和劳动力市场。受民族危机日益深重的刺激，中国民众的爱国主义热情高涨，有识之士纷纷主张"设厂自救"，要求"抵制外货，自保利权"，掀起兴办近代工矿企业的热潮。另外，1901年后，清朝政府迫于形势，推行"新政"，除继续举办官办企业外，还奖励民间资本设厂，多少减轻了封建势力对资本主义发展的束缚，有利于民间资本投资兴办近代工矿业，也吸引了一些华侨资本投资国内近代企业。1912年中华民国的建立，更是有力地推动了中国资本主义的发展。

这种发展主要表现在：这一时期近代工矿企业增长的速度和规模，比前一阶段有明显的进展。1895年，中国资本主义工矿企业的资本总额是2 421万余元，到1911年，增至10 434万余元，比1895年增长了4倍多。在这期间，中国工业的发展，前后经历了1895～1898年和1905～1908年两个高潮。前者是与"设厂自救"呼声的高涨相联系的，后者主要是受抵制美货和收回权利运动的推动。特别是在第二个高潮的四年中，新设厂矿238家，投资总额6 121万余元，发展速度和规模十分显著。其中民间资本企业的发展，尤为迅速。甲午战争前，民间资本共设厂矿53家，资本额470万余元，约占中国本国近代企业资本总额的22%。甲午战争后，则陡增至416家和8 277万余元，资本总额所占比重由原先的22%跃升至77%。甲午战争后新设的民间资本企业，主要仍集中在轻工业。在416家企业中，纺织部门(包括轧花、纺织、织染、缫丝、呢绒、织麻等)占155家，资本额为2 733万余元，均位居第一；其次是面粉工业39家，资本额703万余元；再次是榨油、火柴、卷烟等部门。重工业很少，燃料采掘、金属开采冶炼和金属加工三个部门相加也只有39家，资本额963万余元②。

这一时期，中国城乡手工业的分化组合也呈明显。中国传统手工业历史悠久，门类众多。鸦片战争后，面对洋货竞销，它们各有自己的境遇，表现为兴衰存废并见的纷繁局面。金属冶炼业在中国起源很早，并一直是发展程度较高的传统手工业。但在这时，面对外国

① 汪敬虞：《中国近代工业史资料》第二辑上册，科学出版社，1957年，第3页。
② 李新等：《中华民国史》第一编上册，第56，58～59，61页。

同类产品的倾轧，许多地方的金属冶炼业纷纷陷入困境，久负盛名的广东佛山镇冶铁业、安徽芜湖的炼钢业、江苏苏州的手工铁针作坊都产品销路锐减，生产规模剧跌。与金属冶炼业相比，洋货竞销对中国城乡手工棉纺织业的影响则比较复杂。因为近代中国的手工棉纺织业，实际包含两大部分，一是以“耕织结合”为主要特征的小农家庭手工棉纺织业，另一部分则是主要为市场生产的城乡手工棉纺织业。由于两者在生产性质和内容等方面的差异，外国商品竞销对它们的影响也各不相同。非商品性小农家庭棉纺织业，在大批廉价洋纱、洋布输入的冲击下，逐渐放弃自给自足性质的手工生产，而与市场发生了联系，他们将原先用于自纺自织的棉花作为商品投入市场，或换回洋纱自织成布，或购买洋布穿用。此外还有一种属于商品生产的城乡手工棉纺织业，其主要特点是，产品的原料和销售，都与市场联系在一起，通常是由生产者从市场购买棉花作原料，自纺自织成布，然后将织成的布出售，换回棉花，进行下一轮的手工生产。它们在鸦片战争后，一部分由于抵挡不住洋纱、洋布竞销而趋于衰败，另有相当多的则通过变更原料来源即改用洋纱，继续维持生产，有的还呈现新的发展。

丝织业，是具有鲜明民族特色的传统手工业。相当长的时间内，由于没有同类外国商品可以与之竞销，近代中外贸易的扩大，使各地丝织业仍然产销两旺。江苏盛泽镇，明末清初就是著名的丝织品产地，时至清末，其盛况不减当年。类似的情形，在当时其他一些具有民族特色的手工业部门也能看到，如湖南醴陵的陶瓷业、浙江桐乡的竹器业、河北玉田的草编业和广东高要的爆竹业等，都有一定的生产规模。概括说来，外国商品输入对中国传统手工业的打击，主要是对农民家庭手工业而言，而不是原先就是商品生产的那些手工业。据考察，在 32 个传统手工行业中，19 世纪中叶后衰落的有 7 个，继续维持的有 10 个，有较大发展并向机器工业过渡的有 15 个；另外，还有新兴的手工行业 11 个①。这表明，自明清以来中国就已存在着的资本主义萌芽，在近代与中国近代企业的发生发展仍有着一定的联系。

与前期相比，这一阶段中国近代工业的地域分布，就总体而言，没有实质性的变化，仍多集中于东南沿海和长江沿岸通商口岸及其附近地区。在外资企业方面，除了矿场以外，这二十年中所设立的规模较大的工厂，都集中在上海和少数几个通商口岸。在几个其主要投资的工业部门中，如机器造船厂和纺纱厂全都集中开设在上海；水、电、煤气工业和烟草工业，也都首先在上海创办。外资工业所以集中于少数通商口岸，除了利用租界的各项特权外，还因为上海等通商口岸作为中国最早一批近代城市，提供了举办大工业所必需的现代金融、交通、动力等方面的有利条件。与此相联系，中国民间资本企业也呈现类似状况，下列统计表显示了 1895～1913 年间设立的 549 家民间资本厂矿企业的地域分布（表 7-2）②：

表 7-2

项　目	总计	上海	武汉	天津	广州	杭州	无锡	其他
厂矿数/个	549	83	28	17	16	13	12	380
资本额/千元	120 288	23 879	17 240	4 219	5 791	1 552	1 422	66 185

① 吴承明：《中国资本主义的发展述略》，《中华学术论文集》，中华书局，1981 年，第 309 页。
② 汪敬虞：《中国近代工业史资料》第二辑上册，第 9 页；第二辑下册，第 654 页。

上表显示，这一阶段中国民间资本企业仍多集中在上海、武汉、天津、广州等几个主要的通商口岸，其中也反映出其地域分布值得注意的两个动向，一是向通商口岸附近地区的扩展，如上海周围的杭州、无锡分别有 13 家和 12 家，与天津、广州相差无几；二是地处长江中游的武汉紧随上海，跃居第二，体现了近代工业从东南沿海向内陆地区伸展的态势。从具体工业部门考察，也反映了同样的趋向。以民间资本企业主要门类的面粉工业为例，从 1905～1911 年的 7 年中，全国共有 18 个城市创办新的面粉厂共 27 家，主要设立在包括上海在内的江苏和东北两个地区。其中在江苏共 11 家，除 3 家设在上海外，另外 8 家分布于无锡、南通、扬州、泰州、高邮、宿迁、清河、海州等地。在东北地区共有 6 家，其中吉林 4 家，黑龙江 2 家。此外，还有汉口 5 家，北京 3 家，安徽芜湖和四川长寿各 1 家。中华民国建立以后，民间资本面粉工业又有发展，1912～1913 年共设新厂 20 家，其中 1913 年一年之内就有 15 家新厂设立，除了上海、无锡等地继续有开办外，地处内陆的山东济南、山西大同都有民间资本的面粉厂首次开办，引人注目。但上海一地的产量，仍占全国机制面粉产量的 33.11%，说明中国近代面粉工业的重镇仍在上海①。相比之下，一些技术要求低的工业部门如火柴厂，其地域分布的扩散化更为突出。在 1895～1913 年开设的 58 家火柴厂，绝大部分都设在内地省份，其中四川 14 家，广东 10 家，云南 7 家，江苏、河南各 4 家，河北、山东、陕西、辽宁各 3 家，浙江 2 家，江西、湖北、湖南、山西、甘肃各 1 家②。火柴厂成为地域分布较广的近代工业，主要原因在于其生产技术要求低，因为它的制造方法是从国外引进的，实际上在中国主要是手工制造，便于向内地扩散。

从全局考察，中国近代工业已向全国广大地域扩展。这一阶段新增设的近代企业，虽然有的行业仍然集中在上海及其附近的江浙地区和广州等处，但较多的行业已逐渐向广大内地以至东北、西南、西北等地区伸展。除了青海地区尚未设有近代企业，外蒙古、西藏地区只有个别近代企业以外，其余省区无不或多或少地有近代企业出现和兴起。尤以火柴工业、织布工场手工业分布最广，遍及大部分省区。其余针织工业、榨油工业、肥皂工业、玻璃工业、印刷工业、电灯工业、矿业等，也都展布于十多个省区。面粉工业和缫丝工业则是兼跨数省的大行业。尽管各地区、各行业之间的发展仍不平衡，但已使中国工业开始摆脱局促于沿海、沿江丁字形线条地带各个通商口岸孤点的狭窄地域，逐渐向全国伸展开去③。而祖国的宝岛——台湾，在甲午战争后沦入日本侵略者之手长达半个世纪。在这期间，日本帝国主义在台湾为巩固其殖民统治和掠夺台湾的丰富资源，举办了一些工矿企业，其中以糖厂居多，其产值一般要占台湾工业总产值的 60%～80%。这些制糖厂一直掌握在日本三井、三菱和大仓三大财阀之手。1928 年前后，台湾共有新式制糖会社 11 家，资本总额 2.8 亿元，工厂 48 家，年产糖 43 000 多吨；而由上述三大财阀所支配的会社就有 6 家，工厂 40 家，资本 2.6 亿元，分别占台湾糖业资本总额的 94%和工业资本总额的 50%。在台湾整个工矿业中，日资均处垄断地位。1929 年，日资占台湾工业资本总额的 90%，占矿业资本总额的 71.6%；至 1939 年前后，又分别上升至 95%和 90%④。其地域分布，则偏重于台湾西部沿海地带。

---

① 上海市粮食局等：《中国近代面粉工业史》，中华书局，1987 年，第 23～24 页。
② 许涤新等：《中国资本主义发展史》第 2 卷，第 662 页。
③ 樊百川：《二十世纪初期中国资本主义发展的概况与特点》，《历史研究》1983 年第 4 期。
④ 陈碧笙：《台湾地方史》（增订本），中国社会科学出版社，1990 年，第 205，239 页。

三、第三阶段(1914～1936 年)

1914 年第一次世界大战爆发，帝国主义列强忙于互相厮杀，中国资本主义乘隙得到较快发展，这种发展势头在 20 世纪 20 年代又得到南京国民政府经济政策的推动，一直延续到 30 年代。

应该指出，第一次世界大战期间，虽然欧洲列强因战争减缓了对中国的资本输出，但原有在华企业仍在扩张，而日、美两国资本势力则乘机加紧渗透。据对上海 11 家主要外资工业企业资本额增长的统计，自 1913～1919 年间的年平均增长率为 10.7%，比前一阶段还略高。到了大战结束后的 20 年代，外资工业加速扩张，棉纺、卷烟、电力、制皂等一些行业主要企业的资本额大多几倍、十几倍、甚至几十倍地增长，到了 30 年代才稍减缓。日本资本则在东北、华北地区大肆扩张。据估计，从第一次世界大战结束到抗日战争爆发前的 1936 年，在华外资工矿业资本额的年平均增长率达 11%。同一时期，中国官办工业的增长势头迟缓，至 1936 年，其工矿业资本总额在整个中国工业资本总额中所占的比重不到 5%。相比之下，中国民间资本企业在这一阶段增长迅速。一些主要行业在 1912～1920 年间的产量或投资规模平均每年增长率都在 10%～20%以上，如棉纱为 17.4%，面粉为 22.8%，火柴为 12.3%，电力为 11.9%，卷烟为 36.7%。据估计，全国民间资本工业的投资额在第一次世界大战结束时的 1919 年为 1.91 亿元，1922 年增为 3 亿元，1927 年增为 3.68 亿元，1931 年更增至 6.34 亿元，1935 年再增至 6.97 亿元①。上海的荣家企业、武汉的裕大华等资本集团迅速崛起。荣家资本集团原先以面粉业为主，棉纺业方面 1920 年在上海、无锡有申新 3 个厂，有纱机 7.4 万锭，布机 1 111 台。1921 年向汉口发展，建立申四；1925 年买进上海德大纱厂为申五，同年租进常州纱厂为申六，1929 年收买英商东方纱厂建立申七，1936 年买进厚生纱厂扩充申六，同年又买进上海三新纱厂为申九。到 1936 年，申新资产总值达 7 365 万余元，资本、公积和准备金 1 390 万余元，成为中国最大的棉纺集团。裕大华也是这一时期兴起的棉纺资本集团，其前身是租办湖北官纱布局的楚兴公司。1922 年徐荣廷、张松樵等创办武昌裕华纱厂和石家庄大兴纱厂。1931 年，裕华投资接办黄石市利华煤矿。1935 年，大兴在西安建成二厂，1936 年改为大华纱厂；裕大华集团正式形成。是年，共有纱机 8.56 万锭，布机 1 324 台，资产总值 2 220 万余元，资本、公积和准备金 1 169 万余元②。

这一阶段，中国工业在地域分布方面向内地扩散的进程加快。据 1895～1913 年各省创办工厂的统计资料，内地的一些省份，如河南、湖南、山西等共新设工厂 35 家，西南地区的四川、云南等省新设工厂 15 家，西北地区仅新疆省有 1 家小型制革厂。但到了 30 年代，据 1932～1937 年间向南京国民政府经济部注册登记的工厂统计，河南、湖南、山西 3 省 6 年内新设的工厂就有 237 家。西南地区的四川、云南、贵州、广西等地有新设工厂 163 家。在西北地区的陕西、甘肃等省，这一时期也有了 20 余家新式工厂，都比以前有非常明显的增多。从几个主要行业的地区分布，更可清楚地显示近代工业的地域分布正在进一步扩散。如二三十年代新建的棉纺厂很多都转向原棉产地，江苏、山东、河南、山西、陕西、新疆

---

① 潘君祥等:《近代中国国情透视》，上海社会科学院出版社，1992 年，第 66～78 页。
② 许涤新等:《中国资本主义发展史》第 3 卷，人民出版社，1993 年，第 137～141 页。

等地一些中小城市都有了新的棉纺厂。棉织业的分布则更广，各地几乎都有织布厂、织袜厂、毛巾厂等设立。面粉业的地区分布也在不断扩大。1921年，全国民间资本机器面粉厂共有137家，其中有113家设立在上海、无锡、天津、汉口、济南等大中城市和东北地区，占工厂总数的82.5%，生产能力的83.4%。以后，新设的机器面粉厂开始大量向内地和小麦原料产地扩展，原先空白的陕西、绥远、宁夏等地都有工厂设立。据1936年的资料统计，全国民间资本机器面粉厂共有152家，其中设在上海等城市和东北地区的共有88家，比1921年减少了25家，在企业总数和生产能力所占的比重，也从原先的82.5%和83.4%，分别降至57.9%和74.9%；而其他地区，主要是内地的小麦产区，新设的面粉厂从原先的24家增至64家，在企业总数中所占的比重由17.5%上升为42.1%，但它们的规模一般都比较小，因而生产能力所占比重增幅不大，由原来的16.6%上升为25.1%①。这一阶段民间资本棉纺织业的地域分布，也从上海和江浙一带向华北和华中地区伸展。到1922年，民间资本纱厂的地区分布，按纱锭计，大约上海占38%，江浙其他地区占25%；天津占14%，成为北方纺织中心，华北其他地区占10%；武汉占10%，华中其他地区占3%②。由于各地电力工业的发展，20年代以后近代工业在向内地的扩展中，购置小型电动机设立的小规模工厂，如印刷厂、农产品加工厂等有明显增多，它们分布的区域比前一阶段也有较大的拓展。

中国近代工业在这一时期向内地扩散的主要特征，是移向和接近原料产地和消费区，从工业的地域分布的角度考察，这是一种合理现象，但是半殖民地半封建的社会条件，决定了这种现象是微弱的，并不能改变近代工业的地域分布依然偏重于东南沿海和长江沿岸通商口岸的总体格局。以棉纺织业为例，1930年上海一地即占全国纱厂总数的48%，加上青岛、天津、武汉、无锡和通州等地，其棉纺织厂厂数约占全国总数的74%，资本总额占全国的82.8%，纱锭数占82.5%，线锭数几乎占到100%，布机数亦占93%。另据1933年南京国民政府经济部对不包括东北地区在内的22个省市工业企业所作的调查，当时这些省市共有雇佣工人在30人以上的各类工厂2 435家，其中有一半以上共1 229家集中在上海。又据1935年对江苏、浙江、安徽、山东、江西、河北、湖南、山西、陕西等省及北平、天津、威海卫、青岛、南京、上海、汉口等城市的工业调查，上述地区共有工业企业6 344家、工人52万余人，而其中上海一地就有工厂5 418家，工人近30万人，分别占总数的85.4%和57.5%③。这说明，历经近百年的风云变幻，上海仍是中国工业最集中的地区。原因之一是，虽然上海并非工业原料产地，但较之当时战乱频仍、军阀横行的内地省份，企业的经营环境明显要好些，因而许多企业主宁可远离原料产地和消费区而将工厂设在上海。如《1922～1931年海关十年报告》所言：“与过去十年的工业发展密切相关的因素是内地动乱不宁，那里的工厂经常遭到骚扰。这就形成了工业集中于上海的趋势。许多本应迁出或开设在原料产地的工厂也都在沪设厂。虽然运费成本有所增加，但在上海特别是在租界内，可在一定程度上免受干扰”④。

1931年“九·一八”事变后，东北地区被日本帝国主义武力侵占。早在1906年日俄战

① 潘君祥等:《近代中国国情透视》，第82～83页。
② 许涤新等:《中国资本主义发展史》第2卷，第861页。
③ 潘君祥等:《近代中国国情透视》，第319页。
④ 徐雪筠等:《上海近代社会经济发展概况》，上海社会科学院出版社，1985年，第277～278页。

争后，日本就在东北设立了南满铁路股份有限公司（日文名称“南满洲铁道株式会社”，简称“满铁”），从事经济侵略和扩张。至“九·一八”事变前夕，东北地区日本投资总额已达17.5亿日元，占外国在东北投资的76%，其中“满铁”即占9亿多日元。“满铁”控制的东北铁路达2 360.8公里，占当时东北铁路总里程的1/3①。“九·一八”事变后，日本在东北大肆推行其殖民地经济政策。为了供应战争的需要，日本加强对东北矿产资源的掠夺和加速发展重工业，各种工业产品的产量和产值成倍增长。据统计，1931年东北工矿业的总产值占该地区工农业总产值的26.9%，到了1937年已陡增至51.0%，以后又接连攀升至1940年的54.4%和1943年的59.3%，呈现重工业畸形发达的格局。在这过程中，东北地区逐渐形成奉天、北满、东满、三江、安东、吉林、锦州、通化等八个工矿业相对集中区，而以奉天工业区的地位最为重要②。

四、第四阶段（1937～1949年）

1937年日本帝国主义大举侵华，抗日战争全面爆发，中国的工业及其地域分布进入了一个特殊时期。

“七·七”事变后，在一年零三个月的时间内，华北和武汉以下的大半个中国沦入敌手，南京国民政府迁都重庆，国统区只剩下了西南、西北、湘、桂等省和鄂、粤、闽、江、浙、赣、皖、豫、晋等省的一小部分专县地区。但国民政府所能控制和经济上比较稳定的省份只有川、滇、黔、桂、湘、陕、甘、康八省③。沦陷区的工业遭受重创。以华北地区为例，“七·七”事变后，日本侵略者强占军管了各地主要的华商民营工业。据不完全统计，在华北被日军强占并“军管理”的民族工业企业有115家，其中面粉厂最多，为21家；其次是纺织厂15家，毛织、火药、制酸、火柴、水泥、冶炼厂各3家，其余有造纸、制革、精盐、制糖、印刷、烟草、化工等厂。在日本帝国主义的残暴统治下，华北民族工业毫无生机，奄奄一息。据不完全统计，临近1945年，青岛约1 100家工厂企业中，有200余家完全停产，近500家处于半停产，其他或为中日合办，或被日资企业所控制。在天津，除面粉、机器等业中个别华商企业还勉强维持外，纺织、火柴等其他行业或处于半停产，或完全破产停闭④。

当战火逼近时，为了保存国家经济实力，支援抗战的军需物资，补充后方的民用供给，南京国民政府决定大规模地将工厂内迁，得到爱国资本家的支持。在上海工业家的带动下，其他战区工厂也相继内迁。据统计，经国民政府协助内迁的厂矿有447家，其中迁川者245家，迁湘者121家，迁桂者25家，迁陕者42家。此外，自动迁移的工厂亦有百家，合计共有600余家。国民政府并相应制定了在四川、云南、贵州、陕西以及湘西建设新工业区的规划，其具体布局是：四川以重庆为中心，开发沱江和岷江流域的盐、糖、木材及水利资源；湖南以沅陵、辰溪为中心，重建电厂、水泥厂及煤矿；陕西西安、宝鸡等处重建电厂和纺织厂；贵州中部与东部开采水银、煤、石膏等矿；云南以昆明为中心，建立电厂、机器厂、钢铁厂及采矿等；广西以桂林、柳州和全县为中心，建立电厂、纱厂及机械厂；甘肃、青海两省开

① 潘君祥等：《近代中国国情透视》，第131页。
② 孔经纬：《新编中国东北地区经济史》，吉林教育出版社，1994年，第484，487页。
③ 凌耀伦：《抗日战争时期的大后方经济》，《中国经济史论文集》，中国人民大学出版社，1987年，第362页。
④ 居之芬等：《日本在华北经济统制掠夺史》，天津古籍出版社，1997年，第369，373页。

采石油及金矿等①。政府又采取措施予以扶持，于是1938～1941年以西南地区为重心，内地的工业有了迅猛发展。各类工业部门都有很大发展，每年设厂数增长迅速。据国民政府经济部的统计，截止1941年，在西南地区3 700余家工业企业中，1938年以前所开工厂仅590余家，约占总数的15%。其余历年的设厂数则是，1938年新增240家，1939年新增466家，1940年新增589家，1941年新增843家，合计约占后方新建厂矿的60%以上②。这种发展虽是战时阶段特殊的历史现象，但它较明显地改变了全国工业的布局，使近代工矿业在内地更大的区域内出现。抗战时期内地的工业布局，也有其鲜明的特点。它主要集中在四川，特别是陪都重庆，其他地区相对较少。据国民政府经济部的统计，1942年国统区各省共有3 758家工厂，内地川、滇、黔、桂、湘、陕、甘七省3 188家，其中四川一省即达1 654家，占国统区工厂总数的44%，占内地上述七省工厂总数的51%；资本11.3亿元，占国统区工业总资本的58%，占七省工业资本的66%。到1944年内地工业已趋衰退时，四川一省仍有2 382家工厂，占国统区工厂总数的45%，占七省工厂数的51%；资本额分别占53%和56%。从具体工业部门考察，1942年四川一省占内地化学工业资本的46.6%，机器工业资本的64.8%，冶炼工业资本的83%，纱锭总数的57%，而四川工业又主要集中在重庆，重庆棉纺织工业占全省纱锭数的89%，布机数的95%，产量的96%，其他如机器、冶炼都在80%以上。至于内地其他省份，工业发展水平仍然很低，除云南、广西的工业资本在内地各省工业资本总额中的比重分别占10%和8%以外，陕西占6%，湖南占4%，甘肃占3%，贵州占2.4%，其他各省多在1%以下③。

1942年以后，由于资金短缺，能源、燃料供应不足，以及国民政府对民间资本企业减少扶持，甚而采取压抑的政策，内地工业趋向衰退，其中民营工厂每年设厂数从1942年的1 077家降到1945年的68家。1942年以后虽有一些新办工厂，但整个工业的停工减产、开工不足和改组倒闭等现象已很严重。以重庆而言，1943年871家工厂中停产者达270余家④。1945年抗日战争胜利，原先迁至内地的很多骨干企业纷纷回迁，中国工业布局重心一度移向内地的态势逆转，重又聚集沿海通商口岸地区，详见表7-3统计⑤：

表7-3　战后工业的地区集中

地　区	1933		1947	
	华厂职工数(个)	百分比(%)	华厂职工数(个)	百分比(%)
全　国	789 670	100.0	682 399	100.0
上　海	245 948	31.1	367 433	53.8
天　津	34 769	4.4	57 658	8.5
广　州	32 131	4.1	25 085	3.7
青　岛	9 457	1.2	28 778	4.2
四市合计	322 305	40.8	478 954	70.2

① 《中国大百科全书·中国历史》，中国大百科全书出版社，1992年，第524页。
② 周天豹等：《抗日战争时期西南经济发展概述》，西南师范大学出版社，1988年，第145页。
③④ 凌耀伦：《抗日战争时期的大后方经济》，《中国经济史论文集》，第378～379，387页。
⑤ 许涤新等：《中国资本主义发展史》第3卷，第649页。

抗战胜利后，南京国民政府倒行逆施，大打内战和推行恶性通货膨胀，致使中国工业倍受摧残，濒于绝境。在中国工业中心——上海，1948 年全市各面粉厂的开工率约为年生产能力的 37.5%，到 1949 年 1～5 月间，锐减到仅 10%左右。全市卷烟工厂在 1948 年底已停闭 2/3。1949 年 1 月，全市 74 家毛纺织工厂中，全部停工者有 24 家，局部停工者有 48 家，只有 2 家勉强照常生产。1949 年 4 月，上海 1 000 余家机器工厂开工的不到 100 家①。直到中华人民共和国成立，中国工业才走出困境，其地域分布也步入一个全新的发展时期。

应该指出，在上述四个阶段所述的工业发展及其布局中，也大体包括了工场手工业。如前所述，中国城乡手工业在鸦片战争后经历了一个兴衰存废并呈的分化组合。19 世纪 70～80 年代，缫丝、制茶、榨油、造纸、井盐等行业中工场手工业不断兴建；采矿冶炼业在新式矿厂出现以前，在采的矿厂约有 50 个左右。19 世纪末到 20 世纪初，各通商口岸和附近地区新兴的手工业发展，如火柴、皂烛、卷烟、玻璃、榨油、制茶、制糖、缫丝、棉织、针织、地毯等行业中的大作坊和手工工场纷纷兴起。据 1912 年调查，辛亥革命前后，全国20 749 家工厂中不使用原动力的手工工场占 98.25%，使用原动力即用发动机器的工厂只占 1.75%。到 1919 年，手工工场在全国 10 515 家工厂中仍占 96.58%，用原动力的工厂占 3.42%。直至 1947 年底，手工工场在全国 14 078 家工厂中仍占 76.47%。即使在工业化程度较高的上海，据调查 1931 年有 990 家工厂不使用原动力，占全市工厂总数的 59.42%。1937 年上半年，上海共有工厂 22 376 家，其中 16 851 家不使用原动力，占总数的 75.3%。另据 1947 年底调查，上海 7 738 家工厂中，有 5 793 家不使用原动力，占总数的 74.86%。在其他通商口岸城市，工场手工业也占绝对多数，如天津占 82.25%，重庆占 85.48%。就全国手工工场的地区分布考察，上海家数最多，占总数的 53.80%；以下依次是天津占 9.25%，南京占 7.91%，台湾占 7.25%，重庆占 5.25%，汉口占 3.46%②。上述统计表明，近代中国工业的机械化程度是很低的，其中使用原动力的工厂为数极少，而大量的工场手工业则长期存在，这是在考察近代中国工业发展及其地域分布时，不能忽视的一个历史特点。

中国近代工业的发展、分布及其演变，影响深远。它直接推动了中国沿海及长江沿岸一批近代城市的崛起。

城市是人类社会发展进步的产物。中国是世界上城市历史悠久、数量众多的国家之一。早在先秦时期，就有一些人口众多、商业繁盛的城市存在。与欧洲历史上的城市相比较，中国古代城市有其鲜明的特点。具体表现为城市的兴建，往往首先是出于政治、军事上的需要；与此相联系，城市的居民，首先是官吏、军人、僧侣以及其他消费人口，从事手工业生产和商品流通的工匠、商人却居从属地位。一个城市的地位和规模，主要是由其在中央集权统治格局中的地位所决定的，上至北京，下至苏州、扬州等繁华城市，或是都城，或是省、府治所设置地，政治功能成为左右中国古代城市兴衰的主要因素。明清以后，江南地区出现了一批以商品经济为主要功能的城镇，但在全国城市比例中尚不占主要地位。

---

① 《荣家企业史料》，上海人民出版社，1979 年，第 639 页；《上海资本主义工商业的社会主义改造》，上海人民出版社，1980 年，第 29 页；《上海民族毛纺织工业》，中华书局，1963 年，第 149 页；《上海民族机器工业》，第 781 页。

② 彭泽益：《近代中国工业资本主义经济中的工场手工业》，《近代中国资产阶级研究》续辑，复旦大学出版社，1986 年，第 36～37，41 页。

1840年以后，中国城市发展的传统格局开始松动、变化，一些突破旧有发展模式，以对外贸易和工商业发展为主要依托的近代城市相继崛起，并在近代中国历史发展的进程中发挥着越来越大的作用。中国近代工业的中心——上海，是这批城市的突出代表。自1843年开埠后，它就凭借其优越的地理位置和经济条件，很快就成为中国最大的外贸口岸，继而又成为工业中心。工业的发展，需要大量的雇佣劳动者。正如恩格斯在描述以大机器工业出现为标志的新兴城市时所说："大工业企业需要许多工人在一个建筑物里面共同劳动；这些工人必须住在近处，甚至在不大的工厂近旁，他们也会形成一个完整的村镇。他们都有一定的需要，为了满足这些需要，还须有其他的人，于是手工业者、裁缝、鞋匠、面包师、泥瓦匠、木匠都搬到这里来了"①。上海的情景正是如此，随着工业的发展，周围乡村包括邻近各省的农村人口纷至沓来，城市人口增长迅速。据统计，开埠初期上海城市人口约27万，到1910年已达128万余人②，净增3倍多。这些新增人口，绝大部分来自农村。据20世纪20年代对上海纱厂工人来源的调查，本地人仅占30%，而苏北和其他各省的人员占70%。从上海总人口的籍贯资料来看，据公共租界自1885～1935年的人口统计显示，非上海本地籍贯的人口比重高达80%以上③。这些流入城市的劳动力，多聚集在新兴的工厂周围，谋生糊口。苏州河畔的曹家渡，原先"地甚荒僻，绝少行人，光绪十八年(1892年)有人购地建筑油车(按指榨油厂)，是为成市之始；继而西段开办缫丝厂，东段开办面粉厂，招集男女工作，衣于斯、食于斯、聚居于斯者不下数千人，由是马路两旁造屋开店，百工居肆而市成矣。面临吴淞江(按即苏州河)，帆樯云集，富商巨贾莫不挟其重资设厂经商，除缫丝、面粉两厂外，若洋纱厂、织布厂、鸡毛厂、牛皮厂、榨油厂、电灯厂，不数年间，相继成立，市面大为发达，东西长二里许，鳞次栉比，烟户万家。"不远处的周家桥，"本一小村落，民国五年(1916年)有无锡富商荣氏傍吴淞江购地数十亩，开筑申新纺织厂。八年，欧战发生，纱价大涨，富商购地设厂者接踵而至，地价骤贵，亩值万金，百工麇集，遂成市面"④。这些工厂区和居民聚集区，后都与中心城区联成一片，上海的城市版图因此扩大。

如前所述，中国近代工业的地域分布，在总体上很不平衡，主要偏重于沿海沿江一些通商口岸城市，这种状况也限制了其社会影响。据1921～1931年全国通商口岸的人口统计，其中工业较为发达的上海、天津、青岛人口增长最多，上海由150万人增至325万余人，天津由80万人增至137万余人，青岛由4万余人增至39万人⑤。而上海的工业发展，又带动了邻近地区的城市发展。20世纪30年代，在长江三角洲已初步形成以上海为中心，以面粉、棉纺织、缫丝等轻工业为纽带，由无锡、常州、镇江等组成的苏南近代城市链，成为当时国内城市化程度领先的地区。相比之下，国内其他地区的城市化进程明显滞后。据统计，1843～1949年间，人口呈减少的国内城市有淮阴、景德镇、苏州、泉州、佛山、潮州，基本持平的有常德、襄樊、临清、潍坊、宁波、福州、合肥、湖州、杭州、济宁、西宁、嘉兴、开封、扬州、西安等⑥。显然，其中大部分地处内陆，偏离当时工业相对发达的沿海沿江地带。而内地的一些城市如重庆、成都、宝鸡等，则主要是抗日战争时期在沿海工业内迁的推动下发展起来的，其数量和规模也不及沿海地区。

---

① 恩格斯：《英国工人阶级状况》，《马克思恩格斯全集》第2卷，人民出版社，1957年，第300页。
② 墨菲：《上海——现代中国的钥匙》，上海人民出版社，1986年，第82页；邹依仁：《旧上海人口变迁的研究》，上海人民出版社，1980年，第90页。
③⑤⑥ 潘君祥等：《近代中国国情透视》，第110～111页。
④ 民国《法华乡志》卷一，沿革。

工业分布的不平衡，也影响了中国工人阶级队伍的分布。在工人阶级队伍形成的初期，由于近代工业主要集中在上海、广州、天津、武汉等少数沿海沿江通商口岸，因此中国产业工人虽人数才近10万，但地区分布异常集中。据估计，1894年除矿工以外的全国产业工人总数中的80%，集中在上海、广州、天津、武汉这4个城市，而上海一地即占了全国产业工人总数的47%。又由于早期在中国出现的工厂，主要是由力量雄厚的外国资本和本国政府举办的，因而中国产业工人一开始就集中在少数规模较大的企业中。1894年，雇佣工人在500名以上的工矿企业约有40家，数目虽不大，但在这些企业中就业的雇佣工人却占全国工人总数的60%以上①。所以尽管近10万名早期中国产业工人在全国总人口中所占比重很小，但由于他们在地区、企业分布方面的高度集中，形成了相当坚强的组织性和团结力，也使他们同极其分散的、从事手工操作的其他城乡劳动群众相比较，具有很大的先进性，他们中潜藏着的政治能量，与他们在全国总人口中所占的比例相比，要大得多。直到1949年，中国近代工业的总体布局未有明显改变，中国工人阶级除队伍随工业发展而不断壮大外，其上述特征也相应地一直存在着。

必须指出，1840年后中国工业虽然从无到有，不断推进，但受半殖民地半封建社会条件的制约，其发展速度和规模都很有限，其地域分布也始终没有突破偏于沿海沿江地带的基本格局，直到1949年，近代工业在中国工农业总产值中所占比重仅是17.0%，连同工场手工业在内也仅占23.1%②，中国依然是一个工业很不发达的农业国，对此应有清醒的认识。

参 考 文 献

许涤新，吴承明主编.1985～1993.中国资本主义发展史(第1,2,3卷).北京：人民出版社

孙毓棠，汪敬虞编.1957.中国近代工业史资料.北京：科学出版社

孙健编.1987.中国经济史论文集.北京：中国人民大学出版社

复旦大学历史系等编.1986.近代中国资产阶级研究(续辑).上海：复旦大学出版社

彭泽益编.1962.中国近代手工业史资料.北京：中华书局

潘君祥，沈祖炜主编.1992.近代中国国情透视.上海：上海社会科学出版社

① 孙毓棠：《中国近代工业史资料》第一辑下册，科学出版社，1957年，第1202～1203页。
② 吴承明：《中国资本主义的发展述略》，《中华学术论文集》，第342页。

第八章　城市兴起发展的地理分布和交通路线的变迁

本章从人文地理的角度考察中国古代城市的历史发展，包括城市的兴起、王朝都城的区位特点，区域中心城市的形成、城市群体的扩展等问题。由于城市具有明显的空间形态和深刻的空间联系性，故属于一种重要的人文地理现象。一般来说，任何一个区域中的城市分布大格局，即城市体系，必定经历过较长的发展过程。而城市体系的变动，则是人类活动空间特征变化的反映，其中包含着政治、军事、经济、技术、环境改造等各方面的影响。

交通道路的开辟与畅通，是人类在地理空间内开展社会活动的必要保障条件，其中城市的发展与交通道路的形势，关系尤其密切。故结合中国古代交通形势来考察城市的发展，是本章的主要视角。另外，就不同的社会行为来说，对于交通的开辟和利用也不尽相同。行政管理与经济沟通，是两项最基本、最稳定的社会活动，对于维持社会的稳定运行起着最为重要的作用，它们与交通体系的关系也是最基本、最稳定的，所以我们考察城市分布与交通形势的关系时，行政职能的发挥与商业贸易活动的兴衰是其核心线索。军事活动无疑是一项重要的社会活动，对于军事交通线与设防城市的建立，都有直接的影响。不过，单纯的军事城镇和单纯的军事交通线，多为战争时期的特殊需要，而不属于社会常态运行的内容，所以单纯的军事设防城镇与特殊的军事交通线，不在我们的考察范围内。

第一节　城邑的萌芽（原始社会晚期的城邑遗址）

近十余年来，考古学家在不少省份陆续发现了数十座原始社会后期或青铜时代早期的筑有坚固城墙的城邑遗址，所谓"城"报频传。这些城邑遗址属于不同的史前文化，时代可上溯至四五千年以前。遗址的共同特征自然是有城墙遗迹，所以叫它们"城"。由于这些城邑的性质难断，考古学界有人含混地称它们为"文化城"。这些城邑的规模大小不等，面积可为几万、几十万乃至上百万平方米（如湖北石家河遗址）。这批早期城邑遗址以及相关墓地的发现，推动了关于我国历史上文明起源、城市起源问题的讨论。多数人认为这些城邑传达出原始社会晚期，或文明社会早期的信息。对原始社会考古文化，尤其是龙山文化所代表的社会发展阶段，遂进行了修正，认为其发展的实际程度比原先以为的要高。见表 8-1。

这些早期城邑遗址的保存情况有所不同，个别城址内部结构比较清楚，如河南淮阳平粮台遗址，有若干城门，南门处还有门卫房，城内有地下陶排水管，房屋也较讲究，还有陶窑遗迹。这些内容表现了城邑聚落的实用性。从考古调查和发掘看，许多城邑聚落还遗留着自原始聚落演变而来的某些特征，如城的选址和走向多随自然地貌而定，能有效利用山势与河流。城邑的平面轮廓呈圆形、椭圆形乃至圆角方形、不规则形、方形。有的学者认为，这些城邑“在规划布局方面，起决定作用的因素是实际需要和自然地形，因此行制不一”①。

表 8-1 主要原始城邑遗址

省份	遗址
河南	淮阳平粮台城址、郾城郝家台城址、登封王城岗城址、辉县孟庄城址
山东	滕州市西康留城址、寿光边线王城址、阳谷景阳岗城址、茌平教场铺城址、邹平丁公城址、章丘城子崖城址、临淄田旺城址、五莲丹土城址
内蒙古	凉城老虎山城址、包头阿善城址、阴河与英金河两岸石城
浙江	良渚莫角山“台城”遗址
湖南	澧县城头山城址、澧县鸡叫城城址
湖北	天门石家河城址、江陵阴湘城城址、荆门马家垸城址
四川	新津宝墩城址、都江堰芒城城址、温江鱼凫城址

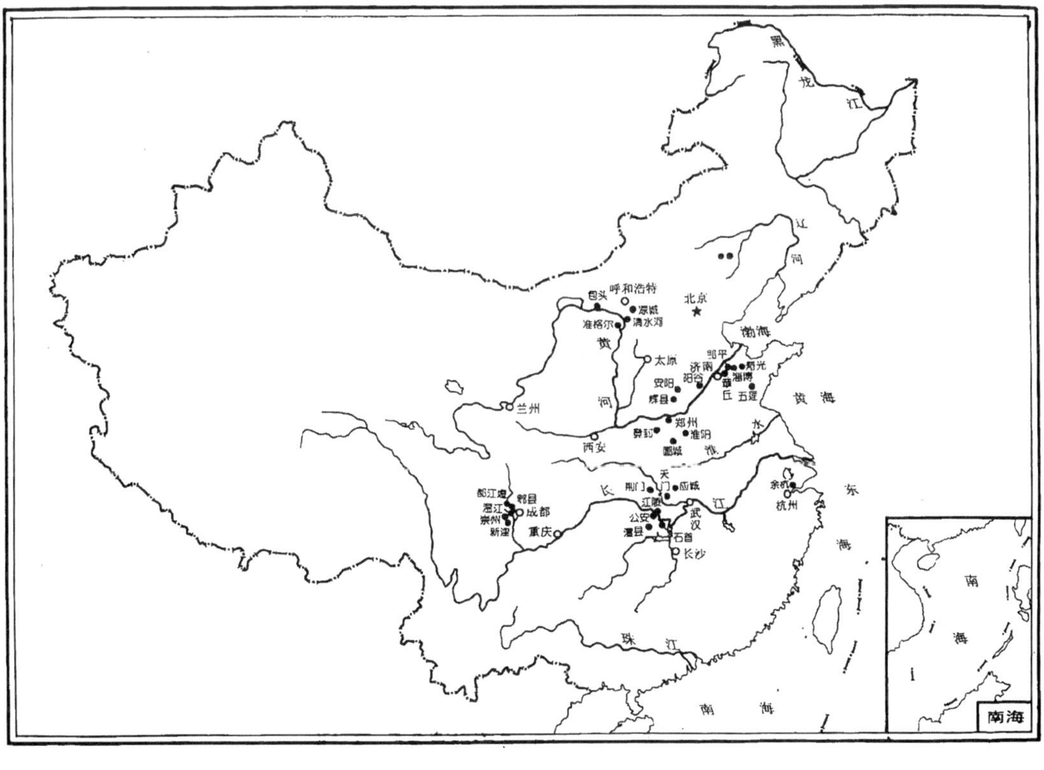

图 8-1 中国史前城邑遗址分布示意图

［据钱耀鹏:《中国史前城址研究》(北京大学考古学系 1999 年博士论文)附图改绘］

城邑聚落的外部形态虽受自然条件的影响较大，但城内一些特殊形态的建筑物则是

① 张绪球:《屈家岭文化古城的发现和初步研究》,《考古》,1994 年第 7 期。

某种非自然、非实用性的意识形态的体现。如有些遗址包含有巨大的土台子，像良渚文化莫角山遗址、山东城子崖遗址和山东茌平教场铺遗址等。教场铺城址内中部偏东有大小两座宏大的夯土台址，小台居东，面积约1.6万平方米，大台在西，面积10余万平方米，两者间隔约70米。莫角山遗址的大型长方形土台子规模很大，其面积已超过许多其他城址的整体面积。对这类包含土台子的城邑，学术界称为"台城"。有的台城的情况比较复杂，如"莫角山城的中心地位不但表现在大型建筑群和城址本身，还在于这台城中有三个更高的土墩，即大莫角山、小莫角山和乌龟山，自然原因很难形成这样鼎立的小土山，推测它可能是人工建造的中心祭坛之类的设施。"①

许多城邑遗址并不是孤立存在的，在它们的周围或大或小，或多或少，或远或近都还分布着一些一般聚落遗址，这些遗址和古城址显然存在着某种内在联系②。例如所谓良渚遗址，实际上是以莫角山为中心的一个大型遗址群。它位于浙西山地与东部平原的交接地带，东西长约8公里，南北宽3～5公里，总面积约34平方公里。苏秉琦先生形容说，良渚遗址可看作整个良渚文化的"首都"③。

在燕山南北长城地带的夏家店下层文化也普遍出现了"城"，特别是燕山以北地区，有高山型(石城)和高台型(土、石城)两类，高山型主要是石城。在阴河与英金河两岸，分布有以石城为核心的大型聚落群，等级差别明显，但建筑群是沿河自然分布的。

关于这些城邑的性质，虽然它们已呈现出一些城市的征兆，但当时的社会并没有出现国家组织，它们还没有达到真正意义的城市。如苏秉琦先生指出，它们是"城乡最初分化意义上的城和镇，并非指通常所理解的城市或都市。"④ 为了与后期的成熟城市相区别，人们称这些城邑为"城市雏形"、"原始城市"等。有人认为它们是某聚落群的政治、经济(手工业)、宗教中心；有人认为是拱卫某中心聚落的分散的军事要塞式城堡；也有人认为它们的作用只是为更有效地控制、凝集、管理本聚落群体，以显示其统治权力，它们最直接的作用，应与财富、资源、生存空间的掠夺和保护有关⑤。

城市起源，在实际上是一个渐进过程。判断某个聚落什么时候"变"为城市，如果单从形态本身辨认，仅根据面积多大、城墙多高，则无法作判断。就问题的属性来说，城市起源问题首先是一个理论界定的问题，其次是实际观察的问题。此外，由于不同学科的观察角度的差异，以及对问题的思考重点不同，对城市起源所做的定义不必完全一样。从社会历史的角度讲，确定城市是否诞生，必须重点考虑它们在社会中的综合地位，即社会属性，而不能刻指物质属性。社会组织与社会结构，在早期历史中，可以看做衡量社会综合发展程度的最佳理论指标。作为社会事物的城市的形成也应依据这个指标。基于这一考虑，我们宁选择国家组织的出现为城市最终诞生的标志。以国家组织的出现为城市诞生的标志，自然是侧重它的社会组织职能，从地理学的角度进一步说，是侧重它在地域方面的社会统率职能。随着人群(即社会组织)规模的扩大，其占据的地域势必也要扩大。由于对地面(包括经济活动资源、生活场地和宗教活动圣地)的控制的必要性，"地盘"的问题越来越突出，

---

① 严文明：《良渚随笔》，《文物》，1996年第3期。
② 李力：《史前城址与聚落考古学术研讨会综述》，《文物》，1996年第11期。
③ 严文明：《良渚随笔》，《文物》，1996年第3期。
④ 苏秉琦：《辽西古文化古城古国——试论当前考古工作重点和大课题》，《辽海文物学刊》，1986年，创刊号。又参见苏秉琦：《辽西古文化古城古国》，《文物》，1986年第8期。
⑤ 李力：《史前城址与聚落考古学术研讨会综述》，《文物》，1996年第11期。

纯粹的血缘概念不足以维系一个大型的包括不同民族成员的社会组织，地域逐渐成为支撑社会组织的另一个基础概念，城市正是在这一背景下产生出来。新的社会地域结构体系（或称地域机制），正是孕育城市的母床，城市的功能将满足这一地域结构体系的需要，城市的存在使这个地域结构体系得以运转起来。

山东地区发现的数目众多、规模庞大的原始城邑，西辽河流域发现的城堡，无疑说明那里在约 4 000 年前存在着发展程度可观的社会形态，其社会聚集程度相当高。但是，在没有充分的历史证据和理论说明之前，我们不能肯定那些地方已经出现严格意义的国家形态。张光直曾提出，早期国家的出现不会是孤岛式的。他引证 Henry Wright 的观点，"'复杂酋邦'可能在条件良好的孤岛上存在，但如果它们不划入一个较大的系统之内，它们似乎便不会进一步演化成国家"①。所谓较大的系统，应指在一个较大地域内的若干酋邦或族群间的持久性的对抗关系。哪里存在这样的关系，哪里才会形成不断壮大的国家组织机制。我们目前的认识依然是，中国最早的国家形态出现在河洛之间，即夏人的活动地域，最早的国家是夏。当然，在夏朝存在的时候，其周边地区，特别是东方地区，即今天的河南省东部和山东省西部，也同时存在着强大的族群（酋邦）。但那些族群中并未出现成熟的国家形态。

从历史人文地理学的角度出发，在有关龙山时代城邑遗址的讨论中，地域的问题是我们最为关注的问题。一般来说，在一个特定的纵向社会结构（比如阶层）的影响下，会出现相应的反映这个社会重要特征的空间地域结构。在这个空间地域结构中，聚落分布模式、聚落形态等级都是极为重要的表现，对于地域结构性质具有决定性的影响。基于现有的材料，虽然不可能进行过多的推论，但至少可以看出，在酋邦时代地域结构已经超越了纯血缘、纯自然的结构，反映财富和权力差异的地域结构已然出现。在酋邦社会，在氏族群体依然存在的情况下，于血缘的差异之上又增加了财富与权力的差异，这些差异是新的、更为强大的对人文空间的创造力量。社会中因此出现了集中的对土地，更准确地说是对土地差别使用的控制权力，这是血缘社会向地缘社会转变的漫长过程的第一步。

对空间的控制性可以表现在两个方面，一是实际的物质力量性控制，另一个是超越性的精神力量控制。一般认为，酋邦社会有一固定的核心政治机构，以管理范围明确的区域之内一切经济、社会和宗教的活动②。辽宁凌源牛河梁红山文化遗址被看做是祭祀中心，那里有屋室建筑群，大约存在一条中轴线③，可能有对更大范围的整体考虑，中轴线可以理解为一个高度集中的"中枢"意志的体现。从地域角度观察社会向国家形态的过渡，它包含对社区按政治概念进行重组，以减少自然的血缘关系对社会组织的影响。从中心或中枢或中轴开始，逐步确立国土或领土观念，使国家的统治建立在地域而不是人群的基础上。同时在观念上，可为国家本身制定一个旨在表明其对于有关地域的统治的合法性的正式名称④。

自 1933 年蒙文通发表《古史甄微》（商务印书馆），提出古代"河洛民族"、"海岱民族"、"江汉民族"三民族说以来，学者们不断提出各种有关古代部族地域分布的见解，以求对上

---

① 张光直:《中国青铜时代》，生活·读书·新知三联书店，1983 年，第 55 页。
② 童恩正:《文化人类学》，上海人民出版社，1989 年。
③ 《辽宁牛河梁红山文化"女神庙"与积石冢群发掘简报》，《文物》，1986 年第 8 期。
④ 谢维扬:《中国早期国家》，浙江人民出版社，1995 年。

古时代的人文分布得到一个有条理的认识，以便由此为起点，跟踪考察历史时期民族的迁徙、融合过程。在早期见解中，除了蒙文通的“三民族”说而外，最有影响的是20世纪40年代徐旭生在《中国古代的传说时代》① 提出的古代部族的三集团说，他们是“华夏集团”、“东夷集团”、“苗蛮集团”。蒙文通与徐旭生的看法尽管使用的名称不同，但在内容上显然是一致的。蒙氏、徐氏的根据主要是传世文献，其核心观念是“夷夏东西说”。其后，经过数十年考古工作的积累，反映原始社会晚期的文化面貌和分布情况的资料大为丰富，于是，学者们开始根据考古新资料对古代民族分布的情形重新进行归纳，“夷夏东西说”的观念开始动摇。田昌五在《古代社会断代新论》②提出四集团说，即古夷人集团、古羌人集团、古苗蛮集团、古戎狄集团，归纳的用意是希望把文献记载的族群同考古文化的地域区系对应起来。将考古文化与文献记载的历史地理做更广泛对应研究的还有邵望平的《禹贡九州的考古学研究》③。

也有的考古学者力求摆脱传统文献观念的束缚，纯粹依据新发现的考古资料，对史前文化的历史地理大格局进行归纳，在这方面最有影响的是苏秉琦先生。苏先生指出，中国的史前文化大致可归为六大区系：以燕山南北长城地带为重心的北方，以山东为中心的东方，以关中(陕西)、晋南、豫西为中心的中原，以环太湖为中心的东南部，以环洞庭湖与四川盆地为中心的西南部，以鄱阳湖—珠江三角洲一线为中轴的南方④。在这六个区系内都曾存在发展程度很高的原始社会，有的发展程度几近早期国家形态。这些原始文化对中国古代文明的形成有着不同程度的贡献，苏先生形容说，中国文明起源如满天星斗。在早期文明发生的地域问题上，一元论被多元论所取代，多数人认为，至少有下列地区与中国早期文明起源有至关重要的关系：黄河中游地区、长江中下游地区、东北辽河流域、南方珠江流域。

如果承认中国文明起源是多元的，也就承认了中国城市诞生起源的机会也是多元的。在上述六大区系中，仅鄱阳至岭南一区尚未发现城邑遗址。从今天的行政区划看，在山东、河南、内蒙古、辽宁、湖北、湖南、浙江、四川均有这类城邑发现。总的来说，以黄河中下游地区发现的为多。据严文明先生归纳，黄河流域龙山城址有三群：①河南的王城岗、平粮台、孟庄、郝家台、安阳后岗（仅发现一段城墙），其中孟庄遗址最大，有20万平方米。②山东的城子崖、丁公、桐林、边线王等遗址。③内蒙古的前套地区，石头山城，最大者有一两万平方米⑤。

针对原始文化在地域上的多元局面，有的学者提出，在我国具体的地理条件下，文明起源可以有“王国文明起源”和“方国文明起源”两个相关的类型。黄河流域的夏是王国文明起源，其余周围分布的发达文化代表着方国文明起源，如北方的夏家店下层文化和四川的广汉三星堆文化都属方国文明起源⑥。在后一类地区，文明的发展过程是：原始文化—古国—方国—纳入秦版图。

在讨论中国文明起源时，学者们就不同文化的城邑问题、地域问题、社会形态问题进

---

① 文物出版社，1985年重印。
② 人民出版社，1982年。
③ 载《考古学文化论集》(二)，文物出版社，1989年。
④ 苏秉琦、殷玮璋：《关于考古学文化的区系类型问题》，《文物》，1981年第5期；苏秉琦：《中国文明起源新探》，商务印书馆(香港)，1997年。
⑤ 严文明：《黄河流域文明的发祥与发展》，《华夏考古》，1997年第1期。
⑥ 佟柱臣：《中国夏商王国文明与方国文明试论》，《考古》，1991年第11期。

行了很有历史地理价值的探讨。任式楠指出：城邑的出现，绝不是居住形式的自然变化，而是在政治力量驱使下营建的社会工程①。根据这一点，可以认为良渚文化中期以后进入方国文明阶段。考古学界普遍认为，公元前3000年前后，各区系先后进入龙山时代，出现跨越若干自然聚落，但范围又不是很大的社会实体，虽不是完备的国家，但已是耸立于氏族制度废墟之上的等级社会，它逐步导致城邑的出现。公元前2500前后，进入邦国时代，各个邦国势力大小不同，即文献中的“九夷”、“万邦”。

在龙山时代，在今日中国范围内，虽然是酋邦林立，但尚未出现一个凌驾于其他地域文化，程度最高，势力最强大的文明中心。这是正常的。黄河中下游一带不可能自开天辟地就是中国古文明的领头羊。只是在从酋邦向早期国家转变时，中原酋邦才跃前一步，最早地发展到强有力的国家形态，出现了夏朝政权，从而开始领先于周边其他酋邦。

第二节　早期城市的兴起（夏商）

夏朝是许多历史文献明确提到的朝代，大约存在于公元前21～前16世纪，历时四五百年。近二三十年来，考古学研究日趋肯定了夏文化的存在。夏朝是一个自然成长起来的国家，出现了比酋邦时代更复杂、更强有力的国家组织机构，在这一时期出现了我国历史上一些最早的真正意义的城市。这些城市是不同时间的夏朝国家的权力中心所在，在功能上，既统率人民，也统率土地，并完成对周围敌对势力的防范。

夏不仅是一个时期概念，也是一个地区概念，《战国策·魏策一》：吴起称：“夫夏桀之国，左天门之阴，而右天谿之阳，庐、睪在其北，伊、洛出其南”，《史记·孙子吴起列传》也有类似记载：吴起对曰：“夏桀之居，左河济，右泰华，伊阙在其南，羊肠在其北。”这是说，夏朝最后的疆土范围西到华山下，东到河济之间，北达山西中南部（羊肠地点有数说，但均不出山西中南部），南达伊洛二水。《逸周书·度邑解》：“自洛汭延于伊汭，居易无固，其有夏之居”。所谓“有夏之居”就是今洛阳周围地区，包括嵩县、临汝、洛宁、宜阳、渑池、伊川、孟津、偃师、巩县、登封、禹县等地。《左传》定公四年：“分唐叔……，命以《唐诰》，而封于夏墟，启以夏政，疆以戎索”。这个“夏墟”，应在晋南一带。“有夏之居”、“夏墟”是夏朝的核心地带，也是夏朝城市存在的重要地区。

在考古学研究中，大多数学者同意豫西、晋南的二里头文化是夏文化的代表。豫西的二里头文化分布在黄河中游南面的伊、洛二水间的洛阳平原，以及汝、颍河上游的河谷地带。晋南东下冯类型二里头文化，则分布在汾河下游涑、浍二水一带的河谷盆地②。二里头文化的主要遗址除河南偃师二里头以外，还有洛阳东干沟、陕县七里铺、偃师灰嘴、郑州洛达庙、山西夏县东下冯等。从地层关系和碳14测出的年代数据来看，二里头文化晚于河南龙山文化，而早于二里冈期早商文化。从地域分布范围和存在时间来看，二里头文化同文献记载的夏朝大抵吻合。

《古本竹书纪年》等历史文献对于夏朝所建立的都城有明确记载，自禹至桀，曾先后有过都城多座，所谓夏人八迁其都。徐旭生曾仔细爬疏整理夏朝地理史料，其中涉及夏代都邑的近三十条。徐旭生对这些史料排比分析之后，认为应该特别注意两个区域，一是河南

① 《中国文明起源研讨会记要》，《考古》，1992年第6期。
② 郑杰祥：《夏史初探》，中州古籍出版社，1988年。

中部洛阳平原及其附近，尤其是颍水上游的登封、禹县一带；另一处是山西西南部汾河下游一带。这两处地方正是古人所说的“有夏之居”和“夏墟”。文献材料与考古材料都说明豫西和晋南同属夏朝的疆域，两个地区在夏朝的地域发展上谁早谁晚，历史地理意义如何，学术界存在不同看法。但两个地区都存在夏朝都城则基本没有异议。见表 8-2。

表 8-2　夏主要都城

禹	安邑（山西夏县）、阳城（河南登封）、阳翟（河南禹县）、平阳（山西临汾）
启	夏邑（河南禹县）
太康	斟寻（河南偃师）
相	帝丘（河南濮阳）、斟灌（山东观城）
少康	纶（山东济宁）、原（河南济源）
杼	老丘（河南陈留）
胤甲	西河（豫西陕东，一说河南内黄）
桀	斟寻（河南偃师）

据《左传》宣公三年记载的“昔夏之方有德也，远方图物，贡金九牧，铸鼎象物，百物而为之备”，说明夏代已使用铜器。夏代出现铜器铸造也得到考古学的证明，二里头遗址南部有达一万平方米的铸铜遗迹，遗址出土的青铜器有刀、钻、锛、凿、戈、钺、爵等。在山西夏县东下冯遗址也发现有铜镞、铜凿，还有斧范。张光直认为，夏朝都城的分布与中原铜锡矿的分布有关系①。

夏代的中国是一个文化多元世界，每个地方文化都代表古代的一个族群，夏朝所处于的由众多其他部族所包围的局面，影响了夏朝都城的建立和分布。在早期国家，其地域的关键部位的控制、守卫都要依赖都城的设立，而国家地域在结构调整、方向性扩张时，也都要进行都城位置的调整，以完成其过程。王国维曾说：“禹时都邑虽无可考，然夏自太康以迄后桀，其都邑及他地名之见于经典者，率在东土，与商人错处河济间盖数百岁。”② 史念海先生也指出，夏与东方部落多有战争，其都城在东方一再迁徙与此有关③。这里说的“东方”是指夏朝国家地域的东部，那正是夏朝扩土的主要方向④。因早期国家的一切力量集于都城，尚未分解出其他形式的力量，故守卫、克敌、扩张等都需要都城的直接支持。夏少康以后，政局比较稳定，《古本竹书纪年》：“少康即位，方夷来宾”。又曰：“后芬即位，三年，九夷来御，曰畎夷、于夷、方夷、黄夷、白夷、赤夷、玄夷、风夷、阳夷。”说明少康、芬、泄时，与诸夷关系都很好，这一阶段仅少康迁都。

夏代都城在河洛地区的兴起，是我国城市历史地理漫长过程的重要起点。所谓黄河流域是中华民族的摇篮，也是指这一起点。虽然在新石器时代，黄河流域的领先性并不明显，而在城市的初期发展史上，黄河流域则毫无疑问地领先于其他地方。黄河流域城市发展领先性，到了商代，得到了进一步的巩固。

商朝的领土范围比夏朝的要大得多，其中心区大体东自济水，西至陕西，北起易州，南

① 张光直：《中国青铜时代》（二集），生活·读书·新知三联书店，1990 年。
② 王国维：《说自契至于成汤八迁》，《观堂集林》卷十二，中华书局，1959 年。
③ 史念海：《中国历史地理纲要》（下册），山西人民出版社，1992 年。
④ 刘起釪：《古史续辩》，中国社会科学出版社，1991 年。

及桐城。在政治地理上，商朝领土包括“内服”、“外服”两个部分。《尚书·酒诰》：“越在外服，侯、甸、男卫、邦伯。越在内服，百僚、庶尹、惟亚、惟服、宗卫、越百姓、里居。”内服是商朝的畿内地，为商王直辖区，外服即畿外区，分布着大小方伯。在畿外，商朝无行政，只有征伐。

认识商代的城市地理，王朝的领土扩展是一个重要的社会发展背景，封邑的出现，中心大型城市的发展都与扩土有内在联系。因为国家是一种地域性组织，地域的扩张和守卫便是必然出现的国家行为。在我国历史上，国家组织形成之后，第一次较大规模地追求地域扩张是在商代。从考古学文化观察，二里岗商文化分布范围很大，这样大范围的文化相似性，说明商初扩张的力量很强。另外，在殷墟卜辞中，地名已发现千数以上，说明当时对于地点的记录已包容了很大的范围。商人在灭夏以前已然发展成河济间一个强大的政治集团，并进行了成功的地域扩张。商祖契的孙子相土是行武力扩张的一个重要领袖人物，《商颂·长发》：“相土烈烈，海外有截”，地域已达海滨。《左传》定公四年有“相土之东都”的说法，郑笺以为“东都”当在泰山之下，说明商人的力量占据了今山东东部。

夏商时代，随着各类社会活动在大范围地域内的频繁展开，沟通各个地区的大小道路必然逐步形成。一方面是“山径之蹊，间介然用之而成路”①，即走得多便成为路。另一方面，在某些地方和地段还出现了对道路的人为修缮。山西夏县东下冯遗址发现一条道路遗迹，时代相当于夏代，路面宽 1.2～2 米，以陶片、碎石铺垫，厚 5 厘米。传说在“茫茫禹迹，画为九州”的同时，还有意识地“经启九道”。至商代晚期，很可能已形成以商都为中心的远方道路系统，据彭邦炯推测，商代远方道路有六条：①向东南方，通往徐淮地区的大道，即征人方的往返路径。②向东北方，通往今辽宁朝阳地区大道。③向东方，通古蒲姑(今山东博兴县一带)。④向南方，通往湖北、湖南、江西等地。⑤向西方，沿黄河、渭水，达于周人丰镐一带。⑥向西北方，入太行，交通𢀛方、土方②。

商人在不同的地点，有目的、有选择地先后建立过许多都城。都城位置的变化，是商代人文地理上最重大的事件。一般的说法是商人自契至汤曾有过八迁，汤灭夏之后又有五迁③。成汤以前的八迁，王国维考证颇详。后五迁与前八迁性质不同，前八迁很可能是整个部族的迁徙，后五迁则是建国后在商朝统治区内的迁徙，变动的只是统治中心。见表 8-3。

表 8-3　商主要都城

契——蕃(山东滕县)	灭夏后：
昭明——砥石(河北元氏县南槐河)	汤——西亳(偃师)
昭明——商丘(商丘)	中丁——隞(郑州)
相土——东都(泰山下)	河亶甲——相(河南内黄)
相土——商丘	祖乙——邢(邢台)
上甲微——殷	南庚——奄(曲阜)
(殷侯)——商丘	盘庚——殷
汤——南亳(山东曹县)	

① 《孟子·尽心下》。
② 彭邦炯：《商史探微》，重庆出版社，1988 年。
③ 《尚书·书序》：“自契至于成汤八迁”，“盘庚五迁”。记载商人迁都的文献主要有《尚书》、《竹书纪年》、《史记·殷本纪》等，但各书所云不尽相同。

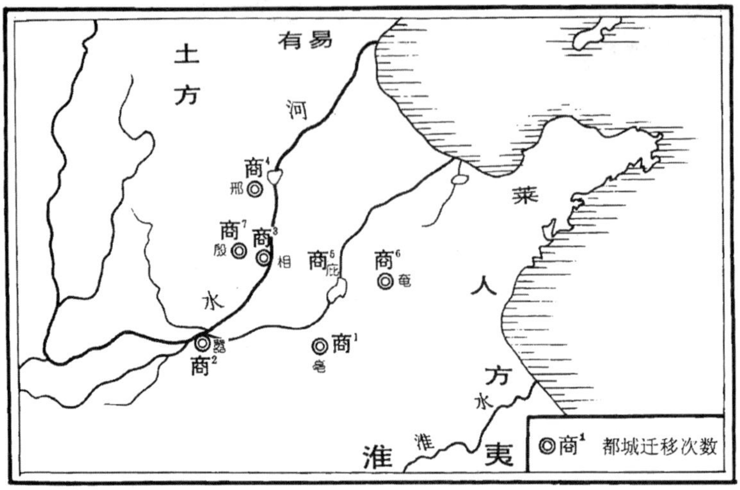

图 8-2 商代都城迁移图

可以看出，商人都城的主要变动范围是在冀南、豫北、鲁中南地区，迁徙的距离有的不大，但有的并不近，如相土在商丘与东都间迁移，直线距离达 500 里。关于屡屡迁都的原因，有多种解释、推测。古人曾提出躲避水患、去奢行俭等说法。如关于盘庚迁都，王肃以为“自祖乙五世，至盘庚元兄阳甲，宫室奢侈，下民邑居垫隘，水泉泻卤，不可以行政化”①。今天也有学者持类似看法，认为盘庚通过迁都，迫使贵族离开他们苦心经营的旧居，由奢返俭，缩小贵族之间的贫富差异，缓和矛盾②。关于避水患，有所谓《孔安国传》：“亶甲子圮于相，迁于耿(邢)。河水所毁曰圮。”近来，有些学者将水患问题扩展为含义更宽泛的生态环境问题，认为迁都除河水泛滥而外，还有对气候、土质、地貌、矿藏等各方面的考虑③。

不过，考虑到都城的根本性质，我们认为，都城位置的迁徙主要是一个政治地理问题，它们位置的变动恐怕首先还是出于政治军事的需要，而生态问题只是实现迁徙的条件，在当时的社会里，生态问题的危机感还不致十分严重。例如成汤都亳及其前后的迁徙主要是从军事政治的考虑，居亳是为了战胜夏朝及其残余势力。祖乙以后，都城主要设置在太行山东麓一带，也是为了对付存在于山西与河北地带的敌对势力④。总的看来，商人前八迁是受异族人逼迫或开辟新领土而迁徙。灭夏后的迁徙是为了进一步向外发展，而将王都迁于国防第一线上⑤。另外，如学者们指出的，商代都邑的迁徙和辟立，虽在不算太大的地域范围内搬移，“然经营视野十分浩大，商代贵族统治集团以商族为主体，联合四方诸侯，向四外拓展，其立都建国之策，是大不同于夏代贵族统治集团的收夏众、固邦土的内向型择都的”⑥。

现已发现的商代都城遗址有偃师商城遗址(一说西亳)、郑州商城(一说隞)、安阳殷墟。在商代都城地区所发现的大型城市遗址、大型墓葬、大型青铜礼器，显示出该地区乃是

① 《尚书正义·盘庚》孔颖达疏引王肃语。
② 裘锡圭：《关于商代的宗族组织与贵族和平民两个阶级的初步研究》，《文史》17 辑，1983 年。
③ 李民：《殷墟的生态环境与盘庚迁殷》，《历史研究》，1991 年第 1 期。
④ 邹衡：《论汤都亳及其前后的迁徙》，刊《夏商周考古学论文集》，文物出版社，1980 年。
⑤ 杨升南：《“殷人屡迁”辨析》，《甲骨文与殷商史》第二辑，上海古籍出版社，1980 年。
⑥ 宋镇豪：《夏商社会生活史》，中国社会科学出版社，1994 年，第 22 页。

当时文明的强大核心。这一核心又由四面的封域、方国和各民族集团所环绕，形成一套宏观的社会地域结构体系。在这一地域结构中，大型商都，时称“大邑商”或“天邑商”，呈现出“四方之极”(四方之中央)的态势。在都城附近，已然出现郊、畿这些直接附属于城市或受城市控制的特殊区域。城市在社会生活中的影响力、主导性日益明显。

商代都城是商王的居住地和号令“臣”“众”的中心据点。但商王起居活动的范围时有扩大，已出现了“离宫别馆”。《古本竹书纪年》:“自盘庚徙殷至纣之灭二百五(七)十三年，更不徙都，纣时稍大其邑，南距朝歌，北距邯郸及沙丘，皆为离宫别馆”①。“离宫别馆”的出现，可以理解为都城政治地域的一种延伸，所谓“稍大其邑”，这是当时商王政治活动在地理上的扩展形态。在商朝最后的50年，帝乙、帝辛常常居住在朝歌(河南淇县)的离宫。如果商王的离宫别馆使用的时间比较长，那么它周围也会有相应的建筑设施出现，自成一个单元，它实际上也具有了都城的属性。

有商一代，随地域的扩展，从早期国家的一国一城，发展到了一国多城。商代扩土的方式也很可能包括分封。《大诰》:“惟殷边侯甸”，是说王畿边域上驻有甸侯一类诸侯。受封者可以是子弟功臣，也可以是被征服的方国首领②。有些封侯的中心城邑也应具有城市的某些特征，可以视其为正在成长的小型地方城市。另一方面，围绕商域存在的大小方国，也具备建设城邑的社会组织力量，是商以外其他地区城市出现的社会动力。迄今为止，考古学者在不少地方都发现了商时期的小型城邑遗址，主要有山西垣曲城址、山西夏县东下冯城址、湖北黄陂盘龙城遗址、四川广汉三星堆城址等。其中盘龙城遗址属商代前期，有城墙、城壕、宫室建筑，城的轮廓近似方形，南北长约290米，东西宽约260米，面积达7.5万平方米。城外有贵族墓地、作坊、居址等。推测这座城邑属于商代某方国的都邑。

甲骨文记商代方国50多个，方伯名40来个。陈梦家曾指出，卜辞中有许多“邑”，可以分为两类，一是商王的都邑，另一类是商的族邦之邑③。当然，卜辞中提到的族邦之邑不会个个达到早期城市发展的程度，但其中较大者应是没有问题的。卜辞中有“兹邑”，与洹水相关，陈梦家称其为“洹上都邑”，这应是指殷。此外提到的都邑还有在唐的，在甾的。关于族邦之邑，卜辞中提到的很多，这类邑有的有专名，如“柳邑”、“河邑”。陈梦家推断当时的聚落体系是，“有宗庙之邑为大邑，无曰邑，聚于大邑以外的若干小邑，在东者为东鄙，在西者为西鄙，而各有其田”④。

商时期众多方国、族邦的发展及其中心城邑的建立，是大范围地域内早期城市普遍发展的重要起步，或者说，这些方国中心城邑的纷纷出现，是我国城市史中所谓“地方城市”发展的序幕。从盘龙城遗址的例子可以看出，有些方国都邑的形态是相当成熟的，我们不能轻视它们在率领地方开发上的历史作用。后来的西周分封，有些诸侯国曾继续沿用商代留下的方国都邑，使其进一步发展为雄据一方的著名都会。

---

① 《史记·殷本纪》正义引。

② 杨升南:《卜辞中所见诸侯对商王室的臣属关系》，收入胡厚宣主编《甲骨文与殷商史》，上海古籍出版社，1983年。

③ 陈梦家:《殷墟卜辞综述》，科学出版社，1956年。

④ 同上，第323页。

第三节　两周时期的城市发展高潮

西周、东周(春秋战国)时期,除王都作为王朝的统治中心而外,中小城市亦广泛分布,形成了中国历史上第一套分布地域广阔的城市体系。一般说来,在两周时期(包括西周与春秋战国),曾出现两次建城高潮,是两种性质不同的的建城运动。第一次是西周开国之初,以周公营建洛邑、受封诸侯建国为特征。这次建城高潮的性质主要是政治上的,经济意义不大。第二次是春秋战国之时,受政治、军事、经济的全面推动,城市内涵大为丰富,在建城原则上冲破了"先王之制",曾出现一边"旧城改造",一边营建新城的局面。在这个时代,城市已经成为社会空间秩序的代表和决定因素。城市的这一属性,随着古代社会理论思想走向成熟,曾被系统的归纳和理想化的表达,这些可以在《周礼》等记载先秦制度的古书和有关文献中清楚的看到。

周人早在周原岐下,已开始向成熟的社会组织制度发展,《史记·周本纪》:"贬戎狄之俗,营筑城郭屋室,而邑别居之"。周人在"西土"的崛起,使政治中心逐渐西移,造成了古代中国人文地理格局的重大变化。他们在渭河流域建立的都城丰、镐,以及不久之后在洛水流域建立的雒邑,奠定了中国王朝时代前期十分稳定的政治城市轴心区,这一政治城市轴心区一直延续到汉唐时代。

丰、镐二京先后建于文王、武王时期,其间隔有沣水,丰在西,镐在东。丰京总面积六平方公里,城内有辟雍,有"大池"、"莽宫"、"湿宫"①,还有"灵台"、"灵囿"、"灵沼"②。唐朝时灵台遗址尚存,程大昌《雍录》卷一《古今逸史》:"灵台遗址至贞观尚在,故魏王泰《括地志》曰:辟雍、灵沼,今悉无复处,惟灵台孤立高二丈,周围一百二十步。"镐城在沣水东岸的设立,表现了武王向东伐商的意图。丰、镐二城虽然隔跨沣水,并各有自己的名字,但应视为一座政治城市的两个区域。西周建立之后,镐一直为国都,称"宗周"。

除丰镐的建立而外,西周重要的大城市发展是修建雒邑(成周)。武王克商,回师途经洛水,即考虑到在东方建立都邑的必要性,位置应当"自洛汭延于伊汭……其有夏之居"③。陕西宝鸡市出土的䀌尊铭文记武王事,曰"余其宅兹中或(国),自之(兹)辥(乂)民"④,说明周人已认识到,在灭商之后的"天下",雒邑实居中枢要害,为乂民的必需之地。雒邑实际建成于成王时,建成后的形势是,"雒邑与宗周通封畿"⑤,就是说雒邑与丰镐共同构成西周的政治核心区,所谓"溥天之下"的王土,正是由这里领导管理的。据《逸周书·作雒解》的说法,在雒邑至丰镐这个政治核心地带,"分以百县,县有四郡"。这里的郡县概念当然与后日所用不同,但标志着这一地区中小城邑星罗棋布,应是没有问题的。

西周灭商以后,在东方的领土骤然扩大许多,为"抚有"辽阔的"东土",包括商人旧地,周人采用了更加完善的分封制度。《左传·昭公二十八年》:"昔武王克商,光有天下,其兄弟之国者十有五人,姬姓之国者四十人。"《荀子·儒效》:"周公兼制天下,立七十一国,姬姓独居五十三人"。在分封的众多诸侯国内,规划建设了一批中心城邑,当时称为"国"。遂

---

① 分别见麦尊、召伯虎簋、遹簋、卯簋、史懋壶等铭文。
② 《孟子·梁惠王下》。
③ 《逸周书·度邑解》。
④ 唐兰:《䀌尊铭文解释》,《文物》,1976年第1期。
⑤ 《汉书·地理志》。

使“东土”成为的中小城市分布和发展的最活跃、最有生气的地带，而统率这一地带的，实际上是雒邑。北京房山县琉璃河西周城址内出土甲骨，刻有“成周”一名，多少说明了雒邑对这个北方燕国的影响。若以城周雒邑为中心，观看一下“以蕃屏周”的大致形势，则如《国语·郑语》所云：“当成周者，南有荆蛮、申、吕、应、邓、陈、蔡、随、唐；北有卫、燕、狄、鲜虞、潞、洛、泉、徐、蒲；西有虞、虢、晋、隗、霍、杨、魏、芮；东有齐、鲁、曹、宋、滕、薛、邹、莒”。见图 8-3。

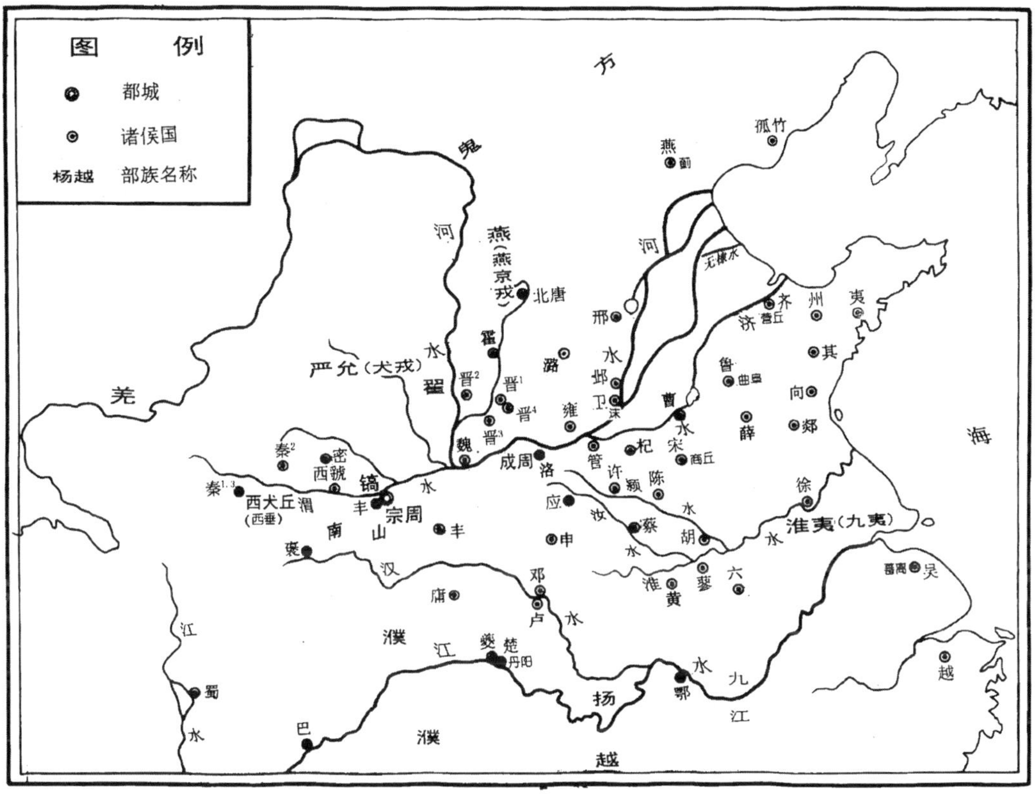

图 8-3　西周主要封国分布图

（采自《中国大百科全书·中国历史》）

在“东土”封建的诸侯国的地理位置，于政治上均有认真的考虑。如卫国，原为武王所设三监之一，后周公封康叔于此，以控制殷人旧地。鲁国，周公封其子伯禽于鲁，以防东方夷患。此处本为奄国所在之地，奄亦曾为商都，后来奄国又助武庚谋划作乱①，周人必须对这里严加镇管。齐国，太公所封，以镇蒲姑。《汉书·地理志》：“蒲姑氏与四国共作乱，成王灭之，以封师尚父”。《史记·齐世家》记载：太公初至国，“莱侯来伐，与之争营丘。营丘边莱。莱人，夷也，会纣之乱而周初定，未能集远方，是以与太公争国”。燕国，始受封为召公之子克。武庚作乱，大保召公奉命征讨，武庚（禄父）“北奔”②，召公随之北上，达到燕地③。

---

① 《尚书大传》卷三。
② 《逸周书·作雒解》。
③ 《小臣擅鼎》：“召公䢔燕”。

成王因召公之功，“令克侯于匽（燕）”①。可见封燕也是要对原商人的北方势力进行控制。晋国，唐叔虞所封，为抵御戎狄的要地。《左传》昭公十五年：“唐叔受之，以处参虚，匡有戎狄。”周灭商，曾先攻占晋南地，战略地位向来重要，后又成为捍卫雒邑的藩屏。以上诸侯国的都城，分别成为该地区的政治中心城市。

在分封诸侯国中，有特别倚重者，如上述齐、鲁、卫三国，为“诸侯长”②，占据东土的关键地带。另外，按照地区，对不同的诸侯国群体，也有特别的称谓，如“泗上十二诸侯”、“汉阳诸姬”、“群舒”等。每一诸侯国群体在周代的政治地理大局上，都占有特别的地位，如汉水流域的“汉阳诸姬”，以姬姓为主，亦包括姻亲侯国，主要有申国、吕国、曾国、随国、唐国、厉国、轸国。申国，据南阳盆地，申城在今南阳市东北，是汉上的主要封国。吕国，地近申国，《括地志》云：“故吕城在邓州南阳县西四十里，是申、吕同一地也。”曾国，姬姓（一说姒姓），居今南阳地区。随国，姬姓，今湖北随县。唐国，姬姓，《括地志》云：“上唐乡故城在随州枣阳县东南百五十里。”厉国，姬姓，今湖北随县厉山店一带。轸国，姬姓，今湖北应城县西。大体来说，汉阳诸姬分布的范围是，“西自汉水以东，南自汉水以北，东至光、黄，北至于淮汝”③。汉阳诸姬是为防范楚国而做的部署，这些诸侯国的都城也都成为等级不同的地区中心城市。汉上、淮上诸侯多为康王以后所封，那时西周经营的方向主要是南方，南方大体可划为两个区域，即西部的汉水流域与东部的淮河流域。蔡是近淮大国，西周中期是周经营南方的重要据点。在南方，最前哨的据点可直抵江干。

礼法措施在西周政治生活中居于核心地位，在政治圈子之内，衣食住行无不规定以宗法礼教，从而显示尊卑秩序，即统治秩序。西周城市作为行政权力的基地和体现，礼法色彩不能不浓，等级观念不能不重。据《考工记》的说法，西周城邑分为三级，第一级为王城，即周天子所居的首都，第二级为诸侯的城邑，即所封诸侯国的国都，第三级为宗室和卿大夫的采邑，称“邑”，有时也称“都”。据《左传》庄公二十八年，“凡邑有宗庙先君之主曰都，无曰邑”，可见在第三级的城邑中，“都”与一般的邑又有不同，都的地位稍高。

由于周代礼仪无孔不入，城市建设也有等差。在规模上，按照《考工记》的记载，天子的王城方九里（九里见方），诸侯的国都、公的城方七里，侯伯的城方五里，子男的城方三里。至于大夫的采邑，按《左传》隐公元年的说法，也有三等：“大都，不过参国之一，中，五之一，小，九之一。”根据考古发现，齐国都城临淄的规模（不包括郭）约合周制 4×5 里，基本接近规定的侯伯之城的礼制。这些城市规模的等级原则，是不能逾制的，有名的孔子“堕三都”的事就是个例子。另外，《管子》中也说“国小而都大者弑”。与规模相关联的，城墙的高度也有等级，“以高为贵”。王城城墙高七丈，诸侯的五丈，大夫的三丈。城内道路的宽窄也有等级，经纬涂（即横竖道路）的等级依次为九轨、七轨、五轨。不难看出，各类等级都以二为差，这是因为“自上以下，降杀以两，礼也”④。

在遥远之地建邦立国时，要由天子派官组织进行，这也使封国城郭的礼制划一成为可能。周宣王封申伯于谢，先命召伯为之筑城，《诗・大雅・崧高》：“王命召伯，定申伯之宅。”“申伯之功，召伯是营。有俶其城，寝庙既成。”《诗・大雅・韩奕》：“溥彼韩城，燕师所完。”

① 克罍、克盉铭文。
② 王国维：《殷周制度论》，载《观堂集林》，中华书局，1959 年，第 452 页。
③ 易本烺：《春秋楚地答问》。
④ 《汉书・韦贤传》。

在建设城池时，是有人专掌规划的，《周礼·夏官》的土方氏，“掌土圭之法，以致日景，以土地相宅而建邦国都鄙”。

西周城邑体系的建设，在社会联系上是血缘宗法关系，所谓“宗子维城”①。从思想上，古人已充分认识到城邑之间应彼此连系，相互声援，结成体系，以为“且夫制城邑若体性焉，有首领股肱至于手拇毛脉”②。宗法关系是当时最易识别、最为高尚的社会关系，这一关系决定了城市体系的属性和发展线索，造成多数城邑的关系都有“亲戚”背景。城邑之间通过血缘的宗法连系，强化了它们政治上的统属关系，在大地域的控制管理上十分有力。见图 8-4。

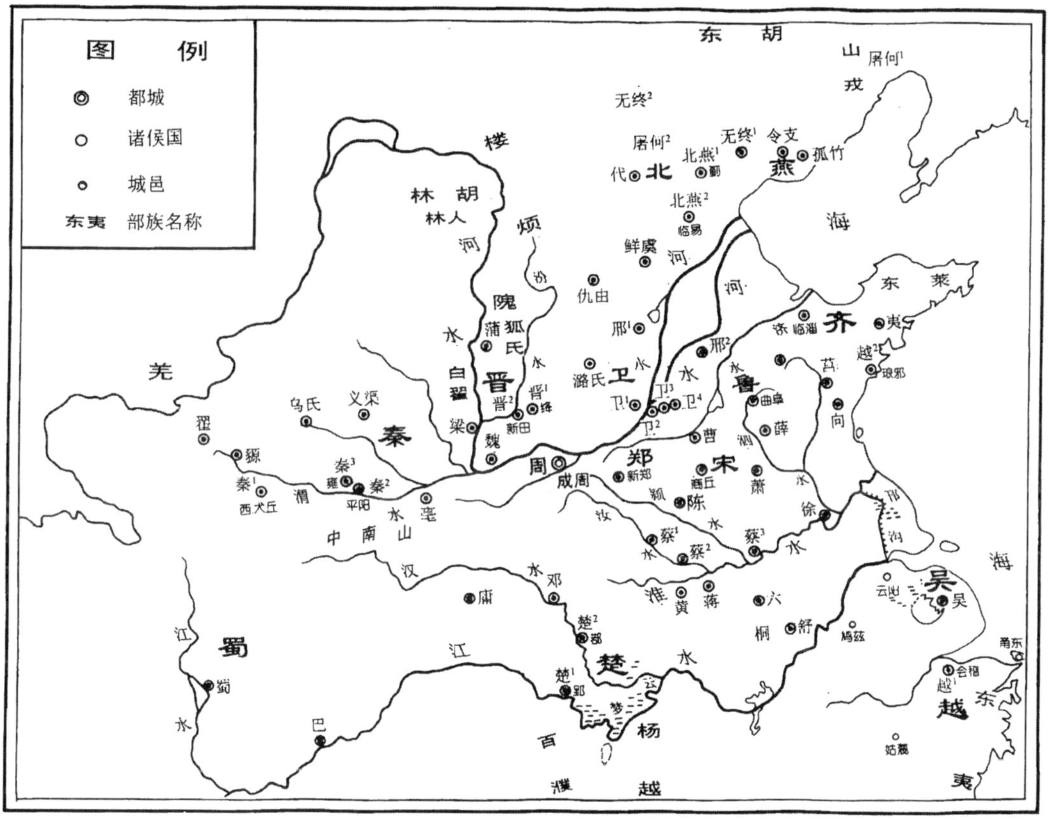

图 8-4　春秋主要城邑和列国分布图

（采自张光直：《中国青铜时代》）

周人是以小邦征服大邦，以少数人口统治多数人口。朱凤瀚指出，在分封造成的新的社会形势下，周族成员在封土内很快贵族化和军事化③。许多建立封国的地方，绝不是人文稀疏的不毛之地，而是人文根基很深的旧族驻地。周人之来，如许倬云指出的，分封的队伍深入“因国”（原有国）的土著原居民之中，也必须保持自群之内的密切联系，庶几稳定以

① 《诗·大雅·板》。
② 《国语·楚语》。
③ 朱凤瀚：《商周家族形态研究》，天津古籍出版社，1990 年。

少数统治者凌驾多数被统治者之上的优势地位①。在这一背景下，可以想象和理解西周封邑内建立都邑的特殊性，这些封地内的都邑是贵族化、军事化的周人的根据地。最初的城邑的视野也许并不大，主要是发挥在本地的威制作用。当诸侯国渐渐稳固、强大之后，都邑的视野开始扩大，而扩大视野之后的都邑，可能要重新选择自己的位置，造成迁都。在东周，诸侯国迁都是很普遍的事情。

城市对地域的统率功能必须通过必要的社会制度来实现。当时，经过人们的精心安排，在城邑与周围地域之间建立了井然有序的国、野、乡、遂制度。城市规模和城市人口与周围的田地保持一定的比例关系②，城里与郊外的居民组织均以军事化的形式安排，这样，形成城市与周围地域的极为紧密的关系，在实质上，城市间的联系也是地域间的联系。从宏观来看，城市体系在黄河、淮河两大流域之间辽阔地带的延伸和确立，自然强化了这一地域在政治、文化、心理诸方面的联系性。正是在这个由城市体系所统率的地域的基础上，逐渐形成了综合政治、文化、心理为一体，具有极为深远意义的“九州”的地理概念。

到了东周即春秋战国时代，“礼崩乐坏”，西周以来曾控制城市建设发展的一整套礼法制度、社会秩序从根本上解体。天子衰微，王都不再有位极天下的神圣性与权威性，而诸侯大夫的城邑“僭越”旧礼，在政治、经济、军事方面大幅度发展、完善，形成各个区域的综合性中心城市，其中有些城市的实力甚至可与王都分庭抗礼。其他中小城市或城邑的数量亦迅速增加，呈现“千丈之城，万家之邑相望也”的局面③。这就是所谓的两周时期的第二次城市建设高潮。

当时更直接的影响城市发展的社会变化之一，是列国人口数目的大量增加，密度的相对提高。例如在齐国，“临邑相望”④，“鸡鸣狗吠之声相闻，而达呼四境”⑤。再看魏国，“庐田庑舍，曾无刍牧牛马之地。人民之众，车马之多，日夜行不休，已无异于三军之众”⑥。在农业社会，人口的发展是社会综合发展的重要标志，这种发展势必导致城市数目的增加和规模的膨胀，推动“千丈之城，万家之邑”的出现。从历史文献中可以看出，在当时人们的口中，“万家之邑”，“万家之县”，“万家之都”都是常常使用的说词。人口的增加不仅推动了城市规模的扩大，也促进了大小城邑数目的增加。仅以今河南省为例，经考古调查，在河南境内发现“多属于东周时期的城址百余座”⑦。

商业和交通的发展是另一些直接影响城市发展的社会原因。《诗·小雅·大东》所称“周道如砥，其直如矢”，形容周的道路平整、笔直，修建水平已然相当高。道路的修建水平反映了交通工具、社会活动对道路的要求。周代广泛使用轮车，道路自然需要平直，周朝地域广大，道路自然需要绵远。陆路交通在北方的开辟，历史悠久。春秋战国时期，因列国之间交往频繁，工商业比较发达，进一步推动了道路网络的发展。魏、赵、齐等国间道路交错，史称“午道”⑧，在赵国东、齐国西，横竖交错。在东西方向上，东方各国与西秦之间有极为重要的“成皋之路”⑨，其走向是沿黄河岸，过函谷关而至关中。在南北方向上则有太行山

---

① 许倬云：《西周史》，生活·读书·新知三联书店，1993年。
② 《管子·八观篇》。
③ 《战国策·赵策三》。
④ 《庄子·胠箧篇》。
⑤ 《孟子·公孙丑上》。
⑥ 《战国策·魏策三》。
⑦ 河南省文物研究所：《河南考古四十年》，河南人民出版社，1994年，第227页。
⑧ 《战国策·赵策二》。
⑨ 《战国策·秦策三》。

东麓大道，是古代华北最重要的南北通道。自楚国北上中原，则需经南阳盆地而东出伏牛山隘口，此为“夏路”①。汾水谷地纵贯山西，是略次于太行山东麓大道的南北通道。在西南部地区，有秦国开辟的向蜀地的金牛道。在东部海滨，齐、燕之间亦有通道②。

在水运方面，公元前 647 年，秦国沿渭水、黄河、汾水水道，将大量粮食由秦都雍（今陕西凤翔南）运至晋都绛（今山西翼城东），史称“泛舟之役”，是先秦史上一次大规模的水运活动。江淮地区，水网密集，水运得天独厚，而列国又在天然河流的基础上，开凿人工运河，使运道更加便捷。如楚国在江汉平原开扬水；吴国开邗沟以沟通江、淮，又开菏水以沟通商、鲁；齐国在临淄城西开河沟通济水、淄水。魏惠王迁都大梁（今开封）后开凿的鸿沟是战国时代中原地区沟通河淮的最重要的人工运河，沟通了河淮之间的济、汝、颍、涡、睢、泗等河，形成了以鸿沟为干渠的水运交通网。至此，黄、淮、江三大水系均有水运可以通达③。

春秋战国时期的城市多受到上述交通发展的推动，位于交通枢纽的城市或者被选为列国中心都邑，或者为商人会聚之所，成为有名的商业都会。这类城市可举出秦之咸阳（今陕西咸阳东北）、魏之大梁、赵之邯郸、燕之涿（今河北涿县）、蓟（今北京宣武区）、韩之荥阳（今河南荥阳北）、郑（今河南新郑）、齐之临淄（今山东淄博临淄）、周之雒邑（今河南洛阳）、郑之阳翟（今河南禹县）、楚之郢（今湖北江陵北纪南城）、宛（今河南南阳市）、寿春（今安徽寿县）、宋之陶（今山东定陶西北）、睢阳（今河南商丘）、卫之濮阳（今河南濮阳南）、越之吴（今苏州）等等。

雒邑位于秦、齐、楚、赵间纵横往来的交通孔道，被称为“天下之市朝”④。邯郸地处太行山东麓南北交通大道上，又为冶铁中心，工商业发达。吕不韦在此经商，家累千金。陶邑地处中原主要水运航道济、泗二水的交会处，为诸国“货物所交易”的“天下之中”⑤。濮阳（卫）也地处水运要冲，繁荣可与陶邑相匹，史云“富比陶、卫”⑥。齐国临淄为东方第一都会，“临淄之途，车毂击，人肩摩，连衽成帷，举袂成幕，挥汗成雨，家敦而富，志高而扬”⑦。韩国旧都阳翟也是著名商业都会，吕不韦曾是阳翟大贾，“往来贩贱卖贵，家累千金”⑧。蓟城（今北京）处于数条大道的交汇之处：向南一路是太行山东麓大道，西北一路出南口直上蒙古高原，东北一路出古北口，穿越平缓的山地丘陵地带，通向松辽平原，此外，还有正东一路，横越小平原，沿燕山南麓直趋海滨。自然地理条件使这一道路的分布、交汇形势十分稳定，而道路系统的稳定又带来城址位置的稳定。北京城（最早称蓟城）在 3 000 余年的历史中没有出现大幅度的城址移动，就是这个原因。其他未曾出现大幅度位址移动的城市，如西安、邯郸等，基本上也是由于这个原因。见图 8-5。

战争频仍是春秋战国时代极为显著的特征，争夺土地是当时战争的重要目的，“地者，人主所甚爱也”⑨，同样，守住土地也是诸侯们核心性的守卫战略。“地之守在城”⑩，要守住土地一定要有坚固的城池，而城池的坚固，除需要高城深壕以外，更需要有众多能战的

① 《史记·越王勾践世家》。
②③ 邹逸麟：《中国历史地理概述》，福建人民出版社，1993 年。
④ 《战国策·秦策一》。
⑤ 《史记·货殖列传》。
⑥ 《战国策·齐策六》。
⑦ 《战国策·齐策一》。
⑧ 《史记·吕不韦列传》。
⑨ 《战国策·秦策三》。
⑩ 《管子·权修》。

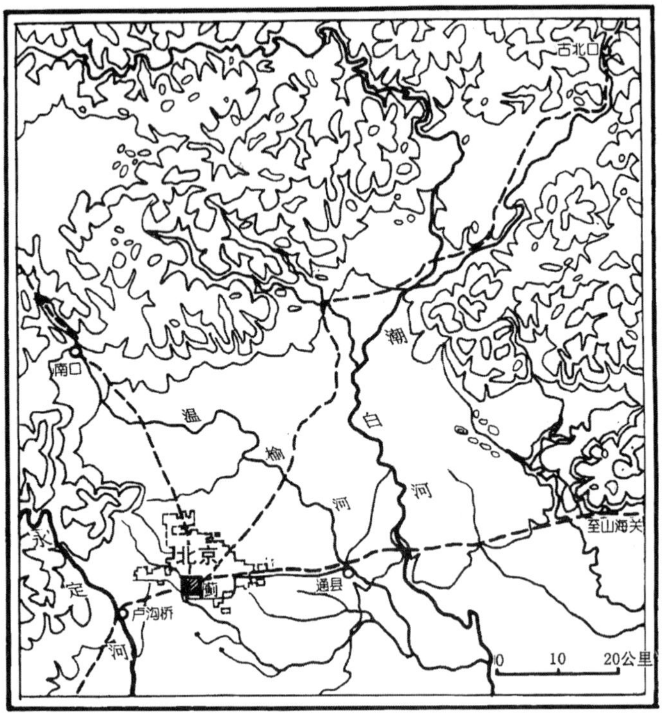

图 8-5 北京小平原古代大道示意图

（采自侯仁之：《侯仁之文集》）

人口，所谓“城之守在兵，兵之守在人”①。为了容纳更多的人口，城的规模必须扩大，七里、五里的限制一定得冲破，这样，就出现了诸侯扩建城市的情况。在扩建城市时，诸侯贵族的居住区当然要保留，增加的其余人口需要另行安排，于是在列国城市中出现明确的“城”、“郭”两个部分。“筑城以卫君，造郭以守民”②，城是诸侯贵族的居住区，郭是百姓的居住区。从考古发现的情况来看，重要的战国城市，如临淄、燕下都、邯郸等都有城郭两个部分。城的部分规划整齐，但规模较小，郭的部分往往缺乏规划，但规模可以很大。郭的明确出现是这一时期城市形态的最重要特点。

由于列国城市的迅速发展，地区经济文化的繁荣，在宏观城市体系中出现了多中心的局面。原来的血缘纽带完全解体，以城市为核心的纯粹地缘社会最终确立。在黄河、长江两大流域内，地区的新的经济差别、文化差别逐渐形成，区域化程度增高，这在后来的《史记·货殖列传》、《汉书·地理志》中都有记录。社会的地域化，是以城邑为核心展开的，诸侯城邑的出现与迅速壮大，强化了该地域的政治含义，也强化了该地与其他地域的差异，即强化了该地区的地方性。春秋战国时代形成的以诸侯国名称命名的区域概念、区域名称，如“燕赵”、“齐鲁”、“吴越”、“三晋”，在后代广为沿用，有的甚至习用到今天。

---

① 《管子·权修》。
② 《世本》引《吴越春秋》。

第四节　统一王朝大型都城的建立与全国交通-城市体系的形成(秦汉)

秦汉是我国历史上头两个中央集权的统一王朝。伴随统治版图的扩大和宏大视野的开拓,都城建设亦体现出独特的宏大特色。秦都咸阳与汉都长安的城市平面布局,都是在似乎是无限制的空间范围中展开的,这一布局所体现的都城思想,空前绝后,反映了新兴帝国统治者“意得欲纵”的情绪。在统一王朝的各个地方,以行政体制为纲,地方城市体系逐步确立,形成了全国统一的郡县城市网络。

秦人本来居住在陇山以西,后随着对各戎族的征伐,不断向东开拓疆土,秦德公时建都雍城(今凤翔县境)。秦人居雍近 300 年。秦灵公时迁都泾阳(今泾阳县境),后秦献公再次东迁,建都栎阳(今临潼县境),最后西回,终定于咸阳。咸阳位于函谷道和渭北道衔接的渭河渡口,关中地位最重。可以看出,都城城址的确立有一个选择的过程,选择是随着秦人所面临的形势而改变,最后确定于渭河渡口,开辟出长达千年的中国中心城市区位。见图 8-6。

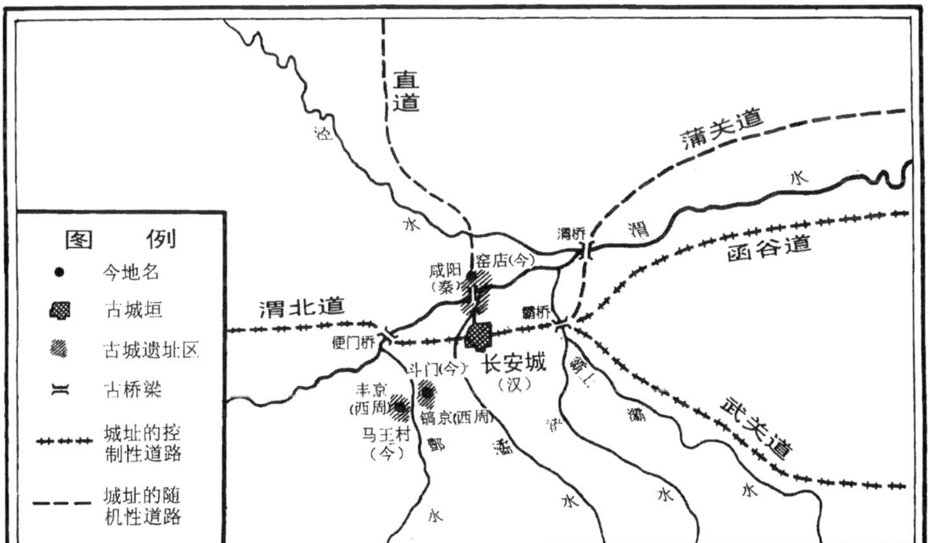

图 8-6　西汉长安城与交通道路关系示意图

(据陈桥驿主编:《中国七大古都·西安》附图改绘)

从秦孝公十二年开始营建,到秦王朝灭亡,项羽兵屠咸阳、火焚宫室,咸阳城共历 140 余年。城市最初是在渭河北岸兴建的,后来越过渭河,向南岸拓展,呈横跨渭水两岸的局面。无论是文献记载还是考古发掘,都不见城墙的痕迹。在渭河以北,分布着仿造东方六国的宫殿,有的仿“冀阙宫廷”,也有的“营如鲁卫”。秦始皇兼并天下,每灭一国,就在咸阳原上照他们原来的宫室依样建造,以至“南临渭,自雍门以东至泾渭,殿屋复道周阁相属”[①]。这样，从咸阳以东，沿着渭水，一直造到了泾水、渭水汇合处，绵延甚远。在渭河以南，秦惠文王时已开始建造阿房宫，秦昭王又建章台宫和兴乐宫，这两座宫殿成为秦国重要的政治活动场所。秦始皇统一中国后，进一步营建阿房宫。阿房宫是一组宫殿群的总称，未及完成，秦朝灭亡。但仅仅是已完成的前殿和部分宫城，便已十分壮观。《史记·秦始皇本纪》记载：仅阿房宫前殿“东西五百步，南北五十丈，上可以坐万人，下可以建五丈旗”，其围墙周回五里多。（阿房宫直到唐代仍有城垣存留，宋以后始夷为民田。）在阿房宫的基础上，又“令咸阳之旁二百里内，宫观二百七十，复道、甬道相连”。这是何等壮观的景象！

咸阳宫殿群，在渭河两岸如此广泛的分布，在古代都城形态上绝无仅有，充分说明秦朝统治者的不可一世。贾谊说他们：“怀贪鄙之心，行自奋之志”，“以六合为家，崤函为宫”[②]。“崤函为宫”的意思，就是比喻秦始皇得其志而小天下，以函谷关之内的整个关中地区为宫室。贾谊对秦始皇的刻画很有几分中的，在秦人的天下观念中，关中平原似乎确实被理解为内苑。阿房宫向南的建筑阁道（即建筑走廊）“自殿下直抵南山（终南山），表南山之颠以为阙”[③]。表终南山顶为阙，作为朝宫的南门，这种无限膨胀的都城宫室空间格局观念，可以说反映了大帝国胜利者的无拘无束的宏观视野。

汉兴，再度“海内为一”，版图的辽阔远胜秦代。在都城长安的建设上，继承了秦朝无拘无束、宏观视野的传统，城市的平面布局也呈现出无拘无束的特色。表面上看，汉长安城筑有城墙，还有人把城墙的形状说成是有意仿造天象的精心设计。事实上，城墙不是长安城的边界，与后来如北京的那种分割城、郊的城墙，有本质的区别。它的形状也不是有意的设计，而是自然的形成。在建城之初，本没有考虑城墙，高祖刘邦居住在长安，军政天下，但不知长安城的城墙为何物。几年后，因匈奴威胁日紧，北部的白羊、楼烦两个匈奴王距离长安仅七百里，轻骑一日一夜可到，为安全计，惠帝始开始修筑城墙，将现有的城区围护起来，才形成城墙轮廓。

长安城虽然有了城墙，但它并没有被当时的人看做都市活动、城市内容的界限。汉武帝在大修宫室时，将周回 30 里的建章宫建在西墙之外，然后架设凌空阁道，跨越城墙，连通城内的未央宫。据研究，文献记载的长安居民区有 160 个里，从汉长安城宫室街道等的布局情况来看，这些闾里的分布不会整齐划一。长安城宫殿以外的一般居住区占地面积不过 30%左右，要容纳 160 个里估计是有困难的，这 160 个里应包括一部分设在城外的闾里[④]。所以从现实的情况考察，长安城的范围不应限制在城墙以内。

关于地方城市的发展，秦汉时期，战国以来的城邑分布格局没有大的变化，但它们基本上都被纳入全国行政网络，始皇泰山刻石称：“四守之内，莫不郡县”[⑤]。公元前 201 年，刘邦亦下令“天下县邑城”[⑥]，即开始将全国的县城修筑城垣，使它们成为坚固而完善的一整套统率地域的据点，这样的据点在汉代大致有 1 700 个。没有这样一批主要由朝廷直接控制的遍布全国的据点，“海内为一”则是一句空话。这一批大小不等的城邑，由庞大的都城统领，形成我国古代最基本的，也是最具特色的城镇体系。这套城镇体系的一致性和在完成全国统一的功能上的有效性，可以从今天所发现的遍布全国的汉代城址遗物上看出

①③《史记·秦始皇本纪》。
② 《史记·秦始皇本纪》引。
④ 史念海、辛德勇：《西安》，载陈桥驿主编：《中国七大古都》，中国青年出版社，1991 年。
⑤ 文出晋《太康郡国志》，《通志·礼略二》封禅条引。
⑥ 《汉书·高帝纪第一下》。

来，这些文物在风格造型上，具有极大的相似性。考古学材料表明，从秦统一到汉初的六七十年间，物质文化还基本上保存着战国时代的面貌。但到汉武帝以后，发生了显著变化，原战国时代的地方特色逐渐消失，而具有同一面貌的文化在汉疆域内迅速发展①。

汉初地方政治体系的城市发展曾经曲折，汉初有朝廷直管郡县与受封王国城邑两套，前197年(汉高祖十年)时，因“力不足”，常山郡二十五城亡二十城，说明郡县守尉镇守地区的力量不如各王国，王国之封对于稳定各地局面还是有利的。但因赋予王国权力太大，呈现“本末舛逆”的情况。自文帝始，汉政权已然巩固，开始了削藩诸侯的过程。手段包括“众建诸侯少其力”等，如将齐国分六。景帝吸取吴楚“七国之乱”的教训，又开始削减王国内部的权力，取消少府，断王国财源。武帝时继续削减官吏，降低品秩。成帝省王国内史，而以相、中尉治国，于是王国名存实亡，与郡县无异。这一政治体制的变化，对于全国城市体系的统一发展亦产生影响。

除了行政性质的郡县城市在全国广泛分布以外，重要的还是商业城市，当然有些郡县城市本身也就是大商业中心。《盐铁论·力耕》云：“自京师东西南北，历山川，经郡国，诸殷富大都，无非街衢五通，商贾之所臻，万物之所殖者。”说明商业城市主要位于交通枢纽的位置。司马迁也已然明确意识到城市发展与商业交通的关系，在他的笔下，对城市与交通、城市的聚会作用，曾大发议论，对原来的大型城邑，纷纷换称“都会”。当然，在实际经济发展上，各地区城市的发展并不平衡。以农业为例，关中地区膏壤千里，水利发达，是全国的经济重心，长安附近每亩地价高至一金(万钱)。巴蜀地区，天府之国，成都平原有都江堰灌溉工程，是重要粮区。关东大部地区，农业也比较发达，荥阳附近有敖仓，为贮存、转运粮食的重要枢纽地带。在西北边郡，则地旷人稀，农业落后，故汉朝徙民实之，并开展屯田。在这一大背景下，汉代各地城市的发展受到文化的趋同性与经济的不平衡性的双重影响。

总的说来，统一局面，为富商大贾的周流天下，沟通货物，提供了良好的社会条件。汉长安作为首都，城内也是相当繁荣。班固的《西都赋》这样描绘长安的情况：

> 九市开场，货别隧分，人不得顾，车不得旋。阗城溢郭，傍流百廛，
> 红尘四合，烟云相连。于是既庶且富，娱乐无疆，都人士女，
> 殊异乎五方，游士拟于公侯，列肆侈于姬姜。

赋是一种讲求夸张的文体，但即使打一点折扣，长安的繁华热闹也是很可观的。不过要说明一下，这些热闹都是发生在“九市”之内，而不是在长安的大街上。另外，到晚上，长安、洛阳等城内也有禁令，不得夜行②。

从全国范围来看，长安、洛阳、成都、临淄、邯郸、宛是全国最重要的都会，分别坐落在当时的关中、三河、巴蜀、齐鲁、燕赵、南阳六个最发达的地区。经济区划的观念意识在汉代已然出现，司马迁在《史记·货殖列传》中以相当成熟的区划观念，对几大经济区进行了描述，突出了区域范围、物产、都市、交易之物、风俗等内容。其中对于都市的地理地位十分重视，如称“邯郸亦漳、河之间一都会也。北通燕、涿，南有郑、卫”。“夫燕亦勃、碣之间一都会也。南通齐、赵，东北边胡”。“洛阳东贾齐、鲁，南贾梁、楚”。

当时主要的都会还有温、轵、杨、平阳、蓟、荥阳、睢阳、陈、阳翟、定陶、寿春、合肥、江

---

① 中国科学院考古研究所编：《新中国的考古收获》，文物出版社，1962年。
② 《文选》卷二八，鲍照《放歌行》“钟鸣犹未归”，李善注：“崔元始《正论》：‘永宁诏曰：钟鸣漏尽，洛阳城中不得有行者’”。

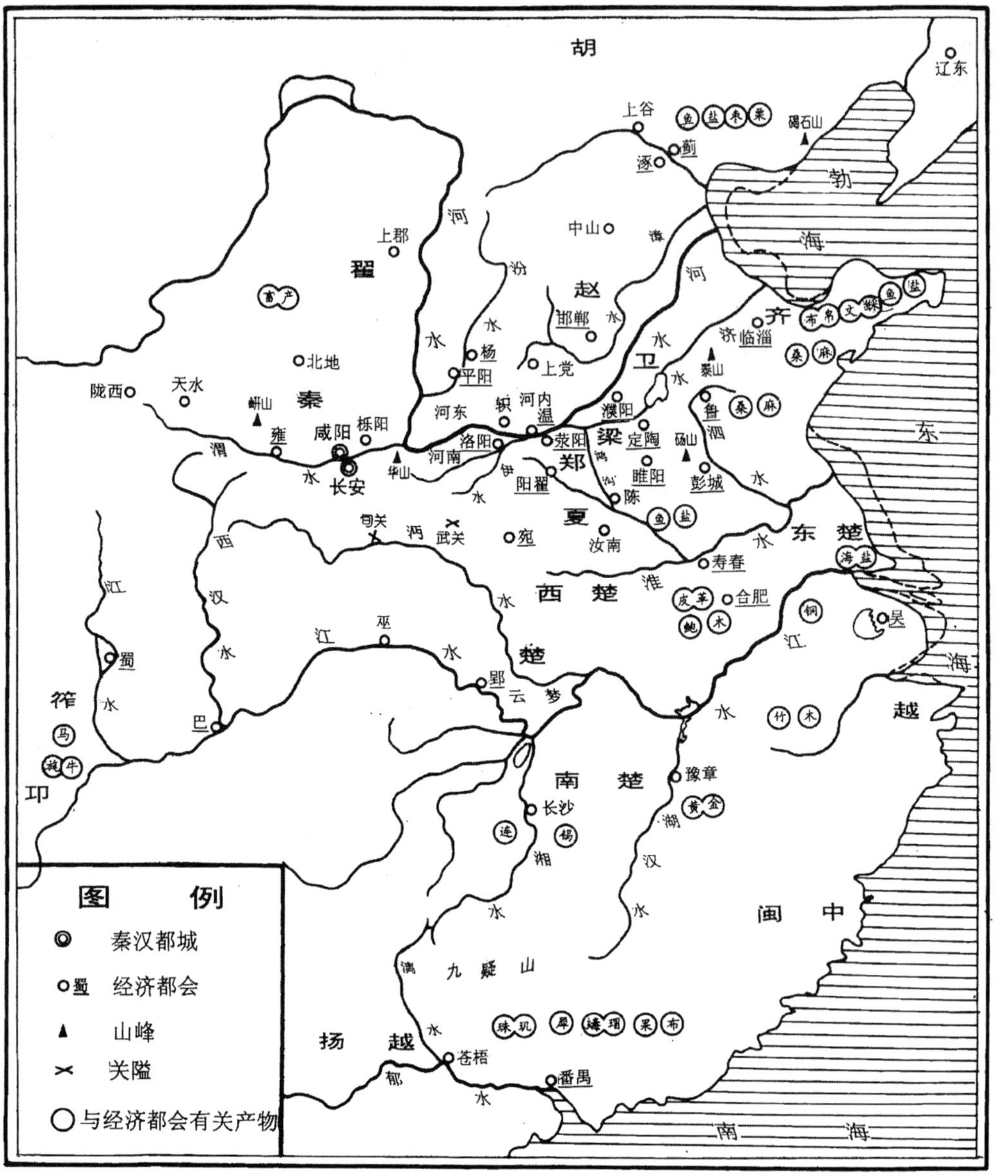

图 8-7 战国秦汉时期经济都会分布图

［采自史念海:《中国历史地理纲要》(下册)］

陵、吴、番禺等。它们大多为郡国首府,并多数集中于黄河流域。邯郸在西汉时仍为冶铁中心,是河北平原上最大的工商业城市。临淄在西汉时设有铁官、服官,尤以丝织业著称于世。武帝时"临淄十万户,市租千金,人众殷富,巨于长安"①。成都是战国以来"天府之国"的经济中心,以产蜀锦闻名于世,西南地区一大都会。宛是邯郸以外另一冶铁中心,南阳孔氏以冶铁业兼营商业致富数千金。宛又因为位于关中、河洛、江淮交通之冲,人民多经商,

① 《史记·齐悼惠王世家》。

故有“宛、周、齐、鲁商遍天下”①。王莽时强化经济集权,“于长安及五都立五均官,更名长安东西市令及洛阳、邯郸、临淄、宛、成都市长皆为五均司市师。东市称京,西市称畿,洛阳称中,余四都各用东西南北为称”②。见图 8-7。

秦统一中国后,曾将战国以来零乱错杂的交通道路进行统一和改建,大修驰道,开凿沟通湘、漓二水的灵渠,形成以咸阳为中心辐射向全国各地的水陆交通网。汉代兴起,又在此基础上加以扩展和延伸,陆路有汉武帝所开通穿越秦岭的故道、褒斜道、子午道,通往蜀、滇的西南夷道,通往西北的回中道等。水路有武帝时开凿的关中漕渠等。秦汉时,形成下列几条交通干线:

(1) 西北干线。由长安向西,沿渭水河谷或泾水河谷,逾陇山或六盘山,贯通河西走廊通往西域各地。

(2) 北路干线。有两条:一条是秦始皇为抵御匈奴所开的直道。自咸阳北面淳化为起点,北由子午岭上进入鄂尔多斯草原,至今包头市西南秦九原郡治所。今尚有断续遗迹可寻,汉时仍被利用。一条从长安(或咸阳)东出,沿渭水至蒲津渡河,沿汾水河谷而上,经平阳、太原,以至云中、代郡。原战国时的秦晋交通本多由此道。

(3) 西南干线。由渭水流域向南穿秦岭间河谷,由故道、褒斜道、子午道等栈道进入汉中盆地,再由战国时秦国所开石牛(金牛)道入蜀。秦灭蜀即由此道。自此再循秦汉时所开五尺道或称西南夷道入滇。

(4) 南路干线。由长安东南出武关,经南阳盆地出襄阳,下汉水至江陵,由荆江溯湘水经灵渠下漓水、郁水(今西江)至番禺(今广州)。由此入海,再往南海诸国。另外还有从长江溯湘、赣等水而上,越过五岭的几条山道如横浦关(今梅岭关)、阳山关、湟溪关等,进入岭南地区。

(5) 东路干线。从长安东出函谷关至洛阳,东经成皋、荥阳,循济渎抵定陶,又顺济、淄以达东方大都会临淄。这条路线是战国以来中原地区东西交通的干线,也是秦汉帝国的动脉。

(6) 东北干线。从长安至洛阳,再由洛阳渡河,沿着太行山东麓,经邺、邯郸,以通涿、蓟,复向东北至辽东地区。

(7) 东南干线。由洛阳东经成皋、荥阳至陈留,沿着战国时魏国所开凿的鸿沟南下,由颍水入淮,逾淮由淝水、巢湖以抵达长江,渡江由胥溪运河进入太湖地区。另一支线即由济渎经定陶出菏水,由泗水入淮,复沿吴国所开邗沟抵达江干,渡江而至太湖流域。

(8) 长江干线。这是惟一一条不由首都出发的水运干线。长江流量稳定,是理想的水运航道。干流自宜昌以下均可通航。公元前 308 年秦司马错率巴蜀众 10 万,大船万艘,米 600 万斛,浮江伐楚。公元前 210 年秦始皇自云梦一带浮江而下,过丹阳,至钱塘(即今杭州)。

在上述干线之间还有许多支线相连,难以备述。这一全国性水陆交通网是先秦以来长期形成的,而又由秦汉帝国统一经营的结果。不仅在当时起着加强各地经济文化交流和巩固统一帝国的积极作用,并且为后代长期沿用,直到近代铁路修筑以前,仍然是中国境内

① 《盐铁论·力耕》。
② 《汉书·食货志下》。

的主要交通干线①。

有些政治地位稍次的城市，因居水陆交通沿线或枢纽，而成为一方的商业中心。黄河以北以陆路交通为主，蓟、涿因地处太行山东麓南北交通大道上，成为河北平原北部两大都会。河东地区的杨（今山西洪洞东南）、平阳（今山西临汾西南）则因处于晋西北畜牧区与汾、涑河流域农耕区之间，而获贸易之利，成为一方商业据点。轵（今河南济源南）、温（今河南温县西）位于太行山区进入华北平原南北陉道和黄河北岸东西大道交汇点上，而成为洛阳北面的两个商业都会。

黄河以南以水运为主，阳翟由颍水可达陈、蔡，荥阳位于河济分水的水运咽喉，均成一方都会。定陶仍因居“天下之中”，为东西贸易中心。与定陶地理条件相近的有睢阳和陈（今淮阳），前者处于获、睢二水之间，丝织业比较发达，后者位于鸿沟和颍水交汇处，因水运之便，史称“天下之郊”②。合肥和寿春因沟通江、淮两大流域，而被列入重要都会。长江中游的江陵和下游的吴都具有优越的水运条件，前者近物产富饶的云梦地区，后者有三江五湖之利，均为一方首要都会。岭南的番禺则是西汉时海路对外贸易中心。

发达的交通加强了王朝疆域内各地的联系，在统一王朝之内地区间有可能相互调济，提携发展。如秦代新兴城市丽邑（今陕西临潼西北）、云阳（今陕西淳化县境）、琅邪（今山东胶南琅邪台）、临邛（今属四川），秦曾“徙黔首三万户琅邪台下”，自咸阳徙“五万家云阳”③。在边远地区，秦汉王朝各有经营。秦朝北修长城，南戍五岭，西南征滇黔，在重要地段设立郡县城邑，如“自榆中并河以东，属之阴山，以为四十四县”④。西汉更开边三面，远设河西四郡：武威、张掖、酒泉、敦煌，使中原王朝的城邑体系深入西陲。

西汉时期，国力强盛，天下艾安，社会发展程度自然比秦代深熟得多。因此在城市现象上，也要丰富得多。其中最有兴味的是“陵城”的形成。长安城的东南与北面的郊区，是西汉皇帝陵墓区。西汉的陵墓区并不是林木茂盛、环境幽静的雅静之处，而是人烟稠密、声色喧嚣的“城市地带”。陵城地带的出现，是由有目的的朝廷行为所造成。当这些地方被确定为陵区以后，为加强守卫，曾迁来大量富裕人口。武帝时徙资产在300万以上的富户至此，之后的昭帝、宣帝、成帝也都徙富户至此，其中规模最大的要算成帝鸿嘉二年，徙郡国豪杰资五百万以上者五千户于昌陵。陵城的人口数量大约10～20万，茂陵的数目最大，号称27万有余。这些陵城当然是消费性城市，富人多，商业活跃。长安城与周围分布着的陵城，共同形成城邑地带，所谓“南望杜霸，北眺五陵，名都对郭，邑居相承”⑤，从人口与财富的方面，强化了京师的都会气氛。在当时的渭河沿岸，人烟稠密，聚邑毗邻，翦伯赞曾形象地说：“当时的关中……特别是陕西中部渭水流域一带，是周秦以来，中国古代文明的摇篮之地。在这里，有着许多古代都市的存在。……到西汉时代，假如我们驾着小舟逆渭水而上，一定可以看到，在渭水的沿岸，有着无数大大小小的都市”⑥。

新莽末年，“天下连岁灾蝗，寇盗蜂起”⑦。公元22年（新莽地皇三年），刘秀与李通等人起事于宛。公元25年，赤眉军迫近长安，刘秀于鄗县（今河北柏乡县北）之南即皇帝位，

① 邹逸麟：《中国历史地理概述》，福建人民出版社，1993年。
② 《汉书·灌夫传》。
③④《史记·秦始皇本纪》。
⑤ 班固：《西都赋》。
⑥ 翦伯赞：《秦汉史》，北京大学出版社，1983年，第212页。
⑦ 《后汉书·光武帝纪第一上》。

随后定都洛阳，史称东汉。因南阳郡是刘秀故乡，其郡治宛县被尊为南都，政治经济地位仅次于洛阳。

东汉建都洛阳使全国政治中心一定程度的东移。东汉洛阳城，南北九里，东西六里，号称“九六城”，遗址位于今洛阳市东。东汉曾大力整修洛阳一带的水利工程，治理河、汴，令河不侵汴，使洛阳漕运与鸿沟水系安然相连，江淮地区的粮食物资得以顺利到达京师。由于地处中原，交通便利，洛阳成为东汉商业最发达的城市。《后汉书·王符传》引《潜夫论·浮侈篇》：“今察洛阳，资末业者什于农夫，虚伪游手什于末业，……天下百郡千县，市邑万数，类皆如此。”以洛阳为首，北方的通都大邑，商业都相当发达。不过，当时大城市不可避免的有腐化一面，即“虚伪游手”的麇集之所，也是昭然可观。东汉时期的洛阳又是全国的文化的中心，其地人才济济，学校如林，富有文人风气。熹平四年(175 年)，蔡邕等奏请正定五经文字，得准后，蔡邕亲书于碑，镌刻后立于太学门外，前来摹写者甚多，每日有车千余辆。洛阳的重文传统亦延于后世，后来的晋左思在此写下《三都赋》，人们争相传抄，致使“洛阳纸贵”。

东汉末年，中原遭董卓之乱，洛阳毁于大火，“悉烧宫庙官府居家，二百里内无复孑遗”①。其后的战乱致使“中野何萧条，千里无人烟”②。东汉洛阳的毁灭，标志着中原城市轴心区开始了第一次大衰落。

最后，关于两汉时期的城市地理分布，还应注意在边疆地区选择地点而设立的一些属国，其职能是管理附属的边地少数民族部族。属国是“分县治民比郡”，“似郡差小”，治所在县城，这些县城遂成为管理少数民族的中心城邑，这是边地城市的特点，也是多民族国家的特点。在属国的管理下，少数民族与郡县汉人为邻里，生活生产，相互交流，有战事则共同战斗。属国的设立为稳定多民族聚居的边疆地带，起到了重要作用。在边地设置属国可能在秦代已然出现，据研究，《汉书·地理志》上郡条的“龟兹，属国都尉治”很可能是秦代最初设置的③。汉朝设置属国始于武帝元狩三年(前 120 年)，《汉书·百官公卿表上》：“武帝元狩三年，昆邪王降，复增属国，置都尉、丞、候、千人。属官，九译令”。属国都尉由汉朝廷直接任命，协助太守管理属国，也受朝廷典属国的领导，典属国为朝廷管理属国事务的最高官员，苏武曾作过典属国。各属国地理位置不同，作用有大有小。例如在凉州，天水属国设置最早，但地理位置稍偏，不宜安排大量归属部落。后设置的张掖属国，位于河西走廊地区的关键部位，地理位置重要，归附少数民族部落日增，至西汉末年，发展成汉朝属国中最大的属国，是当时民族融合的中心城市之一。

第五节　北方城市的残破和南方城市的发展(魏晋南北朝)

魏晋南北朝是中国历史上极为混乱的时期，长期而剧烈的战争破坏了社会的正常秩序，各色各样的移民流动不已，社会极不稳定。城市成为军事攻击的主要对象，尤其是大城市，更是屡遭战火，曾受多次破坏。董卓兵烧洛阳，造成“洛阳何寂寞，宫室尽烧焚”④。李

① 《后汉书·董卓列传》。
② 曹植：《送应氏诗》，《文选》卷二十。
③ 王宗维：《汉代的属国》，《文史》第二十辑，中华书局，1983 年。
④ 曹植：《送应氏诗》。

傕、郭汜混战于关中，长安城内“白骨委积，臭秽满路”。其他如宛城、徐州等“名城空而不居，百里绝而无民者，不可胜数”①。昔日都市繁盛的景象在中原大地上扫荡殆尽，留下的是一座座城市的残破丘墟。这一时期，在黄淮流域的大部分地区，出现了城市发展史上一个空前的低潮。

除政治军事的影响以外，在社会经济方面也有重要的变化，也造成城市的衰落。据王仲荦先生研究，东汉以来商品货币关系的规模要比西汉缩小。西汉时，黄金的行用，总数量在百万斤以上。至东汉，黄金使用的总数量，见之于记载的，不过数万斤。魏晋时期，货币近于废弃，“百姓以谷帛为市”②，这是因为东汉灭亡后，生产力遭到巨大破坏，商业停滞，自然经济完全占据了统治地位。在商业衰落的环境下，大量财富也由货币转变为土地，造成财富由城市向乡村的转移。这样，自春秋战国以来，从王侯营垒基础上发展起来的商业城市，在这个时候，日益丧失其经济支持，因而走向衰落。

在城市衰败的同时，豪强世族纷纷在农村庄园内筑堡自守，在黄河流域，两汉时期实行的地方基层机构乡亭里失去了作用，却涌现了无数坞垒堡壁，简称“坞壁”。这种坞壁可以说是中国传统社会中特殊的聚落形态。它独立于官府之外，对立于城市，却占据大量社会财富和人口，并拥有自己的武装和坚实的堡垒，是些大大小小的独立王国。例如许褚、李典等都是这类王国的首领。由于大量人口被“庇护”在豪强巨族的庄园之内，成为“荫客”、“部曲”、“佃客”，造成人口与官府的分离，进而造成人口与官府控制的城市的分离。在大量人口被庄园吞占的同时，另有相当多的人口为躲避战乱而逃入山林。如当时的颍川郡（今河南禹县、登封一带）的人们认为“颍川，四战之地也，天下有变，常为兵冲”③，于是有人“将宗亲千余家，避乱密西山中”④。大量人口的遁逃山林，进一步造成城市的空虚。

由于遍布大地的一座座城市丘墟的出现，此时的地理文献中也开始记录一个新的景观现象：城市遗址。《水经注》就是一部记载城市分布，包括废弃城市遗址分布的重要地理著作。自《水经注》以后，古城废墟成为各类志书记叙的重要内容，到清代的《大清一统志》将其汇总，共得 1 000 多座古城址，这一数量在世界各国中恐怕是独一无二的。

大批城市废墟的出现，说明了我国历史上自秦汉以来的第一套城市体系的大面积瓦解，这种现象在中原地区尤其突出。中原地区的长安—洛阳一线，曾是全国城市体系的轴心地带，在魏晋、南北朝的战乱时期，自然成为军事争夺的主要战场，受创最重，再加上政治格局的变化，其城市体系的轴心地位大为削弱。长安虽然仍被一些政权选作都城，如西晋、前赵、前秦、西魏、北周等，但其稳定性与繁荣程度均不如往昔。在这期间，长安城里最荒凉的时候甚至“户不盈百”，只相当于西汉时期正常情况下一个里的人口数目，在这种情况下，长安城也就同一个普通的小村庄差不了多少。洛阳在北魏时获得四十来年的繁荣，但遂又毁于战火。名都的破败使士人感触万端，杨衒之亲眼看到曾经繁华的洛阳，城郭都已经崩毁，宫殿坍塌，庙宇烧成灰烬，房屋为荒草盖没，街巷满是荆棘，台阶旁有动物做窝，庭院里有山鸟为巢，野孩子在当年的皇宫里溜达，老农在宫门口种地。他抚今追昔，怀抱沉重心情，写下《洛阳伽蓝记》。这是中国古代城市史的重要文献。

---

① 《后汉书・仲长统列传》。
② 《晋书・食货志》。
③ 《三国志・魏志・荀彧传》。
④ 《后汉书・荀彧列传》。

相对而言，原先属于周边地区的城市反而获得发展，如长江中下游、河西走廊、山陕北部等地区，在这一时期都有重要城市出现。这些城市有的是基于当时特殊的政治形势，只是昙花一现，但有的城市的崛起则反映了全国城市体系格局的深刻变化。

在江南地区，来此避难的北方人民有如潮涌，“洛京倾覆，中州士女避乱江左者十六七”①。他们一时麇集在城市里，数目“以十万计”。大量人口一下子拥向江南，增加了那里的社会负担，尤其在人口管理、城市管理方面十分混乱。“侨州”、“侨郡”、“侨县”是当时的奇特现象，北方流民不愿放弃原先的籍贯组织，虽然到了南方，仍用北方的旧名称，在管理上立起原来的旧衙门，致使一个南方州县里出现十几个、甚至几十个北方郡县衙门，一地、一城之内的居民分属许多不同的衙门管理，这在中国城市社会史上，最为奇特，也最为混乱，所谓“紊乱无纪，名实俱违”。但另一方面，由于北方人民带去了先进的生产技术，所以，渐渐地他们又促进了那里经济文化的空前发展，使长江流域出现“荆城（荆州）跨南楚之富，扬郡（扬州）有全吴之沃”的形势，也就是说城市得到了支持其发展的发达腹地。这一时期，建康（南京）、京口（镇江）、山阴（绍兴）、寿春（寿县）、襄阳、江陵、成都、番禺（广州）都是长江流域或长江以南比较繁荣的城市。

孙权于211年（建安十六年）徙治秣陵，次年改名建业（今南京），后迁武昌（今湖北鄂城），229年（黄龙元年）还都建业。为加强建业与太湖流域之间水运交通，开凿了沟通秦淮水和苏州、镇江间运道的破岗渎，避开了原走长江的风涛之险。建业，西晋避司马邺讳改为建康，是江南的政治文化中心，东晋南朝皆定都于此。它又是长江下游的最大商埠，有“贡使商旅，方舟万计”。

以建康为代表的江南城市的崛起，标志着江南经济的上升趋势。在此以前，中国的经济地理格局向来以北方为重心，先秦时代的《禹贡》一书记录北方田地的水平是“上”或“中”，而南方荆、扬二州田地的水平却分别是“下中”和“下下”，即倒数第二和倒数第一。到汉代，司马迁更具体地认识到长安城所在的关中地区经济上的重心地位，他在《史记·货殖列传》中写道：关中一带有膏壤沃野千里，自夏代以来，田地都是上等。关中的土地的面积，只占天下的三分之一，而人口的数量也不过十分之三，但从财富上说，却占天下的十分之六。从孙吴、东晋、南朝开始，江南地区的土地逐渐开发，工商业全面发展，经济水平直线上升，到了唐朝，全国的财富分布出现重大改变，那时的韩愈曾感慨说，天下所出的赋税“江南居十九（十分之九）”。

长江上游的成都居西南一隅，社会相对安定，三国时曾为蜀汉都城。永嘉之乱，蜀中未受直接波及，中原人士纷纷避乱入蜀，其后李氏据蜀，采取保境安民之策，工商业得以继续发展。成都城为水陆所凑，货殖所萃，其城“市廛所会，万商之渊；列隧百重，罗肆巨千；贿货山积，纤丽星繁”②。成都是西汉末六大都市中惟一保持原来地位的一个。

东晋南朝时期南方兴起的城市还有：京口（今镇江），因北临大江，南通吴郡、会稽，西连建康而成一方都会。山阴（今绍兴）是豪门大族聚居之地，又是两浙绢米交易中心，所谓“海内巨邑”③。襄阳为南北通商贸易的据点。江陵则为东晋南朝境内除都城建康外的另一政治经济中心。番禺因南朝时海上贸易的发展，更为富庶，《南齐书·州郡志上》云：“卷握

---

① 《晋书·王导传》。
② 左思：《蜀都赋》。
③ 《宋书·顾凯之传》。

之资，富兼十世”。

除江南地区以外，与中原城市丘墟形成对照的还有河西走廊。河西走廊原本经济比较落后，甚至货币都不大使用。由于中原战乱，“中州避难来者日月相继”①。在十六国时期，河西走廊为前凉、西凉、北凉等政权割据，并有效的阻止了中原战火向这里的蔓延，偏安一方，所以社会相对稳定，其割据政权的中心城市姑臧（今武威）也得以迅速发展，北凉时人口达20多万。由于政权相对稳定，城市具备了最基本的、在那个时代又是最难得的发展条件，城市的内容比较丰富。以这样的城市为依托，文化事业得以发展，成长起一批具有全国影响的河西学者，带出一代河西学风，撰写出很有影响的学术著作，对当时江南地区和晋北地区的文化发展竟然都有促进。这是河西地区在中国古代城市史与文化史上比较光辉的一页。

山陕高原的北部地区，一直是北方游牧民族同中原“诸夏”的接触地带。魏晋南北朝时期，北方民族强盛，南下与中原政权争雄，山陕高原北部则成为他们“威制”南方的战略基地，在他们建立政权以后，往往在这里选择合适的位置建立都城，其中最重要的是鲜卑族北魏政权的平城（今大同）和匈奴族夏政权的统万城。这类割据政权都城的建立无疑提高了这些地区的城市发展水平，另一方面，也说明这些游牧民族别无选择地接受了中原社会的城市概念，是他们向中原文化靠近，逐渐“汉化”的重要标志。这些城市虽然是北方游牧民族建立的，但在形态上却尽量模仿中原形式。从城市地理的角度看，它们更靠近以中原为核心的城市体系。

公元418年，赫连勃勃“称皇帝于灞上，年号为昌武，定都统万，勒铭城南，颂其功德，以长安为南都”②。统万城位于今内蒙古乌审旗境，遗迹尚存。统万城是历史上这一地区出现的最重要的城市，赫连勃勃“性奢，好治宫室。城高十仞，基厚三十步，上广十步。宫墙五仞，其坚可以砺刀斧。台榭高大，飞阁相连，皆雕镂图画，被以绮绣，饰以丹青，穷极文采”③。赫连夏以“蕞尔小国”修建这般豪华的城市宫室，其实只是对中原文化的形式上的模仿，其社会生活内部对于城市的实质需要，并没有达到相应的程度。洪亮吉《十六国疆域志》卷十六云：“朔方、云中、上郡、五原等郡自汉末至东晋，久已荒废，赫连氏虽据有其地，然细校诸书，自勃勃至昌、定世，类皆不置郡县，惟以城为主，战胜克敌，则徙其降虏，筑城以处之。”洪亮吉的上述话语，指出了赫连氏匈奴社会的发展程度，离“置郡县”的水平尚有距离。

鲜卑北魏社会的发展程度大大高于赫连夏。北魏注意疆域内的治理开发，终北魏一代，对于修整旧路和开辟新路，一直是锐意经营。如“（太祖）车驾将北还，发卒万人治直道，自望都铁关凿恒岭至代，五百余里”④。462年（和平二年），“发并、肆州五千人，治河西猎道”⑤。482年（太和六年），“发州郡五万人，治灵丘道”⑥。507年（正始四年）“开斜谷旧道”⑦。总的来说，北朝的道路系统是完整的，陆路交通是便利的，不仅秦汉以来的古道大都继续通行，而且于交通阻塞的边区和山区又开辟了一些新道。

---

① 《晋书·张轨传》。
②③《魏书·铁弗刘虎传》。
④ 《魏书·太祖纪》。
⑤ 《魏书·高宗纪》。
⑥ 《魏书·高祖纪上》。
⑦ 《魏书·世宗纪》。

北魏政权在都城平城的建设上，完全采纳了中原社会的城市观念。平城本身有门阙，有苑囿，“分置市里，径涂洞达”。都城周围也按照中原古老的“王畿”的概念，确定了大范围的“畿内之田”，形成了一套完整的京-畿地域结构。同时，又几次从各地包括长安向平城遣徙吏民人口、能工巧匠，以提高京师的社会经济水平。北魏灭掉河西走廊的北凉政权以后，还将那里的一批学者迁居平城，以提高京师的文化水平。但是，尽管从形式上鲜卑人成功地掌握了中原都城建设的思想概念，而且这种建设又有强大的军政力量作保证，可仅有这两方面的人为条件，并不意味着其建立的都城一定会获得稳固顺利的发展，因为城市的成功发展更需要客观地理条件的充分保证。在当时的自然环境和社会环境上，平城不具备发展大都市的地理条件，其中最突出的问题是，相对于首都不断增加的众多的人口，粮食终究不能自给，又没有从外地调运粮食的畅通高效的漕路，平城逐渐成为一座饥饿之城。所以，开明的孝文帝决定迁都洛阳，他说：“朕以恒代（晋北地区）无运漕之路，故京邑民贫，今移都伊洛（洛阳地区），欲通运四方”①。北魏政权以平城为首都百年以后，终于放弃平城，迁都洛阳，平城重又变为地方性城市。

秦汉以来的城市为战乱夷毁，与这些城市同时被夷毁的，似乎还有秦汉以来传统的城市规划思想。咸阳、长安那种无拘无束的都城形态，与它们那个不可一世的帝国一起被历史所淘汰。当“乱世之奸雄”曹操建立自己的都城邺城时，他手下的城市设计者创造了一种全新的城市平面布局。

建安年间，曹操主持兴修了白沟、利漕渠、平虏渠、泉州渠、新河以后，河北平原上增添了一条贯通南北，直达今天津并东抵滦河下游的水运航线，特别引漳水入白河以通漕的利

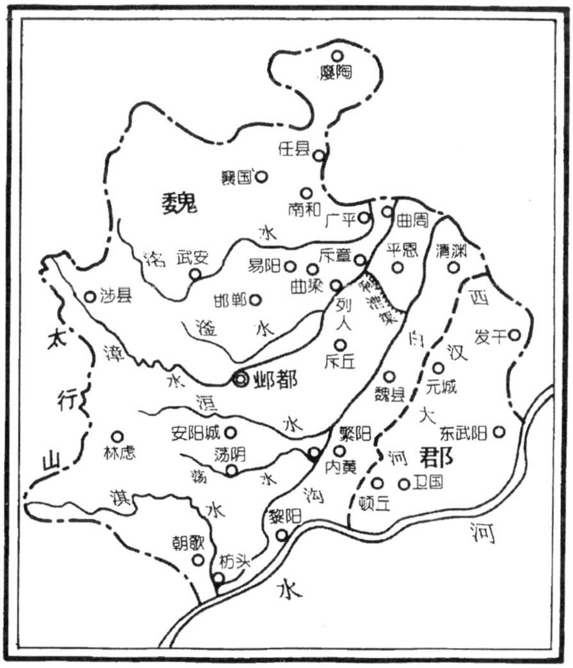

图 8-8　曹魏时期魏郡邺都形势图

（采自陈桥驿主编：《中国七大古都·安阳》）

① 《魏书·成淹传》。

漕渠的开凿，使从白沟上游来的漕运，可由此渠折入漳水，西溯邺城（今河北临漳西南），使原来已处在南北陆路交通要道上的邺城，更添了水运的方便，遂使其地位日显重要，终于替代邯郸，成为河北平原上第一都会。曹魏时代邺城的规划和布局，在我国古代都城史上有着划时代的意义。一是首先出现中轴线和对称布局，对后代都城的规制有很大的影响。二是宫城、官署与民居截然分开，改变了过去长安、洛阳那样宫城和里坊相参，反映了当时阶级对立和封建等级意识的加强。三是宫殿官署和贵戚所居，都集中在北部，改变了“面朝后市”的传统；宫殿官署区建筑群，结构紧凑、布局严密。总之，曹操时邺都建制的一系列特点，开创了都城规划严整布局的先例，对隋唐长安城、明清北京城的规划都有一定影响①。都城形态的从松散到严谨的变化，说明了对都城控制管理的强化，它必然导致城市秩序的改变。在北方社会动荡不定的背景下，修建井然有序的都城，也反映了曹魏统治者要实现天下有序的价值观念。见图 8-8 与图 8-9。

曹操称魏公都于邺城。以后的后赵、前燕、东魏、北齐均在此建都。东汉末年兴起的都会还有许（今河南许昌东）。建安初曹操因洛阳残破，迎献帝都许，并屯田许下，得谷百万斛，许成为曹操争雄河北根据地。此外，在十六国时期作过都城的主要还有后赵的襄国（邢台）、前燕的龙城（辽宁朝阳）、代的盛乐（内蒙古和林格尔）、后燕的中山（河北定县）、西秦

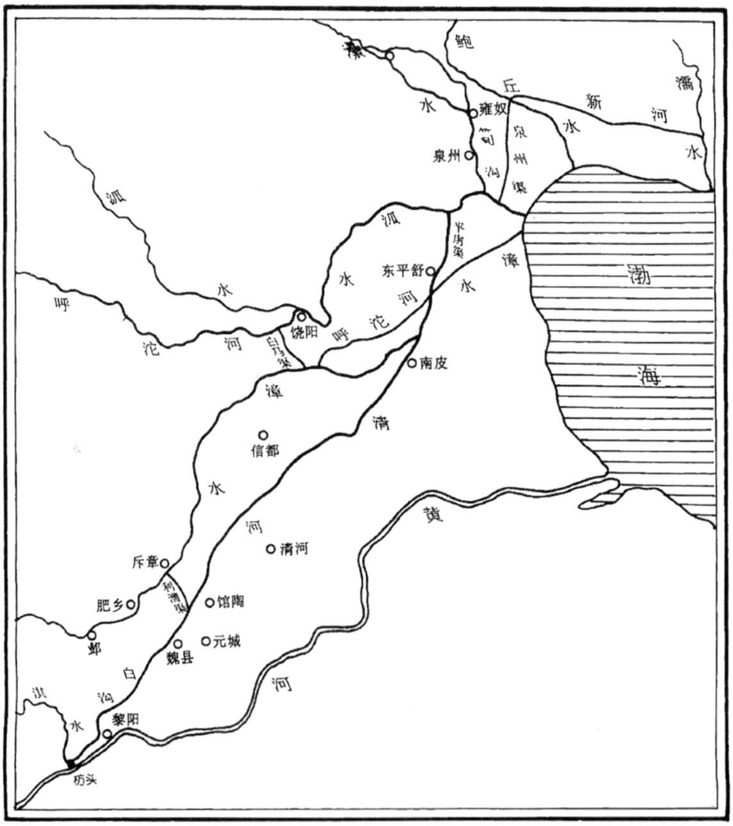

图 8-9　曹魏时期运河图

（采自邹逸麟《中国历史地理概述》）

① 邹逸麟：《安阳》，陈桥驿主编：《中国七大古都》，中国青年出版社，1991 年。

的苑川(甘肃榆中)、南燕的广固(山东益都)等。

总的来说,在魏晋南北朝时代,城市体系的状态十分紊乱,除了江南城市的发展具有长远意义,北方的城市此起彼伏、动荡不定,并没有出现实质性的新局面。北魏放弃平城、迁都洛阳一事,除了说明洛阳有四通八达的交通条件外,还说明洛阳所处的传统的轴心城市地带,尽管从表面形式上已然残破不堪,但在潜伏的深层社会地理格局上、在当时人们的战略性政治地理眼光上,仍具有深刻的生命力和强大的吸引力。所以,长安、洛阳之类的城市,虽然屡毁,依然屡建,人们最终并不愿意撤离这块充满“帝王之气”的土地。果然,到隋唐时期,历史终于走出分裂战争的时代,一个更加强有力的全国城市轴心,又在这里以极其壮观的形态再次出现。

第六节　全国城市体系的重建与发展(隋唐五代)

隋唐两朝,是我国历史上城市的全面重建和又一个大发展时期。这个时期的统一而稳定的政治局面、经济领域的高度繁荣、王朝全境的普遍振兴,为城市的全面重建和大发展提供了充分的条件。在相当多的地方,包括政治城市轴心地带的长安(隋名大兴)与洛阳,人们放弃了两汉、魏晋、南北朝以来破败的城市废墟,而另辟城址,建立起一代崭新的城市。从地理位置上来看,城址的调整、转换在不同程度上改善了城市发展的环境条件。有些城市,如长安城(大兴),其大地理区位并未改变,但小环境彻底更新,使城市在保持原有地理的区位优势的情况下,获得了更合理的小区条件,经过重新规划,显示出新的生机。全国性的城市体系重新建立起来,它在新的社会经济地理格局的影响下,相对于秦汉统一时期的情况,发生了许多重要的变化。

隋文帝统一全国,结束了长达数百年的分裂动乱,仍然选择几百年来深入人心的关中地区的大兴(长安)为首都,其后,又修建洛阳。隋唐时代的长安(大兴)与洛阳,作为王朝的“西京”与“东京”,依然构成全国的城市体系的核心,这两座城市经过城址位置的调整,特别是经过严谨的、庞大的平面规划,出现了前所未有的大都市面貌。它们的建筑布局继承了曹魏邺城的主要特点,大而广之,形成风范,并逐渐上升为一种文化形态,作为当时中华优秀文明的象征,对周边国家都产生了深远影响。

隋朝初立,龙首山北的旧长安城的建筑已然破败不堪,地面上污水难排,饮水多咸卤,所以决定在旧城南部、龙首山南侧另建新城,改名为大兴。大兴城的建设是隋朝最善营造的大臣宇文恺完全按照预先的总体规划设计进行的,整个城市由外郭城、宫城和皇城三部分构成。宫城是皇帝寝居和处理朝政的场所,皇城在宫城南面,是朝廷各个部门的办公衙署。外郭城形状近方形,东西宽度略大于南北长度,东西宽 9 000 多米,南北长 8 000 多米,城周长 35.5 公里。14 条东西向街道、11 条南北向街道,把外郭城分成排列规整的坊市,以全城南北中轴线朱雀大街为界,两侧相互对称,全城共有 109 坊,朱雀街西为 55 坊,朱雀街东因为城东南角被曲江池占去了一坊地,所以比街西少了一坊,只有 54 坊。隋大兴城建成后不到 40 年,隋朝灭亡,唐朝继续利用完好的大兴城,仍然在此立都,但更名为长安。自唐太宗李世民开始,对长安城做了一些增建和改建,但城市的总体格局还是保留了大兴城的多数特点。

隋唐两代虽然以长安(大兴)为首都,但几乎从一开始就意识到洛阳的重要性,而对之大行建设。隋炀帝重视洛阳的位置，称其“控以三河，固以四塞，水陆通，贡赋等”①，故即位之初便下令营建洛阳。每月征发丁男二百万人修建，经十月修成。洛阳城虽然规模稍小，其气派比于长安，号称“东都”，长安洛阳合起来则称为“两京”。洛阳的规划仍出于宇文恺之手，因为原来汉魏时代旧洛阳城已然荒颓不堪，所以在西 18 里处另建新城，全城大体为南宽北窄的长方形。边长为 6 000～7 000 多米。城市也分为宫城、皇城、郭城，与大兴城不同的是，宫城、皇城位于西北角。郭城之内整齐地排列着“坊”，隋代有 120 坊，唐代有 109 坊（一说 103 坊）。隋唐两代为加速洛阳发展，曾大批向这里移民，如隋朝“徙洛州郭内人及天下诸州富商大贾数万家，以实之”②，唐朝“徙关外雍、同、秦等七州户数十万，以实洛阳。”③ 见图 8-10。

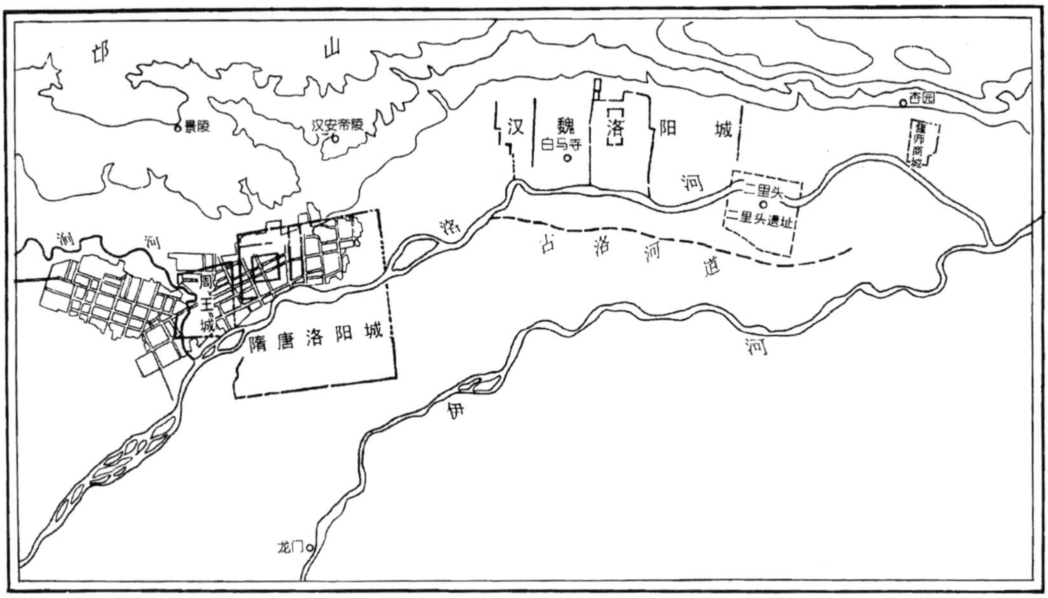

图 8-10　洛阳地区古代都城形势图

（采自段鹏琦：《洛阳古代都城城址迁移现象试析》，《考古与文物》，1999 年，第 4 期）

隋唐统一帝国的出现，为全国交通的重新畅通提供了条件。唐代驿路贯通全国，每 30 里设驿站。按照《通典》的说法，驿路体系以长安为中心，“东至宋、汴，西至岐州，夹路列店肆待客，酒馔丰溢。每店皆有驴赁客乘，倏忽数十里，谓之驿驴。南诣荆、襄，北至太原、范阳，西至蜀川、凉府，皆有店肆，以供商旅，远适数千里”④。

隋唐时期的水运发展成就最大，举世闻名的南北大运河即形成于这个时期。隋初建都大兴（今西安），因渭水流曲沙多，不利航行，为解决都城的漕运问题，即于 584 年（开皇四年）自大兴城西北凿渠引渭水东流注入黄河，名广通渠。587 年（开皇七年）为平陈需要，重新开凿了江淮之间的邗沟，改称山阳渎。隋炀帝即位，营建东都洛阳，605 年（大业元年），开通济渠，从洛阳西苑引榖、洛水东至偃师入洛，由洛入河，再由板渚（今河南荥阳县汜水

① 《隋书·炀帝纪上》。
② 《隋书·食货志》。
③ 《唐会要》卷八四。
④ 《通典》卷七《历代盛衰户口》。

镇东)引河水东流，经今开封、睢县、商丘、宿县，至今盱眙县对岸入淮，是隋炀帝大运河中最重要的一段。608年(大业四年)用兵辽东，又开永济渠，引沁水与清、淇水相接，以下大致循白沟故道及今南运河，至今大清河折入瀔水(永定河前身)，直抵涿郡治所蓟县(今北京)。涿郡是隋北方重镇。610年(大业六年)又重新修凿京口(今镇江)至余杭(今杭州)的江南河，至此，南北大运河告成。这样，大运河西抵长安，北达涿郡，南至余杭，总长2 000余公里，沟通了河、海、江、淮、钱塘江五大流域，形成了以政治中心长安、洛阳为轴心，向东北、东南扇形辐射的水运网。见图8-11。

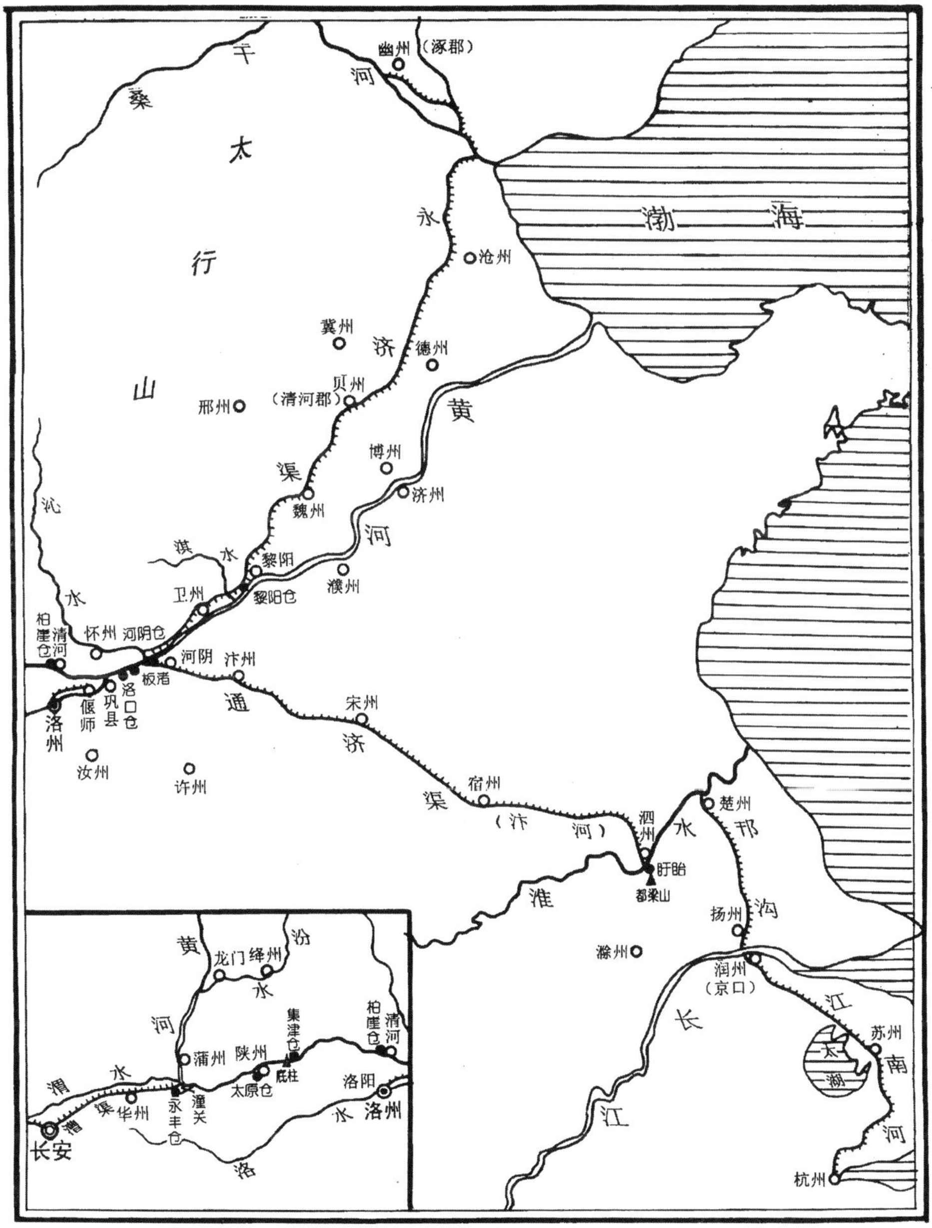

图8-11 隋唐大运河形势图

(采自邹逸麟:《中国历史地理概述》)

唐代建都关中，其漕运路线与隋代基本相同，故没有较大规模新运河的开凿，仅在隋代运河基础上加以疏浚和扩建而已。如关中漕渠至隋末已淤废，742年(天宝元年)重加修浚。陆路交通方面，唐代曾在开元年间开大庾岭道，贞元年间开蓝田至内乡新道350公里等，但对整个陆路交通的布局影响不大。

《元和郡县志》云：隋代开通济渠后，"自扬、益、湘南至交、广、闽中等州，公家运漕，私行商旅，舳舻相继。"大运河沟通南北，沿线商业繁荣，交通繁忙，沿线城市由以发展繁荣。京口、扬州、汴州、淮安、苏州、杭州等都是与运河有关的重要城市。扬州，在交通水道形势上为东南枢纽，政治地位、经济地位空前提高，隋炀帝曾沿运河三下扬州，在那里广修行宫，令其名扬天下。扬州之繁华，徐凝诗云："天下三分明月夜，二分无赖是扬州"。宋时人忆唐扬州之盛，称"本朝承平百七十年，尚不能及唐之什一，今日真可酸鼻也"①。

受水运之利而发展的城市还有永济渠沿岸的魏州(今河北大名东)、贝州(今清河)，通济渠沿岸的宋州(今商丘)，汴水与泗水交会的徐州，汴水与淮河交会的泗州(今江苏盱眙县对岸，清康熙时没入洪泽湖中)，邗沟与淮河交会的楚州(今淮安)，江南河沿线的润州(今镇江)、苏州、杭州，以及长江及其主要支流沿线的荆州(今江陵)、鄂州(今武昌)、潭州(今长沙)、岳州(今岳阳)、江州(今九江)、洪州(今南昌)、襄州(今湖北襄阳)等等。江陵在安史之乱后，由于"襄邓百姓、两京衣冠"的南流，致使"井邑十倍其初"②。洪州扼杨、广间交通要冲，鄂州当汉水入江之处。此外，广州也是岭南名城，交易南洋、阿拉伯，"外国之货日至"。

隋唐统一稳定的政治局面，一方面使都城建设呈现庞大规模，另一方面也使广阔领土内的大小城镇在地域经济的推动下，呈现繁荣景观。城市的发展，除了政治方面的原因以外，另一个直接性的原因是工商业。一般来说，工商业的繁荣必定表现为城市的繁荣，而城市的发达也要以工商业的发达为重要条件。城市是商人最理想的活动场所，一个地区工商业繁荣，工商人口必然增加，这些人口一般都会涌入位于交通便利的城市或城郊，建立行肆，交易四方。此外，各类工匠也力求在城镇周围安家落户，发展起与乡村不同的、以商品为主要产品的家庭手工业。唐朝的时候，除都城以外，地方州郡也有手工业行会，说明工匠业在各地的普遍发展。各州治和多数的县治都设有市，市有市令。唐朝的关市令规定"凡市，以日午击鼓三百声而众以会，日入前七刻击钲三百声而众以散"③。

扬州、成都是唐代最为发达的地方城市，有"扬一益二"之称。在私营手工业方面，丝织是重要部门，其中心主要在河南、河北地区，宋州(今河南商丘)和亳州(今安徽亳州市)民间所织绢，质量为全国之首。定州每年常贡的绫，达到1 500多匹，较之其他州，高出百倍左右。唐代的富商大贾有的富可敌国，有些人"邸店园宅，遍满海内"④，财产的地理分布范围相当大。

唐朝商业的发展，即使经过"安史之乱"的社会动荡，也仍然繁荣不衰，对社会各个方面都有深入影响，产生不少新生事物，如邸店的设立，柜坊和飞钱的出现等。在城市发展上，除推动地方城市的崛起以外，另一个重要的发展是对坊制的冲击。唐朝中叶，长安的坊

---

① 洪迈：《容斋随笔》卷九。
② 《旧唐书·地理志》。
③ 《唐六典》卷二《太府寺·两京诸市署》。
④ 《太平广记》卷四九五《邹凤炽》条。

与坊之间出现了不少小商贩，在东市（崇仁坊）、西市（延寿坊）附近坊间也有了商店。天宝之后，放松了对三品以下官员临街开门的限制。九世纪长安城出现了夜市，在崇仁坊“昼夜喧呼，灯火不绝”。京都尚且如此，在“天高皇帝远”的外地州县，坊制就更不堪商业的冲击。在扬州，“侨寄衣冠及工商等，多侵衢造宅”①，号称“十里长街市井连”，“夜市千灯照碧云”。在苏州，“夜市卖菱藕”。在时间与空间上冲破原有的限制，是商业占领城市、并使古代城市发生质变的一个关键，这一发展在唐朝开始起步，最终大盛于宋朝。

在唐朝露出端倪的另一个重要的历史巨变，是长安的京师地位的动摇，造成这一动摇的原因，不是军事打击，而是全国经济—政治地理格局的深刻变化。江南地区的经济发展，逐渐造成经济重心的东移、南移，关中地区的相对落后日益明显，尽管朝廷用行政力量把成千上万的富贾豪族由江南向京师迁徙，但无补于京畿地区经济相对落后的趋势。隋唐皇帝重视洛阳，给予它东京的地位，重要原因之一就是看到洛阳地近东方，贡赋便于长安。洛阳一带建有很大的粮仓，储存大量沿运河由东方运来的粮食，例如隋炀帝修建的兴洛仓（又名洛口仓，河南巩县东南高原上），仓城周围 20 余里，有 3 000 个大窖，每窖藏谷 8 000 石；洛阳北七里置回洛仓，仓城周围 10 里，有 300 个大窖。长安的皇帝们常常率领皇亲国戚、文武百官“就食”洛阳。有些皇帝则干脆将朝政搬到洛阳去办，洛阳于是成了事实上的首都。虽然长安、洛阳并称“两京”，但从经济上看，洛阳日重，长安日轻。城市重心东移，是不可逆转的历史地理趋势。

唐朝末年，社会动荡不安。黄巢起义失败后，全国又处于大分裂状态，割据政权此消彼起，动乱不息。北方曾先后出现五个政权：梁、唐、晋、汉、周。为避免混淆，一般在前加称后字。其中后唐、后晋、后汉是沙陀人建立的政权，沙陀为西突厥别部，唐宪宗时内附。后汉灭亡以后，又有北汉在今山西北部与后周共存。南方则主要有九个政权割据：吴、南唐、吴越、楚、闽、南汉、前蜀、后蜀、荆南（南平）。这一段历史时期称五代十国，计 70 来年。

唐末及五代十国时期，北方战乱较多，加以契丹族的南下，经济受较大破坏，城市亦受到摧残。长安城沦为起义军与唐军的交战之地，宫庙寺署遭重创。在其后的政治动乱中，长安城又屡遭破坏，公元 901 年，朱温劫唐帝，毁长安宫室民舍，“长安自是遂丘墟矣”。这一次长安的毁灭，是中国城市史上的标志性事件，自此，长达千年的以关中地区渭水流域为全国城市重心的格局彻底解体，而东方则成为大城市发展的主要地区。

五代时期，北方城市的分布格局受到北方新政治局势的影响，开封（汴）、洛阳、太原为北方政权的都城，所以获得相对稳定的发展。其中开封的发展最为重要，除后唐以外，后梁、后晋、后汉、后周均立都于此，所以，开封成了北方最重要的城市。开封在水运上的有利地位，是其发展的重要地理条件，而都城地位的确立，又在政治上获得了推动力量。后周时期的开封，华夷臻凑，水陆会通，日增繁荣。955 年（后周显德二年）下诏扩建开封罗城②，致使开封的城市面貌大为改观，规模扩大四倍，城内道路拓展，这为后来宋代开封城的大繁荣打下了基础。

南方的城市分布格局也值得注意。南方地区经隋唐的发展，形成了几个以城市为中心的社会经济区域，这些区域由天然的地理界限分割而成，主要有江淮地区、江汉、三吴两浙、福建、湖南、四川、岭南、云南。在南方割据的政权大致是按照这些区域划分的，它们的

① 《旧唐书·杜亚传》。
② 诏书内容见《五代会要》卷二十六城郭。

都城都是这些地区的中心城市(表 8-4):

表 8-4

江淮地区	吴、南唐	都扬州	湖南地区	楚	都长沙
江汉地区	荆南(南平)	都荆州	四川地区	前蜀、后蜀	都成都
三吴两浙	吴越	都杭州	岭南地区	南汉	都广州
福建地区	闽	都长乐(福州)	云南地区	大理	都大理

南方这一社会分区形势,尤其是各区的中心城市,与今天几乎一致,这说明南方的开发格局已达到相当成熟的地步。割据政权的建立形势是对南方地区开发程度的一个很好说明,南方中国的开发是普遍性的,也是有区域性的,在区域内又必然形成中心城市。不难看出,南方内陆地区大城市的位置与分布格局大体已经形成和稳定,与近代中国的情形对比,除武汉、重庆几个沿江城市而外,基本是相同的。而此时北方的情形则不同,北方大城市的地理分布还远没有接近近代的面貌。因为北方,特别是黄河以北地区,人文地理的情况比较复杂,在后来的历史中,一系列北方重大的历史地理事件依次登上历史舞台,才逐步确定了稳定的北方城市的地理格局。

在 8 世纪初到 10 世纪期间,东北地区存在过一个以靺鞨族为主体的边疆民族政权,史称渤海国。渤海国疆土很广,盛时有五京十五府六十二州一百数十县。在渤海国时代,东北地区的交通有了很大发展,有朝贡道、营州道、契丹道、新罗道、日本道、黑水靺鞨道等六大水陆干线,通往中原和周围各个地区。唐天宝末年时,渤海国以上京龙泉府(今黑龙江宁安西南东京城)为都,此后除贞元时一度徙东京龙原府(今吉林珲春西)外,一直都于上京。上京位于牡丹江(当时称忽汗河)流域,城周长 32 里,建筑宏伟,形制模仿长安,为当时东北地区最大的城市。随着经济的发展,渤海国地区,尤其是牡丹江流域,涌现出一批大小城市,可以说,这是东北地区第一次重要的城市发展。渤海国对东北地区的开发,为后来契丹族在东北地区的兴盛打下了基础。

隋唐两代与西域的交通均有发展。隋时通西域的路线,与汉代有所不同。据《隋书·裴矩传》记载,从敦煌至于"西海",凡有三道。南道仍傍昆仑山北麓,此即汉魏时南道。中道为《魏略》所称的新道①,即从敦煌出发,经伊吾、高昌壁(今吐鲁番东)、车师前部交河城(今吐鲁番),再经焉耆至龟兹,与汉时北道合。北道则为新辟经天山北路的一道,即由敦煌经伊吾、蒲类海(今巴里坤湖),过天山北麓,渡北流河水(今伊犁河、吹河),至拂林(东罗马),以至西海(今地中海)。此新辟的北道对同罗马帝国的交通意义重大。公元 1～3 世纪,因安息的阻挠,丝路断绝。而新北道的开辟,则避开安息的羁绊,恢复了中国同罗马的交流。南、中二道过葱岭后,南道折而西南,经护蜜、吐火罗、悒怛(均在今阿富汗)等地,达于西海(今印度洋)。中道经钹汗(今费尔干纳)、康(今撒马尔干)、安(今布哈拉)等地,至波斯,以达西海(今波斯湾)。唐朝又新辟一条从庭州(今新疆吉木萨尔北破城子)至碎叶的"碎叶路"②,即由玉门关经伊吾、高昌、焉耆、龟兹、姑墨(今阿克苏)、凌山(今别迭里山

---

① 《三国志·魏志·乌丸传》裴松之注引《魏略》。
② 李吉甫:《元和郡县志》卷四十。

口)、热海(今伊塞克湖),又经碎叶(今吉尔吉斯吹河沿岸托克马克附近)、怛罗斯城(今江布尔)、白水城(今奇姆肯特)、石国(今塔什干),渡锡尔河、阿姆河至阿富汗、印度。唐时玄奘、杜环西行均由此道。碎叶城是唐代西部军事重镇,安西都护府下辖四镇之一,一度为安西府治所,是唐代中国去西方的交通枢纽①。见图 8-12。

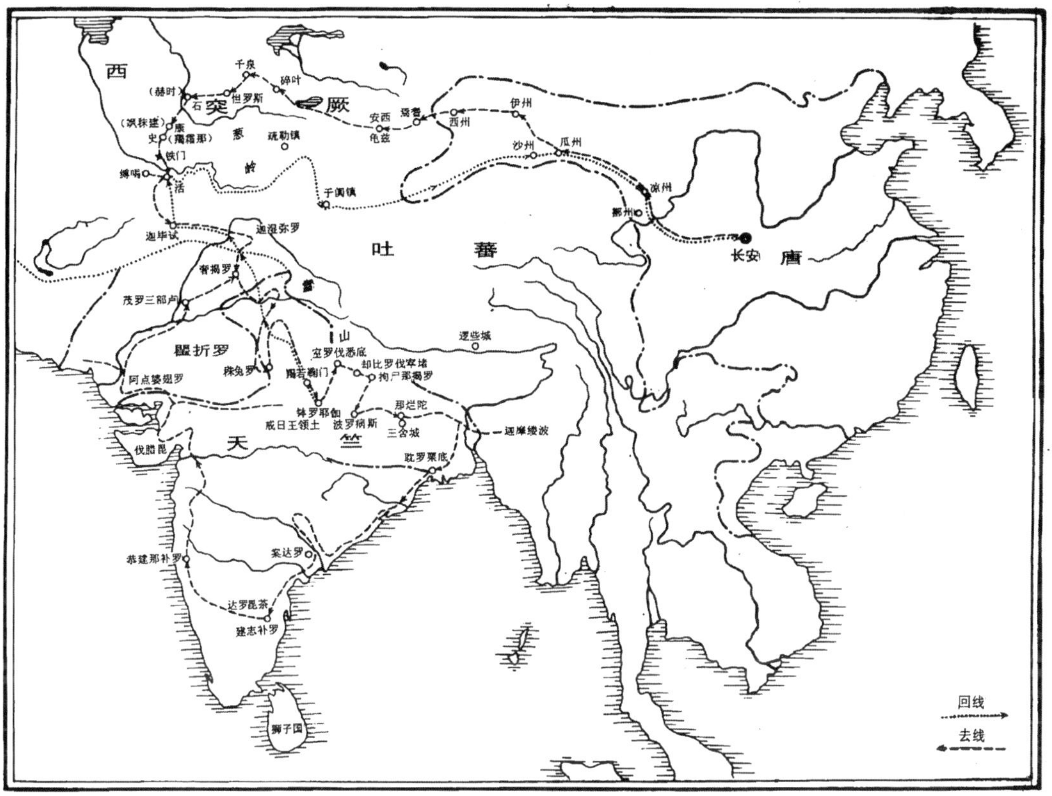

图 8-12　玄奘西行路线图

(采自邹逸麟:《中国历史地理概述》)

东方、南方的海上往来,自汉魏以来持续发展。隋唐时期,统一帝国更注意域外海上交通。向东北可航高丽、新罗和日本。隋代去高丽航路从东莱郡(今山东掖县)出发,直趋平壤。去日本则先至百济(今朝鲜半岛西南部),然后过聃罗国(济州岛),经济州海峡、对马海峡,至日本壹支岛。唐朝去朝鲜的海上航路,据贾耽《登州海行入高丽、渤海道》记载,从山东登州出发,经渤海海峡间一系列岛屿,至大连湾,又沿辽东湾海岸至鸭绿江口,由此分为两路,一路溯鸭绿江而上,再转陆路至渤海国境,即所谓渤海道。另一路沿朝鲜半岛西海岸航行,至唐恩浦口(今仁川以南马山里附近)登陆,陆行东南至新罗王城(今庆州)。

唐代中日交通十分频繁,去日本航路有二,一是传统航路,从登州出发,沿辽东半岛南岸和朝鲜半岛西南岸,经济州海峡、对马海峡至日本。另一是从扬州出发,横渡中国海,抵达日本。日本遣唐使来华,前期多走北路,沿海岸而行,大都平安到达。后期因新罗统一朝鲜半岛,与日本关系不和,故来华者多走南路,冒风浪之险,直渡中国海。在中国登岸的主

① 邹逸麟:《中国历史地理概述》,福建人民出版社,1993 年。

要港口城市为楚州(今江苏淮安)、扬州、越州、福州、明州(今宁波)等。

广州城是南方海路的最重要起点,贾耽《皇华四达记》所记"通海夷道"即由广州始①。自广州出发,经雷州半岛,再沿越南中部、南部沿海和附近岛屿,渡新加坡海峡,东航可至爪哇岛,西行则经苏门答腊、尼科巴群岛至狮子国(今斯里兰卡)。再沿印度半岛海岸,由波斯湾至幼发拉底河口登陆,可到大食国都城缚达(今巴格达)②。唐与大食这两大帝国的交往,在世界史上具有重大意义。

隋唐时期,在海上交通与贸易的推动下,沿海地区出现一批港口城市。北有登州、莱州,南有楚州、扬州、明州、温州、福州、泉州、潮州、广州、交州(今越南河内)等。其中广州为全国对外贸易第一大港,日抵外国船只十余艘。《新唐书·柳泽传》称开元时广州已有市舶使。大量中国丝绸与阿拉伯香料由广州出入。20 世纪 80 年代初,阿拉伯半岛的阿曼国,仿制古船,自阿曼苏丹起航,历时 7 个多月,6 000 英里,到达广州,以纪念古代中国与阿拉伯的海上交流。

第七节　城市重心的东移与江南市镇的繁荣(宋辽金)

北宋统一中国以后,在社会许多领域中进行了一些较大的改革,社会的各方面都有惊人的发展。在经济方面,南方农业生产发展到一个新水平,农民们克服了自然条件的限制,因地制宜地在山地、江畔、湖滩、海边开垦农田,有圩田、山田、淤田、葑田等多种形式,致使耕地面积扩大。随着农业生产水平的提高以及某些生产关系(如土地租佃制)发展的影响,工商业呈现空前繁荣,手工业诸行多有重大创造发明,且分工更为细密。适应商业发达的需要,印制了世界最早的纸币——交子(在四川)。工商业的繁荣,特别是以城镇为核心的工商业的繁荣,是宋代社会极为明显的特点。宋代商税较唐代大为增加,在有的地区甚至超过农业税收。

北宋时,城市面貌普遍出现了重大变革。965 年,宋太祖诏令开封府三鼓以后的夜市不禁,这标志着上古型城市的坊市体制全面解体,政府取消了对城市街巷内商业活动的时间限制与空间限制,城市街巷向商业活动敞开,工商业者可以自由选择适合的营业地点和规定营业时间,这些都使城内廛市面貌出现新的景象。例如开封城,"夜市直至三更尽,才五更,又复开张。如要闹去处,通晓不绝……冬月虽大风雪阴雨,亦有夜市"③。城市社会管理、市井生活的这些变化,增加了城市的经济职能和市场职能,这势必刺激城市与周边地区的经济联系的紧密性和人员交流的频繁性。从人文地理学的角度说,城市对于其腹地的吸引力、统率性变得更加明显、直观,且不断向社会的底层扩展。

自宋代开始,全国统一王朝的都城不复设在关中。旧称富庶的关中地区已日趋衰落,如秦汉时郑、白两渠曾灌田 4.45 万顷,到唐朝大历初年,仅余 6 200 多顷④,北宋初年,两渠灌溉面积再降低到不足 2 000 顷。与此同时,淮南、两浙、荆湖、福建地区的农业、手工业、商业却直线上升。这一形势的出现是宋朝定都东部开封,造成全国城市重心东移的经

① 《新唐书·地理志》引。
② 邹逸麟:《中国历史地理概述》,福建人民出版社,1993 年。
③ 《东京梦华录》卷三。
④ 《通典》卷一七四。

济大背景所致。

北宋首都开封城是在后周汴城的基础上扩建发展而成。城为三重，大城周约50里，略呈南北长的长方形，有五丈河、金水河、蔡河、汴河“四水贯开封”。开封城地处水运枢纽，汴河即隋通济渠，是沟通江淮的水运干道，交通地位极为重要，所谓“唯汴之水，横亘中国，首承大河，漕引江湖，利尽南海，半天下之财赋，并山泽之百货，悉由此路而进”[1]。在开封市场上，有来自江淮的粮米，沿海水产，北方的牛羊，洛阳、成都的酒，南方的果品名茶，西北的石炭，成都的纸，福建、成都、杭州的印本书籍，耀州的陶瓷等等。由于城市经济生活的民间化，连通城郊远近地区的各类交通通道，也自然加强了其对于基层经济活动的意义，《清明上河图》所描绘的就是北宋开封这类大城市城门内外、大道两侧、河桥上下的商业繁忙景象，忙碌的多是寻常百姓。见图8-13。

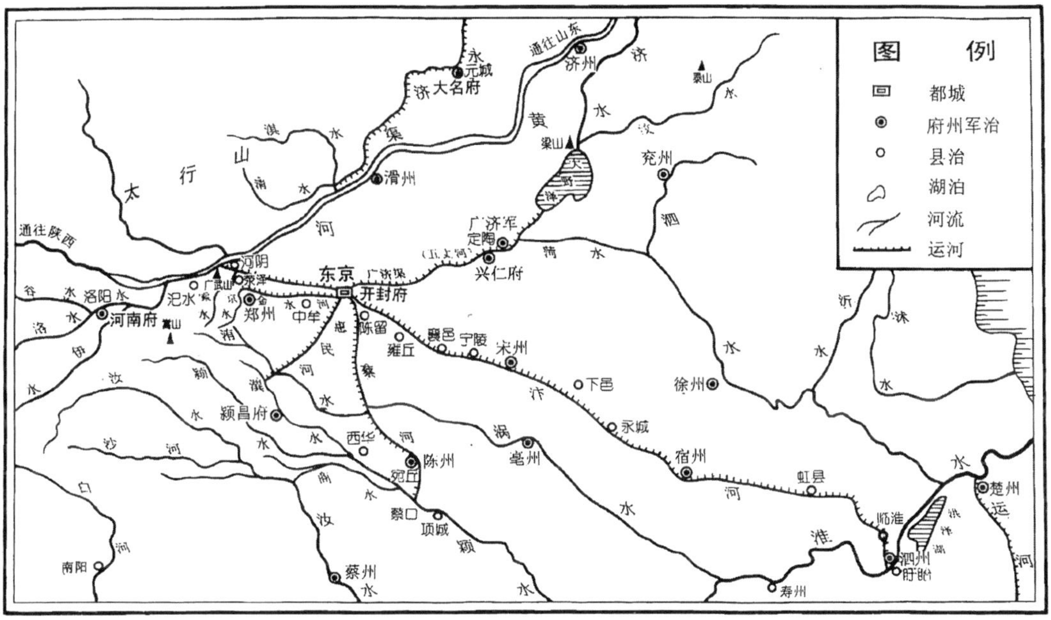

图 8-13　宋代以开封为中心的水道交通图

［采自史念海:《中国历史地理纲要》(下册)］

宋代以首都开封为中心，大力发展水运交通，在运河方面有所建树。通济渠(汴河)在唐末淤废。961年(北宋建隆二年)即加疏浚并引索、须等水入汴河，以加强水源。同年开闵河，自新郑导洧、溴二水为源，开渠经新郑、尉氏，入开封城与蔡河相接。蔡河在战国时为鸿沟，西汉名狼汤渠，魏晋以来称蔡水，自来以汴河为源，因汴河本身水源不足，宋初开始即以闵河为源。973年(开宝六年)改闵河名为惠民河，以后闵、蔡两河合称惠民河。同年又重浚了五代后周所开的五丈河，改名广济河，以通山东漕运。宋初重浚时改引今郑州市的京、索水为源，过中牟，至开封城西架槽横绝汴河，东汇于五丈河，名金水河。这样，就形成了以汴京开封为中心的四条人工运河:汴河、惠民河、金水河、五丈河(广济河)，史称漕运四渠。其中金水河为五丈河的水源渠道，不通漕运。而另一条通漕的则为黄河，故历史上又合称

① 《续资治通鉴长编》卷三八。

为漕运四河。后来因宋金分裂，南北漕运断绝，汴河等人工运河不加疏浚，不久均遭淤废。

南宋建都临安（杭州），在宁绍平原上开凿了浙东运河。西起钱塘江岸西兴镇，东经肖山、绍兴至上虞与余姚相接，以沟通山会平原与浙西地区的经济联系。临安为东南形胜之地，当水道交通枢纽，有“东南第一州”之称。吴越时便在隋郡城的基础上扩建了70里（罗城）的大城，在北宋时已然为重要的工商业城市，又是对外贸易的重要港口，经济繁荣，人烟稠密。建炎以后，宋室南渡，辗转江宁（南京）、越州（绍兴），最终定都临安。“大驾初跸临安，故都及四方士民商贾辐凑”①，成为南宋都城后，杭州户口激增，到南宋末年，有户39万，人口120余万，规模超过了北宋的东京（开封）。南宋临安为繁华都市，南抵闽广，北通两淮，市场之上，百货云集。

在宋代，北方经济发展不及南方，主要原因是战争形势对社会的负面影响和黄河流域生态环境的恶化，致使历代兴修的水利工程湮废。但“澶渊之盟”（1004年）后，社会形势趋于稳定，北宋曾努力恢复北方的经济，如塘泊水田的开发、淤灌淤田的实施。另外，出于军事防御的目的，又全面修葺河北城池，自景德、大中祥符、明道、庆历以后，北宋对河北城池的修葺未曾中断。1041年（庆历元年），一次修河北21州城②。北宋初年，即与辽开展边境贸易，在镇（正定）、沧、易、雄、霸诸州设榷务互市。澶渊之盟后，继于雄州、霸州、安肃军、广信军设置四榷场，辽亦开新城为贸易之所。依照盟约，宋每年赠辽绢20万匹，银10万两，均在雄州白沟镇交接。雄州“最当北边要冲”③，是双方使臣、商旅来往的必经之路，城市规模较其他为大，人口亦较其他为多。

南宋与金之间亦设立榷场，计有：今安徽地区的盱眙军场、安丰军花靥镇场、今河南地区的光山县中渡市场、今湖北地区的随州枣阳县场、襄阳邓城镇场、今甘肃地区的天水军场。其中盱眙军场最为重要。河南南部、山东南部本为农业发展区，但因金、南宋交界于此，形成“边界地带”的特殊景观，即无普遍的地区开发，只有双方交易地点的个别繁荣。榷场就是这类繁荣地点，刘迎《淮安行》：“迄今井邑犹荒凉，居民生资惟榷场，马军步军自来往，南客北客相经商”，正是这一情形的写照。

但从整体来说，宋代城市十分繁荣，大城市的数目较前代有大幅度增加。10万户以上的城市，在唐代有一二十座，而宋代膨胀到四五十座。北方的秦州、太原、真定、京兆、大名（北京）、洛阳（西京）、密州、晋州，东南的平江（苏州）、江宁、扬州、真州、楚州、庐州、襄州，长江中游的南昌、鄂州、江陵、长沙，川蜀地区的成都、梓州、绵州、兴元、遂州、汉州、利州，闽广地区的福州、泉州、广州等都是商业贸易的重要城市。苏州是与杭州齐名的城市，时谚称“天上天堂，地下苏杭”④。江宁（建康）是沿江津要，南渡后有“陪都”之称。

与前代比较，唐代开元州郡等级，所谓“六雄”、“十望”全在北方，而北宋20万口以上的州郡，大多在南方⑤。据《文献通考》卷十四《征榷考·征商·关市》，北宋神宗对全国城市分八级征收商税，八级税额中，最高为40万贯以上，最低为5万贯以下。最高等级的城市有东京（开封）、成都和兴元（今汉中）。居第二、第三级者，主要是杭州和淮河沿岸的寿州，（按：另有一些蜀中和汉水上游的城市也属于二三级，但因以铁钱计算，而铁钱仅当铜

---

① 陆游：《老学庵笔记》卷八。
② 《续资治通鉴长编》卷一三四。
③ 《续资治通鉴长编》卷二五九。
④ 《吴郡志·杂志》引谚语。
⑤ 《宋史·地理志》。

钱的 1/10,故其实际税值并不高)。见图 8-14。

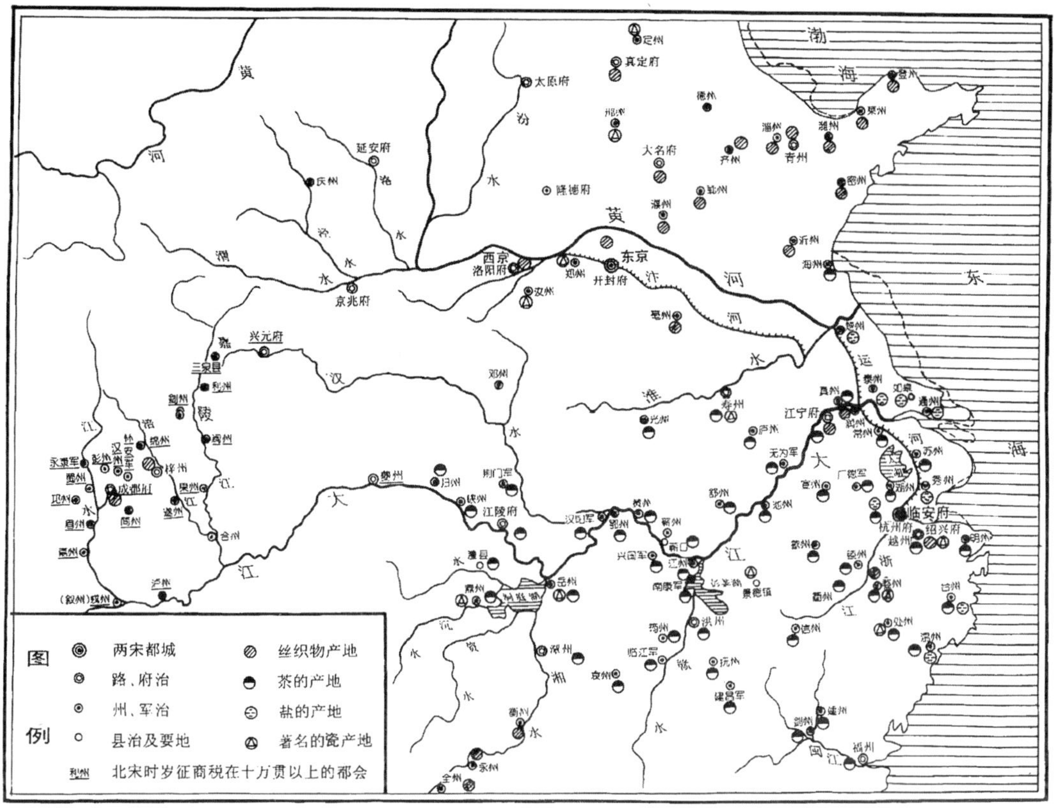

图 8-14　两宋时期手工业及经济都会分布图

[采自史念海:《中国历史地理纲要》(下册)]

唐五代时期镇多为军事驻地。至宋代,因朝廷集中兵权,作为军阀割据的兵镇不复存在。而在一些交通方便,商业发达的地方,镇成为工匠、商人、小贩的会凑之所,房舍益广,列肆如栉,原来的镇地逐渐转变为工商业小城。《太平寰宇记》、《元丰九域志》等书记录了大量镇名。从地理位置上观察,大多新兴市镇都位于交通要道、水陆码头、沿海口岸、大城市四周。运河、汴河、淮河、以及长江下游沿岸,分布的小城镇较多。北宋神宗年间,全国有镇约 1 800 个,绝大多数分布在南方,梓州路为镇的密集地区之一,有 300 多个。江西景德镇到南宋时,发展为著名的瓷器产地,到南宋末年,该地的瓷器生产组织已相当成熟,有了比较细致的分工,"陶工、匣工、土木之有其局,利坯、车坯、釉坯之有其法,印花、画花、雕花之有其技,秩然规则,各不相紊"①。在宋金两朝交界地带,贸易活跃,也推动了一些镇市的发展,如楚州北神镇、信阳军齐冒镇、安丰军花靥镇等。

镇市在大城市周围的涌现,是中世纪城市化进程的重要内容。临安属县有 15 个镇市,建康(今南京)城外有 14 个镇,说明在这些大城市的带动下,周围地域里工商活动的普遍加强,这些活动并导致了一批非农村聚落的分布,区域的人文景观出现新的面貌。有些镇

① 光绪《江西通志·陶政》引蒋祁:《陶记》。

的地理位置好，发展程度较高，被选作新设县治所在，如南宋时两浙的新昌、嘉定、庆元，江西的新城、广昌，广东的香山等。

由于经济中心自西北地区（关中）向东南地区的转变，又由于造船技术、航海技术的大幅度提高，原本中国对外交流的主渠道“丝绸之路”，逐渐有东南的海路与之分庭。此外，西夏、回纥政权在西北的割据，也造成中原与西域间交通的阻隔。在此背景下，西北的长安等城，其对外交流中心地位不复存在，而东南沿海的城市逐渐成为中国对外的重要门户。据《岭外代答》、《诸番志》等书记载，和南宋通商的国家有 50 多个，南宋商人泛海去贸易的，也有 20 多个国家。除扬州、杭州、广州等城市外，泉州、明州（宁波）、钦州、廉州、密州、秀州、温州等城市均成为重要的外贸港口城市。宋太宗灭南汉，即在广州设置市舶司，其后又在杭州、明州设市舶司，与广州合称“三司”。元祐初年，在泉州、密州设市舶司，之后在秀州、温州江阴军等处设司。广州是最大港口，而泉州是发展很快的港口。泉州于唐末、五代时始成为对外港口城市，入宋以后，随着海上贸易的发展，因其位于扬州与广州之间的优越海岸地理位置，港口地位日渐提高，造船业随之兴盛。南宋后，泉州因地近首都临安（杭州），故海上来的大船多泊于此，大批外国人亦在泉州居住，形成“藩坊”。“东南之利，舶商居其一”①，在中世纪的中国，海港城市在对外经济交流、文化交流中曾发挥了重要作用，对于它们的历史意义应给予充分的重视。

与宋王朝同时，中国北方大部地区为一些古代北方民族所统治，这些民族为北方的发展做出一定贡献，其中包括城市的建设。

契丹族是我国东北地区与内蒙古地区交界地带——西拉木伦河（辽河上游）兴起的民族。公元 916 年，其首领耶律阿保机创建契丹国，都皇都（今内蒙古昭盟巴林左旗南）。其后不断扩张领土，后晋时，取得燕云十六州（天津、保定、代县一线以北）。947 年改国号为辽。“辽之先世，未有城郭沟池宫室之固，毡车为营，硬寨为宫”②。契丹人的国家组织形成壮大之后，特别是辽朝建立之后，契丹社会发生了巨大变化，城市在契丹社会出现。

辽朝建立之后，改原皇都为上京，此外还设有中京（今昭盟宁城县西）、东京（今辽阳）、西京（今大同）、南京（今北京），为五京制。辽朝前期，上京为主要都城，圣宗统和二十五年（1007 年）以后，尽管没有正式宣布迁都，而事实上的都城改为中京③。辽朝五京实际可看做五个地区的中心城市。其中上京与中京都是建立在北方基本未曾出现过城市的地带，那里原本农业落后，很少或根本没有定居聚落，但由于辽朝设立京城，又迁入了汉族人口，推动了地区的农业与商业的发展，城市自身也获得繁荣。例如上京所在的潢河流域，北魏以来，一直是拓拔、契丹人的渔猎畜牧之所，此时都城的营建，是这个地区具有飞跃性的历史地理事件。上京的城邑建制，如幽州制度，太宗耶律德光时，城墙高 2 丈，幅员广 17 里。南城称作汉城，汉人多住在这里，设立市肆，经营商业。南门之东还有回鹘营，为回鹘商人聚居之处。位于老哈河北岸的中京城，其地本奚王牙帐所在，传说“圣宗尝过七金山土河（今老哈河）之滨，南望云气，有郛郭楼阙府库之状，因议建都”④。该城由“燕蓟”一带的“良工”营建，据考古工作者对中京城遗址的勘测，该城城周 30 里，规模实在不小⑤。城内有宫室、

---

① 《宋史·食货志》。
② 《辽史·百官志》。
③ 谭其骧：《辽后期迁都中京考实》，刊《长水集》下，人民出版社，1987 年，第 278～289 页。
④ 《辽史·地理志》。
⑤ 辽中京发掘委员会：《辽中京城址发掘的重要收获》，《文物》，1961 年第 9 期。

楼阁、府库，一些街道两侧还有廊舍，下面布列店肆，也是“拟神都之制”①。

需要指出的是，在政治行为上，契丹对都城的使用与中原皇帝不同。中原皇帝主要住在都城里，常年在那里统理朝政，而契丹皇帝则长期保持游牧民族的传统，大部分时间过着游动与原野的牙帐生活，住在京城里的日子并不多②。《辽史·营卫志》记录了这一情景：“辽国……因宜为治。秋冬违寒，春夏避暑，随水草就畋渔，岁以为常。四时各有行在之所，谓之‘捺钵’。皇帝四时巡狩，契丹大小内外臣僚并应役次人，及汉人宣徽院所管百司皆从”。这种情况与洪亮吉在《十六国疆域志》所说赫连氏“类皆不置郡县，惟以城为主”的情景类似。可以认为，这是游牧民族采纳城市生活方式的初期形态。在游牧民族走向定居的早期，虽然王权模仿汉族采用了固定的城市为基地，但基层社会并没有固定化，社会政治体制并没有郡县化，在疆域内的游动依然是基层社会的特征，同时，王权也需要不断游动（巡狩），而得以在整个疆域之中实现其权威。这种游动特征在社会不断走向定居的进程中不断减弱。

辽朝境内，经过多年的发展以后，以上京（及中京）、南京（幽州）和东丹国为中心，形成为社会状况互不相同的三大区域。这三大区域中，随道、州、县的设置，规模不等、发展水平不均的中小城市在各地出现。其中燕云十六州的汉人地区是辽朝农业的基地，城市发展水平最高。但以上京为中心的契丹故地是城市发展的新区，历史地理意义最大。

在辽朝，大批俘虏汉人被安置于北地由契丹贵族建立的投下州。《辽史·地理志》：“又以征伐俘户，建州襟要之地，多因旧居名之，加以私奴，置投下州。”投降契丹汉人韩延徽建议“树城郭分市里以居汉人之降者”③。对被俘的渤海人，也在契丹故地建置州县以处之，有与汉人杂居者。阿保机破代北，以所掠汉人建龙化州；以燕蓟所掠汉人建龙化县。潢河之北，以燕蓟的俘虏建临潢县，潢河之西，以渤海俘虏建长宁县。这些州县有时仍沿用俘户原属州县的名称，如以檀州的俘户建檀州，以三河县民建三河县，以密云县民建密云县。但这些县人口一般不多，少则一千，多也不过四五千。在投下州，汉人务农，带动了北方农业的发展。在契丹故地，“故垒开都邑”④，定居聚落发展起来，也出现了大小不等的州城、县城。

女真族兴起于东北地区的松花江流域。1115年，其首领完颜阿骨打创建金国，建都会宁（今黑龙江阿城）。十年后，1125年灭辽，1126年灭北宋，以秦岭、淮河与南宋接界。（鄂尔多斯以西，狼山南北，至甘肃西部河西走廊地区为西夏。）自1153年以后，金朝主要都城在中都（今北京），其余陪都除上京会宁外，还有东京（辽阳）、西京（大同）、南京（开封）。原辽上京在金朝改为临潢府。公元1234年，在蒙古、南宋联合进攻下灭亡。金朝据有北方以后，采取了一系列稳定社会，发展经济的措施，东北地区、黄河流域的经济得到一定的恢复。在战乱中被毁的城市得到重建。金代城市大多是在辽、宋城市的基础上重建和发展，且“城郭宫室，政教号令，一切不异于中国”⑤。

金朝也有一些城市为新建，这主要是上京会宁府。那里原为完颜部最初的住地，无城郭，星散而居，立都后，修城郭宫室，宫城仿效宋汴京，但规模要小。上京会宁府城由皇城和

---

① 《辽史·兵卫志》。
② 谭其骧：《辽后期迁都中京考实》，刊《长水集》下，人民出版社，1987年，第278～289页。
③ 《辽史·韩延徽传》。
④ 苏辙：《栾城集》卷十六奚君。
⑤ 《宋史·儒林传六》。

南北外郭城组成，外郭城总周长21.5公里。城内有居民房舍、佛寺、店肆、作坊，城市人口主要为女真人，也有汉人、契丹人、渤海人，盛时有3.1万多户。所谓“汴洛之士，多至其都（上京会宁），四时节序，皆与中国侔矣”①。在金朝统治地域内的大城市之间也出现了许多镇市，《金史·地理志》中记载了镇513个，主要分布在今山东、河北、河南、山西地区。金朝在其东北边境兴修了一些军事城堡，如铁骊（今伯力一带）、奴尔干（今特林）等，有些军事城堡因地处水陆要冲，渐渐成为商品集散之地，转变为小市镇。金朝设立州县时，“或升城堡寨镇为县”②。

金朝在交通上进行了经营发展。天会二年（1124年）即自京师至南京，从上京到春泰之间设置驿站。迁都燕京之后，又沿旧黄河、漳水、衡水等水道开通漕运。不过，金代漕运，因河道管理不善，运道多淤塞不畅，常以陆挽辅助。

金灭北宋以后，疆域形势发生了重大变化，历史悠久、人口众多、经济发达的黄河中下游地区尽入金朝版图。旧有的统治中心上京会宁府远在北方的混同江（松花江）畔，显然不适应新的政治地理形势。金海陵王下“求言诏”，大臣多有上书，以为上京远在一隅，多有不便，而建议迁都南部的燕京（今北京）。海陵王采纳此策，下诏迁都燕京，称中都。在中都规划中，海陵王拒绝阴阳五行之说，而以右丞相张浩主持规划。1153年，中都城建成，正式迁都，女真贵族也随之离开他们的故乡而南迁到汉地，这是一件影响深远的重大事件。为了表示向南迁都的决心与彻底性，1157年，海陵王“削上京之号”，下令拆毁上京会宁府的旧宫殿和女真各大族在上京的住宅，将其夷为耕地。[按：世宗完颜雍于大定十三年（1173年）复上京号。]

金中都与辽时的南京性质不同，辽南京仅为陪都，而金中都则是皇帝朝廷行使政令的首要之都。金中都在华北北部的建立，是中国北方城市历史地理上划时代的大事。金的疆域东渐鄂霍次克海，北抵外兴安岭，西及陕北、河套、甘肃东部，南与宋割淮水中流与唐州、邓州、大散关为界，中都乃是这样一个辽阔地域的统治核心。自金中都开始，这座城市在北方以致全国的地位日益加重，它的政治中心的作用，在后来的历史中不断强化。侯仁之先生指出，北京城（金代为中都）在王朝时代的后半期日趋重要，这得力于北方地区的开发和北方民族的壮大。辽金以来，中国的东北方，遇到如此连续不断的进攻力量，游牧民族前后相继，势如潮涌，而北京城的所在，作为华北平原北方的门户，也正是游牧部族南扩所首先要占领的地方，实际上，正是汉族与游牧部族之间的矛盾，在东北地区急剧发展的形势下，北京城在全国范围内的重要意义，才日益增加起来。在这一过程中，北宋之开封、南宋之临安，作为全国性的政治中心，曾先后和北京形成了互争的局面，但结果，北京终于代替了长安，而成为王朝后期全国最重要的政治中心③。

第八节　全国政治中心的北移与运河地带城镇的发展（元）

公元1271年，当蒙古军队向南胜利进军之时，忽必烈废“蒙古”国号，取《易经》“乾元”之意，改国号为“大元”。元朝是我国历史上第一个由北方少数民族入主中原而建立的全国

---

① 《建炎以来系年要录》卷十九，建炎三年九月。
② 《金史·地理志上》。
③ 侯仁之：《关于古代北京的几个问题》，载《历史地理学的理论与实践》，上海人民出版社，1979年。

政权。

在蒙古军队南下征战期间，全国许多地区的经济社会都曾遭受巨大的破坏，如“湖湘之间，千里为墟，驿驰十余日，荆棘没人，漫不见行迹”①，很多城市在战乱中衰落或被夷为废墟。四川战事激烈，所存州县无几，成都三次破城，“郡城焚荡”。其他地区的城市如洛阳、开封、金中都、甘州、凉州、肃州、灵州、蔡州也都遭到不同程度的破坏。不过，在江、浙、闽地区，因战事稍缓，城市基础未受大的破坏，南宋时期的发展得以保留，成为元代城市进一步发展的有利条件。元朝统一之后，有意恢复发展，忽必烈“以农桑为急务”，设劝农使，颁布《农桑辑要》，安辑流亡，听民开垦，修凿运河，致使元初呈现了“户口增，田野辟”的景象。

在忽必烈未登汗位，受命主持汉地事物之时，常驻桓(今内蒙古正蓝旗西北)、抚(今张北县)二州之间。1256 年春，忽必烈命僧子聪(后赐名刘秉忠)在桓州东，滦水北选择地址，建开平府城，营造宫室，作为王府常驻之所。开平府城位于今内蒙古滦河上游闪电河畔(今内蒙古正蓝旗东 20 公里)，由外城、内城、宫城三部分组成，外城墙每边 2 200 米，为黄土版筑，呈正方轮廓。开平府城平面规划一如汉族城市格局，但城内宫室则有毡帐风格。1260 年，忽必烈在开平的选汗大会上被拥为大汗，开平遂为忽必烈称汗建国的基地。

不过，以中原作为立国基础，开平显然不适于作为国家的都城，1263 年，忽必烈升开平为上都，作为驻夏的“捺钵”。1264 年，下诏燕京(金中都，金亡后改称燕京)仍改名为中都，作建都的准备。1266 年，命刘秉忠等在中都营建都城宫室，刘秉忠等选择原金中都城东北琼华岛的周围作为新都的城址，筹划新城，周回 60 里。1272 年，改中都为大都，1273 年，大都宫殿建成，次年正月元旦忽必烈在正殿接受朝贺，元朝从此定都大都城，大都代替漠北的和林而成为元朝多民族国家的政治中心。以后，这里的全国政治中心的地位日益巩固，明清两代亦定都于此。大都城位于元代发达的交通网络的核心，百货云集，所谓“天生地产，鬼宝神爱，人造物化，山奇海怪，不求而自至，不集而自萃”②。

元朝定都大都城(今北京)，需要大批江南漕粮。元代从江南北运的漕运，一路为海运，一路为河运。当时隋代开凿以汴河为主的南北大运河，已淤塞不通。河运的路线是由浙西入江淮，再从黄河逆水而行至中滦(封丘)旱站上岸，然后陆运 180 里至淇门入御河，再顺御而下至直沽(今天津)，转达大都。一路水陆转运装卸，劳资甚巨。后几经调整，终于 1281 年(至元十八年)采纳韩仲晖、边源的建议，开凿了自任城(济宁)至安山的济州河，接通了泗水和济水(又称大清河)；1289 年(至元二十六年)又开凿了起自安山西南济州河，北经寿张、东昌(今聊城)至临清入御河的会通河。以后两河合称“会通河”。自后江淮漕粮可由水路直达直沽。隋代时运河以洛阳为中心，江南向华北运输，迂回转折，元代新线运河则将全程缩短了数百公里。1292 年(至元二十九年)，又采用郭守敬建议，引大都西北诸泉，在金旧运粮河基础上重加修凿，东至通州，入于白河，全长 164 里，命名为“通惠河”。这样，大运河全线贯通，其走向南起杭州，经镇江、淮安、徐州、聊城、沧州、天津、通州，止于大都，岁运米 500 万担以上。

运河的畅通推动了人员与货物的交流。由于运河北端的大都是王朝的首都，其对物资的需要量极为巨大，而另一端的江南恰为中国经济的最发达区，是最大的物资供应地，两地间的大运河地位自然十分重要。全国都城在北方的设立，以及因此而诞生的大运河运

① 余阙：《青阳先生文集·青阳县尹功铭并序》。
② 沈榜：《宛署杂记·民风》。

输,是自元代始我国东部出现的意义深刻的历史地理事件。在其后的五六百年中,东部地区城市的发展格局受到这一变化的决定性影响,其中最重要的一个表现就是大批运河沿线城镇的发展。马可·波罗曾记述过元代运河沿岸的许多城镇,而明、清时代则是它们发展的高峰。

在北方,除大运河沿线外,因水道发展起来的城镇,还有朱仙镇。原宋代的蔡河,元朝以后演变为黄河南决的一股泛道,清代以后名为贾鲁河。贾鲁河流经开封南面的朱仙镇,货物至此转陆运到开封,朱仙镇由以繁荣起来,至明代竟与佛山、汉口、景德镇齐名,为天下闻名的四大镇之一。后来又因水陆淤浅,贸易改路,朱仙镇遂至衰落。

元朝疆土辽阔,全国遍设驿站,据成书于至顺二年(1331 年)的《经世大典》记载,总数达 1 500 多处,构成以大都为中心的稠密交通网,"星罗棋布,脉络相通"。元朝驿路系统向东北可通奴尔干(今黑龙江口),驱北可远达吉利吉思部落(今叶尼塞河上游),西面则到达乌思藏(今西藏),规模空前。见图 8-15。

北方蒙古草原为蒙古族故地,其与内地的关系,因政权一统,又有发达的驿路与内地沟通,所以交往密切,而获得很快的发展,也出现了较大的城市。在政策上,元朝一再以免税、减税和"自愿徙居永业者复其家"的优惠待遇,奖励商人前往北方草原贸易。原来由于政治军事的需要而建立的城邑,随着经济活动的活跃,逐渐繁荣起来,商人、手工业者汇集于此,城市人口也不断增加。主要城市有和林、上都、集宁、应昌、德宁。集宁路城址位于今内蒙古察右前旗土城村,位于大都与上都之间,城市平面为方形,有里、内、外三重,内城为衙署及官吏住地,外城有工商业区和居民区。应昌路城位于今内蒙古克什克腾旗境内,今遗址尚存,称"鲁王城",城为长方形,南北略长,夯土为墙,城内有王府、居民区、商肆等建筑。此外,西北的宁夏,东北的辽阳也都是商人集萃之地,成为该地区的中心城市。

元代的农业、手工业较少进一步的发展,但商业发达。元朝幅员广阔,交通发达,中原与西域的交流恢复畅通,各民族之间以及元朝与西域、南海各国之间,加强了贸易往来。元朝社会上下均重视商业,王公贵族、公主驸马、朝廷大臣都间接经商,和尚、道人也都插手商业。商人阶层在社会中异常活跃。元代的商业,特别是海外贸易,得到较大发展。东南商人有自己的海船,在海外航线上很有势力,有记载说,中印之间的海运,都操纵在中国商人手里。据《元史》记载,由海道同元朝建立各种关系的国家有 20 余国。汪大渊《岛夷志略》中列举东南亚及西亚、东非等处的地名百来处。随海上交通的发达,东南沿海又出现一批新兴城镇。

泉州是元朝最大的对外商港,宋时泉州已然为"七闽之都会也。番货远物,异宝珍玩之所渊薮,殊方别域,富商巨贾之所窟宅,号为天下最"①。至元代,泉州更成为东方巨港,南洋、印度、波斯、阿拉伯等一百多个国家和地区的商船云集于此,"百货山积",许多外国传教士在这里登陆。在元代,泉州取代广州,成为对外贸易第一大港。至元十四年(1277 年),元朝取得闽、浙地后,沿袭南宋制度,在泉州、庆元(原明州)、上海、澉浦四处设市舶司,后又增置温州、广州、杭州三处。至元三十年(1293 年)将温州司并入庆元司,杭州司与当地税务合并。大德元年(1297 年),又将上海、澉浦两司并入庆元司,于是原七司约为三司。上海镇在南宋时属秀州,元时因海上贸易发达,在此设置市舶司,于是上海人口渐多,开始设

① 吴澄:《送姜曼卿赴泉州路录事序》,见《吴文正集》卷十六。

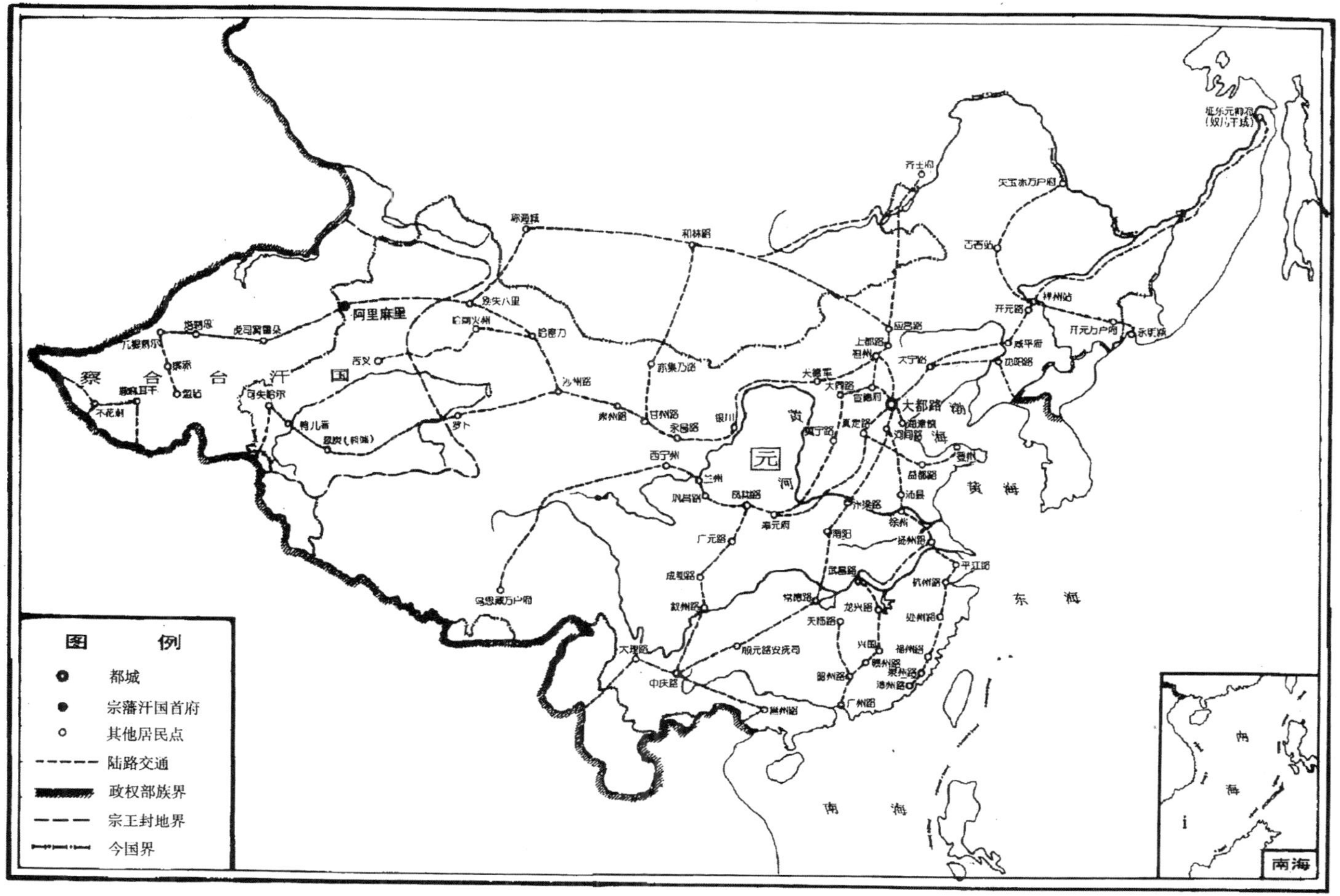

图 8-15　元代陆路交通示意图

［据《中国史稿地图集》(下册)《元代交通图》改绘］

县，成为新兴商埠。

元朝灭宋时，基本上保持了江南地区原有的经济基础，因此，南方和北方的生产关系和土地占有状况呈现明显差异，南方经济水平高于北方。杭州是元代南方的最大城市。至元十三年(1267 年)三月，伯颜入临安，发宋府库礼乐祭器、册宝仪仗、图书，全部北运，宋皇室被押解到上都，杭州城亦遭破坏。但因有南宋时的基础，加上元朝东南海上贸易的进一步发达，杭州很快恢复其繁荣，商业的发达程度远非北方的大都可比。元灭宋不久，关汉卿自大都来到杭州，杭州城市的繁荣令他大为震惊，作曲曰“满城中绣幕风帘，一哄地人烟凑集”，“看了这壁，觑了那壁，纵有丹青下不得笔”。马可·波罗也从大都来到杭州，以为“城中有大市十所，小市无数”，甚为杭州的繁华所动，称若不是亲眼所见，真令人难以置信。元代江南的大商业城市，除杭州以外，还有苏州。《马可·波罗游记》称苏州“其城甚大，周围有六十里，人烟稠密，简直不知其数，这些人大多是商人和手工业者，也有文人和医生。假如他们都是战士的话，一定可以占领世界的其他地方。这座城有桥六千，都是用石砌成的”。

第九节　北京的建立与全国各类工商城镇的繁荣(明)

1368 年，徐达攻入元大都，元顺帝北遁，元朝灭亡。明朝定鼎之初，战争满目疮痍，许多地区城市残破，大都、杭州、扬州、苏州等名城均遭破坏。但经过恢复，至明朝中叶，社会经济水平有较大提高，大小城镇重新繁荣起来。

今南京城在元代为集庆路。1356 年，朱元璋克集庆路，改称应天府。1368 年(洪武元年)，朱元璋称帝以应天府为都，次年改应天为南京，又以临濠为中都，以开封为北京。1378 年(洪武十一年)正式称南京为京师。

朱元璋对南京城进行了大规模的修建，新城为三重，有外城、皇城、紫禁城，外城周回 67 里。1390 年(洪武二十三年)，又加修外郭城，周 120 里，南京城呈现空前规模。像历代王朝一样，为增加京师的人口规模，朝廷以行政手段自经济富庶人口稠密的地区，向京师大量移民，以“填实京师”。到 1397 年(洪武三十年)，南京有 95 000 户，人口约 60 万。南京位于东南水运枢纽，“四方贡献，蜀、楚、江西、两广，俱顺流而下，不二三月可至京师。福建、浙江、直隶苏、松等府，虽是逆流，地方甚迩，不一二月可抵皇都”①。永乐迁都后，南京地位降低，人口一度减少。但由于南京仍为留都，且地处要冲，五方辐凑，其繁盛的城市面貌依然如旧，人口日密，至万历时，南京十三门内外居民仍达几十余万之多。

1370 年(洪武三年)，朱元璋封第四子朱棣于北平(原元大都城)，为燕王，以巩固北方的守卫，防御蒙古族的南侵。1398 年(洪武三十一年)，朱元璋去世，皇太孙朱允炆继位，年号建文。此时燕王朱棣拥有重兵，1399 年(建文元年)，以入京诛奸臣为名，向南京进兵，历史上称为“靖难之役”。经四年战争，朱棣从其侄儿手里夺取帝位，建元永乐。永乐皇帝即位之后，鉴于当时威胁明王朝的主要危险仍然是来自塞外的蒙古，他一面对蒙古各部采取怀柔和防御并施的政策，另一方面则准备迁都北平，目的是要更加有效地抗击蒙古的南袭，进一步控制东北地区。

---

① 《明经世文编》卷六二，马文升：《革大弊以苏军民疏》。

1403年(永乐元年)改北平为北京,即开始重新营造北京城的浩大工程。1406年(永乐四年)开始建宫殿,修城垣。次年分遣大臣到四川、湖广、江西、浙江、山西等地征集木料为建筑用材。当时有23万工匠,上百万民夫以及大量兵士投入宫殿建造。北京城的营建,从1406年(永乐四年)开始,到1420年(永乐十八年)基本竣工,前后延续15年之久。由于连年战争,原北京城内人烟稀少,市井萧条,于是从江南和山西大量迁移富户来充实京师。

此后100多年,蒙古骑兵多次南下,甚至迫近北京城郊,威胁北京安全,明世宗朱厚熜采纳大臣们的建议,加筑外郭城,以增强北京城的防卫。1564年(嘉靖四十三年)修筑了包围南郊一面的外罗城,也就是旧日所说的北京外城。原计划环绕北京内城四面一律加筑外垣,后因财力不济,只将环抱南郊的城墙修建成功,这样便把天坛和山川坛纳入外城的范围之内。外城的修筑,使北京城在平面上构成了特有的凸字形轮廓。北京城人口众多,成化时,"京师居民,不下数十百万"①。万历时,"今京师贫民不减百万"②。这些数字虽为虚议,但京师人口众多是没有问题的。

除北京、南京以外,明朝在政治上有重要地位的城市,当然是府州县城,而其中略具特别意义而受到重视的,应是诸王的封地。明初,朱元璋分封诸王,将其24个儿子及1个孙子封于各地,主要有北平、西安、太原、开封、武昌、青州、长沙、兖州、成都、荆州、大同、甘州、广宁、宁夏、大宁、宣府、平凉、南阳、安陆、洛阳等。这些城市都是各地区的中心城市,战略地位重要,城中建有王府,又在一定程度上加强了它们的政治地位。

由于火炮用于战争,为加强城市守备的坚固性,明朝城墙普遍加砖,这些加砖的城墙大多保留到近代。例如开封位于中原核心地段,为政治军事战略要地,明初加强城市防守设施,建成为包括外城、内城、周王府城、紫禁城的四重结构。其中内城为砖筑,形状不整,有"三方四正十六邪"之说。

为防御蒙古军队南侵,明朝修筑长城,并于长城沿线设"九边"重镇:辽东、大同、宣府、延绥、宁夏、甘肃、蓟州、偏头、固原。在北边的各个战略要地广设卫所。朱元璋时共建136卫。镇、卫有的规模很大,如宣府镇有军户23万。有些卫所位于交通要道,商业逐渐繁荣,人口增加,聚落扩大。重要的这类卫所有沈阳卫、左屯卫(锦州)、山海卫、天津卫等。

由于永乐迁都北京,重又造成政治中心与经济中心的分离。庞大的宗室、官吏、兵士的供给,要仰仗从江淮北上的漕运。元代的会通河屡遭黄河冲决,又因水源不足,不胜重载。元末,会通河已遭淹塞。永乐初年,水陆兼挽,参用海运。1411年(永乐九年)命工部尚书宋礼主持修浚运河,1415年(永乐十三年)运河大通,"逮会通河开,海陆并罢。南极江口,北尽大通桥,运道三千余里"③。此后,为避开徐州至淮阴300公里一段的黄河之险,从明代中叶至清康熙中叶的百余年间,不断在这一带开挖新河,有1566年(嘉靖四十五年)开南阳新河,1604年(万历三十二年)竣工的泇河,1623年(天启三年)开通济新河,1677年(清康熙二十七年)开中河。经此番努力,京杭大运河全线基本为人工河道,全长1 900公里。大运河沟通海、黄、淮、江、钱塘五大水系,成为其后数百年间南北水运大动脉。见图8-16与图8-17。

运河为朝廷运粮河,民间商船利用率不高,但为优恤运卒与民户,明朝逐渐准许漕舟

① 《明宪宗实录》卷七十四。
② 《明经世文编》卷四一五。
③ 《明史·河渠三·运河上》。

免税搭载私货，在沿途码头贩卖。漕舟数目巨大，如天顺间“船数一万一千七百七十五艘”①，于是大量土宜货物随漕舟涌向沿途城镇，遂推动一批城镇沿运河发达起来，如通州、直沽、沧州、德州、临清、聊城、济宁、徐州、淮安、扬州、镇江、常州、苏州、嘉兴、杭州等。关于临清，王燠《临清州治记》称：“元始创开会通河，出县境与卫河合流，置闸河浒以通漕运。国朝（明朝）迁都北平，永乐辛卯复加疏凿，正统己巳筑城浚濠，景泰改元，以济宁左卫为临清卫，来司城守。于是薄海内外，舟航之所必由，开府分漕，达官要人之所递临。而兵民杂集，商贾萃止，骈樯列肆，云蒸雾滃，而其地遂为南北要冲，岿然一重镇。”再如济宁，明末人称“济当南北咽喉，子午要冲，我国家四百万漕艘皆经其地。仕绅之舆舟如织，闽广吴越之商持资贸易者，又鳞萃而蝟集，即负贩之夫，牙侩之侣，亦未不希余润以充口实，冠盖之往来，担荷之拥挤，无隙晷也”②。在运河沿线也有一些小镇，由于交通地位重要而形成较大的商业市镇，在地区之内产生较大影响，如河西务、南阳镇、清江浦（淮阴）、王家营等。万历年间，沿运河设立榷关八处：崇文门、河西务、临清、九江、浒墅、扬州、北新、淮安，这些都是商务要津。

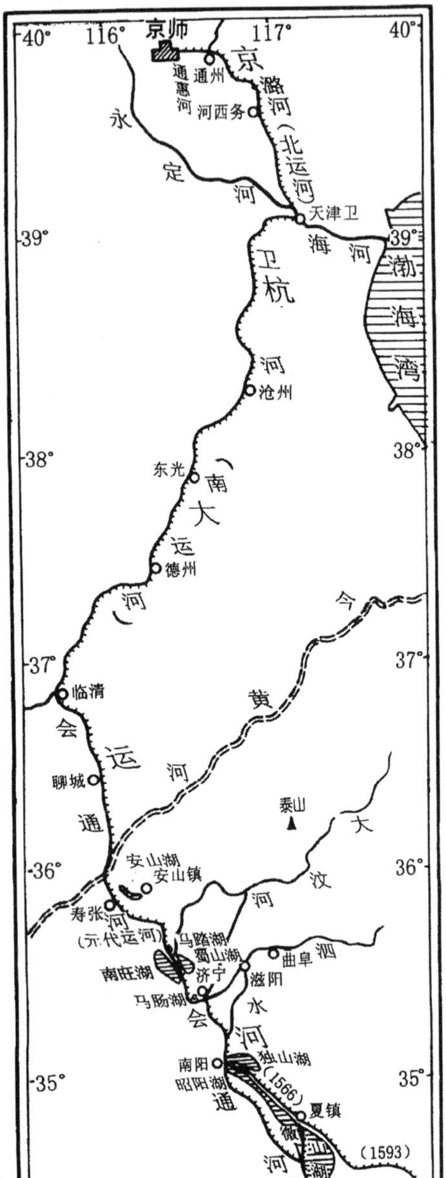

图 8-16 明清京杭大运河形势图（京师-夏镇）

（采自邹逸麟：《中国历史地理概述》）

在全国各地的其他水陆交通要道与手工业中心，城镇发达。如黄河流域的朱仙镇、长江岸上的汉口镇、岭南的佛山镇、江西的景德镇为天下闻名的四大镇。朱仙镇与汉口镇都是交通枢纽。汉口镇，位于成化时汉水改道后的入江口，居国土之中，为水陆要冲，原为一片荒沙，后居民丛聚，渐为城镇。“自明以来，久为巨镇”。清初人刘继庄《广阳杂记》卷四称：“汉口不特为楚省咽喉，而云贵、四川、湖南、广西、陕西、河南、江西之货，皆于此焉转输，虽欲不雄天下不可得也”。

在明朝与周边少数民族交接地带，互市贸易活跃，“明初，东有马市，西有茶市，皆以驭边省戍守费”③。于是在交通要道形成重要的贸易城镇，如大同、宣府、秦州（甘肃天水）、打箭炉（四川康定）等。需要指出的是，这些边地贸易城镇，在商业品种的多样性上，在周围腹地的

① 席书：《漕船志》卷三《船记》。
② 陈伯友：《重修通济桥记》，载康熙《济宁州志》卷八艺文上。
③ 《明史·食货志五·马市》。

发展水平上，在经济人口的稳定性上，都远不及内地发达地区的城镇。边地城镇一般摆脱不了军事的影响，兴衰无常。

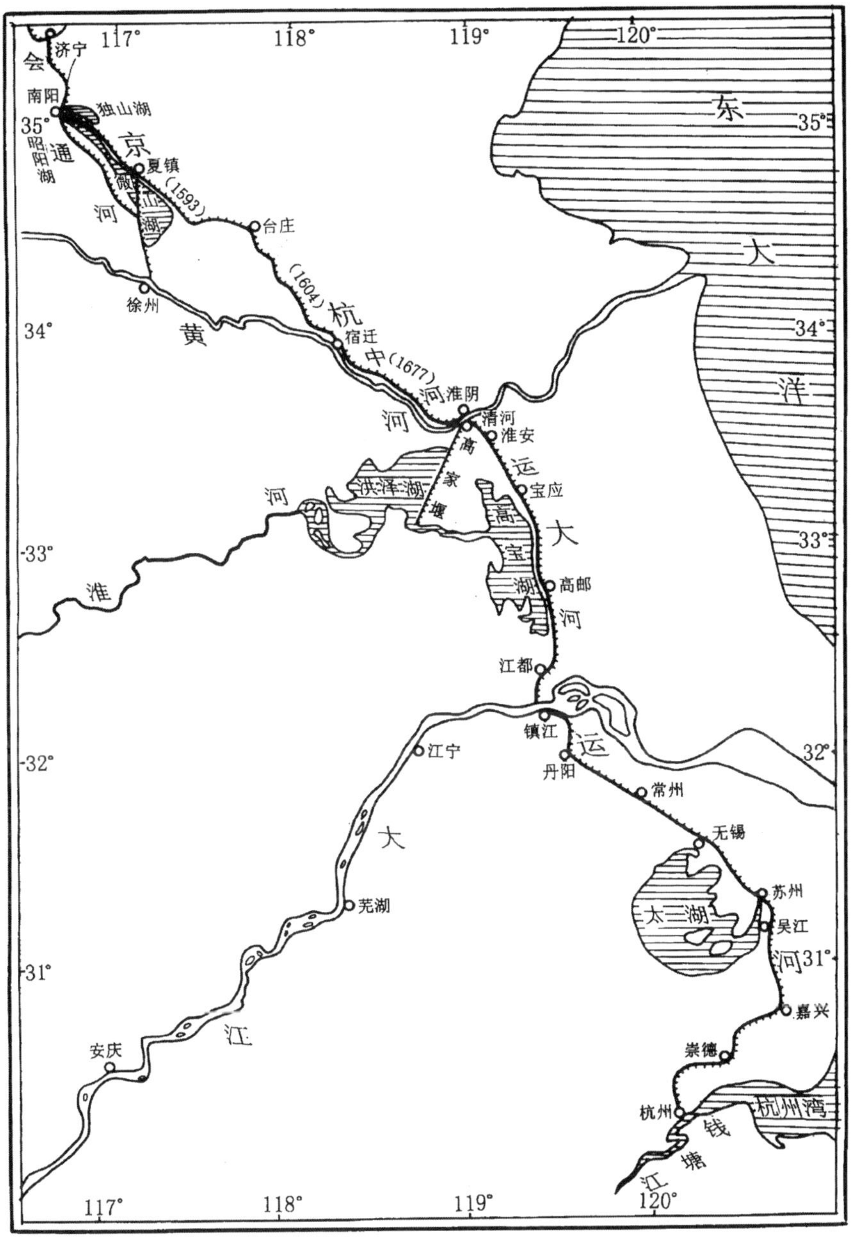

图 8-17　明清京杭大运河形势图（夏镇-杭州）

（采自邹逸麟：《中国历史地理概述》）

明朝中后期，手工业高度发展，社会分工进一步扩大，在江南和东南沿海的城镇中，手工业发达的部门有丝织、棉织、造纸、瓷器、糖业、茶业等，许多学者认为在这些行业中已出现资本主义萌芽。从地区上看，各地已形成特色。“而天津店租，广州珠榷，两淮余盐，京口供用，浙江市舶，成都盐茶，重庆名木，湖口、长江船税，荆州店租，宝坻鱼苇及门摊商税、油布杂税”①，这是各地的优势，也是明朝派“中官”到各地领税的主要去处和名目。

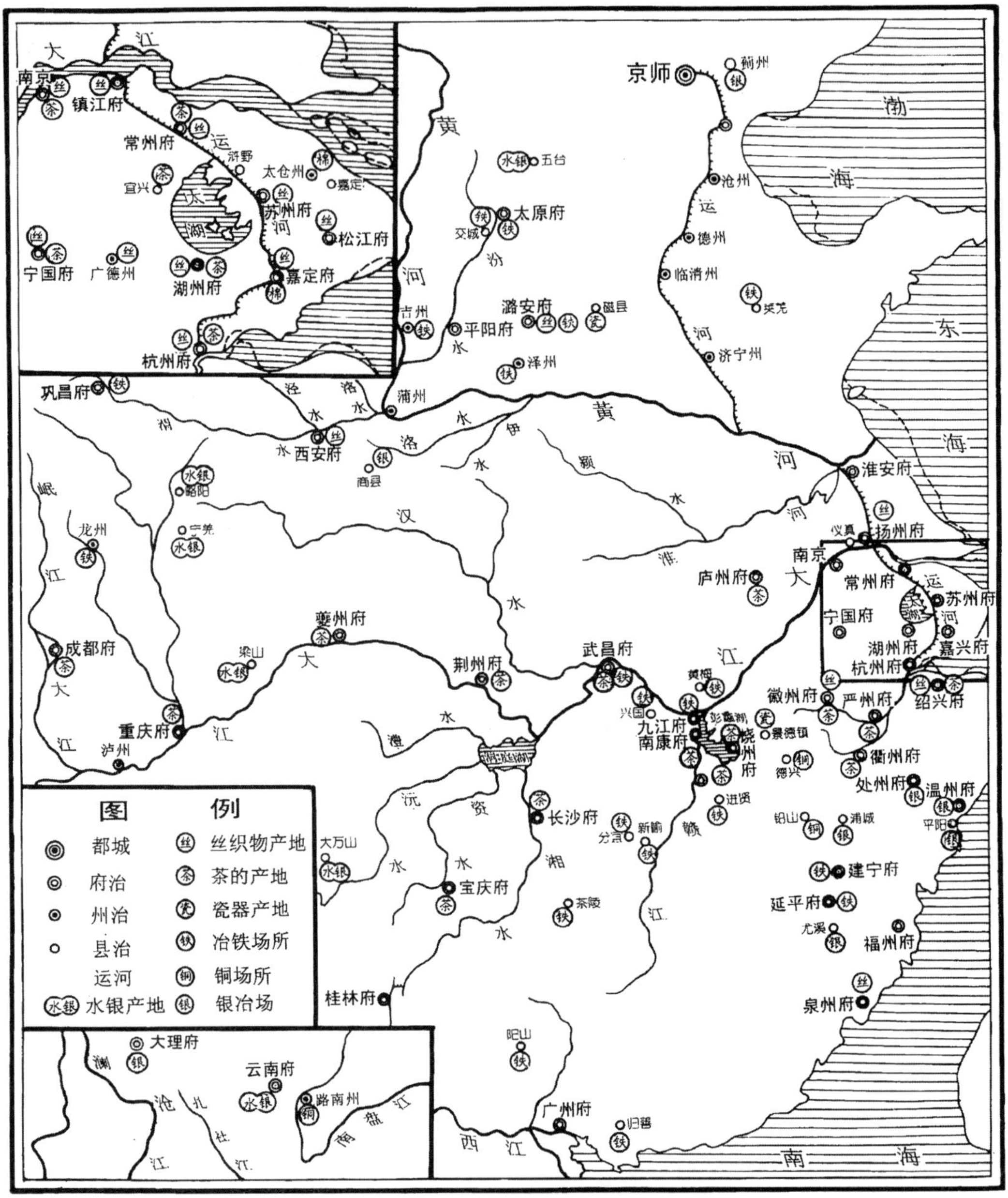

图 8-18　明代手工业场所及经济都会分布图

（采自史念海：《中国历史地理纲要》）

私营手工业的大发展，以江南、广东为盛，在水陆码头，商品集散地，形成大批商业市镇或手工业基地，其规模可观。如景德镇以瓷器制造为主业，“烟火约十万家”，官窑、民窑并存，庸工“每日不下数万”，所产瓷器天下闻名，亦远销海外。佛山镇距广州 50 里，以冶铁

① 《明史·食货志五·商税》。

闻名，民屋鳞次栉比，几万余家。丝织业闻名的有盛泽镇，在明中后期，其“丝绸之利日扩，南北商货咸萃焉，遂成巨镇”①。另外，震泽镇在元时不过几十户人家，明末达两三千家。还有南浔镇、濮院镇、乌泥泾镇、枫泾镇等，不胜列举。松江附近的上海，在明朝末年相当繁荣，谚号为“小苏州”，“游贾之仰给于邑中者，无虑数十万人”②。有些原属乡间普通村落，后在工商业的推动下壮大为市镇。如吴江一县，弘治前只有 3 市、4 镇，后来一些村落扩张为市镇，至万历时发展为 10 市、7 镇。这些大小市镇的涌现，改变了原有地区景观，又令许多人口转化为半农或纯粹工商人口，是一种深刻的社会变化。见图 8-18。

随着商业的发达，在许多地区形成了商人集团，其中以徽商最著名，他们的活动遍及全国。“其货无所不居，其地无所不至，其时无所不骛，其算无所不精，其利无所不专，其权无所不握”③。晋商与徽商齐名，“平阳、泽、潞富商大贾甲天下，非数十万不称富”④。商业活动在城镇的发展，为满足同籍商人彼此联络交往，互助合作，以及聚会祀神等活动的需要，导致了会馆在较大的城市内的出现。刘侗说：“尝考会馆之设与都中，古未有也，始嘉、隆间”⑤。外地客商会馆的出现标志着城市商业职能的进一步深化。

明朝前期，海运发达，洪武时尚设市舶司于宁波、泉州、广州。“宁波通日本，泉州通琉球，广州通占城、暹罗、西洋诸国”⑥。永乐时期太监郑和所率大型船队，七次下西洋，蔚为壮观。海港城市如泉州、广州、宁波持续繁荣。但明中叶之后，实行海禁，“市舶司暂罢，……严禁濒海居民及守备将卒私通海外诸国”⑦，海上贸易萎缩，遂使海港城市衰落。其中泉州城，除海禁政策的影响外，海岸自然环境亦不断恶化，由于平均每年约 3～6 毫米的湾相淤积和海岸平均每年约 1 毫米的缓慢上升，港口渐为滩地。泉州于是一蹶不振，其东南大港的地位由福州取代。其时民间走私贸易虽然长期存在，然因受到政府的严禁，对沿海城镇发展影响不大。

第十节　边疆、沿海城市的发展与近代全国城市总格局的确立（清）

清朝是我国历史上最后一个由满族统治者建立的王朝。在历史地理方面，清朝的重大贡献是最后奠定了中国的版图。清朝曾大力经营边疆，安抚内、外蒙古，东北阻止沙俄南侵，西北击溃准噶尔割据势力，平定天山南北，在西藏进行教务改革，驱逐廓尔喀入侵，在西南改土归流，于东南招降郑氏，统一台湾。清朝明确了边疆地区的归属，完成了国家统一，确立了近代全国城市分布的总格局。

在社会经济方面，明末的战乱曾对社会经济造成很大破坏，但经康熙、雍正、乾隆三朝的经营整治，采取招民垦荒，治河，地丁合一等各项措施，使社会经济得以恢复和发展。清代人口增加很快，据清朝官方估计，公元 1749 年（乾隆十四年）全国有 1.7 亿人，到 1812 年（嘉庆十七年）为 3.6 亿人，1840 年（道光二十年）增至 4.1 亿。清代手工业达到了王朝时期的最高水平，在生产规模、雇工数量、分工细致、技术水平、产品质量等方面均胜于明

---

① 仲廷机辑：《盛湖志·序》。
② 万历《上海县志》卷一。
③ 万历《歙志》卷十。
④ 王士性：《广志绎》卷三。
⑤ 刘侗、于奕正：《帝京景物略》卷四。
⑥⑦《明史·食货志五·市舶》。

代。在城市发展上，边疆地区的中心城市、江南地区的大小市镇都获得进一步的壮大。

满人入关以前，先曾建立大金(后金)政权，都赫图阿拉(后尊称兴京，故址在今辽宁新宾县西老城村)。随着后金地域的扩张，努尔哈赤屡迁其都。1621年(后金天命六年)，努尔哈赤攻占沈阳、辽阳等70余城，为加强对新占地区的统治，努尔哈赤将都城由赫图阿拉迁至辽阳，1625年(天命十年)又从辽阳迁至沈阳。至此，沈阳从辽阳的卫城一变而为东北的政治中心。次年，努尔哈赤死，皇太极在沈阳即位。后尊为盛京。1636年，皇太极称帝，改国号为清，并对沈阳进行了较大规模改建。1644年，清军入关，将都城迁到北京，沈阳以龙兴之地，尊为留都。

在北京，清朝的统治者完全沿用了明朝的北京城，没有做什么变动，就连紫禁城在内，也只是对建筑物做了一些重修和局部的、小范围的改建、增修工作。然而有清一代，曾经投入巨大财力，大规模开发北京西北郊的园林风景区，营造了规模空前、华丽非凡的离宫建筑群。这就是通常所称的西北郊"三山五园"，即玉泉山静明园、香山静宜园、万寿山清漪园(颐和园)和畅春园、圆明园。清朝皇帝在这里观览山水，处理朝政，成为与北京城中紫禁城并重的另一个政治中心。清代发生的许多重大历史事件都与这一带的园林有密切关系。人称清代北京是一南一北的"双城"制，不无道理。乾隆、嘉庆年间，北京城市人口稠密，社会繁荣，为中国第一大城。

在全国宏观的城市分布上，清代的主要发展是，南方城市远远超过了北方城市，许多在过去十分繁华的北方大城市到清代则有所衰落，或者发展极为缓慢。工商业城市的发展主要集中在长江流域和东南沿海地区。具体来说，在经济发达的东南沿海，江浙地区，长江沿岸，大运河沿线，是城市发达地带。杭州、苏州、常州、无锡、镇江、扬州、淮安、徐州、聊城、临清、德州、天津、通州、广州、宁波、福州、泉州、汉口、重庆、泸州、成都等是最发达的城市，水平超过明代。相对看来，中西部地区发达城市的分布密度要小，重要的城市有西安、太原、昆明、贵阳等，数目和繁荣程度均不及东方、南方的城市。

不过，过去人烟稀少、经济落后的边远地区的城市，在清代得到明显的发展。东北地区、西南地区、新疆、台湾及海南在中央朝廷有效的管理下，一些地理位置优越的城镇，稳定成长，成为各地的政治或经济的中心城市，如辽阳、大连、吉林、浑江、齐齐哈尔、呼和浩特、乌鲁木齐、伊宁、哈密、安顺、个旧、台南等在清代都发展很快。东北为满族发祥地，故清廷重视对东北尤其是辽宁地区的开发。1653年(顺治十年)，颁布《辽东招民开垦例》，前来汉人日渐增多，加上八旗兵丁和旗下人，辽河流域沿交通线一带成为居民密集地区。康熙时，清朝在辽河流域的广大地区设置了奉天、锦州、辽阳、金州、承德、海城、盖平、开原、铁岭、锦县等府州县治。在辽河流域以北，也形成了宁古塔(今宁安)、吉林乌拉(今吉林)、齐齐哈尔、墨尔根(今嫩江)、伯都讷(今扶余)、珲春、依兰等"边外七镇"。清初很多汉族"流人"也陆续进入东北广大地区，对东北地区的开发起到积极作用。例如宁古塔城，"自(康熙)丁巳后，商贩大集，南方珍货，十备六七，街肆充溢，车骑照耀，绝非昔日陋劣光景。流人之善贾者，皆贩鬻参貂，累金千百，或至有数千者"①。随着松花江货运的开展，沿江城镇获得发展。

今内蒙古土默川平原，为朔北要地，称为"京畿之锁钥，晋垣之襟带，乌伊诸盟之屏

① 汉槎：《寄顾舍人书》，引自谢国桢：《清初流人开发东北史》，台湾开明书店，1969年。

蔽”[①]，明时已建有库库和屯城，1586年(万历十四年)明廷赐名“归化”，即今呼和浩特旧城前身。自清初康熙中叶，呼和浩特渐成为塞外用兵的军事重镇，康熙本人亦曾驻跸此城。18世纪30年代，清朝已牢固控制内蒙古全部地区，为征服准噶尔部以及巩固边疆的战略需要，决定在此建立八旗官兵永久驻防城镇。1725年(雍正十三年)始，在归化城东北2.5公里处又修建一城，取名“绥远”，为绥远城将军驻地，即今呼和浩特新城前身。呼和浩特城一直是内蒙古地区的军政首府。

在内地的经济发达区，商业繁荣是城市发展的强大动力，在地理条件最优越的地方产生了天下闻名的城市，其中最有代表性的是刘献廷所说的“天下四聚”。在《广阳杂记》卷四中刘献廷称“天下四聚，北则京师，南则佛山，东则苏州，西则汉口”。

佛山在宋、明时已经十分发达，据明景泰二年《佛山武祖庙灵应记》碑，其时佛山镇“民庐栉比，屋瓦鳞次，几三千余家。”至清初，成为“岭南一大都会”，“四方之估走如鹜”[②]。佛山以冶铁闻名，所产铁锅、铁线驰名中外。雍正年间，外国船只贩运佛山铁锅，有自一百连，至二三百连，甚至五百连、一千连者(一连三口或五口铁锅)。城镇市面繁荣，“万瓦齐鳞，千街错绣”，乾隆、嘉庆时，店铺作坊如林，大街小巷622条[③]。

苏州是我国明清以来工商业最发达的城市之一，到明清之际，“苏城衡(横)五里，纵七里，周环则四十有五里”[④]，“郡城之户，十万烟火。郊外人民，合之州邑，何啻百万”[⑤]。苏州控三江，跨五湖，水陆交通十分发达。1759年苏州画家徐扬所画《盛世滋生图》卷，共画有230余家有市招的店铺，除本地产品外，还有川、广、云、贵、闽、赣、浙、苏、鲁的特产。由于贸易繁荣，人口激增，出现了市区向城郊扩展的现象。阊门外南濠之黄家港，明朝时还是近城旷地，烟户甚稀，到了清朝，“人物殷富，闾阎且千，鳞次栉比”[⑥]。总之，苏州在清时为仅次于北京的第二大城，“贸易之胜，甲于天下”。

汉口为湖北咽喉，“九省通衢，商贾云集”，凡云、贵、川、湘、桂、秦、豫、赣等省货物“皆于此焉转输”[⑦]。汉口是淮盐的集散地，两湖、江西、四川、河南等省之盐，多供自汉口。汉口也是米粮的集散地，两湖及四川之米，先至汉口，再供各地商贩之需。大体上，汉口“盐、(典)当、米、木、花布、药材”六行最大，各省商人都在这里设会馆[⑧]。乾隆初年，汉口有“户口二十余万”[⑨]。

除佛山、苏州、汉口而外，扬州、江宁(南京)、杭州等也是工商贸易的荟萃之所。杭州为全国三大丝织业中心之一，其地处桑土饶沃的杭、嘉、湖三府之区，“杼轴之利甲于九州，操是业者，较他郡为尤夥”[⑩]。除大城市之外，中小城镇在清代发展也很迅速。中小市镇主要集中在经济发达地区的大城市附近，或水陆交通线上。如上海附近地区，市镇达210多个。运河沿线城市，自明朝直至清朝中叶，基本上繁荣不衰，济宁为河漕要冲，“其居民鳞集而托处者，不下数万家，其商贾之踵接而辐凑者，亦不下数万家”[⑪]。王家营(今淮阴)，是渡

---

① 光绪《土默特旗志》卷四法守。
② 乾隆《佛山忠义乡志》卷一，《佛山镇论》。
③ 道光《佛山忠义乡志》卷一，《疆域志》。
④ 顾炎武：《天下郡国利病书》第五册，《苏下》。
⑤ 《皇朝经世文编》卷三十三，沈寓：《治苏》。
⑥ 徐熙麟：《熙朝新语》卷十六。
⑦ 《清高宗实录》卷二四七，乾隆十年八月己巳。
⑧ 《光绪武昌县志》卷三《风俗》。
⑨ 《皇朝经世文编》卷四，乾隆十年晏斯盛《请设商社疏》。
⑩ 杨文杰：《东城记余》卷上，《机神庙碑》。
⑪ 道光《济宁州志》卷四。

黄、淮陆行去北京的必经之地，清初，有人以王家营与北京、西安、开封、樊城并称“北道五都会”①。

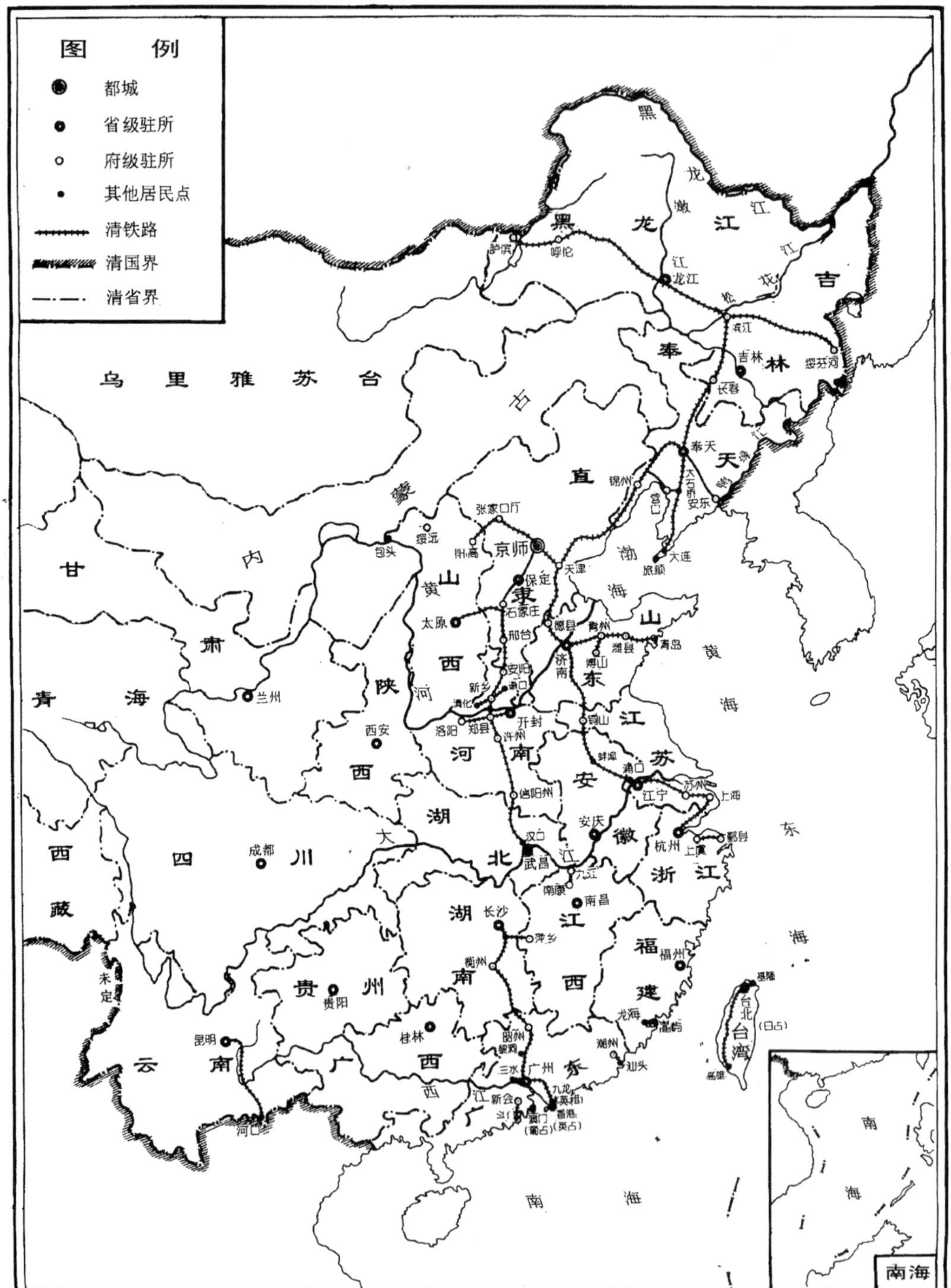

清宣统三年（1911）

图 8-19　清代铁路图

① 张震南:《王家营志》卷一，民国 22 年。

在对外商贸关系上，清朝实行“闭关自守”的政策。康熙朝虽曾开放海禁，以为“既可充闽粤兵饷，以免腹地省份转输之劳”，又对“闽粤边海生民有益”①，设广东澳门、福建漳州、浙江宁波、江南云台山四榷关以通商。但到乾隆时，认为“洋商错处，必致滋事”②，于乾隆二十二年(1757 年)，谕令禁止外国商船到宁波等地，限定在广州一口通商。此后，宋明以来的著名海岸港口城市泉州、福州、宁波的外贸作用逐渐衰落，仅广州继续发展。除限一口通商而外，清朝实行的货物出口限制与行商制度也是其“闭关”政策的组成部分，这些都大大阻碍了中国与世界的商贸与交流。

1840 年鸦片战争以后，中国历史进入近代时期，清朝无力抵抗西方列强的入侵，造成军事失败，割地赔款，签订不平等条约。外国资本主义的侵入，对中国社会产生了巨大影响。原有的经济格局、交通体系，在诸多新的因素的干预下，发生了深刻变化。中国城市的布局与发展随之出现激变，其中口岸城市与铁路沿线城市的迅速发展是其主要特征，与其相对照，许多地区的传统城市停滞不前，导致了全国范围内城市分布的更大的不平衡性。

在交通形势上，清朝末年兴起的海上轮船运输和铁路运输改变了我国东部地区的交通格局，大宗货物改向海运港口和铁路沿线集中。1900 年(光绪二十六年)，冬漕“全归轮运”③。由于南北漕运停办，运河失修，渐趋湮废，沿线城镇受严重影响。在近代铁路兴办之后，非铁路所经城镇，渐趋衰落，如临清、聊城、济宁、淮阴、扬州等。有的则完全默默无闻，如河西务、南阳镇、王家营等。而另一方面，有的城市却受惠于铁路而迅速繁荣，如长春、哈尔滨、石家庄、唐山、蚌埠等。见图 8-19。

清朝后期，在城市发展方面更为突出的事件，则是口岸城市的设立与这些城内租借区的出现，它们是中国进入半殖民地社会的重要标志。1842 年 8 月签订的中英《南京条约》规定：“自今以后，大皇帝恩准英国人民带同所属家眷，寄居大清沿海之广州、福州、厦门、宁波、上海等五处港口，贸易通商无碍”。《南京条约》“五口通商”开其先例，之后接踵签订的不平等条约，多有开辟商埠的条款，累积大小通商岸埠 80 余个，除最早五口之外，还有天津、南京、镇江、汉口、九江、烟台、苏州、杭州、芜湖、沙市、重庆、营口、琼州、潮州、宜昌、温州、北海、肃州、乌鲁木齐、哈密、吐鲁番、古城、龙州、蒙自、长沙、万县、安庆、惠州、江门、奉天、安东、辽阳、长春、吉林、哈尔滨、齐齐哈尔、瑷珲、珲春等。这些商埠大多在沿海、沿江地带，少数在内地。见图 8-20。

自鸦片战争后的 1843 年始，至义和团运动后的 1902 年止，60 年中，西方列强与日本在中国沿海、沿江的通商口岸先后开辟了约三四十处居留贸易区——租借，时称“国中之国”。上海的英租借议定最早，大体定于 1843 年 12 月，1845 年 11 月上海道公布《上海租地章程》，明文划定洋泾浜(今延安东路)以北，李家庄(今北京路)以南为英人租地。初时面积约 1 000 亩，后扩为 2 820 亩。1863 年与美租借合并，为英美租借，又称公共租借，1893 年面积增至 7 856 亩。根据领事裁判权，在租借中，外国人可设立自己的法院、警察、自己的市政管理和税收机关，有开工厂、栈房、码头、商行的权力。租借，成为在中国领土内，外国人侵侮中国主权的基地。设立了外国租借的城市主要有上海、天津、汉口、广州、杭州、苏州、厦门、芜湖、镇江、九江、重庆等。

---

① 《圣祖圣训》卷二十一。
② 《清高宗圣训》卷二八一。
③ 《清史稿·食货志三》。

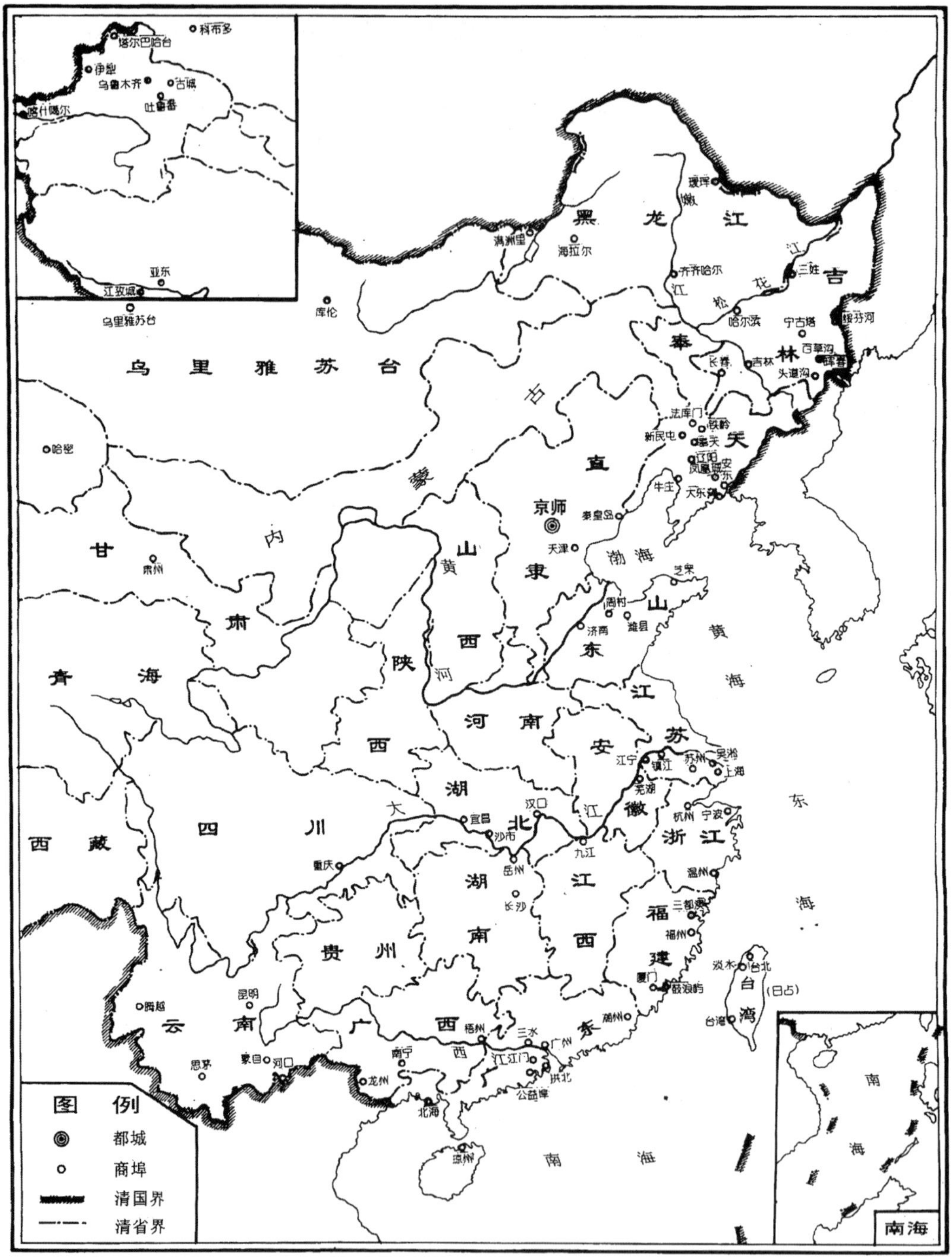

图 8-20 清末通商口岸城市分布图

商埠口岸城市的特殊发展，加大了沿海与内地的各类社会差别。在政治上，这些城市是中国人民与外国帝国主义势力矛盾最为激烈的地方，因此，不少口岸城市成为大小革命运动的暴发地，这是中国城市前所未有的、因而也是最具有近代历史意义的突出特征。自1919年起，中国陆续收回租借，至1947年，全部租借收回。

参 考 文 献

马正林编著.1998.中国城市历史地理.济南:山东教育出版社
中国科学院考古研究所编.1962.新中国的考古收获.北京:文物出版社
中国社会科学院考古研究所编.1984.新中国的考古发现和研究.北京:文物出版社
王文楚.1996.古代交通地理丛考.北京:中华书局
史念海.1963.河山集.北京:生活·读书·新知三联书店
史念海.1992.中国历史地理纲要(上、下册).太原:山西人民出版社
许倬云.1993.西周史.北京:生活·读书·新知三联书店
张光直.1983.中国青铜时代.北京:生活·读书·新知三联书店
张鸿雁.1988.春秋战国城市经济发展史论.沈阳:辽宁大学出版社
张光直.1990.中国青铜时代(二集).北京:生活·读书·新知三联书店
宋镇豪.1994.夏商社会生活史.北京:中国社会科学出版社
苏秉琦.1997.中国文明起源新探.香港:商务印书馆
李文治,江太新.1995.清代漕运.北京:中华书局
辛德勇.1996.古代交通与地理文献研究.北京:中华书局
陈　伟.1992.楚东国地理研究.武汉:武汉大学出版社
陈桥驿主编.1991.中国七大古都.北京:中国青年出版社
邹　衡.1980.夏商周考古学论文集.北京:文物出版社
邹逸麟.1993.中国历史地理概述.福州:福建人民出版社
邹逸麟.1993.黄淮海平原历史地理.合肥:安徽教育出版社
侯仁之.1979.历史地理学的理论与实践.上海:上海人民出版社
徐少华.1994.周代南土历史地理与文化.武汉:武汉大学出版社
傅崇兰.1985.中国运河城市发展史.成都:四川人民出版社
郭沫若主编.1990～1996.中国史稿地图集(上、下).北京:中国地图出版社
韩大成.1991.明代城市研究.北京:中国人民大学出版社
葛志毅.1992.周代分封制度研究.哈尔滨:黑龙江人民出版社
谢维扬.1995.中国早期国家.杭州:浙江人民出版社
鲍彦邦.1995.明代漕运研究.广州:暨南大学出版社
谭其骧.1982～1988.中国历史地图集(1～8册).北京:地图出版社
谭其骧.1987.长水集(上、下).北京:人民出版社

第九章　古代商业的发展与空间布局演变

商业是个历史范畴，只有当人类社会经济发展到一定阶段，生产物品有了盈余，有了社会分工以后，才在不同的产品所有者之间出现。在世界各民族中，虽然中华民族并不以经商而著称，但根据考古发现，可以肯定至少在新石器时期原始人群中就萌发了交换意识，我们在河南、陕西、甘肃等地出土的仰韶文化遗址中发现不少海贝，不论这些海贝是作为装饰品还是作为早期货币，无疑都是从沿海地区辗转而来的，其中必有是屡经交换而来的。由此说明，其时沿海部落和内地部落、内地部落与部落之间已有交换发生。由于我国地域辽阔，地区间自然差异很大，而早期人类社会生产很大程度上受自然条件的限制，因此不同的自然区域形成不同的产业，而产业的地区差异必然导致交换的发生。正如《淮南子·齐俗训》追述所说，尧之治天下时，“其导万民也。水处者渔，山处者木，谷处者牧，陆处者农。地宜其时，事宜其械，械宜其用，用宜其人。泽皋织网，陵阪耕田，得以所有易其所无，以所工易所拙。”以后随着作为交易媒介的货币和居间商人的出现，中国古代商业就此迈开了艰难的步伐。

中国古代商业先后经历了原始商品交换、传统商业和近代商业几个发展阶段，其中传统商业阶段的发展历史最长，在古代商业史中的地位也最重要。自春秋战国至19世纪中叶西方列强强行进入中国社会的数千年间，均可视为传统商业阶段。在这一阶段传统商业与封建社会并行发展，自给自足的自然经济不但决定了商业在整个社会结构中的地位，同时也直接影响着传统商业的空间分布特征与发展历程。

总体看来，战国秦汉时期商业获得空前发展，各国都出现繁荣的商业城市，如有地处“天下之中，诸侯四通，货物所交易也”的定陶，“东贾齐鲁，南贾梁楚”的洛阳，“好贾趋利”的邹、鲁，“在楚夏之交，通鱼盐之货，其民多贾的”陈，其“业多贾”的宛，“受南北潮，皮革、鲍、木输会”的合肥等等。此外还有一批以商贾起家、累致巨万的豪富巨商，如“陶朱公”范蠡，南阳孔氏、曹邴氏、周师史，关中的诸田和大商人吕不韦等等，其时正所谓“天下熙熙，皆为利来；天下攘攘，皆为利往。”“汉兴，海内为一，开关梁，弛山泽之禁，是以富商大贾周流天下，交易之物莫不通，得其所欲，而徙豪杰诸侯强族于京师。”这样的状况持续数百年，至汉武帝时由于重农抑商政策的推行，商业发展严重受挫，以致长时间内保持低迷状态，直至唐宋之后才逐步复苏并在某些方面超过了秦汉时期。如秦汉时期主要商品为盐铁、酒酤，主要市场在中原，与国外市场联系唯赖西北。唐宋增加了茶叶、陶瓷、丝绸等商品，质和量都有了很大提高，对外贸易除了陆路外又增加了海路。明清时期，中国传统商业逐步繁荣和成熟，手工业、工矿业和商品性农业的大力发展使传统商业呈现出许多崭新的特征，如商业资本愈来愈广泛的渗入生产领域；大批工商业城镇相继兴起，大量工商业人口极大地刺激着市场消费需求与商品供给；市场重心逐步由政治性都会转向经济性城镇，并向多元化、多层次发展，区域和全国性市场网络初步形成。

商业的发展与市场网络的建立，不仅与政府政策有关，而且也深受环境特征影响。中国幅员辽阔，山川纵横，地形起伏多变，自然资源的分布极不均衡，这使得经济发展地域差异非常明显，随着农业和手工业的发展，这种不平衡发展在逐步扩大，表现也更为突出。根据现代经济学的观点，商业作为第三产业是建立在农业和手工业基础之上的，在空间结构上也必然趋向整体经济发展的格局。如江南地区在唐宋之后成为中国经济重心，工商业城镇发展极盛，自然也就成为全国发育最成熟的区域市场。但在具体时段内，商业的空间分布与整体经济的发展并不完全同步。如在传统农业发达地区，其生产的商业性反而不如丘陵山区的经济作物种植区，都市中发达的官造手工业生产，可能并不比落后地区的工矿业更接近市场。因此，研究不同时期商品生产的地域分布、消费构成和消费水平的地域差异，影响商品生产、流通和消费的地理条件，商业网络地域分布的组合及其在历史时期的变化，是传统商业研究领域的重要内容。

第一节　商品生产地的时空变化与控制因素

商品生产地是整个商业流通的起点，它们在时空上的变化会对整个商业空间布局产生巨大影响，并由此而形成新的区域经济特征。决定商品生产地时空变化的因素很多，其中区域性经济结构调整与商品种类的增加，在各种因素中所占地位较为突出。在传统商业的早期，由于普通小农与市场的疏远，市场流通的大宗货物主要是奢侈品和各地的土特产品，供城市中的少数特权阶层享用，这一点司马迁在《史记・货殖列传》中已经进行了清楚的描述。随着小农经济的发展成熟，奢侈品尽管已为更多的人消费，也拥有比较广泛的市场，但粮食逐渐成为地区间流通的大宗商品，在此同时，大量手工业以及工矿业产品更直接地进入市场成为商品，这一切都推动商品生产地与商业空间布局表现出新的特征。

若依商品生产地与商业空间布局的关系进行分类，大致可以分为这样几种类型：

1. 粮食生产地的变化导致商品粮供应地的转移

我国自西周以来，华夏地区即以粮食种植业为主。由于自然和社会的地域差异，不同历史时期出现过不同的主要粮食产地，前后曾有过不少变化。例如战国以来，都江堰工程使成都平原曾是全国重要粮食产地，誉为天府之国。前 308 年秦司马错率巴蜀众 10 万，大船万艘，米 600 万斛，顺江而下伐楚，可见其时蜀地粮食生产之发达。自汉以降，凡山东、江南有灾，往往下巴蜀之粟以赈济。蜀地之粮还向北供应陇右、河西诸地，据陈子昂《上蜀川军事》云，唐时"自陇右及河西诸州军国所资，邮驿所给粮食，莫不取之于蜀。"这是历史上早期西粮东调和南粮北调的史实。秦汉以后，黄淮海平原逐渐发展成为全国主要粮食生产基地。秦代置敖仓，即为储藏关东来的漕粮，汉唐时期，长安、洛阳政权粮食来源主要依靠黄淮海平原，隋唐大运河沿线含嘉仓、洛口仓、河阴仓、黎阳仓都是为了储藏关东漕粮。当然这些都是政府行为的调拨，而非商品流通，但粮食产地的变化引起粮食作为商品的异地运输已见端倪。如汉代盛行入粟拜官、入粟除罪等措施，即商人将大量谷物运送到边境地区或其他指定地区，可以做官、可以免罪。这种谷物的输运可视为商品流通。六朝以后，东南地区经过长期的开发，粮食生产在全国已日显重要。唐宋以后，江南地区尤其是太湖流域成为全国最大的粮食输出地，宋时有"苏湖熟，天下足"的美誉。这里出产的稻米，南销杭州、福建，北运扬州远销北方包括首都在内的各大城市。《玉壶清话》中说“淮浙巨商，贸粮贾斛，万货临汴。”时浙东、福建地狭人稠，虽上熟之年，犹仰客商运贩两广、浙西稻米以供。明代这一状况发生了变化，江南地区由于大量经济作物的种植，由传统的粮食生产地转为商品棉种植区和全国最大的蚕桑产区。江南地区农作物种植结构的变化，不仅造成农户经营方向的转移，而且导致这里由原来的粮食输出地向粮食输入地转变，至清前期已成为全国著名的粮食需求区。在江南一带粮食生产量减少的同时，江汉平原以及洞庭湖平原的粮食生产却迅速发展起来，“湖广熟，天下足”取代了“苏湖熟，天下足”的称誉，来自于这里的粮食输向各地，其中江南一带因自产粮食不足，亦“半仰食于江楚庐安之粟。”① 晚明人黄希宪《抚吴檄略》卷一云：“吴所产之米原不足供本地之用，若江、广（江西、湖广）之米不特浙属藉以济运，即苏属亦望为续命之膏。”明清以来，东南市镇兴起，大量非农业人口的集居，粮食全靠外地供应。浙、闽地区山多田少，粮食不能自给，也靠长江中上游的粮食输入。《清实录》康熙三十八年上谕：“谚云：湖广熟，天下足。江浙百姓，全赖湖广米粟。朕南巡江浙，询问地方米贵之由。百姓皆谓数年来湖广米不至，以致价值腾贵。”长江沿线的汉口、安庆、芜湖成为长江中上游粮食的集散码头，长江三角洲地区一时兴起以苏州为中心的大量米市，如苏州枫桥市、海盐长安镇、吴江平望镇、德清新市镇、吴江同里镇等等，都是湖广大米的集散地。江西、湖广客贩米至苏州一带，闽浙米商络绎不绝前来采买，转运他地。广东珠江三角洲在清代经济作物繁荣，而粮食不敷，全靠广西供应，潮州自宋代原为粮食供应地，现变转为商品粮市场。在北方虽然没如此大规模商品粮基地转化，但一些人口集中的大城市，如北京、开封等城市，粮食均仰给外地。如山西是缺粮省份，所需粮食由河南和长城北口外输入。由于粮食基地的变化，湖南、江西、四川、安徽、广西、河南、山东变为粮食供应地。晚清以来，东北和台湾开始有大量商品粮输出。由于粮食商品供应和输入地的变化，商业地理布局发生重组，商品种类的供应地出现了明显的区域性交换。

2. 手工业的发展导致新的手工业中心与商品供应地出现

手工业的发展使手工业生产地逐渐增加，但随着市场竞争的加剧，对手工业品技术含量要求更为苛刻，许多商品生产地在竞争中凋萎，而少数技术占优的地区生产更集中，规模更庞大。丝织业的发展就是这样的事例，隋唐以前北方是传统的桑蚕业产区，战国秦汉时代齐地临淄为丝织中心，商品运销各地，所谓“号为冠带衣履天下。”今河南杞县、商丘一带在当时为襄邑、睢阳，是织锦业中心，长安宫廷所需天子郊庙御服，都出自彼地。魏晋北朝时期河北所产丝织品，“大优于江东。”南方所需高档丝织品都从北方输入。成都的蜀锦在长江流域最负盛名，三国时魏、吴二国都是从蜀汉输入蜀锦。盛唐时的河南道、河北道均为重要的丝织中心，中唐以后随着全国经济重心南移，江南地区的吴缭、越罗相继加入市场竞争，并迅速抢占大部分市场份额，至明清，江南的杭嘉湖平原与苏州的沿太湖地区成为全国重要的丝和丝织品产区，湖州的丝全国第一，各地全来收丝，获利甚大。扬州、苏州、杭州所产丝织品全国闻名，远销海外。同时江南出现一批丝织业为主的市镇，如吴江盛泽镇、震泽镇、桐乡濮院镇、嘉兴王泾江镇等等，都是以丝织业闻名，其产品销及全国各地。而江南以外的蚕桑业，仅有山西潞安、四川成都、闽广及华北个别地区，且规模不大，输出有

---

① 明 吴应箕：《楼山堂集》卷一〇。

限。丝织商品流通的路线由北而南转为由南而北。与桑蚕业类似的还有陶瓷业生产地布局的变化，从晚唐至两宋，是我国陶瓷史上百花争艳的时代，名窑遍布全国，品种多样，各有市场。唐代陆羽《茶经》提到南方有越州、鼎州、婺州、岳州、寿州、洪州六大青瓷窑，北方则以邢州窑白瓷为最著名。宋金时期，北方各类瓷器大部分可归属于定窑、磁州窑、钧窑、耀州窑四大窑系，南方则在两浙、江东、江西、福建、广东及广西等地都有大量分布。其中浙江龙泉青瓷曾出现过一段光辉时期，在瓷业史有重要地位，在国内外有极高声誉，产品远销亚洲各国，大大促进了东南海上贸易的发展。元明之后，这种空间格局发生了变化，主要是景德镇青花瓷生产，在工艺上有突破性发展，其他地区的陶瓷无论在质与量上都已无法与江西景德镇相抗衡，"若夫中华四裔驰名猎取者，皆饶郡浮梁景德镇之产也。"① 明中期以后这种现象更加明显，景德镇瓷器一枝独秀，几乎占据了全国的主要市场，《江西大志陶书》说："自燕云而北，南交趾，东际海，西被蜀，无所不至，皆取于景德镇。"其他地区窑场皆仅能望其项背而已。手工业的发展与市场竞争直接导致了新的手工业中心与商品供应地的出现，进而影响了商业地理布局的整体特点。

3. 因自然条件而形成的商品供应地

属于这类商品的主要是盐、金、银、铜、锡、铁等矿产品，这些产品虽然长期为国家专控专买，但在国家政策允许的情况下，也会作为商品加入流通领域。特别是人民生活必需品的盐，汉武帝开始即实行政府专卖，东汉以后时或弛禁、时或专卖不定。弛禁之时，听民间经营盐业，盐作为商品，其运销之盛，非其他商品能与之抗衡。隋初开皇年间即罢除盐禁，听民自由经营。唐朝前期也不征盐税，民间盐业当十分繁荣。唐代盐产分为池盐、井盐、海盐三大产区：①池盐区域，河东、关内、陇右三道之产区属之；②井盐区域，山南、剑南两道之产区属之；③海盐区域，河北、河南、淮南、江南、岭南五道之产区属之。中期以后开始征收盐税。安史之乱以后，国库匮乏，置盐铁使，由第五琦为盐铁使。盐业改为民制，官收、官运、官销。后刘晏主持盐法，改官运官销为商运商销，凡商人缴纳盐税后，即可自由运销，听其相竞以售。于是与产地联系的各条水运交通路线显得十分繁忙，此从唐朝政府在全国交通要隘上为查缉私盐、加强管制、调查销区物价所置十三处巡院可知。宋代实行"折中法"，商人即持"交引"可往河东盐池、江淮沿海购盐，在指定的地区内自由行销。明代"开中法"也是令商人输粮于边，给以盐引，准其赴产盐地支盐运销。于是盐实际也是作为一种商品从产地向各地流通。受自然条件约束，盐、铁的生产地较为稳定，直至清代，中国主要有 11 个大的盐区，分布在山西、河北、江苏、浙江、广东、四川、云南等地，分别随自然资源的差异而表现出海盐、井盐、池盐等的开采特征，并以产地为中心，向全国流通②。铁矿开采与冶炼多在山区，就地伐木冶炼，所成生铁，往往顺江河而下，卷入贩运贸易。与盐、铁产地相似的还有木材开采业，其生产地也依托于各地山区，不过历史上不同时期主要木材输出地不同。早期常建都长安，就近的陕南秦岭山区当然成为统治阶级主要取材之地。唐宋时代滇中、蜀中山地、秦陇山地的森林大批被采伐，京师官私建筑多来自秦陇。明清以后福建东部山区、徽州山区都是全国有名的木材输出地。宋代以后，在丰富的竹木资源的基础上，纸张和书籍印刷也成为赣、闽、浙、皖山区的重要商品。此外茶叶、烟草及一些瓜果类作物由于

---

① 明 宋应星：《天工开物》卷中。
② 许涤新，吴承明主编：《中国资本主义发展史》，人民出版社，1985 年，第 589，628，635 页。

其生长习性特殊，故南方一些气候适宜、水热条件良好的地区往往成为这些商品的输出地，如四川遂宁霜糖、福建的蔗糖均为名产。福建山区多植甘蔗，《螺江风物志》载，其盛时“万瓮竹络，于以奠之，千艘挂楫，顺风扬帆，不数日而达于江、浙、淮、湖都会之中。”太湖洞庭东山、温州、江西柑橘，上市季节，四方商船麇集而至。福建、岭南、四川的荔枝更是广销南北各地，并延及塞外、海外新罗、日本、琉球、大食等地，从而促使当地经济也随之兴旺起来。

4. 以消费地为中心形成的商品生产地与空间布局

在消费能力集中的大中城市，其商业和城市服务业吸收着为数可观的商品消费。城市居民以小本经营的手工业者为主体，他们大多采取前店后场的运作方法，为城市消费提供方便快捷的服务。《东京梦华录》中记载北宋东京汴梁城内繁华的商业店铺，如金银、医药、书肆、食品、茶肆、鱼行、肉行、水果行等等都是此类商业服务。但也有资金雄厚、长途运销的巨商，《洛阳伽篮记》载汉魏时洛阳城内“市东有通商、达货二里。里内之人，尽皆工巧，屠贩为生，资财巨万。有刘宝者，最为富室。州郡都会之处，皆立一宅，各养马一疋，至于盐粟贵贱，市价高下，所在一例。舟车所通，足迹所履，莫不商贩焉。是以海内之货，咸萃其庭，产匹铜山，家藏金穴。宅宇逾制，楼观出云，车马服饰，拟于王者。”其次，环城一带的小农也以供应城市消费为目的，他们种蔬艺菜、培植果木、饲养牲畜，就近进入城镇市场。两宋汴京、临安城、明清北京城周围城郊区，都是城内日常菜蔬、水果、肉类食品的供应地。这类以接近消费地而形成的商品生产地，也成为商业网络的重要组成部分。

5. 由于人口流动而形成的经济作物种植区与工矿业开采地

棉花种植在宋代以前长期停留在西北新疆和南方滇、桂、闽、粤一带。两宋之际北方人口大量南迁，高档的丝织品供不应求，促使棉花种植很快从边区传入黄河中下游和长江中游地区，未几即成为当地的主要经济作物。明代黄河下游的河南、山东、河北是全国主要产棉区，据《中国移民史》研究，这与洪武初年大批移民有关。明清时期，人口的地区性、季节性流动频繁而且普遍，大批移民纷纷进入山区或进行垦殖，或开采矿产。其中荆襄山区，闽、浙、赣、皖山区，陕南山区都是移民的集中地带，他们往往大量种植棉花、茶树、桑树、竹木、靛青、烟草等经济作物，如陕南山区由于大量移民迁入，棉花、茶树大量种植，湖南宝庆人迁入开始种植漆树。粤北移民进入赣南，带来花生的种植。福建移民进入赣南，搬运谷石，砍伐竹木，种兰栽杉，烧炭锯板。四川接纳大量广东移民后，开始种植甘蔗，制糖，江西、福建人进入四川带来了烟草的种植。这些移民以此换取衣食，谋生糊口。另外，木材开采、矿藏发掘、初级产品加工业也随之进行，使商品供给源源不断，市场不断扩大。这些地区均成为新的商品生产地。

以上这些因素都影响到商品生产地的出现，进而导致商业空间布局出现新的特征。

第二节　商品流通与影响流通的外部环节

一、流通方向与范围

1. 各区域间的互补流通

长期以来，受不同区域自然条件的限制，出产不同的物产，由此产生不同地区间的物资流通。《史记·货殖列传》："夫山西饶材、竹、榖、纑、旄、玉石；山东多鱼、盐、漆、丝、声色；江南出楠、梓、姜、桂、锡、连、丹沙、犀、玳瑁、珠玑、齿革；龙门、碣石北多马、牛、羊、旃裘、筋角；铜、铁则千里往往山出棋置；此其大较也。皆中国人民所喜好，谣俗被服饮食奉生死之具也。故待农而食之，虞而出之，工而成之，商而通之。"由于交通条件的限制，不同地区间的价格差异是驱使古代商人往返南北东西，贱买贵卖，赚取差额利润的主要动力，受这种利益的驱动，各地区间形成在价格差异前提下的互补性流通。《汉书·贡禹传》所谓"商贾求利，东西南北各用智巧"，即为此意。粮食作为大宗商品，在地区间的流动量尤其大。粮食本身是体重价轻的大宗商品，普通商人进行长途贩运，由于成本过高，个人资本无力承担，故自古有"千里不贩籴"的说法。唐宋以前，粮食流动还主要靠政府调动，进行丰歉调剂，如战国时已有成都平原的粮食往长江下游调拨，东汉时的南粮北调都是政府主持的。商人或多或少卷入了粮食的远程贸易。五代时，商人组织南粮北运已有一定规模，《玉壶清话》有谓"淮浙巨商，贸粮贾斛，万贸临汴。"宋元之后，随着城市消费的膨胀和地区经济结构的差异增大，漕运已不能满足北方需求，必须辅以民间市场流通的渠道，于是北宋"富商大贾自江淮贱市粳稻，转至京师，坐邀厚利，……"①。

除南粮北运的基本走向，各粮食生产地都有自己较固定的地区流向，如宋代浙东各州，山多田少，人众地寡，沿海则卤田不宜粮，成为当时浙西粮食主要输出地。另外淮南地区荒歉年景，也仰给浙西粮食。明清时期粮食输出地与输入地的对应关系就更为明确了，一般湖广→东南诸省；四川→长江下游各省；台湾、浙江→福建；广西→广东；河南、山东→直隶、山西。总的规律可概括为平原沃壤区流向山地贫瘠区；粮食生产地流向经济作物区等等。

除粮食之外，其他商品地区间流通也很活跃，特别是在南北分裂时期，各国不同产品更需互补。曹魏和东吴、蜀汉间常有商品贸易，十六国前秦为吸引南方产品，通关市，来远商，"于是国用充足，而异贿盈积。"唐宋以后属于地区间互补性流通的大宗商品，还有茶叶、棉花等经济作物。明代北方棉花南运江南，而江南棉布、茶叶则返销于华北等地；湖南米价大大低于江南，不远千里运到江南来与当地的稻米竞争，而江南从事棉桑及纺织业的农民则布匹与之交换。《农政全书》说："东南之机，三吴、越、闽最伙，取给于湖茧；西北之机，潞最工，取给于阆茧。"王象晋《木棉谱》说："北土广树艺而昧于织，南土精织而寡于艺，故棉则方舟而鬻于南，布则方舟而鬻诸北。"这种产地与供应之间联系，形成了全国范围的市场。

---

① 《续资治通鉴长篇》卷四四三，元祐四年十二月。

2. 城乡之间的双向对流

城市与乡村之间的经济特征是有所区别的，因此城乡间的商品流通是商品流通的基本形式之一。唐以前城乡经济往来稍逊，中晚唐至宋代城乡间商业往来逐步繁荣起来，正如宋人孙升所云："城廓乡村之民、交相生养。城廓财有余，则百货有所售。乡村力有余则百货无所乏。"① 明清时期，小农生计艰难，除所产粮食外别无所有，"衣服盐蔬之用，婚姻疾病丧葬之费，非粜五谷不得由也。"只有用所剩余粮进城粜之而售，才得交换其他生活必需品。而城市市民所需菜蔬、鱼、肉之类，则仰给于城郊农村。

城镇是周围农户商品流通的聚集区，农村的农产品和小手工业品通过集市或中介商流入城镇，并一层层进入更高级城市。而供农户消费的盐、铁及其他手工业品也从城市逐级向乡村、集市、墟落扩散。于是"城郭之民，日夜经营不息，流通财货，以售百货，以养乡村。"而"穷乡荒野，下户细民，冬至节腊，荷薪刍，入城市，往来数十里，得五七十钱。买葱茗盐醯，老稚以为甘美"②。明清时期由于城镇经济发展，生活舒适，又利于经营工商业，不少乡村地主迁居城镇，所谓在城地主。明清江南一带，"聚居城郭者十之四五，聚居市镇者十之三四，散处乡村者十之一二。"城镇居民的增加，日常薪炭、菜蔬、鸡豚、鱼虾、醯醢之属，均需取给城郊，于是促进了城郊农村商品经济的发展。随着农业经济的发展进步，广大小农不断增长的消费需求又反过来成为城市经济发展的强劲推动力。

3. 以特定消费地为目的的流通

属于这类性质的流通，大多都与政治、军事因素有关，大致可以分成这样两类：

(1) 政治性消费地。历代各朝的首都、陪都都属于此类，北方的长安、洛阳在汉唐时因政治中心而成为全国商业中心。南方的建康、临安也是六朝、南宋后才形成南中国消费中心。又如清代的承德是另一种典型的代表，该地偏隅塞外，人烟稀少，远不具备吸引大量商品流通的能力。由于满洲皇室贵族的消费需求，使之成为聚民万家的新兴城市。乾隆初年，又开始了大规模的避暑山庄扩建工程，外地商贩皆趋之若鹜。雍正时，这里已出现了各类商业组织，俨然成为一座塞外商业重镇。

(2) 军事性消费地。汉唐北方边塞，宋辽交界白沟沿线，宋金淮河沿线都驻有大批军队，明代沿长城一线九边重镇驻扎重兵，战马、军粮与马料需求巨大，虽然主要由官府筹措，但商人的作用也越来越重要。众多的兵马人众，构成庞大的市场需求，吸引众多商旅。汉代就有商人输边拜爵免罪，宋明商人输边获得盐引的政策，都是鼓励商人将粮食运到边境军事消费地，以解决边防上商品粮的需要。《梅落生奏议》说："内地经商攘攘为利，亦皆荷担负囊，登山涉水，不惮险远而来，与边民竞刀锥，稍求什一之利。"明代各地商人中，山西、河南以及河北正定、保定、山东临清等处往往前往"大同，宣府输纳粮草、军装及贩马、牛、布、绢、香、茶、器皿、果品"③，九边其他边关，也都成为商人光顾的热点。

---

① 《续资治通鉴长篇》卷三九四，元祐二年正月辛巳。
② 宋 张方平：《乐全集》卷二五《论免役札子》。
③ 《明英宗实录》卷二三六，景泰四年十二月。

4. 专卖品的限地流通

专卖品中最典型的是盐的销售，盐的生产很集中，而消费则遍及山陬海隅，无远弗届。历代政府对盐都实行专控，各盐场销售区域由官府划定，在很大程度上是根据政治控制的便利条件来划定的，而不是食盐流通所自然形成的。如唐时规定，许、汝、郑、邓以西，皆食两池盐；汴、滑、唐、蔡以东，皆食海盐。不可越区销售。越界私盐，判以死刑。明清都有销区的规定，不可私越。因而各大盐场规定的销售市场有时多与流通条件相悖，并使走私贩盐屡禁不绝。

5. 边境贸易及海外流通

中国疆域辽阔，四境生活的少数民族或游牧，或渔猎，其生产方式与中原农业民族相异，必然产生“得以所有，易其所无，以其工易其所拙”的交换需求。历代统一王朝政府都会在指定地点设立互市、榷场等场所，进行边境贸易，如汉匈、唐蕃、宋辽、宋金、明蒙间农产品和畜产品的贸易。但主要是边区吸引内地商贩负载大量烟、茶、布、瓷器、谷物和铁器交换各少数民族地区的土特产。另外，自秦汉以来，中国就开始了海外贸易，形成了西北、西南以及东南陆上、海上的丝绸之路、茶叶之路、陶瓷之路等一系列重要的流通路线。

二、主要流通方式与路线

流通既是实现商品使用价值的重要途径，也是商业活动的主要内容，而交通路线的选择又是实现流通的关键。中国地域辽阔，地形条件复杂，穿行于山间的河川谷地，以及江河水道都成为人们交往的道路，有的浑然天成，有的为人工开凿，沟通着区域间的经济文化往来。

1. 河湖水道

由于水运具有陆运无可比拟的优越性，航运迅速，运载量大，运输成本低，逐渐成为远程贸易的主要运输方式，几乎每条河道都留下过商船的痕迹。

内河航运在汉唐时代黄河流域已经十分发达，当时黄河干流及其各支、分流都有航运之利。战国秦汉时期，黄河下游分支、支流渭河、济水是贯通东西的主要水运航道，由鸿沟沟通河淮的涡、颍、睢、汴等天然河流都是被利用联系黄淮两大流域的主要航道，魏晋以后，白沟下游清河沟通了黄河和海河，隋唐时期黄河流域的天然河道大多起着水运航道的作用，水运成为北方各地商品流通的主要交通。南方水运航道首推长江水道，唐宋以来南方经济空前发展，长江的商业货流逐步增多。“东出蜀川，顺流而下，委输之利，通西蜀之宝货，传南土之泉谷，建帆高挂则越万艘，连樯直进则倏逾千里”①。《唐国史补》说：“凡东南郡邑无不通水，故天下货利，舟楫居多。”明清时期长江已成为黄金水道，米谷、木材与食盐等商品的对流日益扩大。清代仅长江中上游的商品粮东运已蔚为壮观。木材、药材、生铁、豆类亦顺流而下；江南的丝棉织品及日用杂货，淮南的食盐则大量溯流而上。沿线的重庆、

① 明 苏德祥：《新修江渎庙碑》，载《全蜀艺文志》卷三七。

汉口、沙市、九江、安庆、芜湖等先后成为商业都会。南方珠江及其支流形成了以米、盐为代表的原料与手工业品的东西对流运动，有力地推动了岭南区域市场的一体化过程。其他如黄河、淮河、海河、卫河、汾河等都连四海商贾，通九州财货，初步形成一张完整的内河商业运输网。

黄河、长江等主要天然河道主要沟通东西物质流通，而我国自古开凿的人工运河则是南北物质交流的要道。春秋战国时期北方的鸿沟、菏水，南方的邗沟就已初步沟通了我国江、淮、河、济四渎，并使陶成为"天下之中"。隋朝开大运河，永济渠、通济渠、邗沟、江南河沟通了海、河、淮、江四大水系，完成了中国经济史上影响最为深远的伟大工程，唐宋在此基础上有所改进、扩建，遂使大运河成为南北物资交流的首善通道。元代新开会通河、通惠河，形成明清京杭大运河，不仅使每年漕运淮米 500 万石至大都，而且"江淮、湖广、四川、海外诸番，土贡粮运，高旅懋迁，毕达京师。"① 明清两代，南货北上主要是绸、布、姜、茶、纸、糖及各项杂货；北货南下则以粮食为主，棉花、梨枣、烟叶、油茶等货亦为大宗②。

此外，在江南太湖流域及珠江三角洲、荆湖南北、洞庭湖周围等低地平洼处，湖泊广布，河道密织，普通农户以舟代步，往来各集市、墟镇，"户户门通入郭船"③。基层市场正是通过这些商品货流的涓涓细流汇聚成巨川，相比连通全国范围的江河大动脉，这些地区河湖网络是一张张微循环网，使整个商品流通系统更为畅通，更具活力。

2. 陆路交通

人类通过陆地交流更为灵活机动，自古连接不同地域的天然孔道是商旅出行的便捷之路。如南襄隘道、太行八陉、河西走廊等等。历代为政治军事目的修筑的驰道、官道网络也印满了商贾贸迁的车痕马迹。如隋唐修复了汉沔经商山到达长安的商於路，使"人不滞留，行者为便"④。秦蜀间新修斜谷路"使商旅及私行者，任取稳便往来。"⑤张九龄开大庾岭路，"坦坦而方九轨，阗阗而走四通，转输以之化劳，高深为之失险。"宋元以后，中国陆路交通网络趋于成熟。联系四川与关陕的千里栈道，以汉中为起点，北段有四条，即子午道、傥骆道、褒斜道、陈仓道；南段则有分至成都和梓州的南栈道和米仓道⑥，川陕贸易往来由此通畅。地无三尺平的福建沿海也与内地加强了联系，由南平，过杉关，西行入洪州，达淮南舒州以入汴京；北行则过枫岭关，人浙东，至杭州。翻越五岭的大庾岭商道连接长江和珠江两大流域，它南通广州，北顺赣江而下入长江，或折而向东经信州入两浙衢州。这条商道由历代香料运输商所开拓，经私贩盐商的努力，成为内地货流南下两广的门户。

3. 海路运输

我国海上交通发展很早，大约可以追溯到东周时代。汉代有了远航印度洋之举，开始了海上丝绸之路的贸易。东汉时交趾七郡的贡赋从东冶（今福州）海运北上，风涛险阻。唐代国力强盛，海外交通发达。远洋航运东达日本、朝鲜，南至东南亚各地，远至欧洲、北非。同时国内沿海贸易也很发达，杜甫诗有"云帆转辽海，粳稻来东吴"，"吴门转粟帛，泛海凌

---

① 《元名臣事略》卷二，《淮安忠武王（伯颜）》引《野斋李公文集》。
② 许檀：《明清运河的商品流通》，载《历史档案》1992 年 1 月。
③ 宋 陆游：《剑南诗稿》卷五一《西村暮见》。
④⑤ 《唐会要》卷八六。
⑥ 林文勋：《宋代四川商品经济研究》，云南大学出版社，1994 年，第 5 页。

蓬莱"句，都是当时海上商品运输的实例。随着人类航海技术及设备的日臻完善，海运逐渐成为海外贸易及国内沿海贸易的重要方式。宋朝开始指南针普遍应用于海上航行，大大促进了海上商品的流通。我国早期海上贸易在东南闽浙沿海较为发达，宋元之后，因海漕的开拓，北延至渤海湾。元朝崇明人朱清、张瑄是著名的海运商人，政府的东南漕粮由他们承包北运。南下回空船就带来北方的杂粮、豆子、皮毛及其他商品。清中叶后，大运河河道日渐不畅，已无力承担不断深化的南北商品交流，上海地区沙船贸易兴起，海运最终取而代之成为传统商品经济新的生命力和牵引力所在。

三、影响流通的外部环节

1. 货物存储与交通运输条件

运输条件与物流设施的改善，缩短商品空间距离，降低商品交易成本。先进的仓储技术手段提高了商品养护能力，从而延长作为使用价值的存在时间，是市场发展的重要条件。商贾出外，衣食住行，牛马草料，货物储存、搬运都是制约其出行能力的重要因素。随着社会经济的发展，地区贸易往来日益密切。为方便行旅而设的公私驿站、食宿场所、仓储邸店次第出现，成为商品流通的重要保障。

隋唐时期，东起宋、汴，西至岐、凉，南自荆襄，北达太原、范阳，"夹路列店肆，接客酒馔丰溢。每店皆有驴赁客乘，倏忽数十里，谓之驿驴"①。在唐代邸店制度的基础上，宋人在重要的市场居留地和转运点设置大型货场，即堆垛场。仓库业成为专门为商品流通，为商业服务的行业。此外，各地的搬运业、车坊、柜坊、榻房等设施条件进一步完善，为长途贸易的迅速发展提供了良好的契机。

历元明清各代，商品经济空前繁荣，政府与民间都大力投资于道路维修、仓储及客舍旅店业、饮食业。各式陆地运输工具及船舶建造技术不断提高完善，使商品流通量及安全性都稳步提高。明清还出现了民信局等通讯邮递事业，使商业信息往来快捷便利。钱庄及票号等早期金融业、汇兑业的兴起更使地区间商业往来进入了一个新的天地。

2. 货币演变

在中国早期商业领域，存在着以铜币为主，杂以金、玉、布、帛、贝币几种不同的货币体系，分别在各地流通。但随着地区贸易往来的逐渐频繁，货币必将走向统一。汉唐间主要通行五铢钱，其重量与钱文一致，方便易携，成为中国历史上数量最多，流行最久的货币。唐代不再以重量为钱币名称，而是冠以年号，通宝钱从此占据中国货币的主要地位。随着异地大宗商品交易日益增多，大批金属铸币不能满足流通需要，承唐后期的"飞钱"，宋代四川地区出现了"交子"，南宋又出现"会子"，以后有金朝的交钞、元朝的宝钞。这种汇票式的纸币更有利于地区间商品流通，使商人可以在更安全，更快捷的条件下开拓更广阔的市场空间。

纸币虽然便捷、安全，但也存在信用不稳定，不断贬值的现象，这就使得贵金属货币走到流通前台，并在明代将纸钞排挤出流通领域，同时铜钱在小生产者的有限交易中作用依

---

① 《通典》卷七，《食货》七。吴慧：《中国古代商业史》，中国商业出版社，1983年3月，第6页。

然明显。故以银为主币，银铜并行的货币终明清之世而不易。

第三节　商业空间布局与商业中心

一、城市商业中心布局

城市是人口密度大，消费集中的场所，自古就是传统商业的主要活动空间。城市环境的各种因素不是均匀分布的，因而城市商业空间也不是均衡的，研究城市区域内商业结构等级体系的排列、构成和服务区域是商业地理的重要内容。

1. 早期城市商业布局

古史中所说的“日中为市”，当是商业发展的早期，这时市场尚未成形，管理也并不规范。商周时期商业网点的集中分布逐渐有了一定规模，《易・系辞下》:“列廛于国，日中为市，致天下之民，聚天下之货，交易而退，各得其所。”说明固定交换市场已经出现。春秋时期一些城市的商业有了明显的发展，如齐国都城的市就非常繁华，据《左传》载：晏子之宅虽然靠近市场“湫隘嚣安，不可以居”，但对市民却非常便利，“小人近市，朝夕得所求。”这时城市中商业网点的布局较为松散自由，往往与民居相杂。《盐铁论・力耕》:“自京师东西南北，历山川，经郡国，诸殷富大都，无非街衢五通，商贾之所臻，万物之所殖者。”

成书于战国时期的《周礼・地官》及《考工记》对城市中市的建置(“面朝后市”)和市场秩序的管理有了一套完整而繁冗的模式，虽然这仅是一种理想化的构思，并不反映当时城市商业布局的真实状况，但却深刻影响着西汉之后的中国城市布局。

2. 以封建城市规划为主导的时期

随着商业在普通城市居民的生活中变得愈来愈重要，如何将商业人口和市场管理纳入到专制集权体系中来，是历代王朝必须面对的问题。体现在城市布局上，就是将“市”的定位与体现王权至上的都城规划紧密结合在一起。西汉长安有东西两市制度，西市有 6 市，东市有 3 市。这些市场是封闭的，以围墙与居民区、行政区相隔离，设几道市门，交易时间固定。《风俗通》说:“市买者，当清旦而行，日中交易所有，夕时便罢。”市内商贾，不列入一般户籍，而别列“市籍”，与一般编户齐民有所区别。市籍身份的人不得入宦，不得名田，不得操刀、乘骑马，甚至“贾人不得衣丝乘车，重租税以困之。”市籍者都必须定期交纳市租。市场管理也十分严格，设市场管理机构令署于市楼，悬挂旌旗。据《三辅黄图・长安九市》记载，“旗亭楼，在杜门大道南”，“当市楼有令署，以察商贾货财买卖贸易之事，三辅都尉掌之”，对市场进行严格管制。在长安市中随着汉武帝的抑商政策，这种由政府严格控制的商业布局体系一直承袭而下。隋唐时期，城市商业布局的禁锢达到高峰，严密的坊市制将一切交易都局限于固定的市内进行，坊内不准买卖。市场要定时启闭，规定时间之外不得交易。

唐中后期，自由的商业贸易逐步复兴并走向繁荣，这种从属于政治的官方市场已不再适应市场发展的新形势了。唐宋之间，早市晚市出现在城市中固定的“市”区，市已渗透到居民区的“坊”。官府逐步放宽了市场的时间规定。随之，坊墙被繁荣的商品经济所打破，商业渗入居民区，成了城市经济生活的主要组成部分。北宋的东京城是很典型的例子，江南许多城市生齿日繁，民居与官衙、市场混居也是普遍现象。南宋《吴郡图经续记》说：“近者，坊市之名，多失标榜。”坊市制已有名无实。

3. 以商品供给为主导的时期

商品交易场所从固定的“市”渗透到居民区的“坊”，渗透到城墙内的每一个角落，并扩展到城墙之外。据杨宽考证，城市沿河近桥及城市入口等交通便利处勃兴的各种“行”“市”，是新的繁华商业中心之依托①。由于商业的发展，后周、北宋时沿汴河一带的空地上，增设了大量邸店、堆垛场、塌坊。元大都积水潭既是整个京杭大运河的终点，也是南北物资的集散地，其近旁的斜街则凭地利之优成为全城最发达的商业中心。明清时期苏州商业繁荣甲于天下，《消夏闲记摘抄》载，苏州城内“洋货、皮货、绸缎、衣饰、金玉、珠宝、参药诸铺，戏园、游船、酒肆、茶店，如山如林，录知几千万人。”阊门也是运河码头所在，四方难得之货，无不汇聚，四方商贾毕集于此，就地交易，成为商业繁华之所在，“天下财货莫不聚于苏州，苏州财货莫不聚于阊门。”葑门、盘门一带在乾隆末年已成“人居稠密”，“地值寸金”的繁华闹市。这些商品流通便利处与城内传统的手工业区、酒肆、茶坊集中处成为新的商业中心地，这样分布格局的形成与以商品供给为主导的前提是完全一致的。

城郊市场的兴起也与商品供给直接相关，城乡接合部是乡村商品的主要集散地，农民的细小交换难以应付城市的买卖交易税收，故以商品供应者——农民为中心，在城门周围形成生机勃勃的新的商业中心，“四郭皆有市，草市朝朝合”②。如上海在棉花上市时，“每晨自午，小东门外自为市，乡农负担求售者，肩相摩袂相接焉”③。

4. 以消费者为中心

在现代商业地理学的空间分析模式里，无论是中心地理论还是空间相互作用模型，均从消费者行为群体出发，以消费者的最佳购物距离和人口密度为商业中心布局原则，运用这一原则分析传统商业的发展历程，也同样有一定意义。

北宋汴京的相国寺庙会，万人汇聚，是商家趋之若鹜的庞大消费场所，“技巧百工利肆，罔有不集，四方珍异之物，悉萃其间。”④ 明清北方城市这样的庙会以及大型商业市场更是十分常见，交易繁兴。以此为基础，围绕消费者必然会出现新的商业中心。如北京城内正阳门外、大栅栏、珠市口、东单、王府井、护国寺、隆福寺、崇文门外都形成商业中心，这些商业中心均匀分布，使消费者在一定范围内具有相近的购物距离。与此例相似，从消费者出发形成的商业中心在近代城市中越来越明显。

二、农村市场模式的变迁

与贵族政治性消费以及城市居民支撑起来的城市商业的长期繁荣不一样，农村市场

① 杨宽：《中国古代都城制度史研究》，中华书局，1993年，第248～267页。
② 宋 杨侃：《皇畿赋》。
③ 清 褚华：《木棉谱·自序》。
④ 宋 王得臣：《麈史》卷下。

体系曲折缓慢的发展正是传统商品经济真实的体现。

中国农村商业贸易出现得较早，但由于小农经济长期低水平发展，人口分散，交通困难，购买力低，无法维持固定商业中心的门槛需求。故集市贸易和流动性贸易是广大农村主要商品交换形式①。秦汉时代农村中比较固定的市场称“聚”。《管子·乘马》所谓“聚者有市，无市则民乏。”聚则出现于距城市不远，水陆交通方便之处，如汉时涿郡良乡县有圣聚，圣水流经其地，其他如南阳郡山阳县阳亭聚、棘阳县黄邮聚、丹阳郡宛陵县彭泽聚、长安曲邮聚等等，都是在水陆交通沿线。南宋陈郁《藏一话腴》指出：“城邑交易之地，通天下以‘市’言，至村落则不然，约日以合，一哄而退。曰‘墟’”。唐宋以后，随着农业生产力和生产效率的提高，广大小农与市场的联系愈加密切，农村集市在时空分布上有一个由疏至密的趋势。宋代农村以“干支”纪时法来安排的定期市已普遍出现，如兴国军“俗以卯、酉日趁墟。”池州则有“子午会”②。但这些集市还多是分散的、个体的存在。集市吸纳范围有限，卷入集市的职业商人还不活跃。还没有具备形成集市贸易体系的市场基础。

随着农民对市场的商品供给与消费需求与日俱增，至明清时期，更多新的集市涌现出来，其交易规模，商品种类，辐射范围都呈现出不同的形式，在各地形成了集市贸易体系。相邻的集市群，集期相错，互不冲突。商人们在相邻几个集市中逐日赶集，轮回贸易。新的集市不断出现，集期频率进一步变快，集市贸易体系的空间范围进一步缩小，以县为单位的集市贸易体系分解为更小范围的两三个体系。例如嘉靖《莱芜县志》载县内共有17处集市，都是一旬开集两日，全县每天至少有两处开集，多者每日五集，这说明该县至少形成两个集市贸易体系。

一般说来，集市贸易体系与各地区商品经济发展程度呈正比，这样的事例以江南地区集市贸易体系的发展最典型。明清时期随着江南经济不断发展，原有定期市不足以完成商品供给与需求，开市日期间隔不断缩短，最后逐渐被常市贸易所取代。在经济发达地区由定期市向常市贸易发展成为普遍趋势，而常市所在，往往带动固定商业设施如店铺、仓坊的兴建，居民成分除务农者外，兼业或职业的工商人员也大量定居其中，这便是市镇的勃兴，它们从普通村落中脱颖而出，成为周围村落群中稳定的经济中心地。

三、经济中心地等级体系与市场网络

中心地就是为所属区域提供批发、零售、服务与行政管理职能的聚落、市镇和城市。德国学者克里斯泰勒首创中心地理论，以揭示各级核心聚居地之间的经济关系，尤其是它们的数量、职能、规模、等级、空间布局、活动结构等。

城镇的功能就是统辖地域，是区域的中心。唐以前，都城及府州县治所城普遍地位较高，它们用非经济的手段如政府赋税和地主地租控制广大乡村，成为政治性中心城市。宋元之后，与政治性中心城市对应，经济性市镇普遍兴起，它们在商道要冲、城市附廓及周围、农副产品集中产地及少数商品生产专业区崛起。明清时期一些较大的市镇上升为与县治同级的经济中心地区，并对县城形成挑战之势，其中不少在规模与市场功能上已超过了县城，如江南地区的南浔、盛泽、震泽、同里、黎里等镇人口和经济实力都已超过所属的县

① 石忆邵：《中国农村集市的理论与实践》，陕西人民出版社，1995年，第5页。
② 宋 项安世：《平庵悔稿后编》卷三，宋 叶廷圭：《海录碎事》卷一五。

城，个别超过了州府城市。

在传统商业发展的前期，市场网络的中心地多与行政治所相吻合，随着经济型市镇的发展，政治因素对市场的影响逐渐减弱，基层市场如县镇一级首先开始松动，至明清时期，经济中心地区等级与行政治所等级实现分离。此时，在经济作物广泛种植和手工矿业的刺激下，在宋代还很稀疏的专业市镇日趋普遍和扩大，商道市镇也在各地商品交流扩大的过程中强化和膨胀。新兴市镇的突出发展使之在市场规模与功能上出现等级分化，不再只是与县治同级的中心地。超过县城，超过州府治所的市镇比比皆是。还有十几个巨镇，甚至超越省府治所或与之并驾齐驱，成长为省级乃至更大范围的经济中心地。岭南、华中、中原都有这样的巨镇，“食货富于南而输于北，由广东佛山镇至湖广汉口镇，则不止广东一路矣；由湖广汉口镇至河南朱仙镇，又不止湖广一路矣”①。这些立足于市场基础而发展起来的经济性市镇超越原来的政治性中心城市，在区域的或地区市场中充当枢纽，并以此为中心整合完成区域体系。

第四节　区域市场网络及其发展特征

所谓区域指具有不同于周围地区特征的一块同质性空间范围。经济区域则以自然差异为前提，以经济开发为内在条件，辅之以历史传统因素，具有强烈的人文色彩。随着经济发展进程尤其是各地均衡与不平衡性演变，不同历史时期，不同地域的经济形态及其内部结构都差异明显。

区域市场是区域内中心地区体系发育与市场联系加强的产物，在唐以前，由于商业发展的局限，我们还难以清晰地描绘出自成一体的区域商业网络。而宋代在发达地区，由一定数量的州府市场网络整合而成的区域市场已开始形成。以成都为中心，川西平原为区域核心带的川蜀区域市场；北宋以汴京为中心的华北区域市场；南宋以杭州为中心的两浙区域市场，都已形成了自成一体的内部有机联系的网络格局。而至明清，除边远地区之外，全国大部分地区都形成了区域市场，并在此基础上，整合形成全国统一市场体系。根据各区域市场的发育程度，商品生产结构，区域自然条件及网络内部格局等方面的差异，我们可以概括为以下几类：

1. 成熟型市场网络——以江南市场与岭南市场为代表

其中江南地区在宋代业已率先形成完整的区域市场体系，至明清更为成熟，成为发育程度最高的区域市场。而岭南地区则是明清以来崛起的后起之秀。这类区域市场的特点是商品性农业及与此相关联的手工业发展程度高，与外界经济联系密切，纺织品等手工业品大量输出，商品粮及大批生活生产原料源源不断地进入。

这两大市场网络内部贸易都相当活跃，江南地区从棉花到棉布，从蚕丝到丝绸，都形成了大大小小的专业市镇，组织着商品生产与流通，以市镇网络形成有机的市场网络。而两广之间通过珠江水系的东西互补性流通，也使岭南区域市场一体化趋势明显。如从广州驶船至梧州只需要数日时间即可往返，而获利可达 20%左右，故每年有大量广东商人到

---

① 乾隆《祥符县志》卷六。

广西贩运谷米。这两个地区作为成熟完整的区域市场，它们的高层中心地都是综合性大城市，不仅仅是商品集散地，而且是初级产品加工中心，对本区域内各地区具有强大的吸纳力，而且具有足够的辐射力将本区域产品输向外地和远方市场。如江南的苏州就是这样一个典型大城市，“商贾辐辏，百货骈集。上自帝京，远连交广，以及海外诸洋，梯航毕至。”岭南的佛山与广州则相互补充，彼此促进，共同承担珠江三角洲及整个岭南地区的最高中心地功能。道光《佛山忠义乡志》记载，佛山“百货山积，凡希觏之物，会城所未备者，无不取给于此，往来络绎，骈踵摩肩。”省、佛间互补作用十分明显。而广州通过海路与福建、江南及京师各地的联系则过于佛山。

2. 传统型区域市场——以华北区域市场为代表

这类区域市场具有很强的历史承继性，中国北方历来是政治重心之所在，以政治中心为依托，这里也形成全国最大的消费地。唐代黄河流域依然是全国经济最发达的区域，北宋时期这一优势才渐渐转向南方。由于政治中心与经济中心脱离，北宋汴京巨大的消费依靠四面辐射的水陆交通网络，将华北平原整合成区域市场体系。明清时期这一市场继续发展，其区域内贸易较为活跃，主要商品是粮食，在地区间起着丰歉调剂的作用，在直隶、山东、河南三省既没有形成如湖南、江西等省那样大规模的专门商品粮基地，也没有出现江浙那样稳定的商品粮需求地区。在一般平年，“直隶、豫、东三省粮价无甚低昂，商贩获利无几，往来者少。”棉纺业和桑蚕业是华北地区的传统优势，明清依然兴盛，河南的棉花以彰德府产最盛，山东的蚕丝等都是区内重要流通商品。但在区外市场已强烈地受到江南纺织品的冲击，日见颓势。

华北区域市场的高层中心地区主要有两类：大的政治性消费城市，如隋唐的东、西京，北宋的汴京，元、明、清的北京和开封；大的集散与转运地，如山东临清、河南朱仙镇等。从总的趋势看，随着区域经济摆脱政治纽带趋向市场轴心，北方经济区域已失去传统优势，逐步走向衰落。

3. 内向型区域——以四川地区为例

四川由于其独特的自然地理条件，使其构成一个天然的向心区域，自然环境与区内资源结合，使这里有着强烈的自我发展连续性和内向性。秦汉以来，自成一独立经济区。中原战乱，四川相对安定，经济处于平稳发展状态。唐宋是川蜀区域的鼎盛时期，以成都平原为核心形成有机的市场体系。宋元以降，兵火涤荡，元气大伤，明初曾迁入大量移民，经济得以渐渐恢复。明末清初旷日持久的战争，又使四川经济遭受严重破坏。清前期湖广、陕西、江西等地大规模的入川移民，四川经济得以恢复并继续发展。

区域内有着发育完整的集市贸易体系，农村市场较为活跃。区外贸易体现在以米谷和生丝为代表的商品输出和棉花为主的商品输入。据记载，清前期从四川运往长江中下游的米谷，每年达100万～300万石。生丝主要运往湖北沙市、汉口等地，南转入下游。输入主要是棉花。因四川地不宜棉花，清代人口骤增，棉布需要量大增，故其棉花、棉布主要取给于湖北、江南。贸易孔道集中，川陕商道衰落后，转向川东长江航道，由此，其区域最高中心地也由川西平原的成都转向川东航道的入口重庆。民国《巴县志》云，时重庆“有舟航转运之利，蜀西南北，旁及康藏，以至滇黔之一隅，商货出入输会，必于重庆。故重庆者，蜀物所萃，亦四方商贾辐辏地也。”重庆成为“三江总汇，水陆冲衢，商贾云集，百物萃聚”之地。

4. 中转集散型——湖北区域市场

湖北东西有长江黄金水道，南北有荆襄要道，自古有得“天下之中”之势。其本地的手工业及商品性农业生产并不突出，唯赖地理优势汇聚各地商货，将它们向四方扩散，形成独特的中转集散型区域市场。唐代以前，关中地区为全国政治中心，地处鄂西北的荆、襄，为南北交通要道，故成为湖北地区的商业交通中心。唐中叶以后，伴随着长江流域经济地位的提高，和政治中心的东移，两宋以后其区域中心从鄂西北的荆、襄移至鄂州、汉阳，明中叶以后因汉水下游改道，出现了由此基础上形成“九省通衢”的中心城市——汉口。汉口是全国最大的米市，又是华中地区最大的棉花市场，同时是“淮盐总汇、配运、经销”的枢纽城市。徐焕斗《汉口小志·商业志》云，汉口“水陆错集，舟车交弛，懋迁有无，皆集于汉口。”这里是服务于全国性商品流通的中转集散地。明清时期荆州因附近沙市的兴起仍不失为湖北地区另一经济中心，荆州北达襄、汉，南至湘、澧，西连巴、蜀，东接皖、吴。当时湖北地处长江中游，四方物产皆由此运销南北东西，商业经济十分繁荣，《广阳杂记》说：沙市城内“列巷九十九条，每一行占一巷，舟车辐辏，繁盛甲宇内，即今之京师、姑苏皆不及也。”所云可能有过誉之嫌，但其繁荣当无可疑。

5. 依附型区域

这类区域自身并未形成完整的市场体系，以湖南及广西地区为例；它们几乎都是单一的粮食种植区，手工业生产及经济作物的种植较为落后，依托于邻近较为发达的经济区域并成为它们的一部分。如广西“服用百货，无一不资于广东。……”①，而珠江三角洲在粮食供应上仰给于广西，并通过这种互补性流通将广西纳入岭南区域市场。雍正《广东通志》载：“粤东多商，粤西多农，帛布菽粟两相便也”。湖南更是全国的商品粮基地，通过汉口输出大批粮食，而汉口作为淮盐总汇又将湖南纳入其食盐销售网络之下，从而将其整合为湖广区域市场的有机组成。

6. 边疆民族市场

作为多民族统一国家，边疆民族地区不容忽视。中国历代王朝兴衰，边境线更迭不居。汉代以来，中原王朝和边疆民族政权之间的农产品和畜产品以及其他商品的交换早有发生。隋炀帝时，“西域诸蕃多至张掖与中国交市。”唐朝与突厥、回纥、西域、吐谷浑、吐蕃间都有互市，主要是绢、帛和马匹的交换。宋代开始茶叶成为边疆民族对中原王朝农耕区最需要的商品，明朝与北边鞑靼、瓦剌的茶马贸易，是边疆民族市场的主要内容。清代农耕、游牧、渔猎三大经济统一在一个政权之下，中原和北方农牧交接地带与西南、西北少数民族聚居区，仍有一定的商品贸易。清廷在伊犁与哈萨克进行牛马和丝绸、布匹、茶叶，四川在打箭炉与西藏进行的皮毛、红花和茶叶、糖的贸易，西藏和云南间的贸易也是以茶叶、毛织品、红花为大宗，西藏又通过青海西宁与内地进行贸易。这些地区的共同点是地处偏远，交通落后，商品流通困难，远距离贸易滞后，中心城市发展非常缓慢，对周围地区的辐射作

---

① 《太平天国在广西调查资料汇编》，广西人民出版社，1962年12月。

用和吸纳作用难以施展，没有形成功能强大的城市中心地等级体系。仍是一些由各个相对独立的封闭的地方市场组成的松散自然结合体。

第五节 地域商帮及其发展特征

地域商人集团(商帮)是明清以来中国传统商业领域极具特色的现象，这是以地域为中心，以血缘，乡谊为纽带，以“相亲相助”为宗旨，以会馆、公所为其在异乡联络、计议之所的一种既“亲密”而又松散的自发形成的商人群体①。明人谢肇淛说：“新安大贾，鱼盐为业……山右或盐、或丝、或转贩，或窖粟，其富甚于新安……”②。可见，当时商人的地域集团性已相当明显。他们在贸易方式、经营项目、行商地域等方面都不可避免地打上了其地域群体的烙印。

历史上影响较大的商帮主要来自山陕、安徽徽州山区、洞庭东西山、江西、山东、宁波、广东、浙江龙游等。从中，我们很难发现传统的经济发达区如江南苏杭平原、四川成都平原等处出现大的商帮，反之在一些土地贫瘠，社会经济落后地区，如山陕、徽州及江西山区、福建沿海一带，由于人多地少的矛盾高度紧张，剩余劳动力唯有四处移民或外出营商以求谋生。如果这些地区再有交通便利，土产丰富，民风机巧俭啬等特点，那么势力雄厚的商帮诞生就大有可能。山陕商人、徽州商人、龙游和江右商人就是最好的例证。另外一点，政府政策使某些特定区城的商帮独擅其利，抢先起步。明代初年北方九边的“开中入盐”法，使陕西、山西商人迅速兴起并发展为庞大的商业集团，其他商帮望尘莫及。但明代中叶，政府实行“开中折色”制度使行盐商可免赴边之苦，由此，紧邻两淮大盐场的徽商迅速崛起，山陕商则甘居其下。

“汇通天下”、“钻天洞庭遍地龙游”、“无徽不成镇”这些谚语都说明商人游历广泛，无孔不入，通都大邑、交通干道沿线和经济繁盛之区都是每个商帮必争之地。但在行商地域上，每个商帮还是有自己的特点。如山陕商遍布全国，主要活跃在长江以北各省份及两淮盐区，西南、西北各内陆边远省份的大中城镇为其独占。清代的山陕旅蒙商更是深入蒙俄，发展对外贸易。徽商、洞庭及龙游商多活动在江南各大城镇和沿长江、运河沿线，清后期向南方沿海地区拓展。东南沿海的宁波商人、福建商人和广东商人则利用海道便利，舟楫娴熟，多沿海贸易或远赴东南亚、南亚、日本及美洲一带开拓海外市场。

会馆，是商帮在异乡的“乡土之链”，肇创于京师，后在全国各大小商埠，甚至偏远城镇，异域他邦都出现了同乡商人集资创办的商人会馆。商帮足迹所往，会馆随之出现。乾隆时“各省争建”，甚至“大县亦建一馆”，以至京师前三门会馆麇集之区的地价，一进腾踊。可以说，它是商帮市场扩张中的空间载体。同时，会馆是商人们的情感驿站，它是联络乡情，互通商情的场所，也是互救危难，调解商业纠纷，抵制欺压的组织。各地域商帮正是在会馆的有形维系下，方能不断强化其集团的向心力和凝聚力。

清末民初，在国外帝国主义资本及封建腐朽势力的双重压榨下，也由于自身经营方式的保守落后，致使各大商帮先后走向衰落。中国传统商业发展阶段中最辉煌的一页亦随之暗淡。

---

① 张海鹏，张海瀛主编：《中国十大商帮》，黄山书社，1993年，第3页。
② 明 谢肇淛：《五杂俎》。

第六节　古代对外贸易的时空变化特征

东亚大陆西部、北部高原雄峙，山峦环绕，东南又临浩瀚的大洋。如此相对封闭的地理特征，加之中国腹地辽阔，物产富饶，故而自给性强，对国际市场的贸易需求并不强烈。但作为一个强势文化中心所在，中华大地发达的物质文明对外界富有强烈的吸引力，这使得中国的对外贸易起源久远，从秦汉时的丝绸之路算起，已有二三千年的历史。

唐宋以前，中国与国际市场的联系重点在西北内陆，长安、洛阳等政治大都会曾因异国商旅云集侨居而被称为国际都市。著名的丝绸之路由西北经新疆出中亚细亚，到波斯阿拉伯等国，《后汉书・西域传》末总论汉朝与西域关系时称："立屯田于膏腴之野，列邮置于要害之路。驰命走驿，不绝于月时，商胡贩客，日款于塞下。"可见双方贸易之盛况。在这条路上除了长安，洛阳之外，还有凉州、敦煌等名城，其中凉州"为河西都会，襟带西藩，葱外诸国，商旅往来，无有停绝。"除此之外，以长安、洛阳为中心，还有其他几条陆上贸易路线：经葱岭入阿富汗境至南印度；自剑南、西川入西藏经尼泊尔至印度；自桂林经云南永昌入缅甸至印度等西南路线，自大同云中至大漠南北的北方路线；自幽州经辽西走廊过辽阳渡鸭绿江至朝鲜半岛。随着中原政权重心向东向北移动，从西北通向西方世界的道路被阻断，陆上贸易出现萎缩，元明之后虽有恢复，但已难复盛况。随着经济重心的南移，东南沿海的远洋贸易成为中外交流的主要渠道。

海上对外贸易，发轫颇早。汉武帝时即打通了与东南亚的海上贸易。番禺是南海的最大港口，此外还有合浦、徐闻，由于航海技术的不断完善和提高，成为中国对外交流的主要渠道，交往范围进一步扩大。宋代，广州、泉州、杭州、明州等地设市舶司为外贸管理机构。以东南沿海这几个港口为中心，中国与 20 个国家发生贸易往来，多为东南亚和阿拉伯各国。开辟了丝绸和香料交互往来的"香丝之路"以及"瓷器之路""茶叶之路"等闻名于世的海上商道。明清时期在政府长期"海禁"政策下，沿海口岸全线萎缩，惟有广州一地在政府特殊政策下成为惟一通洋门户，大批进口洋货云集于此，成为全国最大的进出口集散地。香料、象牙等大批奢侈消费品从广州出发经闽粤之间的梅岭隘道转输内地各个城市，形成有名的"香料之路"。

从进出口商品的结构来看，丝、香、茶、瓷等奢侈消费品居多，而真正激发民众市场需求，推动整个商业结构发生变化的民生用品数量甚微。这说明长期以来中国的对外贸易是不成熟的，游离于主体市场之外。但随着近代中国在情愿不情愿中与国际市场联系增强，进出国际市场的商品结构进一步丰富，广州的单口贸易逐渐被多口贸易代替，而腹地狭小的广州外贸中心也终将转移到另一个腹地宽广，与中国广大民众市场联系更顺畅、更密切的中心城市——上海。这是中国对外贸易空间格局的必然趋向。

参考文献

王希来，乌兰主编. 1991. 商业地理学. 北京：中国商业出版社

石忆邵. 1995. 中国农村集市的理论与实践. 西安：陕西人民出版社

龙登高. 1997. 中国传统市场发展史. 北京：人民出版社

吴　慧. 1983. 中国古代商业史. 北京：中国商业出版社

林文勋. 1994. 宋代四川商品经济研究. 昆明：云南大学出版社

张海鹏，张海瀛主编. 1993. 中国十大商帮. 合肥：黄山书社
郭蕴静. 1994. 清代商业史. 沈阳：辽宁人民出版社

第十章　历史文化景观形成的地理与历史背景

人是文化的载体。我国地域广大，自然区域差异显著，不同历史时期，因自然和社会因素不同，各地形成了不同的区域人群，本章即主要阐述区域人群所反映的区域文化特征及其演变。

第一节　历史区域人群

"一方水土养一方人"，一地的自然条件及人文社会环境，对一方人群的塑造有着直接的影响。各地人群具有不同的类型，这起源于特定的物质与文化生活方式；而纷繁多样的生活方式，则凸显了各地人群对各异的自然条件及人文社会环境的不同反应①。此处所说的"区域人群"，是指在历史上具有约定俗成的称呼、明显的区域特征以及悠久的民俗传承的各地人群。特别是指自明清以来，随着人口压力之增大，生存竞争的加剧，各地所出现的那些闻名遐迩的地缘性人群。对区域人群的研究，是历史社会地理研究的一个重要方面②。

在历史时期，不同区域的文化、经济背景，塑造了各地不同的人群性格。中国幅员辽阔，各地自然条件纷繁复杂，风俗习尚也丰富多彩。早在先秦时期，中国人就对各地的人文社会现象给予了特殊的关注。《礼记·王制》篇就指出：

> ……广谷大川异制，民生其间者异俗。刚柔轻重，迟速异齐，五味异和，器械异制，衣服异宜。中国戎夷，五方之民，皆有性也，不可推移。东方曰夷，被发文身，有不火食者矣；南方曰蛮，雕题交趾，有不火食者矣；西方曰戎，被发衣皮，有不粒食者矣；北方曰狄，衣羽毛穴居，有不粒食者矣。……五方之民，言语不通，嗜欲不同。……③

"被发文身"，是指东夷的披发文身之俗；"雕题交趾"，则是指南蛮的刻饰额头及大腿相向的体态特征（"题"是额头之意，《楚辞·招魂》有"雕题黑齿"的说法）；"被发衣皮"，又是指西戎的披发及以兽皮御寒的生活方式；而"衣羽毛穴居"，则是指北狄羽毛为衣及洞处穴居的习性。"火食"（熟食）和"粒食"（以谷物为食），应是"中国"（华夏）的饮食习性。东夷、南蛮之所以"不火食"，是因为"地气暖不为病"的缘故；而西戎和北狄之所以"不粒食"，则是由于"地气寒少谷"的原因。《礼记·王制》篇指出了"五方之民"（即"中国"与"东夷"、"南蛮"、"西戎"和"北狄"四夷）在居处、言语、衣服、饮食等生活方式上的差异，点明了地理环境与人群风俗的密切关系。对此，《汉书·地理志》也说："凡民函五常之性，而其刚柔缓急，

---

① 《人文地理学》"社会地理学"，中国大百科全书出版社，1984 年 9 月，第 215 页。

② 中国境域内的民族众多，研究中国的人群现象，本应包括各种少数民族，但由于涉及面太广，且前述对象另有民族学专门研究，故此处的"区域人群"，主要仅指汉族人群。

③ 《礼记正义》卷一二，《十三经注疏》上册，中华书局，1980 年 10 月，第 1338 页。

音声不同，系水土之风气，故曰风；好恶取舍，动静亡常，随君上之情欲，故谓之俗。”“五常”也就是人之常行，亦即父义、母慈、兄友、弟恭和子孝。《汉书·地理志》的作者除了认为一般人本性所具有的“五常”之外，还特别指出各地人群的性格及方言差异，与“水土之风气”息息相关。在历史时期数千年自给自足的小农社会中，世世代代环境的熏陶和文化传统的规范，造就了具有不同社会特征的各地人群。

历史社会地理关注历史时期各类人群的地理分布、变化及其扩散，但由于社会地理至今在历史地理学科中尚未占有一席之地，相关的研究还刚刚起步。故而此处只能主要借重于历史学研究（特别是社会史研究）的现有成果，加以举例说明，并略作概述。

一、元以前中国人群现象概述

迄至目前为止，国内已有 20 几个省、市自治区发现旧石器时代遗存，新石器时代的遗址也多达 6 000 多处。苏秉琦将新石器时代的考古学文化划分为以下几个区系类型：

(1) 陕豫晋邻境地区（仰韶文化的主要分布区）；

(2) 山东及邻省一部分地区（大汶口文化和龙山文化遗存比较密集）；

(3) 湖北和邻近地区，其中又可分为汉水中游地区（仰韶文化的边缘地区）、鄂西地区（大溪文化）和鄂东地区；

(4) 长江下游地区，分为宁镇地区、太湖地区（马家浜—良渚—青铜文化）和宁绍地区（余姚河姆渡文化）；

(5) 以鄱阳湖—珠江三角洲为中轴的南方地区，分为赣北地区、北江流域和珠江三角洲一带；

(6) 以长城地带为重心的北方地区，自东向西可分为：以昭盟为中心的地区、河套地区和以陇东为中心的甘青宁地区。

他认为，由于人们活动地域的自然条件不同，获取生活资料的方法各异，其生活方式也就各具特色。如果将中国版图分为面向内陆和面向海洋两部分，则面向内陆的部分，多出彩陶和细石器；而面向海洋的部分则主要是黑陶、几何印纹陶、有段和有肩石器的分布区域，民俗方面还有拔牙的习俗①。据研究，我国新石器时代的墓葬方向（死者埋葬时的头向）在各个地区有着比较明显的差异②，这可能反映了不同人群各异的生活方式及观念信仰。

李学勤将青铜时代文化划分为 7 个文化圈：①中原；②西北；③北方，其中又可划分为北方和东北两个亚圈；④东方，主要是指山东地区；⑤东南，又可划分为长江下游和东南沿海两个亚圈；⑥南方，指长江中游及其以南；⑦西南。7 个文化圈的划分大体上适用于整个商周时期③。他还以文献和考古成果综合考察，将东周时代的列国划分为 7 个文化圈，即中原文化圈（地处黄河中游，以周为中心，北到晋国南部，南至郑国、卫国，亦即战国时代的周和不包括赵国北部的三晋一带）、北方文化圈（包括赵国北部、中山国、燕国以及更北的

---

① 苏秉琦：《关于考古学文化的区系类型问题》，《苏秉琦考古学论述选集》，文物出版社，1984 年 6 月，第 225～234 页。

② 王仁湘：《我国新石器时代墓葬方向研究》，田昌五，石兴邦主编：《中国原始文化论集——纪念尹达八十诞辰》，文物出版社，1989 年 6 月，第 320～333 页。

③ 李学勤：《走出疑古时代》第四篇《中原以外的古文化》、第六篇《续见新知》，辽宁大学出版社，1997 年 12 月，第 197，320 页。

方国部族)、齐鲁文化圈(今山东省境内的齐、鲁和若干小诸侯国)、楚文化圈(长江中游)、吴越文化圈(淮水流域和长江下游,南至南海,东南及于台湾)、巴蜀滇文化圈(即西南的今四川省之巴、蜀两国和云南的滇以及西南其他部族)和秦文化圈(以关中为中心的西北地区)①。

司马迁的《史记·货殖列传》,根据自战国至西汉初的自然条件和经济状况,叙述各地的生产、生活及风俗习尚的地域差异,他将全国分为山东、山西、江南、龙门碣石以北(即由黄河山陕峡谷南端向东经中条山、太行山、燕山至渤海湾一线)四大地区。刘向将汉朝全境划分为若干区域,朱赣则按区记述风俗,后为班固辑录于《汉书·地理志》篇末。卢云据此整理出西汉的文化区域可分为关中、巴蜀、齐地、鲁地、楚地、燕地、赵地、韩魏周宋、郑卫、越和西南夷11个文化区②。各个文化区内人群的生活方式,有着相当大的区别。对此,《史记·货殖列传》曾经总结道:

> 楚越之地,地广人稀,饭稻羹鱼,或火耕而水耨,果隋嬴蛤,不待贾而足,地埶饶食,无饥馑之患,以故呰窳偷生,无积聚而多贫。是故江、淮以南,无冻饿之人,亦无千金之家。沂、泗水以北,宜五谷桑麻之畜,地小人众,数被水旱之害,民好畜藏,故秦、夏、梁、鲁好农而重民。三河、宛、陈亦然,加以商贾。齐、赵设智巧,仰机利。燕、代田畜而事蚕。……

各地人群的生活方式,与当地自然环境、经济条件等,都有着密切的关系。以楚人为例,《汉书·地理志下》亦曾指出:

> ……楚有江汉川泽山林之饶;江南地广,或火耕水耨。民食鱼稻,以渔猎山伐为业,果蓏嬴蛤,食物常足。故呰窳偷生,而亡积聚,饮食还给,不忧冻饿,亦亡千金之家。信巫鬼,重淫祀。……

《汉书·地理志》的描述,基本上沿袭了《史记·货殖列传》的记载。"呰窳"也就是贪懒、萎靡不振的意思。南方由于山林富饶,河流湖泊星罗棋布,楚人通过"火耕水耨"、"渔猎山伐"等粗放式的经营,即能衣食常足,这也就养成了楚人不事力作的生活习俗。此外,楚人以崇巫重祀、尊凤崇龙、尚武、尚左和酷好细腰等风习,既与北方各地的诸多人群相区别,而且即使是在南方,也表现出了鲜明的地域特色③。

在北方,"邯郸倡"颇为有名。《史记·货殖列传》指出:"中山地薄人众,犹有沙丘纣淫地余民,民俗懁急,仰机利而食。丈夫相聚游戏,悲歌慷慨,起则相随椎剽,休则掘冢作巧奸冶,多美物,为倡优。女子则鼓鸣瑟,跕屣,游媚贵富,人后宫,遍诸侯。……今夫赵女郑姬,设形容,揳鸣琴,揄长袂,蹑利屣,目挑心招,出不远千里,不择老少者,奔富厚也。"对于上述的记载,《汉书·地理志下》也有类似的文字,只是将"中山"改作"赵、中山",最后的文字作"女子弹弦跕躧,游媚富贵,遍诸侯之后宫"。而《盐铁论·毁学》中也有"赵女不择丑好,……皆为利禄也"的记载。根据卢云的研究,春秋时期,西至关中,东至齐鲁,包括郑、卫、周、曹、楚、蔡等地,广泛存在着一种"奔婚"(即女子不用媒妁、不经父母的自愿择偶婚姻)的文化习俗。及至战国以后,"奔婚"习俗主要保留在赵、郑、中山一带,并与当地发达的歌舞伎业相结合,发展成为以歌舞伎乐游媚富贵、谋取王公贵族妻妾之位的风气。最为典型

---

① 李学勤:《东周与秦代文明》,文物出版社,1984年6月,第11～12页。
② 卢云:《汉晋文化地理》结束语《汉晋时期的文化区域及其变迁》,第485页。
③ 宋公文,张君:《楚风俗志》,湖北教育出版社,1995年7月,第514～533页。

的例子便是战国末年，秦、楚、赵三国王后都是出自邯郸歌舞女伎。此种人群现象，西汉时期尚继续保存，东汉以后逐渐势微，但其流风余韵，迄至三国西晋仍然隐约可见①。

在齐地，“长女不嫁”的“巫儿”也颇有特色。据《汉书·地理志下》记载：

> 始桓公兄襄公淫乱，姑姊妹不嫁，于是令长女不得嫁，名曰“巫儿”，为家主祠，嫁者不利其家，民至今以为俗。

根据卢云的研究，长女不嫁、为家主祠之俗曾是整个华夏族早期的一种文化现象。春秋战国时代，除齐地外，郑卫、周南、召南、楚地、曹地都存在过这样的习俗。只是以后随着社会的发展以及儒家伦理观念之日渐普及，才从广大的流行区域收缩到了齐地一隅，并于西汉以后衰歇②。

从人才分布来看，秦汉时代山东、山西的人群现象值得瞩目。对此，《汉书·赵充国传》赞指出：

> 秦汉以来，山东出相，山西出将。秦将军白起，郿人；王翦，频阳人。汉兴，郁郅王围、甘延寿，义渠公孙贺、傅介子，成纪李广、李蔡，杜陵苏建、苏武，上邽上官桀、赵充国，襄武廉褒，狄道辛武贤、庆忌，皆以勇武显闻。苏、辛父子著节，此其习称列者也，其余不可胜数。何则？山西天水、陇西、安定、北地处势迫近羌胡，民俗修习战备，高上勇力鞍马骑射。故《秦诗》曰：“王于兴师，修我甲兵，与子皆行。”其风声气俗自古而然，今之歌谣慷慨，风流犹存耳。

郿县，治今陕西省眉县以东渭河北岸，属右扶风；频阳，治今陕西省富平县东北美原镇西南，属左冯翊；郁郅，治今甘肃省庆阳县，属北地郡；义渠，治今甘肃省宁县西北，也属北地郡；成纪，治今甘肃省静宁县西南，属天水郡；杜陵治今陕西省西安市东南，属京兆尹；上邽，治今甘肃省天水市，属陇西郡；襄武，治今甘肃省陇西县东南，亦属陇西郡；狄道，治今甘肃省临洮县，为陇西郡治。秦汉时代的山东、山西，是以崤山、华山和函谷关为界的，故又有“关东”、“关西”之称。《后汉书·虞诩传》即称：“谚云：‘关西出将，关东出相。’”关西地处农耕的汉族与西北游牧部族交错分布的地区，为了应付不同民族之间时常发生的流血与冲突，当地民间“修习战备”，遂形成了勇武善战的区域风俗及骠悍的人群性格。《汉书·地理志下》曰：“汉兴，六郡良家子选给羽林、期门，以材力为官，名将多出焉。”所谓六郡，是指陇西、天水、安定、北地、上郡和西河（相当于今山西、陕西、甘肃、宁夏、内蒙古等地）。当时，六郡良家子弟是京师羽林、期门军的主要兵源。至于关东地区，《汉书·地理志下》也说，“汉兴以来，鲁、东海多至卿相”，这可作为“关东出相”的一个注脚。鲁（国）治鲁县（今山东省曲阜），辖境相当于今山东省曲阜、滕县、泗水等县地；东海郡治郯（今山东省郯城北），西汉末辖境相当于今山东省东南隅及苏北一带。这一带是西汉时期的文化中心地区，经学与仕宦相结合，文化最为发达，出现了许多世代读经的簪缨士族。据杨兆贵的统计，西汉丞相46人，依其籍贯或出生地计，属山东者36人。其中，出相较多的是沛、邹鲁、东海及河内诸郡。其中的鲁国经学人才特别众多，多位至丞相，宣帝、元帝以后为尤盛③。

“关东出相，关西出将”是一种独特的人群现象，它反映了不同区域风俗背景下所形成

---

① 卢云：《汉晋文化地理》第三章《汉晋时期婚姻形态的地理研究》，第262～268页。
② 卢云：《汉晋文化地理》第三章《汉晋时期婚姻形态的地理研究》，第278～287页。
③ 杨兆贵：《论班孟坚“山东出相”说》，《中华文史论丛》第五十七辑，上海古籍出版社，1998年7月，第166～204页。

的人材地理分布，有着悠久的民俗传承。直到公元四五世纪之交，十六国时期的后秦国君姚兴还对群臣说道："古人有言，关东出相，关西出将，三秦饶俊异，汝颍多奇士"[①]。根据卢云的研究，姚兴所谓的"古人有言"、"关东出相，关西出将"是西汉时期的谚语，而"三秦饶俊异，汝颍多奇士"，则当为东汉以来的状况。"三秦"亦即关中地区的别称，这一带在西汉武帝以后，文化迅速发展。及至东汉时期，文化继续保持着发达的状态。而颍川、汝南一带，则后起直追，文化发展较快，公卿、学者、士人辈出，著述丰硕，居于诸郡国之前列[②]。东汉末曹操与荀彧书曰："颍汝固多奇士"[③]。不少汝颍士人为当时的军阀混战运筹帷幄。直到东晋，仍有"汝颍之士利如锥"之说[④]。

与"关东出相，关西出将"的人群现象相似，西汉以来，长江上游也有"巴有将，蜀有相"[⑤]的说法。成都平原的蜀郡在西汉时是文化发达地区，而巴郡东部"人多劲勇，少文学，有将帅材"[⑥]。

在魏晋南北朝时期，南北地域文化的差异日益明显。北方人具有强烈的文化优越感，《魏书》卷九六《司马睿传》载："中原冠带呼江东之人皆为貉子，若狐貉类云。巴、蜀、蛮、僚、溪、俚、楚、越，鸟声禽呼，言语不同，猴、蛇、鱼、鳖，嗜欲皆异。"据陈寅恪、周一良等人的研究，魏晋以来，中原人常常咒骂南方人为"貉子"或"貉奴"[⑦]。出于自卑的心理，吴地人士则企慕中原，仿效北方的洛下风习。

永嘉之乱以后，晋室东渡，"中州士女避乱江左者十六七"，中原士族南迁，江南"吴姓"与渡江"侨姓"之间在相当长的一段时间内，存在着严重的对立情绪。江南土著与渡江侨旧的通婚，甚至被视作无异于乱伦。东晋葛洪曾指出江南人慕效洛阳的书法、语言、哀哭和居丧，如"转易其声音，以效北语……乃有遭丧者而学中国哭者"[⑧]。根据陈寅恪等人的研究，江南士族普遍学习洛阳话。当时，洛阳玄风传播到江南，清谈要说标准的洛阳话，洛阳话成为南朝的官话。南朝士族读书要仿效洛阳书生特有的腔调，称为"洛生咏"[⑨]。与此同时，南朝士大夫鄙夷江淮以北之人，称之为"伧楚"。慧琳《一切经音义》卷六五引《晋阳秋》曰："吴人谓中国人为伧人，又总谓江淮间杂楚为伧。"根据余嘉锡的解释，"伧"是对"鄙野不文之人"的指称，原来并无地域之分，"自三国鼎峙，南北相轻，吴人自负其山川之美，物产之丰，起居被服，自命风流"。晋室南渡以后，吴人称呼南渡士大夫为"伧"，而这批中原旧族，居吴既久，习其土风，又转效吴人口吻，称后来南渡者为"伧"。"大抵晋宋以后，凡南人而不能操建康语者，则皆目之为楚云"[⑩]。

东晋十六国时期，北方各地产生了大批流民。其中凝聚力最强、活动地域最广、历时最久的一批人群，称为"（并州）乞活"。乞活自惠帝光熙元年（306年）自并入冀，辗转迁徙。至

---

① 《晋书·姚兴载记下》。
② 卢云：《汉晋文化地理》第一章《汉晋时期学术文化的区域特征及其变迁》，第66～70页。
③ 《三国志·魏志·郭嘉传》。
④ 《晋书·祖纳传》。
⑤ 晋 常璩：《华阳国志》卷一《巴志》，刘琳校注，巴蜀书社，1984年7月，第90页。
⑥ 《华阳国志》卷一《巴志》，第83页。
⑦ 陈寅恪：《魏书司马睿传江东民族条释证及推论》，《金明馆丛稿初编》，"陈寅恪文集"之二，上海古籍出版社，1980年8月，第69～106页；周一良：《西晋王朝对待吴人》，载《魏晋南北朝史札记》，中华书局，1985年3月，第72～75页。
⑧ 葛洪：《抱朴子·讥惑篇》，参见唐长孺：《读〈抱朴子〉推论南北学风的异同》，《释中国》第2卷，王元化主编，上海文艺出版社，1998年3月。
⑨ 郑欣：《洛阳玄风与南朝文化》，《魏晋南北朝史探索》，"山东大学文史书系"，山东大学出版社，1997年5月，第498页。
⑩ 余嘉锡：《释伧楚》，《余嘉锡文史论集》，岳麓书社，1997年5月，第210～216页。

东晋末元熙元年(405年)仍在河南一带活动[①]。自此迄至唐朝前期,关东地区尚武风气历久未泯[②]。

及至隋朝,虽然南北统一,但由于民俗传承的惯性,各地的风俗仍然纷繁多样。《隋书·地理志》论述了南北朝后期梁、陈、齐、周和隋五代的政区沿革及社会文化,将隋炀帝时全国190个郡按《禹贡》九州编排,并叙其风俗,其中就有不少对人群现象的描述。比如,冀州"人性多敦厚,务在农桑,好尚儒学,而伤于迟重。前代称冀、幽之士纯如椎[棰],盖取此焉"[③],这是指冀州人士的敦厚迟重。又如,"齐郡旧曰济南,其俗好教饰子女淫哇之音,能使骨腾肉飞,倾诡人目,俗云'齐倡',本出此也"[④]。显然,当时的"齐倡",与先秦两汉时期的"邯郸倡",几乎可以相提并论。再如,"京口东通吴、会,南接江、湖,西连都邑,亦一都会也。其人本并习战,号为天下精兵,俗以五月五日为斗力之戏,各料强弱相敌,事类讲武"[⑤]。在六朝时期,京口因山为垒,缘江为境,为东南襟要所在,兵家必争之地,故而当时人以之为建业之"门户"。长期的战略要地以及频繁的军事纷争,形成了当地人"习战"的特征以及"斗力之戏"的民俗活动。与江北各地较为发达的经济、文化水准相比较,江南则显得相对滞后:

> 江南之俗,火耕水耨,食鱼与稻,以渔猎为业,虽无蓄积之资,然而亦无饥馁。其欲主鬼神,好淫祀,父子或异居,此大抵然也。……
>
> 自岭以南二十余郡,大率土地下湿,皆多瘴疠,人尤夭折。……

江南的风俗,与《史记》、《汉书》时代并没有太大的差异。这从人群现象中也可窥其端倪。唐代的私白(宦官),主要就来自福建和岭南。《新唐书·宦者传上》:"诸道岁进阉儿,号'私白',闽岭最多,后皆任事,当时谓闽为中官区薮。"尽管究竟是闽还是京畿地区为"中官区薮",学术界仍然有着不同的见解[⑥],但诸道进献的阉儿以"闽岭最多",则是断无疑义的。中唐顾况一曾有《囝一章》诗:

> 囝生闽方,闽吏得之,乃绝其阳。
> 为臧为获,致金满屋;
> 为髡为钳,如视草木。
> 天道无知,我罹其毒。
> 神道无知,彼受其福。
> 郎罢别囝:吾悔生汝!
> 及汝既生,人劝不举。
> 不从人言,果获是苦。
> 囝别郎罢,心摧血下;
> 隔天绝地,及至黄泉,不得在郎罢前[⑦]。

闽俗呼子为囝,父为郎罢。《囝一章》写的就是闽吏为朝廷置办阉宦、买卖人口之事。

及至两宋时期,南北地域社会的发展,呈现出了更大的分异,各地人群的性格特征愈

---

① 周一良:《乞活考》,《魏晋南北朝史论集》,中华书局,1983年12月,第12~29页。
② 史念海:《唐代前期关东尚武风气的溯源》,《中华文史论丛》1982年第3辑,第25~48页,上海古籍出版社。
③④《隋书·地理志中》。
⑤《隋书·地理志下》。
⑥ 杜文玉:《唐代宦官的籍贯分布》,《中国历史地理论丛》,1998年第1期,第161~174页。
⑦《全唐诗》卷二六四,顾况一,中华书局,1990年2月,第8册,第2930页。

益明显。明人谢肇淛曾引用《绀珠集》的记载说："东南，天地之奥藏，其地宽柔而卑，其土薄，其水浅，其生物滋，其财富，其人剽而不重，靡食而偷生，其士懦脆而少刚，笮之则服。西北，天地之劲力，雄尊而严，其土高，其水寒，其生物寡，其财确，其人毅而近愚，饮淡而轻生，士沉厚而慧，挠之不屈"。"剽"是轻捷、聪慧的意思，与西北之"近愚"形成了强烈的反差。《绀珠集》见宋人《直斋书录解题》卷十一，为朱胜非杂抄诸家传记、小说而成。谢肇淛认为，"此数言足尽南北之风气，至今大略不甚异也"①。北宋时期，南北士大夫相轻之风极为盛行，北人视南方为"下国"，而南人则视北人为"伧夫"②。

从南北人文变迁的角度来看，北宋真宗朝的"澶渊之盟"是一个重要的转折点。陆游在《渭南文集》卷三中说道：

> 伏闻天圣以前，选用人才多取北人，寇准持之尤力，故南方士大夫沉抑者多。仁宗皇帝照知其弊，公听并视，兼收博采，无南北之异。于是范仲淹起于吴，欧阳修起于楚，蔡襄起于闽，杜衍起于会稽，余靖起于岭南，皆一时名臣。……及绍圣、崇宁间，取南人更多，而北方士大夫有沉抑之叹③。

在北宋政局中，南方人的地位日趋显著。据张家驹的统计，北宋宰相福建有10名，仅次于河南居第二位；江西有6名，与山东并列第三。司马光曾对宋神宗说："闽人狡险，楚人轻易，今二相皆闽人，二参政皆楚人，必将援引乡党之士，充塞朝廷，风俗何以更得淳厚？"④ 虽然不无偏见，但亦可见福建人、江西人（即楚人）等已成为一个特殊的群体，崛起于中国政坛，并为北方士大夫所嫉恨。

北宋天禧四年（1020年），分江南路置江南东路和江南西路。后者简称为"江西路"；而前者所领的饶州、信州、江州和南康军，也在今天的江西省境内。在两宋时代，江西人才辈出，及至11世纪初，王钦若成了第一个当上宰相的南方人。其他著名的人物还有：临川人晏殊，庐陵人欧阳修和周必大，南丰人曾巩，新余人刘敞，临川人王安石，高安人刘恕，分宁人黄庭坚，鄱阳人洪浩、洪适、洪遵，吉水人杨万里等。江东路的饶州人，在宋代更是相当令人瞩目。在北宋，饶州是神童辈出的地区。当时特设"童子科"（亦称童子举），十五岁以下能通经作诗赋者，应试后给予出身并授官。在这种"学而优则仕"政策的刺激下，社会上涌现出一大批"初当移步来相谒，方及能言便诵诗"的"神童"。宋真宗曾作"七闽山水多才俊，三岁奇童出盛时"一诗，赐予福建"神童"蔡伯俙。神宗元丰年间，饶州浮梁（今江西景德镇市）"神童"朱天申年仅十二即能背诵"十经"，父亲带他入京自荐，经考试赐五经出身，又获赏钱五万，其父用这些钱为他建造书楼，购置典籍；朱天申从弟朱天锡年十岁，也能背诵七经，亦获同样恩典。叶梦得的《避暑录话》曰：

> 饶州自元丰末朱天锡以神童得官，俚俗慕之，小儿粗能念书，自五六岁即以次教之五经，以竹篮坐之木杪，绝其视听，教者预为价，终一经，偿钱若干，流俗因言饶州出神童。然苦之以至于死者，盖多多也。

饶州地处鄱阳湖平原地区，嘉祐年间吴孝中所作《余干县学记》曾指出："饶地沃土平，饮食丰贱，众士来往凑聚，人语有吴楚之音。江之东西冠带诗书甲于天下，江南既为天下

① 《五杂俎》卷三《地部一》，伟文图书出版社出版公司印行，1977年4月，第56页。
② 张家驹：《两宋经济重心的南移》，湖北人民出版社，1957年4月，第133页。
③ 转引自张家驹：《两宋经济重心的南移》，湖北人民出版社，1957年4月，第135～136页。
④ 《宋史纪事本末》卷三七《王安石变法》，中华书局，1977年5月，第335页。

甲，而饶人喜事，又甲于江南”①。在宋代，饶州不仅是富庶的大州，而且文风也相当繁盛，神童的培养便是士习民风中极端的例子。由于对读书的重视，饶州地域英隽叠出，彬彬乎盛矣。汪藻的《修德兴县门楼记》称：“自大江以东，岁以士荐于京师者，其州十而饶为最，环饶之境，而德兴为最”②。及至南宋绍兴末年，朝士多饶州人。时人语曰：“诸公皆不是痴汉。”又有监司发荐京官状，以关节欲与饶州人。或规其当先孤寒，监司愤然曰：“得饶人处且饶人！”③《老学庵笔记》所记虽然不无调侃，但却反映了饶州人在政坛上相互汲引，咄咄逼人，形成了较大的影响。

除了“饶州人”外，福建和四川两地的人群也受到了世人的瞩目。对此，程民生的《宋代地域文化》一书中，有比较详尽的分析，此处根据他的研究略作概述。

关于福建人，朱彧《萍洲可谈》卷三曰：“中州人每为闽人所窘，目为‘福建子’，畏而憎之之辞。”可见，当时中州人因畏憎福建人而称之为“福建子”。不仅是中州人如此，江西人王安石，被福建人吕惠卿出卖排挤、罢相退居江宁以后，往往写“福建子”三字以发泄胸中之愤怒。四川人苏轼与吕惠卿也是政敌，曾指斥后者：“福建子亦会做文字！”而司马光与吕惠卿曾在宋神宗面前激烈论战。时人评价：“一个陕西人，一个福建子，怎生厮合得着！”对于福建人的性格，当时人认为：“闽士轻狭。”司马光也指出：“闽人狡险”，并曾说王安石“心术似福州”。对此，程民生认为：“大致都是说福建人有心机，好捉弄人，致使北方人难以应付，不堪忍受，对其又怕又厌恶”④。

至于四川人，当时的绰号是“川蠢直”。黄庭坚指出，中州人因蜀人放诞不羁而称之为“川蠢直”。“蠢直是宋代中原地区的俗语，据史料可理解为不规矩、不成熟。换句话说，宋代四川人的习性比较洒脱，有点儿放诞，与中原地区传统的封建礼法不相一致，因而使中原人看不惯，受到蔑视”⑤。

福建与四川两地，当时有“闽蜀同风，腹中有虫”的说法。程民生认为，福建、四川相近之处有以下数点：一是文明昌盛；二是宗教兴盛；三是乡土观念浓郁；四是宗法观念淡薄；五是民间蓄养蛊毒。闽蜀同风，说明了“闽蜀文化已形成咄咄逼人之势，对北方以及南方其他地区产生冲击和威胁，引起北方等地的不安”⑥。

江西、福建和四川人群的脱颖而出，促成了该三地的一些神庥，一跃而为全国性的民间信仰。如五显信仰，就是饶州德兴的地域性神祇。据道光《德兴县志》卷三《风俗志》记载：“德兴山峭川驶，都人士大抵务实行，黜浮嚣，故人文于宋为江省冠”，地域社会人文的兴盛，使得神灵亦夤缘际会。德兴的五显神，据说始于唐代，然其见诸典籍实始于宋。五显神信仰流行于江西德兴一带，乃兄弟五人为神，宋代封为王，其封号第一字皆为“显”，故称五显神。据《夷坚志》记载，五显原是德兴当地御灾捍患的土神，大观年间始赐庙额曰“灵顺”，此后渐次加封。后来是五位士人的打扮。南宋时其影响已不限于江西一地，故都城临安（今杭州市）钱塘门外有五圣行祠，成为“正神，享国家血食”。此后，德兴五显与发源于一县之隔（徽州婺源）的五通相互糅合，成为元、明、清时代江南一带极为重要的民间信仰。而宋

① 《舆地纪胜》卷二三“饶州·风俗形胜”，第二册，第1032页。
② 《舆地纪胜》卷二三“饶州·风俗形胜”，第二册，第1033～1034页。
③ 宋 陆游：《老学庵笔记》卷一，“唐宋史料笔记”，中华书局，1997年12月，第8页。
④ 《宋代地域文化》，第54～55页。
⑤ 《宋代地域文化》，第54页。
⑥ 《宋代地域文化》，第54～59页。

代福建地域文化的发展，也使得原本局限于莆仙一带对“崇福夫人”的信仰，声名大震，逐渐发展成为后世风靡全国各地乃至海外的“天妃”信仰。至于四川，梓潼县一带东晋以前信仰恶子神，宋代士人以科举为终南捷径，祈祷神灵询问功名利禄之风颇甚。而斋戒乞梦于梓潼神祠，被认为是能预知士人之穷达升迁，故而为人们所信奉。及至南宋时期，奉祀尤虔，各地纷纷建祠崇祀①。任熙明的《教授题名记》曰：“蜀为西南巨屏，由汉以来，号为多士，莫盛于眉、益二邦，而嘉次之”②。梓潼神信仰的兴盛，显然也与四川地域文化的崛起有关。

蒙古统一全国以后，推行民族等级政策：第一等为蒙古人，第二等为色目人，第三等为汉人（又称汉儿，概指原金朝境内的各族人，包括汉族、女真、契丹、渤海、高丽人以及附元较早的云南、四川的大部分居民），第四等称为南人（亦称“蛮子”、“新附人”等），概指原南宋境内的各族人。南人则将前三种人统称为“北人”。当时的“南人”与“北人”，在诸如法律、赋役、选举和任官等诸多方面，都享有不平等的待遇。“南北之士，亦自町畦，以相訾甚，若晋之与秦，不可与同中国”③。町畦，是比喻界限或规矩约束。这说明了在元代南人与北人之畛域极为分明。例如，在任官方面，元末明初浙西人叶子奇曾指出：

> 天下治平之时，台省要官皆北人为之，汉人、南人万无一二。其得为者不过州县卑秩，盖亦仅有而绝无者。后有纳粟、获功二途，富者往往以此求进。令之初行，尚犹与之，及后求之者众，亦绝不与南人。在都求仕者，北人目为‘腊鸡’，至以相訾诟。盖腊鸡为南方馈北人之物也，故云④。

腊鸡是指风干的鸡肉。在明代，它成了江西人的地讳（绰号）。

二、明清以降各地的区域人群

（一）概　　述

根据葛剑雄的研究，明代的人口从洪武二十六年（1393 年）的约 7 000 万，以年平均递增 5‰计，到万历二十八年（1600 年）应有 1.97 亿人。万历二十八年以后，总人口还可能有缓慢的增长，所以明代的人口峰值已接近 2 亿了⑤。17 世纪以后区域人群的大批涌现，显然是这种人口压力背景下的产物。嘉靖时人何良俊指出：

> 余谓正德以前，百姓十一在官，十九在田。盖因四民各有定业，百姓安于农亩，无有他志。……自四五十年来，赋税日增，徭役日重，民命不堪，遂皆迁业。……昔日逐末之人尚少，今去农而游手趁食，又十之二三矣。大抵以十分百姓言之，已六七分去家矣⑥。

正德年间相当于 16 世纪初期的明代中叶，在此之后，迁业逐末之人骤增。何良俊的观察虽然是一般性的概述，但这种反映一般趋势的结论，也可以从各地的方志记载中得到验

---

① 宗力，刘群：《中国民间诸神》，河北人民出版社，1986 年 9 月，第 91～109 页。
② 《舆地纪胜》卷一四六“成都府路·风俗形胜”，第 4 册，第 3926 页。
③ 元 余阙：《青阳集》卷四《杨君显诗集序》，转引自周良霄，顾菊英著：《元代史》，上海人民出版社，1993 年 10 月，第 381 页。
④ 《草木子》卷三上《克谨篇》，中华书局，1983 年 4 月，第 49 页。
⑤ 葛剑雄著：《中国人口发展史》，福建人民出版社，1991 年，第 241 页。
⑥ 明 何良俊：《四友斋丛说》卷十三，“元明史料笔记丛刊”，1959 年 4 月，第 111～112 页。

证。譬如，万历《歙志·风土》就曾指出，正德末年至嘉靖初年，徽州弃农经商之人日渐增多，方志形容当时的社会状况相当于一年四季中的春分之后、夏至以前，气候渐趋炎热，亦即社会的转型时期。

在人口最为稠密的江浙一带，弃农迁业之人为数最多，故而区域人群的涌现也最为众多。17世纪中叶就有人指出：

重农固为务本，但今人稠地窄处，竟有无田可耕者，因其土俗，各有力食之路，但占一艺，便非游手，此亦救荒源头①。

这是对治生手段的一种崭新认识。显然，各地的芸芸众生，都"因其土俗"，开拓自己的"力食之路"。经过数代的家传户习，不同区域的经济背景和文化传统，也就塑造出各地不同的人群性格，并逐渐形成纵向遗传和横向衍播的民俗传承。于是，浙东的"绍兴刀笔"，皖南的"徽州朝奉"，晋中的"山西票商"，淮河两岸的"凤阳乞丐"，等等，都成为名闻遐迩、具有悠久民俗传承的区域人群②。

关于各地的区域人群，诸多文献均不乏记载。如清乾隆、嘉庆时人梁绍壬即曾指出：

本朝殿撰，吴下为多。有苏人以此夸于座中。忽一人冷语曰："苏州出状元，亦犹河间出太监，绍兴出惰民，江西出剃头师，句容出剔脚匠，物以类聚，无足怪也"③。

这里指出了"苏州状元"、"河间太监"、"绍兴惰民"、"江西剃头师"和"句容剔脚匠"等数个区域人群或人群现象。《新刻三十六码头》亦云：

正月梅花报立春，文武官员在北京，当朝里奉徽州去，油车小工出长兴；……八月桂花阵阵香，扬州出得美娇娘，小脚姑娘村村有，大脚婆娘出凤阳；……④

"当朝里奉徽州去"，当指"徽州朝奉"(《新编百草梨膏糖全本》也有唱三十六码头的，亦以十二月花为序，内容与上述《新刻三十六码头》大同小异，此句则作"当典朝奉徽州出")。显然，这里指出了"徽州朝奉"、"扬州瘦马"和"凤阳乞丐"等蜚声远近的区域人群。而在近代的上海，吴趼人《沪上百多谈》也曾指出：

衙门里师爷多绍兴人，剃头司务多句容人，典当朝奉多徽州人。……卖土挑膏多广东人，卖熏肠熏腊多无锡人，卖拳多山东人，收纸锭灰多绍兴人，酱园多海盐人，药店多宁波人。……⑤

其中，谈及"绍兴师爷"、"徽州朝奉"等诸多区域人群及人群现象。

在人口压力背景下所形成的频繁的社会流动，使得各地人群之交流空前活跃。通过不断的碰撞与交往，不同区域人群的性格特征日益明显。晚明谢肇淛就曾指出：

天下推纤啬者必推新安与江右，然新安多富，而江右多贫者，其地瘠也。新安人近雅而稍轻薄，江右人近俗而多意气。齐人钝而不机，楚人机而不浮。吴、越浮矣，而喜近名。闽、广质矣，而多首鼠。蜀人巧而尚礼，秦人鸷而不贪。晋陋而实，洛浅而愿。粤轻而犷。滇夷而华。要其醇疵美恶，大约相当，盖五方之性，虽天地

① 明 祁彪佳:《祁彪佳集》卷五《救荒全书小考》，上海中华书局，1960年2月，第78页。
② 《区域人群文化丛书》总序，福建人民出版社。
③ 《两般秋雨庵随笔》卷一"苏州状元"条，"明清笔记丛书"，上海古籍出版社，1982年8月，第20页。
④ 《绘图最新各种时调山歌》辰集，复旦大学图书馆特藏部藏。
⑤ 顾炳权编著:《上海风俗古迹考》，华东师范大学出版社，1993年6月，第478页。

不能齐，虽圣人不能强也①。

这是相当概括的说法。对此，明嘉靖、万历时人张瀚、万历时人王士性及清雍正年间的李培等，都有更为具体的描述。如李培引《舆地志略》曰："山东其地土旷人稀，性豪气刚，易于为变。"又引《焚余集》曰："盖齐鲁细人，多义气直性，舍命力前，惟不知理之是非"②。这些对历史时期山东人性格特征的描写，直到当代，仍然有着相当的真实感③。从总体上看，与南方相比，北方人相对比较淳朴。如王士性就指出："中州俗淳厚质直，有古风，虽一时好刚，而可以义感。语言少有诡诈，一斥破之，则愧汗不敢强辩"④。"中州"在明清时代是专指河南省，当地民风淳朴，从总体上看，绝不像江南一带人那样狡黠善辩。

对于各地人群的特征或性格，明清时代流传有不少"地讳"，部分程度上也凸显了各地人群的区域特色。对此，褚人获《坚瓠乙集》卷一《各省地讳》曰：

> 各省皆有地讳，莫知所始，如畿辅曰响马，陕西曰豹，山西曰瓜，山东曰胯，河南曰驴，江南曰水蟹，浙及徽州曰盐豆，浙又曰呆，江西曰腊鸡。元时江南亦号腊鸡，福建曰癞，四川曰鼠，湖广曰干鱼，两广曰蛇，云贵曰象，务各以讳相嘲⑤。

上述的诸多"地讳"，以民风、饮食、物产甚至地方病等，渲染各地人群的性格特征。例如，"盐豆"就是形容南方人的俭啬成癖。北方人通过江南人嗜食的盐豆，形象地概括出自己眼中的南人脾性。"地讳"实际上也就是对一地人群的绰号。民国时人徐谦芳指出：

> 世人往往重视其乡，而藐视异乡之人。不独江、淮人呼山东人为侉子，淮、徐人呼浙、闽人为蛮子，淞、沪人呼淮南人为江北老。此风自古已然，如《魏书·司马睿传》，所谓中原冠带，呼江东之人皆为貉子，若狐貉类是也。貉居东，故居于东方者，每好以貉子加之。下河在扬州之东，扬州人辄以冒子呼之。盖冒之为言貉，俗书作貊，实为鄙薄之辞，殆与晋代中原之于江东将毋同⑥。

里下河地区常年水潦成患，一遇灾祲，多乞食于广陵城内。故而扬州人对里下河一带人群的歧视，早在清代就相当严重。焦东周生《扬州梦》卷三《梦中事》就指出：

> 吴派最文静，南省人亦自大方。淮产带北气，土著俊俏，自盐埠诸场垣来者，虽高下不一，大抵风流衣钵，习为自然，恶谑丑态，在所不免。
>
> 语轻则清，吴语清滑，扬语清隽，皆从舌头上流转也。……由南省至者，然曰着，着如照，语犹涉躁，不然曰毋，其声在喉鼻平上之间，缓而柔，甚有态致。(扬州府)八属江(都)、甘(泉)外，仪(征)语为佳，甚不堪者，泰州最甚⑦。

焦东周生笔下这些不同地域人所操的不同方言，虽然是针对曲中诸姬而言，但方言也的确成了人群乡土背景乃至职业高低的一个重要特征。

清代福州里人何求所作方言小说《闽都别记》第394回中，有连江人与福清人对对子。连江人出上联贴于灯笼上："古田兄缚甑，做福清糕，炊长乐粿。"福清人即对"汀州拐打刀，剖连江鸡，教罗源猴。"甑是古代蒸食的食器，修理食器是古田人的绝活；做碗糕在福州澡

---

① 《五杂俎》卷四《地部二》，第96页。
② 《灰画集》卷七，山东，训练总监编辑局编刊，第四册，第427,429页。
③ 关于山东人，胡朴安:《中华全国风俗志》下篇卷二"山东"，有"济南人之特性观"，第13～15页。
④ 《广志绎》卷三《江北四省》，第37页。
⑤ 《坚瓠集》第1册，浙江人民出版社，1986年8月，第1页；沈德符:《万历野获编》卷二六《谐谑·谑语》亦曾指出："……盖俗号江右人为腊鸡头，……盖楚人例称干鱼头，中州人例称偷驴贼。"下册，第665页。
⑥ 《扬州风土记略·杂缀》，台湾国立中央图书馆出版品，1992年1月，第144页。
⑦ 《扬州梦》卷三《梦中事》，上海书店，1982年6月，第37,41页。

堂等处贩卖，则是福清人的职业；连江人则主要兜售连江鸡等等。猴、鸡等既是表示当地的物产，也是用来状摹人群的性格特征。在福州人的眼里，所谓猴，往往是形容说话节骤快、方言难懂的异地人群。无独有偶，徽州各县人也相互嘲弄对方的性格特征，曰："休宁蛇，绩溪牛，黟县蛤蟆歙县狗，祁门猴狲打筋斗"。又如，广州人称岭北人为"外江獠"，指外省人所说的话为"蛮声"①，而在他省人看来，广东人更是典型的"鴃舌南蛮"。

不同的人群有着不同的生活方式。王士性在《广志绎》卷一中指出：

> 西北山高，陆行而无舟楫，东南泽广，舟行而鲜车马。海南人食鱼虾，北人厌其腥。塞北人食乳酪，南人恶其膻。河北人食胡葱、蒜、韭，江南畏其辣，而身自不觉，此皆水土积习，不能强同②。

由于自然条件的不同，南北地貌特征迥异，北方一马平川，极目无垠；南方河道纵横，蜿蜒曲折。故而"南船北马"、"南人乘舟，北人骑马"，一直是南北人群不同的代步工具。而北地畜产丰富，南方水产众多，又构成各异的饮食习惯之地理背景，"南吃大米北吃面"、"南甜北咸，东辣西酸"之类的俗谚远近闻名③。另外，不同的历史人文背景，也形成了迥异的家族民俗，使得南、北方的家族职能、家族类型及家族关系，都呈现出不同的特征。譬如，"宛、洛、淮、汝、睢、陈、汴、卫自古为戎马之场，胜国以来，杀戮殆尽。郡邑无二百年耆旧之家，除缙绅巨室外，民间俱不立祠堂，不置宗谱，争嗣续者，止以殓葬时作超度所烧瘗纸姓名为质。庶民服制外，同宗不相敦睦，惟以同户当差者为亲。同姓为婚，多不避忌，同宗子姓，有力者蓄之为奴。此皆国初（引者按：指明初）徙民实中州时各带其五方土俗而来故也"④。宛、洛、淮、汝、睢、陈、汴、卫，主要是指今河南省一带。王士性认为，这一带自元代以来，因兵燹战乱人口凋零，及至明初各地移民纷至沓来，当地民间不立祠堂、同姓为婚、不置宗族以及同宗关系淡漠等等，家族风俗呈现出与南方不同的景观。民国年间，胡朴安对南北人群的生活习性乃至思维方式，有过下列的论述比较：

> 北京人民，食必葱蒜（凡北式菜馆，席中必有小菜，蒜为必列之品），衣必红绿（北京庙会，旗装妇女，面部则燕支如血，衣服则文绣斑斓，举目皆是），戏必皮黄（梆子腔自民国成立后，几成绝响，近年昆曲始稍兴，然终不敌西皮、二黄之势力，上自学士大夫，下至贩夫走卒，无不会略哼几句者）。盖北方人民，感觉迟钝，无葱蒜则舌之味觉不愉快，无红绿则眼之视觉不愉快，无皮黄则耳之听觉不愉快。……且因感觉迟钝，而益求兴奋之剂以愉快，愈激愈疲，愈疲愈弱。五官本能，因以益钝，是又一原因，以感觉迟钝，故遂至脑筋简单，学说不易输入，文化因以不进步，实人群进化之障碍⑤。

以今天的眼光视之，胡氏的观点显然颇有偏颇，但他所阐述的南北人文风俗异趣的现象，也确实不无道理。

---

① 胡朴安：《中华风俗志》上篇卷八"广东"，第 7 页。
② 《广志绎》卷一《方舆崖略》，第 3～4 页。
③ 崔莫愁：《安徽乡土谚语》，黄山书社，1991 年 12 月，第 45～46 页。
④ 《广志绎》卷三《江北四省》，第 43 页。
⑤ 胡朴安：《中华风俗志》下篇卷一"京兆"，第 1～2 页。

（二）区域人群举隅

1. 京师及其周围的各色人群

明永乐年间迁都北京，此后的京师五方杂处。沈德符曾描述过亲身历经的一场口技表演，其中所反映的颇堪玩味：

……一瞽者，以一小屏围于座隅，并琵琶不挈，但孤坐其中。初作徽人贩姜邸中，为邸主京师人所赚，因相殴投铺，铺中徒隶与索钱，邸主妇私与徒隶通奸。或南，或北，或男，或妇，其声嘈杂，而市井不乱，心已大异之。忽呈解兵马，兵马又转解巡城御史鞠问，兵马为闽人，御史为江右人，掌案书办为浙江人，反复辨诘，种种曲肖，廷下喧哄如市，诟詈百出。忽究出铺中奸情，遂拖夹拶诸刑，各操其乡音，逾时毕事而散，……①

口技中出现的贩姜之徽商，掌案书办的绍兴胥吏，以及京师人、福建人、江西人等，“或南，或北，各操其乡音”，正是晚明以来在北京各地人群杂居、交往的真实写照。对此，在北京生活过多年的谢肇淛非常概括地指出：

燕云只有四种人多：奄竖多于缙绅，妇女多于男子，娼妓多于良家，乞丐多于商贾②。

“奄竖”也就是太监。明清定都北京，京畿地区成为宦官辈出之地。早在明代，这一带盐碱地一望无际，再加上“皇庄”（由皇室占有的土地）星罗棋布，故而百姓生活维艰。这些皇庄多由太监掌管，当地的地痞流氓遂趋炎附势，纷纷投充为爪牙。而贫苦小民无以为生，亦多自阉其身充当太监，相沿成俗。万历时人余继登曾指出，原先宦官都是些罪犯或俘虏，自从景泰年间以后，近畿百姓因畏避差徭、希图富贵，往往自宫，赴礼部请求进宫当差，从此以后，千百为群，屡禁不止③。景泰年间当15世纪中叶，稍后于此的成化、弘治时期，另一位官员陆容亦曾指出：京畿民家，羡慕内官富贵，往往私自阉割幼男，以求宫中收用。也有一些无籍子弟，虽已婚娶却自阉其身。礼部常常为之奏请，一般是御批免死，编配口外卫所，名为“净军”。每遇赦免，则由所司按惯例奏送南苑种菜。遇到宫中有缺，即选人应役。其中也有一些聪敏解事者，竟能跻身显要④。此后，沈德符进一步总结说，正德年间，宦官极为得宠，一般百姓羡慕之余，阉割自己的子孙以图谋富贵，有的一个村甚至就达数百人之多；嘉靖、隆庆以后，自宫者愈禁愈多⑤，甚至形成了“丐阉”，为患于京畿一带。他曾亲眼目击“丐阉”这一严重的社会问题：

余入都渡河，自河间、任邱以北，败垣中隐阉竖数十辈。但遇往来舆马，其稍弱者，则群聚乞钱；其强者，辄勒马衔索犒。间有旷野中二三骑单行，则曳之下鞍，或扼其喉，或握其阴，尽括腹腰间所有，轰然散去。其被劫之人，方甦，尚昏不知也。比至都城外亦然。地方令长，视为故常，曾不禁戢，为商旅害最酷。因思高皇帝律中，擅阉有厉禁，其下手之人，罪至寸磔。而畿辅之俗，专借以博富贵，为人父

---

① 《万历野获编》卷二四《技艺·李近楼琵琶》，中册，第626页。
② 《五杂俎》卷三《地部一》，第56页。
③ 余继登：《典故纪闻》卷十四，第251页。“元明史料笔记丛刊”，中华书局，1981年7月。
④ 陆容：《菽园杂记》卷二，“元明史料笔记”，中华书局，1997年12月，第19页。
⑤ 沈德符：《万历野获编补遗》卷一《内监·禁自宫》，第815～816页。

者，忍于熏腐其子，至有兄弟俱阉，而无一人入选者，以至为乞为劫，固其宜也。……朝廷每数年，亦间选二三千人，然仅得什之一耳。聚此数万残形之人于辇毂之侧，他日将有隐忧，不止为行役之患已也①。

根据沈德符的描述，当时，明廷每数年选择二三千人入宫为太监，这不过是自宫人数的十分之一。可见，在河间一带，存在着数万规模的太监候补队伍。通过入宫为阉，其中也有人跻于显贵，明末炙手可热的权阉魏忠贤，就是河间肃宁县（今属河北）人。发展到清代，“太监为畿辅产”②，“阉宦类多河间人”③，“河间太监”亦遂蜚声远近。“河间”是指明清时代的河间府，在明代，河间府辖境相当于今天津市海河以南，山东马颊河以北，河北省任丘、肃宁、阜城、故城诸市、县以东地。及至清代雍正三年（1725 年）以后，河间府辖境缩小，约相当于今河北省任丘、肃宁、河间、献县、泊头、阜城、景县、东光、吴桥、宁津和故城等市、县地，属直隶。原先，刑部定律，凡有私自净身，俱问拟斩决。乾隆五十年（1785 年）上谕，下令删除此条，并要求直隶总督、顺天府尹严饬各属州县，“嗣后如有并无他故私自净身者，准其投内务府派拨当差，照例验看”④。根据葛庆华的分析，“河间太监”之所以在清代成为一个区域人群，主要原因有三点：一是明代业已形成的自宫风气，并未因改朝换代而消除。随着明清鼎革，需要一批新太监来补充，反而促使这种风气更为浓厚。二是当地的社会经济条件未曾改观，人们生活依然贫困，入宫当太监仍为一条求生求富的途径。三是同乡太监之间的相互援引⑤。

除了“奄竖多于缙绅”之外，“妇女多于男子”也构成明代京师人群现象的一大景观。今北京一带，自安史之乱以迄辽、金、元六七百年间，皆沦入周边少数民族的统治，“燕民习裔风浃于骨髓，召公之遗泽荡然矣。至明始一洗腥膻之俗，后遂肇建京师”⑥。永乐年间迁都北京以后，由于南方人大批迁入北京城厢，亦带去了江南一带独特的生活方式。如南方的蔬菜、花木和水产等，也在北京附近繁衍生长。对此，万历时人谢肇淛曾回忆说，他自己弱冠时至燕市，几乎看不到什么东西，除了鸡、鹅、羊、豕之外，倘能觅得一尾鱼，便是稀罕之物了。但过了 20 年，京师鱼、蟹的价格比起江南来反而要便宜，蛤蜊、银鱼、蛏蚶和黄甲等，在市场上也触目皆是。他认为，这是“风气自南而北之证也”⑦。由于南风北渐，遂使北方“边场戎马之地”一变而为“冠裳礼乐之会”。遍地可见的南方物产，甚至让人产生一种错觉——燕山的寒暑气候也与江南无大差别。

不过，虽然明初驱逐了蒙元，南风北渐也使得南北风俗的差异逐渐减小，但京师的胡族遗风仍然明显可见。我们从明万历时人沈榜所作的《宛署杂记》卷十七《民风二·方言》中，仍可看出京师方言之独特。这一点，随着定都北京，南方官吏、举子的纷纷北上，而愈来愈明显地表现了出来。由于南方人大批北上，他们与当地妇女广泛通婚和深入交往，对于“京师妇人”的性格特征，也有了深刻的印象。对此，王士性曾指出：

都人好游，妇女尤甚，……又嗜辛辣肥醲，其气狂盛，多嗜斗狠，常以酒败，其天性然也。妇人善应对官府，男子则否，五城鞭喧闹，有原被干证，俱妇人而无一

---

① 沈德符：《万历野获编》卷六《内监·丐阉》，第 178～179 页。
② 徐珂：《清稗类钞》第 1 册“阉寺类·唐宪臣自宫”条，中华书局，1996 年 6 月，第 443 页。
③ 徐珂：《清稗类钞》第 1 册“阉寺类·受宫”条，第 439 页。
④ 《钦定大清会典事例》卷八二九《刑部·刑律杂犯》，中华书局，1991 年 4 月，第 1022 页。
⑤ 关于河间太监，参见葛应华：《试论“河间太监”的形成》（未刊稿）。
⑥ 《灰画集》卷四，北直，第 2 册，第 275 页。
⑦ 《五杂俎》卷九《物部一》，第 234 页。

男子者，即有，妇人藏其夫男而身自当之[①]。

以妇人主持门户，出面打官司等，这正是胡族的遗风，凸显了“京师妇人”之大方与泼辣。沈德符还指出：

缙绅羁宦都下，及士子卒业辟雍，久客无聊，多买本京妇女，以伴寂寥。其间岂无一二志节可取者？无奈生长辇毂，馋惰性成，所酷嗜惟饮馔衣饰，所谙解惟房闼淫酣。吾辈每买一姬，则其家之姑姊姨妹麇至而嬲虀砧，稍不自爱者，一为所蛊，辄流连旬月，甚至更番迭进，使孑居男子髓竭告终，则邸中囊橐皆席卷而归，不浃旬，又寻一南人与讲婚媾矣。以余目睹，覆辙相寻，而士人尚如猩猩试酒，未能尽悟。其间命高福厚者，每迫他事南还，则此曹相率先行，所餉不满所望，必齘齿弹舌，狞凶万状，以故晋人有比之京官牙牌者，谓其出京不用也。古人云燕赵多佳人，意者别是一种耶[②]！

在京师南、北人群通婚的例子中，出现了光怪陆离的种种现象。如陆容的《菽园杂记》卷七指出，京师妇女有嫁为外京人为妻妾者，初看时，以貌美者出拜，及临娶，则以丑陋的调换，称为“戳包儿”。有过门后连宿两夜，偷盗所有钱财后逃逸，名曰“殃儿”。……种种丑陋现象之出现，更加重了南方人对“京师妇人”的恶感。故而沈德符甚至得出结论说：“都中妇女以淫悍著闻”[③]。前述口技中与徒隶通奸的邸主妇，正是曲艺作品对“京师妇人”的角色定位。

口技中出现的绍兴“书办”，更是京师当时重要的人群现象。明清时期，有很多绍兴人迁居当时的京师北京城。例如，《萧山来氏家谱·叔新兄传略》就记载说，万历年间，绍兴人大多“走京师图为幕宾，为掾房，为仓场、巡驿、尉簿之属，岁不啻千计”。所谓“幕宾”，也就是世人心目中的师爷；而掾房等则是衙门中的绍兴胥吏。“岁不啻千计”，则点明了前往京师谋生者人数之众多。“叔新兄”是万历时人，与他差相同时的王士性以及稍后的谢肇淛、沈德符等人，也都证实了绍兴人充当中央六部胥吏的盛况。根据谢肇淛的观察，在万历中、后期，户部十三司的胥吏都是吴越(尤其是绍兴)一带的人。与谢氏差相同时的沈德符也说，万历时，一入公门，前后左右皆绍兴人，“坐堂皇者如傀儡在牵丝之手，提东则东，提西则西”[④]。显然，中央各部胥吏中，绍兴人占了多数，北京形成了一个胥吏的中心。对此，王士性也指出：

绍兴、金华二郡，人多壮游于外。如山阴、会稽、余姚，生齿繁多，本处室庐田土，半不足供。其儇巧敏捷者入都为胥办，自九卿至闲曹细局，无非越人；次者兴贩为商贾。故都门西南一隅，三邑人盖栉而比矣[⑤]。

及至清代前期，据章学诚目睹，北京有不少“(绍兴)乡人聚落”，也就是绍兴人麇居的小社区。以他的家族为例，到乾隆年间，绍兴道墟章氏成员已有万余人，当地人多地瘠，种稻不足自给，所以就有了种木棉、酿制绍兴酒和外出充当幕宾、胥吏等三种职业。族党既繁，宦游四方，“所在辄成聚落”，而“京师都会之地，萃处尤众”。章学诚于乾隆二十五年(1760年)到京师求职，住在从兄章允功家中。当时，单单是章氏宗人居京师者，就“不下百

① 《广志绎》卷二《两都》，第18页。
② 《万历野获编》卷二三《妇女·燕姬》，中册，第597页。
③ 《万历野获编》卷二三《妇女·窦氏全印》，中册，第588页。
④ 《万历野获编》卷二四《畿辅·京师名实相违》，中册，第610页。
⑤ 《广志绎》卷四《江南诸省》，第71页。

家"。类似于章氏宗族的情形，在绍兴一带应当为数不少。当时，"山阴、会稽、萧山之人专司钱谷、刑名之学，盘踞天下大小衙门，相传已久，积弊渐多，故加以廓清"，雍正年间，禁止"六部经承专用绍兴人"①。根据《清实录》的记载，当时，朝廷下令驱逐借案件营私舞弊的绍兴籍师爷到涿州去，以至于涿州城外出现了"大绍村"和"小绍村"等地名②。由此，可见绍兴人为数之众多。晚清时人李慈铭在《越缦堂日记补》(咸丰十年十一月初三日)中就这样记道：

……吏皆四方游民无籍者充之，而吾越更多。……士之无行及荒于文学者，多乐就之，以其既无授经之苦，又不计文理通否、字画工拙。近更趋之若鹜，凡计偕流落者，偶纂得之，如登仙矣。

所谓"计偕流落者"，是指那些在科举中败北的读书人。据此可以得知，中央各部胥吏中，有相当不少的绍兴读书人混迹其间，聊谋一枝之栖。当时出现的绍兴籍胥吏行业神的崇拜。

今京师六部中，亦有毛姓，相传系会稽人，曾为部中主案吏，卒后葬永定门外。凡有年久案牍，卒无可觅者，望空默祷，其应如响。三月某日，为毛君生辰，奉瓣香而称祝者，相望于道。每岁清明，部中从事者，咸携樽挈榼，为之祭扫，如子若孙奉祀其祖、父，不敢懈。

绍兴毛氏行业神的诞生，昭示着行业内部结构的重新组合——亦即绍兴人在六部胥吏中占了绝大多数。他们大多卜居于邻近于北京的宛平和大兴两县，以便其职业能代代相传。清光绪年间，夏仁虎在《旧京琐记·俗尚》中就曾指出：

都中土著，在士族工商而外皆食于官者，曰"书吏"，世代相袭，以长子孙。其原贯以浙绍人为多，率拥厚资，起居甚侈，夏必凉棚，院必列磁缸以养文鱼，排巨盆栽石榴，无子弟者亦必延一西席，以示阔绰。讥者为之联曰："天棚鱼缸石榴树，先生肥狗胖丫头"。其习然也。

由于六部各衙门中绍兴籍人为数众多，他们席丰履厚，婚嫁时均行家乡礼节，谓之"南礼"，相沿成习。南半城其他非绍兴籍的汉人，也都沿用南礼，故而连喜轿铺中亦有"南帮"③。这对于京师风俗习尚，有着重大的影响。

由于定都北京，作为全国的政治中心，京师集中了庞大的官僚阶层及相当多数的流动人口，从而形成了一个重要的消费中心。于是，在北京周围，出现了不少服务性的人群。如北京人雇用的女仆，大多"籍隶京兆各县，尤以三河居多，故该县在前清时称为阔缺(利不外溢)。相传彼处之穷户，男子不到15岁就可以成家，而新妇可要大几岁，甫经过门，即令上京当女仆。……脚下鲜明布袜蓝，女奴多半是京南；'老妈'称谓何曾老，弱齿无非念二三"④。三河，即今河北省三河县。除了三河县以外，还有顺义及北京各郊县，也都是女仆辈出之地。北京市面上走街串巷、挑剃头担儿的，则都是宝坻县(今属天津)人⑤。而作衙役、跟班的除了南方人后裔外，大多是保定、天津一带的人，他们见多识广，能说会道，故俗谚

① 《永宪录》卷二下，"清代史料笔记丛刊"，中华书局，1959年8月，第128页。
② 李乔：《中国的师爷》，商务印书馆国际有限公司，1995年6月，第64页。
③ 金受申：《老北京的生活》，北京出版社，1989年12月，第96页。
④ 逆旅过客编辑，梅花馆主校正：《都市丛谈》一三五"女仆"条，北京古籍出版社，1995年5月，第172页。
⑤ 待余生著：《燕市积弊》卷三，八三"剃头挑儿"，第106页。

有“京油子，卫嘴子，保定的狗腿子”的说法①。此外，北京老米碓房均由山东人开设，称为“山东百什房”；翎子铺悉为山西人所开；开茶叶店的都是安徽歙县人；梨园优童则大半来自苏州、扬州一带②。职业与地域似乎结下了不解之缘。

2. 山西的人群

明代永乐年间迁都北京，将京师置于北方边境线上的重要地位。有明一代为了对付漠北的蒙古残余，先后在北方边地设有辽东、宣府、大同、延绥、宁夏、甘肃、蓟州、固原和山西的偏关等“九边”。为了解决屯军的军糈配给，推行“开中法”，号召各地商人输粟支边。作为报酬，政府给予他们以盐引，让其到指定的盐场支取所值引盐，运往指定地区销售。后来商人为免飞挽之苦，相继在北方边地招民屯垦，就近纳粮上仓。由于山西和陕西一带气候干燥，谷物经年不腐。所以“三晋富家，藏粟数百万石，皆窖而封之；及开，市者坌至，如赶集然。常有藏十数年不腐者”。这种得天独厚的自然条件，孕育出明代前期商界的两大巨擘之一——山右富商。万历年间，“富室之称雄者，江南则推新安，江北则推山右。……山右，或盐，或转贩，或窖粟，其富甚于新安”③，“山右”也就是山西（商人），而“新安”则指的是席丰履厚的徽州（商人）。史载，“平阳、泽、潞豪商大贾甲天下，非数十万不称富”④，平阳府、泽州和潞安府，位于山西省南部，上述记载指的是该数府商贾巨擘的情况。而一般民众，亦以从商为其风俗：

> 山西人多商于外，十余岁辄从人学贸易，俟蓄积有资，始归纳妇。纳妇后，仍出营利，率二三年一归省，其常例也，或命途蹇剥，或事故萦牵，一二十载不得归，甚或金尽裘敝，耻还乡里，萍飘蓬转，不通音问者，亦往往有之⑤。

晋商之崛起，使得山西人群备受世人的瞩目。王士性指出：“晋中俗俭朴，古称有唐、虞、夏之风，百金之家，夏无布帽，千金之家，冬无长衣，万金之家，食无兼味。饭以枣，故其齿多黄，食用羊，故其体多肉，其朔风高厉，故其色多黯黑，而少红颜白皙之徒。其水泉深厚，故其力多坚劲，而少湿郁微肿之疾。地有洞，故其虏至可避。商有伴，故其居积能饶”⑥。这段记载，对于山西人的衣、食、住、行、体貌特征，以及从商习俗等，均有极为精细的描摹和透彻的分析。至于山西人在世人心目中的形象，清人颜自德编辑、王廷绍考订的《霓裳续谱》卷八中，有一首《说老西了》：

> [西岔]说老西了，（呀呀哟。）说老西了道老西。（可是可是）道老西。你怎么认的我老西。羊毛裹脚打的怪好的。百甚么活儿不会做，南西门外头托土坯，土坯托到三千整，西北乾天下大雨，唧唔唔，刮搭搭，都成一堆泥。老山西甚是着急，这个买卖作不的。打夥儿商量着，开了个河落铺，走堂的掌柜的都是老西，我问老西卖的是甚么货，无不是拉条面，酸辣面，菀豆包子，澄沙包子，攒馅包子，还有一个韭韭菜的，还有个豆豆瓣蒜吃⑦。

《霓裳续谱》是乾隆六十年（1795 年）的俗曲总集，反映的是清代前期之前的情形，其

---

① 邓云乡：《“卜居终爱北都好”——我与北京历史风俗》，《万象》第 1 卷第 1 期，1999 年 3 月，第 109 页。
② 《北京梨园掌故长编》，见张长溪编纂《清代燕都梨园史料正续编》，中国戏剧出版社，1988 年 12 月，第 897 页。
③ 明 谢肇淛：《五杂俎》卷四《地部二》，第 96 页。
④ 明 王士性：《广志绎》卷三《江北四省》，第 61 页。
⑤ 清 纪昀：《阅微草堂笔记》卷二三。
⑥ 《广志绎》卷三《江北四省》，第 61 页。
⑦ 《明清民歌时调集》下，上海古籍出版社，1987 年 9 月，第 409 页。

中所描摹的，恰恰可以作为山西人在世人心目中的社会形象。汉口当地俗呼晋商为“老西”或“侉子”。对此，叶调元有一首竹枝词这样调侃道：“高底镶鞋踩烂泥，羊头袍子脚跟齐，冲人一阵葱椒气，不待闻声识老西”①。这是指晋帮商人“性嗜葱蒜，天雨不著钉鞋，袍子必用羊头而加长”的习惯。在明清人的刻画中，山西人总是呷着酸醋食必葱蒜衣必羊袍的装束和形象。所谓老西之“西”，据说有两层涵义：其一自然是指山西地处太行山以西。其二则通“醯(xi)”。《礼记·内则》有“和用醯”的记载。唐陆德明释文曰：“醯，酢(醋)也。”故而，“老西(醯)”指的是山西人酷爱吃醋的癖好。而“侉子”则是极不礼貌的称呼，侉指口音与本地语言极不相同的人。另外，近人齐如山在所著《国剧艺术汇考》中有“《打砂锅》的锅”条，说：

> 这出戏，本来用不着真锅，所以用真锅的原故，是因为不满意山西人。北平在元、明、清三代，无论公款，商业钱财，进取归山西人掌握，这已经是招人嫉妒的事情。而开钱铺银号、印局子等人，又利息特高，办事又特别严刻，尤其招人不满，所以《大登殿》一戏，尚有“老西儿放印子，紧上加紧”一语，这乃是北平最流行的一句话，所以社会中人人管山西人叫作老西儿，贬词也。观众因为不满意山西人，而此卖砂锅的，正是山西人，所预打破他的砂锅，观众人人高兴，打的越碎越响，则观众越起劲，这就是要用真砂锅的主要原因②。

“老西儿放印子，紧上加紧”，这在江南一带也相当有名。记述苏州岁时风土的《吴郡岁华纪丽》一书，也有“印子钱”一条，曰：“西客放债，利息五分，逐日抽价，小印戳记，名印子钱。”而江南一带典铺一般是一二分起息(最高也不过三四分)，相比之下，老西的放债实为高利贷盘剥。故而其诗曰：

> 一母钱偿十数子，放债钱行闹如市。
> 汾州人作巧生涯，盘剥贫民利息奢。
> 收钱小印记无算，料理将清券重换。
> 到手刚留券之半，衣裳典质久已空，
> 卖儿鬻女难弥缝，老拳毒手交相攻。
> 西人则富南人穷，黄标紫标堆青铜，
> 利薮怨府存其中③。

至于一般山西人的性格特征，诚如晚明谢肇淛所指出的那样——“晋陋而实”，“实”是指一般山西人所有的厚道和忠诚谦和，而“陋”则点明了因缺乏文化素养而形成的木讷与迟钝。

当时，山西商人重点经营的场所是中国北方。由于大批商人、屯戍卫所麇集北方边地，引起了当地社会风俗习尚的巨大变化。谢肇淛就曾指出：

> 九边如大同，其繁华富庶不下江南，而妇女之美丽，什物之精好，皆边塞所无者。……谚称：蓟镇城墙，宣府教场，大同婆娘，为三绝云④。

大同原是边徼荒镇，因晋商的纷至沓来，才形成了“繁华富庶不下江南”的盛景。所谓

---

① 清 叶调元：《汉口竹枝词·杂记》，《中华竹枝词》第4册，第2619～2620页。
② 《国剧艺术汇考》第九章“切末”，“新世纪万有文库”，辽宁教育出版社，1998年3月，第328～329页。
③ 清 袁景澜撰：《吴郡岁华纪丽·吴俗讽喻诗》，“江苏地方文献丛书”，江苏古籍出版社，1998年12月，第386页。
④ 《五杂俎》卷四《地部二》，第103～104页。

大同婆娘，根据沈德符的记载，原是指大同府为代简王的封国，简王纳中山王徐达之女为妃。因事力繁盛，又在极边，所蓄乐户较他藩多数倍。朝朝弦管，暮暮笙歌，极尽欢会与浪漫①。流风所及，“大同妇人好饰尚脂，多美而艳，……语云：大同婆娘，蔚州城墙，宣府教场，朔州营房”②。这也就是所谓的口外四绝。时尚小令《山坡羊》等，自宣、大、辽东三镇传到北京，虽然当时的一些文人感到俚俗不堪，但在曲中却颇为流行③。

与“大同婆娘”有关的，山陕一带还有“乐户”的存在。据说他们原先系建文朝的臣属，因反对永乐篡立而遭贬斥，被编为乐户，并承值王府，后来散居各地，永执贱业。据明代人记载：“国初之制，伶人常戴绿头巾，腰系红褡膊，足穿布毛猪皮靴，不容街中走，止于道旁左右行。乐妇布皂冠，不许金银首饰。身穿皂背子，不许锦绣衣服”④。从衣冠服饰方面，彰显了伶人乐户的贱民身份。清雍正皇帝虽然下旨削除贱籍，但可能收效甚微。故而迄至今日，当代的社会人类学者在山西各地作相关的田野调查时，仍然不无所获。

据调查，乐户自称“打鼓的”、“吹鼓手”等，而其他人则称之为“龟疙瘩”、“龟甲”和“王八”⑤。旧时北方的一首儿歌称：“风来了，雨来了，一群人敲着鼓来了。什么鼓？大花鼓，咚咚咚，过十五。风来了，雨来了，王八背着鼓来了。甚么鼓？花花鼓，希里扑通二十五。”这首童谣是说——小儿盼过元宵看各种玩艺，又怕阴雨天没有表演，所以侥幸正月十五日风雨虽来而热闹如故。从中不难看出，乐户在北方各地的民俗活动中扮演着重要的角色。

3. 扬州一带的人群

由于定都北京，中国的政治中心与赋税重心及文化中心相互分离。迁都以后，大运河纵贯南北，全国出现了数十个大小不等的工商业城镇。在这些城镇及其周边地区，形成了许多独特的风俗，并出现了不少远近闻名的区域人群。对此，万历时人王士性指出：

> 天下马头，物所出所聚处，苏、杭之币（缯帛），淮阴之粮，维扬之盐，临清、济宁之货，徐州之车赢，京师城隍、灯市之骨董，无锡之米，建阳之书，浮梁之瓷，宁、台之鲞，香山之番舶，广陵之姬，温州之漆器⑥。

其中的“维扬之盐”、“香山之番舶”和“广陵之姬”，虽然是从地方物产和经济都会的角度而言，但实际上也指出了扬州盐商、香山买办和扬州瘦马等几个区域人群。

在扬州，作为两淮盐务的中枢，大批鹾商麇居于此，使得当地形成了豪侈风雅的“扬气”或“盐商派”的生活方式。对此，雍正皇帝曾经下诏谕，条分缕析地指斥扬州盐商的奢靡无度：

> ……奢靡之习，莫甚于商人。内实空虚，而外事奢侈。衣服屋宇，穷极华丽；饮食器皿，备求工巧；俳优伎乐，醉舞酣歌；宴会嬉游，殆无虚日；甚至悍仆豪奴，服食起居，同于仕宦，越礼犯分，罔知自检。各处昏然，淮、扬尤甚⑦。

由于当时的淮安与扬州，均是两淮盐运的中枢，两地都集中了大批的鹾商，而且，彼此

---

① 《万历野获编》卷二四《畿辅》“口外四绝”条，中册，第 612 页。
② 清 杜文澜辑：《古谣谚》卷四九“大同蔚州宣府朔州语”条，中华书局，1984 年 9 月，第 623 页。
③ 《万历野获编》卷二五《词曲·时尚小令》，中册，第 647 页。
④ 明 徐复祚：《曲论·附录》，《中国古典戏曲论著集成》第 4 册，中国戏剧出版社，1982 年 11 月，第 243 页。
⑤ 闫钟：《试析乐户的贱民身份》，载马戎，周星主编：《田野工作与文化自觉》，下册，群言出版社，1998 年 5 月，第 861～875 页。
⑥ 《广志绎》卷一《方舆崖略》，第 5 页。
⑦ 萧奭：《永宪录》卷二下，第 135 页。

之间也多是姻娅戚属，故而“扬州盐商”有时也称为“淮扬盐商”或“两淮盐商”，在明清两代颇负盛名——“两淮盐商，皆席富厚，乐骄逸，园亭服食，玩好宴会，优妓之乐，穷年不休”①。乾隆、嘉庆时人林苏门曾说，广陵鹾商所乘之轿，色彩华丽，穿街过巷时抬速飞快，故曰“飞轿”②。扬州乐府云：“东风二月吹黄埃，多子街上飞轿来。”显然，盐商之“飞轿”成了当时扬州时髦的风尚，这自然也引起一般民众的群起效仿。董伟业就有《扬州竹枝词》曰：“谁家年少好儿郎，岸上青骢水上航，犹恐千金挥不尽，又抬飞轿学盐商。”

由于盐商聚居及由此汇集的巨额财富，使得扬州城市及周边地区的文化极为发达。清初顺治、康熙之际，王士祯非常敏感地指出：“近日地气自江南至江北，而扬州为极盛”③。雍正时人李培则引《舆地全览》，称：“扬州冲而俗侈，与苏州相仿佛，而饶富过之”④。可见，当时扬州的富裕程度已超过了素有“天堂”之称的苏州。两淮盐商财富的汇集，促使扬州所在的苏北地区创造出了高度的文化，清代扬州府的进士总数 348 名，一甲进士总数 11 名，成为全国最重要的文化地区⑤。据民国时人徐谦芳的回忆：

> 道光中叶，江都史致俨先后为礼、工、刑三部尚书，宝应朱士彦为兵部兼吏部尚书，仪征吴椿为礼部尚书，高邮王引之先后为吏、工部尚书，仪征阮元以体仁阁大学士先后管理刑部、兵部。当时，扬州会馆遂有“六部五尚书”之说，而北京于是有“苏州出状元，扬州出尚书”之谚⑥。

“扬州繁华以盐盛”，这是明清时人的共识。“扬州大利首推盐，女惰男奢两弊兼”⑦，则说明了盐业的兴盛，塑造了城市民俗的显著特征。此种城市经济成分，更促成了当地人口职业的构成，出现了适应盐商生活需求的各种人群之组合。例如，前揭的《新刻三十六码头》中，就有“扬州出得美娇娘，小脚姑娘村村有”的句子，说的就是“扬州瘦马”(即《广志绎》中的“广陵之姬”)。对此，《五杂俎》卷八这样记载道：

> 维扬居天地之中，川泽秀媚，故女子多美丽，而性情温柔，举止婉慧。所谓泽气多，女亦其灵淑之气所钟，诸方不能敌也。然扬人习以此为奇货，市贩各处童女，加意装束，教以书、算、琴、棋之属，以徼厚直，谓之“瘦马”。然习与性成，与亲生者亦无别矣。

万历年间，随着两淮盐业的发展，大批鹾商鳞集邗上，服务性行业的手工艺人也从四面八方纷至沓来。当时，扬城五方杂处，土著人口仅为侨寓游民的 1/20。其中，自然是以男性占绝大多数，而且又以单身男子居多。再加上扬州地处运河沿岸，四方来往仕宦商贾不断，故而形成了“养瘦马”的畸俗。对此，《万历野获编》也指出：“今人买妾大抵广陵居多，……彼中以为恒业，即仕宦豪门，必蓄数人，以博厚糈，多者或至数十人，自幼演习进退坐立之节，即应对步趋亦有次第，且教以自安卑贱，曲事主母，以故大家妒妇，亦有严于他方，宽于扬产者。士人益安之。予久游其地，见鼓吹花舆而出邗关者，日夜不绝，更有贵显过客，寻觅母家眷属，悲喜诸状，时时有之。……”⑧ 当时，“要娶小，扬州讨”，成为大江南北尽人

---

① 《霞外捃屑》卷一《盐商捐输皆虚伪》，“明清笔记丛刊”，中华书局，1959 年 11 月，第 82 页。
② 《邗江三百吟》卷五《周挚情文门》，扬州大学图书馆藏本。
③ 清 王士祯：《香祖笔记》卷七，上海古籍出版社，1982 年 12 月，第 137 页。
④ 《灰画集》第 3 册，卷五“南直”，第 288～289 页。
⑤ 何炳棣：《科举和社会流动的地域差异》，《历史地理》第 11 辑。
⑥ 《扬州风土记略·杂缀》，第 129 页。
⑦ 倪登瀛：《再续扬州竹枝词劫余稿》，夏友兰，陈天白，顾一平编：《扬州竹枝词》，1992 年 10 月，第 99 页。
⑧ 《万历野获编》卷二三《妇女·广陵姬》，中册，第 597 页。

皆知的一句口号。甚至明末崇祯皇帝的宠姬田贵妃，也是来自扬州的女子。入清以后，这种风气愈煽愈炽。“（扬州）有一等绝妙的生意，名曰‘养瘦马’”①。这在当时的许多诗文中，也有诸多反映，如金烺的《广陵竹枝词》，就有“十三学画学围棋，十四弹琴工赋诗，莫管人称养瘦马，只夸家内有娇儿”②。郑板桥也曾指出，扬州城中，“千家养女先教曲”。这些，显然都是对历史事实的描摹。这种“养瘦马”的畸俗，在嘉庆、道光以后，随着两淮盐业的衰落而愈煽愈炽，并使得扬州成为苏北地区冶叶倡条张根作势的重要城市，在全国各地，“扬帮”妓女均颇为著名。近代江苏民歌有《小扁担》，曰：“小扁担软绉绉，挑担白米下扬州。扬州夸我好白米，我夸扬州好丫头。”“好丫头”，也就是世人耳熟能详的“扬州出美女”。

除了“广陵之姬”外，“扬州三把刀”也相当著名。所谓三把刀，指的是厨师、理发师和剔脚匠。以理发师和剔脚匠为例，光绪初年，扬州城内各薙头铺，约计仍有“三数百家”。一些剃头匠还依附于澡堂，并兼营剔脚的营生。据乾隆、嘉庆时人林苏门记载：洗澡之地称为“混堂”，在扬城内外“数以百计”③，其间有茶酒处和剃头修脚处等。对此，稍早的董伟业《扬州竹枝词》中有一首诗曰：“求条签去修只脚，嗅袋烟来剃个头。等戏开台先排凳，看汪班内老名优。”这是描摹贩夫走卒的休闲生活。事实上，当时在澡堂中从事修脚趾、挖鸡眼的，很多都是与扬州一江之隔的江宁府句容县人，故而乾隆、嘉庆时期梁绍壬有“句容出剔脚匠”之说。而近代的吴趼人也说“剃头司务多句容人”。他们久居扬州，加上羡慕扬州的繁华，故多自称是“扬州人”（此与“扬帮”中的盐城人自称是扬州人如出一辙）。直到民国年间，北京的刮脚者仍然是雇用扬州人，“以其技有专授，术擅特长也”④。徐谦芳在《扬州风土记略》指出：

> 扬地产妓女、佣工、庖人、剃发匠，此亦不必讳也。佣工仅及于海上，余则各省多有之，发匠且达于东瀛。而厨司竟及于欧美。……
>
> 一脚之微，能有修、捏、刮、出血诸名称。东台且有修脚处，若理发店然，此则各地所仅见者⑤。

甚至直到今天，近年来在南方一些城市新兴的“浴足”处，仍以“扬州人”技艺最为精湛。由此可见，一地人群职业之传承，民俗之衍播，其历史竟是如此稳定而悠久！

4. 苏州人群

在清代前、中期，天下繁华，苏、扬并称。在淮扬盐商崛起之前，苏州一直是江南的文明渊薮，其文化地位为扬州所不及。唐宋以来，“苏湖熟，天下足”以及“上有天堂，下有苏杭”等谚语，就反映了世人对江南特别是苏州的艳羡。据唐文基的研究，明洪武二十六年（1393年），苏、松、常、镇、湖、嘉六府土田占全国总数仅 4%，而田赋却占全国总数的 22%。亩田负担最重的是苏州，达 2 斗 8 升 5 合余，是全国平均数的 8.2 倍⑥。如此赋税奇重的背景，对于江南百姓的生计追求，无疑会投下深刻的烙印，从而深深地影响着区域人群的走向。对此，明人谢肇淛指出：

---

① 清 丁耀亢：《续金瓶梅・游戏品》第 53 回《苗员外括取扬州宝，蒋竹山遍选广陵花》，《金瓶梅续书三种》，齐鲁书社，1988 年 8 月，第 522 页。
② 夏友兰等：《扬州竹枝词》，第 9 页。
③ 林苏门：《刊江三百吟》卷三《俗尚通行》。
④ 马芷庠：《老北京旅行指南》卷二《食住游览之部》七“著名浴堂”，北京燕山出版社，1997 年 7 月，第 274 页。
⑤ 《扬州风土记略・风俗》，第 76～77 页。东台，是清代扬州府的属县。
⑥ 唐文基：《明代赋役制度史》，中国社会科学出版社，1991 年 12 月，第 87 页。

三吴赋税之重甲于天下，一县可敌江北一大郡，破家亡身者往往有之，而闾阎不困者，何也？盖其山海之利，所入不赀，而人之射利，无微不析，真所谓弥天大网，竟野之罘，兽尽于山，鱼穷于泽者矣①。

显然，尽管苏南赋税之重甲于天下，但多样化的生产经营方式，不仅为当地创造了飞跃发展的良机，而且也对区域人群的形成产生重大的影响。

在明代，苏州府下辖吴县、长洲、吴江、昆山、嘉定、太仓和常熟等州、县。至成化以后，苏州愈益繁华，吴俗奢靡，号称天下之最②。"吴门人住神仙地，雪月风花分四季。……一年四季恣欢娱，那知更有饥寒苦"③。吴门即苏州，当地人的生活水准居于全国之首，举手投足为外方人所企慕。张瀚在《松窗梦语》中指出：

……民间风俗，大都江南侈于江北，而江南之侈尤莫过于三吴。自昔吴俗习奢华、乐奇异，人情皆观赴焉。吴制服而华，以为非是弗文也；吴制器而美，以为非是弗珍也。四方重吴服而吴益工于服，四方贵吴器而吴益工于器。是吴俗之侈者愈侈，而四方之观赴于吴者，又安能挽之俭也。

明清以来，"苏"字就代表着一种时尚。以妇女的妆饰为例，早在南宋时期，就有"苏州头，杭州脚"之谚④。及至明清时期，"苏州头"仍然颇为有名。"妇人妆饰皆效法苏州，苏州则又以青楼中开风气之先，仕宦者反从而效之"⑤。明末，宫中后妃皆习江南服饰，称之为"苏样"。

处在这样一个举国瞩目的中心地位，苏州人举手投足、言谈语气间，均带有强烈的文化优越感。这一点，极为过往客商、举子仕宦所反感。晚明谢肇淛等人都不无反感地指出：苏州人口吻儇薄纤巧，风俗侈靡，"士子习于周旋，文饰俯仰，应对娴熟，至不可耐；而市井小人，百虚一实，舞文狙诈，不事本业。盖视四方之人，皆以为椎鲁可笑，而独擅巧胜之名"⑥。"其人亦生而辩晰，即穷巷下佣，无不言语进退者，亦其风气使然也。"对于苏州人，沈德符也作如是观："吴郡人口吻尤儇薄"⑦。儇薄也就是轻薄、耍小聪明之意。

在明清时期，苏州人的形象以巧言令色、卖弄噱头而著称。当时的苏州人，有"苏空头"（亦作"苏意"）的雅号。钱钟书指出："晚明常言'苏意'，谓虚浮无实，即'空头'之旨"⑧。无论是"空头"还是"苏意"，都是指苏州风气之浇薄。在明代，苏州府下辖一州七县，当时有一句评语曰："金太仓，银嘉定，铜常熟，铁崇明，豆腐吴江，叫化昆山，纸长洲，空心吴县。"其中，长洲、吴县为苏州府的附郭首县。"纸薄，空心虚伪"⑨，则点明了苏州风气之华而不实。

苏州作为文化中心城市地位的形成，苏州时尚的衍播，均对当地区域人群的产生形成重要的影响。

乾隆年间，龚炜就曾指出，苏州府旧属七县一州，自清顺治戊戌（1658 年）科状元、常熟人孙承恩，到乾隆丙戌（1766 年）科状元、吴县人张书勋，已达 16 名之多。他认为："前人

① 《五杂俎》卷三《地部一》，第 65 页。
② 明 王锜：《寓园杂记》卷五《吴中近年之盛》，"元明史料笔记丛刊"，中华书局，1984 年 6 月，第 42 页。
③ 褚人获：《坚瓠补集》卷六《吴门歌》。
④ 清 杜文澜：《古谣谚》卷八四"又引南宋人谚释弓鞋"条，中华书局，1984 年 9 月，第 933 页。
⑤ 金安清：《水窗春呓》卷下《苏州头》，"近代史料笔记丛刊"，中华书局，1984 年 3 月，第 79 页。
⑥ 《五杂俎》卷三《地部一》，第 64～65 页。
⑦ 《万历野获编》卷二六《谐谑・苏州谑语》，下册，第 668 页。
⑧ 《管锥编》第五册，中华书局，1986 年 6 月，第 191 页。
⑨ 褚人获：《坚瓠集》戊集卷二《吴评》，第 2 册，第 2 页。

谓状元是苏州土宜,信然”[①]。这里的“前人”,究竟是确指什么时代不得而知,但至迟到康熙年间,就有过如下的对话。

长洲汪钝翁在词馆日,玉署之友,各夸乡土所产,南粤象犀,西秦裘罽,齐鲁有糜丝海错,楚豫有精粲良材,侈举备陈,以为欢笑,唯钝翁嘿无一言。众共揶揄之,曰:“苏州自号名邦,公是苏人,宁不知苏产乎?”钝翁曰:“苏产绝少,唯有二物耳!”众问:“二者谓何?”钝翁曰:“一为梨园子弟。”众皆抚掌称是,钝翁遂止不语。众复坚问其一,钝翁徐曰:“状元也。”众因结舌而散[②]。

“钝翁”亦即汪琬,长洲(今苏州)人。据研究,明清两代共出状元 203 名,苏州地区有 34 人,其中清代有状元 114 人,苏州籍状元 27 名,约占 1/4[③]。故而到乾隆、嘉庆时代,“苏州出状元”,也为世人所公认。

在科举时代,状元是苏州文人中的精英,她反映了苏州地域文化积淀之深厚。清人赵吉士在《寄园寄所寄》中引《袖中锦》曰:

监书、内酒、端砚、徽墨、洛阳花、建州茶、蜀锦、定瓷、浙漆、吴纸、晋铜、西马、东绢、契丹鞍、夏国剑、高丽秘色、兴化军子鱼、福州荔眼、温州柑、临江黄雀、江阴县河豚、金山咸豉、(庐山)简寂观苦笋、东华门、陇右兵、福建秀才、大江以南士大夫,江西湖外长老、京师妇人,皆为天下第一,他处虽效之,终不及。

这里被号称为“天下第一”的“大江以南士大夫”,应当主要就是指苏州的士大夫。李培曾引《留都总论》曰:

……姑苏一都会也。其民利鱼稻之饶,居果布之凑,造作精美,以绾毂四方。其士也慕闲游之名,颂俊侠之义,故其地实啬而文侈[④]。

“其士也慕闲游之名”,点明了苏州人对生活艺术的追求。在当时,苏州人悉心讲求生活艺术,并使之日趋精致,为举国上下所企慕:

姑苏人聪慧好古,亦善仿古法为之,书画之临摹,鼎彝之冶淬,能令真赝不辨。又善操海内上下进退之权:苏人以为雅者,则四方随而雅之;俗者,则随而俗之。其赏识品第本精,故物莫能违。又如斋头清玩、几案、床榻,近皆以紫檀、花梨为尚,尚古朴不尚雕镂,即物有雕缕,亦皆商、周、秦、汉之式,海内僻远皆效之,……[⑤]。

在“苏气”为举国上下竞相趋逐的时尚背景下,苏州出现一批“以文墨糊口四方”[⑥] 的“山人”及“清客”,他们不仅引导着时尚的走向,而且还交通达官,趋迎势利,雌黄时政,从而对晚明社会产生了深刻的影响。长洲(今苏州)人冯梦龙编述的《挂枝儿》“谑部”九卷有《山人》,曰:

问山人,并不在山中住,止无过老着脸,写几句歪诗,带方巾称治民,到处(去)投刺,(京中某老先)近有书到治民处,(乡中某老先)他与治民相知。(临别有)舍亲一事干求也。(只说为)公道没银子。

---

① 《巢林笔谈续编》卷下《苏郡状元》。
② 清 钮琇:《觚剩续编》卷四《物觚 · 苏州土产》,上海古籍出版社,1986 年 1 月,第 248 页。
③ 胡敏:《苏州状元》,“区域人群文化丛书”,福建人民出版社,1996 年 8 月,第 2 页。
④ 《灰画集》卷五“南直”,第 3 册,第 303~304 页。
⑤ 王士性:《广志绎》卷二《两都》,第 33 页。
⑥ 《万历野获编》卷二三《山人愚妄》,中册,第 587 页。

这是描摹山人的伎俩。而《山歌》卷九《杂咏长歌》中，也有嘲笑“山人”的民歌时调：

(驻云飞)笑杀山人，终日忙忙着处跟，头戴无些正，全靠虚帮衬，嗏，口里滴溜清，心肠墨锭，八句歪诗，尝搭公文进。今日胥门接某大人，明日阊门送某大人。

胥门、阊门，都是苏州的地名。山林隐逸为文人雅士所推崇，明代中、晚期，不少文人遍游海内，搜刮山水怪石。当时人认为，“大隐在朝市”，亦即“市隐”(也就是在繁华都市营造一种山林隐逸的氛围)，其具体表现是中、晚明以来东南一带大批城市园林的构筑。而“山人”的大批出现，即与此种社会风气有关。

与明代“山人”有关的是清代的“清客”。“清客”是指在富贵人家帮闲凑趣的食客。在元代，院本用五人搬演，叫“五花爨弄”。后代学习搬演院本者，流俗谓之串(爨)戏。由于串戏的都是清客，故而也叫清客串。在明清时期，苏州是戏剧的中心，清客自然相当有名。《李煦奏折》中，曾提及苏州的老清客周万谟。康熙皇帝也知道此人会做乐器，并有各种各样的好竹子。他在第五次南巡时，就曾多次传召清客串演杂戏。清人梁章钜在《归田琐记》卷七中说：

都下清客最多，然亦须才品稍兼者方能自立。有编为十字令者，曰：“一笔好字，二等才情，三斤酒量，四季衣服，五子围棋，六句昆曲，七字歪诗，八张马钓，九品头衔，十分和气。”有续其后者，曰：“一笔好字不错，二等才情不露，三斤酒量不吐，四季衣服不当，五子围棋不悔，六句昆曲不推，七字歪诗不迟，八张马吊不查，九品头衔不选，十分和气不俗。”

除了在富贵人家帮闲凑趣，在旅游景点游荡陪客、饮酒游山的清客之外，苏州还开有“清客店”，“候人闲坐，兜揽嫖赌”。在这种情势下，各地的达官贵人家中，苏州清客随处可见。特别是“吴下书画清客”，尤为著名。由于他们的影响，明清时代“吴俗三好”在各地广为传播。据清人阮葵生《茶余客话》卷八记载：

王渔洋谓吴俗有三好：斗马吊牌，吃河豚鱼，敬畏五通神，虽士大夫不免。……近日缙绅先生又有三好，曰：穷烹饪，狎优伶，谈骨董。三者精，可以抵掌公卿矣。……

王渔洋所说的“吴俗三好”，指的是明末以来盛行的苏州风尚；而阮葵生笔下的新“吴俗三好”，则是指乾隆年间最为时髦的苏州风尚。“三者精，可抵掌公卿矣”。也就是说精通此三者，便有资格成为清客，与公卿“剧谈戏论，扼腕抵掌”。特别是新的“吴俗三好”，更使得苏州产生出不同行业和阶层的人物。清人董伟业《扬州竹枝词》有曰：“问他家本是苏州，开过茶坊又酒楼。手种奇花供客赏，三春一直到三秋。”“穷烹饪”的结果，是使“苏式小饮”蜚声远近，“苏州馆”在全国各地随处可见。此外，“狎优伶”，则使“苏州戏子”远近闻名；而“谈骨董”，更是苏州人的拿手好戏。其中，扇骨雕边艺术的流行和发展，使得“苏杭雅扇”闻名遐迩，逐渐形成了“清客”和“作家”两种风格各异的流派。

“苏州戏子”或“吴门梨园”，在清代被称为“状元”之外的苏州又一土产。据沈德符讲述，“近年士大夫享太平之乐，以其聪明寄之剩技。……吴中缙绅，则留意声律”[①]。轻音若丝、流丽悠远的昆腔，成了南戏声腔中的主流形式，形成了“四方歌者皆宗吴门”的局面。在

① 《万历野获编》卷二四《技艺·缙绅余技》，中册，第627页。

举国上下吴歈盛行的背景下，“苏人鬻身学戏者甚众”[①]，“苏州戏班名天下”[②]，“苏州戏”在全国各地都拥有不少的观众。及至清代，“梨园乐部，吴门最盛”[③]。对此，清初戴名世在《忧庵集》中指出：

……昆腔之于生旦，尤重其选。旦则择少年子弟之秀者为之，扮为妇女，态度纤秾，宛转娇媚，人多为所蛊惑，于是苏州声色之名甲天下，近日纳妾者必于是焉，买优人者必于是焉。幼男之美者，价数十金至数百金；女子之美者，价数百金至千余金。父母利其多金，且为媒妁所诱，遂不顾其远去。计之四十年以来，北行者何啻数万[④]。

在当时的诸多繁华都市中，处处都可见到苏州梨园的身影。譬如，清代扬州就有一条街叫“苏唱街”，为吴门优伶族居之地，不仅参与戏剧演出，而且还负责民间冠婚中的民俗活动[⑤]。故而“梨园子弟”为状元之外的另一苏州“土宜”，确实并非汪琬的虚构。

由于江南经济发展的多元化，苏州除了“状元”和“戏子”两大土产以及“山人”、“清客”以外，还有不少闻名遐迩的区域人群。

当时，江南一带素有“钻天洞庭遍地徽州”之谚。“遍地徽州”是指无远弗届的徽商，而“钻天洞庭”则是指太湖之中洞庭东、西两山的人群。明末冯梦龙在《醒世恒言》中写道：洞庭“两山之人，善于货殖，八方四路，去为商为贾，所以江湖上有个口号，叫做‘钻天洞庭’”[⑥]。对于“钻天洞庭”，清初顾炎武也曾指出：“湖中诸山，以商贾为业，土狭民稠，民生十七八，即挟资出商，楚、卫、齐、鲁，靡远不到，有数年不归者”[⑦]。作为一个地域商人集团，洞庭商帮于嘉靖、万历年间初步形成，历涉江湖，驱驰南北[⑧]。

徽商的崛起，曾引起徽派建筑的流行（详后文）。与此相似，洞庭商帮与江南建筑的关系也相当密切。当时的“苏派建筑”，是极具特色的建筑艺术流派。对此，明人于慎行曾指出：北宋宣和年间的艮岳苑囿，都是“仿江南白屋，不施文采”。可见，早在12世纪前期，江南的建筑型式就为北方人所模仿。及至明朝，都城宫禁“衣服器用不尚髹添，多仿吴下之风，以雅素相高”[⑨]。苏式彩画原来流行于江南地区，后来随着苏州文化中心地位的形成，成为与北方的京式彩画骈肩称雄的一种建筑艺术流派。清人李斗《扬州画舫录》卷十七《工段营造录》载：

花式以苏式彩画为上。苏式有聚锦、花锦、博古、云秋木、寿山福海、五福庆寿、福如东海、锦上添花、百幅流云、年年如意、福缘善庆、福禄绵绵、群仙捧寿、花草方心、春光明媚、地搭锦袱、海墁天花聚会诸式。其余则西番草、三宝珠、三退晕、石碾玉、流云仙鹤、海墁葡萄、冰裂梅、百蝶梅、夔龙宋锦、画意锦、垛……。

在乾隆时代的扬州等地，苏式彩画颇为盛行。梁思成在《清式营造则例》中也指出：

---

① 明 范濂：《云间据目钞》。
② 清 袁景澜撰：《吴郡岁华纪丽》卷二“春台班”条，第74页。
③ 清 沈起凤：《谐铎》卷四，转引自李嘉球：《苏州梨园》，“区域人群文化丛书”，福建人民出版，1998年4月，第5页。
④ 转引自《苏州梨园》，第5页。
⑤ 李斗：《扬州画舫录》卷十七《工段营造录》，江苏广陵古籍刻印社，第400～401页。
⑥ 冯梦龙：《醒世恒言》卷七《钱秀才错占凤凰俦》。
⑦ 《苏州府志》卷三《风俗》引《具区志》，转引自谢国桢：《明代社会经济史料选编》中册，第101页，福建人民出版社，1980年12月。
⑧ 关于洞庭商帮，参见罗仑，范金民的《洞庭商帮》（见张海鹏，张海瀛主编：《中国十大商帮》第7章，黄山书社，1993年10月）和马学强《钻天洞庭》（“区域人群文化丛书”，福建人民出版社，1998年2月）。
⑨ 《谷山笔麈》卷三《国体》，“元明史料笔记丛刊”，中华书局，1997年11月，第29页。

彩画按画题之不同，可分为殿式和苏式两大类。苏式的特征是写实的笔法和画题，自然现象如云冰纹；花卉如葡萄，莲花，梅，牡丹，芍药，桃子，佛手等；动物如仙人，仙鹤，蛤蟆（海墁），蝙蝠（福）、鹿（禄），蝶等，字如福寿等，器皿如鼎，砚，书画等（博古）；此外还有山水，近年连西洋景都进了苏式彩画里去了。

创造此种建筑风格的工匠，称为“香山工匠”或“香山帮”。其时间跨度自明代中叶迄至民国早期，是一个集木作、水作、砖雕、木雕和石雕等多种工种的工匠人群。香山位于吴县西部的太湖之滨，明清时期，苏州城郊内外的宅园兴建以及北方皇家建筑的需要，促进了香山帮工匠的发展。当时，“江南木工巧匠，皆出于香山”①。明朝初叶，香山木匠蒯祥参与北京紫禁城的营造，因功官至工部侍郎，被皇帝称为“蒯鲁班”，后世也就尊之为“香山帮”的祖师爷。嘉靖年间有“土木衣文绣，匠作班朱紫”的说法，据沈德符的记载：

嘉靖间，徐杲以木匠至工部尚书，当时在事诸公，亦有知其非者，以世宗眷之，不敢谏，然先固已有之。宣德初，有石匠陆祥者，直隶无锡人，以郑王之国，选工副以出，后升营缮所丞，擢工部主事，以至工部左侍郎，祥有母老病，至命光禄寺日给酒馔，且赐钞为养，尤为异数。正统间，有木匠蒯祥者，直隶吴县人，亦起营缮所丞，历工部左侍郎，食正二品俸，年八十四卒于位，赐葬有加，二人皆吴人为尤异②。

据 1958 年统计，光胥口香山一方，尚有建筑工匠 2 200 多人。显然，香山工匠这一区域人群也以其源远流长著称于江南。

上述的诸多区域人群，与明清时代苏州作为文化中心城市有着密切的关系。

与苏、扬这样的繁华都市相比，内陆一些更为偏远的地区，自然条件及人文景观则完全不同。

5. 江西人群

在明代，“江右斶瘠”是远近闻名的。选官俗有“命运低，得三西”的说法，“三西”也就是指山西、江西和陕西③。清人陈文瑞的《西江竹枝词》也说：“运低愁说选江西，人事原难物我齐”④。在这片斶瘠的土地上诞生的“江西老表”，也颇为引人瞩目⑤。

谢肇淛曾指出江右人因地瘠民贫而形成的纤啬习气，并指出“江右人近俗而多意气”。所谓纤啬，是指江西人的节俭；而“意气”，则是意气用事之义，当指由于主观、偏激而产生的任性情绪。后者主要表现在健讼方面。早在唐宋时代，江西就有“好讼”的名声。《方舆胜览》卷二〇《江西路·赣州》“风俗”条，曰：“伉健难治，俗号珥笔。”其注并曰：“古谚云：‘筠袁赣吉，脑后插笔’”⑥。对此，《全唐诗》作“江右四郡谚”，可见此风由来已久。另外，《潜确类书》卷五八作“筠袁赣吉，四府之人，头上插笔”⑦。《江西通志》卷二六《风俗》引郑晓

① 李洲芳：《香山帮及其建筑艺术》，《吴地文化一万年》，潘力行，邹志一主编，中华书局，1994 年 9 月。
② 《万历野获编》卷十九《工部·工匠卿贰》，第 484 页。
③ 《五杂俎》卷四《地部二》，第 97 页。
④ 《中华竹枝词》第 3 册，第 2373 页。清 金埴撰《不下带编》卷五：“今天安门月选去官掣签者，相传有口号云：‘时运通，掣二东，通又通，掣广东。时运低，掣四西，低又低，掣广西。”其中的“四西”，显然也包括江西。“清代史料笔记丛刊”，中华书局，1982 年 9 月，第 91 页。
⑤ 清 叶调元：《汉口竹枝词》曰：“银钱生意一毫争，钱店尤居虱子名。本小利轻偏稳当，江西老表是钱精。”（钱店百余家，惟江西人最得法），见《中华竹枝词》第 4 册，第 2596 页。
⑥ 宋 祝穆编，祝洙补订：《宋本方舆胜览》，上海古籍出版社，1991 年 12 月，第 210 页。
⑦ 杜文澜：《古谣谚》卷二六，第 405 页。

《地理志》曰：

> 大抵江西之民质俭勤劳，时有忧思，至争曲直，持官府，即费财不吝，其土窄逐末，不务稼穑，至有弃妻子经营四方老死不归者。

王士性在谈及"山居人尚气"时，也说江西人与徽州人一样地健讼[①]。江西人的另一个特征是因贫困而多有愁苦之思[②]，他们挟技艺徙居各地。对此，明嘉靖、万历时人张瀚就曾指出：

> 江西三面距山，背沿江汉，实为吴楚、闽越之交，故南昌为都会。地产窄而生齿繁，人无积聚，质俭勤苦而多贫。多设机巧、挟技艺，以经营四方，至老死不归，故其人内啬而外侈[③]。

《新镌武备全书》卷一《江西》也指出："江西之民，……弘治以来，赋役渐繁，土著之民少壮者多不务穑事，出营四方，至抛家觅于利"[④]。当时，外出商贾负贩、打工趁钱的江西人，有南、西两个流向最为便捷。明人叶权的《贤博编·游岭南记》就曾描述，一些江西人在秋收结束后，大都越过梅岭到广东打工。这是因为广东不仅能提供就业的机会，而且气候温暖，可省去冬季的寒衣。他们在广东度过较为舒适的暖冬，等到开春二三月间地气转暖，才回到本土从事农耕，年年如此，广东人称之为"使郎"，大致是指他们像信使一样地来来往往。此外，更多的江西人则是向西挺进，从而形成了"江西填湖广"的移民浪潮。对此，谭其骧先生曾指出：

> 湖南故老传说，谓湖南人皆系江西移民之后裔，故湖南人自来称江西人曰江西老。老者老子之谓。易言之，即祖宗是也[⑤]。

根据他的研究，湖南自湘阴、平江以北之人，其祖先为南昌人，以南则为吉安人。而由于湖南人祖先大半是江西人，故而江西风俗对于湖南影响极大。如地处湘东的醴陵，其地毗连江西，居民祖籍"半属豫章"，故而其语言习惯，与赣西各县"大相类似"[⑥]。江西人祀奉许逊，其许祖行宫、许真君庙等，遍布于湖南各地。

旧时代流传较广、主要收录民间口语的《一法通》中，就有"无江西不成买卖，无绍兴不成衙门"的说法[⑦]。全国各地的官府衙门中，充当胥吏的绍兴人比比皆是，这一点已如前述。而"无江西不成买卖"，则反映了江西人对于全国，特别是中南及西南地区社会经济的影响。清人陈文瑞的《西江竹枝词》曰：

> 豫楚滇黔粤陕川，山眠水宿动经年，
> 总因地窄民贫甚，安土虽知不重迁。
> 漫说玉山无玉剖，近闻梅岭有梅探。
> 舟车经过数千里，东北浙西西粤南[⑧]。

"西江"也就是指江西。上述的竹枝词，描摹了江西人无远弗届的足迹。特别是在西南

---

① 《广志绎》卷二《两都》，第 34 页。
② 《广志绎》卷四《江南诸省》："江右俗力本务啬，其性习勤俭而安俭朴，盖为齿繁土瘠，其人皆有愁苦之思焉"，第 80 页。
③ 《松窗梦语》卷四《商贾纪》，第 75 页。
④ 《明清社会经济形态的研究》，中国人民大学中国历史教研室汇集之一，中国人民大学中国历史教研室编，上海人民出版社，1957 年 3 月，第 57 页。
⑤ 《湖南人由来考》，《长水集》上，人民出版社，1987 年 1 月，第 319 页，注(2)。
⑥ 民国《醴陵县志·方言志》，转引自《湖南人由来考》。
⑦ 《重订增广》，清 周希陶编，岳麓书社，1997 年 12 月第二版，第 90 页。
⑧ 《中华竹枝词》第 3 册，第 2377 页。

各地，如在四川，不少竹枝词都对江西人有所描摹。如“银钱铺尽江西人”①、“痛规钱铺南昌老”② 和“怪他老表江西客，多认纹银是水汀”等③。这些，都是指江西人在钱铺行当里的主宰地位。在四川，《皇明条法事类纂》卷二九成化十年(1474 年)八月初九日刑部题为地方夷民被害事中，就有一条《江西人不许往四川地方交结夷人许告私债例》，曰：

乞敕法司行移江西抚州等府查勘在外客商人等及行四川巡按等官起发照依在前勘合，不许江西人前往云南、建昌夷地买卖，以除边患。……江西都、布、按三司各行所属府、卫所，今后军民人等告给文引出外生理，务要明白开写，将带是何货物，前去某处地面买卖，定限回缴，不许填写边夷地方及四川等处字样④。

这说明有些江西人深入四川少数民族地区，已搅乱了当地社会的宁静。这种情况不仅出现在四川。在云南，王士性曾指出：“滇云地旷人稀，非江右商贾侨居之则不成其地，然为土人之累亦非鲜也”⑤。17 世纪前后，有人曾从云南出发，沿怒江(萨尔温江)顺流而下进入缅甸，竟发现沿途各地只要出现聚落的地方，其酋长头目必定是江西移民及其后裔。

在江西人中，抚州人又是相当特别的。《江西通志》卷二六曰：“抚州人悍，多山寇而衣食自足，颇忧兼并。”这说明抚州人具有骠悍的性格特征，换言之，他们也更具开拓进取的精神。对此，王士性又指出：

江、浙、闽三处，人稠地狭，总之不足以当中原之一省，故身不有技则口不糊，足不出外则技不售。惟江右为甚，而其士商工贾，谭天悬河，又人人辩足以济之。又其出也，能不事子母本，徒张空拳以笼百务，虚往实归，如堪舆、星相、医卜、轮舆、梓匠之类，非有盐商、木客、筐丝、聚宝之业也。故作客莫如江右，而江右又莫如抚州。余备兵澜沧，视云南全省，抚人居什之五六，初犹以为商贩，止城市也。既而察之，土府、土州，凡僰猡不能自致于有司者，乡村间征输里役，无非抚人为之矣⑥。

根据王士性的记载，江西人没有像徽州人那样盐商、木客之类的巨腹商贾，而主要是手工技艺和小本经营。在江西人所挟之艺中，剃头一艺是他们的拿手绝活之一。清梁绍壬《两般秋雨庵随笔》卷一：“江西出剃头师。”剃头业所尊的罗祖一说即江西人⑦。此外，江西“吉水山高进士多”⑧，“吉水翰林”也相当著名。他们与其他的江西籍官僚一起，在官场上形成了一个颇具势力的江西帮。在江西人势力鼎盛的明代，弋阳腔颇为流行。弋阳腔起源于元代江西弋阳一带，特点是一人独唱，众人帮腔，只用打击乐伴奏。据明徐渭《南词叙录》、魏良辅《南词引正》等的记载，明代嘉靖年间流行于今南京、北京、湖南、广东、福建、安徽、云南、贵州等地。《云间据目钞》指出，嘉靖、隆庆年间，“有弋阳人入郡为戏，一时翕然崇尚，弋阳人遂有家于松者”，由此可见当时流行盛况之一斑。后来，弋阳腔与各地方言、民间曲词相结合，形成了诸多剧种或声腔。另外，随着江西人遍及全国各地，“江湖社伯到处有祀萧公、晏公者，其神皆生于江右”⑨。这种民间信仰的传播，显然与移民的状况有关。

---

① 《中华竹枝词》第 5 册，第 3198 页。
② 《中华竹枝词》第 5 册，第 3186 页。
③ 《中华竹枝词》第 5 册，第 3203 页。
④ 东京大学附属图书馆藏，上卷，古典研究会，1966 年，第 716～717 页。
⑤ 《广志绎》卷五《西南诸省》，第 122 页。
⑥ 《广志绎》卷四《江南诸省》，第 80 页。
⑦ 李乔：《中国行业神崇拜》，第 259 页。
⑧ 解缙：《九县诗》，载明 憺漪子选辑：《天下路程图引》，第 439 页。
⑨ 《广志绎》卷四《江南诸省》，第 86 页。

6. 安徽人群

雍正时人李培对于安徽省的人群现象有着精辟的论述。他引《舆地全览》曰："凤阳地瘠民贫，……徽州民吝啬健讼"①；又引《文武库》的记载："若庐州则民皆游惰，地不尽利，凤阳习俗本同，加以高墙留守之冗费，故皆易以告饥。……徽州多山少田，民逐末利，风俗日偷，池州、宁国，在山麓江浒，军民统理不一，寇盗因以窜匿"②。显然，在明清时期，安徽省最为突出的便是徽州和凤阳两地的人群。"徽州朝奉"与"凤阳乞丐"，在长江南北形成了一个鲜明的对照。

徽州地处皖南的低山丘陵地区，在白际山、天目山和黄山山脉、九华山脉的南北夹峙下，自东向西点缀着绩溪、歙县、屯溪、休宁等区县在内的山间河谷平原。

从地理环境上看，徽州自古以来就是一个独立的地理单元。早在南宋淳熙《新安志》的时代，徽州就有"山限壤隔，民不染他俗"的说法。从历史行政区划来看，徽州一府六县的范围大体上比较稳定。从唐代中叶起，歙州领有歙、休宁、黟、婺源、祁门和绩溪六县。此后，除婺源一度上升为州外，一直未曾发生过大的变动。明清时期的徽州府，基本上也就与上述的地域相当。

史书记载，东晋皇室司马晞每逢宴会，便令娼妓扮作新安人，载歌载舞演唱离别之辞，其声凄婉悲切。一般认为，新安人的"歌舞离别之辞"之所以流行，是因为早在公元四五世纪，徽州人就已经时常远出经商了。虽然，这种记载作为徽商的起源，或许仍有待确证。但明清以还徽州成为远近闻名的商贾之乡，则是断无疑义的。徽州人群之引起世人的瞩目，实起因于明清时代徽商之崛起。

歙县、休宁境内的歙休盆地一带，交通便利，历史上农业开发较早。从淳熙《新安志》来看，这里的商业发展最早且最为发达，生活殷富，风俗奢侈。及至明代，弘治《徽州府志》卷一《地理一·风俗》还引旧志，说歙县与休宁风俗相近，"读书力田，间事商贾"。嘉靖、万历年间张瀚在《松窗梦语》卷四《商贾纪》中指出：

> 煮海之贾，操巨万资，以奔走其间，其利甚巨。自安、太至宣、徽，其民多仰机利，舍本逐末，唱棹转毂，以游帝王之所都，而握其奇赢，休、歙尤夥，故贾人几遍天下。

相比之下，祁门、婺源、绩溪、黟县等，却相对比较闭塞和俭朴。尤其是黟县，大概直到清初，经商之风方才蔚然成风。

不仅是商业气氛的形成有迟晚之别，而且，一府六县之人所从事的职业，也各有不同。例如，虽然江南一带"徽州盐商"相当著名，但主要是以歙县人为主。清代两淮盐务八大总商，歙县人总是占有其中的四位，各姓相代而兴。如江村的江氏，丰溪澄塘的吴氏，潭渡的黄氏，岑山渡的程氏，稠墅、潜口的汪氏，傅溪的徐氏，郑村的郑氏，唐模的许氏，雄村的曹氏，上丰的宋氏，棠樾的鲍氏，蓝田的叶氏等等。又如，尽管江南民间有"无徽不成典"的说法，但就徽州人而言，休宁的典商特别著名。对此，徽州乡土史家许承尧曾说：徽州典当商大多是休宁人，治典业者以休宁人最为擅长，凡是各地的典肆无不有休宁人从业，这是"以

---

① 《灰画集》，第3册，卷5，南直，第288～289页。
② 《灰画集》第3册，卷5，南直，第288页。

专业易精也"[1]。其中,以汪氏、吴氏和戴氏最为著名。再如,南宋时期,徽州木材业的中心是在休宁。及至明清,"婺源木商"异军突起。在江宁、杭州等地,婺源籍木业商人的势力均颇为强盛,歙县北乡虽然也有一些人托业其中,但毕竟不如前者的势力来得强大。

盐、典、木号称"闭关时代三大商",与之相较,绩溪素有"徽厨之乡"的称誉,当地人从事的职业相对要小。胡适曾指出:面馆业是绩溪十五都乃至整个绩溪的生计。当地民间有首歌谣:

> 前世不曾修,出世在徽州。年到十三四,便多往外遛。雨伞挑冷饭,背着甩溜鳅,过山又过岭,一脚到杭州。有生意,就停留,没生意,去苏州。跑来拐去到上海,托亲求友寻码头。同乡肯顾爱,答应给收留。一到上工日,伸手端股头(报酬)。两个月一过,办起新被头。半个年一过,衣着都不愁。每逢过年节,寄钱回徽州。爹娘高兴煞,心里乐悠悠。徽菜真不差,东南有名头。穷人顶合适,生活有望头。别看系腰布,职司却风流。荷包蛋,狮子球,红烧肉,大胖头,样样别有味,色彩更光流。当年小面棍,打到国边陲。养活多少人,大家去追求。徽州菜馆业,实在大有为。

上述的歌谣,描摹的是徽菜馆学徒生活之普遍情形。当然,上述所举的只是荦荦大端,仅就其专精而言。许承尧曾估计说,歙县籍的徽商中,盐商占三成,典商占二成,杂商(各类商人)占五成。事实上,盐、典、茶往往相互兼业。上述的歙县上丰宋氏,在晚清时期就在苏北的扬州、湖北的汉口等地,兼营盐业、典当和茶业等诸多行业。故此,民国《歙县志》就指出:明清以还歙县的商业以盐、典、茶、木最为著名,但以盐业尤为兴盛。

上述的人群分类,主要是着眼于徽州人在外地从业的角度(亦即徽州商人的分类)。而在徽州本土,还有几类人比较著名。徽州是个宗族森严的社会,在东晋南朝以及隋唐外来移民的部曲、佃客制的基础之上,形成了佃仆制度。在佃仆中,比较有名的有祁门的"庄户",黟县、休宁的"小户"、"小姓",歙县的"低下人",绩溪等地的"祝活",以及查湾的"郎户"和"小户"等。根据叶显恩的研究,郎户亦称拳斗庄,小户又以承担的劳役而有各种各样的名称,如守坟庄、包袱庄、抬棺木庄、龙灯庄、吹打庄、道士庄、火把庄、挑担庄、抬轿庄、粮仓庄、守夜庄、守木庄、修房庄和搭戏台庄等。以绩溪祝活为例,它主要分布于岭北的旺川、上庄、宅坦、坦头、冯村等曹姓、胡姓、洪姓、唐姓、汪姓和冯姓等大姓聚族而居的村中。主要是指被上述某个宗祠买去,专门在岁时伏腊、婚丧祭祀的典礼上,从事祝词、吹奏等活动者。沦为祝活后,不仅本人,而且其后代也只能世业于此。祝活身份低微,属小户(又叫小家),当地人将祝活与丫头合称作"丫头祝活"。他们没有人身自由,生活极端困苦,很少有后代,各大姓宗祠是通过不断地从外地买回新的祝活来补充[2]。另外,佃仆中的一类为乐仆(亦称乐人、仆傩、神狮、狮卒等),专供某些宗族的迎神赛会、酬神还愿、奉先祭祖之用。后来,徽商在此基础上组织徽戏家班,遂形成了有名的"徽州旌阳戏子",对于江南社会风尚的变迁颇有影响。

此外,徽州当地还有"棚民"、"九姓渔民"等边缘人群。关于棚民,是指从外地迁入徽州

---

① 许承尧:《歙事闲谭》第18册《歙风俗礼教考》,引自张海鹏,王廷元主编:《明清徽商资料选编》,黄山书社,1985年8月,第155页。

② 叶显恩:《明清徽州农村社会与佃仆制》第6章"徽州的佃仆制度",第233～234页。参见胡士敏:《祝活琐记——绩溪岭北祝活片断》,《绩溪县徽州学研究会会刊》第一期,1991年6月。

的移民。棚民租垦徽州山场，始于明代，清初沿袭，乾隆年间盛行。他们主要来自怀宁、潜山、太湖、宿松、桐城等处，也有来自江西、浙江等地。嘉庆年间，一府六县统计有棚 1 663 座，棚民 8 681 丁口①。他们在山间旷野搭棚居住，种麻植靛、造纸作菰，其中以安庆人为数最多。譬如，今歙县南部的胡埠口乡，仍有一地名为"安庆棚"，那里的数十户居民百余人，祖籍均为安庆，系光绪年间迁入，遂有此称。如果说棚民是定居于山间的边缘人群，那么九姓渔民则是飘泊于新安江水面上的一群人。据《徽州地区简志》一书记载：

船民源于"九姓渔船"。相传元末陈友谅兵败，子孙九姓(陈、钱、林、李、袁、孙、叶、许、何)家属被贬钱塘江流域舟居，从事撑船、背纤等苦活。徽州境内新安主、支流上飘泊的船民，为"九姓渔民"的后裔，以陈、叶、钱、汪四姓为多。陈姓来自建德东州(徽港、婺港汇合处)，叶姓来自桐庐。……②

陈友谅兵败后被贬舟居的故事，与徽州朝奉为朱元璋金口玉言所封的故事，同属于对区域人群祖先的追溯。九姓渔户又名"九姓渔船"，俗称"江山船"。当时从浙江等地进出徽州者，往往雇用江山船。清乾隆、嘉庆时人沈复曾"应徽州绩溪克明府之招，由武林下江山船"，前往徽州③。今人章亚光在《忆绩溪人麇集的淳安港口镇》一文中指出：从深渡到淳安，船上人讲的都是江山话④，这大概是比较普遍的一种现象，它说明了九姓渔户在新安江流域分布之广泛。

尽管上述的人群形形色色，人群的性格特征也纷繁多样。然而，近世以来的徽州，毕竟是以徽商最为著名。道光《黟县续志》称："徽州人以商贾为业"⑤，其后的汪士铎甚至称徽州的土产是"买卖人"。而且，只有在社会流动频繁的背景下，通过与其他区域人群的相互接触、交往过程中，独特的人群性格才能得以凸显。

一般说来，徽州人均养成了节俭的生活习惯。淳熙《新安志》卷一曾指出，当地人"能寒暑，恶衣食，……山谷民衣冠至百年不变"。显然，早在南宋时期徽州人就有俭啬的风习。及至明代，徽州人认为："非诗书不能显亲，非勤俭不能治生"⑥。换言之，诗书举业是为了显亲扬名，而勤俭则是营谋生计的关键。嘉靖《徽州府志》卷二《风俗志》："……其人多菲啬，尽力沟洫，孝弟质行，有禹之遗风焉。"菲啬也就是俭啬之意，这里点明了徽州人的节俭与勤劳。晚明人金声亦曾指出："宣、歙二州地相接。歙地狭民啬，与饶连，风气亦近豫章。"金声笔下的宣、歙、饶，指的是宁国府、徽州府和饶州府。他说徽州"地狭民啬"，与江西的风气相近。而在明代，江西人的俭啬是出了名的。明代中叶陆容曾经指出：在江西的一些地方，摆在日常宴席上的劝酒果品，只有时果一样可以食用，其他的都是用木头雕刻、上涂彩色装饰而成，称为"子孙果盒"，意思是可以传之子孙后代⑦。与江西的风俗相似，徽州风俗"俭于食品，以木耳豆粉和成糕，呼曰假鳖"⑧。这种情况应当比较普遍。《重订潭滨杂志》中说，徽州乡间逢喜庆之事，例用米粉作为馔品，"然但备员而已"，也就是聊以充数的意思。

---

① 清 杨懋恬：《查禁棚民案稿》，道光《徽州府志》卷四之二《营建制・水利》，马步蟾修，夏銮纂，台北成文出版社，1975 年，第 324～327 页。
② 中华人民共和国地方志丛书，安徽省徽州地区地方志编纂委员会编，黄山书社，1989 年 2 月，第 471 页。
③ 《浮生六记・浪游记快》，"美化文学名著丛刊"，上海书店，1982 年 6 月印行，第 420 页。
④ 《绩溪县徽州学研究会会刊》第 1 期，1991 年 6 月。此书承绩溪中学教师徐子超先生惠借复印，特此致谢！
⑤ 道光《黟县续志》卷十五《艺文志・汪文学传》，清 吴甸华等原修，吴子珏等续修，嘉庆十七年(1812 年)修，道光五年(1825 年)续修，同治十年(1871 年)重刊本，"中国方志丛书・华中地方"第 725 号，第 2124 页。
⑥ 吴吉祜：《丰南志・从父敬仲公行状》。
⑦ 《菽园杂记》卷三，中华书局，1997 年 12 月，第 29 页。
⑧ 明 江盈科：《雪涛谐史》，《中国历代笑话集成》第 1 卷，第 376 页。

甚至在当地的启蒙读物《应急杂字》中，也收入了“索粉假鳖”的内容。这与前述明代江西的俭啬习俗，可以比照而观。故此，明人谢肇淛曾指出，徽州人“衣食亦甚菲啬，薄糜盐齑，欣然饱矣”，他在总结各地人群性格时指出：“天下推纤啬者必推新安与江右，然新安多富，而江右多贫……”①。

及至清代，康熙《徽州府志》也指出，徽州人“家居也，为俭啬而务蓄积。贫者日再食，富者三食，食惟饘粥，客至不为黍，家不畜乘马，不畜鹅鹜，其啬日日以甚……”②。饘也就是较稠的粥，粥则是稀饭。穷人每天只能吃上两顿饭，而富人方才一日三餐。这种饮食习俗，直到晚近，仍然存有影子。当地俗曰：“天光吃饱，中午点心，落昏混混。”即是指徽州山区的习俗，早上一餐吃饱，中午吃一点，谓之点心，晚餐也很节省，只是“混混”而已。徽州人喜吃盐豆（用油炒熟黄豆，撒上盐）、猪脚踝煨黄豆等，但当地有一句俗谚称：“家有千钟粟，不吃盐豆和粥”，意思是说即使家境富裕，也不用油炒黄豆作为下稀饭之菜。其原因是——一碗油炒黄豆的量，可以做成很多豆腐；而且，盐豆香脆可口，很快吃光，倘若做成豆腐则可以佐餐数顿。胡适曾说：“徽州穷，但徽州有钱人家也讲究节俭，那是美德”③。证之以顾炎武所说：“新都（即新安）勤俭甲天下，故富亦甲天下”④ 的说法，可见徽州人节俭的传统源远流长。

明人谢肇淛曾指出：徽州人“菲衣恶食，纤啬委琐，四方之人，皆传以为口实，不虚也。”这说明徽州人确实是节俭成性。不过，江南各地的一些民众，为了发泄对席丰履厚的徽商之不满，加油添醋地塑造出徽州人的种种社会形象。在他们的刻画下，徽州人以好色、健讼、俭啬、刻薄闻名遐迩。早在明代，徽州人就素有“盐豆”的地讳（绰号）。传说，曾有做客苏州的徽州人，自制盐豆放于瓶中，而用筷子钳取，每顿自限不得超过九粒。某日，有人告诉他说：“令郎在某处大嫖”。其人勃然大怒，把瓶中一把豆全都倒了出来，嚷道：“我也不做人家了！”⑤ 这一则形容“徽州人多吝啬”的笑话，近数百年来在江南一带广泛流传。《上海俗语图说》二八“揩油”条：“徽州朝奉，富而增啬，好绷场面，日进青菜、豆腐，而悬猪油少许于墙角，餐后揩油于唇，立大门前告人曰：‘我家今天吃猪油炖酱。’这个笑话是唱滩簧编出来的，徽州朝奉就是揩油的祖师”⑥。徽州民间原有“徽州朝奉，自保自重”和“徽州朝奉，自家保重”等俗谚，对此，胡适指出：“通常社会上所流行的‘徽州朝奉’一词，便是专指当铺里的朝奉来说的；到后来就泛指一切徽州士绅和商人了。‘朝奉’的原意本含有尊敬的意思，即表示一个人勤俭刻苦，但有时也具有刻薄等批判的含意，表示一个商人，别的不管，只顾赚钱。”

徽俗重商，与这种风俗相伴而生的是徽州人强烈的契约意识。据周绍泉的估计，已被各地图书馆、博物馆、档案馆、大专院校、科研机关收藏的徽州文书，以卷、册、张为单位计算，大约不下 20 万件。而迄今仍然散落于徽州民间的契约文书，应当仍然不在少数。这些反映传统社会规则（或可称为“民事惯例”、“民间习惯法”）的乡土史料，涉及徽州人的衣食住行、休闲娱乐、民间信仰、商贸往来、宗族组织、村落社区、会社交际，举手投足，动辄订立

---

① 《五杂俎》卷四《地部二》，第 96 页。
② 清 丁廷楗修，赵吉士纂：康熙《徽州府志》卷二《风俗》，康熙三十八年（1699 年）刊本，“中国方志丛书·华中地方”第 237 号，第 441 页。
③ 程法德：《胡适与我家的亲缘与情缘》，《杭州徽学通讯》1999 年 1 月。
④ 《肇域志·江南十一·徽州府》。
⑤ 徐卓呆：《笑话三千》，第 66 页。
⑥ 汪仲贤撰述、许晓霞绘图，苏州力行出版社刊行，上海嘉寿出版社发行，民国 37 年（1948 年）12 月。

契约，几乎涵盖了徽州民众社会生活的各个侧面。其规则之严密、措辞之细致，竟至到了无微不至的程度。因此，徽州遗存有目前所知国内为数最多的契约文书，这应当不是偶然的巧合。明清时代江南一带素有“徽州朝奉脸”，一般是形容徽商高利贷盘剥的冷漠与刻薄。但从另一个角度来看，它恰恰反映了徽州人所具有的传统中国乡土社会匮乏的一种契约意识。

与契约意识相关的则是徽州的健讼风习。南宋祝穆编的《方舆胜览》卷一六《江东路·徽州》说：“人性刚而喜斗。”成书于天顺年间的《大明一统志》卷一六“徽州府”条下，引元代的文献说当地的风俗“性刚喜斗，民俗真淳杂豪健”。“性刚（而）喜斗”的一个方面，应当就是健讼。对此，明人王士性在其所著的《广志绎》卷二《两都》中指出：“山居人尚气，新都健讼，习使之然。其地本勤，人本俭，至斗讼则倾赀不惜，即官司笞鞭一二杖参差，便以为胜负。往往浼人居间。若巨家大狱，至推其族之一人出为众死，或抹额叫阙，或锁喉赴台，死则众为之祀春秋而养子孙。其人受椎不死，则傍有死之者矣。他方即好讼，谋不至是。铺金买埒，倾产入关，皆休、歙人所能。至于商贾在外，遇乡里之讼，不啻身尝之，醵金出死力，则又以众帮众，无非亦为己身地也。……”现存的徽州契约文书中，相当一部分就是有关诉讼方面的文书。

据方志记载，中晚唐以后，随着外来移民的大批进入徽州，徽州风气发生了重大的变化，“俗益向文雅”①。宋代以来，当地名臣辈出，多为御史、谏官。嘉靖《徽州府志》卷二《风俗》：“宋元以来，彬彬称为东南邹鲁，……至今士人讲学益广云。”特别是自从嘉靖以来，当地“比屋有才秀之士，文藻益盛”。据何炳棣的统计，从 1647 年到 1826 年，徽州府产生了 519 名进士（包括在本地中式和寄籍他乡及第的），在全国科甲排行榜上名列前五至六名。在此同时的 180 年间，江苏省产生了一甲进士 94 名，其中有 14 名出自徽州府；浙江一甲进士 59 名，有 5 名是徽州人。而对于下层民众而言，商业社会需要有一定的文化知识，能够算账，能打算盘，这就使得徽州一般民众也具有较为良好的文化素质，对于文化也具有一定的追求。故而戴震指出，徽州人“虽为贾者，咸近士风”，是一个素质较高的地缘性商人群体。

勤劳节俭和契约意识是徽州人在商业上成功的秘诀，而良好的文化素质，又是拓展商机的一个重要条件。

此外，在当时人的印象中，徽州人的特征还有不少。“海内十分宝，徽商藏三分”，这是说徽州人的富裕。嘉靖朝权臣严世蕃与宾客屈指而论天下十七家首富，其中，山西有三姓，徽州则占了二姓。嘉靖年间的吴中奇士张幼予（献异），就嫉羡徽州人的富有，“命所狎群小呼为‘太朝奉’”。万历年间，称雄海内的商界巨擘，江南首推徽歙，“新安大贾，鱼盐为业，藏镪有至百万者，其他二三十万，则中贾耳”。因此，民间俗谚有“亳为英雄地，歙是富贵乡”、“欲识金银气，须从黄白游”[黄白指黄金与白银，亦为徽州境内黄山、白岳（齐云山）的代称]、“游黄白，识金银”等。这些，都反映了世人对于徽州的看法，亦即徽州人的富裕。所以明清以来，徽州一些人在许多场合，都要辨称徽商与徽州人的区别。如《新安程氏世谱》卷七，就曾指出：“徽地瘠人稠，往往远贾逐利，侨居各大都邑，天下之人与吾徽人接者，几尽疑为膏腴中人，遂使徽之孤寒士辄不欲以徽人称。”

---

① 淳熙：《新安志》卷一。

与富裕的印象相伴而生的，则是为富不仁。清人孙锦标编、张孝若校的《通俗常言疏证》第三册《贫富》，将相同或相近的俗语排列在一起，从中我们可以看出“徽州朝奉”在世人心目中的角色定位：

受用、享福、暴发户、沈万三、朝奉、老朝奉、老封君、富贵有余、富润屋、富而好礼、君子周急不继富、猪来穷狗来富、为富不仁、白手起家、成家立业、一家饱暖千家怨、一毛不拔、养尊处优、……

此外，徽州人还有“势利”、“狡狯善谋”、“好色”等形象。而徽州的妇人则有“节烈之风”以及“妒妇比屋可封”的记载。

徽州山多田少，地狭人稠，很早就形成了一个以贾代耕的移民式的商业社会。“新安多游子，尽是逐蝇头”的诗歌以及“徽人不蹲家，经营走四方”之俗谚，都明白无误地告诉我们徽州移民的特性。对此，晚明谢肇淛曾指出：“吴之新安，闽之福唐，地狭而人众，四民之业，无远不届，即遐陬穷发，人迹不到之处，往往有之，诚有不可解者。盖地狭则无田以自食，而人众则射利之途愈广也”①。据王世贞的估计，徽州歙县一带的人十分之三在本土，十分之七在天下，这应是对徽州移民的大略估计。万历《歙志·货殖》曰：

今之所谓都会者，则大之而为北京，江、浙、闽、广诸省，次之而为苏、松、淮、扬诸府，临清、济宁诸州，仪真、芜湖诸县，瓜洲、景德诸镇。……故邑之贾，岂惟如上所称大都会皆有之，即山陬海壖，孤村僻壤，亦不无吾邑之人，……

换言之，上至繁华都会，下至僻乡荒野，到处可见徽州人的身影。故而明清以来，江南各地多有“钻天洞庭遍地徽州”、“徽商遍天下”、“无徽不成商”、“无徽不成镇，无徽不成街”、“无徽不成市，无徽不成铺”之类的俗谚，许多徽州人多占籍江南，商籍杭州等地，各地均形成了一些徽商社区及相关的景观：扬州河下、淮安河下，淮南的新安镇，汉口的新安街、新安市场、新安码头和新安书院，景德镇的新安上、下二巷，镇江的徽州码头，杭州的徽州弄、徽州塘以及江干一带，兰溪的新安阁，严州府的新安乡，衢州府的新安里等。例如，“扬州之盛，实徽商开之，扬盖徽商殖民地也。故徽郡大姓，诸如汪、程、江、洪、潘、郑、黄、许诸氏，扬州莫不有之，大略皆因流寓而著籍也”。因此，扬州盐商社区文化，也明显地打上了徽州乡土风俗的烙印，扬州的“盐商派”的生活方式，其主角指的就是徽州盐商，故而近人有“广陵之风同于徽歙”的说法②。

人是民俗文化的载体。在传统的中国，民俗的传播主要是依靠移民的迁徙作为媒介。“新安人歌舞别离”，可能是见诸史籍反映徽州人外出的最早记载。及至淳熙《新安志》的时代，有不少徽州人流徙长江沿岸的舒、池、无为等地。16世纪以后，徽州人大批外出经商，在江南一带形成了“无徽不成镇”的局面。徽州人历次的大批迁徙，都使得徽州民俗文化得到了不同程度的传播。徽州的风俗习尚对于江南一带有着较大的影响。

徽州人面称祖父为朝奉，曾祖父为太朝，祖母为婺，曾祖母为太婺。根据当代徽州人的说法，婺为“女宿”星名，旧用作对妇人的颂辞。嘉庆十二年(1807年)重修的《芜湖县志·地理志·方言》记载：“新安人侨居县境者甚众，呼祖母多谓之婺婺。(乡音如此)”由于历史时期芜湖是歙县人麇集鳞聚之区，现在歙县的不少人，都会说两种话，一种是当地方言，用

① 《五杂俎》卷四《地部二》，第102页。
② 王振忠：《明清徽商与淮扬社会变迁》，第120～157页。

于本地人之间的交流;而另一套话则是近于芜湖话的“普通话”,用于与外地人交谈①。

原先在徽俗中用以称呼富翁的“朝奉”二字,后来竟成了典当业主人的代名词。“朝奉狰狞赛恶魔,徽州籍贯最为多。高居柜上头垂下,又似双峰屎骆驼”②。“徽州朝奉锡夜壶”,在江南各地广为流传。由于各地的典当多由徽州人开设,故而徽州方言对典当业的影响很大。典当业中流行的一些隐语行话,不少或以徽州方言语音急读谐音,或完全借方音而形成。在北京,当铺行话原属“徽语”。如:

幺按搜臊歪(一二三四五);
料俏笨缴勺(六七八九十);
子母饶(咱们人,即同行人);
得(第四声)合(当行);
报端(不多)妙以(没有);
抄付(吃饭)搂闪(拉屎);
勒(第三声)特特(老太太);
豆官呢儿(大姑娘);
洗玄分儿(小媳妇);
照个儿(这个);
闹个儿(那个)等。

这种受徽语影响的典当业行话在北方甚至流传到东北③。此外,在明清时期,扬州号称为徽商的“殖民地”,当地“乡音歙语兼秦语”,歙县方言颇为流行。

在当时的扬州,徽州食物也盛行一时,如徽面、徽饼和徽包等。乾隆年间侨寓扬州的歙县人方士庶有《新安竹枝词》曰:“山轿平扛压两肩,中途随处索盘缠,河西桥畔箪儿面,绝胜唐模与堨田。”其中描摹的是徽州本土的“徽面”。河西桥、唐模和堨田,都是歙县的地名。根据笔者的研究,“箪儿面”可能是新安江上九姓渔民所吃的食品,故而粗多。而唐模和堨田,均位于歙县西乡,系徽商聚居之处,“面少味佳”。随着徽商的大批外出,“徽面”在江南一带非常有名。当时,徽面馆在江南各地都相当著名。扬州面馆的“连面”,亦即徽面,称为三鲜大连,也就是鸡、鱼、肉大碗面。杭州城内也有徽州馆店,根据《杭俗遗风》记载,“徽州馆店所卖之面粗而且硬,其各种各价均与苏州馆同,惟面两样耳。再有名为小碗一种,每碗十八文,上加肉片、蛋皮、虾仁等物,碗大味鲜,量浅者可以抵得一顿饭矣。亦有素面店,小碗每十文,上加素丝点心,净素小菜面汤亦各二文”④。徽面(菜)馆与苏馆等在江南饮食业中骈肩称雄。

除了食品外,“徽式新屋”也流行一时。谢肇淛曾指出:“余在新安,见人家多楼上架楼,未尝有无楼之屋也。计一室之居,可抵二三室,犹无尺寸隙地。”明末徽州文人金声也曾指出:“入其(徽州)境而见村落有聚,庐舍高峻,墙涂白垩,不知其以地狭,故图得架阁而居,若夜航舟,构一庐得倍庐之居,非能费财而高也。垣既随庐,不得不峻,畏水浸而易圮,涂白

---

① 歙县地方志编纂委员会编:《歙县志》,中华书局,1995年7月,第643页。
② 叶仲均:《上海鳞爪竹枝词》第一二九《徽骆驼》,顾炳权编著:《上海洋场竹枝词》,上海书店出版社,1996年12月,第293页。
③ 高叔平:《旧北京典当业》,转引自曲彦斌著:《中国典当史》,上海文艺出版社,1993年1月,第129~131页。
④ 清 王锡祺:《小方壶斋舆地丛钞》第6帙,杭州古籍书店,1985年11月,第164页。

垩以御雨，非能费财而饰也"[①]。清人汪士铎亦指出：绩溪"雕镂房舍，屋皆楼，聚族而居"。对此，民国《歙县志》认为：徽州的屋庐之制，因为地处山区，木材价格低廉，故而房屋取材闳大，坚固耐久。但因山多田少，考虑到居室对土地的占有，故而房屋多作重楼峻垣。另外，徽州人建造房屋非常讲究风水，淳熙《新安志》卷一《风俗》就有"歙为负郭县，其民之弊好委人事，泥葬陇卜窆，至择吉岁，市井列屋，犹稍哆其门，以傃吉向"的说法。以门的朝向为例，俗谚称："商家门不朝南，征家门不朝北。"这是一种根深蒂固的门向禁忌。徽州聚落门罩多作成元宝形，有的在门前还摆放着一块元宝形的石头，寓意是招财进宝之义。屋内天井为"四水归堂"，意味着肥水不流外人田，俗称"四水归堂，财不外淌"、"家有天井一方，子子孙孙兴旺"。一些聚落中几乎家家户户都有两个边门，做成"商"字形图案，这显然表示着徽州地区独特的商业氛围和世俗价值观。此外，关于徽州聚落的外观，早在明末，"入歙、休之境而遥望高墙白屋"，就成为徽州村落的独特景观。清康熙五十七年(1718 年)，侨寓扬州的徽州盐商后裔程庭回歙县岑山渡省亲，在随后所作的《春帆纪程》中，记下了他所看到的徽州村落景观："徽俗士夫巨室多处于乡，每一村落，聚族而居，不杂他姓。其间社则有屋，宗则有祠。……乡村如星列棋布，凡五里、十里，遥望粉墙矗矗，鸳瓦鳞鳞，棹楔峥嵘，鸱吻耸拔，宛如城郭，殊足观也。"随着各地徽商社区的建立，"徽式新屋"也风靡一时，在东南的扬州、苏州等地的旧式里弄中，仍可看到此类遗迹。民国时人徐谦芳指出：

> 今邗江人士，由迁徙而来，大抵徽、歙为最，镇江次之，各省游宦者又次之。扬州房屋，悉为徽式，故近儒刘氏师培谓广陵之风，同于徽、歙[②]。

徽州之所以有那么多的移民外出，主要是由于当地人地矛盾的突出所致。徽州一向地瘠人稠，本地耕田所获远远不能满足民生的需求，施源《黟山竹枝词》曰："山田硗确石田荒，乐岁才供三月粮。"[③] 这是对徽州各地自然环境的大体描述。生态承载的超负荷，迫使大批徽州人外出经商。明人王士性曾指出：徽州盛行早婚习俗。"徽人事商贾，毕娶则可有事于四方……"[④]。就是说，徽州男子年满十二三岁，就得完婚，然后外出做生意。故而汪士铎说："绩溪不佳之处，……婚太早"，"徽俗人固陋，喜人多，婚早，每十五六皆嫁娶，其风气也，十六皆抱子。故二十年即加一倍，顺治一年一人者，至今二千零四十八人，然皆经商挑担，无一中用者，多则气薄也，故徽州土产曰'买卖人'"[⑤]。因前途莫测，有时需要几年、十几年甚或几十年，才能返乡省亲。"一世夫妻三年半"，这使得在江南各地出现了一些"两头大"的风俗，以及"养瘦马"等畸俗。在新安移民众多的扬州，婚礼也吸收了徽州的风俗。譬如，徽州地区多虎，曾经有嫁女者遇虎，舆夫逃去，"虎来衔人，仅及花冠，不伤新妇"，于是，徽礼中就有了"抢花冠"的风俗："嫁女入舆，不加笄饰，但盖红帕，外以篾丝为花冠，高尺许，缀绢绫人物戴于头上，到夫家下轿时，各亲属一揭彩舆之顶，花冠簇然露矣，因争抢之，以为喜祝之意。"后来扬州沿而袭之，寖以成俗。所谓"徽州火把红油刷，翰院灯笼紫纸糊，抢过花冠传过袋，进房先看伴娘姑。"火把是徽州人对蜡烛的称呼，这首竹枝词显然反映了徽州、扬州礼俗的杂糅[⑥]。

---

① 《金太史文集》卷六《送郡司李》。
② 《扬州风土记略·杂缀》，第 135 页。
③ 嘉庆《黟县志》卷十六《艺文》，第 2192 页。
④ 《广志绎》卷五《西南诸省》，第 109 页。
⑤ 清 汪士铎：《汪悔翁乙丙日记》卷三。
⑥ 王振忠：《明清徽商与淮扬社会变迁》，第 135～136 页。

除了婚礼之外，不少地方的丧葬祭仪也受徽州的影响。《歙行日记》曾指出："（徽州）祭品用整鸡、鱼、肉三簋，皆干腊，余则笋、韭等及粉制挂纸果，向例用全猪、羊两架，鼓吹四人"，乾隆年间侨寓扬州的歙县人方士庶，在返乡省亲后作有《新安竹枝词》，其中的一首这样吟咏道："鼓吹喧阗拥不开，牲拴列架走舆儓，问渠底事忙如许，唐宋坟头挂纸来"①。所谓鼓吹，清绍兴师爷传钞本《示谕集录》中，有"禁僧人鼓吹"条：

为严禁僧人之鼓吹以戢淫声以端风化事。……近日浮屠，不持戒律：静居僧舍，梵音作郑卫之声；应赴道场，讽诵吐优伶之曲。甚至称扬佛号，强叶宫商；因而宣赞经文，悉谐节奏。……②

这种鼓吹当即徽调。杭州是徽商麇集鳞聚之区，同治年间范祖述的《杭俗遗风》曾经讲到：

僧家有经一种，名曰"孔雀经"，编列各调戏曲，如昆腔、乱弹、徽调、滩簧及九调十三腔，均皆齐备，以和尚八人，分生、旦、净、丑各音，吹弹歌唱，俨同唱戏，家有素事方用之。

堂名即清音班，多自姑苏来者。共有一二十班，……吹弹歌唱，各剧戏文，昆腔居多，今亦会唱徽调。

徽调排场，与歌司、大中、箱子等，惟唱徽调一门而已，人家闹丧、闹材多采用之。

（出殡日）有用堂名歌司、闹材，其次徽调而已。盖是夜定例，总须敲动响器也。

可见徽调在杭州颇为流行。清代扬州丧祭中有"徽礼"、"扬礼"之殊。竹枝词中亦有"年来极盛徽、扬祭，残腊丧门吊客多，鼓吹沸声真耐听，《将军令》与《捉天鹅》"。由此，可见徽州鼓吹对东南民俗文化的影响③。此外，"扬州好，家祭夹徽、扬，鼓伐三通呼就位，灯持五色学跑方，亭设纸猪羊。"则是丧祭中徽、扬礼仪并具的最好注脚。而在汉口，由于徽州商人的纷至沓来，使得当地的祭祀也有了徽祭与本地祭的区别。徽祭，正立垂手，"恪于执事"。也就是祭祀时非常恭敬，所谓"楚人做祭极平常，不及徽州礼貌庄"④。

在徽祭中，有几种神庥尤为徽州人所重视。徽州人祀奉土地神最为虔敬，据民国《歙县志·舆地志·风土》记载：

二月二日比户迎福德之神。盖前人以元日祀天，复以二月二日祀地，相传既久，遂讹为所奉土地偶像，而崇其徽号曰"福德正神"。商肆亦于是日陈设一新，谓之"开张"。

在徽州盐商聚居的扬州，"扬州好，二月月初头，土地祠前灯似锦，堆盐店里酒如油，歌吹不曾休"。在广陵，二月二日也称土地神诞，"盐筴家张灯设鼓乐，曰土地会，最称繁盛"。徽商西贾侨寓邗上，中盐营运，财源茂盛。因此，对于冥冥之中的土地公公，充满了感激之情，将之看成"福神"，奉祀甚虔，相沿成俗。

汪公信仰是徽州最具特色的民间信仰。徽州素有"四门三面水，十姓九汪家"的说法，

---

① 张海鹏，王廷元主编：《徽明清徽商资料选编》，第 20 页。
② 王利器辑录：《元明清三代禁毁小说戏曲史料》第二编"地方法令"，上海古籍出版社，1981 年 2 月，第 160～161 页。
③ 参见《明清徽商与淮扬社会变迁》，生活·读书·新知三联书店，1996 年 4 月，第 135 页。
④ 清 叶调元：《汉口竹枝词》，《中华竹枝词》第 4 册，第 2624 页。

汪氏是当地势力最强的宗族之一。据说，汪华生有八子(一说九子)，其后裔广泛分布于徽州的一府六县之中，因而史称"今黟歙之人，十姓九汪，皆华之后"①。汪华原本是隋末唐初在徽州一带割据势力的头目，活跃于隋唐之际，隋末兵燹，天下板荡，他被众人拥戴，攻取了歙、宣、杭、睦、婺、饶六州，保全一方，自称吴王。并于武德四年(621年)归顺大唐，持节总管六州军事，授歙州刺史，位上柱国，封越国公，卒于长安。死后谥号"忠烈王"，归葬歙县。乡人为之立祠崇祀，后称越国公汪王神，俗称"汪公大帝"，此后作为最尊贵的地方守护神受到徽州民众的祭祀。近数百年来民间尊奉汪华为"太阳菩萨"，徽州各地有"游太阳"的祭神活动。明清时代，随着徽州汪氏族人迁徙江南各地，汪越国公的信仰也在各地兴起。汪王庙在江浙一带叫汪越公庙，特别是汪姓麇聚的杭州，汪公信仰更为兴盛。杭州就有《吴山汪王庙志略》，专门记录浙江的汪公信仰。此外，许多徽商会馆中，也都有汪公的牌位。艾衲居士所编清代短篇小说集《豆棚闲话》第三则《朝奉郎挥金倡霸》指出："(徽州府绩溪县)彼处富家甚多，先朝有几个财主，助饷十万，朝廷封他为朝奉郎，故此相敬，俱称'朝奉'。"此则故事虽为小说家言，但其主人公("小朝奉")系汪华，这一点却很值得注意。一般认为，汪华在徽州社会的"一体化"进程中具有象征性的意义，因此，他被塑造成一位"小朝奉"，或许亦当表明"徽州朝奉"群体意识的增强。

除了汪公信仰外，都天神在江南各地也广为传播。《歙事闲谭》第3册《程古雪奇行》曾记载徽州"乡俗尚淫祀，每酷暑，奉所谓都天神者，奔走骇汗，烦费无度，临河故穷乡，相率效尤，府君以理劝阻，族人不听。"这种迎神赛会，也随着徽州人的外出，而遍行于江南各地。例如，镇江是徽州人聚居经商的一个重要区域，被徽州人称为"银马头"，不少徽州人举族迁居镇江。镇江的"都天会"非常有名。晚清时期金安清在《水窗春呓》卷下"都天会"条载：

> 都天会最盛者为镇江，次则清江浦。每年有抬阁一二十架，皆扮演故事，分上中下四层，最上一层高至四丈，可过市房楼檐，皆用童男女为之，远观亭亭然如彩山之移动也。此外旗伞旌幢，绵亘数里，香亭数十座无一同者。又有坐马二十四匹，执辔者皆华服少年。又有玉器担十数挑，珍奇罗列，无所不备。每年例于四月二十八日举行。

在扬州，都天会也有相当的规模。乾隆、嘉庆时人林苏门在《邗江三百吟》中指出："江南赛会以镇江为盛，惟扬州于各样抬阁，丽而不纤，华而不俗"。而扬州众所周知也是徽州商人鳞集骈居的一个重要城市，这种都天会也与他们有关。与扬州相似，在明清时期，随着大批徽商占籍仪征，都天会习俗也传入仪征，成为仪征的"三大会"(城隍、东岳、都天)之一。据惕斋主人《真州竹枝词引》的描述，仪征都天会也是"仿镇江例"，据说："都天为唐张睢阳，卜帅则南霁云，牛帅则雷万春。当日牵制敌军，使不南下，江淮晏然，故至今江南北人祀之，其说当不诬。邑人乃曰一书生夜遇疫鬼散毒井中，自拼死，以救万人。""都天"是五显之一，关于一书生夜遇疫鬼投毒舍生就义之事，亦见于南中国的其他地方，如福州的"五圣"或"五帝"的传说，就与此类似。这些习俗，其传播源皆出自徽州。都天庙每年固定时间还有盛大的迎神赛会，这对仪征的其他迎神赛会，具有相当深远的影响。灯仪仗原本只有都天会才使用，后来逐渐影响到其他的迎神赛会。至嘉庆末年，"则凡会皆灯矣。"在徽州木

① 淳熙:《新安志》卷一《姓氏》。

商聚居的南京上新河，“徽州灯”非常有名，每年四月初旬，出都天会的三日期间，必出徽州灯，“旗帜伞盖，人物花卉鳞毛之属，剪灯为之，五色十光，备极奇丽”①。

“新安向系尊朱子”②，外出的徽州人，还崇奉“徽国文公”，徽国文公即朱熹。朱熹虽出生于福建，但他的祖籍却在徽州婺源，故而徽州人认为本地是朱子的“父母之邦”，徽州也就有了“程朱阙里”的雅称。徽州人“贾而好儒”，遂奉朱熹为庇护神。江南各地的新安会馆，均可见到朱熹的牌位，有的还专祀徽国文公，甚至直接就叫徽国文公祠(浙江候潮门外的徽商木业公所)③。据吴江盛泽镇的《徽宁会馆碑记》：

> 嘉庆十四年，始建会馆于镇之旋葭浜。……中为殿以祀关帝，东西供忠烈王、东平王。朔望香火，岁时报赛惟虔。殿东启别院，奉紫阳朱文公。以皖人有迁居隶籍于吴，及侨居而遂家焉，俾其子弟有所矜式，故谨祀焉④。

太平天国以后，扬州设立安徽会馆，皖北商人欲供包孝肃(包拯)，而皖南商人则竭力主张供奉朱子(朱熹)。从此一点上，亦可看了，徽国文公信仰确系徽商的一个主要信仰。

除了上述的信仰之外，徽州的五猖信仰，对于江南各地的民间社会，影响更为巨大。五猖在明清时期有五圣、五显、五通、五郎等别称。其中的五通信仰，早在宋代就相当盛行。据日本学者斯波义信的研究，江南的五通，可能是崇拜岩石树木，从而得以广泛流行。盛夏时，木客将木材运至江湖贩易，大概与此有关。宋代徽州婺源的五通庙年市，可能就是以山村为地盘的商人们所举行的祭市⑤。根据南宋理学家朱熹的描述，“风俗尚鬼，如新安等处，朝夕如在鬼窟。……有所谓五通，最灵怪”⑥。显然，五通信仰在徽州民间相当盛行。据民间传说，五通常幻化多样。或如五六岁小儿，称安乐神；或能预卜吉凶，为民间奉作家神；更多的则为妖鬼，如鼠、猪、猴、蛇、蛤蟆和牛头鬼等，还经常幻化人形，为祟人间，尤其喜欢淫人妻女。在徽州本土，五通亦作五猖，五路猖神，后来与商业习俗相强结合，成为五路财神。五路、五通等在江南各地都非常盛行。江南各地的五通信仰，成为“吴俗三好”(斗马吊牌、吃河豚鱼、敬畏五通神)之一⑦。《集说诠真》引汤斌《奏毁淫祠疏》：

> 苏松淫祠，有五通、五显、五方贤圣诸名号，皆荒诞不经。而民间家祀户祝，饮食必祭。妖邪巫觋创作怪诞之说，愚夫愚妇为其所惑，牢不可破。苏州府城西十里，有楞枷山，俗名上方山，为五通所踞几数百年。远近之人，奔走如无时间歇。岁费金钱，何止数十百万？商贾市肆之人，谓称贷于神，可以致富，借直还债，神报必丰。

在迎神赛会中，演戏娱神是必不可少的项目。晚明张岱曾记载“徽州旌阳戏子”在绍兴搬演目连戏的情况。据今人戴不凡的回忆，歙县西北乡的戏班子在浙江建德一带颇为活跃。当地徽州会馆每年都要演戏娱神，民间竟有“挤破徽州会馆”的俗谚。这对徽州徽剧及目连戏等的传播，起了重要的作用。明代中叶以后，已形成了“徽池雅调”，这是徽剧的前身。及至清代中叶，随着徽商遍及海内，徽剧也风靡全国各地。乾隆年间，三庆、四喜、春台、

---

① 《白下琐言》，转引自张海鹏，王廷元主编：《明清徽商资料选编》，第222页。
② 清 竹孙氏：《荆沙竹枝词》，光绪间刊本，《中华竹枝词》第4册，第2647页。
③ 张崇旺：《谈谈徽州商人的宗教信仰》，《安徽史学》1992年第3期，第7～10页。
④ 苏州博物馆、江苏师范学院历史系、南京大学明清史研究室：《明清苏州工商业碑刻集》，江苏人民出版社，1981年2月，第356～357页。
⑤ 《宋代徽州的地域开发》，刘淼辑译：《徽州社会经济史研究译文集》，黄山书社，1987年，第18页。
⑥ 张伯行辑订：《朱子语类辑略》《丛书集成新编》第22册，台北，新文丰出版公司，1985年1月。
⑦ 清 阮葵生：《茶余客话》卷八。

和春四大徽班进京，更将徽剧的影响推向了高潮。道光、咸丰以后，徽剧同在京的湖北汉剧等融合，逐渐形成了京剧。而目连戏于万历年间经祁门人郑之珍的改编，传播于全国各地，影响极大，在中国戏剧发展史上占有重要的地位。

安徽省俗有“穷不过凤阳，富不过歙县”的谚语，与皖南的徽州不同，凤阳地区呈现出了不同的文化景观。

历史上“凤阳”的概念几乎涵盖了今安徽省长江以北的绝大部分地区。近数百年来，淮河南北自然灾害极为严重。特别是明代中叶以后，“凤阳十年九荒，非旱则雨。不然，则盗贼兵蝗也。”长年的自然灾害，对于大凤阳一带民风的范铸，产生了深刻的影响。首先，恶劣的外部环境，养成了凤阳人“饥寒困苦，他处人所不能忍者，独能忍之”① 的求生本能；其次，对于天灾人祸的无奈，也形成了他们“重生存，轻发展”的生活态度，当地百姓遂逐渐滋生出一种不事产业、轻出乡土的习气。对此，张瀚就曾指出：“庐、凤以北接三楚之旧，苞举淮阳，其民皆呰窳轻訬，多游手游食”②。“呰窳”亦即贪懒、不肯力作、委靡不振的意思。赵翼《陔余丛考》所引：

> 江苏诸郡，每岁冬必有凤阳人来，老幼男妇，成行逐队，散入村落乞食，至明春二三月间始回。其唱歌则曰：“家住庐州并凤阳，凤阳原是个好地方。自从出了朱皇帝，十年倒有九年荒。”以为被荒而逐食也，然年不荒亦来乞食如故。《蚓庵琐语》云：“明太祖时，徙苏松杭嘉湖富民十四万户以实凤阳，逃归者有禁。是以托丐潜回省墓探亲，习以为俗，至今不改。”

对此，乾隆年间的顾公燮在《丹午笔记》中说，明初江南移民的后裔之所以假扮成乞丐回乡，并“习以为俗”，乃是“竟为生意，非省墓之谓也”。所谓生意，指的是谋生的一种手段。对此，近人徐珂曾指出：

> 江浙接壤处所，每入冬，辄有凤阳流民行乞于市，岁以为常。……其后沿以为例，届期不得不出，遂以行乞江湖为业矣③。

凤阳农村社会破产后，“打花鼓”成了当地民众外出乞讨的重要工具。“打花鼓”最早原是凤阳农村社事娱神节目中的一个片断，后来成为皇陵祭祀及朝贺宴飨等诸多庆典中的一个节目。后来，随着中都梦的破灭，凤阳百姓纷纷流徙异乡，他们赖以乞讨求生的手段，主要就是打花鼓、唱“凤阳歌”：

打花鼓，打花锣，
打起花鼓、花锣好唱歌。
大凤阳，小凤阳，
凤阳本是好地方。
自从出了朱洪武，
十年大旱九年荒。

歌中陈述事实，公开咒骂“朱皇帝”，无非是拿他作个象征。因为在明清时期，许多行当都有公认的行业神，或者至少亦有冠冕堂皇的出身。例如，民间传说，“绍兴刀笔”的鼻祖为

---

① 清 于万培等修，谢永泰续修：光绪《凤阳县志》卷四《舆地·风俗》，“中国方志丛书·华中地方”第699号，光绪十三年(1887年)刊本，第249页。

② 《松窗梦语·商贾纪》，“明清笔记丛书”，上海古籍出版社，1986年2月，第74页。

③ 《清稗类钞·乞丐类·凤阳人乞食之由》。

邬师爷，“徽州朝奉”是得了洪武帝的集体加封，而“山西票商”则承蒙反清义士顾炎武和傅山的指点，而凤阳歌中的凤阳人，打着花鼓逃荒，则以同乡游方僧“朱皇帝”为始祖。“打花鼓”是凤阳乞丐这一区域人群谋生的重要手段。美国波士顿美术馆藏有明人所绘花鼓图一幅，画面上一乡下男子打锣，女子击鼓，男子身上还背着个小孩。清内府藏周鲲所绘《京都人物画》，也有《打花鼓》一图。

或许是由于凤阳丐者随处可见，且极富地域色彩，故而其形象也被塑造成精致绝伦的民间工艺品。早在乾隆年间，扬州名胜蜀冈一带，就有民间艺人将“打花鼓”的形象做成雕绘土偶出售。与蜀冈齐名的苏州虎丘山民间工艺品市场上，也有著名的“虎丘耍货”（孩童玩物）。嘉庆、道光年间苏州人顾禄在《桐桥倚棹录》中谈到，“虎丘耍货”中有用纸做成的“猢狲撮把戏”（凤阳男子表演的猴戏）和“凤阳婆”的形象。作为旅游纪念品，这些“虎丘耍货”被游客们携至天南海北，无疑更加深了人们对凤阳乞丐的印象。

明清时期凤阳乞丐的大批涌现，还在方言俗语中留下了痕迹。成书于嘉庆年间的《正音撮要》，将“打花鼓的”、“打连相的”和“耍猴戏的”等，并列为当时的“生意”。直到清末，霞漳颜锦华刊本《官话汇解》亦载：“打花鼓个，正呼花鼓婆。”（引者按：“个”是语尾助词，无义）……这些，显然都是明清时期逃荒卖艺的凤阳民众生活之形象写真。当时，“打花鼓”是民间“百戏”中的一个重要内容，清代文学家、戏剧理论家李调元在《弄谱百咏》“打花鼓”条下写道：

舞罢霓裳乐未央，六朝烟月又荒凉，
金陵王气今何在，花鼓徒闻说凤阳。

明代传奇《红梅记》第19出《调婢》中的凤阳夫妇，“紧打鼓慢筛锣，听我唱个动情歌”。这出“打花鼓戏”小戏，写的是凤阳的一对逃荒夫妇流浪卖艺，遭富家公子戏弄的故事。显然，“打花鼓戏”至迟到明代中叶便已出现。此后，戏曲艺人将这段打花鼓插科发展为独立的“二小戏”，于是，各个剧种中都出现了“打花鼓戏”的剧目。近人徐珂曾指出：

（打花鼓戏）本昆戏中之杂剧，以时考之，当出于雍、乾之际。盖泗州既沉，治水者全力注重高家堰，而淮患悉在上流，凤、颍为灾，于兹为烈。是剧以市井猥亵之谈，状家室流离之苦，殆犹有风人之旨焉。歌中有曰：“自从出了朱皇帝，十年倒有九年荒”①。

这段记载说“打花鼓戏”出现在“雍、乾之际”固然不确，但“打花鼓戏”所展示的凤阳民众之苦难，与清代前期大凤阳地区的淮患却有着重要的联系。因水灾频仍，众多的凤阳人背井离乡，以打花鼓谋生。于是，打花鼓便从自娱走向娱人。

明清时期，凤阳人随处可见。清雍正年间，庐州府教授李干龄作有一篇《禁游民议》。他指出，凤阳、寿县及其接壤州县，历来就有一些“积习之游民”，每至秋末冬初，收获既毕，就封其室庐，携妻携子，“备箩担，挑锅釜，越州窬县，百十成群，以乞丐为事。居宿亭庙，遍历乡村”。其中一些人“以花鼓歌唱取讨钱米”，直到来年夏初麦熟，才交相“负载，提携而归”②。乾隆中叶，在凤阳担任地方官的裴宗锡也曾奏称：“凤阳民俗，秋获既毕，相与挈家

① 《清稗类钞》“打花鼓戏”条。
② 洪非：《凤阳歌的形成与传播》，载杨春编：《唱遍神州大地的凤阳歌》，中国文联出版公司，1995年5月，第74～75页。

渡江，男女不分，鬻歌乞食，名曰‘逃荒’，丰年亦复如是”[1]。所谓鬻歌乞食，与前述的“花鼓歌唱”，均指凤阳人迫于生计、四出卖艺乞讨的生涯。在北京，清康熙时人李声振在《百戏竹枝词》中指出：打花鼓，“凤阳妇人多工者，又名‘秧歌’，盖农人赛会之戏，其曲有‘好朵鲜花’套数。鼓形细腰，若古之搏拊然。”搏拊是古代的一种打击乐器，在《尚书》、《周礼》中均有描述。关于“打花鼓”或“秧歌”的演唱，李声振吟咏道：“赛会时光趁踏青，记来妾住凤阳城。秧歌争道鲜花好，肠断冬冬打鼓声。”所谓“秧歌争道鲜花好”，是指凤阳花鼓所唱的调子，名为“鲜花调”(或作仙花调)，开口就是“好一朵鲜花”叠句，以后每段都用叠句起首，每5句一段。与李声振差相同时的孔尚任也作有《燕九竹枝词》：“春宵过了春灯灭，剩有燕京烟九节。……秧歌忽被金吾革，袖手游春真可惜。留得凤阳旧乞婆，漫锣紧鼓拦游客。”京师岁时，正月十九日游白云观，俗称此日为“燕九”；所谓“秧歌忽被金吾禁”，是指在清初政府对秧歌妇女及女戏游唱的严禁。康熙十年(1671年)和康熙四十五年(1706年)均一再规定——五城司坊等官应当将唱秧歌妇女及堕(惰)民婆悉数驱逐回籍，不得让她们潜伏于京城。倘若有无籍之徒容隐她们在家寻欢做乐的，有职官者照挟妓饮酒例治罪，而失察的地方官，也要严惩不贷。在河北，早在明末清初，魏裔介就作有一首《秧歌行》：

凤阳妇女唱秧歌，年年正月渡黄河。
北风吹雪沙扑面，冬冬腰鼓自婆娑。
衣衫褴褛帕在首，自言出门日已久。
前年寿州无雨泽，今岁泗州决河口。
父母生我亦娇姿，岁在深闺学络丝。
织成合欢鸳鸯被，嫁与轻薄年少儿。
少年轻薄学纵横，日日娼家醉平乐。
妆奁典尽鬻黄牛，公头童，齿已落。
我唱秧歌度歉年，完却官租还种田。
南来北往如飞雁，如此艰辛实可怜[2]。

至迟到清初，凤阳流浪艺人就已唱到了山西平阳。孔尚任有诗曰：“凤阳少女踏春阳，踏到平阳胜故乡。舞袖弓腰都未忌，街西勾断路人肠”。

在明清时代，耍猴行乞是凤阳人的拿手好戏。《扬州画舫录》记载：“凤阳人蓄猴，令其自为冠带演剧，谓之猴戏。”据作者李斗描述，乾隆年间的每年正月，在扬州城内的凤阳耍猴者极多，他们都是在腊月抵达扬州，寓居文峰塔芦门客舍。至元旦进城，上元后则城中遍地皆是此色人等，每天出城鬻技于虹桥湖堤之上。虹桥湖堤直通扬州蜀冈，是著名的旅游胜地；而苏州“虎丘耍货”(孩童玩物)中的“猢狲撮把戏”和“凤阳婆”的形象，则说明了在世人的心目中凤阳男、女已有了稳固的“角色定位”。所谓“猢狲撮把戏”，顾禄在《清嘉录》中指出：

> 凤阳人蓄猴，令其自为冠带，并豢犬为猴之乘，以为《磨房》、《三战》诸剧，俗呼“猢狲撮把戏”。

凤阳乞丐外出谋生，不光是打花鼓、唱凤阳歌。特别是那些花鼓女，就像举世闻名的吉卜赛女郎一样，有时也兼业看相，为人算命打卦。民国丙辰(1916年)所刊绍兴恩义堂发兑

① 章学诚：《章氏遗书》卷十七，复旦大学图书馆藏。
② 《兼济堂诗集》卷二，转引自洪非：《凤阳歌的形成与传播》。

的《新刻女看相》，就有这样的情节。此外，“挑牙虫”也是凤阳人的一个绝活。民间遂把打双条鼓、唱凤阳歌者也称作“挑牙虫”。黄梅戏就有《挑牙虫》小戏，写一凤阳大嫂外出挑牙虫谋生，途遇在大街上游逛的花花公子钱富贵及其仆人星儿。其中的旦角（挑牙虫大嫂）也唱一首《凤阳歌》：“大凤阳来小凤阳，凤阳本是好地方，大户人家卖骡马，小户人家卖田庄，小女子家中无事做，学挑（那个）牙虫度日光。”清定晋岩樵叟《成都竹枝词》再续竹枝五十首：“南门桥畔喊牙虫，也与扬州一样风。持伞知来凤阳郡，愚人多少受朦胧。”① 凤阳乞丐这一区域人群源远流长，直到晚近，大批凤阳人“身背花鼓走四方”的悲惨生活宣告结束，作为一个区域人群的“凤阳乞丐”，才成为历史的陈迹。

7. 浙江人群

浙江的人群颇为纷繁多样。王士性在《广志绎》卷四《江南诸省》中，就曾论及浙江的风俗，他将全省 11 府分为 3 区：

两浙东西以江为界，而风俗因之：浙西俗繁华，人性纤巧，雅文物，喜饰鞶帨，多巨室大豪，若家僮千百者，鲜衣怒马，非市井小民之利。浙东俗敦朴，人性俭啬椎鲁，尚古淳风，重节概，鲜富商大贾。而其俗又自分为三：宁、绍盛科名逢掖，其戚里善借为外营，又佣书舞文，竞贾贩椎刀之利，人大半食于外；金、衢武健，负气善讼，六郡材官所自出；台、温、处山海之民，猎山渔海，耕农自食，贾不出门，以视浙西迥乎上国矣。

杭、嘉、湖平原水乡，是为泽国之民；金、衢、严、处丘陵险阻，是为山谷之民；宁、绍、台、温连山大海，是为海滨之民。三民各自为俗：泽国之民，舟楫为居，百货所聚，闾阎易于富贵，俗尚奢侈，缙绅气势大而众庶小；山谷之民，石气所钟，猛烈鸷愎，轻犯刑法，喜习俭素，然豪民颇负气，聚党与而傲缙绅；海滨之民，餐风宿水，百死一生，以有海利为生，不甚穷，以不通商贩，不甚富，闾阎与缙绅相安，官民得贵贱之中，俗尚居奢俭之半②。

据此，浙江 11 府可分为“泽国之民”、“山谷之民”和“海滨之民”三类人群。对于“泽国之民”中的杭州人，王士性认为：“杭俗儇巧繁华，恶拘检而乐游旷，大都染南渡盘游余习，而山川又足以鼓舞之，然皆勤劬自食，出其余以乐残岁。男女自五岁以上无无活计者，即缙绅家亦然。城中米珠取于湖，薪桂取于严，本地止以商贾为业，人无担石之储，然亦不以储蓄为意。即舆夫仆隶奔劳终日，夜则归市肴酒，夫妇团醉而后已，明日又别为计”③。杭州自南宋以来，就是东南地区的繁盛之区。特别是自明代中叶以后，大批徽商迁居当地，俗尚愈益奢侈。杭州人在浙江诸多人群中，显得更加见多识广。

除了杭州人外，在明代，浙江最为有名的人群有以下几类。其中，在全国颇具影响的，有“浙（江）兵”、“钻天龙游”和“绍兴刀笔”（包括绍兴师爷和绍兴胥吏）；而在当地，则有浙东惰民和九姓渔户。

关于“浙（江）兵”，前述的王士性指出：“金、衢武健，负气善讼，六郡材官所自出。”材官

---

① 《中华竹枝词》第 5 册，第 3203 页。
② 《广志绎》卷四，第 67～68 页。“鞶帨”是比喻学者为文之烦碎，“逢掖”是指读书人所穿的一种袖子宽大的衣服。
③ 《广志绎》卷四《江南诸省》，第 69 页。

原是西汉时根据地方特点训练各个兵种，内郡平原及山阻地区训练步卒，后世则多用以指称供差遣的低级武职。汉时最为有名的，是以陕甘等地六郡所出的材官。而在明代，金、衢一带的兵源最负盛名。对此，《焚余集》曰："……各处民兵，有可选用，义乌犷悍，壮士颇多"①。义乌属于金华府，明代嘉靖年间，戚继光抗倭，编练新军，就是从义乌招募农民矿工，成为英勇骁战的一支部队。王士性也曾指出："东阳、义乌、永康、武义万山之中，其人鸷悍飞扬，不乐畎亩。岛夷乱后，此数邑人多以白衣而至横玉挂印，次亦立致千金，故九塞、五岭满地浙兵，岛夷亦辄畏之"②。"岛夷"也就是指明代中叶为患东南沿海的倭寇。

与此同时，明代前、中期，与金华府毗邻的浙江龙游人也四出经商。据万历时人王士性描述，"龙游人善贾"，主要贩卖明珠、翠羽、宝石、猫眼之类的"千金之货"，往往只身一人"自赍京师，败絮、僧鞋、蒙茸、蓝缕、假癰、巨疽、膏药皆宝珠所藏，人无知者"③。当时有"遍地龙游"之说，可见其人数量之多。由于浙江兵及龙游商人遍及海内，遂使金华酒和火腿等在全国各地颇为流行。明代嘉靖、隆庆以前，北京有句著名的谚语称："晋字金华酒，围棋左传文"，就是其情形的真实写照。

晚清时期绍兴师爷范寅作有《越谚》一书，其中有"钻天龙游遍地徽州，绍兴人还在前头"的谚语。"钻天龙游遍地徽州"也作"钻天洞庭遍地徽"，浙江的龙游商人、苏州的洞庭商人以及皖南的徽商，都是明清时期东南一带著名的商帮。所谓"绍兴人还在前头"，则点明了浙东民众外出谋生者相当之多。据《萧山来氏家谱》记载，万历年间，因地狭人稠，本乡不足谋生，绍兴人多到京师，"为幕宾，为掾房，为仓场、巡驿、尉簿之属，岁不啻千计。"其中的幕宾，指的就是后来的"绍兴师爷"。到了清代，绍兴人外出游幕之风愈煽愈炽。汪辉祖在回忆自己习幕的动机时这样说道："吾辈以图名未就，转而治生，惟习幕一途，与读书为近，故从事者多"④。他在《双节堂庸训》卷五中谆谆告诫子孙"幕道不可轻学"："吾越业儒不成及儒术不足治生，皆迁而之幕。"龚萼也说："愚民迫于饥寒，则流为盗贼；读书无成，迫于饥寒，则流为幕宾"⑤。他在另一份尺牍中更描述道："吾乡之业于斯者(指入幕这一行当)不啻万人。"稍后的范寅也指出："师爷，又幕师爷：分刑名、钱谷两学，越人救贫多业此。"⑥这段话收入于《越谚》卷中《人类·尊称》里，说明了充当师爷尤其是刑名和钱谷师爷，是许多绍兴人栖身托足的职业。另外，《越谚》还列举了浙东一句著名的谚语称："日日杭州，夜夜床头"，据说是讥讽一个人恋家。这也折射出绍兴当地外出游幕的人相当之多，从而形成为一种普遍的风尚。对此普遍的情形，民国时人李渔叔曾指出：

> 清代有所谓绍兴师爷，大抵盛于康乾时，遍布各省县幕府，司刑名、钱谷者，皆若辈为之，至晚清徒众愈多，流品亦愈冗滥矣。各省掌刑名、钱谷，以藩、臬两司幕为最重，为之者多积年老吏，年辈较高，令长筮仕履任，必就求其推介幕友相助。论荐时，视地方政事繁简，而定其人。大县则派老于吏事者往，偏州小邑，不过以三四等人才充之，皆其徒党也。刑谳报销，上呈大府核夺，如出彼辈之手，纵有挂漏，必为曲意弥缝，使另易其人，则索瘢求垢，事事驳诘矣，其根株固结

① 李培：《灰画集》第6册，卷11，浙江，第673页。
② 《广志绎》卷四《江南诸省》，第71页。
③ 《广志绎》卷四《江南诸省》，第75页。
④ 《佐治药言·勿轻令人习幕》。
⑤ 《雪鸿轩尺牍·答周汜符》。
⑥ 《越谚》卷中《人类·尊称》。

如此①。

与众多的人群相似,绍兴师爷也有自己的祖师爷。根据民间传说,雍正年间河南总督田文镜手下的绍兴师爷"邬斯道"(邬先生),就是绍兴师爷的祖师,这是越中老幕友所公认的。

作为一个区域人群,"绍兴刀笔"(绍兴师爷和胥吏)呼朋引类地大批迁居各地,对于社会风尚的变迁曾起过相当大的影响。道光时人梁章钜在晚年所作的笔记《浪迹续谈》卷四中就指出:

今绍兴酒通行海内,可谓酒之正宗。……世人每笑绍兴有"三通行",皆名过其实者——如刑名、钱谷之学,本非人人皆擅绝技,而竟以此横行各直省,恰似真有秘传;州人口音,实同鴂舌,亦竟以此通行远迩,无一人肯习官话而不操土音者;即酒亦不过常酒,而贩运竟遍寰区,且远达于新疆绝域。平心而论,唯口音一层,万无可解;刑钱亦究竟尚有师传;至酒之通行,则实无他酒足以相抗。盖山阴、会稽之间,水最宜酒,易地则不能为良。故他府皆有绍兴人如法制酿,而水既不同,味即远逊。即绍兴本地,佳酒亦不易得。惟所贩愈远则愈佳,盖非致佳者不能行远。余尝藩甘、陇,抚桂林,所得酒皆绝美,闻嘉峪关外则益佳,……②

上述的所谓绍兴"三通行",显然与明清时期"绍兴刀笔"的大批外迁有着密切的关系。

以其中的绍兴音为例,中国人素有"离乡不离腔,听话找亲缘"的谚语,方言乡音是一地风俗区别于异地的一个重要标志,也是区域人群保持群体意识的一种重要手段。在不少地方,绍兴乡音几乎成了师爷这一行当的职业用语,《越谚》的作者、绍兴人范寅弱冠时曾幕游颍州(今安徽阜阳一带),遇到一位能学绍兴谚语的皖人。后者曾问范某道:"子知越谚有'十只'乎?"范寅茫然无知,以至于被人怀疑是冒充的绍兴师爷。后来,经皖人指出后才恍然大悟。所谓"十只",指的是绍兴人的一些常用语:

懊靠只	讶而不信之辞。
依俙只	依上声,略有影响。
暂靠只	不久相依。
底寡只	问辞,有幸其乍来、讶其不常来两意。
傻俙只	微着痕迹。
苦恼只	怜悯之词。
大比只	不深细之谓。
大模只	言其大略。
比方只	即比较之问辞。
无稿只	空空如也。

除了"十只"外,还有"十当之谚"(如"大肚郎当"、"风吹郎当"、"在理和当"、"輭了不当"、"二起不当"、"火烛郎当"、"摇凛不当"、"七公八当"、"随口答当"、"白眼了当"),范寅也只是"强识三四而不全"。这说明由于各地衙门中绍兴人随处可见,他们的一些口头用语为当地人耳熟能详,以至于有时连土生土长的绍兴人本身还不曾意识到。

绍兴乡音的传播,还体现在明代盛行于京师等地的"小唱"上。据《五杂组》记载:

---

① 《鱼千里斋随笔》卷下。
② "清代史料笔记丛刊",中华书局,1981年9月,第317页。

今天下言男色者，动以闽、广为口食，然从吴越至燕云，未有不知此好者也。……今京师有小唱，专供缙绅酒席，盖官伎既禁，不得不用之耳。其初皆浙之宁、绍人，近日则半属临清矣，故有南、北小唱之分。然随群逐队，鲜有佳者。间一有之，则风流诸缙绅，莫不尽力邀致，举国若狂矣①。

关于“小唱”的出现及其嬗变，与谢氏差相同时的沈德符认为：明代自宣德年间以后，严禁官妓，京中缙绅百无聊赖，于是小唱盛行。所谓“小唱”，是指在缙绅宴席上侑酒主觞的姣童。对此，明人史玄在《旧京遗事》中指出，唐、宋两代有官妓侑觞，本朝只允许歌童答应，名为“小唱”。而京师又有“小唱不唱曲”之谚，“每一行酒，止传唱、上盏及诸菜，小唱伎俩尽此焉。……小唱出身，山东临清、浙江之宁、绍”②。可见，小唱有南、北之分，充当者北派有山东临清、河南开封、河北真定、保定各地的儿童，南派则主要是绍兴人和宁波人。在京师娱乐圈中，南派不仅出现得早，而且显然也占了上风。因此，后起的北派小唱，“必伪称浙人”③。北派小唱之所以“必伪称浙人”，是因为他们完全是在迎合绍兴人的口味。

与小唱相关的是绍兴戏剧的传播。据《菽园杂记》卷十记载，嘉兴的海盐，绍兴的余姚，宁波的慈溪，台州的黄岩，温州的永嘉，都有习为倡优的，“名为戏文子弟，虽良家子不耻为之”。《菽园杂记》的作者陆容是明代中叶成化、弘治时人。显然，当时余姚腔已相当成熟。稍后于陆容的祝允明在《猥谈》中指出：“数十年来，所谓南戏盛行，更为无端，于是声音大乱。”在众多的音律腔调中，余姚腔与海盐腔、弋阳腔和昆山腔成为中国戏曲的四大声腔。到嘉靖年间，余姚腔已在常州、润州、池州、太平、扬州和徐州等地流行④。此后虽然渐趋衰落，但一般认为，绍兴地区的调腔和绍剧（原名“绍兴乱弹”，又名“绍兴大班”，亦名“绍兴高调”）中就有余姚腔，为南戏余音。

在浙东，除了“绍兴刀笔“之外，当地的堕民也相当著名。嘉靖、万历时人叶权（1522～1578 年）在《贤博编》中记载道：

浙之宁、绍、温、处、台、金、衢、严八府，俱有丐户，一名堕民，俗呼大贫。盖国初不治生理，游手游食之人，著于版籍，至今不齿于庶民。民间吉凶事，率夫妇服役，鼓吹歌唱，以至舁轿、篦头、修足一切下贱之事，皆丐户为之。嘉靖初，会稽董大贫，家巨富，有女甚美，欲嫁良民，良民虽贫彻骨，不与为婚，婚即闾里不叙矣。吾乡长老传言，国初里人有一二姓，被籍破落户，出入三尺窦，戴狗皮帽，不齿于众。想此法处处行之，即如浙江杭、嘉、湖必俱有，顾彼八府特严，故至今不落籍耳。又或吴王初，方国珍伪降，张士诚割据，法令不同，而沿袭因异也。……⑤

叶权为徽州府休宁县人，根据他的描述，在明初，徽州也有与浙东一样的贱民。对此，王士性《广志绎》也指出：

绍兴惰民，谓是胜国勋戚，国初降下之，使不与齐民列。其人止为乐工、为舆夫，给事民间婚丧。妇女卖私窝，侍席行酒，与官妓等。其旁业止捕鳝、钓水鸡，不敢干他商贩。其人非不有身手长大、眉目姣好与产业殷富者，然家虽千金，闾里亦

① 《五杂俎》卷八《人部四》，第 185 页。
② 《旧京遗事》，北京古籍出版社，1986 年 7 月，第 25 页。
③ 《万历野获编》卷二四《风俗・小唱》，中册，第 821 页。
④ 徐渭：《南词叙录》，《中国古典戏曲论著集成》第 3 册，中国戏曲研究院编，中国戏剧出版社，1982 年 11 月，第 242 页。
⑤ 明 叶权等著：《贤博编、粤剑编、原李耳载》，中华书局，1987 年，第 31～32 页。

不与之缔婚，此种自相婚娶，将及万人，即乞人亦凌虐之，谓我贫民，非似尔惰民也。余天台官堂亦有此种，四民诸生皆得役而詈之，挞之不敢较，较则为良贱相殴。……①

根据他的记载，当时绍兴的惰民将近万人之众。而沈德符《万历野获篇》卷二四《风俗》，也有“丐户”条：

今浙东有丐户者，俗名大贫，其人非丐，亦非必贫也。或云本名惰民，讹为此称。其人在里巷间任猥下杂役，主办吉凶及牙侩之属。其妻入大家为栉工，及婚姻事执保媪诸职，如吴中所谓伴婆者。或迫而挑之，不敢拒，亦不敢较也。男不许读书，女不许缠足。自相配偶，不与良民通婚姻。即积镪巨万，禁不得纳赀为吏。近日一甄姓者，绍兴人也。善医痘疹，居京师，余幼时亦曾服其药，后起家殷厚，纳通州吏，再纳京卫经历，将授职矣，忽为同乡掾吏所讦，谓其先本大贫，安得登仕版。甄刻揭力辨其非，云：大贫者，乃宋杨延昭部将焦光赞家丁，得罪远徙，流传至今，世充贱隶，甄氏初非其部曲也。然其同乡终合力挤之，讫不敢就选，而行医则如故。予谓此等名色从不见书册，且杨延昭为太原人，其父业与辽战没，则其麾下皆忠义也，何以翦为臣虏？何以自晋阳徙浙东？又何以自宋迄今六百余年不蒙宥贷也？是皆不可晓②。

综上所述，一直到万历年间，关于惰民的起源已有三说：①沈德符的南宋说；②叶权的明初户籍说；③王士性的元朝勋戚说。“惰民”亦作“堕民”或“大贫”，其人多在浙东各地的里巷间，担任低贱的杂役。男人不得读书，女人不许缠足，自相匹配，不得与良民通婚，即使是家赀巨万，也不能为吏仕宦。雍正年间，巡盐两浙监察御史鄂尔泰曾奏请废除绍兴堕民籍。疏言：

堕民为宋罪臣之遗，宋将焦光赞部落以叛宋故，斥曰堕民。男帽以拘形状，女不长衫裙，以横布区其门，曰乞户。虽有产，不得充粮里正长。男子则许捕龟，卖饼逐利；妇人则伴良家娶，为人髻冠发穿珠走市巷，兼就所私，丑秽不堪，与乐户无二。请照山陕乐籍，一例削除。部议：捕龟卖饼，穿珠作媒，俱系贫民糊口常业，较之乐户另编籍贯逼勒为娼不同，若行削除，终致失业，应令该抚转饬属官，如有豪强倚势，勒逼凌贱，有伤风化者，严行禁止。奉旨并与削除堕民籍，此后多改业，无复往来市巷矣③。

但此一条例，对于改善堕民境遇，并未见有多大的成效④。清人朱文治《销寒竹枝词》：“万户千家役惰民，每逢时节往来频。狗头帽子裙横布，此日何曾见一人。”其下自注曰：“南宋叛将焦光瓒等子孙，贬作贱民，惟宁、绍两府有之，世世服役，其服饰与平民异，今已从同”⑤。但迄至民国年间，堕民仍然受到社会的歧视。

在历史时期，绍兴是个高移民输出的地区。绍兴向外大规模的移民主要有以下两类：一是为开发西北水利的官方移民。二是商业（卖南货）和仕宦移民（充当官吏、幕宾和胥吏）。前一类的移民外迁，堕民就有可能混杂其中；而在第二类的移民中，堕民当是作为侍

---

① 《广志绎》卷四《江南诸省》，第 72 页。
② 《万历野获编》，中册，第 624 页。
③ 《永宪录》卷二下，第 131 页。
④ 经君健著：《清代社会的贱民等级》，“中国社会史丛书”，浙江人民出版社，1993 年 8 月，第 203～215 页。
⑤ 《中华竹枝词》第 3 册，第 2114 页。

奉移民的随从而一同迁徙。

15世纪初，明成祖迁都北京，皇朝的政治中心远离富庶的东南地区，但官俸军饷和日用百货却仍旧仰给于江南。为了调节南北人口布局，解决南粮北调的问题，不少有识之士主张开发西北水利。这里的“西北”主要是指现在的河北，与东南对称。对此，于慎行的《谷山笔麈·形势》曾记载说：

近时一二喜事者，倡水利之议，未见有绪。而越人游食三辅，往往挟策籍从京兆举。……尝谓欲开京畿水田，即以其便，招募会稽之民，令其著籍近邑，以垦田顷亩为限。

在这“一二喜事者”中，值得一提的是明隆庆、万历年间的徐贞明。他主张招徕南方农佃，允许他们占籍北方，给其衣食，凡能垦田百亩以上者，即为世业。此一设想首先在畿辅一带付诸实施，拟议中的计划是等稍有成效后，再逐步推广到河南、山东和陕西诸地，以期将北方改造成类似于江南那样的“羹鱼饭稻之乡”。雄心勃勃的徐贞明先到永平(今河北省东部)，招募南方人作为倡导，至次年就开垦水田达数万亩，一度颇有成效。另外，清雍正年间有位亲王就曾作有《水利营田图疏》，一度开垦水田达数千顷。在北方水利开发的过程中，不少绍兴人迁居北方，南方的秧歌，也在北方大为盛行。而演唱秧歌者，很多便是来自绍兴的堕民。清康熙十年(1671年)和康熙四十五年(1706年)均一再规定——五城司坊等官应当将唱秧歌妇女及堕(惰)民婆悉数驱逐回籍，不得让她们潜伏于京城。倘若有无籍之徒容隐她们在家寻欢做乐的，有职官者照挟妓饮酒例治罪，而失察的地方官，也要严惩不贷。及至乾隆年间，弘历亦曾下旨“严禁秧歌妇女及女戏游唱”：

在京内外，有将秧歌脚、堕民婆、土妓、流娼、女戏、游唱之人容留在家，在职人员革职，照律治罪，其平时失察窝留此等妇女之该管武职，罚俸六个月①。

上述官方的三令五申，都一再提及“秧歌脚”与“堕民婆”。“秧歌脚”当与凤阳乞丐有着直接的关系；而“堕民婆”则是绍兴的贱民。清代的禁令将“秧歌脚、堕民婆”并称，这让人记起了《越谚》卷中“花鼓婆”条的记载：

花鼓婆，其鼓槌用花绒扎竹枝，故名。不论老少妇女，到处唱舞乞食，上虞县崧厦镇上湖头下湖头人为之。

由于堕民婆的北徙，秧歌在北方得到了广泛的传播。据《帝京景物略》记载：

(北京)德胜门东，水田数百亩，……闻歌有时，春插秧歌，声疾以欲。

秧歌原本是农家所唱，《西厢记怡情新曲》称为“稻秧歌”。与开发水田相似，此种秧歌显然受到南方花鼓的影响。

另外，在《万历野获编》中，沈氏曾提及一善医痘疹的甄姓绍兴堕民在北京的遭遇。从中我们不难看出，在明代绍兴对河北大规模的移民中，当有不少浙东堕民溷迹其间。

至于第二类移民，也就是前述的绍兴师爷等。在这类移民之中，堕民也同样溷迹其间。民国《萧山县志稿》卷一曾指出：

人家婚丧，以堕民司鼓乐，称为“吹唱”，堕民自称为“小唱”。堕民妇称为“老嫚”，人家婚丧，用以搀拜伺候。在男家者，曰“传席”；由女家送新妇者，曰“伴送”。

---

① 福隆安等纂辑：《中枢政考·杂犯》。

名为服役，实属营业[1]。

这是在绍兴府本土的情况。其中的“小唱”一词，颇为耐人寻味。据此推断，绍兴人向外迁徙时，可能就带有堕民作为伺候，就像“徽州朝奉”外出时所带伴当一样。堕民在浙东已有“吹唱”或“小唱”的称呼，故而明清时代盛行于全国各地的“小唱”，最早可能就是由堕民所充当。

此外，浙江的九姓渔户也相当有名。九姓渔户又叫“九姓渔船”或“江山船”：

> 浙东江山船有栏杆、头亭、蕉叶白等名，其陈设也华而洁，其饮馔也精而新；船各蓄美姬二三人，甫及笄者，谓之“同年妹”；齿少长者，谓之“同年嫂”。大抵桐庐、严州人居多，同年固桐严之讹也。各姬有亲生者，有购养者，儿时即延师，教之度曲，弦管擅槽，靡不精晓。凡仕宦客商登舟，饮食起居，皆若曹伺奉，无须厮仆。其目听眉语，类能曲如人意，往往客子被其迷惑，资罄身殉，在所不惜，故初登其舟者，无不各有戳心[2]。

明清时代，九姓渔户属严州府建德县，活跃于杭州、绍兴、金华、衢州四府以及皖南的徽州府[3]。如清窦镇《兰溪竹枝词》就有：“塔痕遥对箬篷新，卷起珠帘金碧匀。底事相传同年妹，阿侬原是桐严人”[4]。

与九姓渔户相近的人群，莫过于闽广的蛋民了。

8. 闽广人群

自古以来，南方的闽广各地，就广泛分布着一批水上人群。左太冲《吴都赋》有：“篙工楫师，选自闽禺，习御长风，狎翫灵胥。”对此，昭明太子注曰：“闽，越名也，秦并天下，以其地为闽中郡。班固述两越传曰：悠悠外宇，闽越东瓯。禺，禺番也，其彼地人便水”[5]。唐宋时期，福建沿海的水上居民多称为“白水郎”、“蜒”、“疍”或“蜒”，而至迟自晋代起，两广沿海就有“鲛人”、“蛮疍”、“蜒户”、“卢亭”、“疍家”、“疍民”等水上居民[6]。

在福州，蛋民浮家泛宅，逐潮往来，随处栖泊。由于长年舟居，上限于篷，下囿于舱，日常起居大都蹲踞而行，曲膝盘坐，腿部难得伸直，久而久之，便形成为脚趾分开、腿部弯曲不直的姿态，所以岸上居民形象地称之为“曲蹄”，亦作“科题”、“诃黎”或“舸黎”，这是福州民间对水上居民的俗称，而见诸载籍的大名则是“疍(蛋)民”或“蜑户”。其实，“蛋民”本是古代对南方水居人口的一种泛称，主要是指生活在广东、福建沿海地区的水上居民。他们的确切来历虽已难以确证，但却不乏种种离奇的传说。其中的一种说法是——福州蛋民为闽越王无诸的遗民，当汉人南侵时，有郭、倪二姓九十七人(系闽越国权臣)竭力反抗，后见事无可为而被迫亡命江河，遁迹于水上，过着飘忽不定的隐居生活。陆上居民对于蛋民有着种种的限制。除了不许陆居外，还有一些约定俗成的惯例，比如上岸不能穿鞋，雨天不准打伞，喜庆不得张灯结彩，走在路上要弯腰缩颈，靠道旁行走，不准穿戴衣冠，甚至连发式

---

① 民国张宗海，杨士龙等纂：《萧山县志稿》卷一《疆域门·风俗》，民国二十四年(1935年)铅印本，“中国方志丛书·华中地方”第84号，台北成文出版社，1970年4月，第87页。
② 清 许奉恩：《里乘》卷三《袁姬》，同治十三年(1874年)自序，“清代笔记小说丛刊”，齐鲁书社，1988年6月，第68页。
③ 关于“九姓渔户”，可参见经君健：《清代社会的贱民等级》，第215～218页；赖青寿：《九姓渔户》，“区域人群文化丛书”，福建人民出版社，1999年4月。
④ 《中华竹枝词》第3册，第2235页。
⑤ 梁 萧统编：《文选》，中华书局，1977年11月，上册，第92页。
⑥ 陈鹏，林蔚文：《中国古代东南沿海水上居民略论》，《海交史研究》1991年第2期，第46～53页。

都有严格的限定①。对此，光绪年间三山缙绅郭柏苍就曾指出：

福州所称卖渔嫂，即曲蹄婆，以其生长船中，两足俱曲，故名，为贱种，子孙不得应试，例不登岸，作半爿髻以别田婆，有梳髻带中簪者，田婆辄殴之②。

当时福州俗有“无鬼不成灾”的说法，故而在瘟疫频仍的近数百年间，岸上居民便视蛋民为“曲蹄瘟”（年老的则称“老遭瘟”），一些方言小说（如《闽都别记》）或评话、伬唱等，更是将水上居民塑造成勾人魂魄的恶鬼，从而重描了涂抹于蛋民身上的歧视色彩。除了婚丧礼俗外，水居人家的年节习俗也与岸上居民略有差别。福州有“官三民四曲蹄五”之谚，也就是缙绅之家或一般编氓祭灶分别在二十三四日，而蛋户只能在最后一天祭灶。由于生计所迫，水上蛋民除了从事渔业生产外，很多人便是操执贱业。在福州“女闾三百竟多假托其名”。花烟间俗呼“白面厝”，亦叫“曲蹄婆厝”。清人施鸿保《闽杂记》曰：

……南台有一种船，其篷以板为之，前后有门，左右有窗，中有床榻几案，妙妓三五，随以应客，第往返于洪塘、水口间，名曰躺船，凡迎送官吏及富商大贾皆雇之。红灯绿酒，脆竹清丝，选梦征歌，销魂荡魄，不啻粤之绿篷、浙之红亭也。

在闽赣铁路未曾修建之前，自福州洪山塘上至水口驿是溯闽江而上、外出福建的传统交通要道（时称“福建官路”）。因沿线山蹊未辟，往来皆水路。而闽江自上游而来，沿途滩多洑众，至水口则出险就平，无惊湍骇浪之患，故而这一段水路正是寻欢作乐的好地段。蛋民往来于鸥波烟水间，恃渡客运货营谋生活。“科题婆，掏（拿）竹篙，没钱赠（赚），包企哥（勾搭嫖客、相好）”③，一些饥寒交迫的蛋妇难免亦兼操贱业。她们因面目黧黑而被称为“乌面”，与陆上勾眉敷粉、擫管调弦的“白面”相对。清袁绶《闽南竹枝词》有曰：“满绣花鞋赤足拖，绵蛮鸟语唱新歌。靓妆倚笑偎篷坐，道是南台科底婆”④。“科底婆”亦即“曲蹄婆”的异写。

清雍正年间虽已下旨开豁贱民，但蛋民的社会地位并无多大改善。光绪、宣统之际，一些有识之士呈递状帖于福建省谘议局，请准蛋户与良民平等，谘议局以不平等乃习惯之相沿、非法律所规定予以否决。迄至清季，移栖陆上的蛋民已大为增加，闽江两岸有不少地方因蛋民的陆居而形成为固定的聚落（如地势低洼的帮洲、义洲和鸭姆洲等地）。不过，他们虽然陆居已久，且自讳从水上迁来，但狃于旧俗，仍然与尚在水面浮荡的其他蛋民一起，构成了城市中的边缘群落，其境遇犹如旧时寓居于上海棚户区的“江北人”。直到1991年底，福州市帮洲最后一批108户船民迁居于岸上，才最后结束了水上居民世代在闽江漂泊的历史。

除了福州“曲蹄”之外，福建省沿海各地，都有类似的水上居民。如道光《厦门志》卷十五《风俗记》记载：

港之内，或维舟而水处，为人通往来货物，浮家泛宅，俗呼曰五帆，五帆之妇曰白水婆，自相婚嫁，有女未字，则篷顶必种时花一盆，伶娉女子驾橹点篙，持舵上下，如猿猱然，习于水者素也⑤。

---

① 福建省文史研究馆编：《蜑民史料丛钞》一卷、《蜑畲史料丛钞》一卷；陈碧笙：《关于福州水上居民的名称、来源、特征以及是否少数民族等问题的讨论》，《厦门大学学报》，1954年第1期。
② 《竹间十日话》卷五。
③ 《中国歌谣集成·福建卷·福州市仓山区分卷》。
④ 《中华竹枝词》第3册，第2309页。
⑤ 清 周凯修，凌翰等纂：《厦门志》，道光十九年（1839年）刊本，“中国方志丛书”，第326页。

清刘家谋《泉州竹枝词》也有诗曰："刺桐花开又一年，刺桐城外水如天。即今惯住风波里，莫趁卢家了鸟船。"了鸟船，即蛋户所居，而蛋户相传为卢循遗种①。

而在广东，据清人赵翼目击，乾隆年间，珠江绣帏画舫不下七八千艘，皆以脂粉为生计，虽以"蛋船"为名，但从业者却"实非真蜑"②。对此，俞蛟的《梦厂杂著》卷十《潮嘉曲部》也指出："潮嘉曲部中，半皆蛋户女郎。……以舟为家，互相配偶，人皆贱之。间尝考诸纪载，蛋谓之水栏，辨水色即知有龙，又曰龙户。……生男事篷篙，只在清溪、潮阳五百里内，往来载运货物以受值。生女则视其姿貌之妍媸，或留抚畜，或卖邻舟，父母兄弟仍时相顾问。稍长，辄勾眉敷粉，擫管调丝，盖其相沿之习，有不能不为娼者。"由于生计攸关，蛋民中遂形成了一些特殊的风俗："蛋户生涯托水涯，但求生女莫生儿，河南有个金花庙，庙侧桃花子满枝。"③

广东的蛋户，与福建乃至浙江的水上居民，情形均颇相类似。对此，清人张际亮指出：

> 诸伎多闽著姓(大抵林、陈、江、郑、翁、王、谢之族为多，亦有姓欧阳者)，自为风俗，虽家累钜万，不许应试纳赀，盖类越之丐户云。华胥大夫曰：越自丐户外，又有所谓江山船者，其户皆隶于建德，亦曰建德船，世言陈友谅既败于鄱阳湖，其党九人逃之睦、杭间，操舟为业，其裔乃流落为伎，今九姓自为族类，所异于闽伎者，盖不岸居而已。至若粤东称伎曰珠孃，曰老举，其宅最盛者曰花地，盖南汉故花田也。舟岸杂处，习俗与闽无别，此三者，淫侈不如广陵、阊门、秦淮之甚，然其足以荡少年之血气，耗太平之积累，……④

这里比较了闽、浙、粤三省的诸多贱民。揆诸史实，水上人口的膨胀，应与当地冶游业的发展有关⑤。另外，贱民的大量出现，是在明清时期。他们的祖先世系往往含混不清，但总不外乎是有着那些颇值夸耀的先人系谱，只是后来"虎落平阳"，才成了社会上的贱民。在同一时期，凡民社会中追宗叙谱、攀附名人之风盛行，许多贱民对于始祖世系的塑造显然是出自同样的心理。尽管其情节之真伪已不可考，但从中却可看出生存竞争之需要。譬如，绍兴的堕民长久盛行不衰，不仅与风俗有关，而且也与生计相关。他们"名为服役，实属营业。其营业之处，村坊门户，均指定归其专利，他人不得越夺"⑥。对此，鲁迅先生曾指出："我还记得民国革命之后，我的母亲曾对一个堕民的女人说，'以后我们都一样了，你们可以不要来了。'不料她却勃然变色，愤愤的回答道：'你说的是什么话？……我们是千年万代，要走下去的！'"对此，鲁迅感慨道："就是为了一点点犒赏，不但安于做奴才，而且还要做更广泛的奴才，还得出钱去买做奴才的权利，这是堕民以外的自由人所万想不到的罢。"

除了蛋民外，闽广各地还广泛分布着客家人。如在广东，清陈绅《岭南杂事诗钞》曰："也种芙蓝也种茶，荒山寄迹事菑畲。语言莫讶多啁哳，笑说侬生是客家。"其自注曰："粤多荒山，外省之江、闽，本省之惠、潮、嘉等处穷民，往往携眷而来，搭寮居住，开垦山田栽种，或种芙蓝茶果，遂以为业，日渐蕃。庶人籍应考，而成望族者，到处皆然。惟语言与土著迥不相同，故谓之客家"⑦。根据陈支平的研究，"客家民系与南方各民系的主要源流来自北

① 《中华竹枝词》第3册，第2310页。
② 《檐曝杂记》卷四。
③ 林象銮：《中华竹枝词》第4册，第2936页。
④ 《南浦秋波录》卷一《纪由》，第3页。
⑤ 参见拙文《波渺渺，水悠悠》，载《读书》1995年12期。
⑥ 民国《萧山县志稿》卷一《疆域门·风俗》，第87页。
⑦ 《中华竹枝词》第4册，第2836页。

方，客家血统与闽、粤、赣等省的其他非客家汉民的血统并无明显差别，客家民系是由南方各民系相互融合而形成的，他们都是中华民族1 000多年来大融合的结果”[1]。客家人素有“宁卖祖宗田，不卖祖宗言”，“宁卖身，不卖音”的说法。界定客家的最主要标志是客家方言。周振鹤认为，中唐安史之乱以后，大量移民来到江西，客、赣方言的源头逐渐从原来的中原话中分离出来。唐末，客家先民从江西北中部又辗转进入赣南与闽赣山区，客家方言开始走上独立发展的道路，客家人逐渐形成。明王世懋《闽部疏》有“建、邵之间，人带豫章音；长汀以南，杂虔岭之声；自福至泉，鴃舌弥甚”[2]的记载，对此，周振鹤认为，“汀州一带和赣南方言一致，故云其杂虔岭之声。则明朝时客方言的分布已很明确”[3]。除了方言之外，在华南客家聚居区，广泛分布着一种体型巨大的住宅，类似堡垒，其形式有多种多样，如在福建称作土楼、土围子或土堡，在广东称围屋，而在广西又名为“客家大屋”。迄今，“有村必有围，无围不成村”，仍然是不少客家村寨的常见景观与习俗。在历史时期，围屋建筑是兵、农合一的自治村落。清代中叶客家人出身的太平首义诸将，在制定太平天国纲领性文献——《天朝田亩制度》时，就以围屋聚落的形态为其蓝本，作为齐家—治国—平天下的模式[4]。

此外，广东尚有其他一些人群现象值得注意。如顺德女子的“金兰契”及“不落家”：

> 金兰契俗名夸相知，又名识朋友，其俗不知始于何时，或谓始于丝厂之女工。粤省业丝，以顺德为尤盛，其厂内纺茧缫丝，皆全用女工，其数常至数百人，女工之感情遂日洽，故有择其平日素相得之一人，结为金兰之契，其数仅为二，情同伉俪，后佣妇多效之，浸假而大家闺秀，亦相率效尤，遂成风气矣。……彼辈更择有后代（即嗣女）以承继其财产，后其嗣女复结一金兰契，若媳妇然，如血统之关系，……[5]。
>
> 不落家之风，与金兰契实有连带之关系，彼女子既结有金兰契，遂共约不适人，后迫于父母之命，强为结婚，乃演成不落家之怪剧。不落家者，即云女子已嫁，不愿归男家也。金兰契之风，以顺德为最盛，故不落家之风，亦以顺德为独多[6]。

根据陈遹曾、黎思复、邬庆时的研究，广东经济作物繁富、手工业发达的珠江三角洲，如顺德、中山、南海等县，盛行着自梳女与不落家的畸俗。所谓自梳，是指未婚少女自行易辫而髻，以表不嫁、独身终老之决心。特别是顺德，由于蚕桑业发达，缫丝女为数众多，妇女在经济上能够独立，故而自梳与不落家之风炽盛。番禺一地，自梳及不落家畸俗，至迟到清初已成风气。胡子晋《广州竹枝词》：“新妇归来百不应，每为穷裤峭锋稜。近年始悟男人好，话说男朋胜女朋。”其自注云：“南海、西樵、顺德、大良等乡，处女多结女朋友，名曰相知，事有甚于画眉。如父母逼其出嫁时，女朋友为之制穷裤，使不能近夫婿，今则此风改矣”[7]。民国以后，因风气渐开，加上蚕丝业衰退，以缫丝为业的自梳及不落家妇女失去经济基础，故而此种畸俗渐趋衰微，不过，解放初期其余风尚存[8]。

---

① 《客家源流新论》，“客家学研究丛书”，广西教育出版社，1997年1月，第123页。
② 《闽部疏》，“中国方志丛书·华南地方”第243号，台北成文出版社，1975年6月，第49页。
③ 周振鹤：《客家源流异说》，《学术月刊》1996年第3期，第16～24页。
④ 王振忠：《从客家文化背景看〈天朝田亩制度〉之由来》，《复旦学报》1992年第3期，第65～73页。
⑤ 胡朴安：《中华风俗志》下篇卷七“广东·顺德女子之金兰契”，第33～34页。
⑥ 胡朴安：《中华风俗志》下篇卷七“广东·顺德女子之不落家”，第35页。
⑦ 《中华竹枝词》第4册，第2912页。
⑧ 《自梳女与不落家》，载《广东风情录》，中原出版社，1991年6月，第28～47页。

在顺德一带，自梳女与不落家妇女，除了缫丝之外，多以做“妈姐”（女佣）为业：

粤俗中人之家，有所谓妈姐者，即佣妇之称，如苏沪之所谓杜姐是也。惟其性质，与别不同。每当黄昏，或夜阑人静，则常见有时装革履者，浑身黑服，头发光鲜。（此等装束，粤谓之妈姐装）或三五成群，或独行踽踽，于西濠长堤十八甫一带，出没其间，此种人以一般青年寡妇居多，间或罗敷有夫，而为穷所迫者，亦有乡村少妇，既嫁而不肯归夫家者。闻此等妈姐，尝自立一行，其团体力甚大，有以月得之工资，储蓄为会，或畜少婢以为货殖者，名之曰妈姐妹①。

故而“顺德妈姐”成为粤中约定俗成的一个区域人群，雇用“顺德妈姐”是富家的一种风尚②。

另外，根据黄淑娉、龚佩华的研究，清末以前，珠江三角洲及其周围地区存在过“细仔”（世仆）制度，细仔也叫“小子”、“下夫”、“细民”、“下户”、“奴隶”、“农奴”、“家奴”、“奴仆”、“世仆”、“小价”、“走使”、“斑鸠仔”和“柴碌仔”等。他们地位低下，一般住在村边一隅的简陋房屋内，主要为主人家族从事非生产性的劳役——在主人家族活动、祭祖及婚丧活动中供役使。明清时期，南海、番禺、顺德、香山（中山）、新会、东莞、开平、恩平、新宁、三水、高要等地都有“细仔”。到20世纪初，其存在以四邑（台山、新会、开平、恩平，尤其是台山）最为普遍。据估计，20世纪末分布于珠江三角洲及其周围的“细仔”至少有4万人。至建国前，“细仔”制还较完整地保留在台山地区③。珠江三角洲的“细仔”，与皖南和浙东等家族制度森严的地区一样，也是当地的强宗巨族奴役弱小的族姓，由家族共同豢养世仆，表现出了共同的特征。

9. 近现代的人群现象

近代以来，随着中国社会经济结构的变化，以及外力冲击的加剧，一些地方的人群性格更为突出，同时也产生了另外一些新兴的区域人群现象。

例如，近代以来，广东人在政治运动中的地位突出，其人群性格就给世人留下了深刻的印象。对于广东人，胡朴安指出：

广东人富于排外性，无论政商学界，乃至劳动苦力之夫，莫不抱此思想。属彼乡人，虽甚恶之，不肯扬其恶；苟非其类，虽所爱好，必欲屏斥以为快。如对外交涉，历来争持之烈，均为他省所不逮，其爱国爱乡之忱，均堪惊叹。

粤人性情高亢，不为人屈。

粤人好大而喜新，急功而易动，故为之长官者，遂不易驾驭。……有能以新学说、新主义相号召，倡者一而和者千，数日之间，全省为之响应。虽以势力制之，此仆而彼起，莫能遏其焰。故有利用之以作奸犯科者，有善导之而创建功业者，皆较他省易于措施④。

咸丰、同治年间，太平军兴，“佐清室平定之者，湖南人之功为最。一时湘军、楚军之名，

① 胡朴安：《中华风俗志》下篇卷七，“广东·广东之妈姐”，第11页。胡子晋：《广州竹枝词》：“粤俗：女子擅梳头术，名曰梳佣，俗呼妈姐。”《中华竹枝词》第4册，第2909页。
② 《自梳女与不落家》，第37页。
③ 《广东“细仔“制度研究》，《中山大学学报》1995年第4期，第63～72页；龚佩华：《广东台山浮石赵氏宗族家族制度试析》，《中山大学学报》，1997年第4期，第50～57页。
④ 胡朴安：《中华风俗志》下篇卷七，“广东·广东人之性质”，第1页。

著于天下。自是而后，湖南人尤多以军功而胙茅土于四方者。东至苏、皖，南至闽、浙，西至黔、蜀，北至关、陇，莫不有之”①。对于湘军的创立，曾国藩曾指出：

山僻之民多犷悍，水乡之民多浮滑，城市多游惰之士，乡村多朴拙之夫。故善用兵者，常好用山乡之卒，而不好用城市近水之人②。

就像明代戚继光招募义乌农民矿工一样，湘军的成员也大都是湘乡、宝庆一带的山僻之民。这批人性格骠悍，勇猛善战。对此，谭其骧认为：“清季以来，湖南人才辈出，功业之盛，举世无出其右，窃以为蛮族血统活力之加入，实有以致之。”③

湘军战胜太平天国之后，清朝“中兴将相，十九湖湘”，这使得“无湘不成军”、“绍兴师爷湖南将”之谚，闻名遐迩。据林增平的研究，近代以来，湖南人在政坛上的地位日益显著。他根据国内外两种名人词典的统计结果显示，近代湘籍名人各占同期名人的11.33%和6.4%。虽然由于取舍标准不一，两种统计之结果不尽相同，但由此却大略可见湖南人在近代政坛上的地位。他还指出，1905年，加入同盟会者以湖南籍的为数最多。而在当时的出国留学热潮中，前往日本的中国留日学生中，湖南籍者也占到总数的11.4%。中华人民共和国成立后，在第一届中央人民政府领导人中，湖南籍的占到19.2%。1955年，授予元帅、大将、上将者，也以湖南籍的居多④。

近代以来，作为湘军的故乡，湖南始终弥漫着崇武的风气，从军蔚成时尚。“乡间共道从军乐，……农夫释耒只操戈，只今海内水陆军，无营无队无湘人。独从中国四民外，结此军人社会群”⑤。譬如，自太平军兴以后，醴陵人多以军功起家的，所以在外谋生者日渐增多，农民也多弃农从军⑥。当时，举国上下也都认为湖南是“全国最富朝气之一省”、“国家不可一日无湖南”、“救中国必从湖南始”等。与此同时，湖南人滋生出强烈的历史使命感。杨度就曾作有《湖南歌》：

中国如今是希腊，湖南当作斯巴达。
中国将为德意志，湖南当作普鲁士。
诸君诸君慎如此，莫言事急空流涕。
若道中华国果亡，除非湖南人尽死。

湖南人强烈的自信心和使命感，溢于言表⑦。湖南人在政治、军事方面的卓著功勋，也使得三湘风尚风靡一时。据民国《重辑张堰志》记载：同治年间，当地的衣服崇尚宽长，“马褂长至二尺五六寸，谓之‘湖南褂’”。究其原因，是因为当时的行营哨官、管带，都是一副“宽袍长褂”，而且大多是湖南人，所以有这样的称呼⑧。无独有偶，在安徽绩溪，太平天国以后，男子的服饰也“渐效两湖妆式，宽衣广幅阔袖”⑨。与前述江南三角洲的张堰不同，绩溪位于皖南的偏僻山乡，但两者均不约而同地仿效起了“两湖妆束”，由此看来，“湖南褂”

---

① 同治《平江县志》麻维绪序。转引自谭其骧：《湖南人由来考》。
② 曾国藩：《湖北兵勇不可复用折》，转引自郑焱：《近代湖湘文化概论》，湖南师范大学出版社，1996年10月，第14页。
③ 《近代湖南人中之蛮族血统》，《长水集》上册，第392页。
④ 林增平：《近代湖湘文化试探》，《历史研究》1988年第4期，第3～17页。
⑤ 杨度：《湖南少年歌》，《杨度集》第94页，转引自郑焱：《近代湖湘文化概论》，第74页。
⑥ 郑焱：《近代湖湘文化概论》第三章第四节。
⑦ 以上对湖南人的概述，主要根据谭其骧，林增平，郑焱的研究，以及明立志：《天下不可一日无湖南》一文，蔡栋编：《南人与北人》，大世界出版有限公司，1995年10月，第279页。
⑧ 《中国地方志民俗资料汇编》(华东卷)上册，书目文献出版社，1995年2月，第43页。
⑨ 清 刘汝骥：《陶甓公牍》卷一二《法制科·绩溪风俗之习惯·服饰》，《官箴书集成》第10册，黄山书社，1997年12月，第616页。

是颇流行于一时的。

鸦片战争以后，随着五口通商，上海引起了世人的瞩目。但据熊月之的研究，作为文化意义上的“上海人”之出现，当是在20世纪初年。上海人口是由不间断的移民组成，“在开埠后的四五十年里，上海居民一般还没有从同乡单一认同进入到同乡与上海双重认同的阶段”。但到20世纪初，由于上海形象的稳定，随着移民居留时间的推移而发生的生活重心之偏移，以及公共媒介的整合作用等，外来移民开始认同自己的上海人身份，具有文化意义上的“上海人”概念也频繁出现。另外，从1958年开始，上海实行户籍管理制度，严格控制人口迁入，从此，上海人口迁出容易迁入难，外地人无法进入上海，上海人遂成为固定的一群人，上海人的身份也有了固定的含义，这对于催发上海人特殊的上海意识起到了重要的作用。随着城市人口流动的停滞，上海话也逐渐变得统一、纯净。熊月之认为，上海人的文化特征主要有语言、行为方式和审美情趣等几个方面。从语言方面来看，1958年以后，上海话的规范化，成为上海人的自我认同、与外地人相区别的重要表征。在行为方式和审美情趣方面，上海人表现为比较注意衣着打扮，居室力求布置得舒适典雅，“在中国人群中，上海人的行为方式较多地继承了江南文化传统——机智、纤细、文雅。由于多年大都市生活的习惯，上海人一般对与己无关的事，不大关心，与热情好客的北方人比起来，似乎显得比较冷漠。也由于多年的大都市生活的熏陶，上海人在中国人群中，显得见识广、聪明、灵活”①。

与此同时，作为上海的边缘人群“苏北人”，也形成了重大的社会问题。

近现代，“苏北人”是上海的一个特殊人群，上海方言中粗鄙的詈语，有不少是针对这一人群的。苏北话甚至成了苏州评弹、上海滑稽戏中插科打诨常见的笑料②。

苏北的衰落始于嘉庆、道光年间，但“苏北人”对江南社会造成的冲击，则在太平天国以后。在历史时期，苏北是自然灾害极为频繁的地区之一，在水旱灾害的交互肆虐之下，苏北各地常年存在着流民现象。逃荒是一种季节性的风俗，是苏北人对环境的消极反应。民国时人印鸾章编刊的苏北盐城县乡土教材：

> 及咸丰大旱，民复困顿，同光间，辄转徙江南，田庐荒废③。
>
> 乡里蚩氓，不知世务，男勤女窳，素鲜盖藏，一遇灾祲，困辄不支（近多转徙江南，藉资糊口）④。

另外，光绪《盐城县志》卷二《舆地·风俗》亦曰：

> 阜宁志曰：……而蚩蚩之氓，乃挈持稚幼，转去其乡，甚有堕其廉耻而不恤者，岂端然哉！……且蚕织妇女无以自给，则自视也轻。……（阜宁为盐邑分县，壤地接迩，风俗大同）。

所谓“堕其廉耻而不恤者”，主要就是指“扬帮”妓女。

与此同时，太平天国以后江南的招垦以及上海等地工商业的发展，使得江苏省境内南北经济呈现出强烈的反差，这也吸引了众多的苏北流民。诚如民国《续修盐城县志》卷四

---

① 本处对上海人的概述，根据熊月之：《略论上海人形成及其认同》一文，《学术月刊》1997年第10期，第55～61页。

② 〔美〕韩起澜：《论对上海的苏北人的偏见》，载《上海：通往世界之桥》下（《上海研究论丛》第四辑），上海社会科学院出版社，1989年3月。

③ 《盐城县乡土历史》第三十二《清代之民族与水利》。

④ 《盐城县乡土地理》第九《风俗》。

《产殖·劳动》所述：

县境口逾百万，人满为患，佣力之供过于求，江南各埠海通以来，竞事逐末，其乡村下县，经洪杨乱后，户口未复，力食者稀，由于邑人往南者如水趋壑。秋禾既登，提挈而往沪、锡、嘉善，人逾数万；苏、湖、常、润，并盈千百。男子引车操舟、行佣转贩；女子缫丝纺绵，补绽浣洗，麦熟乃返。其家无恒产，辄留而不归，亦有逐什一致富，而还乡里殖田园者。

其中的"引车"，当即拉"江北车"、"东洋车"等。另外，江南食物消费结构出现的新变化，也对苏北的经济造成一定的影响。颐安主人《沪江商业市景词》卷三"采牛公司"和"牛肉庄"条曰：

为牛创设大公司，采运多方不惜赀，地辟荒郊勤牧养，宰牲作菜好充饥。

新鲜牛肉竟开庄，半备西商买作粮，洗伐多方加料煮，清芬美味胜羔羊①。

随着上海开埠，西式饮食日渐盛行。宰杀耕牛成为江北社会的一个重要问题。这使得苏北农业经济更是雪上加霜。

近代以来，苏北人是上海城市中的一个边缘人群。其中的男性，主要从事人力车夫、理发业、澡堂、码头搬运等职业。以人力车夫为例，据民国初年的调查显示，"人力车俗名东洋车，共分二种，即自用与雇用两类是也。……雇用车俗名野鸡车，共有三种：一曰东洋车，一曰黄包车，一曰野鸡包车。其中以黄包车为最普通，斯一种车辆之多，今日已达万余左右，业此事者，江北人十居八九"②。韩起澜认为："人力车夫比任何其他职业更多地与上海劳力市场中苏北人地位相联系并成为其象征"，"人力车成为苏北人卑鄙地位的缩影。"除了人力车夫外，理发业和澡堂中的苏北人也有不少。顾炳权《上海风俗古迹考》指出："（上海）浴堂内服务人员旧称堂倌。概由镇江、扬州、丹阳籍人充当，少数浴堂也有浙江余姚人"③。叶仲钧《上海鳞爪竹枝词》第六十三《浴堂堂倌》：

申江浴室做跑堂，三种乡方三种行。扦脚剃头兼擦背，扬州京口与丹阳④。

直到现在，上海的许多老式澡堂和理发店中，都可听到扬州口音。此外，根据韩起澜等人的研究，上海的许多非技术性的服务行业大多由苏北移民充当。如在20世纪30年代约5万名码头工人被所谓的"苏北帮"所控制，苏北工人干最重的活，用肩膀、杠棒运货，苏北方言成为该行业的语言，皮匠、粪车和垃圾工人也来自苏北。

对于苏北的女性移民来说，除了纺织工人等之外，留给世人最深刻印象的莫如"扬帮"娼妓。王韬《瀛壖余志》"沪城青楼之盛"条曰：

咸同间，江北流娼，自荡沟桥至北门迤逦半里许，连甍列屋而居者，皆江北流娼，动以千、百数。每夜谯楼鼓动，门外皆缀一灯，从桥畔望之，丛密如繁星。

这些江北的流娼，也叫扬帮。管斯骏《四马路竹枝词》曰：

青莲阁上野鸡窝，飞来飞去似织梭。最是扬帮真老脸，做媒双手把衣拖⑤。

在上海的"苏北人"也被称作"江北人"，而"江北人"的概念有几种涵义。在南方各地，广义的是指北方人，郑丽生《福州风土诗》中有"猴戏"条注曰："江北人弄猴为业者，每岁暮

---

① 《上海洋场竹枝词》，第140页
② 黄人镜：《沪人宝镜》，上海华美书局，1913年，第85页。
③ 顾炳权：《上海风俗古迹考》第424页《浴堂》。
④ 《上海洋场竹枝词》，第286页。
⑤ 《上海洋场竹枝词》，第423页。

南来猎食，开正后沿街演技，能自为冠带，舞刀枪，并乘羊为马，驱狗为牛。童谣云：'猴呀猴，年年担水洗门楼。'"其中，"江北人"虽然泛指江淮间人，但显然主要还是指凤阳人。更明显的一个例子是徽州抄本《逐日杂字》[1] 就有："江北老，凤阳婆，连厢花鼓。"此处的"江北老"与"凤阳婆"比照而观，可能是指《打花鼓》小戏中的"王八"(凤阳男子)。而在上海，"江北人"则主要是指苏北人。苏北的概念，是指江苏省的长江以北和淮河以南地区。"江北人"是个广义的概念，虽然它有时等同于上海人所谓的"苏北人"，但对于"江北人"的歧视，不始于上海，早在前近代的江南各地，就已如此了。其根源首先在于"凤阳乞丐"的概念根深蒂固。近代上海的"苏北人"，不过是闭关时代江南城市中"江北人"概念的主题置换。

近百年来，随着时代的变迁，各地的人文环境及社会经济结构较之传统时代均有很大的变化，社会已日趋多元化，一些人群现象(如"绍兴师爷"、"徽州朝奉"、"凤阳乞丐"等)已成为历史陈迹，但与此同时，也产生了另外一些新的人群现象。清人郭钟岳《瓯江竹枝词》曰："妾家少小住温州，与郎白首老温柔。莫学幽并游侠客，忍抛少妇觅封侯。"其注云："温人多不离乡，谚云：温不出。"[2]但在如今，全国各地的"温州理发师"随处可见。而皖南的黄山白岳间，也蜕变成为华东地区最为贫穷的山乡之一，"安徽保姆"在全国各地更是相当著名。可见，各地人群因其土俗开拓自己的力食之路，迄至今日仍余韵犹存。

第二节　方言的地域差异及其变迁的地理背景[3]

北朝颜之推曾指出："夫九州之人，言语不同，生民以来，固常然矣。"[4] 方言是语言的地域变体，它的产生，既可能是不同地域人群在各异的地理环境下自然产生的不同表达方式，又可能是远古时代部落分裂引起的语言分化之结果。

中国古代典籍中对方言地域差异的最早记载，见于《礼记·王制》篇——"五方之民，言语不通，嗜欲不同。"从《王制》篇的上下文来看，五方当指东夷、南蛮、西戎、北狄和华夏，亦可能是泛指各方。也就是说，当时的中国各地，存在着不同的方言。根据现有的文献记载，先秦时期，今山西、陕西北部和甘肃一带的诸戎与中原言语不通；在中原人眼里，南蛮人说话像鸟叫似的令人不知所云；山东半岛东部的"齐东"之地，方言也很特别。齐、楚的方言差别亦很大；巴蜀直到为秦所灭后，才与中原地区沟通，言语才有所接近；越语则不经翻译便难以沟通。周振鹤认为：戎、吴越、南蛮、齐东、楚的语言是诸夏以外的民族语言，燕、狄、巴、蜀、淮夷等地的语言也很可能是非夏族语言。即使是在诸夏语言区域中，至少秦、魏的方言也不能相通。这些，都说明了当时的中国各地存在着不同的方言。

为了便于相互之间的沟通和交流，当时也存在着一种"雅言"，"雅言"也就是夏言，是西周王畿一带周王室所用的方言。

及至战国时期，周室式微，雅言作为标准音的地位丧失，各诸侯国"言语异声"[5]，也就是以本国首都的方言为标准音，这使得各地的方言差异更加复杂。秦灭六国以后，虽然统

① 封面题"张尔炽/皖南虎川张尔炽"，封二有"张尔炽书柬"，第一页上有"己未年写"的字样。此书当是在徽州当地流行的一种启蒙读物。
② 《中华竹枝词》第3册，第2192页。
③ 本节主要根据周振鹤先生等人的研究成果。
④ 《颜氏家训集解》卷七《音辞》，上海古籍出版社，1980年7月，第473页。
⑤ 东汉 许慎：《说文解字》序。

一了文字，但各地的方言仍然得以保留。

西汉定都长安，这一地区是当时的政治、经济和文化中心，故而秦晋方言是当时的中心方言。后代不少学者都根据扬雄的《方言》、许慎的《说文解字》等资料，推测汉代的方言地理。如林语堂推测汉代的方言分为 14 个区域，美国语言学家司礼义分为 6 个大区及若干个小区。周振鹤、游汝杰也作有《汉代方言区划拟测图》。而刘君惠等人在参考前人研究成果的基础上，以《方言》中词语的地域分布情况为主，综合历史人文方面的其他资料，将汉代的汉语方言分成 12 大区：

(1) 秦晋方言区：秦、晋、梁益；

(2) 周韩郑方言区：周、韩、郑；

(3) 赵魏方言区：赵、魏；

(4) 卫宋方言区：卫、宋；

(5) 齐鲁方言区：齐、鲁；

(6) 东齐海岱方言区：东齐、海岱；

(7) 燕代方言区；

(8) 北燕朝鲜方言区：北燕、朝鲜；

(9) 楚方言区：楚郢、北楚、江淮；

(10) 南楚方言区：江湘、沅澧、九嶷湘潭；

(11) 南越方言区；

(12) 吴越方言区：吴、越、瓯①。

并将汉代的方言分成南北两派，南派以楚方言为核心，受楚方言强烈影响的方言都属南派。其中又可分为三组，即：楚、南楚；吴越；南越。北派方言可分为东、西两区，西区为秦晋(附梁益)，东区为：燕代、北燕朝鲜；齐鲁、东齐海岱；周韩郑；赵魏②。

周振鹤认为：两汉之交，秦、晋方言已糅合为一，并在全国占有最重要的地位，后代北方汉语就是以当时的秦晋与洛阳一带的方言为基础而逐渐定型的。东汉时期内地长期的稳定局面，以及边疆游牧部族入侵引起的民众播迁，加速了方言的融合。东汉三国时期的兵燹战乱，引起了北方人口大规模的流动，从而造成了方言地理格局的变化。这些变化主要体现在：汉末的北方关中方言与中原方言发生混化，并可能已向南扩散到荆州一带，从而促使荆楚方言的地盘缩小；在东南，给吴语区带来了北方方言，从而促使汉时淮夷、江淮、徐夷的方言或语言南移。汉语并可能已扩散到了辽宁。

据周振鹤的拟测，在西晋以前，北方和南方方言的分野大致在秦岭—淮河一线。西晋的汉语方言可分为河北、东齐、关中、中原、巴蜀、吴、楚几个区域。当时，关西、关东方言已经混化，但吴语和楚语跟北方方言的差异仍然较大。这一点，一直延续到南北朝。对此，颜之推在《颜氏家训·音辞》中指出："南方水土和柔，其音清举而切诣，失在浮浅，其辞多鄙俗。北方山川深厚，其音沈浊而鈋钝，得其质直，其辞多古语。"周祖谟指出："南北语音不同，各有土风，北方大致以洛阳音为主，南方大致以金陵音为主，梁益、秦陇、荆襄当又有异。"③ 隋陆法言《切韵序》在谈到各地方音特点时，也说："吴楚则时伤轻浅，燕赵则多涉重

---

① 《扬雄方言研究》，第 105～106 页。
② 《扬雄方言研究》，第 66～67 页。
③ 《魏晋音与齐梁音》，载《中华文史论丛》1982 年第 3 辑，上海古籍出版社，第 168 页。

浊。”唐陆德明亦曾指出：“方言差别，固自不同，河北江南，最为钜异。或失在浮清，或滞于重浊。”① 唐代的蜀方言可能比较有特色，李商隐所撰的《蜀尔雅》13 卷，是我国最早的专门记载一地方言的著作，该书系李氏“采蜀语为之”②。

根据周振鹤的研究，中唐安史之乱引起的移民运动，对南方方言的地理格局造成了重大的影响。这主要表现在，加速了北方方言对湖北方言的同化作用，从而奠定了这一带西南官话的基础；更往南，今天新湘语的萌芽大约就在此时出现；与此同时，粤方言也受到移民方言的部分影响。在江西北、中部，进入江西的移民语言将吴语区和湘语区分隔开，形成了赣语的主要基础，并为此后客家话的形成准备了条件。

五代十国时期的分裂割据，也对南方各方言区的形成起到了推波助澜的作用。唐宋时期“北方话”作为一个方言大区逐渐明确起来，宋代史籍中出现了“北人音”这样以北方话作为一个整体方言的概念。陆游《老学庵笔记》卷六中说：“中原唯洛阳得天地之中，语音最正。”这说明宋代以中州音为标准音。根据周振鹤的研究，当时，北方话中又可分出四个小区，即秦、中原、河朔和蜀四个区域。张师正《倦游杂录》云：“关右人或作京师音，俗谓之獠语，虽士大夫亦然。”③ “关右”在汉唐时泛指函谷关或潼关以西地区，此处相当于秦地，说明这一带的方言颇具特色。而在南方，至少还存在着吴、荆楚（湘）、闽三种方言。而据崔荣昌的研究，当时的蜀语也颇具特色。他引用南宋吴郡人范成大的《丙申元日安福寺礼塔》一诗：

岭梅蜀柳笑人忙，岁岁椒盘各异方。
耳畔逢人无鲁语，鬓边随我是吴霜。
……

“丙申”当即南宋淳熙三年（1176 年）。范成大于“鲁语”后注云：“蜀人乡音极难解，其为京、洛音，辄谓之虏语，或僭伪时以中国自居，循习至今不改也。既又讳之，改作鲁语。”④ 这一方言史料既凸显了蜀方言的特色，又说明十国时期对蜀方言的强化所起到的重大影响。

周振鹤认为：现代南方方言的地理分布格局到南宋时已基本奠定，后世只有局部变动。这种变动主要有：明末至清中叶闽南话和客家话先后扩散到台湾、海南岛和广东沿海；明朝闽南话进入浙南温州地区，太平天国以后皖南大片地区变为官话区，清代中叶赣语和湘语的边界逐渐明确，等等。经过南宋以后不断的变化，终于形成了现代汉语七大方言分布的地理格局。七大方言为北方方言、吴方言、湘方言、粤方言、闽方言、赣方言和客方言。北方方言又称官话方言，分布于长江及湖南雪峰山一线以北、以西的广大地区以及九江至镇江一线的江南沿岸；吴方言分布于除镇江以西的苏南、上海和浙江地区；湘方言分布于湖南湘资流域及广西东北角；粤方言分布于广东中部、西部和广西东南；闽方言分布于福建（除闽西）、粤东南、海南和台湾大部；赣方言分布于江西北、中部及湖南东缘；客方言分布于粤东北、赣南、闽西及川、桂、台、湘部分地区。北方方言“以华夏族及其后身汉族所用语言，经过数千年长期发展并受周围少数民族语言影响的直接结果；而分布在中国南方的

① 《经典释文·序录》，转引自《扬雄方言研究》，第 270～271 页。
② 《馆阁书目》引李淑：《邯郸书目》，见《扬雄方言研究》，第 91，96 页。
③ 周祖谟：《宋代方音》，《文史》第 4 辑，新建设编辑部编，中华书局，1965 年，第 108 页。
④ 崔荣昌：《四川方言与巴蜀文化》，第 54 页。

汉语其他方言溯其源则发端于历史上黄河中下游地区人民的几次移民运动”①。其中，以吴方言的源头最为久远——先周时代从陕西渭水流域迁到江南太湖流域的太伯、仲雍等移民带来的语言，可能是后来吴方言的滥觞；稍晚于吴方言的湘方言，源于古楚语，殷末鬻熊率楚人自中原播迁至江汉流域，古楚语也就扩散到了湖南，成为湘方言的源头；秦统一全国以后，为了防范百越族的反抗，派遣戍卒50万镇守岭南，后者的语言，也就成了粤方言的先声。原始闽语萌发于东汉末年，当时，有大批北方移民从陆路和海路进入福建。中唐安史之乱后，部分移民到达江西中部，他们带来的语言可以看成是赣、客方言的前身。唐末，部分移民迁往闽西、赣南。及至宋、辽、金、元时期北方游牧族的南侵，更使他们迁移到地理环境更为闭塞的闽、粤、赣交界的山区，从而形成了独特的客家方言。

以上是自北向南的几次大规模的移民对南方方言的影响，此外，自东向西的几次移民，对南方方言同样造成了重大的影响。从五代迄至明清的江西向湖南之移民，使得湘语发生质的变化，由近而远地带上了程度不同的赣语特征。与此同时，福建向广东的移民，也将莆仙和闽南方言扩散到了海南岛和广东东、西两端的沿海地带，并形成了珠江三角洲上的一些闽方言岛。南宋王象之《舆地纪胜》卷一〇〇《广南东路·潮州》“四六门”，曾提及当地的方言：“初入五岭首称一潮，土俗熙熙，有广南、福建之语，人文郁郁，……虽境土有闽、广之异，而风俗无漳、潮之分。”② 这种情形，一直延续到明清，以至于王士性曾指出：

> 潮州为闽、越地，自秦始皇属南海郡，遂隶广至今，以形胜风俗所宜，则隶闽者为是。

他从山水形胜的角度分析，认为，潮州与广东没有多少关系，“而与汀、漳平壤相接，又无山川之限，其俗之繁华既与漳同，而其言语又与漳、泉二郡通，盖惠作广音而潮作闽音，故曰潮隶闽为是”③。迄今，潮汕熟语中还有“潮州福建祖”一词，便是描摹潮州与福建关系之密切④。

明清时期，“湖广填四川”的移民运动，也使得两湖地区的西南官话向西迁移，从而形成了今天的四川方言。明代对云南的移民，则使得晚明时期昆明的方言与下江地区极为相似。

当然，以上只是中国历史上移民运动的荦荦大端。事实上，在各方言区中，移民的成分众多，形成的方言特点也纷繁复杂。具体到一个小地区，仍然需要做具体而微的研究。明人王士性指出：

> 八方各以其乡土，不纯于正声，难以彼此相诮。有一郡一邑异者，亦有分大江南北异者⑤。

譬如，四川是西南官话区，但“广东湖广与江西，客籍人多未易稽”⑥，由于移民来源众多，当地的方言种类也纷繁复杂。对此，清杨国栋《峨边竹枝词》描摹道：“楚语吴歌相遇处，五方人各异乡音。”⑦ 根据崔荣昌的研究，在四川，除了官话外，还有客话、湘语和闽语三大

---

① 《中国历史文化区域研究》，第26～27页。
② 《舆地纪胜》第四册，“中国古代地理总志丛刊”，中华书局，1992年10月，第3120～3121页。
③ 《广志绎》卷四《江南诸省》，中华书局，1981年12月，第101～102页。
④ 余流，王伟深，邵仰东著：《潮汕熟语俗典》，汕头大学出版社，1993年10月，第129页。
⑤ 《广游志》卷下，周振鹤编校：《王士性地理书三种》，上海古籍出版社，1993年4月，第228～229页。
⑥ 清 王正谊：《达县竹枝词》，《中华竹枝词》第五册，第3362页。
⑦ 《中华竹枝词》第五册，第3484页。清 胡用宾的《旌阳竹枝词》曰：“分别乡音不一般，五方杂处应声难。楚歌那得多如许，半是湖南宝老官。”自注曰：“宝庆府人，俗呼保老官”。《中华竹枝词》第五册，第3511页。清 杨学述：《建昌竹枝词》：“楚语吴音半错讹，各乡场市客人多。”（《中华竹枝词》第五册，第3437页）。

方言。而且，在官话方言中，除了西南官话外，还有属于北方官话的河南话和江淮官话的安徽话①。这种方言分布的状况，显然是由彼时彼地的移民状况所决定的。又如，广东省的情形：

古称鴂舌者为南蛮，猺岐诸种是也。自秦以中土人与赵佗风俗已变，东晋南宋，衣冠望族，向南而趋，占籍各郡，于是言语不同：省会音柔而直，歌声清婉可听，唯东、新各邑，平韵多作去声；韶、南、连州，地连楚、豫[赣?]，言语大略相通，其声重以急；惠之近广者，其音轻而柔，唯齐与灰庚与阳四韵，音同莫辩；兴宁、长乐，音近于韶，谓我为哎，广人呼为哎子；东至潮，语同闽，有音无字，与广人语多不通；肇、高、雷、廉土音，略与省会相合，而舌本强，广州呼人曰个，畜曰只，而诸郡相反；琼岛孤悬海外，音与潮同，杂以闽人，间有与廉州相似，类广西梧州音者，名西江黎语云②。

历代的汉族移民，加上当地各种少数民族聚居杂处，彼此相互融合、交流，遂形成广东省纷繁复杂的方言。这些，是大到一个省内的情形，中等的如一个府，情况亦复如是。徽州方言"六邑之语不能相通，而一邑中四乡又复差别"③。甚至小到一个县，如绩溪当地甚至有"一山一个音，阴山阳山话不同"的说法④。有时，地缘与业缘相结合，从而产生了一种独特的方言景观。如徽州道教名山——齐云山虽然坐落于休宁县境内，但其上的道士均来自婺源，故而当地有"休宁的山婺源的官"之民谚。齐云山上道士作道场以及一般居民之间的日常交际，均使用婺源方言，从而在周围一片休宁方言区内形成了一个婺源方言岛⑤。类似的例子，还有明清以来典当业中的"徽语"、旧上海人力车夫及码头工人中盛行的苏北话等。

周振鹤指出：现代汉语方言地理的形成，除了动态的移民活动的因素之外，静态的行政区划之影响也不容忽视。这主要表现在以下几个方面：一是长期稳定的行政区划（特别是地域适中的二级政区，如唐宋的州、明清的府），对于方言的趋同性最为有利；在同一行政区划中，权威土语随着行政中心的更易而发生变换。例如，早期闽南话的代表应是泉州音，厦门崛起之后，成了闽南的经济、文化中心。据李如龙的研究，厦门人系来自泉、漳二州，厦门话为泉州腔和漳州腔的混合（大体泉腔占 2/3，漳腔占 1/3），故而现今的闽南话以厦门话为代表⑥。又如，明清时代的徽州方言以府城所在的歙县话为其代表，但随着近世以来屯溪经济地位的提高，以及建国后长期成为徽州地区的政治、经济、文化中心，故而屯溪话也就成了当代徽州方言的代表⑦。

近 20 年来，随着中国改革开放的深入，各地的方言又有了一些新的变化。譬如，广东珠江三角洲经济的迅猛发展，使得当地的民工潮高涨不下，大批来自全国各地的民工，意外地在当地推广了普通话。而与此同时，随着广东经济的腾飞，又使得它在全国的地位趋

---

① 崔荣昌：《四川方言与巴蜀文化》"综论"，第 1 页。
② 胡朴安：《中华风俗志》上篇卷八"广东·广州"，第 7 页。
③ 许承尧：《歙事闲谭》第 18 册《歙风俗礼教考》，引自张海鹏，王廷元主编：《自明清徽商资料选编》，黄山书社 1985 年 8 月，第 55～56 页。
④ 章亚光：《胡适〈四十自述〉中的绩溪方言》，《绩溪县徽州学研究会会刊》第 4 期，1995 年 3 月。
⑤ 《徽州方言研究》，第 317 页。
⑥ 李如龙：《福建方言》，第 248 页。
⑦ 安徽省徽州地区地方志编纂委员会：《徽州地区简志》十三"社会·方言"，黄山书社，1989 年 2 月，第 474 页。

于强势，从而为粤方言的流行，奠定了基础①。

第三节　学术文化中心区的转移与政治经济关系

根据卢云的定义，“学术文化”是指最狭意义上的文化内容，它包括文学艺术、科学技术以及区域居民的教育状况和文化素养，各类文化人才和文化成果等。他认为，由于各地的自然及人文环境不同，学术文化总是呈现出鲜明的地域特征。这主要表现在以下的四个方面：一是各地区的文化发展不平衡，存在着显著的发达与落后之别；二是各地区文化的构成状况与发展方向不尽相同，区域文化面貌迥异；三是不同地区的学术文化，存在着传播、冲击、整合等广泛的空间关系；四是学术文化的各项地域特征，均处于不断的变迁之中②。

早在先秦时期，中国的学术文化就呈现出明显的区域特征，随着西周建国而广泛传播的周文化，迄至春秋末年，在各地的影响程度迥乎不同。周、鲁是周文化的中心，礼乐昌盛；其次是晋、卫、宋、齐，周文化有所发展；而秦、楚等国仅社会上层受到周文化的影响。及至战国时期，由于长期分裂的政治形势及各地的文化传统，学术文化的发展，存在着显著的地域差异。大体说来，“鲁国尚儒学，是儒学的发展基地；齐地学术较为庞杂，阴阳五行学、道家之学、儒学都相当发达；楚国道家与辞赋最具特色；三晋以法家与游说之士为盛；秦地主要接受三晋学术，本土文化一直较为落后。列国君主的尊贤纳士，权臣贵族的广延宾客，曾使齐、魏、赵、楚、秦、燕等国聚集过大批士人，但以各地所出文化人才而论，则以关东的齐鲁三晋郑卫周等地最为兴盛”③。秦统一中国以后，尊崇三晋法家之学与东方滨海地区的阴阳五行学说，并试图用法家学说来统一文化，但这一努力随着秦帝国的瓦解而中断。

秦亡汉兴，学术文化的发展进入了一个新的阶段。卢云认为，西汉时代的文化发达区域，主要有齐鲁周宋、河北西部、三辅、蜀郡周围和淮南吴越五个地区(亦即主要为从九江郡至会稽郡的宁绍平原以北地区)。西汉时代文化发达区域的分布格局，建立在自然与经济的地理基础之上。具体而言，以武帝时代为界，可分为前后两期。在早期，文化发达地区仅局限于关东地区，即齐鲁周宋、河北西部和淮南吴越地区，这与先秦时期特别是与战国晚期的文化发达地区基本吻合，显然是与文化渊源的传承有关。及至西汉后期，文化发达区域得以扩大和繁荣。由于京师文化机构的发展，官僚集团结构的变化，以及关东向关中的移民，使得三辅文化迅速发展。蜀地也由于循吏的文教，学术文化获得了显著的发展。与此同时，西汉前期本已十分兴盛的齐鲁周宋地区，学术文化得到了进一步的发展。从学术文化的区域构成与区域特色来看，齐鲁一带重经术，儒家文化盛行。不过，齐鲁文化又有相当的差异，除了所持经学的差异之外，鲁国仅守经学，而齐地除经学外，黄老、纵横之学也相当发达。另外还有方士、谶纬之学。三晋地区自战国以来，法家与纵横家就最为发达。西汉时代这一带存在着尚法的风气，法家人物与主要法家著作基本上都出于三晋。此外，纵横长短之学也比较发达。西汉后期，经学逐渐居于主导地位。淮南与吴越地区以诗赋最为

---

① 张振江：《珠江三角洲经济发展与文化变迁——以语言为对象》，中山大学出版社，1997年第1期，第55～59页。

② 卢云：《汉晋文化地理》第一章《汉晋时期学术文化的区域特征及其变迁》，第1～2页。以下有关汉晋时代学术文化的区域特征及其变迁，主要依据卢云的研究成果。

③ 卢云：《汉晋文化地理》第3页，对严耕望《战国学术地理与人才分布》一文观点的概述。

发达，其次是儒学、黄老学、阴阳五行学等。汉初这一地区也出了许多纵横策士，此外，儒学、阴阳五行学也有一定的发展。蜀地比较突出的，是文学、小学、黄老学等。三辅学术文化主要由东方传入，接受三晋法家与纵横家的学说，而极少接受儒家学说。三辅人士所著书籍中，六艺、诸子、诗赋、术数等都占有一定比例，齐鲁文化在此广泛传播，黄老、小学、诗赋也有一定发展。此种不同的区域文化特色，既有先秦时代传统因素的影响，又与当时的自然、社会与政治形势息息相关。西汉时代的文化重心应在齐鲁及其周围地区。具体说来，大致相当于《汉书·地理志》齐郡、济南、千乘、高密、甾川、北海、胶东、东莱、泰山、平原、东郡、城阳、琅邪、鲁国、东海、山阳、东平、沛郡、梁国、楚国等20几个郡国。这一地区的学术文化发展在全国最为突出，代表着全国文化发展的主流，而且是当时最为重要的文化传播源地。西汉前期的黄老之学和武帝以后儒家学说之传播，均自齐鲁一带向外展开。

及至东汉，学术文化地理的分布大势与西汉基本相似，根据卢云的研究，其主要的变化在于：其一，河北西部地区显著衰落，逐渐失去了文化发达区域的地位。其他四个文化发达区域，也出现了程度不同的扩大与收缩的地域变迁。具体而言，东汉时齐鲁一带的文化略有衰退，但与此毗连的汝南、颍川、南阳一带文化迅速发展起来，使得豫兖青徐司这一文化发达区域进一步扩大。三辅地区的文化继续发展。蜀地在西汉时期仅成都平原所在的蜀郡文化较为发达，到东汉时，邻近的广汉、犍为也得以发展，文化发达区逐渐扩大。西汉时代淮南与吴会地区文化都比较发达，但东汉时，淮南地区大为衰落，吴会则有很大的发展。其二，除了局部地区（三辅、颍川、汝南、陈留、沛郡、河南一带）之外，东汉前后期各文化发达区域比较稳定。其三，各地区的学术文化均以经学最为主要，学术文化的区域性大为削弱。其中，尤以巴蜀地区与吴会地区最为显著。其四，封建文化在周边地区出现了明显的拓展，比较突出的有凉州、并州与广大南方地区。其五，学术文化重心由齐鲁梁宋向汝颍南阳一带转移。西汉的政治中心在关中，文化重心在东方。及至东汉，政治中心与文化重心相分离的局面方才得以改变。

在汉魏之交，由于北方的战乱与士人的播迁，各地的文化面貌有了很大的变化。东汉末年士人的流动，引起了荆州的襄阳、幽州的涿蓟以及辽东、岭南一带短暂的文化繁荣。但随着三国鼎立局面之确立与北方经济、文化的复苏，文化发达区域又逐渐恢复到了东汉时代的基本格局。曹魏境内的文化发达区域，仍然基本上局限于关中平原、南阳盆地、司豫兖青徐地区；蜀汉境内，巴蜀文化发达区进一步扩大至巴西郡，并以巴西为最盛；而在孙吴境内，文化最发达的仍是吴郡和会稽北部一带，而与吴郡毗连的丹阳之发展，则使两汉时吴、会一带的文化发达区域进一步扩大。

西晋时代的文化发达区域，基本上继承了三国时期的分布状况，北方仍是豫兖青徐司雍地区与三辅地区，南方主要为吴、会、丹阳一带。但巴蜀文化发达区衰落，河北文化再度发展，河西等地的文化进步，自此以后至整个十六国时期，河北成为北中国文化最发达的地方。三国时期的政治分裂局面以及各地文化发展的不同状况，使得学术文化的构成再次出现了较大差异，地域性重又明显起来。三国两晋时期，在文化最为发达的洛阳附近，即河南、南阳及兖豫一带，玄学、清谈最为流行。儒学传统浓厚的青徐滨海地区，受到玄学新文化的影响，成为经学、玄学并重的地区。河东、太原与吴地，三国时受玄学影响还比较小，西晋时逐渐增大，清谈之风也兴盛起来，而幽冀一带、关中、河西与蜀地，自三国至两晋，仍然保持着两汉以来的经学传统与教育形式，玄学的影响较小。玄学流行的地区，对官学教育的积极性与私家教授的风气减弱，而恪守两汉经学传统或经学、玄学并重的地区则相反。同时，由于北方、西北、东北游牧或半游牧民族的内徙及其与汉人的长期杂居，汉族学术文化在这些民族的社会上层中出现了空前的广泛传播。三国两晋时期，文化重心仍在北方的黄河流域。洛阳及其周围兴起的玄学与谈玄之风，使北方成为玄学新文化的发源地，不断向其他各地传播。

根据《隋书·地理志》对隋炀帝时全国190郡风俗的记载，谭其骧指出："当时被誉为尊儒重礼的，只有中原21郡荆扬17郡共38郡，仅占全国190郡的1/5；……至于其他4/5的地区（按郡数计），则几乎没有什么儒教的影响：中原经济发达地区则机巧轻狡侈靡成俗，边郡则失之于刚强劲悍；南方梁荆扬三州则普遍信鬼神好淫祀。长江流域尊儒重祀郡数已接近中原，这当然是永嘉之乱后中原士族南迁的结果。"盛唐时期的儒学兴盛地区，北方为山东（今河北）、兖州，南方则是吴中，与隋朝的情况大致相当；只是蜀地可能比隋代有所发展①。

根据张家驹的统计，北宋时期宰相属于北方各地（指今河南、河北、山东、山西、陕西）的计有41人，南宋时则减至5人；属南方各地（指今安徽、江苏、江西、浙江、湖北、湖南、福建、广东、四川）者有31人，南宋时增至57人。他认为，南宋以后，"经济重心全部南移，公卿将相，遂多江、浙、闽、蜀人选"②。他还对《宋史》"道学"和"儒林"等传人物的分布作了统计：北宋时北方人物约占总数的2/3弱，而南宋后南方人物竟占百分之一百，由此显见南宋时期南方学者之崛起。又根据《宋史》"文苑传"所得的不完全统计，两宋时期，北方与南方人数之比为1比2。而根据《全宋词》辑录的1 000多位作家所作的不完全统计，当时的文学主流——宋词的作者，在北宋时北方共有65人，南宋时共有90人；南方则北宋时为135人，南宋则有482人。南北双方的比例，北宋时南方为北方的1倍强，南宋时则南方超过北方竟至5倍。其中词人最多的地区是浙江和江西，其次是福建。另，根据对《古今图书集成》的统计，南、北两区画家比例为173比194，南方略少而相差不大，南宋时则为169比61，较之南方，北方人才显然瞠乎其后。此外，当时的史学家、自然科学家、艺术家等，也以南方人为多。宋代的印刷业中心，更是集中在南方的两浙、福建和四川三地。张家驹认为，在南方经济超过北方的基础上，南方也发展成为全国文化的重心。南方人才繁盛的地区主要有四处：一是两浙，这是两宋经济最为发达的地区，南渡后随着经济、政治重心的南移，文化重心也迁移至南方，人物的兴起，更占压倒的优势。选择临安为首都，使得当地成为全国的文化中心，也使两浙的文化发展超过了江西；二是江西，在晚唐五代中国人口、经济重心的南移过程中，因鄱阳湖和赣江流域的富饶以及地理位置的优越，而吸引了许多北方人，其文化兴盛仅次于两浙；三是福建，北宋时所出的人才已相当不少，宋室南渡后愈益繁盛，从而加快了发展的步伐；四是四川，这是长江中游的经济发达地区，文化也颇为兴盛。北宋南渡以后，我国文化重心的南移也宣告完成。

何祐森曾列出蒙元时期各省的多项文化指标（经学家、史学家、哲学家、文学家以及书院等）③，据何炳棣的分析，综合指标显示，浙江在累计数值上占有优势，其次是江西和福

① 谭其骧：《中国文化的时代差异与地区差异》，见《长水集续编》，第180页。
② 《两宋经济重心的南移》，第136页。
③ 何祐森：《两宋学风之地理分布》，《新亚学报》第1卷第1期，1955年8月。见何炳棣：《科举和社会流动的地域差异》一文。

建。在元代，虽然江西史学家、哲学家和文学家的数目比浙江少，但经学家和书院的数目却居全国首位。这为此后江西的发展以及在全国的地位，奠定了良好的基础。及至明代，江西吉安、浙江绍兴、江苏苏州、北直隶顺天、江西南昌、江苏常州、福建福州、浙江宁波、浙江嘉兴、福建兴化、浙江杭州、福建泉州、江苏松江和广东广州14个府，产生的进士数超过445名。在明代，江西的科甲相当集中，其中，吉安府在明代最初的100年间，在各府中遥遥领先。在明代中叶，江西是全国最重要的人文荟萃之中心。民间流传着“翰林多吉水，朝士半江西”的俗谚，“吉水”也就是吉安府。在整个明代，吉安府科甲鼎盛，产生的进士数超过1 000人，这一纪录在全国无与伦比。迄至1464年，吉安府所出进士多达449名，与之相较，福州仅248名，绍兴为184名，苏州为146名。该府并曾两度独占鳌头，包揽了一甲进士，这是无与伦比的记录①。而在明代，非进士不入翰林，故此，吉安所出的翰林也就特别之多。“吉水山高进士多”②，为四方之人所艳羡。

据谭其骧的研究，明代自永乐初至崇祯末，历任内阁大学士共163人，按明代两京十三布政使司分列的籍贯来看：南直、浙江、江西三省共得75人，占全国总数的45%；加上福建省共得86人，四省占总数53%，是全国文化最发达的地区。其中又以相当今苏南、上海的五府得19人；浙江的嘉湖宁绍四府得20人，江西吉安一府得10人，福建泉州一府得5人，尤为突出。中原的北直、山东、河南、山西四省合46人，占总数28%。此外，陕西、湖广、四川、广东、广西共得30人，占18%。十五省中，云、贵二省全都不出一人。所以全国人才分布的总形势是东南最盛，中原次之，西北、西南最为落后；西北的陕西（当今陕甘青宁省区）和西南的广西和云贵三省都只出2人。明代的理学家，东南四省占了全国总数的76.5%，北方四省仅占16%。此外，中南、西南三省合占7%。《明史·儒林传》中的人物以江西为最多，浙江出宰辅仅次于南直，理学之盛仅次于江西，而绍兴一府科名儒学之盛，又甲于浙江③。何炳棣的研究表明浙江从明代中叶起，在科举方面的成绩直追江西。与此同时，当地出现了王阳明的“心学”理论，对于明代社会有着相当重要而广泛的影响。显然，浙江于16世纪已取代了江西，成为人文渊薮的重心。该省在科举方面的领先地位，直到晚明才被南直隶所取代。南直的文化中心，首推南京、苏州和扬州3处。南京原是大明帝国的首都，永乐年间迁都北京后仍旧是陪都，由于它的富庶和舒适，吸引了众多的移民。而苏州所处的苏南地区，是当时的商业繁盛之区。自明代中叶起，该地区富甲海内，藏书家、出版家和鉴赏家麇集，而成为东南地区的人文渊薮。此外，成化、弘治年间的盐政制度改革，使得富商大贾萃集于淮扬等地，从而为当地的文化发展，提供了良好的契机。在明代，江苏是接纳人才和财富最多的两个地区之一④。

根据何炳棣的研究，清代的科举状况发生了几个明显的变化：一是科甲的分布变得更加均匀。以江苏省为例，虽然苏州和常州仍然居于全国领先地位，科甲却被省内其他地区（除海州外）更加均匀地分享了；二是当科第竞争变得比以往任何时候都更加剧烈时，具有巨大文化资源的大都市中心，其优势愈益明显了；三是在清代人口迅速增殖之时，除了广西、云南、贵州和辽宁以外，所有的省份平均每百万人口中的进士数目都急剧下降了。清代

① 何炳棣：《科举和社会流动的地域差异》。
② 解缙：《九县诗》，明 憺漪子选辑《天下路程图引》卷一，见杨正泰校注：《天下水陆路程、客商一览醒迷、天下路程图引》，山西人民出版社，1992年9月，第439页。
③ 谭其骧：《中国文化的时代差异与地区差异》。
④ 何炳棣：《科举和社会流动的地域差异》。

直隶顺天府以1 038名进士而居全国领先地位，这与京师六部胥吏的来源以及皇室宗族、旗人之麇聚有关。此外，浙江杭州、江苏苏州、福建福州、江苏常州、广东广州、浙江绍兴、浙江嘉兴、浙江湖州、江西南昌9个府的进士总数均各超过400名。明代中叶两浙盐政制度改革以后，杭州成为全国最大的文化中心之一，产生的进士数高达1 004名。另外，徽州府的进士达519名，其中仅142人在本府注籍。江北的扬州府，进士登科未达400名，但因"扬州繁华以盐盛"，其进士总数多达348名，一甲总数11名，故而也跻身于全国最重要的文化地区之列。镇江府幅员狭小，但其进士却达到266人，一甲达到12名，从科举密度来看，其列名也十分靠前①。

根据范金民的研究，明清时期，江南（在明代为应天、镇江、常州、苏州、松江、杭州、嘉兴、湖州八府，清代太仓升为直隶州，为八府一州）进士在全国数量最多。他根据明清进士题名录统计，明清两代共举行殿试201科，外加博学鸿词科，不计翻绎科、满洲进士科，共录取进士51 681人，其中明代为24 866人，清代为26 815人，江南共考取进士7 877人，占全国的15.24%。其中，明代为3 864人，占全国的15.54%；清代为4 013人，占全国14.95%。明清两代每7个进士，就有一人以上出自江南。而且，其科试名次在全国也最为显赫，明代状元近1/4和清代状元半数以上出自江南，榜眼、探花更不胜枚举，三鼎甲往往为江南人囊括，江南进士特别集中在苏州、松江、常州、杭州等府附郭各县的一些簪缨望族②。夏维中和范金民进而分析了形成"江南进士甲天下"的原因，认为——这主要是因为，江南经济之富庶为当地人的科举应试，提供了坚实的经济基础，此其一；江南区域社会弥漫着一种"好学勤学、重教重考、擅长科考"的风气，使得进士绵绵不绝，蔚为大观，此其二；江南为文献渊薮，钟灵毓秀，教育发达，黉宫宏伟，书院林立，再加上江南人桑梓情深，前贤后昆相互汲引，遂使江南进士冠绝海内，此其三③。而江南地区人文的兴盛，使得苏州习尚风靡海内。早在晚明时期，王士性就曾指出："苏人以为雅者，则四方随而雅之，俗者，则随而俗之"④。可见，当时的苏州是全国的文化中心。明清时代的"吴俗三好"，就以苏州为中心向四方传播。

参 考 文 献

王振忠.1996.得饶人处且饶人.刊《斜晖脉脉水悠悠》.沈阳：辽宁教育出版社

王振忠.1992.从客家文化背景看"天朝田亩制度"之由来.复旦学报，(3)

王振忠.1994.明清时期"绍兴刀笔"与绍兴乡土习俗的传播.见：《原学》第一辑.北京：中国广播电视出版社

王振忠.1995.凤阳花鼓新证.复旦学报，(2)

王振忠.1996.明清徽商与淮扬社会变迁.北京：生活·读书·新知三联书店

王振忠.1996."徽州朝奉"的俗语学考证.中国社会经济史研究，(4)

王子今著.1998.秦汉区域文化研究.成都：四川人民出版社

平田昌司主编，平田昌司，赵日新，刘丹青，冯爱珍，木津祐子，沟口正人著.1998.徽州方言研究.见：中国语学研究"开篇"单刊No.9.北京：好文出版

卢　云著.1991.汉晋文化地理.西安：陕西人民教育出版社

叶显恩著.1983.明清徽州农村社会与佃仆制.合肥：安徽人民出版社

---

① 何炳棣：《科举和社会流动的地域差异》。
② 范金民：《明清江南进士数量、地域分布及其特色分析》。
③ 夏维中，范金民：《明清江南进士研究之二——人数众多的原因分析》。
④ 明 王士性：《广志绎》卷二《两都》，中华书局，"元明史料笔记丛刊"，*1981*年*12*月，第33页。

史卫民著.1996.元代社会生活史.北京:中国社会科学出版社
刘君惠,李恕豪,杨钢,华学诚.1992.扬雄方言研究.成都:.巴蜀书社
李如龙著.1997.福建方言.福州:福建人民出版社
严耕望.1983.战国学术地理与人才分布.见:《中国史学论文选集》第三辑.台北:幼狮文化事业公司
何炳棣.1962.科举和社会流动的地域差异(原文为《明清社会史论》第六章).美国哥伦比亚大学出版社.译文载《历史地理》第十一辑(王振忠译).上海:上海人民出版社
邹逸麟撰.1992.舆地纪胜的流传及其价值.见:《舆地纪胜》前言.北京:中华书局
邹逸麟主编.区域人群文化丛书.福州:福建人民出版社
汪启明著.1998.先秦两汉齐语研究.成都:巴蜀书社
张家驹.1957.两宋经济重心的南移.武汉:湖北人民出版社
张海鹏,张海瀛主编.1993.中国十大商帮.合肥:黄山书社
陈正祥.1983.中国文化地理.北京:生活·读书·新知三联书店
范金民.1997.明清江南进士数量、地域分布及其特色分析.南京大学学报,(2):171~178
明 沈德符.1997.万历野获编(元明史料笔记).北京:中华书局
明 王士性.1981.广志绎(元明史料笔记丛刊).北京:中华书局
明 谢肇淛.1977.五杂俎.台北:伟文图书出版社
周振鹤,游汝杰著.1991.方言与中国文化(中国文化史丛书).上海:上海人民出版社
周振鹤主著.1997.中国历史文化区域研究.上海:复旦大学出版社
胡朴安编.1988.中华风俗志(民俗、民间文学影印资料之十二).上海:上海文艺出版社
夏维中,范金民.1997.明清江南进士研究之二——人数众多的原因分析.历史档案,(4):80~87
崔荣昌著.1996.四川方言与巴蜀文化.成都:四川大学出版社
程民生著.1997.宋代地域文化(宋代研究丛书).开封:河南大学出版社
傅衣凌著.1956.明清时代商人及商业资本.北京:人民出版社
雷梦水等编.1997.中华竹枝词.北京:北京古籍出版社
谭其骧著.1987.长水集.北京:人民出版社
谭其骧.1994.中国文化的时代差异与地区差异.原载《复旦学报》1986 年第 2 期,收入《长水集续编》.北京:人民出版社,171~188